天津社会科学院东北亚区域合作研究中心课题

熊达云 著

洋律祖东

中国近代法制的构建与日籍顾问

社会科学文献出版社
SOCIAL SCIENCES ACADEMIC PRESS (CHINA)

序 为达云新著点赞

中国日本历史学会名誉会长 汤重南

2018 年初，老友达云教授发给我他的新著《洋律徂东：中国近代法制的构建与日籍顾问》文稿，嘱我为其写序。该书内容与我的专业虽然并不完全对口，又诸事缠身，可我仍然当即慨然应允，因为太想为达云尽点心力了。这不由得使我联想到与他的结识、过从，以及所知种种，我的思绪于是回到了 30 多年前。

我与达云结识已 30 多年。这一结识，是有缘分，还是天佑？达云有着传奇式的经历（当然是与当时大的时代背景密不可分的）。那是 20 世纪 70 年代中期，达云虽然毕业于上海外国语大学日语系，却阴差阳错地被分配到天津某大型国营工厂工作，直至被内定为厂领导层的预备军。70 年代末，社会科学研究战线开始恢复建设，天津市社会科学院日本所也开始招聘研究人员。达云听到消息后，跃跃欲试，放弃被提拔的或然机会，找到刚被任命为日本所主管工作的副所长的吕万和先生（更是我尊敬又过从甚密的前辈）。吕先生经过询问其动机、考察其日语程度和社科知识，当场拍板，决定招聘任某工厂中层干部的达云。怎奈工厂以工作需要之由不同意放人，达云想从工厂调入研究机关一事遇阻。这时恰值中国社会科学院经过国务院批准面向社会公开招聘中青年社会科学研究人员，充实研究人员青黄不接甚至后继无人的社会科学系统。于是，万和先生鼓励达云报考。通过全国统一考试，达云据说取得了该专业天津地区第一名的成绩。当时达云本来可以被中国社会科学院录取进京，由于万和先生点名力争，最终根据考生报考地优先录取的原则，达云被天津社会科学院日本所录取。达云所在的工厂方面见到盖有国徽印章的录取通知书，也不得不将这位厂领导后备人选放行。

达云到天津社科院日本所后，在吕先生的指导下，很快就适应了日本问题研究工作，并渐入佳境，成就引人注目。后来又从天津社科院考入中国社科院研究生院攻读硕士学位。毕业后在国家人事部所属研究所工作数年后，获得日本外务省所属国际交流基金资助赴东京大学开展研究，随后考入日本早稻田大学攻读博士学位。博士学位课程结束后进入现在的山梨学院大学从事教学研究工作至今。

达云如今是著译等身、硕果累累，是研究日本问题、中日关系问题以及当代中国问题的知名专家之一。他的学问人品俱佳，也颇值得勾画一笔：他学风严谨、一丝不苟；治学认真、刻苦；为人真诚、热情，善于与人合作，人际关系良好。他长期活跃在日本、中日关系研究学术界，曾经长期担任中国日本史学会专业委员会会长、常务理事、旅日华人教授会干事。他为加强中日两国学术界的交流，默默无闻地做出了自己的贡献，取得了骄人业绩。正因为如此，达云在中日两国的学术界都有很好的口碑，是一位受人尊敬的学者。

达云为其研究，经常往来于中国、日本。每次一到北京、天津等地，立即投入紧张的收集资料工作，争分夺秒地抓紧时间跑图书馆、资料库，拜访相关学术机构和同人、专家。由于他的刻苦努力，每次都能够收获满满。

他的译著、著作及论文等研究成果十分丰硕。其中主要著作有《中国人的日本研究史》（"东亚中的日本历史"丛书，日本六兴出版，合著）、《中外人事制度方略全书》（中国人事出版社，合编）、《近代中国官民的日本视察》（日本成文堂，独著）、《最新教科书　现代中国》（日本柏书房，合编）、《现代中国的法制与法治》（日本明石书店，独著）、《从法制看中国的统治结构》（日本明石书店，独著）等。译著则更多，就我所知，他最早的译著应该是信夫清三郎的名著《日本政治史》（四卷本，上海译文出版社，合译）和美国鲁思·本尼迪克特的名著《菊与刀》（应该是我国最早的译本，商务印书馆，合译），此外还有《论职业公务员》（上海科学普及出版社，合译）、《日本行政改革的理论与实践》（天津社会科学出版社，合译）、《国是三论》（中国物资出版社，合译）、《行政学》（中国人民大学出版社，合译）、《战前日本国家主义运动史》（社会科学文献出版社，独译）等等。而学术论文等则因数量较多，在此不一一列举。

达云在国内、在日本的学术活动也很活跃，在两国学术界均可见到他的身影，而且工作卓有成效：从 20 世纪 90 年代初，他就与吕先生受日本国际交流基金聘请，共同到日本从事研究及学术交流活动。在东京、京都、大阪的大学、科研机构进行广泛、深入的访问、交流，与很多日本的知名学术大家进行交流，建立了密切的往来关系。此外，他个人还受国际交流基金聘请，在日研究经年。

记得在 2005 年，他参与组织了山梨学院大学主办的日俄战争《朴次茅斯和约》100 周年国际会议。在会上发表了主旨论文，受到很高评价。笔者也有幸受达云推荐、邀请，参加了这次会议，所获多多：除发表论文、参加讨论、进行学术交流外，还结识了不少俄罗斯、日本、美国的著名专家学者。至今难以忘怀、心存感激。

更难忘的是他与琉球史研究大家我部政男教授到我当时在日本东京下榻的租屋畅谈、豪饮至深夜；更有在北大、他北京住所的多次欢聚。

达云的研究领域，从专攻日本史，扩展到中日关系史；从着重研究中日现状，又延伸、深入到中国近现代和中日关系的历史。无论在哪个领域，都取得了不错的成绩。

近年来，他在努力完成自己大作的同时，还为协助吕先生出版论集（吕先生生前拜托他与另一位刘先生协助）不辞辛劳地在日本收集照片、图片、文献资料，整理书稿，最后出色地完成了编辑、插图说明及打印等工作，的确令人十分感动。今年吕先生论集就将由线装书局正式出版发行——这其中凝聚了达云的多少辛苦劳动啊！

从达云这些简况中我们似也可大体知晓他的这部书稿一定会书如其人，值得认真阅读。

正因如此，我收到书稿，就迫不及待地翻阅、快读，后来又再次认真仔细地品读一过。当看到该书用最为恰当的确凿资料，说明了所提出的一系列学术难题时，真深深地感到敬服；而每每读到精彩处，更不由得暗暗称奇。一句话，读这本书，如品尝佳肴，令人回味，简直是一种精神享受！

那么，这到底是怎样的一部书呢？达云在前言中，开宗明义地做了清楚的交代：其内容涉及的时间跨度，是从 1895 年甲午战争后至民国肇始的历史时期。而这是一个中日关系恩怨交织，剪不断理还乱的充满两面性的时期：既是日本染指、蚕食中国的时期，又是中国全面仿效日本，系统地向日本学习的时期。

甲午战争后，中国开始了社会转型的探索过程。日本一次次觊觎、蚕食中国的同时，也有受聘来华协助晚清政府展开转型探索的一些日本顾问。在日籍顾问中，有些有双重身份，甚至充当日本政府的间谍。但是，晚清时期诸如有贺长雄、冈田朝太郎、松冈义正、渡边龙圣等一些日籍顾问的正面作用和贡献也是不容否认的。

然而在相当一段时期内，这些历史却关注者寥寥。直至 20 世纪 90 年代，才逐渐出现了实事求是地调查和评论日籍顾问所做工作的文章和书籍。那就是 25 年前，达云攻读博士学位期间的 1994 年，在《早稻田政治公法研究》上首次发表《论有贺长雄对清末移植宪政尝试的影响和作用》等系列文章后，日本学界才开始有人跟进对有贺长雄的研究，逐步展开了对日本顾问问题更具深度和广度的研究及探讨。

对选题意图，达云在该书前言中是这么表述的：本书之所以选取有贺长雄、松冈义正、寺尾亨和副岛义一等人作为具体解剖对象，就中国政府聘请他们担任顾问的过程、目的，以及他们担任顾问期间所负责的具体工作等微观领域加以研究和分析，理由有三。第一，这些人是名副其实的顾问，具有顾问头衔；第二，他们在中国所从事的工作都是为中国的法制、法律等涉及全局性、全国性、长远性的制度建设提供具体的咨询、建议，甚至是亲自执笔描绘蓝图；第三，与他们当时所发挥的作用相比，他们在中国的知名度很低，有的甚至被淹没、被遗忘。其贡献没有被国人认知。这不符合中国文化中"滴水之恩当涌泉相报""吃水不忘挖井人"的古训。

达云在书中，还提出了值得学界重视的十分重要的一个新观点：孙中山先生从主张美国总统制转变为法国共和制的原因与寺尾亨、副岛义一有关。人们大都知道，直到南京临时政府成立前夕，在上海举行的同盟会领导人会议上，主张实行美国总统制的孙中山和主张实行法国内阁制的宋教仁之间，围绕未来新生政权建设什么样的政体发生了激烈的争论。但是，其后为南京临时政府通过的《中华民国临时约法》确定的政体蓝图采纳的却是宋教仁的主张。而此时应该具体负责《临时约法》起草工作的法制院总裁宋教仁本人却在临时约法审议期间不在南京，而是作为迎接袁世凯南下代表团的一员去了北京。

众所周知，革命意志非常坚定、对自己主张从不轻易变更的孙中山对临时约法构想的豹变，其幕后或许存在其他因素。辛亥革命研究者对于《中华民国临时约法》的实际起草者究竟是谁，孙中山因何由主张美国总统制改变为同意法国共和制的，都语焉不详，甚至观点相互矛盾、冲突。

该书提出并分析论证了其变化因素：担任法制顾问的寺尾亨和副岛义一应该在其中发挥了作用。达云在书中是这样阐述、论证的：寺尾亨、副岛义一作为中华民国南京临时政府的法制顾问，活动时间虽然只有短短的3个多月，但他们参与了中华民国法制尤其是临时约法的制定等重要活动，贡献了自己的智慧和学识，在很多方面做出了重要贡献。南京临时政府的使命结束后，他们又作为孙中山领导下的国民党的政治顾问为国民党的议会斗争出谋划策。而且，对于有贺长雄为袁世凯政府描绘的有可能导致独裁专制乃至复辟帝制的宪法构想和古德诺提出的推行君主制的主张展开了针锋相对的严厉、尖锐的批判，坚定地保护辛亥革命的成果和坚决拥护共和制。寺尾、副岛的这些活动完全出自他们对辛亥革命的同情和理解以及中日携手维护东亚和平的理想，为促进中国社会的进步与发展提供了宝贵的援助。而且，即使在日本政府对辛亥革命持否定态度的时候，他们也不顾自身的利益将受损害，无视本国政府的对华政策，真心实意地援助辛亥革命。他们的这种行动值得中国人民铭记。辛亥革命是近代中国转型过程中的重大历史事件。这场革命虽然不可避免地存在着不彻底性，但它结束了在中国持续2000多年的皇权制度，为在中国推行共和制做出了无可替代的历史性贡献。辛亥革命取得如此成功，其根本动力毋庸置疑来自中国人民对共和、民主的强烈向往，发轫于资产阶级革命派为实现这一目标而开展的前赴后继的革命行动。另外，在当时的形势下，包括日本在内的世界各国人民在精神和物质层面不惜对辛亥革命给予的支持和援助也具有重要的意义。正因为如此，中国人民直至现在仍然没有忘记并持续地称颂那些为辛亥革命做出过贡献的国际友人。当然，这种记忆更容易偏向于那些提供过物质援助以及公开参与到革命战争中的人士也是事实。该书之所以挖掘史料，公开像寺尾亨、副岛义一那样在幕后为辛亥革命提供"软件"方面支持的人士的事迹，目的之一就是要给予他们在中日关系史上以应有的地位。这种研究通过对具体某个顾问在其中发挥作用的具体事例的挖掘，最后能够集腋成裘，展示一幅关于日本顾问在清末中国社会转型期的画卷，而在这一画卷中的各色人等一定是各具个性、栩栩如生的！

特别是在辛亥革命即将迎来 110 周年的今天，更有必要，更有意义。

笔者完全认同作者的研究、成书意图。还想在这里将该书的贡献和特点概括为以下四个方面。

该书的第一个也是最主要的贡献和特点就是在学术研究上有重大创新。

全书的选题、立意和观点方面的创新点随处可见，新意多多。中日学界关于日籍顾问在中国活动的研究已经有很多成果，但是还存在着许多空白，而且已有的成果也存在着缺欠、不足和问题。该书填补了研究空白，弥补了学界研究的不足和问题，其学术价值和现实意义非同一般。

具体说来，例如晚清中国推行立宪选择日本作为仿效对象，考察宪法大臣们在日本具体学到了什么，是谁给他们以指导；修订法律馆中四位顾问冈田朝太郎、松冈义正、小河滋次郎、志田钾太郎承担的法律起草编纂工作，为何唯独松冈义正承担的民事关系法律的起草编纂鲜有人提及，甚至对他是否在其中发挥过作用表示怀疑；辛亥革命时期南京临时政府任命的法制顾问寺尾亨以及副岛义一到底发挥了什么作用；这四位顾问是如何应聘来到中国的，聘请他们的目的是什么；对这些问题，迄今为止也没有见到系统和专门的研究。

该书共七章，前三章主要探讨和分析有贺长雄与中国的关系。更特设章节专门集中分析了日本社会尤其是知识界对辛亥革命的观感和评论，分析了寺尾亨、副岛义一主动来华的目的、动机和作用等问题。

中国社会后来总结回顾这段历史时，对于在关键时刻帮助支持过辛亥革命的日本人士，如宫崎滔天、萱野长知等人都给予了应有的评价和褒扬。但是不知何故，被南京临时政府聘为法制顾问的日本国际法学家寺尾亨和宪法学家副岛义一却似乎为后人所遗忘，关于他们与辛亥革命的关系几乎没有进行过研究。学界论及他们两人的文字少之又少。虽然后来有几位学者发表了几篇论文有所涉及，但是都没有提到他们作为南京临时政府的法制顾问所开展的活动。

有鉴于此，该书对寺尾和副岛在《中华民国临时约法》制定中发挥的作用，以及二次革命后，在国民党人与袁世凯政府斗争过程中所扮演的角色进行了调查和分析。还介绍了副岛义一为中华民国绘制的宪政蓝图以及他们对于中华民国的期待。同时，副岛对袁世凯的法制顾问有贺长雄和美国人古德诺为中国设计的宪政框架开展了尖锐批判。作者对于这些活动给予了肯定和评价，并意图通过这一个案的分析管窥晚清中国聘请外籍顾问的概貌。

对这些问题，该书均首次进行了很好的阐述，令人信服地予以解决。这是该书做出的重大学术创新。

该书的第二个贡献和特点是研究角度、视角独特，使全书充满新颖之感。

该书并不是对日本顾问总体进行归纳、评价的整体研究，而是着眼于中国学者、日本学者都关注不够或者语焉不详的这些顾问及其活动等许多问题的个案研究。

就笔者所知，对这些问题的研究，作者有特别多的优势。这些学术空白和前沿问题，都是达云长期以来所关注，用心探索、研究的问题，他有着长期的积累和良好的基础；作者的外语优势、与学术界研究机构的密切关系及深入了解等，也都是极为便利的优越条件。例如，中国在甲午战争后的四种对日学习方式——派留学生，翻译出版日本书籍，请日本教习、顾问，游历考察，达云都已有不少著述论及，可以说对每一种方式，都有作者的几十年来从新视角考虑，长期积累、发掘、运用的许多新资料。

作者的新视角，以及对个案研究的重视使该书特色鲜明，引人注目。

该书的第三个贡献和特点是全书利用了许多新的资料和文献。

作者发掘、使用了许多珍贵的新文献、新资料。达云发挥其语言优势，大量发掘中国、日本及相关国家的文献资料：主要利用中日两国的历史档案、文献资料和有关当事人的回忆文章。该书资料丰富，发掘了大量新的重要文献、档案。所运用的资料翔实可靠，全书以事实说话，因此学术性很强。该书的资料收集、处理的难度非常大，达云为此付出了极大的辛劳，有不少时候，甚至达到了废寝忘食的程度。他的调查主要利用日本外交史料馆收藏的有关中国官绅赴日考察的记录，这在书稿中反映得十分明显、突出。

该书的第四个贡献和特点是叙事方法新颖、论证严谨。

该书采用历史学实证的方法，再具体结合个案，解剖麻雀从微观入手，意图通过这些个案的解剖，从中管窥近代中国社会转型过程中来自日本顾问的影响和作用。全书确实贯彻、运用了实证方法，一切以事实说话、论证，几乎没有一句空话。全书论证严谨、严密，充分考虑细节，十分周密。而对突破点、创新点，则更加注意充分、具体论证和阐述。避免了一些日本学者的某些欠缺——只见树木不见森林，而是以中国学者的以小见大、论从史出的特色丝丝入扣、层层剥笋，又有最后的精准概括和结论。

众所周知，由于这一选题的重要意义和已有的大量成果，要想取得突破，要求不是一般的高，其学术难度颇大。而要掌握好尺度，提出自己的新认识、新观点，不仅要有确凿、可靠的史料依据，更需要有相当强大的学术功力和理论勇气。

而达云治学，一向严谨。全书的观点均客观公正，其结论绝不武断，而是留有余地，所以说服力很强，令人信服。

综观全书，其总体结构合理、层次分明；叙述层层推进，环环相扣；表述清晰、准确，行文顺畅；语言平实优美，可读性强。

也要衷心地感谢社会科学文献出版社领导、编辑及相关人员的慧眼和学术气魄，以及认真、辛勤的工作和付出。该书现在能够付梓，确实是一件值得庆贺的事情。

该书的确是一部好书，笔者在衷心祝福、祝贺之余，深表赞赏，为这部著作的出版点赞！而且还负责任地向学界、向同人及广大读者推荐，相信读者一定能够从该书中得到收获。

2019 年 2 月 24 日草于北京

目　录

前　言

一

从中日甲午战争以迄清廷覆亡乃至民国肇始之后的一个历史时期，既是日本开始染指、蚕食中国的时期，也是中国全面仿效日本，系统地向日本学习的时期。

清朝经历康、雍、乾130余年的盛世之后，到了道光朝，开始步入下坡路。然而历史的惯性尚存，在经历了道光、咸丰两朝的蹒跚挣扎后，历史好像峰回路转，出现了所谓"同治中兴"。时人打出"中体西用"的旗帜，在"洋为中用"的口号下开展洋务运动，瞄准器不如人的短板，拼命学习西方的器艺，办学堂、开矿山、建工厂、造枪炮，中国大地上俨然一派朝气蓬勃的景象。可惜清朝运气不佳，旁边有一个善于学习模仿、不安分守己、动辄觊觎近邻的日本。日本经过明治维新，不仅大力"殖产兴业、富国强兵"，而且毫不顾忌地抛弃祖宗成法，定新规，行立宪，30多年工夫便把一个贫穷落后的国家建成了东洋强国，居然可以与西方强国比肩，一争高下。1894年，日本经过精密谋划，借朝鲜东学党起义之机，断然开衅中国。一个老大帝国居然被一个蕞尔小国打得满地找牙，以致割地赔款，战争才算了结。

痛定思痛，年轻气盛的光绪皇帝目睹中国对藩属国朝鲜的宗主权被日本掠去，台湾改姓他人，江山满目疮痍，再看着京城内外那些只知蝇营狗苟，全不以国家大局为重的人，内心痛感必须振作有为，挽狂澜，救危局，振国势。正逢其时，康有为、梁启超等青年才俊认为清朝的问题不仅是器不如人，更是制度不如人，主张效法沙俄的彼得大帝和日本的明治天皇革故鼎新。于是，光绪皇帝战战兢兢地挣脱旧势力的羁绊，起用身边为数不多的后起之秀，奋然搞起了制度改革，史称"戊戌变法"，又称"百日维新"。

孰知变法不亚于一场革命，有些势力通过变法获得利益，有些势力的既得利益可能会因此受到损害甚至丧失。不幸的是光绪及其青年伙伴们有干事的热情，却缺乏会干事、干成事的经验。他们推行维新变法的目的明明是使清王朝长治久安，却被人诋毁为改变祖制紊乱朝纲之举。生性多疑且心狠手辣的慈禧太后听信了顽固派的谗言，深信光绪的变法就是要革自己的老命。于是，光绪推行变法不过100多天，就被慈禧太后软禁于瀛台，"戊戌维新"被扼杀于襁褓之中，跟随光绪变法的康、梁侥幸脱身亡命日本，谭嗣同等六君子则血染菜市口，身首异处，成了戊戌变法的殉葬品。

慈禧太后企图一举废黜光绪帝，由此与西洋列国生隙。于是，慈禧太后又企图利用民间的"灭洋扶清"力量，以便摆脱西方列强的掣肘。得到慈禧太后和朝廷默许的义和团一时间遍布京城内外和华北各省。在这一过程中，德国驻华公使克林德的被害招致八国联军对中国的直接入侵。在西方列强巨舰洋炮展现的威力面前，只会耍刀弄棒的义和团及清军不堪一击，致使慈禧太后不得不挟持光绪皇帝狼狈逃出紫禁城。

八国联军入侵中国，其中出兵最多、争当急先锋的当属日本和俄国，尤以日本为甚。在初期1.5万人左右的联军中，来自日本的军人达到8000人，占了联军总数的一半以上。侵华联军人数最多时，日本军人更多达2.3万人。在《辛丑条约》中，清廷被迫赔偿关平银4.5亿两，分39年偿清，本息合计达到9.8亿两。其中，日本获得的赔偿款占总额的7.73%，排在俄国（28.97%）、德国（20.02%）、法国（15.75%）、英国（11.25%）之后，更重要的是日本首次攫取了在中国的驻军特权，获得了进一步蚕食染指中国的跳板。

经此重创，慈禧太后也顾不得脸面的难堪，不得不拾起戊戌的牙慧，祭出变法大旗，"新政"由此而出。而所谓新政实际上离不开模仿日本。

八国联军侵华战争刚刚结束，日本与俄国又因争夺朝鲜的支配权和中国东北的权益闹翻而兵戎相见，日俄战争由此爆发。战争双方的主角虽然是日本和俄国，但陆地的主战场却在中国的东北，遭受战争惨祸最烈的是中国人民。俄国战败后，日本获得的所谓战利品也主要是俄国在中国东北攫取的特权，日本由此取代俄国成了中国东北地区的"太上皇"，关东军成了东北的"合法"占领者。

俄国败于日本，深深地刺激了中国，有识之士认为要强大中国就必须像日本一样建立立宪体制，由此清廷在不得已的情况下启动了立宪运动，一场向日本学习的活动全面展开。

辛亥革命爆发，日本政府本欲携手英国干涉，因未获英国赞同而被迫作壁上观。及至袁世凯执政，在国内外处境困难之时，日本又乘机提出"二十一条"，直把中国当作朝鲜第二，企图加以全面控制。袁世凯政府虽曾加以抵制，奈何日本以武力相威胁，只得与之结城下之盟。

除以上所述重大事件之外，日本还在1896年开始的《通商行船条约》谈判中，从中国攫取了超过欧美各国的特权，获得了在中国各地设立租界的权利。1898年，驻日公使矢野文雄照会总理衙门，要求中国不得将福建省内的任何地方租借给第三国，俨然视中国为日本的殖民地，积极参与列强瓜分中国的活动。可以说，晚清是中日关系史上比较黑暗的时代。同时，这一时期也是中国政治发展史上极为动荡、富于变化的时代。甲午战争之后，中国大地先后上演了戊戌变法、新政立宪、辛亥革命、民国肇始、复辟帝制等精彩绝伦的活剧。除复辟帝制这出活剧欲开历史倒车外，其他活动虽然也存在各种消极负面的因素，但其目的大都在于通过效仿学习日本使守旧、落后和封建的中国实现社会转型，从而实现国家振兴，使人民安居，社会迈向近代化。在这一过程中，中国也确实得到了日本政府及民间或多或少的支援与协助，因此又可以说，这一时期是中日关系史上恩怨交织的时代。

二

中国在这一系列社会转型探索之中，与日本有剪不断理还乱的关系。中国社会不得不痛苦地面对残酷的现实：日本作为昔日的学生俨然把老师远远地甩在身后，一路高歌着往前奔跑；而昔日的先生却步履蹒跚，跟不上时代的脚步，落后挨打。中国要想改变当时的现实，必须低下高昂的头，放下身段，虚心地向昔日的学生对头日本请教，甚至不得不依靠它的智力援助。为此，中国采取了以下四种方式向日本请益。

第一，派遣留学生。在中日漫长的交流史上，人们只知道遣隋使、遣唐使、大量的留学僧来华学习，而从没有出现过中国人赴日取经的现象。这一状况从1896年第一批13名留日学生抵达日本之后发生了逆转。"新政"开启后，尤其自1905年清廷宣布废除科举考试后，一批又一批的官、私费留学生涌入日本，有的父子同行，有的兄弟携手，有的师徒并肩，有的鸳鸯双飞，直奔东瀛，不遗余力地从日本汲取营养，并进而通过日本学习西方的各类近代化知识。在这十几年的时间里，中国究竟有多少学子赴日留学，一直是诸说纷呈。笔者结合中国学者李喜所和日本学者二见刚史的调查统计推算，至1911年，中国留日人数累计达4.5万人，而1906年旅日留学生的人数达到最高峰，估计当年有1.2万～1.3万人在日本各类学校学习。①

表0-1　清末赴日留学生人数统计

年度	留学生人数（人）	
	李喜所统计	二见刚史统计
1896～1900（光绪二十一至二十六年,明治29～33年）	161	未统计
1901（光绪二十七年,明治34年）	274	未统计
1902（光绪二十八年,明治35年）	570	未统计
1903（光绪二十九年,明治36年）	1300	未统计
1904（光绪三十年,明治37年）	2400	未统计
1905（光绪三十一年,明治38年）	8000	未统计
1906（光绪三十二年,明治39年）	1.2万～1.3万	7283
1907（光绪三十三年,明治40年）	1万	6797
1908（光绪三十四年,明治41年）	未统计	5216
1909（宣统元年,明治42年）	3000	5266
1910（宣统二年,明治43年）	未统计	3979
1911（宣统三年,明治44年）	未统计	3328

资料来源：李喜所《清末留日学生人数小考》，《文史哲》1982年第3期；二见刚史、佐藤尚子「（付）中国人日本留学史関係統計」『国立教育研究所紀要』第94集、1978年3月。

---

① 本书取4.5万人依据的是李喜所《清末留日学生人数小考》列举的截至1905年的数字加上二见刚史统计中1906年以后的数字。理由是，1905年以前日本没有统计，而中国方面的统计基本可信。1906年以后，中国方面的统计数据不全，大多属于推算，而日本官方开始做留学生的人数统计，数据更为可靠。李文所引有人声称1906年向日本输送留学生1.2万～1.3万人，很可能是把当年滞留日本的留学生总数误作一年派出的人数。

　　这些留学生回国后，成了各方面的领军人物，为中国的政治、经济、教育、军事乃至社会各领域的转型做出了巨大贡献。这已经成为历史定论，此处不赘。

　　第二，翻译出版日本书籍。在中日两国文化交往史中，中国向来以文化思想大国俯视日本，日本则一直仰视中国，不间断地从中国汲取文化和思想的营养。这种局面在清廷于中日甲午战争兵败后发生逆转。中国的知识精英不得不深刻反省：中国致败原因何在？日本为何能够由弱变强？反思后发现日本不仅大力发展工商业补齐了器不如人的短板，通过富国强兵夯实了国家实力，更重要的是通过更新法制，推行立宪，引进西方近代的统治体系，使社会治理系统可以比肩西洋。于是，通过留学获取了阅读日文能力的知识精英，在时势的感召下开始扎进日本的书肆，寻找可供中国参考的智慧和思想源泉，由是出现了一个翻译日本书籍，向国人介绍日本，并通过日本介绍和普及西方文化、思想、法律乃至政治制度的热潮。

　　据香港学者谭汝谦调查，这个译书热潮始于1896年，直至日本全面侵华战争爆发而经久不衰。1896～1911年，中国共翻译日文书900余种，译书内容涵盖总类（20种）、哲学（32种）、宗教（6种）、自然科学（83种）、应用科学（89种）、社会科学（366种）、中国史地（63种）、世界史地（175种）、语文（133种）、美术（3种）。① 其中最多的是社会科学，其余依次为世界史地、语文、应用科学和自然科学。在社会科学类中则十分重视政法类书籍，② 笔者根据《中国译日本书综合目录》检视了历年所译政治、法律书籍，发现翻译最多的是宪法（22种），其余依次为法学（21种）、国际法（16种）、政治制度（16种）、民法（13种）、刑法（10种）等，③ 详细内容请参见表0-2。译书所偏重的内容反映了当年国人效法日本革故鼎新的关心之所在。

---

　　①　实藤惠秀监修，谭汝谦主编《中国译日本书综合目录》，香港中文大学出版社，1980，第41页表2。
　　②　实藤惠秀监修，谭汝谦主编《中国译日本书综合目录》，第47页表9。
　　③　熊達雲「近代中日両国における法律近代化過程の比較——法律近代化推進手法の諸特徴」深谷克己編『東アジアの政治文化と近代』有志舎、2009、133頁。

表 0-2　清末中译日本政治、法律书籍统计

单位：种

	1899	1901	1902	1903	1904	1905	1906	1907	1908	1909	1910	1911	小计
宪　法		3	3	5		2	2	3	1			3	22
法规集								1				2	3
刑　法						3	2	2			2	1	10
民　法				3		3		2		5			13
商　法				1		1		4				3	9
行政法				2		1	1	2			1	1	8
民诉法				1		1							2
刑诉法						1		1					3
裁判法				1		1							2
监狱法				1				1					2
警察法	1						2	1				2	6
国际法		1		3		4		1	1			6	16
议院法				1			1		2	1		1	6
政治制度				4	1			3	1	1	1	5	16
法制史			2	2	1				1			3	9
法　学			1	3		5	2	4	1	1		4	21
政治学	1	1		3		1	2			1		1	10
法　制			1	1				2			1	4	9
合　计	2	5	7	31	2	23	12	27	7	9	6	36	167

注：宪法部分包含皇室典范、英国宪法史各 1 种；政治制度部分包含地方自治；法制史部分包含政治史；国际法包含国际公法和私法；法学包含法律辞典。

资料来源：据实藤惠秀监修，谭汝谦主编《中国译日本书综合目录》，第 366 ~ 418 页所列政治、法律书籍目录制作。

另据田涛、李祝环调查，从 1864 年刊行《万国公法》至 1911 年近 50 年的时间里，中国共翻译出版了各国法律法学书 269 种，其中国际法 41 种，外国法律 46 种，法学理论 57 种，宪政类 53 种，其他法律法规及著作 72 种；其中译自欧美各国的 101 种，译自日本的 128 种，其他 40 种。[①] 日本的法律法学书籍基本上翻译出版于 1896 年以后，这一数字比谭汝谦调查的 98 种要多出 40 种，是目前为止比较完整的调查。不用说，这些日籍著述的翻

[①] 田涛、李祝环：《清末翻译外国法学书籍评述》，《中外法学》2000 年第 3 期，第 364 ~ 371 页附录。数字为笔者统计。

译出版，对于普通百姓而言是一场非常及时的近代知识普及运动，对于从事改革的官员而言则得到了可供参考和利用的教科书。

第三，请教习、聘顾问。据日本学者南里知树调查，中国第一次招聘日本教习是中日甲午战争结束后的第二年，即1896年（光绪二十二年）。广东省东文学馆作为日语教习招聘的长谷川雄太郎似是最早的应聘者。但是，招聘的人数似乎不多，直至1900年招聘的教习累计不过25人。[①] 据汪向荣先生研究，清廷开始大量招聘日籍教师始自1901年，[②] 当年招聘的日籍教习就达到26人，超过前五年的总和。随着1902年《钦定学堂章程》和1903年《奏定学堂章程》的相继颁布，近代西式学堂在全国陆续开办，使得各地讲授现代科学课程的教师大量缺乏，因此，不得不从语言相近的日本大量聘请教习来华任教。尤其是1905年日本赢得日俄战争，使中国学习日本的热情更形高涨，加上当年科举取士制度的废除、1906年官制改革的启动，到现代学校求学者数量剧增。与赴日留学者猛增相对应，日籍教师应聘来华人数亦增速迅猛，仅1905～1906年就有五六百人，[③] 到1908年达到高峰，共招聘555人。这种趋势一直到1911年，共持续了11年。[④] 据南里知树统计，这11年间，共招聘了日籍教师3634人，招聘的范围也从教育领域逐渐扩展至工业、农业、矿山、军事、医疗、海关乃至警察和法律等领域，可以说无所不包。[⑤] 这些日籍教师分布在中国的20多个省份，分别任职于705所学校。705所学校中高等教育机构204所，中等教育机构261所，初等教育机构49所，军事教育机构107所，特殊教育机构68所，其他教育机构16所。[⑥] 日籍教师教授的课程涵盖军事、实业、理科、日语、动植博物、法政、音乐体操、图画手工、史地、数学、教育学、幼儿教育、医药学、警察行政等。[⑦] 有的学校聘请的日籍教师甚至多达两位数，如北京警务学堂

---

① 请参阅本书表4-1的统计。
② 汪向荣：《日本教习》，中国青年出版社，2000，第107页。
③ 阿部洋「清末直隷省の教育改革と渡辺龍聖」『国立教育研究所紀要』第115集『お雇い日本人教習の研究』、1988年3月、7頁。
④ 汪向荣：《日本教习》，第107页。
⑤ 南里知樹編「中国政府雇用の日本人」『日中問題重要関係資料集』第3巻第2集『近代日中関係史料』龍溪書舎、1976、2～3頁。
⑥ 依据汪向荣《日本教习》第117页表4统计。
⑦ 请参阅汪向荣《日本教习》第118页表5。

1901～1904 年共聘请 18 人，① 直隶师范学堂 1902 年聘请了 11 人，② 江苏师范学堂 1903 年聘请了 10 人。③

聘请教习的地方也从初期直隶、湖北、江苏等少数改革的前沿地区向广西、贵州等内陆偏远地区扩展。④ 招聘方法亦逐渐规范。1902 年 5 月，李鸿章的幕僚、保定莲池书院山长吴汝纶访问日本，就中国招聘日籍教师达成协议，使教习的延聘由主要通过熟人介绍的方式转变为通过日本文部省指定的民间机构即帝国教育会协助遴选、培训和推荐，以此保障来华教习的品质。

这些日籍教师大多具有大学或高等师范教育学历，⑤ 在日本有丰富的教学经验，其中更不乏知名学者，如著名哲学家服部宇之吉、教育家渡边龙圣、文学家二叶亭四迷、政治学家吉野作造、法学家冈田朝太郎及岩谷孙藏等。⑥ 应该说，在中国近代西式学堂建立之初，日籍教师的加盟对中国教育的近代化建设起了很重要的作用。

在这批教习之中，有一部分人的作用更加特殊。如警务学堂总监川岛浪速⑦，直隶总督府学务司学事顾问渡边龙圣，京师法律学堂教习兼修订法律馆"调查员"冈田朝太郎、松冈义正、小河滋次郎、志田钾太郎等人，他们既是学堂的教习，给学生讲授各自的专业课程，又被赋予对中国的各项改革事业提供咨询和建议的任务。川岛浪速 1902 年向肃亲王提出的

① 弘谷多喜夫「北京警務学堂と川島浪速」『国立教育研究所紀要』第 115 集『お雇い日本人教習の研究』，97 頁表 2。
② 阿部洋「清末直隷省の教育改革と渡辺龍聖」『国立教育研究所紀要』第 115 集『お雇い日本人教習の研究』，11 頁表 1。
③ 陰山雅博「江蘇教育改革と藤田豊八」『国立教育研究所紀要』第 115 集『お雇い日本人教習の研究』，35 頁表 5。
④ 阿部洋「清末直隷省の教育改革と渡辺龍聖」『国立教育研究所紀要』第 115 集『お雇い日本人教習の研究』，7 頁。
⑤ 参阅汪向荣《日本教习》第 111 页表 3 统计。
⑥ 阿部洋「清末直隷省の教育改革と渡辺龍聖」『国立教育研究所紀要』第 115 集『お雇い日本人教習の研究』，7 頁；另据汪向荣《日本教习》第 111 页叙述，教习回国后有的在国立大学担任教授，有的从政出任内阁僚僚。
⑦ 川岛浪速（1865～1948），别号风外山人，日本长野县松本人。国际间谍川岛芳子养父。1882 年入东京外国语学校专修中文，谙熟汉语。1886 年来到中国，以军队翻译身份辗转上海、东北等地搜集情报，从事间谍活动。辛亥革命后，长期从事"满蒙独立运动"，图谋分裂中国。著有《对华管见》，对其图谋分裂中国有赤裸裸的叙述。1901～1906 年，川岛应清廷聘请出任京师警务学堂总监；1902 年，上书庆亲王奕劻，提出创办近代警察制度，并参照日本制度提出了一系列建设措施，为清廷所采纳，对中国近代警察教育和警政制度的建立发挥了一定作用。

《警察意见禀稿》促进了中国近代警察制度的建立；① 渡边龙圣使直隶省成为清廷教育改革的先行者；② 修订法律馆"调查员"起草的各项法律草案对中国引进近代法律体系发挥了重要作用。

第四，游历考察。与留学、译书等学习介绍日本的方式不同，游历和考察的目的是各级官员通过在日本的短期滞留，以游览观光、参观、听取专家学者或者经验丰富人士就具体问题的介绍或讲解并与之展开讨论的方式，达到对日本某些特定领域或事项的深度了解，并将其可资借鉴的经验带回中国，在改革实践中加以运用。

明治维新以前，中国发展水平高于日本，政府和民间都没有游历和考察日本的意愿。与日本经商的中国商人中即使有人希望离开被日本政府指定的居住场所——长崎的"唐人屋"，到日本其他地方游览观光，也为德川幕府的闭关锁国政策所不许。清廷两次败于鸦片战争之后，中国的大门被打开，西方各国的商人、外交官和传教士大量涌入中国，中国社会完全暴露在西方人眼前。针对这种西方人知己但中国人不知彼的不对称现象，有识之士发出了走出国门观察了解世界的呼声，但此时提出的考察对象大多限于欧美各国。

日本对中国派遣官绅赴日本内地游历参观持警惕和限制的态度。1874年5月，明治政府已经制定了《外国人内地旅行允准条例》，允许外国人经过一定程序可以赴日本内地进行学术研究和实业考察与调查。但是这一条例只适用于欧美各国之人，中国人被排除在外。因此，1877年8月日本于东

---

① 《川岛浪速警察意见禀稿》（光绪二十八年），中国第一历史档案馆藏，档案号：2307 号。该禀稿指出，"夫警察之制，无国不有，与武备两相骈立。一为防外之备，对抗外国，以保国利国权。一为治内之具，约束内民，以伸国法国令。二者称为国家两大实力，俱不可一日缺之者。国无武备，则不能介立列邦之中，以保自主。无警察，则一切政令法度，俱归空文。故警察者，譬如人之精神魂魄，一切法度，如四肢五体，一失精神魂魄，则四肢五体不能运动，竟归腐烂"。《禀稿》在分析了清朝的社会政治形势后指出，"可知中国警察，实属急务，较之列国更为重要。既于京都率先创办，须加实力整顿，以为各省之模范，急速推扩以期举国一律，首尾呼应，指挥如意，则庶可皇威伸张，百废振兴，民安其堵，奸凶匿迹，国内靖宁，无所顾虑，然后可以广谋富国强兵之术，挽回将堕国权，以致皇祚无疆矣"。《禀稿》还具体提出了模仿日本警察制度，在首都以及各地建立警察制度的具体做法。但是，不知何故，韩延龙主编的《中国近代警察制度》（中国人民公安大学出版社，1993）却没有提及此《禀稿》。

② 参阅阿部洋「清末直隷省の教育改革と渡辺龍聖」『国立教育研究所纪要』第 115 集『お雇い日本人教習の研究』、7~25 頁。

京首次举办"内国劝业博览会"，中国官绅参观博览会后提出顺便赴日本内地参观考察的要求被日本外务省拒绝。

直至 1879 年，中国才有人正式踏足东瀛对日本进行实地考察。王韬和王之春是其中的先行者。但是，王韬是受日本《邮便报知新闻》总编栗本锄云和《明治诗文》编辑佐田白茅的联名邀请赴日的，属于民间的自发性行为。王韬对他的日本之行颇为自负。他咏诗明志，自诩"两国相通三千年，文士来游自我始"。王之春的对日考察则不同于王韬。他是受两江总督沈葆桢之命，制定预防日本之策，有目的地对日本的军事、政情乃至风土人情加以考察的。因此，他的对日考察受到日本的警惕，被怀疑是在侦察日本，很多日本军事要塞都拒绝其参观，深入日本内地参观的要求也没有得到允许。①

1884 年底，御史谢祖源上奏，建议朝廷指令出使各国大臣让馆内参赞随员在驻在国内游历，考核记载，分门讲求，旨在"察敌情，通洋律，谙制造测绘之要，习水师陆战之法，讲求税务、界务、茶桑牧矿诸事宜"，并提出从知识精英集中的翰林院、朝廷的中央机关中选拔"坚朴耐劳，志节超迈者"分赴国外游历考察。② 光绪皇帝采纳了这份建议，发出上谕命令翰林院、吏部、户部、刑部、礼部、兵部、工部等中央机构推荐优秀人才，经总理衙门统一考试后，择优任命为考察使分遣各国考察，并要求立为定制，每两年选拔一次。但是，光绪皇帝的上谕没人理睬，过了两年没有任何动静。为此，光绪再次发出上谕，严令各军机大臣选送合格人员。在这种情况下，总理衙门才被迫制定《出洋游历人员章程》，确定从中央实缺官位四品以上官员中选派考察使节 10～12 名，以两年为限，考察各国的地形、风俗、政治、交通和武备，逐一记录。考察人员回国后，总理衙门对其呈送的考察报告进行审核，择优褒奖。根据这一章程，六部先后推荐了 75 名候选人，分两次开考，共选出 28 名合格者。然后，光绪帝亲笔从中勾选 12 名，任命为外国游历使，他们分别是李秉瑞、缪祐孙、徐宗培、金鹏、傅云龙、刘启丹、程绍祖、洪勋、陈义唐、顾厚焜、李瀛、瑞云，其中兵部员外郎傅云龙成绩最优，被列为第一名。这就是近代史上首次由国家考试选派的对外考察

---

① 熊達雲『中国官民の日本視察』成文堂、1998、31～32 頁。
② 朱寿朋编《光绪朝东华录》第 2 卷，张静庐等点校，中华书局，1958，第 2195 页。

使，其中负责对日考察的是傅云龙和刑部主事顾厚焜。

傅、顾二人于 1887 年 11 月 19 日登陆长崎，开始了为期半年的对日考察，足迹所及之处有神户、东京府、横滨、大阪府、爱知县等 14 个府县和城市，参观了大中小学、司法机关、官僚机构、军事机关以及各种实业等，并拜会各界知名人士和学者。旅日期间还受到总理大臣兼外务大臣伊藤博文以及其他大臣的接见。总之，对日考察得到了日本各方的协助和支持。考察回国以后，傅云龙撰写了《游历日本图经》，顾厚焜撰写了《日本新政考》，分别介绍了日本的地理风情以及明治维新以后日本的政治社会现实，为中国官场及民众加深理解日本提供了第一手资料。①

可惜这种考察没有持续下去，自此之后便又被束之高阁。直到甲午战争中国战败，中国社会才真正深刻认识到正确认知世界现状、把握世界发展大势的重要性，纷纷建议将派遣官绅赴国外考察作为振兴中国的重要手段之一。著名知识精英、维新改革派人士张謇 1895 年为湖广总督张之洞起草的《条陈立国自强疏》就开宗明义地要求，"宜多派游历人员"分赴各国。他认为洋务运动虽然开展了数十年，"而中外文武臣工，罕有洞悉中外形势，刻意讲求者，不知与不见之故也。不知外洋各国之所长，遂不知外洋各国之所短"，甲午战败的一个主要原因就是不能知己知彼。为此他主张"欲破此沉迷，挽此积习，惟有多派文武员弁出洋游历一策"，"今宜多选才俊之士分派游历各国；丰其经资，宽其岁月，随带翻译，纵令深加考究。举凡工商务、水陆兵事、炮台、战舰、学校、律例，随其性之所近，用心考求"。②正当光绪帝准备采用大臣们的建议，命令总理各国事务衙门制定具体的选考派遣方法之际，慈禧太后发动的宫廷政变使遣使考察外国之议流产。直到1901 年慈禧太后被迫推行新政，朝廷上下呼吁派遣使节考察外国的议论再次高涨，张謇在 1901 年撰写的《变法平议》中更进一步提出"派亲贵游历"。因为派遣这些养尊处优而不问国家安危的宗室、王公、大臣出洋游历，可以让他们体会"道路风涛震恐之险"，"观各国制造、警察、教育、武备一切政治之精，知平时汰侈自大之多妄。而躬与彼诸王周旋：彼通学问

---

① 关于傅云龙、顾厚焜的对日考察详情请参阅熊達雲『中国官民の日本視察』、49～58 页。

② 张謇：《代鄂督条陈立国自强疏》，《张謇全集》第 1 卷，江苏古籍出版社，1994，第 38 页。

而我陋；彼谙政事而我疏；彼躬陈力于军旅行武之间而我惰；相形而拙，宜必愧奋"。认为这些掌握着国家大权的王公贵族对世界现状和大势的了解，将促使他们看到中国与各先进国家的差距而奋起直追，"使天下有安枕之日矣"。①

此后，日俄战争中俄国的战败，对中国朝野的震动可以说是前所未有的，主流意见认为日本战胜俄国，是立宪对专制的胜利，中国要自强振兴，必须彻底改革，像日本那样推行立宪政治。② 在这种背景下，清廷被迫试行宪政。1905 年 7 月，朝廷决定派遣考察政治大臣分赴东西方各国考察即是其中的重大举措。③ 在中央的示范下，地方督抚也纷纷派遣官绅对各国进行分门别类的考察。考察政治大臣经过近一年对美、英、德、法、俄、日等近20 个国家的考察回国后，提出的考察报告几乎众口一词地指出中国实行新政，改革官制，推行立宪，应该效法日本，这一建议实际上也得到朝廷的认可，故而此后从上到下派出的对外考察使团大多以对日考察为主。

对此，笔者曾经做过一些调查。据不完全统计④，直至 1911 年，朝廷中央各级机关共向日本派出考察官员 428 人，地方督抚派出 961 人。考察范围涵盖几乎所有领域，以考察人数多寡区分，依次为教育⑤、政治、军事、实业、警察监狱、博览会、地方制度、农林、法律审判、商业、财政等。⑥

此时的日本，由于先后战胜清廷和俄国，尤其是通过甲午战争和参加八国联军侵华战争从中国获得巨额赔款，国内建设资金充裕，资本主义工商各业迅猛发展，社会面貌日新月异，各种政治、经济和法律制度也逐步完善，统治阶层的自信心大增。因此，与此前极力限制中国考察日本的态度相比，此时转而积极游说甚至主动邀请中国官绅来日考察和调查，企图以此影响中

---

① 张謇：《变法平议》，《张謇全集》第 1 卷，第 66 页。
② 熊達雲「中国のメデアから見た日露戦争」平間洋一編『日露戦争を世界はどう報じたか』芙蓉書房、2010、89～119 頁。
③ 考察政治大臣对西方列国考察的详情请参阅陈丹《清末考察政治大臣出洋研究》，社会科学文献出版社，2011。
④ 笔者的调查主要利用日本外交史料馆收藏的有关中国官绅赴日考察的记录。当年对日考察大部分必须获得日本外务省的许可，因此来日本考察的中国官员，都会在日本外务省留下他们的信息。但是，有些不太重要的考察团或考察人士，也可能没有在日本外务省留下相关信息。因此，这份调查很可能是不完整的。
⑤ 有关对日教育考察情形，请参阅汪婉『清末中国対日教育視察の研究』汲古書院、1998。
⑥ 详阅熊達雲『中国官民の日本視察』第四章。

国的发展方向。在这种背景下，日本中央和各级地方政府以及民间人士对来自中国的考察使团基本上给予了堪称大方的支持和协助。这大概就是美国学者任达将这一时期称作中日关系的黄金时代的原因。①

此外，受派出国考察者大多是中央和各级地方政府的官员，有的甚至是奉命参与或主管某一方面具体改革事务的人物，因此他们的考察具有很强的功利性和实用性。这些考察官员中的很多人回国以后，为晚清的新政、修律和实行立宪做出了各自的贡献。

首先，著书立说，宣传日本明治维新后通过改革取得的各种进步，深刻分析日本取得成功的原因，以开启民智，使国人知耻而后勇，仿效日本，奋起直追。据笔者不完全统计，清末的十几年间，由对日考察者撰写出版的各种考察笔记、考察日记达 183 种，其中教育考察类 34 种，政法考察类 43 种，工商实业考察类 24 种，军事考察类 6 种，一般考察类 60 种，此外还有驻日使馆官员撰写的 16 种。②

其次，考察者回国后多被任命为改革的设计者和领导者，因此他们得以利用自己的地位和身份向朝廷递呈奏折，为各项改革事业建言献策。上自载泽、戴鸿慈、端方等考察政治五大臣，下至董康等修订法律馆的实际操作手，回国以后呈上的奏折成百上千，内容包括教育、司法、财政、官制、军事和宪法等方方面面。③ 许多奏折内容被朝廷采纳，在实践中加以推行。

再次，在实施具体的改革事业中独当一面，身体力行。如罗振玉奉张之洞之命、严修奉袁世凯之命考察日本教育回国后，分别在湖北和直隶推行教育改革；凌福彭考察日本监狱后在推动天津建设模范监狱、建设习艺所改造囚犯等狱政近代化的改革中发挥了十分重要的领导和示范作用。

最后，考察者利用考察获得的知识亲自参与法律修订或编纂，推动中国的法制近代化。例如宪政编查馆 83 名馆员中，有对日考察经历者达 24 人，

---

① 任达：《新政革命与日本：中国，1898～1912》，李仲贤译，江苏人民出版社，2010。但是，这一结论受到著名近代史学者李侃的激烈批判，详见李侃《清末中日关系何来黄金十年》，《天津社会科学》1995 年第 1 期。
② 熊達雲『中国官民の日本視察』附録 1。
③ 其主要奏折可以参阅熊達雲『中国官民の日本視察』、215 頁表 19。

4 名提调中有 3 人考察过日本的宪法或政治，① 奉命考察过宪法的李家驹和达寿回国后被任命为宪政编查馆的提调，李家驹后来还被任命为两名宪法执笔者之一。宪政编查馆实际上是清末推行新政和立宪事业的总参谋部，不仅要起草制定各种法律法规，还要制定各项改革的时间表，督促各中央机关和地方督抚推行和完成所定改革任务。修订法律馆则是负责起草制定民法、刑法、商法、诉讼法等基本法典的机构，37 名馆员中有对日考察经历者多达 18 人，几乎占一半。② 他们在日本法律顾问的协助下，起草推出了多部近代化法典，如民法、刑法、商法、刑事诉讼法、民事诉讼法，为中华法系转变为近代法律体系打下了基础。

总之，对日考察者在晚清各项社会转型探索的事业中都发挥了各自不同的作用，做出了不少贡献。③ 因此可以这样说，晚清中国官绅大规模、大范围地对日考察和调查，对中国社会的转型探索起到了不容忽视的历史作用。

三

综上所述，晚清时期，在日本一次又一次觊觎、蚕食中国的同时，中国方面加快了学习日本的脚步。这种学习和仿效可以说是全方位的。以上所述四种仿效学习日本的方式或形式，学术界都有不少研究成果问世，尤其是对留学、译书、聘请教习、遣使考察等活动，以及它们对中国晚清社会的转型所发挥的作用给予了不同程度的肯定。相比之下，对于聘请顾问来华协助晚清政府展开转型探索的研究，则重视不够。

由于顾问大都被列入教习之中，因此中国中央政府和地方督抚聘请的冠以顾问或类似头衔的日本人究竟有多少，迄今没有人做过专门的调查和统计。同时，晚清政府对于自己的统治体制先是颟顸自负，拒绝借鉴外国，继而不得不承认落后需要借助外力进行改造或改革时，却因戒备来自外国对内政的干涉，在聘请外籍顾问方面疑虑重重，因此，即便求助外籍专家，也很少给予其顾问头衔。所以说，直至清廷覆亡，几乎没有外国人获得由中央政

---

① 熊達雲『中国官民の日本視察』、338 頁表 28。
② 熊達雲『中国官民の日本視察』、359 頁表 29。
③ 详阅熊達雲『中国官民の日本視察』、第七至十章。

府给予的顾问头衔，由地方督抚授予顾问头衔者也是凤毛麟角。而现实生活中，虽然没有顾问头衔却实际从事顾问工作的外国人尤其是日本人应该不在少数。

客观地说，在晚清和民国肇始初期中国开展社会转型的探索过程中，很多方面都可以看到这批顾问的身影。当然不可否认，日籍顾问之中，有些人具有双重身份，甚至充当日本政府的间谍。这种现象在民初的军事、财经顾问身上若隐若现。但是，晚清时期诸如有贺长雄与立宪，冈田朝太郎、松冈义正、小河滋次郎、志田钾太郎分别与大清刑律、民律、监狱律、商律等许多现代法典的编纂，川岛浪速与近代警察制度的建立，渡边龙圣与直隶地方近代教育制度的建设等，日籍顾问的正面作用和贡献都是不容否认的。可是，由于日籍顾问工作的幕后性质，他们为之出谋划策的事业有的半途而废，有的存在争议，因此对于他们的作用和贡献，一段时期鲜有人提及，即使提及也是语焉不详，有的更是受到质疑和批判，甚至被全盘否定。直至20世纪90年代，这种状况才逐步得到改善，出现了实事求是调查和评论外国顾问所做工作的文章和书籍。例如，笔者攻读博士学位期间，于1994年在《早稻田政治公法研究》上发表《论有贺长雄对清末移植宪政尝试的影响和作用》等系列相关文章之后，不少学者开始跟进对有贺长雄的研究，对此问题展开了更具深度和广度的研究及探讨。①

在日本，关于日籍顾问在中国的作用和贡献，研究探讨的文章虽然不能说很多，但也有不少人努力进行过探索。20世纪70年代南里知树编《中国政府雇用的日本人》就是研究者集体劳作的结晶。进入21世纪后，仍然有人关注这项研究，如曾田三郎等人对此就做过集体研究的尝试。他牵头成立了一个由10位学者组成的学术团队，并得到日本文部省的巨额资助，以"近代中国与日本人政治顾问、产业技术者"为题展开了为期三年（2002～

---

① 其主要著述有赵大为《有贺长雄及其〈共和宪法持久策〉》，《近代史研究》1996年第2期；李廷江「民国初期における日本人顾问——袁世凯と法律顾问有贺长雄」『国际政治』（115）、1997；松下佐知子「清末民国初期の日本人法律顾问：有贺长雄と副岛义一の宪法构想と政治行动を中心として」『史学杂志』（110）、2001；张学继《论有贺长雄与民初宪政的演变》，《近代史研究》2006年第3期；曾田三郎《中华民国宪法的起草与日本顾问：以有贺长雄为中心》，《近邻》2006年第49期；尚小明《有贺长雄与民初制宪活动几件史事辨析》，《近代史研究》2013年第2期；尚小明《"二十一条"交涉的另一条管道——总统府相关活动透视》，《安徽史学》2017年第2期；等等。

2004）的调查和学术研究，并于 2005 年发表了他们的研究报告，主要介绍了有贺长雄和民国初期制宪的关系。① 曾田除 2006 年在《近邻》发表了《中华民国宪法的起草与日本顾问：以有贺长雄为中心》的论文外，还于 2013 年出版了专著《中华民国的诞生和大正初期的日本人》，介绍了辛亥革命中日本顾问的活动与作用。② 此外，曾田的报告书还就清末民初赴任中国的教习和顾问编制了一份详细名单，③ 所做研究取得了不少成果。

总之，关于晚清及民国初年日籍顾问在中国活动的研究还存在着许多空白，已经完成的一些研究中存在着很多值得进一步调查、挖掘和探讨的地方。例如晚清中国推行立宪选择日本作为仿效对象，考察宪政大臣们在日本具体学到了什么，是谁指导他们；修订法律馆中四位顾问承担的法律起草编纂工作，为何唯独松冈义正承担的民事关系法律的起草编纂鲜有人提及，甚至对他是否在其中发挥过作用表示怀疑；辛亥革命时期南京临时政府任命的法制顾问寺尾亨以及副岛义一到底发挥了什么作用，这些都是笔者长期以来关注的问题。

有鉴于此，本书除前言、后记外，拟分七章加以叙述。前三章主要探讨和分析有贺长雄与中国的关系。第一章题为"清末中国的宪政探索与有贺长雄"，重点介绍和分析清末推进立宪尤其是编纂宪法的过程中，有贺发挥的作用。该章通过对有贺生平及其宪法学说的介绍，说明考察政治大臣以及考察宪政大臣在日本考察期间，日本政府选择有贺为他们讲述日本宪政的原因。该章还通过对当事人的回忆以及当事者往来信件的分析考订，提出了考察政治大臣之一的端方回国后向朝廷呈递《请定国是以安大计》的幕后操刀手实际上是有贺长雄这一结论。这就使得人们对端方在日本考察期间只做了浮光掠影式的调查，回国后呈递的奏折中提出的八项改革举措却通

---

① 请详阅曾田三郎『近代中国と日本人政治顧問、産業技術者』、課題番号 14310172、平成 14～17 年度科学研究費補助金［基盤研究（B）（2）］研究成果報告書、平成 17 年 3 月、広島大学図書館、0130509346。

② 请参阅曾田三郎『中華民国の誕生と大正初期の日本人』思文閣、2013。

③ 研究成果报告书附录的『中国における日本人教師、軍事、法律、政治顧問、産業技術者』名単，共收录 1196 人的信息，内容包括姓名、出生地、雇佣地、经历/职务、报纸杂志等报道。但是，此名单与南里见树的名单相比，人数只相当于后者的 1/3，而且其中还包括一些并没有前往中国赴任者，如第 34 页收录的梅谦次郎，当时日本报纸虽然报道中国聘其担任"新民法编纂事务监督"，但实际并未赴任。

篇以日本为参考对象所持疑问得以释然。该章还通过迄今没有公开的讲义记录，检索到有贺长雄向考察宪政大臣达寿和李家驹讲解日本宪法和宪政的全部内容，通过分析发现，有贺为清廷描绘的宪政蓝图及推进步骤是：第一，宪政应从官制改革入手，宪法必须秘密制定；第二，宪法体裁应由皇帝钦定；第三，皇室的地位必须与国家并重，武装力量必须由君主掌控；第四，必须设立议会，组织内阁，改革地方制度，制定皇室典范。该章还通过分析李家驹和达寿回国后递交的奏折，指出了有贺对清廷展开的宪政运动所产生的具体影响。

第二章题为"北洋政府法制顾问有贺长雄与袁氏制宪活动"。这一章首先重点探讨和分析了袁世凯政府聘请有贺长雄担任法制顾问的背景和原因，通过日本外交史料馆收藏的档案史料以及有关当事人事后不久的回忆，考证出袁世凯政府聘请有贺的过程，虽然表面上绕过了日本政府，由中国驻日使馆官员与有贺直接商谈确定，而幕后实际上还是经过日本政府的允许才达成合意的，其中起了最关键作用的是日本老牌政治家大隈重信。接着，该章探讨了有贺长雄对袁世凯制宪活动的影响，通过有贺长雄在宪法研究谈话会中的活动及其对《天坛宪法草案》的态度，勾勒出有贺头脑中的民国宪法轮廓，并通过分析解读以有贺长雄名义发表的《观奕闲评》实为袁世凯起草的宪法蓝图，指出有贺欲为袁世凯绘制的蓝图，一是要塑造一个强势总统，二是要建设一个超然内阁，使议会处于一种弱势地位。该章的结论是，袁世凯强行通过的"民三约法"实际上是《观奕闲评》的具体化。

第三章题为"日本对华'二十一条'交涉与有贺长雄"。有贺长雄身为袁世凯政府的法制顾问，本来无权也无必要参与中国政府与外国政府之间外交案件的斡旋。可是，有贺出于国际法学者的良知，对日本外交当局以及日本政府以一种傲慢的姿态把"二十一条"无理要求强加给中国的做法不能释怀，应袁世凯之请，折冲樽俎于中国政府与日本元老之间，为延缓日本对中国的不正当要求而奔走。"二十一条"交涉作为中日两国关系史上的重大事件为世人所知，有贺长雄卷入其中亦为时人言及，但是对于有贺为何以一个法制顾问的身份参与其中不甚理解，有人甚至怀疑有贺是日本政府实施的"苦肉计"。[①] 该章

---

① 《来函照登·来函二》，《北京日报》1915 年 5 月 25 日，第 4 版，转引自尚小明《"二十一条"交涉的另一条管道——总统府相关活动透视》，《安徽史学》2017 年第 2 期。

通过时人的回忆以及外交史料对此加以澄清，对有贺应邀出山及其开展的活动和发挥的作用做了详细介绍，并对其秉承国际良知，对日本政府以武力威胁为后盾进行外交讹诈的交涉手法说"不"的勇气给予了应有的评价。

接下来的三章主要分析和研究京师法律学堂的日籍教习和修订法律馆的日籍"调查员"在清末推行的法制现代化过程中的活动和作用，并将重点放在中国学界知之不详的松冈义正身上。其中第四章题为"日籍法律顾问与法学教习的招聘经纬"。修订法律馆是晚清主持修订传统法律、制定近代化法典的业务机关，修律是清末推行宪政的一个重要方面。为了新型法典在制定完成后能够得到有效执行，清廷在修订法律馆的主导下创办了京师法律学堂，教授学生们以崭新的近代法律知识，使他们具备执行新法律的能力。这些对修订法律馆和京师法律学堂而言不啻为前无古人的事业，而且给予他们完成修律事业的时间又极其紧迫。馆员中传统法律知识极为丰富的人虽然很多，但他们对于起草编纂近代化法典不知从何下手；馆员中不乏留洋尤其是从日本留学归来的年轻人，但知识结构的不完整以及编纂法律经验的匮乏使他们难以独自承担如此重任。解决这一困境的办法唯有从国外聘请专家做顾问和教习。由于朝廷已经确定推行宪政的效法对象为日本，因此这些顾问和教习自然只能从日本招聘。可是，四位京师法律学堂教习和修订法律馆"调查员"，亦即法律编纂顾问一身而二任的冈田朝太郎、松冈义正、小河滋次郎、志田钾太郎是如何应聘到中国的，聘请他们的目的是什么，迄今为止没有见到系统和专门的研究。该章的重点是为了解开这一谜团，对修订法律馆和京师法律学堂招聘顾问的目的，冈田等人受到推荐、接受聘请的经过，以及他们在中国滞留的时间和报酬待遇等细节进行梳理和分析，并意图通过这一个案的分析管窥晚清中国聘请外籍顾问的概貌。

第五章题为"民事关系法律教育的肇始与松冈义正"。上述四位教习兼法律编纂顾问之中，与冈田朝太郎、小河滋次郎、志田钾太郎相比，松冈义正是最不为人了解的一位。他在中国滞留期间到底参与了哪些活动，发挥了什么作用，可以说知之者甚少。该章首先探讨了京师法律学堂设立的经纬、京师法律学堂的课程设计以及教学概况，然后对松冈义正承担的民事关系法律的讲学，通过当时在读学生记录、编撰、出版的讲义教材，按照民法总则、物权法、债权法、民事诉讼法、破产法的顺序逐一进行了介绍，以此了解松冈讲学的特点和教学方法。最后，对松冈为日后中国民事关系法律的教学发展发挥的作用和贡献做出评价，认为松冈在为中国民事法律教育奠定了规范化基础，为中国民事法律教育留下了系统性教科书等诸多方面做出了宝贵贡献。

第六章题为"《大清民事诉讼律草案》的编订与松冈义正的作用"。学者们通过对历史遗留下来的史料进行研究和考订，对冈田朝太郎与大清刑律、刑事诉讼律，小河滋次郎与大清监狱律，志田钾太郎与大清商律等法典的编纂关系，取得了基本的共识，即认为上述几部近代法典分别是在他们三人的参与甚至亲自执笔之下完成的，对他们为中国法律近代化做出的贡献给予了肯定的评价。可是，聘请合同中被指定负责起草编纂大清民律、大清民事诉讼律等民事关系法律的松冈义正却很少有人提及，尤其是讨论大清民事诉讼律的编订时，有些学者对于松冈的作用甚至持一种怀疑态度。

出现这一结果的原因，首先是修订法律馆和松冈本人及其参与者没有留下可资凭证的史料；其次是清廷的覆亡使得当年修订法律馆编纂民事法典的原始资料下落不明；最后可能是由于近代民事关系法典在中国传统法系之中没有独立地位，养成人们不太关心民事关系法律的习惯，研究者自然对此也提不起研究的兴趣。

由于民事关系法律的复杂性，笔者受史料限制，更因能力不逮，无法调查和探讨松冈与整个民事关系法律编纂的关系，故仅能根据现有资料，以一种"迂回包抄"的手法探讨大清民事诉讼律编纂过程中松冈义正发挥的作用。为此，该章通过对松冈来华前参与编纂并已定稿却未能交付日本帝国议会审议且仅在小范围内公开的《日本民事诉讼法改正案》与《大清民事诉讼律草案》以及当时日本实行的《日本民事诉讼法》进行对比，发现《大清民事诉讼律草案》的条文80%以上来自《日本民事诉讼法改正案》，而不是来自大家都熟悉的《日本民事诉讼法》。这就造成一个假象，《大清民事诉讼律草案》之所以与日本当时的民事诉讼法存在诸多不同，可能是修订法律馆中的中国馆员的创意。为此，该章又对修订法律馆中可能负责起草该法律的中国馆员以及松冈的学识和经历进行了调查和对比，发现中国馆员中没有人具备条件编纂民事诉讼法这种复杂且传统中国法典中没有可资参考的法律。因此该章得出结论，松冈义正是唯一有条件起草编纂《大清民事诉讼律草案》的人。

最后一章即第七章题为"中华民国的启航与法制顾问寺尾亨、副岛义一"，主要研究辛亥革命时期被南京临时政府任命为法制顾问的国际法学家寺尾亨和宪法学家副岛义一。武昌城头的枪声引发了辛亥革命。从本质上说，辛亥革命是在日本东京创立的中国同盟会策划和发动的。而同盟会在平时就获得了来自日本社会各界的精神与物质援助。因此，辛亥革命的枪声立即得到了很多同情支持同盟会的日本人士的注意和重视，其中不少人不计个人得失主动地奔赴武汉，与辛亥革命军休戚与共。寺尾亨和副岛义一就是其中的两位。由于他们的法学背景，南京临时政府刚一成立，他们就被任命为政府的法制顾问，负责规划和建设法制与法律。中国社会后来总结回顾这段历史时，对于在革命关键时刻帮助支持过辛亥革命的日本人士，如宫崎滔天、萱野长知等都给予了应有的评价和褒扬。但是不知何故，寺尾亨、副岛义一似乎被人遗忘，他们在辛亥革命中的活动几乎没人言及。有鉴于此，本书特设此章，首先分析日本社会尤其是知识界对辛亥革命的观感和评论，分析了寺尾亨、副岛义一主动来华的目的和动机。接着对寺尾和副岛在《中华民国临时约法》制定过程中发挥的作用，以及在二次革命后国民党人与袁世凯政府斗争过程中所扮演的角色进行了调查和分析。该章还介绍了副岛义一为中华民国绘制的宪政蓝图以及他对中华民国的期待。同时，副岛对袁世凯的法制顾问有贺长雄和美国人古德诺为中国设计的宪政框架展开了尖锐批判，他公开怀疑自己在早稻田大学的同事"有贺博士的真意岂非欲引导中华民国之政治陷于君主制政治之弊窦耶"，同时警告古德诺，中国"如果帝制运动由此而起，酿成国内混乱，其罪责必定至为深重"。对于这些活动，该章进行了详细介绍和分析，并对其活动给予了肯定和评价。

本书之所以选取有贺长雄、松冈义正、寺尾亨和副岛义一作为具体分析对象，就中国政府聘请他们担任顾问的过程、目的以及他们担任顾问期间所负责的具体工作等微观领域加以研究和分析，理由有三。第一，这些人是名副其实的顾问，具有顾问头衔。松冈被授予的头衔虽然是"调查员"，正如本书后续章节中所述，这是清政府为了避嫌，同时避免西方列强援引"利益均沾"都要给中国输送法律顾问的迂回之策。第二，他们在中国从事的工作有一个共通之处，即都是为中国的法制、法律等涉及全局性、全国性、长远性的制度建设提供具体的咨询与建议，有的甚至是身体力行，亲自捉笔描绘蓝图。第三，与当时发挥的作用相比，这些人在中国的知名度很低，有的甚至被遗忘。松冈义正与冈田朝太郎、小河滋次郎、志田钾太郎虽然同为修订法律馆的顾问，参与起草的法律草案可以说最多，但其贡献似乎没有被国人所认知。这不符合中国文化中"滴水之恩当涌泉相报""喝水不忘挖井人"的古训。本书题名《洋律徂东：中国近代法制的构建与日籍顾问》，就是想采用实证的方法，主要利用中日两国的历史档案资料和有关当事人的回忆文章，解析个案。意图通过对这些个案的解剖，从中管窥近代中国社会转型过程中，尤其是在近代法制构建过程中日本顾问的影响和作用。

本书不是一本旨在全面系统分析和探讨清末近代法制构建过程中所有日本顾问扮演角色的一般性叙述，而是侧重于对中国学术界尚未注意或者语焉不详的几位顾问具体活动的个案研究。笔者不能断定，这种个案研究是否有助于全面理解日本顾问在清末中国社会转型探索中发挥的整体作用，但倾向于相信，这种研究通过对具体人物在其中发挥作用的具体事例的挖掘，一定能够集腋成裘，编织出一幅关于日本顾问在清末中国社会转型过程中扮演的或积极或消极、或进步或退步角色的完整图卷，而且这幅图卷中的各色人等一定是各具个性、栩栩如生的！

第一章
清末中国的宪政探索与有贺长雄

引 言

众所周知，清末的宪政探索受到了来自日本的影响。清廷派出的五大臣考察团历时近一年对包括日本在内的各国进行考察，在向朝廷提出的推行宪政的建议报告中，提出的仿效对象就是日本。对此，学术界有不少研究问世。但似乎概括性论述比较多，微观深究者相对较少。[①] 例如，对清末立宪运动发挥过重要作用的有贺长雄的相关论文就鲜有问世，充其量只是在论述某个人物或事件的行文中顺带提及一下而已。[②]

实际上，有贺在清末推进宪政的活动中所发挥的或公开或私下的作用（结果且另当别论），比其他任何一个日本人都来得实在和具体。有贺长雄拥有法学和文学两个博士学位，担任过日本首任首相伊藤博文的秘书、专利

[①] 在有关清末中国宪政运动与日本的关系之类的论文中，陈丰祥《日本对清廷钦定宪法之影响》（收入《中国近代现代史论集》第 16 卷《清季立宪与改制》，台湾商务印书馆，1986）可以说是一篇探讨比较深入的文章，但文章似乎停留于指出受到日本影响的事实及其结果，未能对日本给予清廷影响的途径以及过程进行更加深入的探讨和论述。另外，任达《新政革命与日本：中国，1898～1912》关于宪政运动的描述只有 13 页的篇幅，因此也不可能对之详细论述。

[②] 例如山根幸夫「袁世凱と日本人たち—坂西利八郎を中心として—」（早稲田大学社会科学研究所『社会科学探求』第 30 卷 3 号、1985）就是在论述坂西和袁世凯的关系有所需要时才提到了有贺长雄。直至 2009 年，日本学者曾田三郎所著『立憲国家中国への始動—明治憲政と近代中国—』（思文閣）才相对系统地介绍了有贺长雄在中国推动宪政活动中所发挥的作用。

局局长，在东京帝国大学、早稻田大学以及日本陆军大学执过教鞭，在当时的日本算得上一个知名人物。和其他日本人相比，他对于中国的影响力不容忽视。可是，他对中国的影响及其在中国的活动为何会被历史和世人遗忘殆尽呢？究其原因，或许可以归纳出以下两点。第一，他所致力于理论指导的清廷立宪事业，以及民初以法制顾问身份亲临现场为袁世凯政府献智献力的制宪活动都以失败告终，同时，在袁世凯复辟帝制活动中，有贺长雄作为袁世凯的理解者和支持者卷入其中，给中国民众留下了一个支持复辟的印象。① 因此，活跃于其中的有贺长雄连同失败的事业一起被中国社会所抛弃。第二，在"二十一条"交涉过程中，有贺应袁世凯之请，折冲樽俎于日本元老之间，以图展缓日本对华强硬政策。有贺的这些活动受到以大隈重信为首的日本政府的忌恨，被日本舆论攻击为"非国民""袁仆""卖国贼"，一度被日本社会排斥。② 因此，有贺长雄在日本社会也成了一位不受欢迎的人。

　　本章无意对有贺长雄一生的功过是非做出评判，拟仅就其在清末中国移植宪政的活动中所开展的活动及其作用，特别围绕有贺对清廷提出的立宪蓝图加以分析，以此作为日本对清廷移植宪政产生影响的一个具体案例。为此，有必要先介绍一下有贺长雄的生平。

第一节　亦官亦学的有贺长雄

一　青少年时期的有贺

　　有贺长雄生于明治维新前的 1860 年（万延元年）。其父有贺长邻是大阪一位声名显赫的国学、和歌学专家。有贺长雄的降生，使这位已生有 4 个女儿、时年 47 岁的学者平添了家门延续的希望。此后，有贺长邻的夫人又生下了二女一男，因此，有贺长雄共有兄弟姐妹 7 人，其中姐姐 4 人，妹妹

---

① 当时发生过一件"外臣长雄"的小插曲，缘起于中国一家报社报道了有贺长雄致袁世凯的信件中落款署名为"外臣长雄"。但是据同在袁世凯政府服务的日本人坂西利八郎回忆，外臣长雄的署名是翻译有贺信件的中国官员依据当时总统府内的习惯随意添上的。当然事实到底如何迄今未明。参见坂西利八郎「有賀博士と袁世凱」『外交時報』第 67 卷第 686 号、1933、113～114 頁。

② 详细论述请参阅本书第四章。

2 人，弟弟 1 人，可以说有贺长雄出生在一个人丁兴旺的家庭。

本来，有贺家族是"歌道"① 世家，"继承享德年间（1452～1455）盛行于世的二条流派，与歌道历史上最著名的'古近传授'关系密切"，家门极尽繁华。但是，天保八年（1837）遭遇大盐平八郎②发动的农民暴动，有贺家的三栋用防火结构建造的仓库被义军焚毁，多少藏书和万贯家财化为灰烬。屋漏偏逢连夜雨，有贺家遭受的创痛尚未痊愈，又值明治维新开始，学习歌道的门人作鸟兽散，有贺家的主要收入来源因此断绝。歌道也逐渐被世人遗忘殆尽。因此，有贺长雄朦胧懂事之时，正是有贺家族走向凋落之际，父亲有贺长邻不得不依靠小学教师的工作维持生计。

可是，幼年时期的有贺长雄似乎全然不知家庭生活的拮据，即便进入寺子屋，仍然是一个顽皮的少年，讨厌读书，沉浸于玩耍游乐。后来，大阪办起了小学，有贺长雄被送进了父亲担任教师的小学就读。12 岁那年，有贺长雄在一个偶然的机会获悉家计的艰难和父母的艰辛，幡然悔过，开始自觉努力学习，由一个懒散学生一跃成为学校里的"学霸"。

其时，大阪府知事渡边升③在御堂开办集成校，计划选拔有培养前途的少年入读，向他们讲授西学，以培养精通西学的人才。有贺因此以所在小学第一名的成绩被集成校选拔入学，接受英语教育。集成校旋即停办，改名为大阪官立外国语学校。于是有贺又作为集成校的优等生进入该校就读。

1876 年，有贺长雄为了赚取家庭生活费用而辍学，为当时来日本担任

① 指创作"和歌"（日本体诗歌）、咏"和歌"的技巧和手法的学问。发源于 10 世纪初。初期是为了对抗汉诗而另辟蹊径，后来演变成一种学问体系，称为"歌道"，内容包括歌题、题意的组织化和规范化，关于和歌典故的专业化等。11 世纪中期以后，歌道出现了收徒授艺的传承方式，形成了六条源家、六条藤家、御子左家三派，出现了歌道的秘传化和神秘化乃至绝对化现象。藤原家没后，其子孙分裂成二条派、京极派和冷泉派三派。其中，二条派因二条家的血脉在室町时代断绝而中断，但因门徒继承，二条派在整个中世、近世的日本影响力最大。

② 大盐平八郎（1792～1837），低级武士、阳明学者。因不满幕政辞职，开塾授课，塾名"洗心洞"。1837 年 2 月 19 日，因愤于富豪囤积居奇，发动门下率饥民起义，被镇压后自尽。

③ 渡边升（1838～1913），江户幕府末期肥前大村藩的藩士，明治时期的官僚和政治家。1854年赴江户（东京）学习汉学、练习剑道，青年时期就有尊王之志，结识维新三杰之一木户孝允等维新志士。1863 年以后，他作为大村藩勤王志士的领袖人物奔走呼号，促成了坂本龙马与萨摩藩、长州藩的携手合作。明治维新成功后，先是在长崎裁判所任职，以后历任太政官（明治初年的最高行政机关）权办事兼刑法官（明治初年的最高司法机关）权判事，并经大阪府知事升任会计检查院（相当于今天中国的审计署）院长。

铁路技师的外国人做翻译。有贺的父亲是在与自己因和歌而结缘的挚友花房端莲①的说服下，同意让儿子有贺长雄参加东京开成学校②的入学考试。有贺长雄不负众望，一举成功。③ 翌年 4 月 12 日，开成学校与东京医学校合并，成立东京大学，有贺由此转入东京大学，专攻哲学。在同期学生中，有历任早稻田大学校长、总长、文部大臣的法学博士高田早苗，也有历任早稻田大学第二任校长、《东洋经济新报》主干的经济学博士天野为之。他们既是同窗，又是志同道合的挚友。

有贺长雄以酷爱学习、不落人后的顽强性格闻名。他考入东京大学预科时，同时入学的 80 余人，被分成 A、B、C 三个班。A 班班长是土方宁，B 班班长是丹幸马（后成为有贺长雄的大舅子），C 班班长是泽边春水。当时有贺长雄的名次排在 C 班第九名。其时占据 C 班前几名的都是东京英语学校的毕业生。有贺长雄把这种现象看作大阪开成学校的耻辱，铆足干劲，奋力拼搏，刻苦学习。功夫不负有心人，入学后第一次考试，他的名次升至第二名，第二次考试即占魁首，被指定为班长。此后，每年三次考试，每次都是独占鳌头，一直持续到毕业。④ 据高田早苗回忆，有贺"学习刻苦，因而成绩出众"。在当时，大多数人都选择学习文学及政治学或者经济学，唯独有贺一人选择专攻文学与哲学。据说，当时能够理解外籍教授费诺罗萨讲授的哲学史讲义的恐怕只有有贺长雄一个人，因此有贺长雄特别受到费诺罗萨的喜爱。⑤

二　作为官员的有贺

1882 年（明治 15 年）10 月，有贺长雄大学毕业，获得文学学士学位。

---

① 花房端莲（1824～1899），明治时期的实业家。早期在明治政府历任少参事、大参事。废藩置县后被任命为铁道权助。1889 年担任冈山市首任市长。

② 据查，开成学校分为前期开成学校和后期开成学校，前者肇始于江户幕府 1863 年创办的直辖"开成所"，1868 年 9 月明治维新政府接收并改名为开成学校（1868～1872）；后者系 1873 年作为大学南校"第一大学区第一中学"改编而成的"开成学校"（1873～1877）。1877 年开成学校与东京医学校合并，改称东京大学。故有开成学校为东京大学前身之说。

③ 参阅「青年時代の法学博士、文学博士有賀長雄」『奮闘立志伝』実業之日本、大正 3 年、102～110 頁。

④ 参阅「青年時代の法学博士、文学博士有賀長雄」『奮闘立志伝』実業之日本、102～110 頁。

⑤ 引自高田早苗「故有賀博士を偲ぶ」『外交時報』第 46 巻第 543 号、1927、102 頁。

有贺在东京大学文学部担任准助教授近四年后，于 1886 年 4 月进入元老院①，担任书记官、叙奏任官四等，成为一位年轻的官僚。1889 年 3 月，有贺长雄调入枢密院②，被任命为书记官。③ 当时，伊东巳代治④担任枢密院的书记官兼秘书官的总管，官名为书记官长，旗下配备了四位书记官，他们分别是金子坚太郎⑤、花房直三郎⑥、有贺长雄和津田道太郎，有贺在其中排名第三。1891 年，有贺再次获得升迁，被提拔为枢密院书记官兼议长秘书官，在议长大木乔任⑦以及书记官长伊东巳代治的领导下大展身手。1893年，伊藤博文从枢密院议长的席位再次返回内阁，担任第二届总理大臣。为此，伊藤将他的亲信带至内阁，其中就有枢密院书记官长伊东巳代治、才华出众的书记官有贺长雄和花房直三郎等人。有贺因其才华得到伊藤的赏识，被起用担任内阁书记官兼内阁总理大臣秘书官，开始参与政府的决策。同年

---

① 元老院，日本明治初期的立法机关，职掌制定新法律和修订旧法律。但是法案都是以天皇命令的形式由正院（相当于后来的内阁）颁布，紧急情况下则只有追认之权。因此元老院作为立法机关被授予的权限非常小。

② 枢密院，日本天皇的咨询机构，由枢密顾问组成。由于同时职掌宪法的解释权，因此有"宪法守门人"之称。枢密院的议长、副议长和顾问官是亲任官，议长的位次排名第三，仅次于首相，高于阁僚、元帅等职位。1933 年日本成立"重臣会议"，是推荐内阁首相和进行重大决策的重要机构，枢密院议长亦为成员之一。

③ 有贺长雄大学毕业后至调入枢密院为止的履历引自我部政男、広瀬順晧編『国立公文書館所蔵敕奏任官履歴原書』（上卷）柏書房、1995、442～445 頁。

④ 伊东巳代治（1857～1934），日本近代明治、大正、昭和时期的官僚、政治家。著名政治家、日本首任总理大臣伊藤博文的亲信。曾随伊藤博文赴欧美考察宪法，在日本制定明治宪法过程中发挥了重要作用。首届内阁成立后被任命为首相秘书官，第二届内阁时担任内阁书记官，相当于现在的内阁官房长官。后历任农商务大臣、枢密顾问官、帝室制度调查局副总裁。先后被授予子爵和伯爵勋位。1907 年，伊东将有贺推荐给伊藤博文，有贺得以在制定《皇室典范增补》和《公式令》等法律中发挥重要作用。

⑤ 金子坚太郎（1853～1942），日本近代官僚、政治家。1853 年出生于福冈县，年轻时在藩校修猷馆学习。1871 年随藩主黑田长知前往美国，在哈佛大学学习法律。1880 年担任首相秘书官等职，是伊藤博文的亲信之一。与井上毅和伊东巳代治等参与明治宪法的起草和制定。后历任农商务大臣、司法大臣、枢密顾问官等职，被授予伯爵勋位。此外还担任过日本法律学校（今日本大学）首任校长、二松学舍专门学校（今二松学舍大学）舍长（即校长）。

⑥ 花房直三郎（1857～1921），日本近代的统计学者、官僚、法学博士。历任枢密院书记官、第二届伊藤内阁的总理大臣秘书官、内阁统计局长等职。父亲花房端连，是有贺长雄的伯乐。

⑦ 大木乔任（1832～1899），日本佐贺藩武士、明治时期的政治家、教育家。日本明治维新元勋之一，名列"佐贺七贤"和"明治六大教育家"之一。被授予伯爵勋位。历任参议、元老院议长、枢密院议长、法部大臣、文部大臣。

5 月 15 日，有贺刚过而立之年即被任命为农商务省第四任专利局局长，获得官僚①中地位颇高的职位。

有贺长雄的职业官僚生涯整整有 10 年，先后受到伊藤博文、大木乔任、山县有朋②、伊东巳代治等政治家的重用，参与了诸多枢密决策。据有贺自己回忆，他在枢密院任职期间，参与研究、调查或者负责起草的法律案件为数众多，其中就包括行政裁判法、诉愿法、裁判所构成法、会计法补则、归化法、小学校令等。在帝室制度局担任御用挂时，参与调研或负责起草了诸如摄政令、登基令、皇太子成年令、皇族成年令、皇室令等许多有关皇室的法律草案。此外，有贺还作为秘书官为伊藤、伊东等担任过总理或大臣的政治家撰写了许多讲演词及文章。以伊东巳代治名义出版的《法律命令论》就是其中的一本。③ 据有贺长雄之孙有贺长靖回忆，有贺的书斋里存有各式各样类似法律草案的文稿，上面写满了其祖父用红笔增删的文字。可惜的是，有贺长雄逝世后，由于其祖屋遭受火灾，加上二战结束时遭到美军空袭，所存资料几乎全部化为灰烬。④ 这些给我们今天研究有贺长雄在任官时代如何参与政府决策带来难以克服的困难。不仅如此，它也给本书意图阐明有贺长雄在清末推动宪政中如何为清廷派出的考察日本宪政的官员释疑解惑；在担任北洋政府法制顾问期间具体发挥了什么作用；与北洋政府中的哪些人物交往，如何出谋划策；在"二十一条"交涉中，与日本的哪些政治家和官僚接触，如何折冲樽俎；带来了资料上的困难。

总而言之，有贺长时期参与政府的枢密决策，加之博学多才，与为数众多的政治家维系着广泛的联系。即便在他退出官僚界，投身教育界在大学任教以后，仍然不时地受政府委托作为政府委员或代表参加国际会议。1906～1908 年，清廷向日本派出宪政考察团学习日本的立宪经验时，有

① 在日语语境中，官僚和政治家具有不同的含义。官僚意指通过文官考试（二战前）或国家公务员考试（二战后）升迁至一定级别以上的文职人员，大体上包括课长至事务次官的高级官员。政治家一般指通过选举担任议员以及内阁阁僚和需要经过政治任命的官员。

② 山县有朋（1838～1922），日本近代军事家、政治家。历任内务大臣、内阁总理大臣、元老、司法大臣、枢密院议长、陆军第一军司令官、贵族院议员、陆军参谋总长、陆军大将、元帅等职。被授予公爵勋位。

③ 有贺长雄「帝国憲法における余の実験」早稲田大学出版部『早稲田講演』憲法公布 20 周年記念号、明治 42 年 3 月、41～46 頁。

④ 此据笔者于 1993 年 10 月上旬对有贺长靖的电话访谈。

贺应伊藤博文和伊东巳代治之请，为清政府的宪政考察团讲授日本实施宪政的经验。

三　博学多才的有贺

应该说，有贺长雄在社会上的重要影响，并非因为他的任官经历，而是源自他作为学者取得的成果。有贺博学强识、精力绝伦，涉猎的学问领域极其广泛。如前所述，有贺大学本科攻读的是哲学专业，可他却能根据时势的发展变化灵活自如地将自己的研究方向适时地调整和改变：由哲学转为史学，又从史学转为宪法学，再从宪法学发展为国际法学，然后又从国际法学转为外交史学。此外，他在行政学、财政学、文学、社会学、教育学、心理学、美术等诸多领域都取得了造诣深厚的研究成果。而且，他还把外国的行政学介绍到日本，夯实了日本行政学的基础，因此，把他称作"日本行政学的创始人"亦非过誉之言。

相比于官僚的权势地位，有贺似乎更愿意做一个清贫的学者。他从东京大学毕业后，先在东京大学文学部担任准助教授，负责日本及中国历史的编辑工作。正是在此期间，有贺花费一年时间撰写并出版了他的第一部著作《社会学》。该书共有三卷，第一卷题为"社会进化论"，第二卷题为"族制进化论"，第三卷题为"宗教进化论"。著名社会学家清水几太郎后来评价该书"是日本第一部而且是十分完善的社会学著作"，为奠基并发展日本社会学做出了巨大贡献。[①] 在东大服务期间，他还在外校兼任教职，可见他对教育、学术的热情。例如自 1884 年 9 月起，他就在早稻田大学的前身东京专门学校兼任讲师，负责讲授哲学、国家学、行政学、会计法学等，讲授科目范围十分广泛。[②] 为了更加丰富自己的知识，有贺在进入元老院的半年后，即 1886 年的 11 月，休假一年半到德国柏林和奥地利留学，学习政治哲学、欧洲文明史、心理学等专业。尤其是他师从德国宪法学家施泰因[③]博士

---

① 　清水幾太郎 『日本文化形態論』 東西文庫、1947、76 頁。
② 　参阅早稻田大学大学史编集所编 『早稻田大学史』（下卷）早稻田大学出版部。
③ 　施泰因，全名罗伦兹·冯·施泰因（Lorenz von Stein, 1815–1890），德国法学家、思想家。施泰因是将法国早期的社会主义、共产主义思想以及无产阶级等概念以学术形式系统介绍到德国的第一人。日本准备制定明治宪法时，曾派伊藤博文等人对西方各国的宪法进行过详细考察。日本最终选择德意志式的宪政体制为范本制定日本帝国宪法，据说就是因为接受了时在维也纳大学任教的施泰因的建议。

学习宪法学知识，为他日后确立日本宪法学重镇地位打下了坚实的基础。

有贺长雄是一个精力充沛之人。他总是不间断地挑战一个又一个新的学术目标。据说，"在家里时，除下用餐时间外，总是一个人关在西式楼上的书斋里，心无旁骛地孜孜于耕耘自己的研究和著述，绝不与家人闲聊半句无关的话题"。① 有贺在从政的 10 年里，几乎以一年一本的频率出版自己的著述，从中我们不难看出有贺长雄对学问研究的执着态度。

有贺长雄依靠丰富学识以及笔耕不辍的勤奋精神，发表和出版了众多学术论文与著作。由于笔者知识浅陋，再加上篇幅所限，本书无法将他的著述一一列出，仅能将笔者收集到的其著述的部分目录罗列于后。

《社会学》（三卷），东洋馆，明治 16 年。

《西洋哲学讲义》（井上哲次郎、有贺长雄讲述），东京，明治16 ~ 18 年。

《近世哲学：译解》（鲍文原著，有贺长雄译解），弘道书院，明治 17 年。

《哲学字汇》（弗莱明原编，井上哲次郎、有贺长雄增补），东洋馆，明治 17 年。

《罗马法纲要》（发度黎原著，土方宁、有贺长雄译述），弘道书院，明治 17 年。

《如氏教育学》（上、下卷，葸迷斯、如安诺原著，有贺长雄译注），牧野书房，明治 18 年。

《教育适用心理学》（上、下卷），牧野书房，明治 19 ~ 23 年。

《增补社会进化论》，牧野书房，明治 20 年。

《标注斯氏教育论》（斯边撒原著，有贺长雄译注），东京牧野善兵卫出版，明治 20 年。

《国家哲论》，明治 21 年。

《通信教授教授法》，东京通信讲学会，明治 21 年。

《国家学》，牧野书房，明治 22 年。

---

① 「講師面影——法学博士文学博士有賀長雄」『早稲田講演』1910 年 9 月号、96 頁。

《帝国宪法篇》，東京弌书房，明治 22 年。

《须多因（施泰因）氏讲义笔记》（有贺长雄著），东京小山彦次郎出版，明治 22 年。

《行政学》（上卷内务编），东京，明治 23 年。

《日本古代法释义》，牧野书房，明治 26 年。

《大臣责任论》，明法堂，明治 27 年。

《万国战时公法：陆战条规》，陆军大学校，明治 27 年。

《行政学讲义》，东京，明治 28 年。

《日清战役国际法论》，陆军大学校，明治 29 年。

《帝国史略》，博文馆，明治 30 年。

《近时外交史》，东京专门学校，明治 31 年。

《政法讲义》，讲法会，明治 31 年。

《国际公法讲义录》（海军教育本部编），明治 33 年。

《学校用国史教科书》（上、下卷），三省堂，明治 35 年。

《国家与军队之关系》，偕行社，明治 35 年。

《国法学》，早稻田大学出版部，明治 36 年。

《文明战争法规》，金港堂书籍，明治 37 年。

《战时国际公法》，早稻田大学出版部，明治 37 年。

《满洲委任统治论》，东京，明治 38 年。

《保护国论》，早稻田大学出版部，明治 39 年。

《中等法制教科书》，东京，明治 41 年。

《大日本历史》（上、下卷），东京，明治 42 年。

《日俄陆战战时国际法论》（法文版，法文书名：*Laguerre Russo-Japonaise au point de vue Continental et le droit international*），明治 42 年。

《最近三十年外交史》（二卷），早稻田大学出版部，明治 43 年。

《日俄陆战国际法论》，偕行社，明治 44 年。

《西洋历史》，博文馆，大正元年。

《观奕闲评》（中文），大正 2 年。

《帝室制度稿本》，大正 4 年。

《支那正观》，外交时报社，大正 7 年。

《东亚美术史纲》（费诺罗萨著，有贺长雄译），东京费诺罗萨氏纪念会出版，1921年。

粗略计算，共计41种。[①] 其中还不包括一些经有贺长雄审读出版的书籍。上述书中，有的洛阳纸贵，求购无门，出版社不得不多次重印。如《近时外交史》重印10次，《大日本历史》重印21次。有的书在国际上也获得很高评价，如用法文出版的《日俄陆战战时国际法论》在国际法学界获得好评，得到日本国际法学研究的开拓者的赞誉。[②] 这些成绩充分证明有贺长雄在日本学界具有举足轻重的学术地位。

由于有贺长雄学术功底深厚，继1900年获得法学博士学位后，又于1911年获得文学博士学位，是日本近代学界为数不多的双料博士之一。1911年，和有贺同时获得文学博士学位的只有5人，[③] 其他4人依次是佐佐木信纲[④]、幸田露伴[⑤]、森泰次郎[⑥]和夏目漱石[⑦]，个个都是日本文学界的

---

① 以上书目参阅了伊藤信哉研究室『有賀長雄著作目録　詳細版』、http：//www. s－ito. jp/home/research/db/aridata. htm、検索日期：1994年6月16日，谨此致谢。

② 早稲田大学大学史編集所『早稲田大学百年史』別巻『政治経済学部』早稲田大学出版部、1990、168頁。

③ 『国民新聞』1911年（明治40年）2月23日。

④ 佐佐木信纲（1872～1963），日本著名歌人、国文学者、文学家，毕业于东京帝国大学，历任帝国学士院院士、帝国艺术院院士。18岁时即与其父共同编辑《日本歌学全书》（共12卷），其本人学术著作等身，有《佐佐木信纲全集》（共10卷，六兴出版部，1948～1953）等著作存世。

⑤ 幸田露伴（1867～1947），日本著名小说家。帝国学士院院士、帝国艺术院院士。日本首届文化勋章受奖者。明治时代，幸田与同时代的尾崎红叶一起构建了被称为"红露时代"的黄金时代，有"写实主义的尾崎红叶、理想主义的幸田露伴"之称，为日本近代文学的发展奠定了方向。同时，与尾崎红叶、坪内逍遥、森鸥外一起并称"红露逍鸥"。代表作为《游仙窟》，因论证中国唐代的传奇小说《游仙窟》受到日本作品《万叶集》的深刻影响而出名，并因此作品获得文学博士学位。

⑥ 森泰次郎（1863～1911），通称森泰二郎，号槐南。明治时代的汉诗人。1881年进入太政官，历任图书寮编修官、宫内大臣秘书官，晚年受聘担任东京帝国大学文科大学讲师。获伊藤博文知遇，经常随伊藤到各地考察，1909年伊藤博文在哈尔滨遇刺时他就在伊藤身侧，受到枪击。获授博士学位两个月后去世，终年49岁。有《唐诗选评释》《杜诗讲义》《韩昌黎诗讲义》《淮南集》等著作存世。

⑦ 夏目漱石（1867～1916），日本近代著名小说家、评论家，毕业于东京帝国大学英国文学学科，发表有《我是猫》《心》《公子哥》等作品。为了纪念夏目漱石逝世100周年，日本《朝日新闻》从2016年起重新连载《我是猫》和《心》，足见其在日本文学史上的重要地位。

巨擘。1912 年，有贺还因出版《日清战役国际法论》和法文著作《日俄陆战战时国际法论》获得日本学士院的表彰。①

四 有贺长雄与《外交时报》

有贺长雄为数众多的业绩中还有一件值得介绍，就是他创办了《外交时报》。1898 年 2 月 11 日，有贺长雄经高田早苗以及东京专门学校干事田中唯一郎的斡旋，从东京专门学校会计部融资 2000 日元，单独一人设计创办了时事杂志《外交时报》（月刊）。

《外交时报》编辑部公开的地址设在东京专门学校校园内，实际办公地却在有贺位于东京小石川茗荷谷的私宅内一间狭小的房间里。该刊创刊时，连有贺自己算在内，一共只有 3 名兼职编辑负责写稿、校核和出版发行事务。当时，有贺除在早稻田大学承担很多课时的讲义外，还在东京帝国大学、陆军大学、东京高等商业学校（今一桥大学）、国学院大学担任兼职讲师，讲授国际法或日本史的课程。同时，他还和根本通明②博士一起开展对于中国古典《易经》以及《左传》的研究，和大村西涯③一起研究东洋美术，其忙碌程度非常人所能想象。尽管如此繁忙，有贺还是坚持亲自为每期《外交时报》撰写大部分文稿，以保证杂志的品质和水平。④ 有贺创办这份刊物有其明确的目标，就是为了"代表公众探究列国外交的过去及现在，细究其与远东外交之关系，以提供确定我国态度之资料"⑤。为此，有贺长雄订购了 20 多种英美法德等国家的报纸杂志以及档案资料，经过缜密研究撰写出《半月外交史》。

为了了解有贺长雄为《外交时报》所付出的精力和贡献，笔者对《外交时报》早期发表的有贺署名的文章做了粗略统计。《外交时报》从创刊至第 14 卷，

---

① 『朝日新闻』（東京）1912 年 5 月 13 日。
② 根本通明（1822～1906），幕末、明治时期的儒学者、汉学家。历任藩校明德馆教授、馆长，东京帝国大学教授、帝国学士院院士。
③ 大村西涯（1868～1927），日本近代美术史家、美术评论家。幼名盐泽峰吉，雅号无记庵。毕业于东京美术学校雕刻科。历任东京美术学校教授、帝室博物馆监查部雕刻科主任。讲授雕刻、美术、美学、考古学、东洋史、东洋美术史。因出版《密教发达志》（5 卷），获帝国学士院表彰。
④ 埴原正直「外交時報の父故有賀博士を懐ぶ」『外交時報』第 45 卷 539 号、1927、4 頁。
⑤ 『外交時報』発刊辞、1898 年 2 月 11 日。

大体上设有"报道""社论""外交家传""外交史谈""国际法""公文往来""杂报"等栏目。其中"报道"和"社论"都是署名文章，可以说是《外交时报》的灵魂。这几个栏目中有贺署名发表的文章和社论情况如表1-1所示。

表1-1　《外交时报》早期发表的有贺长雄执笔的文章及社论统计

卷号	署名报道（篇）	有贺署名（篇）	占比（％）	社论（篇）	有贺撰写（篇）	占比（％）	备注
第1卷	25	17	68.0	21	20	95.2	
第2卷	37	13	35.1	11	7	63.6	
第3卷	80	43	53.8	20	13	65	
第4卷	90	47	52.2	14	14	100	
第5卷	91	13	14.3	23	6	26.1	
第6卷	97	28	28.8	40	10	25	
第7卷	88	17	19.3	48	6	12.5	有贺从军不在国内
第8卷	62	2	0.03	46	5	10.9	同上
第9卷	77	19	24.7	38	8	21.1	
第10卷	104	14	13.5	24	5	20.8	
第11卷	104	22	21.2	24	12	50	
第12卷	90	20	22.2	31	15	48.4	
第13卷	73	16	21.9	26	15	57.7	
第14卷	41	8	19.5	3	2	66.7	
合计	1059	279	26.34	369	138	37.3	

资料来源：据早稻田大学收藏的《外交时报》各卷总目录核算制作。

从表1-1所列第1~14卷共14年的统计中可以看到，初创时期署名有贺长雄编纂的前4卷，报道的一半以上、社论的2/3以上都是有贺亲自撰写，第4卷的社论更是全部出自有贺之手。总体而言，前14年共有1059篇报道文章，出自有贺之手的有279篇，占总篇数的26.34%；共发表社论369篇，有贺撰写了其中的138篇，占总篇数的37.3%。而且，其中两年有贺因为随军到中国东北地区观摩日俄战争，所以亲自撰写的报道和社论比较少。如果没有出现这种特殊情况，有贺撰写的报道和社论数量还要更多。因此，有贺长雄被称为《外交时报》之父。①

_____

① 埴原正直「外交時報の父故有賀博士を懐ぶ」『外交時報』第45卷539号。

由于有贺长雄的不懈努力，《外交时报》办得风生水起，影响力大增，成为了解日本外交政策以及世界外交动向的必读刊物。即使今天，该份刊物仍然不失为一份研究当年日本外交的学术性杂志而受到读者的重视。

另外，有贺长雄还作为教育家为人们所熟悉。他不仅培养出了日本外务次官、曾经担任过日本驻英大使的埴原正直等外交官，为日本各界培养出了为数众多的精英领袖，而且为许多来自外国尤其是中国的留学生和视察官员授课，受到了他们的景仰。清廷派出的考察宪政大臣达寿、李家驹等就在日本考察期间听过有贺长雄将近一年的关于日本宪政的讲义。袁世凯北洋政府时期的参议院、众议院的许多议员也都接受过有贺的教导。①

第二节　有贺长雄及其宪法学

一　有贺宪法学理论的形成

1894 年甲午战争爆发，有贺应聘担任日本第二军司令部法律顾问，随军前往甲午战争的前线阵地，这使得有贺第一次得到实地观察中国的机会。翌年，有贺利用甲午战争的战例，撰写出版了《日清战役国际法论》，这是有贺与中国发生的最早联系。日俄战争后，他又连续撰写出版了《满洲委任统治论》和《保护国论》。② 但此时的有贺与中国的政治尚没有任何关联。有贺正式与中国发生交往，应该始自 1906 年清廷派出的出使各国考察政治五大臣对日本的考察。正是自这一年起，有贺在日本著名政治家、也是他此前的上司兼领路人伊藤博文和伊东巳代治的推荐下，成了向考察外国政治和宪政的中国官员解说日本宪法和宪政的老师，而且，自此以后直至去世，有贺与中国结下了不解之缘。

---

① 莫理循致 D. D. Braham 的信（1913 年 3 月 14 日），收入骆惠敏编《清末民初政情内幕——〈泰晤士报〉驻北京记者、袁世凯政治顾问乔·厄·莫理循书信集》（下），刘桂梁等译，知识出版社，1986，第 101～102 页。以下简称《莫理循书信集》。

② 《日清战役国际法论》出版于 1895 年，主要论述日本军队是如何遵照国际法"文明"作战的。书中对于日军占领旅顺时，4 天之内屠杀 6 万多没有战斗能力的平民没有丝毫论及。《满洲委任统治论》和《保护国论》分别于日俄战争之后的 1905 年和 1906 年出版，主要论证日本占领中国东北的合法性。因此，有贺的这三本著作客观上起到了为日本侵略中国张目的恶劣作用。

那么，有贺长雄是因为什么被伊藤博文等人推荐担任为中国考察官员释疑解惑的老师？此后他又是凭什么受到袁世凯器重，长期作为中国政府的法律顾问而发挥作用？其中的原因或许很多，但笔者认为，有贺长雄的学术研究及其精神取向得到推荐者以及中国精英的认可应该是主要原因。为此，有必要对有贺的宪法学理论及其主要思想做一简单梳理。

如前所述，有贺长雄大学本科读的是哲学。毕业后，他一面从政，一面醉心于著述。从行政官僚岗位退下来以后，有贺作为学者和教育者专心于教育和学术研究。但是，有贺的一个最大特点就是他的研究兴趣非常广泛，能够不断地根据日本社会的需求变化不停地变换自己的研究课题。或许是因为他的天赋，或许是由于他的勤奋非常人所能比拟，有贺长雄着手研究过的学术领域毫无例外地都取得了骄人的业绩，这其中就包括他对日本宪法以及宪政的研究。

众所周知，日本明治宪法的制定虽然受到当年蓬勃展开的自由民权运动的很大影响，但仍然不得不说它是在把天皇敕语当作金科玉律的伊藤博文等宫廷派官僚政治家的主导下实现的。伊藤亲手秘密起草明治宪法草案时，有贺长雄刚好在伊藤博文的股肱之一的元老院书记官伊东巳代治手下担任书记官。以有贺当时的地位虽然还没有资格亲自参加宪法草案的起草，但他肯定知道日本不久将颁布宪法，日本将成为一个立宪国家。有贺也一定率先感受到今后日本社会一定十分需要能够准确且恰如其分地解释日本宪法以及宪政构架的宪政理论。

为了迎接和准备这一天的到来，有贺长雄毅然决然地停下他所挚爱的社会学、教育心理学的研究，从 1886 年起，利用一年半的时间赴德国和奥地利留学。有贺师事的指导教授不是别人，正好是伊藤博文考察欧美宪法时为其讲解过宪政宪法理论并推荐日本以德意志宪法为蓝本的维也纳大学的宪法学教授施泰因。日本明治宪法起草过程中，施泰因的宪法理论受到伊藤博文的赞许和应用。有贺选择施泰因为师学习宪法宪政理论，不可能是心血来潮之举，也不可能是出自偶然，这一定是他深思熟虑之后的选择。虽然没有史料作证，但可以推测有贺的留学以及指导教授的选择，其背后有伊藤和伊东的指引。

1888 年 6 月，有贺回国，重返元老院，担任书记官一职。翌年 4 月，日本成立枢密院，伊藤博文任首任议长，伊东巳代治随之从元老院调至枢密院，担任该院的书记官长。有贺长雄作为伊东的得力部下也跟着进入枢密院。当时，日本成立枢密院，一个最主要的目的就是对明治宪法的最终草案做最后的审议和抉择。因此，有贺作为枢密院的书记官，获得了零距离观察和接触枢密院讨论审议宪法的机会，对于天皇的顾问官如何理解明治宪法有了切身的感受。可以说，这些经历对日后有贺的宪法宪政理论的形成有不可忽视的作用。

正当明治宪法即《大日本帝国宪法》草案交付枢密院审议时，在东京专门学校担任兼职讲师的有贺长雄就差不多同时开始执笔撰写并出版《国家哲论》。1889 年 2 月 11 日，明治宪法草案通过枢密院的审议，正式作为《大日本帝国宪法》颁布后，有贺立即运用施泰因教授的宪法学理论，援用枢密院讨论审议宪法草案中的生动事例，结合宪法条文，在大学的讲坛上讲授自己的宪法学理论。而且，明治宪法刚颁布，有贺马上就出版了《国家学》（1889）、《帝国宪法篇》（1889）、《须多因（施泰因）氏讲义笔记》（1889）、《行政学》（1890）和稍后的《大臣责任论》（1894）等有关宪法宪政方面的著作，为明治宪法站台造势。此后，他又开始撰写宪法学方面的理论著述，1900 年以前即以东京专门学校讲义录的形式出版了《国法学》①。这本有关宪法学的学术著作应该是同类著作中最早出版的一本。这可从他 1901 年根据讲义录形式的"国法学"修改后出版的《国法学》自序中窥见一斑。

> ……（明治）25 年更将帝国史略公之于世，尔后即从事国法学之著述，以迄今日。……我帝国大学素来在国法之学开设讲座，聘请专门之士教授之。其所主张者已然制霸海内之教权。然吾而今未待此等诸士，自行先行著述国法学，殆难免僭越之责。然自信唯余欲从日本历史疏释日本之国法，方法聊异于诸士，敢犯不逊之罪。望诸士体谅此意！②

---

① 国法学，即宪法学。该书没有出版日期，但从著者署名"文学士有贺长雄"来看，当系有贺 1900 年被授予法学博士学位之前的出版物无疑。

② 有贺长雄『国法学』（上卷）早稻田大学出版部、1903、1 頁。

有贺长雄以上不无嘲讽的述怀，说明他自己先于其他学者发表宪法学著述，构筑自己的宪法学理论体系，在宪法学领域拔得头筹的。

二　有贺宪法学理论概说

《国法学》充分体现了有贺长雄的宪法观和国家观。这部著作分为上下两卷，共 10 编，长达 1300 页，可说是一部皇皇巨著。这 10 编的标题分别是：日本国法沿革、天皇、政府、帝国议会、官厅（即国家机关。——笔者注）、官吏、自治体（即地方政府。——笔者注）、法律命令、行政、行政监督。这部著作加上诸如《国家哲论》《国家学》《大臣责任论》《行政学讲义》等相关著述，构成了有贺长雄的宪法学体系及其对明治宪法的认知。

明治宪法是在自由民权的理论得到民众高度认同的形势下制定出来的，因此，明治宪法颁布后，对于统治者而言，如何使天皇大权、国家大权免受自由民权主张的干扰是一个至高无上的任务。伊藤博文为此亲自撰写《宪法义解》①，极力宣传天皇主权理论，并且呼吁大学教员按照天皇主权理论讲授宪法。由于伊藤博文等政治人物的推动，天皇主权理论逐渐成为一种为社会承认的学说。东京帝国大学宪法学教授穗积八束乃是其中的一个典型代表。在这种风潮中，有贺的宪法观也不可能例外。由于篇幅的关系以及笔者的知识所限，本书不可能对有贺长雄的宪法观以及国家观做一个全面的介绍，仅对其《国法学》中表达的若干重要观点做一个概括性介绍。

首先，有贺十分强调日本明治国家的特殊性。他认为，"国法学必定是与某一国家的历史相伴始终之学问，世界上不可能有通行万国之国法学"②，并致力于从日本历史的角度来解释日本宪法所确定的国体和政体。据此，有

---

① 最初名为《大日本帝国宪法义解》《皇室典范义解》。起初是井上毅为配合枢密院审议宪法草案而撰写的逐条说明书，题名《宪法说明》和《皇室典范说明》。宪法通过后，经与数名法学家共同讨论修订，将该说明书定名为《大日本帝国宪法义解》《皇室典范义解》。1889 年 4 月，以伊藤博文的私人名义由国家学会公开发行。此后，以《帝国宪法皇室典范义解》为书名多次再版。1935 年再版时，乃定名为《宪法义解》。

② 有贺长雄『国法学』（上卷）、195 頁。

贺据记纪神话①所描绘的日本肇国的故事，主张日本的国家形态经由"血族国家"（神武天皇至钦明推古朝止）、"等族国家"（其中又细分为文教国家、武力国家、德川幕府的国家），因明治维新发展为"公民国家"。有贺认为，日本不同于通过革命推翻君主而建立起来的民主共和政体，也有异于根据君民共识制定宪法、同属君主立宪政体的英国及德国，它是由天皇基于历史形成之地位，自主地钦定宪法建立起来的公民国家。

因此，有贺倡言天皇"作为大日本帝国的主权者"而居于"统治日本之地位"，并非基于"国家之理论"或"宪法之条文"，而是基于"历史之事实"。②他将日本历史与欧洲各国历史进行比较研究后得出结论，欧洲各国的王室几乎都是从以家长的地位私有邦家的封建诸侯转而为立宪君主的，而日本与此不同，日本的天皇自始即是"按照天祖的遗命"，"以国家公务的形式""统治""一般之大八洲国"③的，虽然在一段时期内"发生过私权与公权之混乱"，但"到大政奉还后，统治权再次与天皇之主权合二为一"。当时，德国有一位名叫Bornhak④的宪法学家提出过"国王乃国家""国王依据宪法决定之形式所为之意志表示乃国家之意志表示"的理论。有贺长雄按照这一理论，主张位于"神职"之上的天皇总揽一切统治权，且不负任何责任；此外，帝国议会、政府、司法府以及宫廷机关都是协赞天皇行使统治权的机关，分别要负法律责任和行政责任。⑤

其次，有贺援引施泰因提出的军政、军令分离的理论，提出将军队的编成事务作为军政，归国家统辖；军队的行军作战作为军令，独立于

---

① "记"即《古事记》（据传系柿本人麿根据天武天皇之命编撰），"纪"即《日本书纪》（相传系藤原不比等根据持统天皇之命编撰），是两部记述日本古代史的典籍，成书于奈良时代（710～794）。由于两书皆以皇家的系谱和事迹以及祭祀传承为主轴，与地方神话多层叠加记述日本古代史，因此被称为"记纪神话"。主张天皇史观的日本史家都以此作为天皇统治日本的根源和王权正统性的根据。

② 有贺长雄『国法学』（上卷）、196页。

③ 大八洲国，日本的古称，源自《古事记》《日本书纪》的神话传说，据说是由名叫伊弉诺（いざなぎ）、伊弉冉尊（いざなみのみこと）的两位日本创世神开辟的八个岛屿或称八个洲，它们分别是本州、九州、四国、淡路、一岐、对马、隐岐、佐渡。

④ Bornhak Conrad（1861－1944），德国法学家，柏林大学教授，国际法、宪法学权威。

⑤ 有贺长雄『国法学』（上卷）、353页。

国家之外，并让天皇担任两方的首长，统一管辖军政军令事务。① 他利用陆军大学和海军大学的讲坛，反复强调这一理论，并通过讲演或撰写论文向社会灌输其理论的正当性和现实意义。有贺自己以阐发这一理论而自负，② 军队则在行动上实践了他的理论。有贺当时或许没有想到，正是他的这种理论助长了此后军部的独断专行，使日本走上了军国主义的不归之路。

最后，有贺主张应将天皇的敕令和命令列入法律。当时，宪法已经颁布，议会亦已成立，因此，凡事必须依照法律的呼声甚高，这样一来敕令就变得没有权威及拘束力了，成为保障天皇大权的重大障碍。为了克服这一障碍，有贺根据伊东的指示大力阐述敕令命令乃是法律的理论。③ 据有贺论述，法律是通过立法机关的协赞，经由天皇裁可后成立的，命令是无须经过议会协赞，由天皇自己或者委托内阁、政府机关做出的决定，其权力都来自天皇，在国民都必须遵守这一点上，和法律一样都拥有同样的效力。但是，是采用法律的形式还是命令的形式来规范社会则由天皇决定。④

据以上简要叙述可知，有贺长雄的宪法理论具有强烈的国家至上主义色彩，是在提倡和宣传天皇主权理论，其本人则是实际运用其理论的实践派。在当时，有贺的这些理论和主张不仅获得了日本统治当局的青睐，恐怕也是矢志引进日本式宪政的清廷统治者所倾倒的原因。

第三节　清廷预备立宪的启蒙导师有贺长雄

一　预备立宪，官制改革上谕的颁布与有贺长雄的作用

光绪三十一年（1905）十二月，遵照清廷上谕的命令，5 位考察外国政

① 有贺長雄『国法学』（下巻）、24 頁。另请参阅有贺長雄「天皇と軍隊との関係」『国家学会雑誌』明治 33 年，第 14 巻第 157 号起连载。

② 有贺長雄「帝国憲法における余の実験」早稲田大学出版部『早稲田講演』憲法公布 20 周年記念号、明治 42 年 3 月、44 頁。

③ 请参阅有贺長雄『国法学』（下巻）、第 8 編法律命令。

④ 有贺長雄『国法学』（下巻）、92~93 頁。

治大臣载泽①、尚其亨②、李盛铎③、戴鸿慈④、端方⑤，率领庞大的随行团赴各国考察，以择善引进各国的政治法律制度。

考察团兵分两路，一路由载泽、尚其亨、李盛铎率领，团员共 66 人，除随行留学生、供事官、护卫、随从、理发师等勤杂人员，实际人数 51 人（如表 1 - 2 所示）。载泽一行的任务是考察日本、英国、法国、比利时 4 个国家。据载泽《考察政治日记》载，该考察团的考察路线如下：中国上海—日本—美国（旧金山）—美国（纽约）—英国—法国—英国—比利时—法国，经苏伊士运河、吉布提、科伦坡、新加坡、西贡、中国香港返回中国上海。

另一路由端方、戴鸿慈带队，成员 35 人（详细名单见表 1 - 3）。清廷要求该团考察的国家比较多，共有 9 个，分别是美国、德国、奥地利、俄国、荷兰、瑞士、丹麦、挪威、意大利。据戴鸿慈《出使九国日记》载，该考察团的考察路线是：中国上海—日本—美国—英国—法国—德国—丹麦—瑞典—挪威—德国—奥地利—匈牙利—俄国—荷兰—瑞士—意大利，经埃及塞得港、亚丁、锡兰（斯里兰卡）、新加坡、中国香港返回中国上海。

---

① 载泽（1868～1929），全名爱新觉罗·载泽，初名载蕉，字荫坪。满洲正黄旗人，晚清宗室大臣，立宪派重要人物。清圣祖爱新觉罗·玄烨六世孙，愉恪郡王爱新觉罗·胤禑五世孙。因其父奕枨过继给嘉庆帝的第五子绵偲做后嗣，载泽先后袭封辅国公（1877）和镇国公（1894），光绪三十四年加贝子衔。历任度支部尚书、督办盐政大臣、度支大臣。考察回国后著有《考察政治日记》。

② 尚其亨（1859～1920），字惠丞，号会臣，晚号达庵，海城人，隶汉军旗。清朝平南敬亲王尚可喜第七子，和硕额驸尚之隆八世孙。光绪十八年进士。历任福建布政使、山东督粮道、山东布政使等。出使考察时在山东布政使任上。

③ 李盛铎（1859～1934），字义樵，号木斋，别号庵居士等，晚号麐嘉居士。江西省德化县（今九江）人。近代著名政治家、收藏家。历任清朝翰林院编修、国史馆协修、江南道监察御史、内阁侍读大学士、京师大学堂总办、顺天府府丞、山西布政司、山西巡抚等职。民国后，又先后担任大总统顾问、参政院参政、农商总长、参政院议长等职。出使考察时任驻比利时公使（顺天府府丞）。

④ 戴鸿慈（1853～1910），字光孺，号少怀，晚号毅庵，广东南海人。戴鸿慈自幼聪颖，23 岁中进士，授翰林院编修。戴鸿慈身历咸丰、同治、光绪、宣统四朝，历官刑部侍郎、户部侍郎、刑部尚书、军机大臣、太子少保等。出使考察时任户部右侍郎，出发后即升任为礼部尚书。考察回国后著有《出使九国日记》。

⑤ 端方（1861～1911），全名托忒克·端方，字午桥，号陶斋，清末大臣，金石学家。满洲正白旗人，历任陕西按察使、布政使，并代理陕西巡抚，河南布政使、湖北巡抚、湖南巡抚、闽浙总督、直隶总督、北洋大臣等职。出使考察时任湖南巡抚，出发后即被提拔为闽浙总督。宣统三年起为川汉、粤汉铁路督办，入川镇压保路运动，为起义新军所杀。

表 1 - 2　载泽等三大臣率领之外国政治考察团成员名单

姓名	时任官职	团内职务	姓名	时任官职	团内职务	姓名	时任官职	团内职务
载泽	镇国公	大臣	段庆熙	浙江候补知州	随员	崔曾耀	山东候补知县	随员
尚其亨	山东布政使	大臣	夏曾佑	安徽候补直隶州知州	同上	关景贤	分用补用知府	医生兼翻译
李盛铎	驻比利时公使	大臣	姚鹏图	山东补用知县	同上	曹俊康	县丞衔	翻译
左秉隆	分省补用道	一等书记官	杨仙麟	浙江候补知县	同上	欧阳祺	候选县丞	翻译
吴宗濂	同上	二等书记官	刘钟琳	江西补用知县	同上	刘长礼	外务部翻译	翻译
周树模	掌江西道御史	同上	刘恩源	分省试用县丞	同上	赵炳泰	大学堂检察官	自费随员
刘彭年	掌湖广道御史	同上	朱淑程	分省补用直隶州知州	同上	苏舆	翰林院庶吉士	同上
钱恂	分省补用知府	同上	周蕴华	盐大使衔	同上	周光荣	知府	同上
陈恩焘	山东候补道	同上	黄瑞麒	翰林院庶吉士	同上	德谦	户部笔帖式	留学生
世善	浙江衢州知府	三等书记官	王綦陶	候选知县	同上	曹典初	翰林院庶吉士	同上
冯国勋	江苏候补知府	同上	杨守仁	湖南举人	同上	陈焕章	内阁中书	同上
唐宝锷	翰林院检讨	随员	沈鞠宸	福建贡生	同上	曹典诏		同上
严璩	江苏补用道	同上	蒋履福	江苏贡生	同上	王兼善		供事官
柏锐	商部员外郎	同上	徐世襄		同上	赵履亨		护卫
李焜瀛	刑部郎中	同上	张允恺	举人阴用通判	同上	韩宗瀛		同上
赵从蕃	工部郎中	同上	顾金寿	山东候补知府	同上	荣勋		
戴鸿慈	外务部主事	同上	钱锡霖	候补知县	同上	乌拉熙春		
杨寿枏	商部主事	同上	葆精	广东候补知县	同上			
钱承誌	同上	同上	文澜	知府职衔	同上			
李经备	翰林院编修	同上	德奎	分部笔帖式	同上			
罄龄	湖北补用道	同上	尚久勤	候选知府	同上			

注：除表中所列，还有随从 4 人，理发师 3 人。

资料来源：据「政务处视察ノ为清国大官ヲ各国ニ派遣一件」（日本外交史料馆藏，No. 1 - 6 - 1 - 20）制作。

表1－3　戴鸿慈、端方率领之外国政治考察团成员名单

姓名	籍贯	时任官职	姓名	籍贯	时任官职	姓名	籍贯	时任官职
戴鸿慈	广东	户部右侍郎	陈琪	浙江	选用同知	蔡琦		湖北派遣考察员
端方	满洲正白旗	湖南巡抚	金焕章	浙江	湖南候补知县	周宏业		奉天派遣考察员
伍光建	广东	候选知府	潘睦先	江苏	湖北候补同知	张大椿		同上
施肇基	浙江	候选知府	罗良鉴	湖南	江苏震泽县知县	陈焕章		广东派遣留学生
温秉忠	广东	道衔	田吴昭	湖北	选用知县	欧阳玉		
刘若曾	直隶	长沙府知府	佰晋	满洲	直隶候补知县	唐南		
邓邦述	江苏	翰林院编修	陈毅	四川	湖北候补知州	梁祺先		四川派遣留学生
关冕钧	广西	同上	朱纶	云南	候选同知	黄宝森		浙江派遣留学生
熊希龄	湖南	翰林院庶吉士	唐元湛	广东	不明	卢硕		
陆宗舆	浙江	内阁中书	姚广顺	湖南	不明	施恩		
麦鸿钧	广东	翰林院庶吉士	舒清阿	驻防荆州	湖南省备军统带官	施国琛		江苏派遣留学生
冯尚光	广东	道员	关荣麟	广东	不明	施厚元		
管尚平	江苏	同知	吴勤训	安徽	不明	施联元		
岳昭燏	浙江	候选知县	谢学瀛	江苏	不明	王春照		
王伊	河南	户部主事	刘驹贤	直隶	不明			
唐文源	广东	候选盐大使	金鼎	广东	湖北派遣考察员	共计46人		

资料来源：据戴鸿慈《出使九国日记》（钟叔河主编《走向世界丛书》），岳麓书社，1986，第320～321页制作。

本章的目的并非对五大臣考察外国政治活动做全面考察和介绍，因此，有关他们的考察活动本章不做深入论述，[①] 只对日本人有贺长雄和考察团之间的关系做一点考证，以增加分析考察政治大臣活动的一个侧面。

考察政治五大臣经过对上述各国 7 个多月的考察后，于翌年 7 月相继回国。载泽和戴鸿慈刚刚回国不久，即先后代表各自的考察团，依据考察结果向朝廷提出奏折，主张制定宪法，推行立宪政治，开展官制改革。载泽在奏折中开宗明义地指出，"宪法者，所以安宇内，御外侮，固邦基，而保人民者也"，认为在"立宪政体，利于君，利于民，而独不便于庶官者也"。他在介绍了西洋各国制定宪法的国内外原因后，认为在"我国东邻强日，北界强俄，欧美诸邦，环伺逼处，岌岌然不可终日"的形势下，为了"保邦致治"，唯有制定宪法，推行宪政一条路可走。为此，载泽提出 3 条锦囊妙计，分别是"宣示宗旨"、"布地方自治之制"和"定集会、言论、出版之律"，建议"期以五年改行立宪政体"。[②]

与载泽"期以五年改行立宪政体"的主张相比，戴鸿慈的奏折则提出应以 15 年或 20 年为实行立宪之期，并根据日本的经验，主张立宪之前应先行改革官制。他说，"臣等窃观日本之实施宪法在明治二十三年，而先于明治七年、明治十八年两次大改官制，论者谓其宪法之推行有效，实由官制之预备得宜"。认为清朝推行宪政，应该向日本那样仿效欧美，取长补短，尽利去弊，声言"中国今日欲加改革，其情势与日本当日正复相似，故于各国得一借镜之资，实不啻于日本得一前车之鉴，事半功倍，效验昭然"。[③]为此，他根据日本的经验，提出了 8 项具体改革措施，"一曰宜略仿责任内阁之制，以求中央行政之统一"，"二曰宜定中央与地方之权限，使一国机

---

① 关于五大臣的考察活动，载泽的《考察政治日记》和戴鸿慈的《出使九国日记》有详细记述，同时学者对其研究的著述也很多，近年则有陈丹《清末考察政治大臣出洋研究》，详细请参阅以上日记和有关学者的著述。

② 详细内容请参阅《出使各国考察政治大臣载泽等请以五年为期改行立宪政体折》，故宫博物院明清档案部编《清末筹备立宪档案史料》（上），中华书局，1979，第 111 ~ 112 页。此后不久，载泽还呈递了《奏请宣布立宪密折》，认为"宪法之行，利于国，利于民，而最不利于官"。他根据伊藤博文等人对日本宪法的讲解，指出皇上于宪法中所拥有之特权，认为改行宪政，一可以永固皇位，二可以减轻外患，三可以消弭内乱。参阅《清末筹备立宪档案史料》（上），第 173 ~ 176 页。

③ 《出使各国考察政治大臣戴鸿慈等奏请改定全国官制以为立宪预备折》（光绪三十二年七月六日），《清末筹备立宪档案史料》（上），第 367 ~ 368 页。

关运动灵通"，"三曰内外各重要衙门，皆宜设辅佐官，而中央各部主任官之事权尤当归一"，"四曰中央各官宜酌量增置、裁撤、归并"，"五曰宜变通地方行政制度，以求内外贯注"，"六曰裁判与收税事务，不宜与地方官合为一职"，"七曰内外衙署，宜皆以书记官代吏胥"，"八曰宜更定任用、升转、惩戒、俸给、恩赏诸法及官吏体制，以除种种窒碍而收实事求是之效"。①

朝廷认可了载泽、戴鸿慈两人的主张，于光绪三十二年七月十三日颁布上谕，决定预备立宪，推动官制改革。上谕宣示：

> 我朝自开国以来，列圣相承，谟烈昭垂，无不因时损益，著为宪典。现在各国交通，政治法度，皆有彼此相因之势，而我国政令积久相仍，日处阽险，忧患迫切，非广求智识，更订法制，上无以承祖宗缔造之心，下无以慰臣庶治平之望，是以前派大臣分赴各国考察政治。现载泽等回国陈奏，皆以国势不振，实由于上下相睽，内外隔阂，官不知所以保民，民不知所以卫国。而各国之所以富强者，实由于实行宪法，取决公论，君民一体，呼吸相通，博采众长，明定权限，以及筹备财用，经画政务，无不公之于黎庶。又兼各国相师，变通尽利，政通民和有由来矣。
>
> 时处今日，惟有及时详晰甄核，仿行宪政，大权统于朝廷，庶政公诸舆论，以立国家万年有道之基。但目前规制未备，民智未开，若操切从事，涂饰空文，何以对国民而昭大信。故廓清积弊，明定责成，必从官制入手，亟应先将官制分别议定，次第更张，并将各项法律详慎厘定，而又广兴教育，清理财务，整饬武备，普设巡警，使绅民明悉国政，以预备立宪基础。著内外臣工，切实振兴，力求成效，俟数年后规模粗具，查看情形，参用各国成法，妥议立宪实行期限，再行宣布天下，视进步之迟速，定期限之远近。著各省将军、督抚晓谕士庶人等发愤为学，各明忠君爱国之义，合群进化之理，勿以私见害公益，勿以小忿败大谋，尊崇秩序，保守平和，以豫储立宪国民之资格，有厚望焉。②

① 《清末筹备立宪档案史料》（上），第 368～380 页。
② 《清末筹备立宪档案史料》（上），第 43～44 页。

晚清的预备立宪活动由此拉开序幕。

通读载、戴两份奏折，可发现双方有一个共同点，他们提出的主张都受到日本推动宪政过程中所取对策之影响。载泽在日本滞留考察将近一个月（1906 年 1 月 16 日至 2 月 13 日），考察期间，日本著名宪法学家穗积八束、亲自参与过日本宪法制定全过程的金子坚太郎就日本的宪政体系为之做了详细讲解，① 首任首相、日本宪法的捉笔者伊藤博文甚至亲自推荐中国模仿日本的立宪政治体制。② 因此，不难理解载泽及其考察官员明晓引进日本式的立宪政治于清廷有益无害，从而主张仿效日本经验推动预备立宪。但是，戴鸿慈率领的考察团，其考察重点放在欧美各国，在日本仅仅停留了一个星期，除参观过一些教育和金融机构外，对日本宪政几乎没有做过考察。③ 那么戴鸿慈的奏折为什么也会力主效法日本，所提 8 项官制改革措施几乎都以日本为借鉴，对于日本宪政的理解似乎比载泽还要深刻呢？这一点令人觉得不可思议。

这一疑问在清廷覆亡后，由相关当事人的回忆和作证得到解释。事实上，戴鸿慈奏折中提出的主张，由于有日本的前车可鉴，步骤可行，在预备立宪的上谕颁布后推进的官制改革中基本上全部得到了采纳。戴鸿慈的奏折之所以如此接地气，是因为有日本人捉刀参与。此捉刀者不是别人，正是有贺长雄。据有贺自己撰写的文章介绍，其前后经过如下所述。

> 正如读者诸君所记忆，明治三十八九年前后，清朝政府向欧洲各国派遣特使，研究宪政。其时未向日本遣使，因而人皆惊讶。但在三十九年四五月之交，担任考察宪政大臣被派遣至英国之端方，派遣现于民国政府位居重要职位之某氏，以使节身份来到日本，密令时驻东京之清朝公使曰：我等一行在英国听取诸多学者及政治家讲解宪法，然所听讲解

---

① 穗积八束为载泽考察团讲解的详情请参阅《政治官报》第 20 号，光绪三十三年十月初九日，第 599~640 页；金子坚太郎的讲解请参阅《政治官报》第 4 号，光绪三十三年九月二十三日，第 518 页。

② 伊藤博文向载泽推荐清朝立宪应以日本为榜样的对话见载泽《考察政治日记》，钟叔河主编《走向世界丛书》，岳麓书社，1986，第 579~582 页。

③ 据戴鸿慈《出使九国日记》（钟叔河主编《走向世界丛书》，岳麓书社，1986）记载，戴一行是农历十一月二十七日抵达神户，十二月二日离开日本前往美国的。其间在神户参观过中华会馆、同文学校、同文会馆，在横滨参观过正金银行和大同学校等。

太多之故，终不知其所云，殆坠入五里雾中。遂感回国后必须提交之报告书之撰写稍有不便，宜请一日本学者撰写报告书。至于其内容固非所择，一任撰写者推敲。于是清朝公使馆官员先商之于高田博士，博士则推荐余撰写。余谓不知端方氏一行在英国所听内容，撰写报告书殊为困难。公使馆官员曰：此事绝毋庸过虑，唯想象其所听大概内容，将其记述足矣。唯一条件乃望就地方官官制，主张中央集权最适清朝国情并具其案。接此大胆之请，余殆不堪抱腹，然余受好奇心驱使，两周内撰写完毕所请之报告书。清朝在日本留学之某某学生则夜以继日将其翻译，授予端方之使者。诸位勿惊，此份报告书恭呈西太后，颁布了中央集权主义之官制。①

若有贺长雄所叙事实无误，该报告书应系为戴鸿慈和端方所率领的九国考察团所撰写。那么，以戴鸿慈等名义呈交朝廷的题为《出使各国考察政治大臣戴鸿慈等奏请改定全国官制以为立宪预备折》的奏折，当系在有贺长雄代拟的报告书基础上润色而成。

二　有贺为考察宪政大臣捉刀政治考察报告的真伪

那么，有贺长雄的说辞是否真实，有无夸大其词的成分呢？严格地说，我们不能以有贺的一家之言断谳，必须对其进行认真的鉴别、考订和分析。

应该指出，有贺所言"明治三十八九年前后，清朝政府向欧洲各国派遣特使，研究宪政。其时未向日本遣使，因而人皆惊讶"一段，不符合历史事实。实际情况是，清廷派出的两路考察团都是经由日本前往其他国家考察的。载泽一行对日本考察将近一个月，参观了日本的帝国议会、裁判所、警察机关以及教育、企业等机构，听取了穗积八束、金子坚太郎、伊东巳代治等法学家和明治宪法的起草者的讲解；伊藤博文还和考察团座谈，用英文讲解和解答考察团成员提出的疑问。戴鸿慈和端方考察团也在日本滞留了一个星期，如前所述，在日本参观过一些学校和金融机关，对日本有一点感性认识。但是，仅仅在日本滞留过一个星期的戴鸿慈和端方，是否有足够的能力提出他们在奏折中阐述的主张和措施呢，是否真的得到过有贺的帮助呢？

① 　有賀長雄「中華民国顧問の応聘始末」『外交時報』第 17 卷第 207 号、1913、2～3 頁。

所幸戴鸿慈考察完成之后，出版了《出使九国日记》，对他们的考察行程做了比较详尽和客观的记载。这就给我们分析有贺长雄是否真的为戴鸿慈、端方撰写了考察报告提供了一份间接的证据。笔者阅读戴鸿慈的考察笔记，与其后来呈递的奏折进行比较后发现，可以从以下 3 个角度论证有贺所言非虚。

第一，如上所述，戴、端一行是经由日本赴欧美各国考察的，他们在日本的滞留时间仅有一个星期，不仅没有考察日本宪政的实施情况，也无暇和日本政府的重要政治人物以及学者发生接触，因此可以说，他们对日本的宪政虽然可能通过书籍有所了解，但对日本宪政实施的现状应该是了解有限。虽然考察团成员中有诸如陆宗舆[①]、熊希龄这样曾留学日本的人，但他们每天旅途劳顿，需要应付规定的考察任务，因此既没有时间浏览有关日本宪政的书籍，更没有静心撰写奏折的环境。戴鸿慈、端方以及考察团成员在欧洲考察期间显然不可能写出以日本为借鉴推行官制改革，作为立宪之先驱的长篇奏议。而从戴鸿慈、端方回国后不久即已提交奏折的情况看，可以肯定执笔者另有其人。

第二，与载泽一行相比，戴、端一行与其说是考察外国政治和宪政，不如说他们更倾向于观览近代文明更加贴切。戴鸿慈的《出使九国日记》自离开北京后，逐日毫无遗漏地记载了考察的行程，有相当多的地方是以分钟为单位记叙考察情形的。长达近 8 个月的庞杂记录中，不是关于谒见大总统、国王，拜会首相、大臣的描述，就是对宴会应酬，或参观学校、博物馆、工厂、银行、兵营、码头以及游览名胜古迹的叙述。除为数不多介绍外国议会会场的布局、议员的构成、内阁构造和组织者之处外，直接议论立宪政治的地方只有 5 处。

第一处出现在序言里，认为百闻不如一见，此次考察的所闻所见并不如

---

① 陆宗舆（1875~1941），字润生，日本早稻田大学毕业。考察外国政治时，陆以内阁中书的身份担任考察团的参赞。出洋考察前，陆曾在《晋报》（光绪三十一年七月十六日，1905年 8 月 16 日）上发表过题为《立宪私议》的文章，对日本宪法以及三权的构造做过简要介绍（见《东方杂志》第 2 卷第 10 期，1905 年，第 165~169 页）。考察回国后，历任奉天洋务局总办兼管东三省盐务、宪政编查馆馆员、资政院议员、印铸局局长、度支部右丞并代副大臣。中华民国成立后，历任袁世凯总统府财政顾问、特命驻日全权公使等职，参与"二十一条"谈判，1919 年五四运动时，被爱国学生指认为亲日派而受到批判。1940年，汪伪国民政府成立，被聘为行政院顾问，堕落为汉奸。

社会上所宣传的那般美好，民权也好，自由平等也罢，"更深入言之，即今日文明诸国之政治，皆吾国所固有，并无不具其精髓者"。① 第二处记叙的是在赴美国途中的轮船内讨论考察方针的情况，确定了 6 条考察方针，即"立宗旨，专责任，定体例，除意见，勤采访，广搜索"。② 第三处是在德国读到日本人青木撰写的伊藤博文考察德国宪法时与德皇威廉一世③谈话后的感想。日记的作者一面肯定立宪之要在自治，自治之要在民兵的主张，同时又认为在中国终不可行，因为他认为，民众当兵以后，一旦生活拮据，必定变为强盗无疑。④ 第四处是谒见德国皇帝时的问答应对。日记介绍说，德国皇帝⑤认为，变法应符合自己的国情，大可不必全部仿效外国。如果外国的东西不理想，还不如维持原状更好。⑥ 第五处是介绍和俄国前财政大臣维特⑦的谈话。据说维特认为中国立宪的预备期应该需要 50 年。对此，甚至连戴鸿慈也觉得 50 年太迟，不能轻率地附和他的意见。⑧

　　第三，日记中还有许多关于让非考察团成员担当考察任务，让考察团成员留在考察对象国继续考察，以及提前派遣成员前往考察对象国考察的叙述，但是关于听取考察对象国的政府要员或学者讲解宪法或宪政的叙述，只

---

① 戴鸿慈：《出使九国日记》，第 297 页。
② 戴鸿慈：《出使九国日记》，第 332 ~ 333 页。
③ 德皇威廉一世（Wilhelm I, 1797 - 1888），出生于普鲁士王室，全名威廉·腓特烈·路德维希（Wilhelm Friedrich Ludwig），普鲁士国王（1861 ~ 1888）。威廉一世继承普鲁士王位后，在俾斯麦的协助下，改革军制，经过三次王朝战争而一统德意志，建立德意志帝国。1871年，就任德意志帝国第一任皇帝。威廉一世少年时期从军参加反拿破仑战争，中年残酷镇压护宪运动，号称"屠夫霰弹亲王"。威廉一世死后，因为德意志统一的伟大成就，被其孙威廉二世尊为大帝，号称"威廉大帝"。
④ 戴鸿慈：《出使九国日记》，第 398 页。
⑤ 此时的德国皇帝全名弗里德里希·威廉·维克多·阿尔伯特·冯·霍亨索伦（Friedrich Wilhelm Viktor Albert von Hohenzollern, 1859 - 1941），史称威廉二世（Wilhelm Ⅱ von Deutschland），是威廉一世的长孙，末代德意志皇帝和普鲁士国王以及霍亨索伦家族首领。登基后与铁血宰相俾斯麦发生过冲突，对社会主义思潮持比较公允的态度。
⑥ 戴鸿慈：《出使九国日记》，第 407 页。
⑦ 维特（Witter, 1849 - 1915），沙俄帝国末期的财政大臣，主持俄国财政十多年，对俄罗斯资本主义的发展起到过重大作用。维特对外主张实行东进政策，向中国扩张，1898 年，俄国从清政府获得了包括旅顺和大连湾的关东州租借权。他主张和清朝建立攻守同盟条约，共同对付日本。但后来因主张与日本和平竞争，遭到军方反对，被转任闲职。日俄战争后，维特主持颁布了俄国第一部宪法，稳定了俄国内政。旋因无法处理改革派和保守派的矛盾去职。
⑧ 戴鸿慈：《出使九国日记》，第 485 页。

有一处。换言之，拿着政府经费白银 26 万两，[①] 身负考察外国政治重任的戴、端两大臣及其考察团成员，可以说几乎没有开展实质性的宪政考察。这与日本为了制定宪法于 1882 年派遣伊藤博文考察欧美宪政的情况相比简直是天壤之别。当时，伊藤考察团在欧美各国滞留近 8 个月，除谒见各国元首、总理等礼节性拜访活动外，更多的是请当地大学的知名教授、学者、司法实务人员讲授宪法、宪政的具体结构及其实施状况，并与之切磋贯穿宪政中的法理，探讨实施宪法的具体办法及其利害得失，其程度可以用废寝忘食来形容。晚清宪政之所以失败，原因固然很多，朝廷危机意识薄弱、缺乏具有挽危亡于既倒的担当精神的官员应该也是一个重要因素。

从以上所述可知，端方派使赴日请求帮助撰写考察报告的理由，即"我等一行在英国听取诸多学者及政治家讲解宪法，然所听讲解太多之故，终不知其所云，殆坠入五里雾中。遂感回国后必须提交之报告书之撰写稍有不便，宜请一日本学者撰写报告书"的说辞，只能说是没有事实根据的自我辩护。

那么，戴鸿慈、端方为什么要在考察英国期间才派人到日本请求帮助呢？

据戴鸿慈《出使九国日记》记述，两路考察团考察时间已逾近半年，考察对象国家也已过半的时候，两路考察大臣载泽、尚其亨、李盛铎、戴鸿慈、端方五人于光绪三十二年闰四月十二日（1906 年 6 月 3 日）在比利时有过一次聚会，就回国后应该采取的行动交换过意见。[②] 这是五大臣出国考察后首次聚首，戴鸿慈的日记中虽然没有详细叙述五大臣的谈话内容，可以想见他们应该会就已经考察过的国家之印象交换各自的看法。此时，两路考察团都已经考察过日本、美国、英国、德国以及法国。美国和法国是民主共和制，与清廷的君主专制可以说是格格不入。日本、英国和德国虽然都是君主立宪制，但英国是虚君议会内阁制，女皇所受宪法限制要多于德日两国。而日本是仿效德国，做了诸多适合于日本历史、社会等方面的改良，提供了一个在亚洲模仿欧洲德国式君主立宪制的成功范例。想必皇族出身的载

---

① 戴鸿慈：《出使九国日记》，第 332 页。另据陈丹《清末考察政治大臣出洋研究》（第 84页）考订，"最后筹得的经费数额是 80 万两"。
② 戴鸿慈：《出使九国日记》，第 493 页。

泽会更倾情于日本模式。这一情况必定对戴鸿慈、端方两人产生很大影响。而两人虽然在日本滞留过一个星期，但对日本的宪政现状应该是知之甚少。因此可以合理地推测，五大臣在比利时的意见交换是促使戴鸿慈和端方急忙派遣特使赶赴日本求援的主要原因和促进剂。那么，端方派谁去了日本，有贺语焉不详。好在特使完成使命，考察团回国向朝廷提交奏折后，端方于光绪三十二年八月二十三日（1906 年 10 月 10 日）致信有贺表示感谢，解开了这个疑问，同时证明了有贺所言并非臆造。端方的信字数不多，照录于后。

> 拜启。熊参赞希龄□自东京，备述盛情赞助，编纂精详，其见向于敝国政治界者，为益匪浅，私衷感沏，何可言宣。此次回国恭论于朝，幸蒙采纳，改为立宪政体，更订法制，正在京筹议。将来政务日□，解释疑难之处亦日多，尚乞不吝指导，时惠箴言，不胜盼祷之至。秋风将至，遐想为劳。敬颂起居无恙。[1]

端方的这封致谢信表明：当时被派到日本求援的特使是熊希龄[2]；有贺撰写的报告书提出的观点和主张，对中国政治改革有很大的参考价值；根据有贺报告撰写的奏折得到朝廷的嘉许和采纳。

那么，熊希龄是否真的从英国去过日本呢？关于这一点，日本外交史料馆藏资料说明，这一时期应该在英国考察的熊希龄确实从欧洲去过日本，但是他被派到日本去的理由却是考察北海道的农业。而实际上，熊希龄滞留日本期间一直待在东京，从来没有到过北海道。[3]

根据以上情况可以判断，戴鸿慈、端方等提交给朝廷建议改革官制，以

---

① 　有賀長雄「中華民国顧問の応聘始末」『外交時報』第 17 卷第 207 号、3 頁。

② 　熊希龄（1865～1937），清末进士，晚清和民国时期的政治家。因参与戊戌政变而受牵连，辞官赴日本留学。1906 年以翰林院庶吉士身份加入考察团，主要负责考察财政制度。考察回国后，先后在江苏和奉天担任农工商局长、湖北交涉使等职。辛亥革命爆发时，任江苏都督程德全的财政司长。1912 年中华民国成立后，在唐绍仪内阁担任财政总长。1913 年，任国务总理兼财政总长。1914 年辞去国务总理，任参政院参政和袁世凯顾问。1919 年后离开政界，从事实业和慈善事业。

③ 　日本外交史料館藏 No.3－9－4－34－2『外国官民本邦及朝満視察雑件（清国の部）』第 2 卷、明治 37 年 4 月～39 年 2 月。

此作为推动立宪的第一步之奏折，事实上的幕后起草者是有贺长雄。

梁启超也曾在致友人徐佛苏的信函中，说自己为端方撰写过考察报告。这又是怎么一回事呢？

关于这件事，《梁任公先生年谱长编》1906 年下有如下记载：

> 日俄战役停止后，清宗室中的开明分子，因鉴日本以变法强国，多有维新的倾向，其中尤以端方主张最力，所以才有派遣五大臣出洋考察宪政的事。当日端方频以书札与先生往返。计秋冬间先生为若辈代草考察宪政，奏请立宪，并赦免党人，请定国是一类的奏折，逾二十余万言。

并引用梁启超致徐佛苏的信予以佐证。

> ……近所代人作之文，凡二十万言内外，因抄誊不便，今仅抄得两篇，呈上一日，阅后望即掷还。此事不知能小有影响否，望如云霓也（诸文中除此两文外，尚有请定国是一折亦为最要者，现副本未抄送，迟日当以请教）。顷新归百事积阁，须以一礼拜之力，方能了之，故现在未能约公来谈，届时当相约也（此文请万勿示一人，阅毕望即用书留①寄返）。（光绪三十一年《致徐佛苏先生书》）

对于这段文字，该书引用光绪三十一年《致徐佛苏先生书》徐氏跋注做了如下解释："此函系乙巳年发，所谓此文万勿示人者，系梁先生代清室某大臣所作之考察宪政之奏议也。"② 阅读上述文字可知，梁启超所谓替考察宪政大臣代拟考察宪政之奏议，当在光绪三十一年六月十四日（1905 年 7 月 16 日）内阁发表简派载泽、戴鸿慈、徐世昌、端方出洋考察政治的上谕之后至 12 月底五大臣实际成行之前。此时，五大臣尚没有离开国内，对世界各国的宪政现状应该正处于较为模糊的状态。此时即便梁启超为端方草拟了考察宪政的建议，是否被端方实际采用没有史料可以佐证。而有贺长雄为端

---

① "书留"乃日语，意为挂号信。
② 丁文江、赵丰田编《梁任公先生年谱长编（初稿）》，中华书局，2010，第 182 页。

方代写考察宪政报告，并将报告呈递朝廷获得采纳，则得到了端方致有贺长雄之感谢信的直接印证。因此，可以说有贺长雄为端方呈递的改革官制以备立宪的奏折捉刀更为可信和接近历史事实。

三　担任清廷考察日本宪政大臣讲师的经纬

光绪三十二年七月十四日（1906 年 9 月 9 日），朝廷任命载泽、戴鸿慈、袁世凯等王公督抚 14 人为官制编纂大臣，派庆亲王奕劻、孙家鼐、瞿鸿機总司核定，着手官制改革。同年九月二十日（1906 年 11 月 6 日）官制改革方案出台，立宪活动由此正式启动。但是，官制改革毕竟只是立宪的前奏，为了有效推动立宪事业的核心，即制定宪法，翌年六月十九日（1907 年 7 月 28 日），直隶总督袁世凯上奏请派大臣赴德日详考宪法。袁世凯在奏折中说：

> 立宪纲目，端绪至繁，近数十年来，环球各国无不颁布宪法，顾国既有情势之不同，则法亦有范围之互异。况宪法一定，永永不易，则所以绸缪未雨，斟酌而别择之者，非假以岁月不为功。前者载泽等奉使出洋，原为考求一切政治，本非专意宪法，且往还仅八阅月，当无暇洞见源流。臣闻日本之预备立宪也，遣伊藤博文等周游欧美视察宪政，绵历九年，始宣布七十六条之宪法。各国政体，以德意志、日本为近似吾国，现奉诏切实预备立宪，柯则具在，询度攸资。拟请特简明达治体之大臣，分赴德、日两国，会同出使大臣专就宪法一门，详细调查，博访通人，详征故事，何者为入手之始，何者为收效之时，悬鉴照形，立竿取影，分别后先缓急，随时呈报政府核交资政院会议定夺，请旨施行。……至该大臣回国之期，不必预定，总以调查完竣巨细不遗为断，庶可由浅及深，随时搜录，俾宪法未定以前，折衷至当，层递推行，模范既良，厘订自易。①

朝廷采纳了袁世凯的这一建议，为了进一步考察外国的宪政现状，决定

---

① 袁世凯：《直隶总督袁世凯请派大臣赴德日详考宪法并派王公近支赴英德学习政治兵备片》，《清末筹备立宪档案史料》（上），第 202～203 页。

任命汪大燮①、于式枚②和达寿③为宪政考察大臣，分赴英国、德国和日本考察。临行前，宪政编查馆要求达寿考察的内容共有 6 类："第一类宪政史、第二类宪法、第三类立法、第四类行政、第五类司法、第六类财政"④。

为了使考察得以顺利进行，端方在成行之前拜访了日本驻北京的临时代理公使阿部守太郎，向其介绍了考察日本宪政的目的，并请求日本给予协助。对此，阿部不仅同意接受达寿到日本考察，甚至提议日本可以派遣宪法顾问，帮助中国建立宪政。

> 考察各国宪法之状况，以之作为制定并实施宪法之准备，以日本最为适当。此乃因日本宪法系巨细无遗比较研究各国宪法，斟酌国情之后制定实施之最新宪法故也。尤其两国同文同种之关系，诸如宪法之名称亦系采用贵国之往古文字，故此，贵国预备立宪，调查日本宪法尤易且切实可行。然制定宪法为至难之大业，终难以一二年之考察调查完成其准备。幸日本有不少学者精通各国宪法且有参与日本宪法活动之经验，故请阁下先行制作调查清单，以之咨询诸位宪政学者，展开有序之调查。此外，阁下调查断难充分，可向贵国推荐我国适当之学者，例如担任资政院之调查顾问（教习或调查嘱托之名称亦可），恰如刑法学家冈田博士之于贵国刑法编纂。如此，相信定能取得最良

---

① 汪大燮（1859~1929），举人出身，清末民初外交官和政治家。清末历任内阁中书、侍读、户部郎中、总理各国事务衙门章京、留日学生监督、外务部左参议、驻英公使等职。民国后历任教育总长、平政院院长兼参政院副院长等职，并曾代理国务总理。晚年热衷于慈善事业。

② 于式枚（1853~1916），进士出身，清末政治家。历任兵部主事、广东提学使、邮传部侍郎、礼部侍郎、学部侍郎、修订法律大臣、国史馆副总裁。辛亥革命后悲愤憔悴，隐居青岛，谢绝袁世凯参议之聘。1916 年移居上海后病死。

③ 达寿（1870~1939），字莘一，号挚甫，满洲正红旗人。进士出身。清末民初政治人物，晚清时历任翰林院庶吉士、翰林院编修、侍讲、理藩部右侍郎、资政院副总裁、理藩部大臣。民国建立后，曾任内务部次长、蒙藏院副总裁等职。达寿曾在岩谷博士任正教习的进士馆研习过政治法律和经济。1904 年，英军入侵拉萨，达赖喇嘛由拉萨逃亡内地之时，达寿奉命作为使者陪同达赖访问内蒙古，由此与达赖建立起了亲密关系。1908 年，达赖喇嘛打算再次进京，达寿因此被任命为理藩部左侍郎，考察途中奉命回国陪同达赖。

④ 《考察宪政大臣李家驹考察日本官制情形请速厘定外官制折》，《清末筹备立宪档案史料》（上），第 523 页。

之结果。阁下可在抵达日本后将上述趣旨作为阁下之意见贡论于贵国政府。①

与此同时，清政府也向当时的日本首相桂太郎和伊藤博文提出了请求，希望日本为达寿的考察提供必要的方便和协助。接获清朝政府的请求后，伊藤马上入宫向天皇请示。据说天皇指示伊藤对达寿给予大力协助和照顾。但是，当时伊藤正出任韩国统监，无法对达寿给予直接的指导。于是，伊藤和桂太郎协商，将指导达寿考察的任务交给伊东巳代治。如前所述，伊东参与了日本宪法制定的全过程，推行宪政的经验十分丰富，由他负责指导达寿考察日本宪政可说是最合适的人选。伊东接受指示后，立即委托穗积八束、有贺长雄、清水澄②以及贵族院书记官长太田峰三郎③为达寿讲解日本的宪政现状。④

这样，1907 年 11 月 29 日，达寿携带考察费用 2 万余两白银，率领书记官王鸿年、李景和、朱麟藻，随员李景圻、薛保之，书记生积廉、秦家润从北京出发。12 月 7 日，搭乘日本邮船公司轮船相模丸抵达日本。⑤ 12月 16 日，达寿抵达东京后，便马不停蹄地开展考察活动。在日本政府的协助下，达寿于 25 日上午率清朝驻日公使李家驹、参赞卢永铭谒见了天皇。

由于前期接洽顺利，达寿到达日本后，伊东巳代治便与达寿协商考察日程，很快就敲定了考察内容，确定安排日本学者和行政官员，按照日本宪法史、比较宪法、议院法、司法、行政、财政六大题目为达寿开

---

① 驻华代理公使阿部守太郎致外务大臣林董的报告（公第 94 号），《关于派遣至本国调查宪法之达委员事》（明治 40 年 10 月 26 日），日本外交史料馆藏 No. 3 - 9 - 4 - 34 - 2『外国官民本邦及鲜满视察杂件（清国の部）四』。

② 清水澄（1868～1947），日本宪法、行政法学家。东京帝大毕业，法学博士（1905 年）。历任庆应义塾大学教授、帝国学士院会员。后进入政界，历任宫内省及东宫御学问所御用挂、行政法院院长、枢密院顾问官、枢密院议长。先后给大正天皇、昭和天皇讲过宪法学。二战后，因对日本前途悲观，在日本国宪法颁布后不久投海自尽。

③ 太田峰三郎（1861～1914），旧福冈藩士。东京帝大毕业，历任农商务省农务局长、贵族院书记官长、行政法院评定官。

④ 伊东巳代治子爵谈「清国宪法とわが国」『国民新闻』明治 43 年 10 月 5 日。

⑤ 永井算巳「清末の立宪改革と革命派」『历史学研究』（第 202 号，1956 年 12 月）记载为 8 月，但前引外交史料记录为 12 月，本文据此。

设专门课程。在这种背景下，有贺长雄担负起向清朝考察日本宪政大臣达寿系统地讲授日本宪政的任务，从而使他再一次与中国的立宪活动发生了联系，且这一次联系为有贺此后与中国保持长久的关系打下了基础。

有贺的宪法讲义安排在穗积八束教授之后。1908 年 2 月 4 日开始第一讲，一星期讲授两次。5 月 31 日，当讲义进行到第 30 次时，达寿接到国内回国的命令，有贺的宪法讲义就此告一段落。达寿在日本考察宪政得到日本政府的大力协助，有贺、穗积、太田等知名教授和行政高官亲自担纲讲解，使达寿对日本建立宪政的历史、日本宪政与欧美各国宪政的异同、日本宪法的主要制度设计有了一个比较全面的理解和认识。达寿对此非常感激，奉命回国时，留下了一封发自肺腑的感谢信：

> 余于上年奉使考察宪政，到东后承伊藤公爵介绍，得晤博士，与讨论宪政者五阅月。凡宪政之大端，与其利害得失之所在，知无不言，言无不尽，剖析学理，比较事实，侃侃而谈，如指诸掌。斗室对坐，快聆伟论，如亲游欧美睹其政俗，非博士之热心能若是乎？博士识精学粹，尤长于国法学，尝游历欧洲，与其学者相往还，故知名当世。今年夏余奉调回京，行将首途，聊书数言，以作纪念。异时者与博士再晤聚首，笑谈往事，则为私心所切盼者耳。①

时隔五个半月之后，清朝驻日公使李家驹②奉命继续考察日本宪政，于是，有贺从同年 11 月 8 日起，再一次为中国考察宪政大臣讲授日本宪政。讲义一个星期进行一次，至翌年 7 月 9 日结束。加上给达寿的讲义，前后一共讲授 60 次，时间加在一起恰好整整一年。与穗积、清水、太田等承担的讲义相比，有贺给中国考察宪政大臣讲授宪政的时间最长，所讲内容也最为丰富和深入。

和达寿一样，李家驹在听完有贺长雄的讲义后，也给有贺写了一封感谢

---

① 有贺长雄「中華民国顧問の応聘始末」『外交時報』第 17 卷 207 号、6 頁。
② 李家驹（1871～1938），进士出身，广州汉军正黄旗人，清末外交官和政治家。历任京师大学堂总监督、驻日公使、资政院总裁等职。任驻日公使期间，深入研究日本政治、法律、财政制度，回国后成为新政、立宪运动的领袖。民国后隐居青岛。

信，对有贺的宪政讲义表达了感谢之情，兹录于下：

> 有贺博士学专理邃，驰誉寰区，为东方学界之泰斗，本人心折久之。顾以未获觏面为憾。逮承达侍郎之后考察宪政，博访通人，始获与博士订交，昕夕讲论，饫闻绪余，益自恨闻道之不早而识荆为已迟也。博士于欧儒学术，穿穴靡遗，且于我国历史制度，语焉能详。故每下一议，论列得失，辄中窾要，有偶侊指挥之慨，呜呼观止矣。既先后笔录所闻要谊，以献于朝，是于宪政前途，裨助良多。博士不朽之业，必与我国立宪史，同垂无穷，岂惟鄙人终身诵之而已哉。①

达寿和李家驹致有贺长雄的感谢信对有贺贯通东西的学问造诣表达了发自内心的赞许，并非出于客套，而是在与有贺的接触中，在听他讲授日本以及欧美各国的宪政历史和现状、日本宪法的特点等课程中，亲自感受到了有贺希望中国能够建立宪政的真诚。这从以下两个方面可以得到印证。

第一，有贺作为日本屈指可数的宪政学专家和知名教授，给中国考察宪政大臣讲授宪政课程，不是完全按照自己的学问体系单方面地灌输，实行填鸭式授课，而是按照听讲者的需要、根据中国方面的实际要求灵活地调整甚至改变自己的讲课内容。

达寿、李家驹奉命考察日本宪政之时，国内已经启动了官制改革，各种改革方案正在酝酿和设计之中，因此需要参考大量国外资料以及听取外国专家的意见，身在国外的考察宪政大臣自然就被赋予了这种收集资料、听取外国专家意见的使命。于是，他们有时会根据国内的指示和要求，请求讲义老师对需要紧急收集的资料和咨询意见提供帮助。这时，讲师就不得不临时改变计划，优先满足考察宪政大臣的要求。例如，当李家驹接任达寿继续考察日本宪政时，有贺长雄本来打算按照事先与达寿确定的讲义课程，在太田峰三郎讲授完议院法之后，"从宪法角度讲授议院法的原则"②，但由于推动宪政实践的需要，清廷要求优先考察日本官制，因此李家驹不能按部就班继续

---

① 有贺长雄「中華民国顾問の应聘始末」『外交時報』第 17 卷第 207 号、6～7 頁。
② 『有贺長雄講述憲政講義』第 31 講「講義順序協議」（11 月 8 日）、明治 41 年。

达寿此前商定的讲义日程，而希望有贺开讲日本的官制即行政制度。于是有贺不得不变更计划，以官制问题为中心讲授后期的课程。

又例如，光绪三十四年十月二十日（1908 年 11 月 13 日），即光绪皇帝驾崩的前一天，刚刚 3 岁的溥仪被指定为光绪帝的接班人，他的父亲——26 岁的载沣担任摄政。14 日和 15 日，光绪皇帝和慈禧太后相继去世，宣统皇帝继位。为了顺利渡过这一局面，朝廷命令李家驹紧急考察日本的摄政制度，以从日本现行制度设计中吸取可供参考的东西。接此命令，李家驹随即于 12 月 6 日要求有贺长雄中断正常的讲义，讲授日本的摄政制度。《有贺长雄讲述宪政讲义》第 35 讲就是关于李家驹和有贺的问答记录。李家驹提出的问题包括：（1）立宪国家摄政的权限、大权以及特权的范围；（2）摄政行使大权时是否用天皇的名义；（3）中国现在还没有明确摄政的权限，但上谕是以皇帝的名义发出，而且所有政治上的权力都专属于摄政，行使权力完全是摄政自己的想法，同时，不久前发布的上谕中有"朕以下"文字，这就是说皇帝以下所有皇族都必须服从摄政，以上各项从立宪政体而言，是否符合摄政的职权；（4）在中国，"朕以下"的皇族，即包括皇帝都要接受监督，是否合适；（5）在中国，皇帝一般不亲自主持祭典，而是派代理主持，以后或许需要天子主持，但新皇帝尚年幼，是否可以由担任摄政的皇族代表皇上主持；（6）国务大臣谒见摄政是否要像谒见皇上一样行君臣之礼；等等。反过来，有贺也向李家驹提出了许多问题，例如摄政与军队的关系怎么处理，摄政是否常住宫内，清廷是否设有皇族会议，摄政因故不能视事时遗诏是如何规定的，等等。①

总之，有贺长雄总是能够按照考察宪政大臣的希望调整讲课内容，为考察宪政大臣提供了很多方便。有贺对李家驹的提问逐一给予了解答，同时也提出了一些问题让李家驹解答。从这篇记录可以看出，讲义老师和听讲学生之间的关系，既是师生，又像是朋友，有提问，有释疑，互为师生，体现了一种相互尊重的关系。

第二，讲义紧密结合中国正在开展的宪政活动中推出的各项政策措施，结合理论和日本的实际经验，展开学术式的讨论，以此提高听讲者的政策制定能力。这种倾向在李家驹的讲义中有充分的体现。

---

① 『有賀長雄講述憲政講義』第 35 講「摂政に関する答弁」（12 月 6 日）。

　　例如，第 36 讲的题目是"清朝官制草案评论"，以清政府于 1906 年底公布的《预备立宪京内官制》为案例，对其逐项进行讨论和评论。为了管窥有贺长雄与李家驹课堂讨论的具体情形，下面摘取他们之间的对话片段。

　　……

　　有贺：内阁官制清单第 1 条，内阁政务大臣共 14 人，均辅弼君上，代负责任。这一条文之内有"均辅弼君上，代负责任"一句。其中"均"字表示"各个"之意，所以，它没有规定其中的责任是连带还是单独。也就是说，有时是负连带责任，有时是负单独责任，如果是这个意思那就很好。

　　李：就是这个意思。

　　有贺：其次，这个"代"字不妥。这里使用这个"代"字，不得不说还没有搞清楚真正的责任。责任有两重含义，一是对违宪所负责任，一是对政策失败所负责任。首先，说说违宪责任。当天子准备颁布违反宪法的命令时，国务大臣有拒绝副署的自由。而他没有行使这种自由，那是没有行使这种自由的大臣做得不对。其次，谈谈政策失败的责任。即使天子以不利于实现国家目标的方针，命令内阁施政，内阁成员没有义务去执行；如果天子强令执行，内阁成员有辞职不干的自由。然而，如果你没有辞职，执行了错误的方针，那就是大臣的错误。因此之故，国务大臣不是"代"君主承担责任，而是对自己的过失承担责任。而且，如果使用这一"代"字，假如政策的结果不好，那就会导致让人民觉得是天子推行了恶政。即便从这一点来看，这个"代"字用得也不好。

　　……

　　有贺：第 3 条，左右副大臣各一人，协同总理大臣，平章内外政事。条文中的协同是什么意思？

　　李：协同就是辅佐的意思，与唐朝的"同平章政事"的意思相同。

　　有贺：从负责任的角度上说必须进一步明确其字义。严格地说，总理大臣和副总理大臣之间的关系有两种说法。一种是说副总理辅佐实施总理制定的大政方向，总理挑选赞成自己方针的人选，奏请天皇将他任命为副总理。另一种看法则认为副总理是和总理协商确定大政方针，因此，关于他们之间的关系，副总理未必一定要赞成总理的方针的人出任。取哪一种看法就取决于协同的字义。上述两种看法之中，中国究竟属于哪一种呢？

李：在什么意义上协同，这个问题在起草时没有思考过。起草法律时，只是觉得军机大臣有6人，总理大臣1人太少，那就设置副总理吧。当时拟草条文的时候就是这样一种茫然的想法。草案规定副总理2人，但有些党派人士甚至提出设4人。

有贺：这一点很有必要认真琢磨。如果担任总理的人，例如张之洞或者袁世凯担任总理，副总理的人选他可以推荐政见和自己相同的人，那正好与西方的无任所大臣相似，那不会有问题。如果，不允许这样推荐，是否需要这样规定那就是个问题了。理由我下面再讲。

李：两位副总理恰如各部尚书、侍郎的任命，或将由天子任命，不用总理推荐。侍郎就是由天子乾纲独断，亲自任命。

有贺：果真如此的话，设置副总理的做法与立宪政体的理论不符。这是因为，总理、副总理三个人各自都有相同的看法是非常偶然的事情，大体上都会有各自的想法。……于是，当三个人的意见相左，而只执行总理的意见，副总理的意见不被采纳时，副总理就没有必要留在他的职位上。这是因为，当自己坚信为了实现国家的目标而必须实行的方针未被采纳时，那他就不能负这个责任，继续待在其职位上就是放弃自己的责任，而完全是出于留恋其官职的私心，所以，不能以立宪政体之国务大臣的行为来看待。但是，如果内阁没有方针，副总理也无须辞职。内阁没有自己的方针，内阁成员们也只能浑浑噩噩，打发日子而已。这种无所作为的内阁绝不可能使国家发展进步。国家所要求的是积极进取的内阁。……像中国这种有待将来发展进步的国家无所作为的内阁将是一大障碍。

李：您说得完全对！我也希望废除第3条。如果关于本条还有其他可供参考的内容，殷望指教。对于这份草案，我国还有认为总理设1人即可以及主张可以设2~3人的议论。持后一种意见的是看到了太政官时代的官制有左右大臣而得出的见解。太政官制度可能与现今的制度有关，望能就它们之间的关系加以说明。

有贺：现在的制度是明治18年12月改定的，它之所以被修改，是因为旧官制缺陷比较多，贵国为什么不仿效新官制呢？

李：说实话，在草案起草的会议上，因为贵国在实施新官制时，官制制定后，离职者很多，所以一般都不希望参考新官制。

有贺：如果是这样，那么可以设立像我国枢密院那样的高尚机关，将那些离职者收容在那里，给他们发放高薪，且不用他们承担责任，让他们在那里高谈阔论，岂不更好？

李：当时就有这种议论。于是现在成立了名叫集贤院的机关。所谓集贤院，其实和元老院相同，只是元老院在中国国语中的发音与养老院谐音，故回避使用元老院这一名称。

……

有贺：关于第 3 条还有可以评论的地方，就到此结束吧。从贵国的舆论看，废除第 3 条似乎相当困难，我可以特别就第 3 条撰写论文。

李：谢谢您！①

实际上，有贺和李家驹还针对第 4 条吏部和礼部的存废问题、第 5 条特旨派遣至内阁人员的待遇以及责任问题、第 6 条关于阁僚的兼任及临时代理大臣的责任问题、第 7 条关于大臣谒见皇帝和入对是否需要总理大臣同意的问题、第 8 条关于大臣副署法律的问题、第 10 条有关军国的重要事件是否需要交付阁议的问题、军咨大臣与陆海军大臣的关系、敕令与法律的关系、限制有爵位者担任政务大臣的问题、各部官制等方面进行了讨论。对于这种讲授方法，李家驹感到十分满意，说"这样的研究方法得益良多"②。达寿、李家驹正是得益于有贺长雄这种具有实战意义的讲义，回国后才能向朝廷提出许多具有可操作性的政策建议。

四 有贺长雄宪政讲义概要

事后，有贺将讲义稿交给了伊东，该讲义稿现收藏于《伊东巳代治文书》内。③ 这为我们今天调查了解当年有贺是从什么角度讲授日本的宪法和

---

① 『有賀長雄講述憲政講義』第 36 講「清国官制草案の批評」（12 月 13 日）。

② 『有賀長雄講述憲政講義』第 36 講「清国官制草案の批評」（12 月 13 日）。

③ 原稿题名『有賀長雄講述憲政講義』。从讲义中包含与听讲者讨论的内容来看，此讲义应系讲义的速记，后来整理而成。讲义为日语（缺第 59 讲），每 10 讲装订成一册，共计 6 册。收入《伊东巳代治关系文书》（缩微胶卷），无页码编号。

宪政，都讲了哪些内容，怎样以及在多大范围内为考察日本宪政的中国大臣出谋划策，提供了一份极其宝贵的历史资料。

如上所述，有贺的宪政讲义分为前期对达寿的 30 讲和后期对李家驹的 30 讲，共计 60 讲。从表 1-4 所列各讲内容可知，前期的 30 讲内容可以分为三部分。第一部分从明治维新至宪法颁布，主要讲述这一时期日本统治结构的历史沿革，内容包括维新前后国情的主要特点（第 1 讲）、维新后政府的组织概况及五条誓文（第 2 讲）、奉还版籍废藩置县及创设元老院（第 3 讲）。第二部分是制定宪法和宪法实施的准备阶段，内容包括地方官会议的设立、地方议会的设立、政党的勃兴、设立民选议院的舆论、关于言论集会结社的取缔法（第 4 讲），制定宪法的准备、十八年的改革、行政各部的组织整顿、制定宪法的方法、颁布宪法的仪式（第 5 讲），宪法实施的筹备、实施宪法及当时的状况（第 6 讲）。第三部分为日本宪法与欧洲各国宪法的比较。这部分内容可以说是前期讲义的核心，内容包括英国、美国、法国、德国、奥地利、比利时等欧美各国的立宪政治的历史和现状（第 7~10 讲）、日本立宪的由来与其他国家立宪由来的差异及其结果。在立宪由来的比较中，讲义分门别类，娓娓道来。其中讲解的差异内容包括：宪法解释、皇位及皇室、天皇大权及发布命令的方式、政府、大臣的责任、议会、预算、国家与军队之间的关系、臣民的权利和义务、强制权及非常权等（第 11~30 讲）。有贺长雄不厌其烦地比较分析上述差异，从其讲义的讨论中可以感觉到，其目的就是想强调，日本的立宪政治虽然仿效欧美各国，但因为按照本国的国情进行了改良，因此各项制度反而比欧美各国的先进和优越，并希图将这些观念印在听讲者的脑子里。

后期的讲义根据李家驹的要求，主要侧重于行政制度，内容包括中央官制、地方官制、中央政府与地方政府之间的关系、地方自治制度、文官制度以及皇室制度和枢密院的组织结构。后期讲义与前期讲义相比，一个最大的区别是增加了讲师与听讲者之间的对话和讨论，讨论内容大多围绕现存制度以及迫切需要解决的问题，以一问一答的形式展开。例如，宣统皇帝即位之时，在朝廷内设立了摄政王。有贺和李家驹及其随从之间，就此问题进行了提问和答疑。又例如，对清朝官制草案进行了评论和讨论。这种讲学方法使得课堂的气氛活跃，让人感觉到讲学就像是一场如何设计清朝宪政框架的学术讨论。

表 1-4　有贺长雄对中国考察日本宪政大臣达寿、李家驹讲授宪政的各讲内容

顺序号	日期	讲义标题
第 1 讲	1908 年 2 月 4 日	维新前后国情的主要特点
第 2 讲	2 月 9 日	维新后政府的组织概况及五条誓文
第 3 讲	2 月 11 日	奉还版籍废藩置县及创设元老院
第 4 讲	2 月 16 日	地方官会议的设立、地方议会的设立、政党的勃兴、设立民选议院的舆论、关于言论集会结社的取缔法
第 5 讲	2 月 17 日	制定宪法的准备、十八年的改革、行政各部的组织整顿、制定宪法的方法、颁布宪法的仪式
第 6 讲	2 月 23 日	宪法实施的筹备、实施宪法及当时的状况
第 7 讲	2 月 25 日	与欧洲立宪各国宪法之比较概要（一）英国、美国、法国
第 8 讲	3 月 1 日	与欧洲立宪各国宪法之比较概要（二）德国、奥地利
第 9 讲	3 月 3 日	与欧洲立宪各国宪法之比较概要（三）比利时
第 10 讲	3 月 8 日	与欧洲立宪各国宪法之比较概要（四）1866 年以后欧洲立宪政体状况
第 11 讲	3 月 10 日	与欧洲立宪各国宪法之比较概要（五）日本立宪由来与其他国家立宪由来的差异及其结果（1）宪法解释
第 12 讲	3 月 15 日	与欧洲立宪各国宪法之比较概要（六）日本立宪由来与其他国家立宪由来的差异及其结果（2）关于皇位及皇室的差异
第 13 讲	3 月 21 日	与欧洲立宪各国宪法之比较概要（七）日本立宪由来与其他国家立宪由来的差异及其结果（2）关于皇位及皇室的差异
第 14 讲	3 月 29 日	与欧洲立宪各国宪法之比较概要（八）日本立宪由来与其他国家立宪由来的差异及其结果（2）关于皇位及皇室的差异
第 15 讲	3 月 31 日	与欧洲立宪各国宪法之比较概要（九）日本立宪由来与其他国家立宪由来的差异及其结果（3）关于天皇大权及发令方式的差异
第 16 讲	4 月 5 日	与欧洲立宪各国宪法之比较概要（十）日本立宪由来与其他国家立宪由来的差异及其结果（3）关于天皇大权及发令方式的差异
第 17 讲	4 月 7 日	与欧洲立宪各国宪法之比较概要（十一）日本立宪由来与其他国家立宪由来的差异及其结果（4）关于政府的差异
第 18 讲	4 月 12 日	与欧洲立宪各国宪法之比较概要（十二）日本立宪由来与其他国家立宪由来的差异及其结果（4）关于政府的差异（英国、美国、法国）
第 19 讲	4 月 14 日	与欧洲立宪各国宪法之比较概要（十三）日本立宪由来与其他国家立宪由来的差异及其结果（4）关于政府的差异（意大利、普鲁士、德意志）
第 20 讲	4 月 16 日	与欧洲立宪各国宪法之比较概要（十四）日本立宪由来与其他国家立宪由来的差异及其结果（5）关于大臣责任的差异
第 21 讲	4 月 21 日	与欧洲立宪各国宪法之比较概要（十五）日本立宪由来与其他国家立宪由来的差异及其结果（5）关于大臣责任的差异（比利时）
第 22 讲	4 月 28 日	与欧洲立宪各国宪法之比较概要（十六）日本立宪由来与其他国家立宪由来的差异及其结果（5）关于大臣责任的差异

续表

顺序号	日期	讲义标题
第 23 讲	5 月 5 日	与欧洲立宪各国宪法之比较概要（十七）日本立宪由来与其他国家立宪由来的差异及其结果(6)关于议会的差异（日本、英国、普鲁士、奥地利、匈牙利）
第 24 讲	5 月 10 日	与欧洲立宪各国宪法之比较概要（十八）日本立宪由来与其他国家立宪由来的差异及其结果(6)关于议会的差异（德意志、奥地利）
第 25 讲	5 月 12 日	与欧洲立宪各国宪法之比较概要（十九）日本立宪由来与其他国家立宪由来的差异及其结果(6)关于议会的差异
第 26 讲	5 月 17 日	与欧洲立宪各国宪法之比较概要（二十）日本立宪由来与其他国家立宪由来的差异及其结果(7)关于预算的差异
第 27 讲	5 月 19 日	与欧洲立宪各国宪法之比较概要（二十一）日本立宪由来与其他国家立宪由来的差异及其结果(7)关于预算的差异
第 28 讲	5 月 24 日	与欧洲立宪各国宪法之比较概要（二十二）日本立宪由来与其他国家立宪由来的差异及其结果(8)关于国家与军队之间关系的差异
第 29 讲	5 月 26 日	与欧洲立宪各国宪法之比较概要（二十三）日本立宪由来与其他国家立宪由来的差异及其结果(9)关于臣民的权利和义务的差异
第 30 讲	5 月 31 日	与欧洲立宪各国宪法之比较概要（二十四）日本立宪由来与其他国家立宪由来的差异及其结果(10)关于强制权及非常权的差异
第 31 讲	11 月 8 日	协商讲义顺序
第 32 讲	11 月 13 日	官制的立宪原则
第 33 讲	11 月 22 日	官制（二）内阁官制
第 34 讲	11 月 29 日	官制（三）内阁官制（续）
第 35 讲	12 月 6 日	关于摄政的质疑问答
第 36 讲	12 月 13 日	官制（四）清朝官制草案评论
第 37 讲	12 月 21 日	上一讲续
第 38 讲	1909 年 1 月 10 日	官制（五）外官地方官制
第 39 讲	1 月 17 日	上一讲续
第 40 讲	1 月 24 日	官制（五）中央机关的法律命令
第 41 讲	1 月 31 日	官制（五）中央政府的会计与地方政府的会计之间的关系
第 42 讲	2 月 7 日	上一讲续
第 43 讲	2 月 14 日	上一讲续
第 44 讲	2 月 21 日	官制（六）自治制度
第 45 讲	2 月 28 日	上一讲续
第 46 讲	3 月 7 日	上一讲续、高级自治体
第 47 讲	3 月 14 日	官制（七）官吏
第 48 讲	3 月 21 日	上一讲续
第 49 讲	3 月 28 日	官吏
第 50 讲	4 月 11 日	枢密院
第 51 讲	4 月 18 日	天皇大权实施的方式

续表

顺序号	日期	讲义标题
第 52 讲	5 月 2 日	上一讲续
第 53 讲	5 月 9 日	天皇大权实施的方式（军令）
第 54 讲	5 月 16 日	非常处分
第 55 讲	5 月 23 日	戒严
第 56 讲	5 月 30 日	皇室令
第 57 讲	6 月 18 日	皇室制度续
第 58 讲	6 月 21 日	皇室财产及财政
第 59 讲	（缺）	（缺）
第 60 讲	7 月 9 日	天皇直接事务与清朝皇室问题

资料来源：据『有賀長雄講述憲政講義』早稲田大学図書館蔵『伊東巳代治関係文書』制作。

不仅如此，为了使清廷推进宪政时能够便于实际操作，有贺长雄还把自己担任内阁书记官时代曾经经手过的，有关制作政府内部文案的一些文书式样交给了李家驹，而这些文件在市面上根本找不到。这些文书式样都是内部规定，例如政府召集议会、开会、停会、闭会或解散议会时诏敕的书写方式，政府向议会提出预算案或法律案时的说明书的书写格式，政府请求议会召开秘密会议时的操作方法，等等。这些文件和文书式样虽然都是内部规则，但对于从未有过宪政体验的国家而言，这些资料是极其难得的。这件事看上去很不起眼，却从一个侧面窥见有贺长雄对于中国引进宪政体制是如此热心和寄予厚望。

此外，有贺长雄还通过讲义，结合日本现行的立宪体制，比较欧美各国宪政的历史和现状，考虑清朝的政治实际，向考察日本宪政大臣达寿和李家驹提出自己的建议和劝告。因此，从某种程度上说，有贺的讲义内容可以当作中国推行宪政的教科书或参考书。下节将重点论述有贺为中国推行宪政提出的设想和建议。

第四节　有贺长雄为清廷描绘的宪政蓝图

一　中国应取钦定宪法体裁

1906 年，当正在日本考察的载泽向伊藤博文提出"中国立宪应仿效何国"时，伊藤毫不犹豫地回答说可以参考日本的政体。① 这说明，当时许多日本的政客和知识精英都认为中国应该模仿日本的宪政体制。不过，有贺的宪政讲义更富于理论色彩，思想具有广度和深度。为了在中国建立立宪体制，有贺向考察日本宪政大臣提供了一系列具体办法和建议，内容涉及如何起草制定并颁布实施宪法，如何建设各种行政制度，如何解释宪法，如何制定皇室制度，如何规范天皇大权，如何落实大臣责任，如何建立议会，如何确定议会权限及地位，如何编制国家预算，如何确定军队与国家的关系，如何确定人民的权利和义务，如何确定中央与地方的关系，等等。由于内容太多，本章仅摘其中比较重要的几项加以简要介绍。

有贺主张中国在建设宪政体制、制定宪法时，应该采用钦定宪法体裁。他根据世界各国的宪政发展史，分析世界各国的宪政体制后认为，"宪法可以分成君主政体的宪法和民主政体的宪法"两种类型。民主政体即民主国家又可以分成三类：纯粹的共和国，如美国、瑞士等；君主共和国，如比利时，虽然是共和国却有君主；民主专制国，如拿破仑三世治下的法国。前两类国家，统治大权归于国会，国会恰似君主国家的君主，故宪法没有规定权力全部属于国会。而君主政体即君主国家的宪法又可以依据其宪法制定的方式，分为协定宪法和钦定宪法。他认为英国的宪法是协定宪法且是不成文宪法。诸如普鲁士、奥地利等国家，它们的宪法起初是人民的要求，然后是君主和议会逐一协商后制定的，君主、人民、议会在宪法中享有什么权利都是君主与人民协商的结果，因此都是协定宪法。②

与这些国家相比，有贺认为唯独日本是纯粹的钦定宪法。他认为，虽然日本人民也热心地要求制定宪法，请愿开设国会，但宪法的制定并非受人民胁迫的结果，而完全是天皇按照自己的意志制定的。他指出，明治初年，天皇颁布五条誓文，其中一条就是"万机决于公论"，现在人民希望制定宪法，实际上是天皇在践行自己的诺言。那么天皇为什么要决定建立立宪政体呢？有贺认为，这是因为天皇按照祖先遗训，有义务永远保持这块土地和人

---

① 载泽：《考察政治日记》，第 579 页。
② 『有賀長雄講述憲政講義』第 10 講「一八八六年以後における欧州立憲政体状況」（3 月 8 日）。

民，传其位于子孙，为此必须与他国竞争，提高民生，而为了提高民生，舍立宪政体没有其他良策。故此在日本制定宪法是尊奉祖宗遗训的一大方策。①

有贺接着指出，日本建设立宪政体，最重"采用"两个字。所谓采用，就是根据自己的需要从别人那里采用自己原本没有的东西。由于日本原本不是很发达，故立宪政体的组织之内的种种制度，何者该采用，何者不该采用，除自己的心性以外没有其他标准。他谆谆告诫中国的考察宪政大臣，这是考察研究日本宪法时所应时常牢记的重要之处。

因此，日本在制定宪法中，"当确定应该把什么权利留给天皇，允许人民行使多少权利，以及应该给予国会什么职权时，由于在过往的历史上没有一定的标准，惟有依靠宪法制定者衡量取舍"。而且，他还认为，"虽然有人说作为宪法上之大权，除宪法有规定者外，天皇没有其他任何权利。其实不然，在日本，应该说规定为大权者数量极少，其无明文规定者仍然属于天皇的全权"，这是因为日本的宪法不同于根据与人民协商后制定的协定宪法，而是纯粹的钦定宪法。接着有贺提醒，"中国最需注意的就是这一点，在制定新宪法时，必须避免给人留下这样的误解，似乎除宪法中规定的大权之外，君主没有其他大权"②。

此外，有贺长雄还主张，宪法中应该尽量扩大皇帝命令权的范围。

有贺认为，"至于命令权，和各国宪法相比，日本宪法的规定最为完善"，"相信中国制定宪法时完全值得参考"。在此基础上，有贺详细地介绍了普鲁士学者格奈斯特和奥地利学者施泰因的学说。格奈斯特认为，"君主国家不能实行三权分立理论，君主的命令权是法令的基本，法律不过是其命令的一种形式，只是在需要获得议会的协赞这一点上不同于其他的命令，但其是君主的命令一也"。而且，据施泰因分类，君主命令可以分为紧急命令、执行命令、委任命令和独立命令。有贺在分析了将命令体系写进宪法的必要性、现实性及其理由后，向中国的考察大臣提出了如下建议："中国制定宪法之际，也应该首先尽量扩张命令权的范围。这是因为，一旦以法律形

---

① 『有賀長雄講述憲政講義』第 10 講「一八八六年以後における欧州立憲政体状况」（3 月 8 日）。

② 『有賀長雄講述憲政講義』第 10 講「一八八六年以後における欧州立憲政体状况」（3 月 8 日）。

式规定下来，不用法律形式就难以修改，而修改法律并非一件易事。"① 据
有贺讲，宪法中规定命令权可以使皇帝大权在宪法上的运用灵活自如。

二 走渐进发展的道路，建立宪政应从官制改革入手，宪法必须秘密制定

有贺根据明治维新后至宪法颁布之前日本政治的发展演变史，主张清廷
在向立宪体制转型时，应该不急不躁，走渐进发展的道路。他说，"余在以
上讲义中明白无误地表达的一个事实不是别的，就是凡是立宪政体都不可能
一蹴而就，欲速则不达。鉴于诸如俄罗斯、伊朗之国家内乱，必须因序渐
进，只有上下官绅之思想得到锻炼后方能颁布宪法"②。

为了说明循序渐进对于建设宪政体制的重要性，有贺既举例介绍了太政
官制、藩治职制的失败教训，③ 还详述了奉还版籍、废藩置县以及明治7年
和明治18年官制改革的成功经验，谆谆告诫考察大臣，制定宪法，必须做
好以下准备：

首先，应该整顿官制，统一行政，建立责任内阁。④ 而且，这种责任内
阁不是英国、法国那种受议会控制的议会内阁，而应该是普鲁士、奥地利以
及日本等国家建立的君主内阁，它可以控制议会或议院。⑤

其次，起草宪法时，参与的人应该尽量减少，且必须绝对保密。"此乃
直至其颁布之日，一切都应秘密为之，不能让任何人知情之故也。……直至
草案之缮写以及议事记录之誉清所用之秘书及枢密院之勤杂人员，都需要实
行最严格的防范，应极端地减少其人员且须选择最值得信任之人员，此点务
必注意又注意"⑥。关于这一点，伊东巳代治也通过有贺向达寿转达了这层
意思。有贺讲义第6讲里的下面这段话说的就是这件事情。

---

① 『有賀長雄講述憲政講義』第16講「天皇大権及び発令の様式に関する差異」（4月5日）。
② 『有賀長雄講述憲政講義』第6講「憲法施行の準備」（2月23日）。
③ 『有賀長雄講述憲政講義』第2講「維新後政府組織の概要並びに5ケ条御誓文」（2月9日）。
④ 『有賀長雄講述憲政講義』第5講「憲法制定の準備」（2月17日）。
⑤ 『有賀長雄講述憲政講義』第34講「官制（三）内閣官制の続き」（11月29日）。
⑥ 『有賀長雄講述憲政講義』第6講「憲法施行の準備」（2月23日）。

顺便告诉你，前几天余去见伊东子爵时，子爵特意命余向达大臣转达他的意见。意思是说，清廷马上就要编纂宪法了，其时最需要的就是保守其秘密。然不仅日本如此，即便在英德两国，派遣宪法编纂大臣时，参与编纂者必定很多，故而保守秘密极其困难。此事从现在开始就得予以充分重视，研究采取可行之方法。另外，据伊东子爵叙述，从事编纂宪法者，对于各种问题，意见终究难以完全一致，一个人有一个人的看法，其间缺乏一致的看法亦属万不得已。在日本，草案起草者虽然仅有三人，亦有各种意见不一致者，直至颁布前才终获一致。而此事如在宪法颁布前或其后泄露出去，民间必定因之纷纷产生议论，对宪法之信用及实施危害极大。故宪法编纂中出现之各种议论必须全部保密，这与宪法条文直至颁布之日都要保密具有同样重要的意义。此乃伊东子爵经验之谈，故望牢记于心。①

对于有贺和伊东的忠告，达寿回国后原原本本地写进了他的奏折，认为如果仿效日本，制定钦定宪法，就应该按照伊东的建议，宪法草案从起草到颁布都必须对人民绝对保密。② 同时，有贺还向达寿建议，为了统一民众的认识和思想，必须在编纂宪法的同时编写具有权威的宪法解说书籍，以阐述宪法的由来并对宪法的条文进行逐条解释。他以伊藤撰写的《宪法义解》为例，说明该书对于纠正日本民众思想中存在的有关国体和政体的混乱认识起到了极其重要的作用，所以他希望中国应该以此为鉴，加以足够重视。

三 改造皇室，使皇室与国家并重，君主必须总揽军政统帅大权

有贺长雄主张建立宪政体制时，应该改造皇室制度，把皇室置于与国家同等重要的地位，军政统帅大权必须由君主总揽。

关于国家与皇室的关系，有贺认为"国家乃历史上之事实"，所谓国家"既非按照天意，亦非根据民约，而仅仅是因为每个国家的特殊历史"才建

---

① 『有贺长雄讲述宪政讲义』第6讲「宪法施行の准备」（2月23日）。
② 《考察宪政大臣达寿奏国会年限无妨预定折》，《政治官报》第293号，光绪三十四年七月二十四日，第9～10页。

立起来的，假如不研究清朝的特殊历史，就不可能建设符合国情的立宪政体。他主张，"中国皇位及皇室的历史与日本最为相似，而和欧洲的皇室存在很大差异，因此，首先研究日本的皇位以及皇室是最好的捷径"。因此，他极为详尽地讲授了日本的皇室制度。据有贺研究，西方的君主权是基于私法上的关系产生的，与此不同，"中国最初是作为对天的义务，日本最初是作为对祖先的义务而统治国土人民的，从国门打开时起，已经变成为公法上之观念"，因此，他主张"在日本及中国，皇室亦从最初开始，作为君主尽其天职的机关而公然存在，故与宪法有密切的关系……关系着国家根本之组织"。①

　　那么，应该怎样规定国家与皇室之间的关系呢？对此，有贺根据日本的立宪经验提出了以下建议。首先，应该让皇室典范、皇室令与宪法具有同样的权威。换句话说，就是"要让人民清楚地知道，皇室典范是与宪法并行不悖之国家公然的法章"，为此，应树立两项原则。其一，"规定凡是事关皇族之身份权利，都必须依据皇室规则，有关人民的身份权利必须依据民法，皇族与人民之间的交涉事件必须依据皇室规则，而非依据民法处理。就是说，必须明确皇室规则之法源的皇室典范与宪法同等，具有超越民法的效力"。其二，"普通之法律命令如果有利于皇族，可以适用于皇族，如果不利于皇族时就要依据皇室典范以及皇室规则"。②

　　其次，应该建立枢密院，承担联络国家与皇室的作用。据有贺解释，日本皇室与国家都是公然存在的，横跨双方的事情很多，因此需要一个"一方面作为国家的机关就国家的目标展开议论，另一方面作为皇室的机关鉴于皇室的需要提出设想"的机关。枢密院可以发挥这一作用，因此立宪之后仍然需要它。而且，"中国也同样，皇室绝不可能像西方的皇室那样成为君主的私有物，必须有超越国家以上的强大权力"，因此有贺建议应该设立跨越双方的枢密院。③

　　最后，有贺还就清廷的皇室制度提出了 5 项需要改革的措施。概而论之，它们包括：第一，应该减少皇族的人数；第二，应该设立宫内省，合并

---

① 『有賀長雄講述憲政講義』第 12 講「皇位及び皇室に関する差異」（3 月 15 日）。
② 『有賀長雄講述憲政講義』第 6 講「憲法施行の準備」（2 月 23 日）。
③ 『有賀長雄講述憲政講義』第 50 講「枢密院」（4 月 11 日）。

重组与皇室有关的机关；第三，废除内务部的三旗制度；第四，整理皇室财产，废除宦官；第五，皇族不仅可以担任武官，还应开辟通道，让他们担任文官。① 他认为只有这样才能保证皇位永固，皇室地位永远尊荣。

关于军队与国家的关系，有贺开宗明义地指出，"国家与军队的关系乃宪法上之重大且最棘手之问题，不仅研究者少，各国制度中又鲜见有完备规定"。他表示，自己因为研究国际法的关系，曾在中日甲午战争和日俄战争中随军考察，又有在日本陆海军所属学校执教的经验，自己的意见多数被日本军事当局采纳，因此对之有自己的心得。

有贺认为，"清朝的文武关系异于他国，情况颇为复杂，自己虽然难以判断其可否，但希望中国在制定宪法时应该将其作为一项重要问题予以特别注意和研究"。为此，有贺十分详细地介绍了日本国家与军队关系形成的历史和现状，极力说服中国模仿参考。他指出，战争是外交的最后手段，当两国为本国谋取最大化国家利益而使外交处于停滞状态时，为了迫使对方让步，其中的一方便会诉诸实力手段，战争因而爆发。但是一旦开战，军事当局为了取得战争的胜利需要获得最大的军费和动用大量的兵力。与此相对，内阁国务大臣则常常重视发展国内的生产要素，总希望抑制经济力量和劳动力用于战争。为了解决这一矛盾，迄今为止有两种方法，一种是拿破仑一世和三世采用过的方法，即"让负责军事统帅事务者置于国务大臣之上，国务大臣接受统率者的命令掌管军队的行政"。另一种是英美两国的方法，"让掌管军事统帅事务者置于国务大臣之下，让他们按照国务大臣的命令行动"。但是有贺认为，前一种方法违反立宪政治的原则，后一种方法对于经济力量弱小的国家尤其不利。

于是，有贺指出，日本设计出了第三种办法，即"让国家事务和军队统帅事务相互独立，但其首脑合二为一，以便调和它们两者之间的关系，使两者之间互通款曲"。这就是所谓的统帅权独立。为此，日本帝国宪法将军队统帅权委之于天皇，天皇既是国家元首，管辖军队的行政事务，又是军队的大元帅，统管军队的统帅事务。但是，为了使天皇一人能够总裁文武之政，日本采取了如下办法：文政让国务大臣和枢密院顾问辅佐；军政则设立军事参议院、陆军参谋本部、海军军令部予以辅佐。这种制度设计

① 『有賀長雄講述憲政講義』第 60 講「天皇の直接事務と清国皇室問題」（7 月 9 日）。

使得君主可以立于这些辅佐机关之上进行裁决。有贺认为"此种制度于今乃最臻于完善者"①，建议清朝制定宪法时予以参考，以此强化皇帝对文武大权的掌控。

四 设立议会，改革政府机构，建设新的地方制度

关于议会，有贺首先对君主国家和民主国家议会的历史沿革、设立议会的原则、议会的组织结构以及议会在国家的地位，结合欧美各国的现状进行了比较和解说，然后主要就议会政治实施后可能出现的弊端，如何加以预防谈了他自己的意见。他认为，通过选举建立议会是议会政治的普遍趋势，但是，为了预防所谓贫民势力控制议会的主导权，他主张必须严格地规定选举权资格，② 甚至建议"清朝建立议院制度时，其选举资格中应该加进一项，例如秀才以上，具有孔孟学问者"。③ 同时，鉴于日本及西方各国议会和政府之间往往出现执政在野双方激烈争吵之现实，有贺向考察宪政大臣达寿密授了日本政府操纵议会的技巧，以使清朝将来能有效地克服政府与议会的对立。

> 于是教授达大臣一秘诀。议会何时提出上奏案不可预测，而其一旦通过，抑或解散议会，抑或内阁自行辞职，被逼至极端。故当此局面，政府不得不制造余地，命令议会停会，操纵议院者明也。然停会之敕书需以天皇之名命令之，故须上奏。倘若侍议会上奏案列入议题后再行上奏停会之敕书，或恐落于其期之后。故实际情形，每年议会召开之际，为备万一之需，于议院法第33条之范围内，预先上奏，制作命令停会之敕书，署上天皇之名并钤玉玺，留白停会日数及年月日，存放于议院之政府委员室。需用时签上日期等项，唾手之间即可将之送至议院。是乃我国之惯例也。④

---

① 『有賀長雄講述憲政講義』第 28 講「国家と軍隊との関係に関する差異」（5 月 24 日）。
② 『有賀長雄講述憲政講義』第 23 講「議会に関する差異（日本、イギリス、プルシア、オーストリア、ハンガリー）」（5 月 5 日）。
③ 『有賀長雄講述憲政講義』第 24 講「議会に関する差異（ドイツ、オーストリア）」（5 月 10 日）。
④ 『有賀長雄講述憲政講義』第 21 講「大臣責任に関する差異（承前）（ベルギー）」（4 月 21 日）。

政府组织是清廷亟须解决的紧迫问题，因此，这一内容在后期讲义中所占比重最大。讲义的部分内容已在当时由李家驹的两位随员以《官制篇》为名翻译出版，此处不再赘述。本文仅介绍有贺提示的几个方针。

当时的清廷，政府机关基本上承袭了几千年间形成的封建体制，其弊端有目共睹。例如，在中央，军机处和内阁并列，部内大臣相互不受统属，一律对皇上负责；各部设数名尚书、侍郎，责任所在不清；官吏没有分类，全部作为皇帝的奴才，没有区别。在地方，总督、巡抚就是皇帝派往地方的衙门，似乎实现了高度的中央集权，却不受中央政府衙门的控制和监督，根本没有形成全国统一的行政系统。对于这种现状，有贺提出了以下解决方案：官吏必须按照业务内容分类；应该在中央设立内阁，统一全国行政；内阁由各部大臣组成，总理大臣设置一人，统领各部大臣；各部设主务大臣和副大臣，明确各自的责任；皇帝通过内阁处理政务；等等。①

关于地方制度，有贺强调应该实行不完全的中央集权制，妥善处理好三种关系，即中央行政与地方行政之间的关系、中央法令与地方法令之间的关系、中央会计与地方会计之间的关系。

总之，如上所述，有贺长雄为清廷派出的考察日本宪政大臣，从近代立宪政治的理论角度对立宪政治的现实进行了范围广泛、内容深刻且简明扼要的讲解和介绍。从讲义记录来看，有贺无论身体染恙，抑或刮风下雨，都坚持按时讲课，一次也没有休讲过。这不仅反映了有贺认真敬业的工作态度，也显示出他对中国建设立宪政治的高度期盼。

第五节　从达寿、李家驹的宪政奏折看有贺长雄宪政讲义的作用

如前所述，达寿和李家驹结束听讲行将回国之前，都给有贺留下了感谢信，同时都表达了回国后要把有贺讲义中的内容应用于中国的宪政实践的愿望。事实上，如表 1-5、表 1-6 所示，两人回国后都履行了自己的承诺，撰写了多份奏折，提交了为数众多的调查报告。以下拟就达寿和李家驹的几

---

① 『有賀長雄講述憲政講義』第 32、33、34、38、39 講。另请参阅沈云龙主编《官制篇》，台北：文海出版社，1971。

份重要奏折做一简要分析，以观察有贺的宪政讲义对晚清宪政活动产生的影响。

表 1 - 5　考察宪政大臣达寿、李家驹上奏奏折目录

作者姓名	奏折题名	上奏时间
达寿	奏宪政重要谨就考察事件择要进呈折	1908 年 7 月
	奏国会年限无妨预定折	
	奏先立内阁统一中央行政机关片	
李家驹	奏考察日本官制情形请速厘定内外官制折	1909 年 5 月
	奏考察日本司法制度并编日本司法制度考呈览折	1909 年 8 月
	奏考察日本财政编译成书缮册呈览折	1909 年 12 月
	奏皇室财政宜谋独立片	
	奏考察日本皇室制度折	1910 年 8 月
	奏考察日本诏敕制度片	

资料来源：据『近代中国官民の日本视察』、表 19 制作。

表 1 - 6　考察宪政大臣达寿、李家驹署名的调查报告目录

作者姓名	调查报告书名	刊行时间
达寿	日本宪政史（3 卷）	1908 年 7 月
	欧美各国宪政史略（1 卷）	
	日本宪法论（3 卷）	
	日本宪法参考（1 卷）	
	比较宪法（5 卷）	
	议院说明书（2 卷）	
李家驹	日本官制通释（3 卷）	1909 年 5 月
	日本官制篇（2 卷）	
	中国内阁官制草案平议（1 卷）	
	日本自治制通释（1 卷）	1909 年 8 月
	日本官规通释（1 卷）	
	日本行政裁判法通释（1 卷）	
	日本司法制度考（2 卷）	
	日本皇室制度考（1 卷）	
	诏敕篇（1 卷）	
	日本租税制度考（10 卷）	1910 年 12 月
	日本会计制度考（4 卷）	
	官制篇（有贺长雄讲义中译本）	1911 年

资料来源：据《政治官报》第 291 号（光绪三十四年七月二十二日）、第 684 号（宣统元年八月九日）、第 1167 号（宣统二年十二月二十五日）以及《清末筹备立宪档案史料》制作。

一　达寿的奏折简析

从表 1 - 5 可以看出，达寿回国后连续向朝廷上奏了 3 份奏折，而最重要的当属《奏宪政重要谨就考察事件择要进呈折》①。这份长达 1.3 万余字的长篇奏折开宗明义地指出，"一曰政体之急宜立宪也，一曰宪法之亟当钦定也。政体取于立宪，则国本固而皇室安。宪法由于钦定，则国体存而主权固"（第 25 页）。他认为，了解立宪的重要意义，明确立宪的期限虽然都很必要，但如果不能从根本上理解立宪的内涵和本质，必致争论纷起，使立宪走入歧途。为了使朝廷能够正确决策，达寿将在日本受教于有贺长雄的宪政理论归纳整理，结合自己的思考，提出了一系列主张，其内容主要包括以下几点。

第一，政体随势而变，国体基于历史永固。达寿根据有贺的讲义精神指出，政体有别于国体。"所谓国体者，指国家统治之权，或在君主之手，或在人民之手。统治权在君主之手者，谓之君主国体。统治权在人民之手者，谓之民主国体。而所谓政体者，不过立宪与专制之分耳"（第 26 页），并进而指出，国体根基于历史，不因政体的变革而变化；政体根据形势的变化而改易，不如国体之固定而难改。他举日本为例，君主国体历千年而不变，而政体自明治维新以后彻底改变了自古相承的制度，但天皇统揽统治大权，没有任何变化。所以，在有数千年历史的君主国体的中国，则无论实行专制或立宪政体，都不会使皇权旁落。他批判那种担心变更政体将会动摇国体，立宪导致君权下移，国会为民权上逼之阶梯的思想是极其错误的。

第二，纵观世界大势，政体必采立宪。达寿按照有贺的讲解，认为欧洲宪法的诞生，一是源于历史，一是源于学说。他分别分析了英国、美国、法国、奥地利、意大利、比利时等欧美国家建立立宪政体的历史，发现无不是通过斗争、革命才实现的，"皆为人民反抗其君，流血漂杵而得者也"（第 26 页）。而所谓学说首先兴起于英国，"所谓权利、自由、独立、平等诸说，次第而兴"，当时，英国国王虽曾加以抵制，奈大势所趋，改采其说，多次

---

① 见《考察宪政大臣达寿奏考察日本宪政情形折》（光绪三十四年七月十一日），《清末筹备立宪档案史料》（上），第 25 ~ 41 页。此部分引文除有注释外皆出自该书，仅在引文后面括号中标注页码，不另加注。

修改宪法，"如臣民权利自由之保障也，裁判官之独立也，国会参与立法议决预算也，征收租税必依法律也，国务大臣负责任也，君主无责任也，凡此荦荦大端，莫非创始于英国"（第28页）。而后孟德斯鸠创立三权分立学说，欧洲各国的政体皆依其擘画，卢梭发明天赋人权理论，则使拉丁美洲各国尽变国体。

第三，立宪能够战胜专制。达寿在奏折中写道，本来日本数百年来实行的是"封建制度"，幕府专政，天皇虚拥神器，和中国周朝末期以及汉朝晚期同出一辙。明治维新，王室乃得复兴。但如何建设国家，国内意见分裂，争斗不断，"卒赖天皇果敢，英断独抒，先酌古而斟今，决从人而舍己"，派遣大臣赴欧美考察宪政，但"当预备立宪之日，正民权最盛之时"，嚣嚣嚷嚷，难以定夺。此其时也，天皇召开御前会议，"乾断独裁，缩短发布宪法之期，亟定开设国会之限"，"乃于明治二十二年布宪法，二十三年开国会焉"。于是"一战而胜，再战而胜，名誉隆于全球，位次跻于头等，非小国能战胜于大国，实立宪能战胜于专制也"（第29页）。

第四，立宪可以固国体、安皇室。这一部分是达寿着墨最多的地方。他认为，对照世界各国建设立宪政体的历史，以及日本立宪之后强国富民的现实，中国也必须走立宪的道路。这是因为立宪可以使君主国体更趋巩固，皇室更加安泰。

为什么说立宪可以巩固国体呢？达寿分析，当今世界已成国际竞争场，而国际竞争已非国君之间的竞争，而是国民之间的竞争。如欲立国于世界之林，必须首先增强国民的竞争能力。国民的竞争能力体现在三个方面，即"战斗之竞争力""财富之竞争力""文化之竞争力"。获得了这三种竞争力，才能"不为人侮""不为人侵"，并使国家能够进而推行帝国主义。立宪政体之所以能够增强国民的竞争力，是因为"立宪之国家，其人民皆有纳税、当兵之义务，以此二义务，易一参政之权利，君主得彼之二义务，则权利可以发展，国民得此一权利，则国家思想可以养成"（第30页）。届时，君主制定宪法保障臣民的权利，臣民则可以通过国会协赞君主立法，监督国家财政，达到君民休戚与共的目的。要实现战斗力、财富力和文化力的长足发展，"断非不立宪之国所可以梦想而幸获"。达寿认为，日本自明治维新以后政权十分稳固，完全可以不用立宪。但鉴于国际竞争之激烈，"知非立宪而谋国民之发达，则不足以图存"，不失时机地推动立宪，从而避免了欧洲各国出现的革命流血，立宪获得成功。他呼吁，现在中国落后日本立宪已经 20 年，所处国际环境又"危于日本数十倍"，对于立宪，断不能"兵欲渡河，犹作宋人之议论"！

接着，达寿详细分析了立宪可以使皇室安全的原因。他认为，"专制之国，其皇室每每与国家相牵连，故往往国家有变，其影响必及于皇室"。而日本自维新以后，大改制度，"凡与人民发达有直接关系之事，则移诸国家，而与天皇有直接关系之事，则归诸皇室"，国家统治实行"间接政治"，即依据宪法以组织施行之机关。因此现今立宪各国，"内阁旦夕有更迭之事，君主万年无易位之忧"。为了使朝廷消除推行间接政治，将使君主徒拥虚位，大臣窃权弄柄的疑虑，达寿以商人与公司的关系为例加以说明。

> 今有一商人，其先第就家室之内经营商业，久之家政与商业相混，于是家之存亡，一系于商之赢绌。后知其法之不善，乃别设公司于外。公司之中，有理事，有株主，商人出居公司，则居于理事长之地位，入居家室，则居于家督之地位，公司有公司之章程，家室有家室之规矩，家政商业，两不相关。如是，则公司虽有亏折之虞，而理事、株主人人有责，彼商人之家室固毫无影响也。（第 32 页）

达寿认为，国家也是同理，皇室犹如家室，国家犹如公司。君主之于皇室，犹如商人之于家室。君主之于国家，犹如商人之于公司。商人经营公司可以居理事长地位，"君主创业垂统，自当握总揽之大权，皇室则愈见安全，权力固未尝减少。考诸宪法之实际，足以征信而无疑"。

第五，三权分立，略加改良，不会削弱君权。当时朝野上下很多人都认为，推行宪政，实行三权分立，一定导致统治权分散，皇权旁落。达寿则在奏折中强调，孟德斯鸠的三权分立理论，除美国按其实行分权制度外，其他的立宪国家都对其进行了改良，消除了三权分立削弱统治权的弊端。他列举日本宪政现状加以说明：日本议会虽然名义上掌管立法，而实际上只是协赞天皇立法之权而已；裁判所虽掌裁判，唯以君主之名，执行法律；司掌行政权的内阁，更完全属于天皇的施政机关。表面上看，内阁大臣权力似乎大于天皇，而据日本宪法安排，大臣并非对议会负责，而是对天皇负责，天皇有任命大臣、更迭内阁之权。内阁处理国家事务，如果事涉重大都要上奏请旨施行。他指出，实行日本这样的"间接政治，既可以安皇室，又可以利国家，元首为其总揽机关，皇室超然于国家之上，法之完全，无过此者"（第 33 页）。

第六，宪法必当钦定。达寿首先指出，考察东西各国宪法制定史，宪法的形式可以分为三种：钦定宪法、协定宪法和民定宪法。依据这三种宪法，政治运行亦可分为大权政治、议院政治和分权政治。三种政治形态之中，"傥持国体以为衡，实以大权为最善"（第 34 页）。他认为，欲行大权政治，必须制定钦定宪法。只有钦定宪法，才能"存国体而固主权"。为此达寿列举出五条理由。

其一，只有钦定宪法，落实宪法中关于君主、臣民、政府、议会、军队的规定，才能"无害于国体，而无损于主权"。否则，"则此五者皆不免为流弊之滋"。他列举德国、法国、比利时等欧洲各国的宪法，要么协定，要么民定，君主未必都是握有主权之元首。"惟日本宪法由于钦定，开章明义，首于天皇，而特权大权，又多列记……即其未经列记之事，亦为天皇固有之权"。如裁可法律之大权、召集议会及开闭解散之大权、颁布法律敕令之大权、颁布行政命令之大权、确定行政各部官制及任免文武大臣之大权、统帅海陆军、定其编制及常备兵额之大权、宣战媾和及缔结条约之大权、宣告戒严之大权、授予荣典之大权、恩赦之大权、非常处分之大权、动议修改宪法之大权等都属于天皇，为欧洲各国宪法所罕有。因此，他建议中国制定宪法应该效法日本，于君主大权采用列记之法。

其二，钦定宪法可以将臣民的权利自由限定于法律允许之范围内，避免臣民借口权利自由而犯上作乱。例如，日本宪法虽然规定了言论、出版、结社、集会之自由，但必须限定在法律范围之内，否则，可以予以禁止。又如规定了所有权不可侵犯，但在公益需要时需依法律规定，这就意味着，所有权只有在不妨碍公益时才能获得不可侵犯之保护。诸如此类，臣民的权利自由，"实不过徒饰宪法上之外观，聊备体裁，以慰民望已耳"（第 36 页）。总之，"臣民之权利自由，必间接而得法律命令之规定，非可由宪法上直接生其效力也"。对于有人担心"中国人民，本来安静，一言权利，未免嚣张"，达寿认为，这是由欧洲各国宪法或协定或民定，因此对于人民的权利既无限制，而义务亦多自由所致。但是，由于日本采用钦定宪法，"如转移、如言论，如信教等……皆定宪法之中，其操纵之意可知矣"。因此，中国应该效法日本，采取操纵之法，一定要让臣民的权利自由"出于上之赐予，万不可待臣民之要求"。

其三，设立内阁，乃恢复中国中书省旧制，丝毫不损害君权。有贺认为立宪国家政府必置国务大臣，以国务大臣组织内阁，作为国家行政机关。而君主神圣不可侵犯，乃宪法原则。但是，如果任何事情都需君主自负责任，假如不幸出现违宪之事，君主便成为众矢之的。因此，日本宪法明确规定国务大臣有辅弼天皇之责，一切命令均需大臣副署。虽然国务大臣是辅弼君主的重臣，但君主丝毫不受其拘束。即便在实行议院政治和分权政治的英、美、法、比诸国，其君主对于大臣犹有莫大之权，在实行大权政治的日本更是如此。奏折指出，在日本，国务大臣不对议会负责，而对天皇负责；大臣失政，天皇可以自由罢免；大臣奏事，天皇自由准驳之。与专制国家不同之处在于，如大臣认为天皇的命令有违宪法，可以拒绝副署其命令，使天皇的命令最终不得实施。

其四，钦定宪法可以防止议会侵犯君主大权，掣肘政府。奏折指出，与欧美各国不同，实施钦定宪法之日本的国会权限，"一则协赞立法权，一则议决预算案。其余如上案，如建议，如受理请愿，虽属国会之职权，而其采纳与否，权在天皇，非国会所得以要挟也"。国会虽有法案提议权，是否采纳全由天皇裁决。修宪、解释宪法之权更是操于天皇，国会不能置喙。因此，天皇统治权之行使，国会能够参与的，"实不过法律与预算而已"（第38页）。

其五，钦定宪法可以使军队之统帅权操于君主一人之手。奏折指出，由于日本制定的是钦定宪法，才得以规定天皇统帅陆海军，天皇定陆海军之编制及常备兵额，天皇有权宣战媾和及缔结各种条约，使日本军队的统帅之权，全操于天皇一人之手。"今若采邻邦之新制，复列圣之成规，收此统帅之大权，载诸钦定宪法，则机关敏捷，既足征武备之修，帷幄运筹，实可卜国防之固"（第40页）。

除以上六点外，奏折还介绍了日本处理皇室与国家关系的制度和方法，委婉地提出如果效法日本，制定宪法的同时制定皇室典范，以规范皇室制度，"则我国家万年有道之长，岂止比隆周、汉也"（第41页）。

通过比对有贺长雄的讲义记录，我们发现达寿在奏折中提出的种种主张及其理由，全都可以从有贺长雄给达寿讲授的30次讲义中找到依据。因此可以说，达寿基本上全盘接受了有贺的说教，忠实地体现了有贺的思想和主张。

二　李家驹的奏折简析

与达寿相比，李家驹考察结束后向朝廷上奏的奏折以及翻译编辑的书籍要更多些。据表 1 - 5 统计，李家驹共提出奏折 6 份，翻译编辑有关日本书籍 12 种 28 卷。比照有贺长雄的讲述宪政讲义内容可以看出，《奏考察日本官制情形请速厘定内外官制折》（1909 年 5 月）、《奏皇室财政宜谋独立片》（1909 年 12 月）、《奏考察日本皇室制度折》（1910 年 8 月）和《奏考察日本诏敕制度片》（1910 年 8 月）当系根据有贺长雄讲义的内容，或者受其讲义内容的启发而撰写的奏折。其中，长达 1 万余字的《奏考察日本官制情形请速厘定内外官制折》①对于清朝政府描绘新的中央和地方行政制度最为重要。以下拟对其进行简要分析和探讨。

李家驹在奏折中指出，"考察外国制度，不徒贵征其条文，尤贵研其义例"。因此，他与有贺长雄等日本学者讨论时，"必研求原理之所存，以推见立法之本意"（第 523 页），认为日本的制度，"经验成迹有美有恶，我国采用所宜舍短从长"。按照这一想法，参照日本的现行制度及实践，李家驹在奏折中就中国制定新的中央和地方官制过程中所应遵循的原则、措施提出了自己的主张和建议。关于中央官制，李家驹提出了以下 4 项建议。

第一，厘定官制，应该以国家的政体为标准，遵循宪法的基本原则（本义）。在当时，由于朝廷已经确定效法日本的宪政原则建设政体，所以，李家驹主要以日本宪法的原则为例加以说明。奏折指出，日本实行君主立宪政体，其宪法为钦定宪法，以君主大权立诸行政、立法、司法三机关之上，故制定官制实行两个基本原则。第一个是君主不负责任，即政府乃君主行使大权所设机关之一，决不以君主为政府首脑。第二个原则是法律责任和行政责任皆由国务大臣承担。国务大臣从事行政，"善则归君，过则归己，苟有违法及失政情事，责问弹劾，实职其咎，言思拟议，不及于君，惟全国结一心尊戴之诚，斯皇图保万世不拔之固"（第 524 页）。

第二，制定立宪官制首先必须明确责任。责任有宪法责任与行政法责任

① 见《考察宪政大臣李家驹奏考察日本官制情形请速厘定内外官制折》，《清末筹备立宪档案史料》（上），第 523 ~ 536 页。此部分引文除有注释外皆出自该书，仅在引文后面括号中标注页码，不另加注。

之分。宪法责任由所有国务大臣负连带之责，行政法责任则由各省大臣各自承担。明确责任必须遵守 4 项方针（通义）。其一，国家政务无论大小，一定要让负有责任的官吏主管。其二，确定国务大臣责任制。国务大臣各有自己的管辖范围，而行政之方向与次序，互有关系，是必协议于先，乃能施行于后。当政务协议确定以后，就必须由国务大臣指挥命令所部下属执行，故此必须由国务大臣负最终责任。其三，内阁各部主管大臣实行一人制，即负责任之大臣，"不可无一，不可有二"，使其无可推卸，也不能相互推诿。其四，必须给予负有主管责任的大臣以监督所属部下的职权，主管大臣必须对部下拥有"取消训令指令升降惩戒处分"之权，只有这样才不违背负责任之宗旨（第 525 页）。

第三，在分清责任的基础上按照事务的性质分配行政事务。一般而言，国家行政事务大体可分为内务、外交、军政、财政、司法五类。至于设立多少部局，因国而异，原则上国务机关必须与行政事务性质相匹配。

第四，组织内阁，赋予内阁一定之权限。奏折认为组织内阁之法有二，一是由内阁总理大臣集合志同道合者组织之，二是由君主任命之。英国用前法，故被称为议员内阁、政党内阁。日本用后法，由天皇任命。但总理大臣也可以向天皇推荐，以备任用。天皇顾及阁僚政见必须统一，往往依总理大臣所荐。奏折指出，建立内阁制度必须遵循以下两项原则：（1）内阁阁员人数必须与行政机关数量相符；（2）内阁必须设立总理大臣。这是因为，"国家政务殷烦，各省大臣各有计划，辄为财政所限，不能同时进行，故必有总理大臣，本国家之主旨，以审各部政务之轻重缓急，分别而经营之，务令用财少而成功多"（第 526 页）。

至于内阁应该赋予其何种功能和职权，奏折通过介绍日本的内阁官制，认为主要有以下 7 项。一曰确定大政方向。一国行政之中，既有诸如警察、裁判、普及教育等追求一般利益的事务，又有通过军备扩张谋求海外利益的内容，还有发展铁道海运事业、振兴农工商业等谋求间接利益的内容。"其先后缓急之序，法令既未有规定，则惟由总理大臣因时制宜，以定方向"。二曰凡国务必经内阁。除一般性政务外，凡涉及有关责任之大权事务，都要由内阁提出方案，奏请君主裁可。诸如诏书、敕书、敕令等有关实行大权的形式，都必须经总理大臣副署。三曰凡臣工入对必经内阁。内阁之内，总理大臣可以随时接受君主的咨询，表达意见，除战场归来的将军、枢密顾问官以外的任何人，要接受君主的咨询都必须征得内阁同意。这样规定，"盖不使无责任之人任意奏对，致与内阁政策有所矛盾而滋纷扰也"。四曰凡臣工入奏必经内阁。除枢密院上奏、议院弹劾政府、会计检查院上奏、陆海军统帅事务外，任何内阁成员需要单独领衔上奏，也必须将奏折呈送内阁，由内阁代递。五曰外交事件必取决于内阁。六曰统一各部事务。就是说，各部重要官吏之进退、各部经费必须经由内阁确定；各部之间的权限纠纷由内阁裁定；各部命令及事务处理有违规者，内阁得命其停止执行；内阁可以对各部发出训令。七曰特别职权。例如修筑铁路是否需要征用私人土地，需要内阁单独做出决议等（第 527~528 页）。

关于地方官制，奏折指出，依据各国制度可以分为两种，即实行中央集权和地方分权。所谓中央集权，系指一切行政事务，都由中央政府颁发法律命令，使地方官遵行之。对于人民执行法令之事，亦由中央政府委托地方官吏执行。所谓地方分权，则除军事、外交、邮政、铁路、电信、货币等项为全国统一事务，归中央政府施行外，其余一切事务，无论巨细，全部由地方政府与地方议会，各以其地方法律行之。奏折认为，"二者皆趋于极端，与中国国情不合"。实行中央集权的日本，国境"略与中国一大省相当，所置府县凡四十七，又其国交通利便，故地方政务统辖于内务省而绰然有余。然必非我国所能仿效"（第 529 页）。认为比较理想之法是介于中央集权和地方分权之间，有些实行"直接官治"，有些实行"间接官治"，有些则必须实行"地方自治"。由于直接官治和地方自治分属中央和地方，此省与彼省相关系之事甚多，为了达到统一，必须设立一种联络机构。为此，奏折主张效仿日本地方长官会议制度的宗旨，"每年定期，督抚咸集京师，会同国务大臣集议"（第 533 页）。

此外，李家驹还呈送了考察日本皇室制度的奏折，建议效仿日本建立宪政以后实施的皇室制度，改革清朝的皇室制度。他指出，"惟是立宪政体，首明责任，皇室之于国家，其实际虽互有关系，而体制不能无区别"，故日本在宪法颁布后，设立帝室制度调查局，制定了新的皇室制度。为此，他借鉴日本办法，参考各国成规，提出了 4 项改革清廷皇室制度的措施。①

---

① 《出使日本国考察宪政大臣李家驹奏考察日本皇室制度折》，《政治官报》第 684 号，宣统元年八月初九日，第 161~165 页。

第一，内廷供奉诸官署员缺宜分别增并。奏折认为，一般而言，各国在皇室供职的官吏都归宫内大臣统一管辖。由于宫内大臣在政治上不负责任，因此不能作为国务大臣对待，但是其地位与国务大臣完全相同。在日本，宫内省除设有大臣官房以及各种部课负责处理各种事务外，所属官职设置得更为细致。奏折在比较了中日两国关于皇室事务的历史和现状后，建议中国应该仿效日本皇室，设立类似日本宫内省的机构，将分散设置于多个官署为皇室服务的官职，统一设在宫内省内。

第二，皇室内应该永远废除宦官制度，代之以女官。奏折指出，虽然也有不少国家在历史上设立过宦官制度，但近来大部分都已废除。即便现在仍然存在宦官制度的土耳其和伊朗，也已决定实行宪政，此制度必定发生重大变化。认为“我国文明早开，甲于大地而敝俗未革，余烬仍留，贻列强以口实，非所以隆郅治，示来兹也”。奏折称颂日本女官制度十分完善，建议皇上颁发明诏，逐渐淘汰现行的宦官制度，设置新的女官制度。

第三，应该制定法典，规定皇族成员的资格，以保证皇族的尊严。奏折指出，各国皇族资格都由皇室典范规定，素来崇尚中国礼教的日本则以男系五服为限，自皇子以至皇玄孙皆称皇族，其余则降为华族，恩义两尽，洵属允当。奏折虽然没有明说，言下之意，即中国应该模仿日本，建立皇族和华族制度。

关于皇室制度，李家驹还呈送了另外一份奏折，主张皇室财政应从国家财政中独立。他认为，立宪的一个主要目标是将皇室与政府分开，因此，为了维持皇室的尊严，最重要的是改变现行皇室与国家混为一谈的局面，“皇室事务与国家事务不能不分，皇室财政与国家财政不能无别”，因而需要建立独立的皇室财政制度。奏折分析了各国皇室财政的结构与内容后，提出为了确保清廷皇室财政的独立，应该对现行皇室财政进行清理。为此，奏折建议设立皇室财政调查局、皇室审计院，尤其应该效仿日本的皇室经费会议制度，设立皇室财政会议，任命亲贵大臣担任顾问，让内务大臣、皇室审计大臣、皇室财政调查大臣参与，令其掌管以下 6 项事务。它们包括：（1）皇室经费之预算及决算事项；（2）皇室收入之清查整理事项；（3）皇室收入之编定改废事项；（4）皇室财产之稽查存废事项；（5）皇室资金之运用及经营事项；（6）皇室之收入及财产与国家或人民关涉事项。① 认为只有这样，"皇室之财政可以独立，而皇室之尊严赖以维持"。

与达寿一样，李家驹奏折中提出的立宪官制原则，以内阁为核心的中央官制以及地方行政制度，实际上都是来自有贺长雄讲义第 32～49 讲的内容，皇室制度则是来自第 51～60 讲的内容。尤其是李家驹关于皇室制度改革的建议，基本上是来自第 60 讲"天皇直接事务与清朝皇室问题"，皇室财政制度则是依据第 58 讲"皇室财产及财政"。在这一讲中，有贺根据李家驹的要求，侧重讲述并回答了以下几个问题：皇族问题、宫内省的组织和职权问题、内务部的三旗问题、皇室的财产整顿问题、宦官的处置问题，以及皇族是否可以兼任武官和行政官的问题。李家驹关于皇室的改革意见差不多都可以从有贺的讲义中找到答案。

小　结

根据以上叙述，我们似乎可以得出这样一个结论：晚清政府在抗拒历史发展潮流，对于国内广大知识精英和民众要求改革封建、保守、落后的政治社会体制的强烈呼声消极应对，以便继续苟延残喘的企图几度碰壁。在激进的革命势力逐渐取代温和的立宪改革势力成为中国改革的主导力量的时候，清政府极不情愿地做出引进立宪制度，改革维持了数千年的皇权专制的决定，以伊藤博文为首的日本政客以及专家学者等知识精英的影响以及日本实行宪政取得成功的经验对其起到了重要作用。其中有贺长雄所发挥的作用尤其不容忽视。

从端方、戴鸿慈、达寿、李家驹的奏折中，我们看到了有贺长雄的思想和建议被他们接纳，并反映在他们向朝廷提出的建议之中。端方、戴鸿慈、李家驹后来在设计、推动中国宪政的过程中，先后被任命为决策队伍中的一员。尤其是李家驹回国后被任命为宪法编纂大臣之一，亲自参与了晚清宪法的起草工作，1911 年更是出任资政院总裁，推出了日本宪法在中国的"缩微版"——《宪法重大信条十九条》。《宪法重大信条十九条》的出台，虽

---

① 李家驹：《又奏皇室财政宜谋独立等片》，《政治官报》第 1167 号，宣统二年十二月二十五日，第 383～386 页。

然最终未能挽救清朝覆灭的命运，但在清末推动宪政运动史上留下了自己的足迹。

当然，在清末这样一个特定时期，有贺生活于实行二元君主立宪政治的日本，他所能给清廷提供的理论以及他所描绘的立宪蓝图，不得不说有它的局限性。加之历史证明，清廷开展的立宪探索活动因为错失了最佳推进的机会，许多措施跟不上历史前进的步伐，不能满足自由资产阶级以及广大民众的要求，从而以失败告终。但是，尽管如此，我们仍然应该对有贺为中国考察宪政大臣讲授宪政制度，以及他的思想通过考察宪政大臣在晚清中国变革过程中所发挥的作用给予一定的评价和肯定。

首先，有贺等日本学者和政治家广阔的视野、具有说服力的宪政讲解，加上日本式宪政取得的成功，使得中国的统治者逐渐认识到立宪政治并非狰狞可怖的怪兽，而是或许能够挽救自身衰亡的另一种可供选择的政治模式，使顽固坚持封建体制的保守落后阵营出现了可资突破的缝隙。清朝统治者最终决定引进立宪政治的背景虽然主要是企图缓解革命派的巨大压力，但如无统治者的决断，推动立宪的活动就不可能在晚清中国自上而下地展开，虽然它步履蹒跚，进一步退两步，但毕竟迈出了沉重的第一步。而促使清廷统治者痛下决心推动立宪的背后，不能忽视有贺等日本人对清廷决策者产生的影响。

其次，由于有贺等日本人的积极宣传和推荐，清廷在决定移植宪政时选择了将日本作为本国的模仿范本。直至明治维新之前，日本历史上一直以中国的政治、法律为榜样，而现在日本的统治模式反过来向中国出口，可以说这在政治文化交流史上是一个非常值得关注的现象。不能因为这场逆向出口的活剧在中国遭遇失败就轻率地认为它没有丝毫的积极意义。在立宪运动中，经由日本传入的立宪理论及其实践，不可能随着清王朝的覆亡完全消失。实际上它的影响后来一直在中国持续。因此完全可以这样认为，有贺等人对清廷考察日本宪政大臣进行的宪政讲义，促进了中日两国政治文化的交流，他们教授的立宪理论也对近代中国的政治演变和发展发挥了一定的进步作用。

第二章
北洋政府法制顾问有贺长雄
与袁氏制宪活动

引 言

1911 年，辛亥革命爆发，建立了以孙中山为临时大总统的中华民国，这是亚洲历史上诞生的第一个共和国。辛亥革命是决心推翻反动腐朽的清王朝的资产阶级革命派前仆后继发动一系列武装起义的结果，它的目的是要建立一个崭新的国家体制和社会体系。但是，由于国内外多重因素的作用和影响，革命的领导层未能坚守初心，在革命蓬勃发展的进程中，与旨在改良旧体制的资产阶级立宪派以及以袁世凯为首领的北洋军阀等势力达成妥协，在旧的统治结构没有彻底打破的情况下建立起了新的政权。接着，一直觊觎国家最高权力的袁世凯又拿着一张空头支票，承诺遵守中华民国南京临时政府制定的《中华民国临时约法》，建设共和国，从而换取了孙中山出让的临时大总统职位。由此，中华民国如何构建新的统治体制便成了袁世凯必须面对的课题。

袁世凯政府成立后，便迫不及待地把此前承诺遵守的《临时约法》束之高阁，着手擘画他所需要的政治行政体制。为此，他借口构建新的体制需要借鉴外国经验，就任临时大总统还不满 5 个月，便于 1912 年 8 月 1 日聘请澳大利亚出生的英国记者莫理循（G. E. Morrison）担任其政治顾问。此后，又连续从日本、德国、法国、美国、比利时等国家聘请了为数众多的顾问。据日本驻华公使馆调查，截至 1913 年 11 月，袁世凯在不到两年的时间内，以政府名义聘请的外国顾问达30人。① 这个数字尚未包括当年 5 月已经抵达北京就任宪法顾问的美国人古德诺（Frank J. Goodnow），因此，受到袁世凯政府聘请的外国顾问人数肯定超过上述统计数字。

笔者认为，中华民国初年构筑新的统治机制，这些外国顾问各自都发挥了程度不同或进步或保守的影响和作用，其中影响最大的应该非上面提到的莫理循、古德诺和来自日本的有贺长雄莫属。但是，上述三人在此后历史研究者的著述中却受到了差别极大的对待。关于莫理循，不仅澳大利亚的华人作家骆惠敏编辑过他的书信集，并翻译成中文在华出版，而且国内外都有学者对其做过系统研究和介绍。② 至于古德诺，有不少学者写过关于他的论文。③ 唯独有贺长雄，只是在他死后 7 年和 13 年忌日纪念的时候，由他日本的朋友和学生写过一些回忆他的文章，在中国似乎很少有人做过关于他的系统研究和介绍。④ 因此，可以说对在北京担任北洋政府的法制顾问长达 5 年时间的有贺长雄及其给近代中国建构统治机制所带来的影响，几乎没有人给予必要的关注和研究；在日本，由于本书第三章中叙述到的历史原因，关

---

① 「支那政府傭聘外人顧問（与改革借款无关的部分）」、大正 2 年（1913）11 月，日本外交史料館藏 No. 3 - 8—4 - 16 - 2『外国官庁雇用本邦人関係雑件（清国の部）』第 7 卷。

② 中国学者窦坤著有《莫理循与清末民初的中国》，福建教育出版社，2005。据该书介绍，世界各国有不少研究莫理循的专著和论文。如日本学者伍德哈伍斯・暎子『日露戦争を演出した男モリソン』上下卷、東洋経済新報社、1988；『北京燃え～義和団事変とモリソン』東洋経済新報社、1989。澳大利亚作家彼得・汤普森（Peter Thompson）、罗伯特・麦克林（Robert Macklin）合著《死过两回的人——北京的莫理循之生活经历》（*The Man Who Died Twice—The Life and Adventures of Morrison of Peking*），米歇尔图书馆藏有《莫理循文件指南》，日本学者中见立夫发表过《最近的莫理循关系文件》（《东洋文库书报》第 38 卷，2007）对近几十年来世界各国研究莫理循的资料进行了梳理。另外，中国台湾学者也有很多论述，兹从略。

③ 例如郑琼梅《古德诺与"洪宪帝制"》，《武汉理工大学学报》（社会科学版）2002 年第 1 期；张学继《古德诺与民初宪政问题研究》，《近代史研究》2005 年第 2 期；曾景忠《古德诺与洪宪帝制关系辨析》，《历史档案》2007 年第 3 期；李云波《古德诺与洪宪帝制关系研究述评》，《齐齐哈尔大学学报》（哲学社会科学版）2011 年第 4 期；郅玉汝《袁世凯的宪法顾问古德诺》，"中华文化复兴运动推行委员会"主编《中国近现代史论集》第 22 卷，台湾商务印书馆，1986，第 35～62 页；等等。

④ 在中国，据张学继《论有贺长雄与民初宪政的演变》（《近代史研究》2006 年第 3 期）调查，直至 2006 年，直接谈及有贺长雄的文章只有 3 篇。它们分别是张学继《民初臭名昭著的〈共和宪法持久策〉》，《团结报》1993 年 12 月 11 日，第 2 版；张学继《袁世凯的宪法顾问——有贺长雄》，《团结报》1994 年 8 月 13 日，第 2 版；赵大为《有贺长雄及其〈共和宪法持久策〉》，《近代史研究》1996 年第 2 期。

于有贺的系统研究也是寥若晨星。① 因此，可以说有贺长雄几乎被历史遗忘。

为了还原历史真相，本章拟根据日本方面的资料，对有贺长雄被北洋政府聘为法制顾问的原因及其经过，他在北京期间发表过的言论及其开展的顾问活动，以及他在向北洋政府出谋划策时日本政府是否施加过影响等问题，进行梳理和探讨。

但是，正如后面将要叙述的那样，有贺长雄表面上是以个人名义接受袁世凯政府的聘请担任中国法制顾问的，实际上日本政府对此有深度的介入。这反映出日本政府及日本社会对辛亥革命后中国走向的高度关注。因此，有必要首先对辛亥革命时期日本的舆论动向以及有贺长雄个人的政治主张加以简要梳理。

第一节　辛亥革命时期日本的对华舆论与有贺长雄对中国政治的期盼

一　关注中国走向以及研究中国问题热情的高涨

从第一章我们可以看到，在清廷预备立宪的过程中，日本政府给予了高度的关注和智力援助。但是，清廷守旧派对预备立宪的抵制乃至阻挠，使得预备立宪举步维艰，严重妨碍晚清社会、政治和经济的进步。辛亥革命的爆发获得全国广大民众的热烈支持，反映出龟步前行的预备立宪已经不能满足中国民众强烈要求改革现行政治社会体制的诉求了。

辛亥革命后，中国向何处去，不仅中国人必须对此做出回答，作为邻邦的日本也给予非常强烈的关注。辛亥革命爆发后的第三天，即 1911 年 10 月13 日，日本的《东京朝日新闻》《时事新报》《大阪朝日新闻》《大阪每日

①　在笔者发表本书所录的几篇文章之后，相继有川田敬一「明治皇室制度の形成と有贺长雄」比較史学会編『比較法史研究』第 5 号、平成 8 年 6 月和松下佐知子「清末民国初期の日本人法律顧問——有贺长雄と副島义一の憲法構想と政治行動を中心として」『史学雑誌』（110）第 9 号、平成 13 年 9 月、59～83 頁以及「有贺长雄の对外戦争経験と『仁爱主義』～日清/日口战争の時期～」近現代史研究会『年報近現代史研究』2013 年第 5 号等少数几篇文章面世。

新闻》就迅速报道了武昌起义的消息。此后，日本几乎所有的报纸杂志都用很大篇幅报道、分析和评论辛亥革命。据王晓秋先生统计，《大阪朝日新闻》在 10 月至 12 月的短短两个月内，就发表了有关辛亥革命的社论 38 篇。11 月 1 日出版的《中央公论》杂志发表对辛亥革命的评论 12 篇，《大国民》杂志发表 17 篇，《新日本》杂志发表 10 篇，《日本及日本人》杂志更是出版专刊报道辛亥革命。① 这些报道和评论不仅分析了辛亥革命爆发的政治、经济、社会、思想以及历史等原因，更将重点放在了讨论辛亥革命后的走向之上。

总之，随着中国政治形势的急剧变化，日本朝野更进一步关心中国的走向。老牌政客大隈重信②发表的《研究中国形势之急务》就是一个最好的例证。该文认为，我们必须研究"革命的情势、中国革命与国际法的关系、中国的国民性、交通、财政、对我国经济界的影响以及历史性观察"③ 等诸多领域。他准确地认识到，这次的革命不同于历史上的禅让、放逐和骚乱。以前的革命"仅仅是更换最高统治者，任何时候都是专制的君主政治，绝不改变中国的国体和政体"④，但是，这一次的革命"导致了国家的政治组织都将被改造"。关于辛亥革命的未来走向，该文持消极的看法，认为"即使革命取得成功，也将难以恢复秩序实现太平"。这是因为"要想将四千年间形成、几乎变成了化石的政治思想一朝改变，全盘照搬并妥善运用欧洲的政治制度是一件极其困难的事情"。他估计，如果失败，中国恐将陷入分裂的危险，"文明程度高于"中国的大国势必乘中国分裂之机进行干涉，使这次的"动荡愈加动荡"。有鉴于此，大隈主张，"中国毕竟是日本商品的出口地，日本现在把当今世界最有前途的市场中国作为我们的客户"，因此，"我们一方面要警惕有人对中国趁火打劫，同时，另一方面有责任监督革命

---

① 王晓秋：《近代中日启示录》，北京出版社，1987，第 145 ~ 147 页。

② 大隈重信（1838 ~ 1922），日本幕末武士，明治、大正时期的政治家、外交家和教育家。参与过推翻幕府的战争。明治政府初期历任外国事务局判事、大藏大辅、参议兼大藏卿。自由民权运动时期，于 1881 年提出《开设国会意见书》，主张仿效英国，设立内阁议会制，与岩仓具视、伊藤博文等意见不合，辞职下野。1882 年创建立宪改进党，自任党首。同年创办东京专门学校（1902 年改名早稻田大学）。明治宪法颁布后，历任外务大臣、内阁总理（1898 年和 1914 年两次组阁）。1915 年提出臭名昭著的对华"二十一条"。

③ 大隈重信「清国事情研究の急務」『早稻田講演』（1911 年 12 月临时增刊支那革命号）、2 頁。

④ 大隈重信「清国事情研究の急務」『早稻田講演』（1911 年 12 月临时增刊支那革命号）、9 頁。

的走向"①。

大隈重信的呼吁似乎获得了日本社会的广泛响应，有关研究中国的团体和组织接连不断地出现。具体到每一个团体，其研究中国的动机、目的和方针各有不同，但在关心中国的发展方向方面明显地表现出了高度的一致。因篇幅关系，加之本章的目的并非探讨这些研究团体对中国的实际研究成果，因此，不拟对它们逐一介绍和分析，只是对其中几个有代表性的团体稍做叙述。

辛亥革命后，成立最早的研究中国的团体当属以小川平吉②、内田良平③等为发起人的"有邻会"（1911 年 11 月上旬成立）。其主要成员包括宫崎寅藏④、福田和五郎、古岛一雄、平山周⑤等人。有邻会同情辛亥革命，派遣了不少会员奔赴中国支援辛亥革命。

"中国问题同志会"是以新闻媒体和司法界从业人员为核心的团体，成立于 1911 年 12 月 26 日。该会的发起人是媒体界的浮田和民⑥、松山忠次郎

---

① 大隈重信「清国事情研究の急務」『早稲田講演』（1911 年 12 月临时增刊支那革命号）、15 頁。

② 小川平吉（1870～1942），平民出身，东京帝国大学毕业，律师、政治家。历任众议院议员、司法大臣和铁道大臣。参与制定治安维持法，创办《日本》杂志，主张国粹。其第四子小川平四郎在中日邦交正常化后担任首任日本驻华大使（1973～1977）。

③ 内田良平（1874～1937），日本福冈县人。头山满创建的右翼团体玄洋社三杰之一的平冈浩太郎是其亲叔。受平冈影响，内田致力于扩大日本在朝鲜和中国的势力范围。1898 年通过宫崎滔天结识孙中山并成为知己，并组织革命义勇军支持孙中山的革命运动，参与建立中国革命同盟会。中华民国成立后，内田倡导满蒙独立，建议日本政府在华北地区开展间谍活动。政治上，对大正民主持否定态度，支持关东军的对华侵略，是推动军部法西斯的幕后黑手之一。著有《西南传记》《支那观》《东亚先觉志士传》等。

④ 宫崎寅藏（1871～1922），日本熊本县人，号白浪庵滔天，世称宫崎滔天。在熊本曾入德富苏峰主办的"大江义塾"，接受基督教和自由主义思想的教育，后皈依基督教。1897 年结识孙中山，将孙的英文著作《伦敦蒙难记》译成日文，此后一直作为孙中山的追随者，支持中国革命。中华民国南京临时政府成立后，孙中山被推举为临时大总统，宫崎一直随伺在侧。有《宫崎滔天全集》留世。

⑤ 平山周（1870～1940），日本福冈县人，宫崎滔天的好友和同志，1897 年孙中山留亡日本时，据说是平山周以聘请家庭教师的名义邀请孙中山入境的。1900 年孙中山发动惠州起义，和宫崎共同援助了孙中山。1911 年发表《中国革命及秘密结社》，为中国革命展开宣传活动。1931 年被南京政府聘为陆海空军总司令部顾问。

⑥ 浮田和民（1859～1946），近代日本的思想家、政治学家，法学博士，早稻田大学教授。同志社英文学校的首届毕业生。毕业后在母校任教 11 年，主要讲授国家学、宪法学。1897 年转入东京专门学校（现早稻田大学），与高田早苗等人共同奠定早稻田政治学的基础。创办综合杂志《太阳》，担任总编，标榜"内为立宪主义，外为帝国主义"的"伦理性帝国主义"，首倡后来发展为民本主义的理论，据说吉野作造的民本主义就是继承浮田的理论。大隈重信的亲信之一，被坪内逍遥称为"早稻田的至宝"。

和司法界的加濑禧造、平松市造等人。参加成立大会的有 40 多人，分别代表《朝日新闻》《每日新闻》《日日新闻》《日本新闻》《太阳》《日本及日本人》《东洋经济》等著名报社和杂志社。会议做出两项决议：维护中国领土完整，尊重邻国的民意选择；不应该干涉政体问题。后来，在该会基础上成立了"承认共和新政府同志会"。

此外，还有东亚同文书院院长根津一①等人发起成立的"善邻同志会"等团体。关于以上团体的详细情况，日本《太阳》杂志在明治 45 年 2 月 1 日发行的第 18 卷上有专门介绍，此处不赘。

这些民间团体大都同情辛亥革命，反对政府干涉中国内政，赞成中国实行共和制，要求日本政府率先承认中华民国临时政府。例如"中国问题同志会"在南京临时政府成立几天后即在东京松本楼集会，做出两项决议，警告朝野以期贯彻"（1）日本为世界平和起见，当为保全中国领土之保障；（2）日本敬重邻国民意，不干涉其政体问题"。又如"善邻同志会"集会，做出决议谓："吾人顾善邻之谊，愿其国利民福，热诚祷其革命军速能贯彻目的，且望各国观察时局之情势，不出干涉政体之谬举"。"有邻会"聚会时请来革命军特派员何天炯介绍辛亥革命的现状和目标，散会后会员们还一起到外务省请愿，获得政府承诺"不置喙中国政体问题，不以武力干涉，强迫建立君主政体"②。"善邻同志会"还在大阪举办讲演会，要求日本率先承认中华民国政府，为推动政府率先行动，会上还成立了"中华民国同志会"，发起人有根津一、河野广中、三宅雪岭、福田和五郎等知名人士。③

二　两种截然相反的态度

日本关心中国的现象背后存在两种截然不同的态度。一种来自以日本军部为首的政府当局，他们主张维护清王朝统治，干涉辛亥革命；另一种来自

---

① 根津一（1860～1927），陆军军人，教育家。荒尾精在上海创办谍报机关上海日清贸易研究所，根津参与其中，实际上代理经常不在研究所的荒尾负责管理和经营，成为日本首屈一指的中国通。后来东亚同文会会长近卫文麿在上海创建东亚同文书院时，受聘担任该院第一任和第三任院长。

② 《民立报》1912 年 1 月 9 日。

③ 《日人赞成共和热》，《民立报》1912 年 2 月 4 日。

民间和知识精英，对辛亥革命表示同情和支持。

先来看看政府当局所持的态度。辛亥革命爆发后的第六天，即 10 月 16 日，日本政府就向日本商人发出指示，让他们向清政府提供武器弹药，以帮助清廷镇压辛亥革命。指示说，"帝国政府顾念清政府亟须获得枪炮弹药以讨伐革命军，决定给予充分的协助，以使本国商人能够提供上述供给……帝国政府之所以冒此特大危险敢出此举，实际上是向清政府表示特别之好意，以及考虑到需要维护东亚大局，此外并无他意"①。10 月 24 日，日本内阁召开会议，讨论中国问题，并制定了有关中国的政策。该项政策认为，"鉴于帝国政府与清朝在政治以及经济上有着极其密切的关系，对于中国，帝国应该努力占据优势地位，并采取措施永远维持满洲的现状"，就是说，"暂时维持现状以防止其受到侵害，同时应利用这一大好时机逐渐扩张我国的权利。至于满洲问题的根本解决，最妥当的办法是等待机会对我最为有利，且有十分成功的把握时才能付诸实施"②。

更有甚者，日本军部及政府内部还在策划利用辛亥革命分裂中国的阴谋。10 月 13 日，日本陆军省军务局长的特使田村大尉执笔撰写题为《论对清用兵》的意见书，认为武昌起义"终于给了列国干涉中国的大好机会，乃至被迫使用兵力"，要求制定万无一失的对华政策。他提出应该"确定政略上的要求，规划作战部署，必须明确我们是满足于获得南满，抑或应该占领直隶、山西等地，领有中国中部的资源；或者是应该扼住扬子江河口，占领扬子江的利源以及大冶的矿山等地，还是应该让其割让广东或福建省"③。同月 15 日，日本参谋本部第二部部长宇都宫太郎的《关于我国对华政策的私见》，更是提出分裂中国的八条措施："一、标榜保全中国；二、在某种程度上援助现今的清朝，以防止其被颠覆；三、同时以极其隐秘的（假手政府反对党等间接的）手段援助叛徒，在适当的时期居中

---

① 「内田内務大臣より在清国伊集院彦吉公使宛電報　日本政府力重大ナル危険ヲ冒シ兵器ヲ提供する好意ニ鑑ミ清政府ニ於テモ対日態度ヲ改善シ満州ニ於ケル日本ノ地位ヲ尊重方申入アリタキ件」（1911 年 10 月 16 日）（外務省編纂『日本外交文書』第 44 ~ 45 卷、『清国事変「辛亥革命」』、外務省発行、1961、135 ~ 136 頁）。
② 「対清政策に関する件　閣議決定　満州問題ノ解決ハ好機ノ到来スルヲ待チ、目下ハ中国本部ヘノ勢力扶植ヲ努メタキ件」（1911 年 10 月 24 日）『日本外交文書』、50 頁。
③ 田村大尉「清国ニ対スル用兵ニ就テ」（1911 年 10 月 13 日）栗原健『対満蒙政策史の一面』原書房、1966、290 頁。

调停，使满汉两个民族分立为南北两个国家；四、作为报酬使其有利于解决满洲问题；五、和上述分别成立的两国建立特殊关系；六、对列国的分割政策先极力反对之；七、但是当大势发展到不得已之时我们自然采纳其说辞，但必须始终装出一副不情愿的样子；八、在我属地上，北面建立满人、南面建立汉人的小朝廷，以此作为？（原文如此。——引者注）将其他国家属地内的人心全部收揽于我，以为他日上演第二幕戏剧之准备"①。

下面再来看看民间和知识精英的态度。与日本军部和政府当局的态度相反，他们对辛亥革命表示同情，支持中国建立共和制，公开反对政府干涉中国内政的说辞。平山周向《日本及日本人》投稿，题为《中国革命党及秘密结社》，文章充满热情地赞誉辛亥革命，说"武昌革命军的勃兴获得了天时地利及人和，其将取得成功几乎没有疑义"②。《太阳》杂志的总编、早稻田大学教授浮田和民为该刊撰写的《东方第一个共和国》一文更进一步指出，"由于中国人民在传统的中国式民主思想之上，又学习了欧美各国的民主共和的理想，因此他们废除君主制，建立共和制，将国家以及政府的基础公然置于主权在民的原则之上，此乃自然之势"，并高度评价辛亥革命"在东洋建立第一个共和国，将成为世界历史上的一个新纪元"③。

日本民间人士和知识精英，在制造支持辛亥革命的舆论的同时，有些人还亲自奔赴中国，在战斗的第一线从物质和精神两方面支援革命军。更有一些人在南京临时政府成立后，不计报酬自愿担任南京临时政府的法制顾问，为新生共和国的法制建设出力。东京大学国际法教授寺尾亨、早稻田大学法学教授副岛义一就是其中的代表。

三　寄希望于中国建立民主共和政治

如上所述，日本民间人士和知识精英对辛亥革命表示同情甚至给予了各方面的援助，对辛亥革命后的政权建设毫不隐讳地表达了自己的看法。或许

①　上原勇作関係文書研究会編『上原勇作関係文書』東京大学出版会、1976、56～57頁。
②　平山周「支那革命党及び秘密結社」『日本及び日本人』第569号、1911年11月。
③　浮田和民「東洋最初の共和国」『太陽』第18巻第2号、1912年2月、10頁。

是因为人们看得很清楚，清王朝的覆亡已然不可逆转，所以几乎没有人公然主张在中国应该继续实行君主制。但是对于中国能否顺利地从封建君主制一跃转变为资产阶级民主共和制，则存在形形色色的议论。本节无意也不可能对这些议论逐一进行探讨，仅就主要作者为早稻田大学教授的《早稻田讲演》之中具有代表性的意见，即民主共和制议论，做一点简单的梳理和介绍。

众所周知，早稻田大学是最早设立中国留学生预备部，接受中国留学生最为积极，非常关注中国发展方向的大学之一。辛亥革命刚爆发，早稻田大学就对其给予了极大的关注，校园内经常举办关于中国革命的讲演会和探讨中国建设的讨论会。校长高田早苗①以及很多教授或亲自登台讲演或撰写论文介绍和分析中国革命，为中国未来的政治体制描绘蓝图。

他们为中国未来描绘的蓝图中，意见最为集中的是希望中国建立民主共和政治。描绘这一蓝图的主要是高田早苗、浮田和民、矢野文雄②等教授。仅1912年一年，高田就先后撰写发表了《原来是民主立宪政体》（1912年1月）、《应该建设一个大民主联邦国家》（1912年3月）和《保全中国之方法唯有变更国家组织一途》（1912年11月）等文章。在这些文章中，高田认为中国历史上通过禅让、放逐改变统治者的方法，实际上是按照"天命"这样一种民意来确定的，因此，"中国是一种世袭而专制的民主国家"，"当今时代民主共和主义兴起，出现一种趁革命之机建立美国式共和国的企图毫不足怪"，并且主张从中国历史上看，在中国"建立民主国体共和政体几乎没有障碍"③。他还把当时中国的国家结构定位为"官僚式联邦制"，建议中国建设新国家时，最好是建立一个以强大的中央政府为核心、接近于美国的联邦制，并得出结论说，中国建立联邦制的民主国体共和政体"有益于中

---

① 高田早苗（1860~1938），日本东京人，东京大学毕业。明治时期至昭和初期的政治家、政治学家、教育家和文艺评论家，法学博士。历任众议院议员、贵族院议员、文部大臣和早稻田大学总长、帝国学士院院士。主要著述有《英国政典》《代议政体论》等。

② 矢野文雄（1851~1931），日本大分县人。本名文雄，号龙溪，世称矢野龙溪。庆应义塾大学毕业。明治时期的官吏、作家、记者和政治家。历任太政官大书记官兼统计院干事、《邮便报知新闻》社长、宫内省式部官、日本驻华特命全权公使、《大阪每日新闻》社副社长等职。参与创建东京专门学校，任创立委员。

③ 高田早苗「一大民主連邦国を建設すべし」『早稲田講演』1912年3月号、8頁。

国，有益于东洋，有益于世界"①。

高田描绘的蓝图获得了浮田等人的支持。他在批驳德富苏峰等人主张干涉辛亥革命的主张②时表示，"因为日本是立宪君主国家，因为中国的共和政体和日本的政体相反，所以要反对革命党，诸如此类的议论无益于日本。……在一个国家是妥善的政体未必在另一个国家也是妥善的，因此不能说日本实行君主政体十分妥善，所以在中国也一定是妥善的政体。同时，也不能认为中国建立共和政体，它就会给日本带来危险"③。浮田论述的角度虽然和高田不同，但他同样肯定中国走向民主共和制的方向，把辛亥革命的成功看作"实现理想的好机会"。同时，浮田还对一部分日本人认为中国的成功将危及日本的认识做了批驳。他说，"我认为，只有中国振兴，日本才能获得真正独立。……我觉得，如果中国出色地实现了振兴，日本的立宪政治届时也会成为出色的立宪政治，而不是仅仅停留在形式上。我们要以满腔的热情欢迎中国振兴"④。

平野英一郎也持同样的看法。他断然认为"在欧美思想已经大量传入，个人的觉悟以及民主性倾向十分显著的当今趋势之下"，袁世凯等主张的君主立宪制度以及梁启超等人提倡的虚君共和制等形式的君主制，对中国而言"已近于绝望"。他肯定辛亥革命中提出的民主共和制，同时建议中国的理想政体应该是"兼有中央集权式立法，联邦型行政的共和政治"⑤。

矢野文雄则对中国是否可以实行共和政治进行了分析。据他分析，"依据中国的国情观察，觉得中国不会永远存在君主制，即便一个时期实行君主政治，最终仍然必须是共和政治。或问中国是否可以实行共和政治立国，回答则是或可或不可"。他解释道，之所以说或可，是因为：第一，中国人有极强的自负心，不可能永远甘于野蛮落后，必将致力于建立共和国，发扬国

---

① 高田早苗「一大民主連邦国を建設すべし」、12 頁。
② 德富蘇峰在「対岸之火」（『国民新聞』1911 年 11 月 12 日）中说，"革命党获得全胜建立一大共和国，……绝不能忽视其政体的急剧变化将给邻国的我们产生很大影响。况且……是在东洋建立前所未有的共和政体"，"吾人不知我们帝国有何理由不做任何干涉而袖手旁观"。
③ 浮田和民「支那の前途、三つの疑問——附日本の態度」『早稲田講演』1912 年 1 月号、144 頁。
④ 浮田和民「理想実現の好機会」『早稲田講演』1912 年 3 月号、23 頁。
⑤ 平野英一郎「清国将来の政体を論ず」『早稲田講演』1912 年 2 月号、92 頁。

威；第二，外患日迫，必将实现国内统一以对抗外来压迫。之所以说或不可，是因为孔子的忠君爱国思想。①

当然，我们也应该注意到以上关于中国建设民主共和制的主张中，包含着可能导致中国分裂的建立联邦制国家的意见。但是，我们应该把他们与日本政府和军部企图分裂中国的阴谋区分开来。

此外，还有些日本人主张中国应该实行专制共和制。稻叶君山②撰写的《应该建立专制共和》③ 就是其中的一例。不过，这种主张并非主流意见，而是旨在加强袁世凯的权力，以消除袁世凯政府的混乱。

四　有贺长雄对圣人政治的期盼

与上述主张在中国建立民主共和制的看法不同，有贺长雄提出了他自己的圣人政治理论。有贺的这种理论体现在他担任袁世凯政府法制顾问期间的言行之中。

关于这一理论，有贺在早稻田大学校外教育部主办的讲演会上做了这样的归纳。首先，他指出，从中国 4000 多年的历史来看，"说到底中国不是一个法律的国家"，而是 "一个人文的国家"。在有贺看来，中国的历代统治者注重于建立人与人之间的愉悦关系，也就是依靠所谓的 "人文" 来实施统治。而且，创造人文的人总是像尧、舜、文、武、周公那样的 "圣人"。这种几百年才出一个的人，"描绘理想的社会，以自己的德行将他属下的人民引导进其组织之中，让他们牢牢地团结在一起"。他认为这是西方所不可比拟、举世无双的东西。

其次，他认为，既然中国是这种国情，共和制也好，立宪君主制也罢，都不适合中国。"将来的政体必须出现非常有德之人，此人能够用自然之德风升华所有人，并因此而团结在一起"。现在，如果还没有出现这种人，"那只有等待这种人物的出现"。换句话说，就是只能等待出现 "圣人君子"

---

① 矢野文雄「支那の政体を如何にすべきか」『早稲田講演』1911 年 12 月号、116 頁。

② 稻叶君山（1876～1940），旧姓小林，本名岩吉。日本明治后期中国和朝鲜历史学家、佛教学者。代表著作有《清朝全史》（上、下两卷）以及《朝鲜志》等。《清朝全史》刊行于 1914 年，是第一部全面论述清代历史的学术著作，译成中文在华出版后引起轰动，其中的许多资料和论据常常为中国学者引用。

③ 稻葉君山「専制共和たらしむべし」『早稲田講演』1912 年 11 月号、125～128 頁。

创造新的政体。至于这个人是即皇帝之位，还是使用大总统之名，则因政体而异，"并不十分重要"。①

第二节　有贺长雄应聘北洋政府法制顾问始末

一　北洋政府聘请外国顾问的背景

众所周知，在孙中山把中华民国临时大总统的职位让给袁世凯之际，袁世凯对中华民国南京临时政府做出了两个承诺：一个是宣誓忠于共和制，另一个是必须经过国际正式承认的中华民国及其自身进行的选举程序。②

在此前进行的南北议和谈判过程中，袁世凯利用南方革命军的强大压力压制宫廷内部坚持君主立宪的王公贵族，同时口头上拥护君主立宪，背地里唆使心腹干将段祺瑞联合北洋各师师长、旅长以及各新军的司令共 47 人联名提出"电奏"，要求清帝退位，拥护共和，从而使清廷被迫发表谕旨，宣布皇帝逊位。因此，袁世凯被旧统治阶层的许多人称为"卖国贼"。③

就这样，袁世凯在南方革命派的严密监视与制约以及守旧势力的憎恨之下登上了中华民国临时大总统之位。同时，此时的中华民国还几乎没有获得国际的承认。为了早日获得国际承认，就必须首先站稳脚跟，制定宪法实行共和制，建立起民主政治体制的框架。这些对于袁世凯政府而言是急不可缓的重要议题，但它并非一件一蹴而就的事。

袁世凯身边精通民主共和制的人才可以说是凤毛麟角。南京临时政府内部虽然人才济济，但几乎都不合袁世凯的心意，得不到袁世凯的任用。旧宫廷内部袁世凯瞩目的人才很多，但大多是精通君主立宪之辈，如果任用他们，袁世凯又担心被人怀疑对共和制抱有二心。招聘外籍顾问，或许就是为了打破这种困境。同时，招聘外籍顾问还可以通过他们与各国政府进行政治

---

① 有賀長雄「大聖人の出現を待つのみ」『早稲田講演』1912 年 3 月号、24 ~ 27 頁。
② 永井算己「辛亥南北議和交渉の経過」永井算己『中国近代政治史論叢』汲古書院、1983、499 ~ 512 頁。
③ 永井算己「清帝退位の経過に関する覚書」永井算己『中国近代政治史論叢』、457 ~ 459 頁。

沟通，以获取外国政府的支持。

可是，中央政府聘请外籍顾问此前没有先例。当然，自鸦片战争叩开中国的锁国大门以来，为了学习和移植外国的先进制造技术以及军事、教育制度，聘请了大量外籍顾问。不过，这些外籍顾问几乎都是以"教习"的名义被安排至各种学校、军队以及工矿企业。而且，顾问的招聘机关几乎全部是地方督抚或政府衙门。从表面上看，包括地方政府在内，国家机关内几乎没有聘请过一个外籍顾问。①

袁世凯这次招聘外籍顾问，破除前清的传统和惯例，以中央政府的名义聘请，并将他们安排在自己的身边。但是，"一方面防止被人批判接受外国干涉，另一方面为了使应聘者独立于其所属国家的政府"，袁世凯在聘用外籍顾问时采取了"全部直接或通过个人的渠道交涉，一切不烦公使馆的方针"②，但实施过程中困难重重。

例如，袁世凯准备聘请已经退休的弗朗西斯·泰勒·皮戈特爵士（Sir Francis Taylor Piggott）担任政府法律顾问的内部消息被泄露后，英国政府马上要求取消这一聘用。理由是该人选关于治外法权的造诣很深，鉴于他曾担任日本政府顾问的经历，如果他担任中国政府的法律顾问，势必引起治外法权问题，中国恐将展开废除治外法权的运动。③ 此外，对于袁世凯政府聘请多名英国人、法国人担任顾问一事，德国皇帝认为不聘用德国人是对德国的不友好行为，公开要求中国政府聘用德国人担任交通部的顾问。

二　有贺长雄受聘的原因

实际上，聘请有贺是通过日本驻华公使馆进行的。那么，袁世凯为

---

① 加藤祐三「中国におけるお雇い外国人」『資料御雇外国人』小学館、1975、32～43頁。另据南里知树研究，"据个人所见，中国政府最早聘用的日籍顾问是1896年在广东省东文学馆担任日语教习的长谷川熊太郎。……1907～1909年招聘最多，有500多人，以后逐渐减少，1912年剧减。……1912年民国成立以后，人数渐次增加，至1918年达到另一个高峰，但不及民国以前的数字"。南里知树『中国政府雇用の日本人——日本人顾問人名表と解説』近代日中関係研究会編『日中問題重要関係資料集　第3巻　近代日中関係資料　第2集』龍渓書舎、1976、2頁。

② 「伊集院公使より内田外務大臣宛の電報」第523号、1912年8月7日。日本外交史料館蔵 No.3-8-4-16-2『外国官庁において本邦人雇入関係雑件（清国の部）六』。

③ 「香港駐在総領事今井公信第154号」日本外交史料館蔵『各国における外国人傭聘（清国の部）』。

什么要聘用有贺而不是别人呢？归纳起来，大约可以列举出以下几点原因。

第一，很长时间以来，有贺长雄与中国政界要人交往比较频繁，在中国政界有比较高的名望。尤其自晚清开展立宪运动以来，有贺先后应邀为清廷派出的考察政治大臣戴鸿慈、端方以及考察宪政大臣达寿和李家驹出谋划策，很多建议和意见都被晚清政府采纳。1910 年清廷曾经打算聘请外国顾问，企图依靠外国政府的支持来挽救自身的衰败。据当时正在北京访问的早稻田大学讲师巽来次郎寄给大隈重信的书信，当时清廷内部讨论外籍顾问的人选时，有贺长雄即是候选人之一。① 当时袁世凯虽然下野在自己的老家做寓公，但朝廷中到处都是他的耳目，这么重要的人事讨论他不可能毫不知情。

第二，从日本留学归国的许多青年才俊进入中央政府和国会中担任要职，对袁世凯形成牵制，需要利用这些学生曾经的老师有贺长雄的法学知识和名望驾驭他们，对他们的思想施加影响，以抑制其中的"激进主义"主张。

自晚清实施向国外派遣留学生的政策以来，日本作为效仿西方先进国家而成功地实现了近代化的邻国，加上地理和文化与中国相近等因素，许多中国青年选择日本作为留学对象国，其数量最多时据说有 1 万多人。② 这些留学生回国后，积极投身于国家的近代化建设，不少人成长为政治家、思想家、教育家或者社会活动家活跃在各行各业，有的进入各级政府，担任重要的领导角色。中华民国成立之时，在各个政党、各种社会团体以及各级议会中掌握着领导权的留日归国学子，虽然迄今没有一个准确的统计数字，但应该说人数是可观的。③ 他们希望用在日本学到的近代民主政治的理论和法律思想推动中国的近代化建设，其中有不少人对政府推行的政策持批判态度。

---

① 「巽来次郎より大隈重信宛の手紙」1910 年 9 月 1 日，早稲田大学中央図書館蔵『大隈文書』B295。

② 孫逸仙「支那革命と日本と早稲田大学と」（『早稲田講演』1913 年 4 月号、161 頁）则认为有 2 万多人。

③ 《莫理循致达·迪·布拉姆的信》（1913 年 3 月 14 日）中有以下一段文字："据有贺估计，在受过高等教育的人中，5 个人之中肯定有 2 个是在日本的大学或高等专门学校读过书。中国中央以及省一级的官吏，国会、省一级的参议会中在日本受过教育者的名单将令阁下吃惊。"骆惠敏编《莫理循书信集》（下），第 102 页。

这些行动令袁世凯政府感到头疼。

为了抑制日本留学出身者之中的激进主义主张，让他们心悦诚服地成为政府的支持者，特别需要一位能够对他们的思想施加影响的人物。担任袁世凯军事顾问的日本人坂西利八郎秉承袁的意思，在致早稻田大学校长高田早苗的信中就表达了这一点。坂西在信中写道，"眼下最为迫切的是需要一位制定民国宪法的咨询者。另外很多人都是日本留学生。总之，这些人能言善辩，不好驾驭。希望有一位能够向这些置身于国民党的青年政治家提供意见的人。务必请先生奋不顾身前来北京"。高田以自己校长事务繁忙，无暇分身，遂推荐他认为更有资格且系刎颈之交的有贺长雄。① 袁世凯的政治顾问莫理循在致友人的信中说了类似的话，"对有贺的任命非常有趣。因为在参议院和众议院中（都预定 4 月份召开）占有议席的议员有相当部分是有贺原来的学生"②。

从表 2 - 1 和表 2 - 2 所示参、众两院宪法起草委员会委员和候补委员的名单最终学历一栏中可以看出，上述理由确实不虚。参议院宪法起草委员会的委员和候补委员合计 45 人，其中有留日经历者共 28 人，占总人数的62.2%；众议院也是 45 人，其中有留日经历者更多，达到 39 人，占总人数的 86.7%。两院合计有留日经历者的比例高达 74.4%。而且，许多人都是出自有贺执过教鞭的东京帝大、早稻田大学和法政大学。当然，这些人对有贺长雄是否言听计从另当别论。只是在师道尊严历史比较悠久的中国，传统上学生是很难违背老师旨意的。当时袁世凯政府中很多人有这种想法亦在情理之中。

第三，有贺长雄的政治理想和宪法主张受到袁世凯及其亲信的认可。

关于有贺长雄的政治主张和宪法思想第一章中已有论述，此处不赘。这里仅指出以下两个事实。其一，以袁世凯为首的总统府和国民党占据优势地位的国会之间，围绕着谁来掌握未来制定宪法的主导权，是实行总统制还是实行责任内阁制，是实行中央集权还是推行地方自治，以及立法机关和行政机关的权力如何分配，存在着很大的意见分歧。③ 其二，有贺长雄关于中国政治的主张和思想通过出使各国考察政治大臣和考察日本宪政大臣为中国

---

① 　青柳篤恒「北京大総統府在任中の回顧」『外交時報』第 66 卷第 685 号、1933、38 頁。
② 　骆惠敏编《莫理循书信集》（下），第 102 页。
③ 　张玉法：《民初对制宪问题的争论》，《中国近现代史论集》第 21 卷，第 524～570 页。

表 2 - 1 民国初期参议院和众议院宪法起草委员会委员名单（1913 年 6 月）

参议院					众议院				
姓名	籍贯	年龄（岁）	所属党派	最终学历	姓名	籍贯	年龄（岁）	所属党派	最终学历
解树强	江苏	30	进步党	日本早大	张耀曾	云南	32	国民党	日本留学
蒋曾澳	江苏	30	国民党	日本早大	黄云鹏	四川	30	统一党	日本早大
张我华	安徽	31	国民党	不明	杨铭原	陕西	35	国民党	日本明治
向乃祺	湖南	29	国民党	日本早大	夏同和	贵州	42	国民党	日本法政
丁世峄	山东	36	进步党	日本法政	谷钟秀	直隶	36	国民党	日本早大
汤漪	江西	34	国民党	日本庆应*	李国珍	江西	31	共和党	日本早大
蒋举清	新疆	36	国民党	北京大学	孙润宇	江苏	34	国民党	日本法政
蓝公武	江苏	32	进步党	东京帝大	刘崇佑	福建	33	民主党	日本早大
朱兆华	华侨	32	国民党	哥伦比亚大学	刘恩格	奉天	25	民主党	日本留学
杨永泰	广东	31	国民党	北京法律学堂	褚辅成	浙江	41	国民党	日本东洋
陈铭鉴	河南	36	无党派	中华大学	孙钟	蒙古	32	国民党	日本中央
陆宗舆	浙江	38	进步党	日本早大	李芳	蒙古	31	国民党	不明
高家骥	黑龙江	32	国民党	京师法政	汪荣宝	蒙古	36	进步党	日本法政
段世垣	河南	32	国民党	不明	伍朝枢	广东	27	国民党	英国留学
陈善	云南	38	进步党	法政专门学堂	李敬芳	山西	35	民主党	日本大学
王辑唐	西藏	35	统一党	日本法政	史泽威	山东	28	国民党	东京帝大
王用宾	山西	32	国民党	日本留学	何雯	安徽	32	共和党	日本法政
金永昌	蒙古	31	国民党	日本留学	黄璋	四川	38	无党派	日本法政
赵世钰	陕西	31	国民党	日本留学	汪彭年	安徽	33	共和党	日本法政
石德纯	安徽	33	国民党	日本留学	易宗夔	蒙古	38	国民党	日本留学
金鼎勋	吉林	35	国民党	日本明治	王印川	河南	33	统一党	日本早大
饶应铭	四川	34	无党派	日本法政	张国溶	蒙古	37	无党派	进士
车林桑都布	蒙古	31	无党派	亲王	王绍鏊	江苏	26	统一党	日本法律学校
王鑫润	甘肃	36	国民党	北京高等法律学堂	吴宗慈	江西	35	无党派	日本法律学校
宋渊源	福建	36	国民党	日本明治	王敬芳	河南	37	进步党	日本留学
吕志伊	云南	32	国民党	日本早大	陈景南	河南	32	国民党	日本法政
曹汝霖	蒙古	41	进步党	东京法学院	彭允彝	湖南	32	国民党	日本早大
金兆棪	浙江	36	国民党	北京大学堂	李肇甫	四川	30	国民党	日本明治
王家襄	浙江	42	共和党	日本警察专门学校	徐秀钧	江西	34	国民党	日本留学
阿穆尔灵圭	蒙古	31	无党派	亲王	孟森	江苏	45	民主党	日本法政

* 在美国墨西哥大学留过学。

资料来源：本表由笔者制作，其中姓名来自吴宗慈《中华民国宪法史前编》，沈云龙主编《近代中国史料丛刊三编》第 38 辑，台北：文海出版社，1988，第 18 页；履历来自张玉法《民国初年的政党》（中研院近代史研究所，1985），第 532～566 页附录 "两院议员表"。

表 2 - 2　民国初期参议院和众议院宪法起草委员会候补委员名单（1913 年 6 月）

参议院					众议院				
姓名	籍贯	年龄（岁）	所属党派	最终学历	姓名	籍贯	年龄（岁）	所属党派	最终学历
卢天游	广西	34	国民党	日本法政	黄赞元	湖南	32	国民党	日本法政
刘积学	河南	33	国民党	日本法政	龚政	广西	28	国民党	日本留学
田永正	湖南	38	国民党	日本早大	陈发檀	广东	33	国民党	东京帝大
徐镜心	山东	39	国民党	日本法政	马小进	广东	25	国民党	纽约大学
程莹度	四川	37	国民党	日本法政	刘彦	湖南	34	国民党	日本留学
杨渡	奉天	31	国民党	省立高校	骆继汉	湖北	34	国民党	日本早大
杨福洲	吉林	37	国民党	不明	陈鸿钧	江西	34	国民党	日本中央
籍忠寅	直隶	37	民主党	日本早大	谷芝瑞	直隶	46	共和党	日本法政
姚华	贵州	36	共和党	日本法政	林万里	福建	40	共和党	日本法政
刘映奎	福建	46	国民党	举人	沈河清	云南	27	共和党	政法学校
齐忠甲	吉林	55	国民党	进士	孙洪伊	直隶	41	民主党	举人
李磐	河南	36	进步党	日本法政	李景和	蒙古	32	无党派	日本法政
袁嘉谷	云南	41	国民党	进士	杨廷栋	江苏	35	共和党	东京专门学校
杨增丙	蒙古	不明	国民党	不明	范熙壬	湖北	32	共和党	东京帝大
辛汗	江苏	36	无党派	东京帝大	虔廷恺	浙江	33	国民党	日本法政

　　资料来源：本表由笔者制作，其中姓名来自吴宗慈《中华民国宪法史前编》，沈云龙主编《近代中国史料丛刊三编》第 38 辑，第 18 页；履历来自张玉法《民国初年的政党》，第 532～566 页附录"两院议员表"。

高层所熟知，袁世凯作为当年清廷推动立宪政治领导层的重要一员自然知道有贺其人。尤其重要的是，当年作为随员长期与考察日本宪政大臣达寿、李家驹一起聆听有贺长雄讲解日本宪政宪法的曾彝进①此时正担任袁世凯的秘书。因此可以说，袁世凯之所以再三请求有贺来华担任他的法制顾问，或许与曾彝进这些对有贺的思想主张十分了解的亲信们强烈推荐不无关系。②

---

①　曾彝进（1877～?），本名仪进，字叔度，四川华阳县人。清末民初政治人物，语言学家。京师大学堂首批派遣留学生，入东京帝国大学法学部，师从有贺长雄。回国后在清廷历任工部主事、大理院六品推事、邮传部主事、考察日本宪政大臣二等书记官、资政院秘书官等职。民国后成为袁世凯心腹，历任大总统府秘书、政事堂参议、约法会议议员，1928 年，被任命为国语统一筹备会委员，著有《默识斋丛稿》三种。

②　此部分最初发表于 1994 年，当时笔者的分析由北京大学尚小明于 2013 年撰写的论文中得到证明。详细内容请参阅尚小明《有贺长雄与民初制宪活动几件史事辨析》，《近代史研究》2013 年第 2 期。

三　有贺长雄应聘的经过

（1）是谁选择了有贺长雄

应该说，直至现在我们还不清楚到底是谁推荐或选择了有贺长雄担任袁世凯的法制顾问。关于这一点有两种说法比较流行。一种是袁世凯的政治顾问莫理循向袁世凯推荐的有贺长雄。它的根据是莫理循 1913 年 3 月 14 日致《泰晤士报》国外部主编达·迪·布拉姆（D. D. Braham）的信。莫理循的信中有这样一段文字：

> 有贺长雄教授于 3 月 8 日到达北京。他有五个月的国际法顾问任期，专门帮助政府起草宪法。我在就任之初，劝告过袁世凯任用有贺教授。目前他在国际法学领域中被公认为具有与从前的俄国法学家德·马滕斯相同的地位。在向有贺长雄提出这项任命时，他借口体力不佳谢绝了。他的身体不成问题是虚弱的，但是，他不肯接受任命的真正原因是，当时许多日本人都抱有不愿同任何与建立中华民国有关的事发生联系的情绪。袁世凯起初反对批准这项任命，理由是有贺长雄来自一个君主政体性质的国家，这项任命，特别是因为它与起草宪法有关，会使那些正在扬言袁世凯本人想攫夺君主权力的人们更加惊疑。他认为，任命一个法国人更为明智。我于是提出了宝道这个人……回过头来再谈谈有贺长雄。我最近听说，对拒绝接受任命一事他已重新考虑，中国政府通过大隈重信再次向他提出了这一任命，他接受了。①

这段话中，莫理循指出了四点。其一，有贺长雄是莫理循向袁世凯推荐的，理由是有贺长雄是国际知名的国际法专家。其二，有贺长雄没有接受袁世凯的邀请，表面上的原因是身体不佳，而真正的原因是许多日本人不愿和新建立的中华民国发生关系。其三，袁世凯起初也反对这项建议，理由是避嫌，担心从一个君主政体的国家聘请一位法制顾问，容易给怀疑自己不忠实于共和制的人一个口实。其四，由于大隈重信的斡旋，有贺最终同意了这项

---

① 骆惠敏编《莫理循书信集》（下），第 101～102 页。

聘请。这表明，有贺长雄担任袁世凯的法制顾问是莫理循大力推荐和大隈重信居中斡旋的结果。

另一种说法则是袁世凯的军事顾问日本人坂西利八郎推荐了有贺。坂西在有贺逝世后发表的纪念文章中是这样说的：

> 辛亥革命后，中华民国成立。袁世凯刚刚就任大总统，我们马上就感到，袁世凯作为元首要想积极有为，就必须制定一部出色的宪法，而且为了运用这部宪法，元首袁世凯必须对宪法态度鲜明。我们将这一想法向袁世凯建议后，袁氏给予了非常爽快的答复。然而，当讨论到谁适于担任这个师傅职务的时候，众望所归，大家都认为有贺博士最为合适。于是，由我向早稻田大学校长高田早苗博士恳请派有贺博士前来赴任，可是有贺总是迟迟不肯动身。结果，通过大隈先生、西园寺先生说服有贺才最终应承下来。后来他来到北京，为中国研究最为妥善的宪法。①

作为有贺长雄的襄助员与有贺一起来北京赴任的早稻田大学教师青柳笃恒也持同样的看法。②

根据坂西和青柳的说法，是坂西经过袁世凯的同意，和他的同事一起商量后推荐的有贺长雄，并由坂西请求早稻田大学校长说项。但是，对于高田早苗的说项，有贺似乎并没有答应，最终是通过大隈重信和元老西园寺公望的说服，有贺才答应前来中国的。之所以请高田出来说项，是因为有贺此时正在早稻田大学执教。不过，这里所说的"我们"到底指的是哪些人则语焉不详。另外，开始与有贺沟通请他来华担任顾问的具体时间，坂西的文章中没有谈到。据有贺赴华就任顾问不久后发表的文章来看，时间应该在1912年7月。③

那么，实际情况到底如何呢？关于这一点，时任日本驻北京公使伊集院彦吉致日本外务大臣内田康哉的电报说得比较清楚：

---

① 坂西利八郎「有賀博士と袁世凱」『外交時報』第 67 卷第 686 号、1933、111 頁。
② 青柳篤恒「袁世凱顧問としての故有賀博士」『外交時報』第 45 卷第 540 号、1927、71 頁。
③ 有賀長雄「中華民国顧問の応聘始末」『外交時報』第 17 卷第 207 号、7 頁。

实际上，前几天袁世凯对坂西表示，鉴于中国现状，需要在法制局安排一位有能力的外国人，统帅颇为饶舌的年轻人，很多人都推荐了有贺博士（应该是留日学生们的推荐），你觉得如何？坂西回答说，如果担任法制顾问，有贺十分合适。结果，受袁委托，现在据说正由坂西自己与有贺进行秘密交涉。①

将这封电报与坂西的前述内容比较后就知道两者的矛盾之处。事实上，坂西向高田去信是在翌年的 1 月或 2 月，比伊集院的电报晚了 4 个多月。袁世凯政府打算聘请有贺不是因为坂西的推荐，而是中国方面内部讨论的结果。只是因为坂西长期担任袁世凯的顾问，关系比较密切，所以袁才和坂西商谈了这件事，坂西表示了赞成，同时受袁世凯的委托斡旋有贺来华。有贺的情况不同于美国人古德诺受到中国政府以外的人推荐来华担任宪法顾问，② 他之所以被选中担任袁世凯的法制顾问完全是袁世凯政府的主动行为。

至于莫理循的推荐云云，恐怕是为了替代前面提到的遭到英国政府强烈反对的皮戈特爵士的方案。③

（2）有贺长雄为何一度拒绝受聘

当有贺接到中国聘请自己担任法制顾问的请求后，一度拒绝了聘请。这又是为什么呢？

公开的原因是有贺长雄的身体状况不佳。有贺自己是这样说的："因此，余从避暑地三次往返东京，因之社会上传说似乎余已决定应聘。其实不然。余以前年大病之后，现在的健康状态尚不允许，遂于 7 月 25 日亲赴外务省，答复难以应聘。"④

有贺接到邀请的时候健康状况确实不佳。大概在 1910 年，有贺"到京都旧书店里买书时，从人力车上下车的时候突然摔倒"（市岛谦吉则记得是

---

① 「伊集院公使より内田外務大臣宛の電報」第 514 号、1912 年 8 月 2 日、日本外交史料館蔵 No. 3 - 8 - 4 - 16 - 2『外国官庁において本邦人雇入関係雑件（清国の部）六』。
② 郅玉汝：《袁世凯的宪法顾问古德诺》，《中国近现代史论集》第 22 卷，第 35~62 页。
③ 「伊集院公使より内田外務大臣宛の電報」第 523 号、1912 年 8 月 7 日、日本外交史料館蔵 No. 3 - 8 - 4 - 16 - 2『外国官庁において本邦人雇入関係雑件（清国の部）六』。
④ 有賀長雄「中華民国顧問の応聘始末」『外交時報』第 17 卷第 207 号、7 页。

在赴名古屋的途中①），有轻微的脑出血。但是，经过治疗康复得很顺利。
1912 年 9 月 13 日明治天皇国葬时，有贺就是"拄着拐杖跛着脚"② 参加葬礼的。不过，说到就任中国的法制顾问一事，其弟有贺长文心疼哥哥，坚决要求拒绝，有贺长雄本人似乎也不感兴趣。但是，很难说健康状况不佳是有贺拒绝就任中国法制顾问的唯一原因。此外，还有其他两个更为重要的原因。

第一个是聘用有贺长雄虽然没有经由日本政府或日本的外交机构斡旋，但有贺是否应聘，政府或者日本外交机构的意见具有决定性作用，而日本有关方面最初对于袁世凯政府聘请有贺担任中国政府的法制顾问持消极态度。事实上，日本外务大臣内田康哉接到日本驻华公使伊集院彦吉 8 月 2 日关于咨询有贺应聘的电报后，马上征求了有贺的意见。有贺本人表示打算应聘。这一点，内田 8 月 9 日发给伊集院的电报中有明确的记录：

> 有贺博士的意见是，自己的健康以及家庭状况亦需考虑，但如果是为了国家，不必介意这些问题。自己是否可以应聘，需要知道贵公使以及我国政府的意见。故此，此事需要听取您的意见，望予回复。③

这表明，当时有贺的态度是，如果政府认可，为了日本的国家利益，他可以不计较自己的身体状况而应聘。

但是，两天后伊集院的答复电报对此持消极态度。电报认为袁世凯政府聘请外籍顾问，"是为了博取各国同情，打开时局之策"，"而中国的现状不是聘请两三个名人担任顾问就能取得特别的业绩"，因此，电报的结论是，鉴于这种形势，"我国政府主动伸出各种援手不是一个好办法，而且，如果有贺博士负责的是外交方面事务，则更须深思熟虑。……不用说，他本人会处于一种非常困难的地位，料定帝国政府也将在很多方面陷于尴尬。故敝见

---

① 信夫淳平「有賀長雄博士の十三回忌に際して」『外交時報』第 66 卷第 685 号、1933、19 頁。另请参阅市島謙吉「学園物故諸家録」早稲田大学出版部『早稲田学報』1933 年 2 月号、29 頁。
② 山川端夫「有賀博士の『満州委任統治論』」『外交時報』第 66 卷第 685 号、1933、36 頁。
③ 「内田外務大臣より伊集院公使宛の電報」第 271 号、1912 年 8 月 9 日、日本外交史料館蔵 No.3-8-4-16-2『外国官庁において本邦人雇入関係雑件（清国の部）六』。

以为，中国将来时局会日益艰难，最终需要依靠各国的推荐和后援，由我们推举政治顾问。在此情形出现以前，最好是回避当前的责任"①。

从这封电报中可知，日本公使馆似乎并不清楚有贺拟就任的职务是外交顾问还是法制顾问，同时对袁世凯政府绕开日本驻华公使馆直接与有贺本人交涉的做法似乎怀有不满情绪，因此对有贺应聘担任中国的外籍顾问一事持否定态度。一个国家驻扎当地的外交使馆对这个国家的情况应当最了解、最有发言权，它提出暂不应聘顾问、静观中国政局变化的方针显然是有贺拒绝中国聘请的主要原因。

实际上，莫理循早就猜出了其中的缘由。前述莫理循致友人的信中就分析到了这一点：他（有贺）的身体无疑比较羸弱，但是我认为，他不愿意接受聘请的真正原因是当时许多日本人都不愿意与中华民国的建立发生任何关系这样一种情绪。

第二个是待遇报酬问题。内田外务大臣将伊集院公使的电报内容向有贺做了说明，并向他介绍了日本人在袁世凯任直隶总督时担任顾问的相关情况。于是，有贺要求搞清楚袁世凯的聘用条件。受伊集院的委托，坂西面见袁世凯，询问外籍顾问的待遇情况，据说袁是这样答复的：

> 莫理循担任总督府（应是总统府之误）顾问，多少有一些必须对他进行报答的意义在里面。而就博士而言，涉及内部的原因，很难给予他以同样的待遇，但是，表面上他的名义是法制局顾问，每月给他支付补贴 1000 元，另外，我自己让他随时接受咨询，私下里实际上按顾问对待，另从我手头支付 1000 元，合计每月 2000 元（2000 美元）。②

伊集院将上述内容用电报通知外务大臣内田的同一天，坂西也向日本参

---

①　「伊集院彦吉全権公使より内田外務大臣宛の電報」第 529 号、1912 年 8 月 11 日、日本外交史料館蔵 No. 3-8-4-16-2『外国官庁において本邦人雇入関係雑件（清国の部）六』。

②　「伊集院公使より内田外務大臣宛の電報」第 547 号、1912 年 8 月 19 日、日本外交史料館蔵 No. 3-8-4-16-2『外国官庁において本邦人雇入関係雑件（清国の部）六』。

谋本部总务部长山梨半造发了电报，希望他说服有贺接受上述条件。[①]

8 月 26 日，有贺拜访外务省政务局长阿部，决定不接受上述条件，正式拒绝应聘。外务省经与参谋本部商量后同意了有贺的意见。据此，外务大臣内田于 28 日指示伊集院停止顾问应聘的交涉。

根据上述内容，我们知道，有贺拒绝应聘顾问的理由有三，它们依次是：日本政府的消极态度，待遇不能令人满意，家庭和健康问题。其实，最后一个只不过是拒绝应聘的借口。

（3）由拒绝转而应聘的过程和原因

袁世凯政府接到伊集院关于有贺拒绝应聘的通知后，试图活动其他人接受应聘。为此，早稻田大学校长高田早苗、东京帝国大学教授美浓部达吉以及京都帝国大学教授井上密的名字先后被提了出来。但是，交涉都不顺利。高田身任校长脱不开身；[②] 美浓部则干脆拒绝，"不管条件如何都要谢绝"[③]；井上的回答是"如果条件合适可以应聘"。因此，外务省当局指示伊集院，"赶紧查清中国方面的应聘期限、报酬、往返旅费以及其他待遇情况"[④]。

正当袁世凯政府与日本驻华公使馆开展上述交涉时，坂西直接向高田早苗发出了长信，请求高田赴华担任法制顾问。接信后，高田推荐了有贺，并希望坂西让袁世凯亲自致电大隈重信总长求助。于是，袁世凯立即通过中国驻日外交代表汪大燮致电大隈商谈聘请顾问之事。大隈和高田商量后，说服有贺接受聘请，并让他与驻日大使馆一等秘书刘崇杰交换了中文版合同。

不过，有贺本人描述的情形则与上述情况稍有出入。

其后至去年 12 月，再次接到（中国方面的）请求，意谓在美浓部博士及余两人之间，务必请一位来华，任职期限可以缩短。然两人都因

---

① 「坂西利八郎より参謀本部総務部長山梨半造宛の電報」、1912 年 8 月 19 日、日本外交史料館蔵 No. 3 - 8 - 4 - 16 - 2『外国官庁において本邦人雇入関係雑件（清国の部）六』。

② 有賀長雄「中華民国顧問の応聘始末」『外交時報』第 17 巻第 207 号、7 頁。

③ 「内田外務大臣より伊集院公使宛の電報」、1912 年 12 月 12 日、日本外交史料館蔵 No. 3 - 8 - 4 - 16 - 2『外国官庁において本邦人雇入関係雑件（清国の部）六』。

④ 「桂外務大臣より伊集院公使宛の電報」、1913 年 1 月 8 日、日本外交史料館蔵 No. 3 - 8 - 4 - 16 - 2『外国官庁において本邦人雇入関係雑件（清国の部）六』。

有不得已之情事予以辞退。然民国因为编纂宪法召开国民会议的时间迫在眉睫，不仅宪法如此，届临国民会议提出议案、审议时，国务院必须预做各方面之调查。因此，袁世凯亲自致电汪大燮阁下，训令他务必恳求大隈伯爵动员余应聘。于是，1 月 20 日，伯爵和高田与余开诚布公恳谈。余表示去年 10 月以后，余担任东京帝国文科大学开设之帝室史、帝室制度之讲座，事体重大，必须专心一意从事之，颇难应诺。然大隈伯爵认为应聘之事于未来颇为重要，有些事情还需与对方有关方面奋力交涉，我国当局亦以之为半公半私之事件处理，望最终能排除应聘之任何困难。于是，余不忍令各方面的厚意落空，遂决定应聘。①

就这样，2 月 20 日，有贺致信外务省政务局长阿部，报告自己接受为期 5 个月的中国法制顾问一职。

1913 年 3 月 1 日，有贺以同为早稻田大学教授的青柳笃恒为襄助员，领着妻子、4 岁的小女儿及保姆离开东京，从神户搭乘"竹岛丸"前来中国。开始了在中国连自己都始料未及的长达 5 年多的顾问生涯。

日本官方的态度一开始使有贺拒绝了应聘，而大隈重信后来亲自出面做有贺的工作，使有贺觉得应聘得到政府的认可，转而同意应聘中国法制顾问之职。虽然，当时大隈重信身处政府之外，以在野之身担任早稻田大学总长的职务，但他曾经担任过日本首相，又是伯爵，对政府和外交都具有很大的影响力，同时，他随时都有重返政府的可能性。因此可以说，对于以为国献身而感自豪的有贺而言，大隈的意见就是政府的意见。而实际情形也是如此，大隈动员有贺应聘并非出自他个人的考虑，而是在与政府高层协商并获同意的情况下进行的，在某种程度上，有贺的应聘可以说是日本政府的意志使然。

四　大隈重信及日本政府的作用

关于大隈重信及日本政府的作用，有贺赴华就任之时，大隈重信致袁世凯的亲笔信写得非常清楚。

---

① 有賀長雄「中華民国顧問の応聘始末」『外交時報』第 17 卷第 207 号、7～8 页。有贺的这一说辞与青柳笃恒于 1933 年发表的「北京大総統府在任中の回顧」（『外交時報』第 66 卷 685 号、1933、38～39 页）一文的回忆基本相同，可资印证。

东亚两国休戚与共，遥望北燕天空，仰慕高风。谨此首先衷心祝贺大总统阁下丰功伟烈，日益繁盛。谨陈者，前倾贵国汪代表来访，接诵贵电，得知（阁下）欲延聘有贺博士担任贵总统府法制顾问。

惟知贵国维新，中兴是始，欲永固邦基，必慎其初。总统仰慕之有贺博士，学深理远，驰誉世界，乃东方学界泰斗。殊于前清之季，就立宪问题与贵国关系匪浅，今次希冀延聘其为贵总统府法制顾问，诚绝世无双之适才。

然该博士先年罹患，今尚未痊愈，且于帝国大学担任我国皇室之讲座，甚难抽身。经鄙人与桂首相①及柴田②文部大臣再三相商，鉴于日中两国关系密切，非他国可同日而比，故请两相周旋，切望博士应聘，抱病赴任。又该博士希冀早稻田大学青柳教授担任襄助员辅佐公务。

博士晋京之后，殷望大总统阁下以对鄙人之同样诚意迎迓之。至于日常左右，若有关于法制上之咨询，料想博士必定倾注全力，以回报总统知遇之至诚。

鄙人在野赋闲至今二十载，其地位自由而独立，不为权势羁束，不受政府掣肘，所言皆出自个人之机杼，所行亦可见私人之衷心。

鄙意以为日中两国，国虽相异，及至私人之交际，无须深问国际之关系。若尔后有需用鄙人之处，不拘何事，当出诚布公，相互切磋，鄙人亦断无思而不言之事。鄙人曾直接参与我日本维新，故对于贵国维新，怀旧之余，不胜同情。③

大隈的这封信虽然是由青柳根据大隈授意代笔的，④ 应该说还是真实地反映了大隈的思想和再现了当时的情景。从某种意义上说，没有大隈的支持和斡旋，没有首相桂太郎、文部大臣柴田家门的首肯和动员，有贺或许就不会同意应聘。

---

① 应系指桂太郎（1848～1913）。其时桂太郎第三次组阁（1912 年 12 月 21 日至 1913 年 2 月 20 日），出任首相，但为时仅仅 62 天，在明治时代短命内阁中排名第二。
② 应系指柴田家门（1863～1919），时任第三次桂太郎内阁的文部大臣，在任时间极短，仅仅两个月。
③ 『早稻田講演』1913 年 5 月号、127 页。
④ 「大隈重信宛の有賀長雄書簡」1913 年 3 月 20 日、早稻田大学中央图书馆藏『大隈文書』イ 14B－20。

　　有贺长雄和青柳笃恒抵达北京后，于 3 月 18 日即受到了袁世凯的接见，席间，有贺将大隈的信件转交给了袁世凯。袁世凯读完大隈的来信，或许有诸多感慨，两天后，即 20 日就回信大隈表示感谢。袁世凯在信中写道：

　　　　敝国建设于兹肇始，亟须经纬之事业万端多歧，然编定法律，实属当务之急。有贺博士著作等身，名满欧亚，乃当今法界泰斗，鄙人美慕已久，年来一心思念聆听其教，今番电命汪代表招聘其为我国法制顾问，相烦阁下尽力，亦实为此故。唯今拜诵来函，得知劝诱尽力不止一端，实感激无措。有贺博士眼下既已入京面谈，至为豁达，不胜欣喜。尔后法律方面之事，当可常受咨询，万事欣得其助，此皆蒙阁下荐贤之深情厚意，无任感激。青柳氏精通汉语，久仰其名。今握谈良久，大慰吾望。[1]

字里行间洋溢着得到有贺的喜悦心情。

第三节　有贺长雄对袁世凯制宪活动的影响

一　袁世凯登场的政治形势

　　众所周知，武昌起义爆发两个多月之后，孙中山才匆匆忙忙从海外回国，旋即被推举为中华民国南京临时政府的临时大总统。在此后组建临时政府的过程中，对于采取何种组织体制，孙中山与辛亥革命的另一位领导人宋教仁之间出现了意见分歧。孙中山主张采用总统制，不设总理，而宋教仁则相反，主张实行内阁制，应该设置总理的职位。对此，孙中山认为，"内阁制一般不让元首参与政治，以总理对国会负责，这断然与今天非常时期不相适应"[2]。孙中山的意见获得同盟会领导层的多数支持，其被推举为

---

① 『早稲田講演』1913 年 5 月号、128 頁。笔者未见到袁世凯书信的原文，此据日文译出。
② 广东省社会科学研究所历史室等编《孙中山年谱》，中华书局，1980，第 130 页，12 月 26 日条。

临时大总统。

实际上，早在孙中山回国之前，湖北、湖南、浙江、江苏、安徽、福建、广西、四川、山东、直隶、河南各省的代表便会聚武汉，讨论设立临时政府之事，12 月 3 日通过了《中华民国临时政府组织大纲》。大纲由三章二十一条组成，采纳的是美国总统制。① 大纲虽然失之简略，但明确规定大总统有权"统治全国"，"统帅陆海军"，同时还赋予大总统得参议院之同意，有权"宣战、媾和及缔结条约"，"任免各部部长，派遣外交专使"，"设置临时中央裁判所"。

但是，南京临时政府成立后，由于受帝国主义、军阀势力以及革命派内部转向派的共同攻击，临时政府中主张和平统一中国的势力占据优势地位。他们受袁世凯散布的和平烟幕蛊惑，为了早日结束南北战争，将袁世凯当作同盟军，企图推举其为临时大总统。南北议和的谈判就是在这种背景之下开始的。

袁世凯一方面通过议和破坏革命军北伐，另一方面利用南方革命势力成功地迫使清帝逊位。孙中山为了遵守承诺，明确表示将临时大总统的职位让给袁世凯，同时，为了预防中华民国的变质，防止袁世凯实行军事独裁统治，② 采取了一系列牵制策略。在交接临时大总统的职位之前制定《中华民国临时约法》即是其中的一项重要对策。③

《临时约法》共七章五十六条，④ 与《临时政府组织大纲》相比，有一个重大变化，即废除总统制，采用内阁制。在参议院、大总统、国务院三者关系中，参议院拥有广泛的权力，国务院担负实际的政治责任，相比之下，唯有大总统的权力受到多方面的掣肘。它的目的很显然是防止袁世凯就任大

① 《中华民国临时政府组织大纲》的制定过程请参阅谷钟秀《中华民国开国史》，吴相湘主编《中国现代史料丛书》第 1 辑，台北：文星书店，1962，第 33～35 页。《中华民国临时政府组织大纲》的全文请参阅吴宗慈《中华民国宪法史前编》，沈云龙主编《近代中国史料丛刊三编》第 38 辑，第 4～7 页。

② 李新主编《中华民国史》第 1 编下卷，中华书局，1982，第 491～492 页。

③ 孙中山在向参议院提交辞职信的同时，附加了以下三项条件。第一，临时政府的所在地设在南京，经各省代表议决，不得变更。第二，参议院选出的新大总统亲赴南京就职时，大总统以及国务各员辞职。第三，临时政府约法系参议院制定，新大总统必须遵守公布的所有法制章程（《临时政府公报》第 17 号，1912 年 2 月 20 日）。

④ 《中华民国临时约法》全文见沈云龙主编《近代中国史料丛刊三编》第 38 辑，第 9～14 页。

总统后实行专制。

袁世凯就任临时大总统之际，虽然成功地打破了南京临时政府设置的几项限制措施，如将在南京就职改为在北京就职，但《临时约法》的效力犹在。因此，可以说袁世凯是在《临时约法》的掣肘下驾船出海的。袁世凯就任临时大总统后，在制定中华民国宪法的过程中，如何冲破《临时约法》的束缚是他必须解决的一大难题。

二　关于宪法的争论

袁世凯就任临时大总统后，制定宪法以及制定什么样的宪法成了社会各界关注的头等大事。尤其是在 1913 年 4 月国会成立以后，围绕宪法产生的争论日趋激烈。1913 年四五月之交，被称为中华民国时期"国会神圣的时代"，[①] 国会在全国民众的热切期盼下积极地将编纂宪法事业向前推进了一大步。

在这种背景下，中国各政党各阶层对宪法的制定都给予了极大的关心并参与其中。当时国民党、共和党、民主党、统一党 4 个主要政党都分别发表了各自的宪法草案，仅国民党一党就发表了 3 部宪法草案。[②] 此外，何震彝、汪荣宝、席聘臣、康有为、毕葛德、古德诺、吴贯因等也以个人名义发表了宪法草案。仅《宪法新闻》一家报纸就刊载了多达 14 部宪法草案。[③] 据有贺长雄观察，"如宪法草案，各党派、各团体均在起草，或者已经公之于世，或者手抄传布，其数以十计。到处都在开研究会，数人聚集一起，必定议论宪法"[④]。

---

① 王登义：《八个月间国民对于宪法心理之回顾》（《宪法新闻》第 24 期），转引自张玉法《民初对制宪问题的争论》，《中国近现代史论集》第 21 卷，第 564 页。
② 三部宪法草案分别由王宠惠、汪兆铭、宋教仁执笔起草。见张玉法《民初对制宪问题的争论》，《中国近现代史论集》第 21 卷，第 532 ~ 533 页。
③ 据张玉法《民国初年的政党》第 416 页叙述，这些宪法草案分别刊载于《宪法新闻》以下各期：《王宠惠拟中华民国宪法草案》（第 1 ~ 3 期）、《何震彝拟宪法草案》（第 4 ~ 5 期）、《汪荣宝拟宪法草案》（第 4 ~ 5 期）、《席聘臣拟宪法草案》（第 6 ~ 7 期）、《康有为拟宪法草案》（第 8 ~ 9、11、15 ~ 16、22 期）、《毕葛德拟中华民国宪法草案》（第 10 ~ 12 期）、《古德诺拟中华民国宪法草案》（第 12 期）、《李庆芳拟宪法草案》（第 14 期）、《巴鲁拟中华民国宪法草案》（第 16 ~ 17 期）、《进步党宪法讨论会宪法草案》（第 18 期）、《王登义拟民国宪法草案》（第 19 期）、《吴贯因拟宪法草案》（第 20 期）、《李超拟宪法草案》（第 22 期）、《姜廷荣拟宪法草案》（第 23 期）。
④ 有贺长雄「民国宪法開議前の形勢」『外交時報』第 17 卷第 203 号、1913、4 頁。

　　围绕应该制定一部什么样的宪法，争论的内容主要有以下 4 点：第一，宪法应该由国会起草还是由政府起草；第二，是实行总统制还是内阁制；第三，是重视民权还是抑制民权；第四，实施中央集权还是地方分权。争论最为集中的是前两个问题，焦点在于袁世凯与以国民党为中心的国会之间争夺国家领导权的斗争。其根本原因在于国民党非常警惕袁世凯的政治野心。关于这个问题，台湾学者张玉法的研究可供参考，① 本节仅据其研究做一点简要介绍。

　　首先来看第一个争论。袁世凯政府由于企图掌握制宪的主导权，在国会成立前就利用梁启超等人的意见，② 并且获得 18 省都督以及共和党、统一党、民主党各党的赞同，计划设立以行政府为主的宪法起草委员会，并确定好了委员人选。但是这一举措受到国民党的激烈反对。1913 年 4 月，当国民党占优势的国会成立后，袁世凯政府的方案被国会正式否决。国会成立了"宪法起草委员会"，由参、众两院各自选举产生的 30 名议员组成，③ 将制定宪法的主导权控制在自己的手中。对此，袁世凯政府采取了对抗性措施，召集已经遴选好的前述宪法起草委员会的成员，成立了所谓"纯粹学会"性质的"宪法研究委员会"，先后任命杨度和马良担任会长。④ 这样，政府也开始着手起草宪法，企图牵制国会的宪法起草活动。

　　再看第二个争论。国民党与袁世凯政府尖锐对立，反对总统制，主

① 　张玉法：《民初对制宪问题的争论》，《中国近现代史论集》第 21 卷。
② 　梁启超的《专设宪法案起草机关议》（《民国经世文编》第 1 册，台北：文星书店，1962，第 311～312 页）建议另行设立民国宪法起草委员会，委员由总统、副总统各自指定 3 人，参议院在本院议员中选举 3 人或 5 人，每省荐选 2 人，各大政党各推荐 1 人组成。
③ 　委员名单请参阅表 2-1。如该表所示，参、众两院宪法起草委员会的委员分别是国民党 33 名，进步党、共和党、统一党、民主党合计 20 名，无党派 7 名。但是，另据张玉法《民初对制宪问题的争论》（第 548 页）叙述，起草委员的党派区分是国民党 28 名，进步党 19 名，政友会 5 名，共和党 7 名，超然社 1 名。
④ 　宪法研究委员会由以下成员组成。国务院推荐：李家驹、卢弼、张煜全、黎渊、杨度、严鹤龄。各省都督将军推荐：王正廷、汤漪（广东），韦昭焘、马良（广西），章士钊、王天木（浙江），顾维钧、王维琛（安徽），李安陆、徐谦（江西），梁启超、张国溶（湖北），刘武、杨德邻（湖南），汪荣宝、邓孝可（四川），严天骏、萧堃（云南），方枬、范源廉、陈介（贵州），陈承泽、秦瑞玠（江苏），伍朝枢、解树强（后换为邢殿元，山西），丁世峰、项骧（山东），乌泽声、陈发坛（吉林），王印川、史宝安（河南），严复、王世徵（福建），杨阴杭、陈琪（奉天），郭则云、恒钧（后换为荣孟枚，黑龙江），籍忠寅、李景和（直隶），孙毓筠、谭焕章（陕西），樊耀南、吴勤训（新疆），林行规、叶尔衡（后换成汪有龄，甘肃），阿尔泰（将军），文斌、恩华。

张采取国会政府，亦即实行责任内阁制。① 此时，梁启超也倡导内阁制，他在自己起草的宪法草案中设立国务员专章，将国务总理和各部总长均定为国务员，规定总统颁布关于国务的文件需要一名以上的国务员副署，国务员襄赞总统，对众议院负责。② 梁启超是民主党、共和党、统一党三党合并而成的进步党的主要领袖。由于国民党、进步党两党都主张实行内阁制，袁世凯主张的总统制在国会没有任何影响力。不过，袁世凯的主张在舆论界尚得到了一定程度的支持。例如《时事新报》《独立周报》等多次发表社论，认为内阁制不符合共和制精神，多党制不能实行内阁制。③

最后再来看第三和第四个争论。主张实行中央集权最力的是梁启超、吴贯因等人。例如吴贯因认为，"夫革命之原因，既由于谋御外侮，则革命成功之后，对政府而求伸民权尚属第二着，对外国求振国权，则属第一着也"④。另外，他在自己编纂的《拟中华民国宪法草案》中解释说，规定中华民国为统一共和国体，就是为了"防止发生联邦制主张和极端的地方分权"⑤。国民党提倡地方分权主义，主张通过实行地方自治来提高民权。例如，宋教仁就说过，"吾人谓今日之中国，中央集权制固不宜，偏重地方官治之地方分权亦不宜。谓宜折中。以对外的消极各政务归之中央，以对内的积极的各政务归之地方。其地方制中，则尤注重于地方自治一途，使人民直接参与施行，以重民权"⑥。如上所述，中央集权和地方分权的争论实际上是国权与民权的一体两面。

总之，关于宪法的争论是当时中国政治中的一个核心问题。争论的双方，一方是袁世凯为首的总统府，另一方则是国民党占据多数议席的国会，争论的实质可以说是对建设新生共和国的领导权之争。

---

① 详阅宋教仁《代草国民党大政见》，收入徐血儿等编《宋渔父先生传略/遗著/哀诔》，沈云龙主编《近代中国史料丛刊》第82辑，台北：文海出版社，1972，第16～21页。
② 请参阅梁启超《进步党拟中华民国宪法草案》第6章第65、66条，转引自《民国经世文编》第2册，第323～330页。
③ 张玉法：《民初对制宪问题的争论》，《中国近现代史论集》第21卷，第544页。
④ 吴贯因：《宪法问题之商榷》，《民国经世文编》第1册，第282页。
⑤ 吴贯因：《拟中华民国宪法草案》，《民国经世文编》第2册，第359页。
⑥ 宋教仁：《中央行政与地方行政分画之大政见》，《民国经世文编》第1册，第61～62页。另外，宋教仁《我之历史》（吴相湘主编《中国现代史料丛书》第1辑，第335～343页）也附录了该文。

三　有贺长雄与"宪法研究谈话会"

有贺长雄正是在这种背景之下来到中国担任袁世凯政府法制顾问的。袁世凯自不用说，袁周围的各种势力都竞相拉拢有贺为自己所用。因此，有贺抵达北京后，各个阶层的人络绎不绝地排着队去拜访他。

有贺是 1913 年 3 月 7 日抵达北京的。由于官舍尚没有准备好，在扶桑馆暂住了一个星期，直到 14 日才搬进了官舍。官舍位于秦老胡同，离总统府很近。第二天，有贺便在日本的《外交时报》上刊文报告他赴华任职的经过。据该文介绍，他来华后的第一个星期，前来拜访的既有政府高官，又有参议院议员（当时只有参议院）。从有贺的文章中可以知道当时拜访他的人中，法制局长施愚年纪最大，也才只有 42 岁，其余全部是 30 岁左右的青年才俊，都是"革命后聚集北京的各省志士"，每个人"都颇为认真严肃，三三五五聚在一起便讨论宪法，争论省制，心无旁骛"①。

3 月 10 日，负责聘请有贺来华担任顾问、时任袁世凯秘书的曾彝进和李景和举行欢迎宴会，迎接有贺的到来。作陪的除清末出任考察日本宪政大臣的达寿、李家驹外，还有法制局长施愚、大理院长章宗祥、参议院议员汪荣宝、参议院秘书长林长民、国务院宾客杨度等人。有贺关于中华民国演变的很多知识都来自这些人。

政客之中，有些人甚至想通过攀附有贺来影响袁世凯。有一天，袁世凯与有贺会谈，加入了某政治集团的翻译利用袁世凯和有贺相互不懂对方语言的机会，随意翻译有贺的主张和思想，以有利于自己。当时在场的青柳见到这一幕，觉得必须放弃自己来华之前特意向有贺提出的"不当翻译"的要求。自此以后，凡是重要场合的会见，青柳都亲自担任翻译。② 从这件事情可以看出，有贺长雄是一位为各方政治势力竞相争夺的重要人物。

袁世凯费了九牛二虎之力聘请的有贺在到达北京就任之时，正是各方围绕着制定一部什么样的宪法而争论正酣之际，不难想象袁世凯必定费尽心思要充分利用有贺的影响力为自己服务。可是，如前所述，袁世凯在与国会关

① 有賀長雄「入燕最初の所感」『外交時報』第 17 卷第 203 号、1913、94 頁。
② 青柳篤恒「袁世凱顧問としての故有賀博士」『外交時報』第 45 卷第 540 号、1927、72 頁。「北京大総統府在任中の回顧」『外交時報』第 66 卷 685 号、1933、39 ~ 40 頁。

于制宪主导权之争中受挫正值有贺抵达北京的前后，政府提出的编拟宪法草案委员会法案在参议院被否决。① 本来，如果按照梁启超的设想，组织一个由政府、国会、地方都督将军推荐的成员组成且独立于国会之外的宪法起草委员会，② 就可以名副其实地任命有贺长雄为该委员会的宪法顾问，只是由于袁世凯政府根据这一设想编制的方案遭到国会的否决，袁世凯原本任命有贺担任宪法起草委员会顾问的如意算盘落空。为此，袁世凯不得不迂回作战，只能另外成立"宪法研究谈话会"，指定参议院议员曹汝霖，大理院长章宗祥，众议院议员汪荣宝、李景和，参议院议员陆宗舆，总统秘书曾彝进六人为谈话会成员，表面上是和有贺、青柳一起探讨宪法问题，实际上是准备袁氏宪法草案，以此牵制国会的宪法起草工作。

这六个人全部是晚清立宪运动时成立的宪政编查馆和修订法律馆的重要成员。宪法研究谈话会的会场就设在陆宗舆的家里，宛如袁世凯的"私生子"。根据袁世凯授意，研究会采取的方法是，有贺拟定研究题目，成员们反复讨论后撰成文章提交给袁世凯阅览。谈话会大约从 3 月中下旬开始运转，大体上以两个星期一次的频率召开会议。谈话会也允许成员以外的人士列席讨论，但列席者往往因与谈话会成员意见不合愤而退场。为此，有贺向袁世凯提出书面报告，希望他出面制止这种现象。③

袁世凯对宪法研究谈话会的工作进展非常关心，对有贺的建议和意见十分重视。1913 年 5 月中旬，加藤高明来华考察民国政治，21 日至 24 日访问北京。④ 加藤到达北京的当天，袁世凯宴请加藤高明一行。在宴席上，袁世凯特意告知伊集院公使，"有贺博士进京以来，据闻研究孜孜不倦，吾时常引见接受咨询"，但抱怨担任翻译的青柳笃恒翻译不甚熟练，致使难以正确

---

① 《申报》1913 年 3 月 8 日。

② 梁启超在《专设宪法案起草机关议》中指出，将来制宪应该注意以下六点：第一，起草员不宜过多，以免言庞事杂，陷于筑室道谋之弊；第二，草案未成时，宜坚守秘密，毋使受他力之劫持以紊系统；第三，宜将国中最有学识经验之人网罗于起草员中，使专心致志为有价值之讨论以止于至善；第四，宜聘请东西公法学大家数人为顾问，以收集思广益之效；第五，起草员不可有丝毫党派之意见杂乎其间，庶不致有所偏蔽；第六，草案宜早日期成，使议会得早一日议定，正式政府得早一日成立（见《民国经世文编》第 1 册，第 311 页）。

③ 「在中国伊集院公使より牧野外務大臣宛『中国憲法に関する袁総統の有賀博士に対する諮詢に付報告の件』」『日本外交文書』大正 2 年第 1 册、1964、355 頁。青柳笃恒「北京大総統府在任中の回顧」（『外交時報』第 66 巻 685 号、1933、40 頁）。

④ 《申报》1913 年 5 月 23 日。

理解有贺的见解，并要求在下次会见有贺时由日本公使馆"精通汉文汉语"的郑秘书担任翻译，这一要求得到伊集院的同意。5 月 30 日，袁世凯要听取有贺关于筹备宪法草案的情况汇报，果真去函伊集院要求日本驻华公使馆派出郑秘书为其担任翻译，可见袁世凯对有贺的意见非常重视。

这次汇报会的参加者有袁世凯的军事顾问坂西大佐，总统政务秘书曾彝进、李景和等人。袁世凯十分重视宪法草案的准备进度，并询问进展情况。对此，有贺答复说，"尔来经过反复研究探讨并相继承蒙理解之宪法编纂之事，经与在场之曾君、李君以及汪君、章君等反复会商讨论已经达到 6 次，其讨论结果正由鄙人用日文撰写，由青柳翻译成汉文"，并寻问袁世凯"即便以此意见交付国会审议，果能获得多数之赞成欤"。对于有贺的担心，袁世凯表示政府在国会内获取多数席位并非难事，但由于不能占到绝对多数，担心反对党会采取缺席战术，使会议不足法定人数，从而无法审议，因此他示意可能不得不制定临时宪法，希望有贺未雨绸缪，另行准备"类似临时约法或者宪法大纲"的方案。为了使宪法一举通过，有贺甚至壮胆劝说袁世凯先辞去大总统职务，待取得国会绝对多数席位后再制定宪法。"鄙人虽然觉得自己以现在之地位及学者身份提出此类主张乃不合时宜，但作为权变之策，愚见以为大总统毅然辞职不失为一谋略。由贵国现行情势观之，舍阁下之外无人能问鼎大总统职位，此乃贵国之共识。若此大总统之地位因众望所及重归阁下，则国会可占绝对多数，宪法可依阁下之意制定无疑矣"[1]。

袁世凯毕竟是袁世凯，他承认自己没有这种勇气，并再次要求有贺预先准备，以应不测。于是，有贺替袁世凯出谋划策以舒困局。他说，"法国有此先例，将议员与人民隔离，让人民疏远议员，利用其隔绝实现政府之目的。如果贵国出现人民明显讨厌议员的情形，此亦为政府可乘之机"[2]。后来，袁世凯强行解散国会或许受到有贺这一点拨的影响亦未可知。

总之，袁世凯及其政府非常重视有贺的意见和建议，他关于宪法问题的讲话或演讲的主旨内容都会被译成中文，由总统府秘书厅印刷分发相关部门和人员阅读。[3]就这样，有贺花费 3 个月，于 1913 年 6 月 22 日完

---

① 『日本外交文書』大正 2 年第 1 册、356 頁。
② 『日本外交文書』大正 2 年第 1 册、357 頁。
③ 据李景和、曾彝进撰写之呈文（未署日期）。原件收藏于北京大学历史学系，承蒙尚小明教授赠送档案照片，在此深表谢忱。

成了 6 万字左右的中华民国宪法构想，由前清帝师陈宝琛题名为《观奕闲评》，[1] 经袁世凯批准由主计处拨款 320 元，在法轮印字局印刷 3000 册分发各处。[2]

由于袁世凯与国会之间龃龉不断，1913 年 4 月 8 日中华民国首届国会开幕后，围绕五国大借款案、宋教仁被杀案幕后真凶的追究，以及是先选举总统还是先制定宪法等问题，意见尖锐对立，致使宪法的制定遥遥无期，以支援中华民国制定宪法为本职工作的有贺长雄不得不在 7 月聘期结束时延长聘期。有贺自己也积极协助，遂在获得日本政府以及东京帝国大学的同意后将顾问聘期延长了 1 年，自 1913 年 8 月至 1914 年 8 月。[3]

但是，由于有贺站在支持袁世凯、与国会对立的立场之上，因此处境非常尴尬。对于有贺应袁世凯之请到国会宪法起草委员会去旁听或作证，国会议员对其持非常敌对的态度，讥讽其为受袁豢养的外籍顾问。[4]

四 《天坛宪法草案》与有贺长雄

如前所述，国会否决了袁世凯政府的制宪计划，把制宪的主导权控制在自己的手中。6 月 25 日，参、众两院各选出宪法起草委员 30 名，候补委员 15 名，成立了国会主导的宪法起草委员会。[5] 7 月 19 日，宪法起草委员会举行首次会议，选举汤漪为委员长，蒋举清、杨铭原、黄云鹏、王家襄、夏

---

① 有贺长雄「北京滞在中の余の事業」『外交時報』第 18 巻第 210 号、1913、15 頁。据青柳笃恒「北京大総統府在任中の回顧」（40 頁）介绍，陈宝琛将其取名为《观奕闲评》，乃借鉴了清朝总税务司赫德所著《局外旁观论》的书名。

② 曾彝进：《有贺长雄拟将其所讲中华民国宪法讲演之要旨刊行分送各界函》（6 月 22 日），未署年份，应为 1913 年。原件收藏于北京大学历史学系。

③ 据「牧野伸顕外務大臣より山座圓次郎宛書簡」第 221 号、大正 3 年 8 月 19 日、日本外交史料館 No.3-8-4-16-2『外国官庁において本邦人雇入関係雑件（清国の部）七』记载，其中有这样一段文字："中国制定宪法与时局关系甚大，故望尽可能满足中国的要求。"另据前引北京大学历史学系收李景和、曾彝进所拟报告，这次延期交涉进展十分顺利，对于袁世凯要求其延期的请求，"有贺意如此次续订合同最好以 1 年为期，自今年 8 月至明年 8 月止。渠意宪法非一时所能解决，即解决后将来各项法律尚需次第厘订，渠亦愿相赞助"。关于他在日本各大学的教学任务则由其自行委托他人代理，唯东京帝国大学所担任课程需由中国方面商请日本驻华公使伊集院报告日本政府协调解决。

④ 吴宗慈：《中华民国宪法史前编》，沈云龙主编《近代中国史料丛刊三编》第 38 辑，第 29 页。

⑤ 吴宗慈：《中华民国宪法史前编》，沈云龙主编《近代中国史料丛刊三编》第 38 辑，第 22～23 页。

同和、杨永泰为理事。22 日，决定将宪法起草委员会设在天坛祈年殿，推荐张耀曾、汪荣宝、黄云鹏、孙钟为起草员，负责起草宪法大纲。① 于是，宪法起草委员会每周的星期二、星期四和星期六在祈年殿会议，讨论并起草宪法。

宪法起草工作开始后，在因宋教仁被杀事件使袁世凯政府和国民党矛盾日益加剧的背景下，又连续发生大借款事件、中俄协约事件以及二次革命，宪法起草委员会的工作不得不时断时续。尽管如此，经过起草委员的艰辛努力，宪法大纲的讨论终于在 9 月 23 日结束。10 月 11 日，宪法条文的起草工作亦告竣，而且排除袁世凯的干扰，于 31 日完成了宪法草案的三读会。这就是所谓的《天坛宪法草案》。②

袁世凯对于《天坛宪法草案》最为忧虑和担心的问题有两个。一个是总统任免国务员是否需要国会同意，另一个是总统有无解散国会之权。③ 关于第一点，草案规定，"国务员赞襄大总统，对于众议院负责任"（第 81 条），"国务员受不信任之决议时，大总统非依第七十五条之规定解散众议院，应即免国务员之职"（第 82 条）。而且，第 75 条是对大总统解散众议院的限制性规定，"大总统经参议院列席议员三分二以上之同意，得解散众议院，但同一会期不得为第二次之解散。大总统解散众议院时，应即令行选举，于五个月内定期继续开会"。对于这样一部大幅度限制总统权力的宪法草案，袁世凯势必不会让其轻易通过。结果，袁世凯通过用行政手段剥夺国民党籍国会议员的资格，使国会无法审议，从而使得《天坛宪法草案》一直无法表决而成废案。

有贺长雄正是在这一时期结束最初的 5 个月任期而同意延长任期 1 年的。对于这部宪法草案，有贺认为"现在正在制定的宪法能否存续永远，关系到民国的安危"，而且，"间接地对于我日本的利害也有很大关系"，强烈希望制定一部"扎根于构成国民本体之中老年以上民众之中"，"能够预防他日革命政府之弊端之宪法"。④ 他鼓吹为了中国的稳定和世界和平，应

---

① 另据杨幼炯《中华民国立法史》（台湾商务印书馆，1966）第 130 页记载，宪法条款起草委员会成员是张耀曾、丁世峄、黄云鹏、孙钟、李庆芳。
② 《天坛宪法草案》的全文可参阅杨幼炯《中华民国立法史》，第 131～143 页。
③ 杨幼炯：《中华民国立法史》，第 121 页。
④ 有賀長雄『民国憲法開議前の形勢』、6 頁。

该"让现在有实力者继续保有之"①，以此加强袁世凯的统治力量。

基于这样一种思想，有贺站在袁世凯的立场上对袁的行为给予肯定，并根据袁世凯的指示，或讲演或撰文，提出应加强行政权威，反对利用宪法来限制大总统的权力，把攻击矛头直接指向《天坛宪法草案》。② 为此，有贺发挥《观奕闲评》一书的论点，发表了不少文章为之张目。

1914 年，上海经世文社秉承明清以来经世文编之学脉，编纂出版《民国经世文编》。该文编收录民国元年、民国 2 年 100 多位政治大家发表的重要文章，以及各党派政团发表之政见，各官厅往来之公文，官方之通饬、政令等，共计 678 篇，分编于政治、法律、内政、外交、财政、军政、教育、实业、交通、宗教、道德 11 个门类下，其中法律分宪法、各法（司法附）二目。宪法一目中共收录文章 54 篇，从不同的立场、视角，探讨制宪的各项问题。这 54 篇文章出自 24 位作者之手，其中张东荪撰写的有 9 篇，吴贯因撰写的有 7 篇，梁启超撰写的有 5 篇，署名为大总统的 4 篇。外国人中则只收录了美籍顾问古德诺和日籍顾问有贺长雄两个人的文章。古德诺撰写的只收录了 1 篇；而有贺长雄撰写的则收录了 5 篇，此外还有 1 篇谈的虽是宪法问题，却归入了宗教类，因此，实际上收录了有贺的 6 篇文章。可见当时有贺的意见在中国学界和社会上受到高度重视。有贺的文章分别是《不信任投票之危险》《宪法问题的演说辞》《论宪法草案之误点》《共和宪法持久策》《民国宪法制定上社会党弊害之预防》《宪法须定明文以孔教为国家风教之大本》。

上述 6 篇文章都是批判《天坛宪法草案》的，其论点大致可以归纳为以下 3 点。

第一，反对宪法草案扩大国会权力而限制大总统的权力。他认为，过分地扩大国会尤其是众议院的权力是将三权分立改变为二权分立，是将行政权隶属于立法权，③ 批判限制大总统的权限是将大总统制改变为事实上的"国会政府制"，宣布的宪法草案中有许多错误的规定，例如国务院总理

---

① 有贺长雄「民国の现状と列国の态度」『外交时报』第 17 卷第 206 号、1913、96 頁。
② 据有贺长雄「支那宪法制定事业の沿革」（『外交时报』第 31 卷第 367 号、1920、294 頁）叙述，有贺当时发表的《共和宪法持久策》《论宪法草案之误点》都是按照袁世凯直接下达的指示撰写的。
③ 有贺长雄：《共和宪法持久策》，《民国经世文编》第 2 册，第 402 页。

的任命须经众议院同意，国务院对众议院负责任，大总统没有官制官规的制定权、没有陆海军的编成权，国会讨论紧急教令以及财政的紧急处分，等等。①

第二，批判不信任条款。在有贺看来，众议院对国务员的不信任决议的条款是继辛亥革命、二次革命后的"第三次革命"，是极其危险的规定。他主张，现阶段的中华民国，在国会内还没有形成两大有力量的政党势力，且国会议员的水准很低，在这种状态下将不信任条款写进宪法，恐怕势必出现个别议员干涉行政，使政府的地位不稳，从而损害政治行政的有效运营，损害国家的国际信誉。②

第三，反对实行普选，主张限制劳动大众的政治参与权。有贺极力主张，只要不给贫民势力选举权，就可以有效地遏制社会主义势力的扩张，同时还可以预防有野心的政治家为了一己私利，利用贫民和劳动大众的势力挑起政争，引发社会混乱。他建议采纳日本现行办法，对选民资格加以经济方面的限制。有贺之所以极力反对实行普选，有其更深层次的原因，那就是"如果民国一旦实行普选，我国（日本）势必仿效"，"其祸害不堪言表"③。

有贺对《天坛宪法草案》的批判和建议，虽然获得了以袁世凯为首的一部分势力的欢心，但受到了中国很多知识精英和党派的严厉批驳。储亚心就是其中之一。他指名道姓批判有贺长雄的政治态度，"反对不信任投票，其最力者，首推日人有贺长雄"。他指出，有贺的批评貌似有理，但由于他依据的前提错误，"其结论亦自不得而正之"。他认为，中国国民的心理和政界经过反复争论取得的共识是建立责任内阁制，而不是大总统制，既然实行责任内阁制，宪法中规定不信任投票乃是应有之义。"责任内阁制体也，不信任投票用也。必体用兼备，而后始能收责任内阁圆满之效果。有体而无用，则有责任内阁其名，而无责任内阁其实也"④。有贺自己也承认"几乎找不到同意余之意见者"⑤，对这种状况只能表示叹息。

---

① 有贺长雄：《论宪法草案之误点》，《民国经世文编》第 2 册，第 321～323 页。
② 有贺长雄：《不信任投票之危险》，《民国经世文编》第 1 册，第 278～279 页。
③ 有贺长雄：《民国宪法制定上社会党弊害之预防》，《民国经世文编》第 2 册，第 422～423 页。
④ 储亚心：《论不信任投票与责任内阁制之关系》，《民国经世文编》第 1 册，第 280 页。
⑤ 有贺长雄『民国憲法開議前の形勢』、5 頁。

第四节　《观奕闲评》与《中华民国约法》

如前所述，有贺利用"宪法研究谈话会"这个平台，与谈话会成员就中华民国宪法的各种问题开展讨论，并将讨论的内容编撰成书，取名为《观奕闲评》予以公开发表。《天坛宪法草案》在国会通过后，有贺不停地公开发表反对意见，

从《观奕闲评》书名中我们似乎可以看到有贺长雄在中国就任法制顾问期间，采取的姿态与另一位外籍顾问、美国人古德诺不尽相同。古德诺在中国《宪法新闻》（第 12 号）上公开发表了《古德诺拟中华民国宪法案》，而有贺则没有采取这种直接的方式，以自己的名义发表中华民国宪法草案，而是站在第三者的立场上，以一个中国政治观察者的口吻发表自己的看法。但是，有贺结束 5 个月的任期回国休假期间，向日本社会公开了他的《观奕闲评》，并将其题名为《中华民国宪法》。① 可见，在有贺看来，《观奕闲评》就是他为中国草拟的宪法草案，只是在中国发表时对其做了柔性包装，以免被人批评越俎代庖而已。

《观奕闲评》共 9 章，各章的标题分别是："革命时统治权移转之本末""宪法上必须预先防范社会党之弊害""北方须养其保守力以调节南方之进步力""共和组织论（超然内阁主义）""大总统之资格任期及选举""大总统职权""共和宪法上之条约权""共和宪法上之陆海军""省制大纲"。如前所述，有贺长雄与宪法研究谈话会的成员讨论中国宪法问题之时，正是国会起草讨论《天坛宪法草案》之际。《观奕闲评》实际上是在中国各派各界围绕制定一部什么样的宪法争论得热火朝天的当口逐渐形成的，因此它是在把南京临时政府制定的《临时约法》作为对照物，更把《天坛宪法草案》当作对立物的背景下出台的。实际上，天坛宪法草案讨论之际，有贺就奉袁世凯之命对其做了多次批判，而这些批判的内容在《观奕闲评》中均有体现。因此可以说，《观奕闲评》比较忠实地代表了袁世凯及其政府的制宪方针和思想，对后来袁世凯主导的制宪产生了比较大的影响。

---

① 　有賀長雄「中華民国憲法」『外交時報』第 18 卷第 211 号、1913、338 頁。

那么，有贺长雄究竟给中国描绘了一个什么样的宪政蓝图呢？下面我们就依据《观奕闲评》对之进行一些简单的梳理。

一　民国宪法无须取法美法诸国

前面已经谈到，在国会开展的关于宪法的争论之中，应该以美国宪法为范本，还是以法国宪法为楷模，是争论的焦点之一。虽然各方主张之中存在着矛盾和差异，但在应该强化国会权力方面意见基本一致。

对此，有贺则有自己的见解。他从分析民国成立的历史着手，认为宪法不能与历史分开，"国家权力之关系乃从已过之关系自然发展而来者也。以故先将已过之始末根由分解剖开以明现在之所以然，然后确定将来国权编制之基础，实不易之道也"[①]。

根据有贺的论证，辛亥革命爆发、中华民国成立之前经历过4个时期，即"清帝钦定宪法慰谕民军之时期""君主立宪共和立宪二者以何为宜付之国民会议公决之时期""商议将共和承认与皇室优待各条件交换之时期""关乎南北统一条件折冲讨论之时期"。

南北和谈过程中，袁世凯无视孙中山1月22日提出的清帝逊位后之办法第1条，即"清帝退位由袁同时知照驻京各国公使请转知民国政府，现在清帝已经退位或转饬旅沪领事转达亦可"之条件，直接通告孙中山帝政终结。有贺依据这一事实，主张中华民国"根据前清皇帝承认方能成立之行迹遗于后世。质而言之，袁总理一方面虽于取消南京临时政府一事退让一步，然竟由清帝付托之全权合与南方以成一完全共和政体，是系当时履行之法理，而关乎民国建设之历史最为重大之要点也"[②]。并认定2月12日清帝逊位上谕中"将统治权公诸全国，定为共和立宪国体"以及"即由袁世凯以全权组织临时共和政府，与民军协商统一办法"的文字"为民国国法沿革上最重大之文字"，认为"清帝一身具带之统治权以兹时移于国民全体矣。然考其移转之次第，与君主统治权一旦消灭，而国民全体统治权新发生之场合截然不同"，进而主张，民国宪法的沿革不同于美国独立后的共和政体以及法兰西革命后的共和政体，其原因即在于此。同时，他还从2月19

① 有贺长雄：《观奕闲评》，1913，第1页。
② 有贺长雄：《观奕闲评》，第9页。

日孙中山发表的临时大总统辞职信中"（清帝）今既宣布退位，赞成共和，承认中华民国"等文字得出结论，"中华民国并非纯因民意而立，实系清帝让与统治权而成"①。

依据以上分析，有贺认为中华民国的共和政体"不能与纯粹的民主政治之组织同轨，不得不被让与统治权之条件检束"②，因此，他主张中华民国没有必要像其他共和政体的国家那样，依据普通选举法召开国民议会，"中华民国宪法不必取法于先进共和国宪法"。其他如参议院之组织、大总统之职权及其选举法等，"民国自当有合乎民国情形特独之立法"③。

有贺告诫中国不要盲目地照搬外国，强调应该建立适合中国国情的体制，其主张本身有其合理性，但他认定中华民国的统治权是由清帝让与的则不符合历史事实。问题的关键在于有贺对中华民国成立经过的分析，不是建立在对历史事实的考察，而是停留并满足于一种文字游戏。事实上，中华民国不是基于清帝的同意才建立起来的，清帝逊位上谕中"由袁世凯以全权组织临时共和政府"云云，也是袁世凯违背南方革命政府的意志随意加进去的，这在当时已是世人皆知的事实。④

二　实施限制选举、推动孔教国教化

有贺长雄认为"南方有长江之水朝宗海洋"，与外国交通最为便捷，同时，鸦片战争以后，南方人民备受外国列强的激烈刺激，加之南方又是中国全国通商的枢纽，因此，南方人民的思想倾向进步；与此相对，北方主要经营农业，精神上倾向保守。⑤ 但他对在建设新中国的过程中"在地理和历史上原本更为进步的南方"或将以其革命性精神把中国固有的文物制度破坏殆尽表示担忧。那么，应该怎么办呢？有贺为此开出药方，主张利用北方的保守势力来制约南方。

所谓保守势力指的是什么呢？有贺认为那就是中国的传统文化。据他看来，正是由于中国传统文化有一股气势磅礴的团结之力，因此，中国的文明

---

① 有贺长雄：《观奕闲评》，第 10～13 页。
② 有贺长雄：《观奕闲评》，第 11 页。
③ 有贺长雄：《观奕闲评》，第 16 页。
④ 李新主编《中华民国史》第 1 编下卷，第 491 页。
⑤ 有贺长雄：《观奕闲评》，第 24 页。

才能绵延 4000 年持续不断，而且，在这 4000 多年的历史长河中，虽然经受过多次中原周边少数民族的征服，其文化不仅未被征服者所同化，相反却同化了征服者，使其"渐渍"于自己的文明之中。同时，移居海外的华侨也"绝不为其所居之土俗所化，恒久不变依然为中国人"①。他认为中国文明"乃中国之特有物"，"其价值之大，绝非西洋文明所可比"②，而这种文明的集大成者就是孔子创立的儒教。

因此，有贺认为，中国文化"实系中国国民无形财富，其能不失为全球中大国诚有故矣"，现在"欲统括民国四百兆人之意识，俾其自觉为国民团体之一分子实赖此文化之尚存"，从而强烈反对"欲举旧有文化使之一旦扫地荡尽"③ 的做法。

怎样才能做到以传统文化节制南方的革命思想呢？有贺经过"深思熟虑，以为最有效验，最为合法之良策"，是"宪法须规定明文以孔教为国家风教之大本"④。

可是，对于有贺提出的这种主张，当时中国的舆论界和政界都存在着激烈的争论。以康有为为首的一批老知识分子是孔教国教化的积极提倡者和推动者，他们各自发表文章大力鼓吹。康有为的《以孔教为国教配天议》、陈焕章的《孔教乃中国之基础》、赵炳麟的《致宪法起草委员会请定孔教为国教书》可以说是其中的代表作。⑤ 相反，反对孔教国教化的人则展开激烈的批判和反驳，许世英、艾知命等就是其中的代表。如许世英发表的《反对孔教为国教呈》、艾知命发表的《上国务院及参众两院信教自由不立国教请愿书》⑥ 认为，宪法规定孔教为国教，会破坏人民的信仰自由，必须坚决抵制。

对于这些反对将孔教定为国教的声音，有贺列举普鲁士、俄国、罗马尼亚、保加利亚、塞尔维亚、希腊等欧洲各国宪法中都有关于设立国教的规定，坚持其孔教国教化理论的合理性和正当性。而且，为了加强孔教在宪法

① 有贺长雄：《观奕闲评》，第 28 页。
② 有贺长雄：《观奕闲评》，第 28 页。
③ 有贺长雄：《观奕闲评》，第 29~30 页。
④ 有贺长雄：《观奕闲评》，第 31 页。
⑤ 详阅《民国经世文编》第 4 册。
⑥ 详阅《民国经世文编》第 4 册。

中的国教地位，他提出在教育方面应采取以下措施：第一，国家设立学校必须以孔教为道德教育之基础；第二，应该规定具有孔教学位，如进士、举人、秀才等公认为选举以及被选举之资格；第三，可以用国家财政维持孔教学校；第四，应该对孔子后裔给予特别待遇。[1]

他甚至建议修改南京临时政府制定的民国参议院组织法，增加传统知识分子的席位。为此，他提出必须对担任参议员的资格加以限制，认为只有具备下列资格的人才能成为参议员。

一、为众议院议员已经三会期以上者，或曾为众议院议员过 6 年以上者；

二、曾为国务员或为出洋大使公使者；

三、为中央政府或地方官厅高级官员已过 5 年以上者；

四、有举人以上之学位者或获有中外专门大学校毕业之文凭者；

五、按年缴纳直接国税过 500 元以上者。[2]

他认为，只要采取这些办法，便可以将中华民国的统治权牢牢地控制在传统高级官僚、旧知识分子和富人之手，达到将辛亥革命的领袖人物排除出政府的目的。

三 建设超然内阁的共和政体

有贺在分析了美国式大总统共和政体和法国式议院内阁共和政体的区别及其优缺点后认为，"就中国国情论之，使采用美国式共和政体，为最初七年或十年间之临时性组织固未尝不可。然为永久计，则恐南北将分裂矣。又使采用法国式议院共和政体，于新创富国强兵诸事殊多窒碍，又习于专制之国民厌议院党争之烈，将渴望强有力之政治家出现，而专制将恢复矣"[3]，主张建设一种符合民国国情的特殊的共和组织，这就是超然内阁。

有贺在北京就任法制顾问后不久，就开始思考中国应该建设什么样的政

---

① 有贺长雄：《观奕闲评》，第 34 页。
② 有贺长雄：《观奕闲评》，第 36 页。
③ 有贺长雄：《观奕闲评》，第 43 页。

体，但是，他在公开场合都是谨言慎行，没有全盘托出他的全部想法。例如，在讨论中国是应该实行大总统共和制还是议院共和制的争论中，有贺一方面表示"兄弟并非主张超然内阁"，另一方面提出"然超然内阁亦不可不研究"。① 但是，随着对中国情况的理解加深，有贺逐渐专注于超然内阁，把它当作自己的一项政治主张正式提了出来。

据有贺解释，所谓超然内阁就是"大总统先行决定政治方针，不问国会内外之人，但有愿依此方针行其政治者，则举之组织国务院。至其方针之当否，一归国务员负其责任。虽有时出于不得已更迭内阁，然未必因国会失多数之赞成而以之为辞职之准绳。考其政治方针之成绩，何如征诸国内舆论之向背，何如大总统独断特行而使内阁更迭。是为超然内阁组织之大概情形也"。同时，他认为由于这种组织形式尚无正规名称，故又可以称之为"内阁共和政体"。②

接着，有贺介绍了超然内阁在法国共和政体之下实行过的事例，以及德国和日本等君主国家实行的超然内阁的现状，认为"由是观之，代议政体与超然内阁非必难于两立可知矣"，如果中国建立超然内阁，一定可以兼采美国式和法国式共和政体的优点。③

为了实现超然内阁，有贺建议宪法中必须规定以下几项条款：第一，国务员辅佐大总统，执行政务，负其责任；第二，大总统任免国务员；第三，大总统解散众议院，但自解散之日起 6 个月以内须召集之。

关于以上宪法条款，有贺解释既然采用超然主义，国务员就没有必要对国会负责，大总统也没有必要担负政治上的责任，因此，必须废除《临时约法》中关于国务员的任免需要获得国会同意的条款。如果让立法和行政独立，就没有必要将大总统束缚于国会的意志之下，也没有必要给予国会以对国务员任免的同意权。

他认为，由于大总统是国家元首、国家的代表，是政治及行政方面的最高决策者，必须给予大总统与行政权独立相适应的权限，主张在宪法上明文规定"大总统为国家元首，代表中华民国总揽政务"④。

---

① 有贺长雄：《宪法问题演说词》，《民国经世文编》第 1 册，第 309～310 页。
② 有贺长雄：《观奕闲评》，第 44 页。
③ 有贺长雄：《观奕闲评》，第 47～48 页。
④ 有贺长雄：《观奕闲评》，第 54 页。

为了让全国国民选举"有德"之人担任大总统，有贺认为"今各国现行大总统选举法均不完全"，因此，"为民国计，宜审度本国国情，而后别出机轴，酌定适当之选举方法，使环球各国知民国共和政体之威严，并使中国国民固有之文质发挥无遗"。因此他主张不采用西方各国直接选举或间接选举大总统的方法，而设计了一套独特的方法。① 依据有贺设计的方案，即在宪法上设置大总统、候补大总统的职位，候补大总统由"仰德会"选举，大总统由"戴德会"选举；候补大总统在第一次选举大总统之年选举，以后每次众议院选举时都选出一名候补大总统；候补大总统的有效期为10年；现职大总统辞职时，由"戴德会"从有效的候补大总统中选出1人推举为下一任大总统。"戴德会"由20名成员组成，10名由政府指定，10名由国会指定。"戴德会"成员的资格必须是年满40岁以上的民国成年男子，他们的地位独立于政府以及政党，必须知识渊博、德高望重。②

有贺认为，只有这样，超然内阁才能保持其独立于国会的地位，公正地行使行政权。

四　确保强势大总统

如前所述，国会内外以及行政府和国会之间，对于大总统的权限问题存在着激烈的争论。国民党等政党强烈主张限制大总统的权限。对此，有贺长雄持反对意见，他主张建立超然内阁，同时力主给予大总统强势地位。为此，他参考美国、法国关于大总统权限的规定，以及日本关于天皇权限的规定，将有利于加强大总统权限的内容搜集在一起，提议将这些内容作为大总统的权限写进中华民国宪法。这些权限包括：

第一，总揽政务治权。

第二，公布及执行法律之权。

第三，拒否法律及决议之权。

第四，提出法律案之权。

第五，发交教书于国会之权。大总统既可以亲自以教书的形式向国会发

---

① 有贺长雄：《观奕闲评》，第58页。
② 有贺长雄：《观奕闲评》，第60~62页。

表自己的意见，也可以让国务员代为宣读。

第六，命令权。国会闭会后，且来不及开会时，大总统可以为了维护公共治安，或者预防非常之灾害，发布与法律有同等效力的命令。但是，该项命令不管是否继续执行，都要在召开下一次国会时，迅速向国会提出，获得国会批准。如果没有获得国会批准，该项命令便自然失效。

第七，宣布特赦、减刑、复权之权。

第八，宣告戒严之权。

第九，制定官制官规且任免文武官之权。

第十，大总统无责任。凡关于政治之得失，由于由国务员负其责任，故大总统无须负责任，一般刑事上之犯罪亦应将大总统置于无须负责任的地位，以使大总统保持威信。①

此外，外交权、条约缔结权、宣战媾和权、陆海军的统帅权也应该属于大总统。② 至于陆海军的编制权，有贺虽然没有明言应归属于大总统，但建议大总统可以灵活运用，在宪法中设置一个具有独立地位的国防会议。为了说明设立国防会议的必要性，有贺对美国、日本、法国、德国、俄国等国家的军事制度做了详细比较和说明，内容包括宣战权的差异，纯粹陆海军的行政、军政事务的差异，纯粹的统帅、军令事务的差异，统帅行政两属事务的差异等。

关于陆海军行政、军政事务，也就是编制权的差异，有贺比较了日本和美国、法国之间的规定。日本宪法第十二条规定陆海军的编制权属于天皇的专属事项，并进一步在第六十七条规定，未经政府同意，议会不得将关于陆海军编成的经费削减至上一个年度确定的数额以下。而美法两国都做了限制性规定，陆海军预算必须获得国会同意。有贺认为，如果民国采用美法两国的制度，当国会讨论陆海军预算，借口国家预算不足而要削减民国陆海军费用时，行政府恐怕找不到对策。③

关于统帅、军令事务，有贺认为日本和德国都是由君主一人兼双方之首长，君主既是国家元首，同时又是陆海军元帅，因此能很好地保持两者的平衡。④ 相

① 有贺长雄：《观弈闲评》，第 63~73 页。
② 有贺长雄：《观弈闲评》，第 87~88 页。
③ 有贺长雄：《观弈闲评》，第 97 页。
④ 有贺长雄：《观弈闲评》，第 98 页。

反，美法两国不允许统帅权独立，"武权必须服从文权"①。有贺认为，民国的参谋本部直辖于大总统，关于国防用兵的所有计划和命令都要提交给大总统，在获得其批准后再令陆海军处理，这种制度是日本制度的翻版，主张应该继续坚持这一制度。②

关于统帅行政两属事务，有贺对日本的制度做了解释。他认为日本制度的特点是在宪法上把军政规定为非法律事务，陆海军大臣必须由军人担任，参谋总长和陆海军大臣之间设立协商制度。为了保持军队统帅权的独立，有贺强烈建议，民国也应该在政府、国会、陆海军之间，设置一个由各国务员、高级陆海军军人、国会议员组成的"军防会议"，以作为宪法机关。对于两属事务以及军费，一旦经过军防会议议决，国会就不得以法律或预算的形式将其变更，就如同日本宪法第十二条规定的事务一样。③

五　地方制度走第三条道路

关于地方制度，有贺建议既不采用中央集权制，也不采用地方分权制，而是走第三条道路，建设一种特别的制度。

根据有贺的解释，所谓中央集权，就是所属各个地方的各种事务都由中央政府根据国家所定法律进行管理，中央指令派遣至地方的行政官员按照中央政府决定的方针实施。依据这种组织理论，各地方官无权自己决定所属地方事务，只有决定旨在执行国家法律命令的程序。所谓地方分权，就是地方行政事务根据各地自行制定的法律处理，由地方长官任命的官吏加以执行。按照这种组织理论，中央政府的政治方向与地方无关，各个地方斟酌当地的情形制定方针，开展地方政治。以上两种地方制度，有贺认为都不适合中华民国的国情。为此，他设计了一种既不同于中央集权，又与地方分权区别的第三种地方制度即"第三组织"，这种组织使中央大政府与地方小政府之间有相互影响之亲密关系。④

有贺通过对澳大利亚、奥地利、爱尔兰等国家和地区在地方设立总督代表中央进行管理的地方治理模式的分析，以及对中国中央政府和地方政府之

---

① 有贺长雄：《观奕闲评》，第 99 页。
② 有贺长雄：《观奕闲评》，第 100 页。
③ 有贺长雄：《观奕闲评》，第 105～106 页。
④ 有贺长雄：《观奕闲评》，第 109 页。

间关系历史的回顾，认为中国的地方制度与国际上实行的第三组织有极其相似之处。"今如纯以国法学专家之见识视之，中国各省之起源并非中央集权之地方厅，亦非地方分权之地方厅，全系与所谓第三组织若合符节者也"。同时，他又从元朝最初设立行省的目的以及前清总督制度的运行机制入手，认为中国的地方制度应该采用第三组织的形式。据此，有贺提议在宪法中列入省制一章，并具体地提出了各省行政官厅的组织大纲。①

第一，各地方设置一总督府，但不必每省都设，可以按照前清惯例，以2~3省为一总督管辖区域。

第二，总督位列国务员，或亲自进京或用电函参与国务员会议。至于责任则不必与中央政府的国务员共进退，但是如果中央政府的国务员辞职是由行省发生的事故引起，则总督亦应负连带责任，同时辞职。

第三，总督对于本省代表大总统主裁一切国家典礼。

第四，总督对于本省代大总统行使陆海军统帅权。

第五，总督对于本省依据国家法律命令执行大总统直辖之行政事务即军事、外交、财政、交通、司法、行政。

第六，教育、卫生、农林等项定为行省行政事务，总督在大总统监督之下由省议会组织议院内阁所定方向行之，是为省政治。省内阁员称为政务员。

第七，行省行政事务中属于国家事务的部分，则由中央政府的一位总长兼司之。如让中央财政总长兼管全国户籍，让陆军总长兼管政治警察事务，让财政总长兼管大学教育事务。

第八，各省总督为大总统直辖之行政事务在地方之执行机关，总督下属之高等官即现行官制所设之科长处理前清藩臬两司及道台所管行政事务。

第九，总督有权批准和公布地方条例。

第十，为执行省条例，总督有权或委任发布省命令。

第十一，总督有权编纂省预算交省议会议决。

第十二，为调整国家行政事务和地方行政事务之关系，在总督府设立行政咨询会，即省参事会。省参事会以总督为议长，成员由各司司长、各科科长、大总统指定之专任参事官、省议会互选之专任参事官组成。加之以总督

---

① 有贺长雄：《观奕闲评》，第112~114页。

指名之陆军代表、高等审判厅厅长、高等检察厅检察长审议以下各项事务：（1）省预算案；（2）省预算外支出案；（3）本省借款；（4）本省交通事务之计划；（5）省法律案；（6）省命令案；（7）由省议会委任省参事会事宜；（8）由国务总理、各部总长要求咨询省参事会事宜。

根据以上大纲，有贺还草拟了宪法中"省制"一章的具体条文。①

六　《中华民国约法》与《观奕闲评》的关系

如前所述，袁世凯对国会宪法起草委员会起草的《天坛宪法草案》进行了言辞激烈的批判，穷尽一切手段最终使之流产。最后，袁世凯向国会提议，在制定正式宪法之前，先行修改南京临时政府制定的《中华民国临时约法》。1914 年 4 月 29 日，在袁世凯主导下，"约法会议"通过了所谓的"中华民国约法"，即俗称的"新约法"、"民三约法"或"袁记约法"。此后直至袁世凯称帝复辟失败后郁郁而死的 1 年 8 个月被称为"新约法时期"。

袁记约法与《观奕闲评》有什么关系呢？我们只要把袁记约法的一些重要规定与前述《观奕闲评》的内容比较阅读后，就可发现它们之间存在着很多关联，因而可以说，袁记约法实际上是在有贺思想的影响下制定的。

据民国立法史研究专家杨幼炯研究，由十章六十八条条文组成的新约法有五点值得注目。第一，极大地扩充了大总统的权限而极大缩小了立法权以及行政检察权；第二，废除了责任内阁制和建立了大总统制；第三，采纳了立法院的有限主权理论，实行一院制；第四，规定立法院未成立之前由参政院代行立法院的权限；第五，行政权高于立法权。② 本节不拟对新约法和《观奕闲评》进行全面的比较，只打算分析一下这部约法的核心部分，即关于大总统的地位和权限规定。新约法的规定如下：

第十四条　大总统为国之元首，总揽统治权。
第十五条　大总统代表中华民国。

---

① 有贺长雄：《观奕闲评》，第 114～120 页。
② 杨幼炯：《中华民国立法史》，第 201～203 页。

第十六条　大总统对于人民之全体负责任。

第十七条　大总统召集立法院，宣告开会、停会、闭会。大总统经参议院之同意，解散立法院；但须自解散之日起六个月以内，选举新议员，并召集之。

第十八条　大总统提出法律案及预算案于立法院。

第十九条　大总统为增进公益，或执行法律，或基于法律之委任，发布命令，并得使发布之；但不得以命令变更法律。

第二十条　大总统为维持公安，或防御非常灾害，事机紧急，不能召集立法院时，经参议院之同意，得发布与法律有同等效力之教令；但须于次期立法院开会之始，请求追认。

前项教令，立法院否认时，嗣后即失其效力。

第二十一条　大总统制定官制官规。大总统任免文武职官。

第二十二条　大总统宣告开战、媾和。

第二十三条　大总统为海陆军大元帅，统率全国海陆军。

大总统定海陆军之编制及兵额。

第二十四条　大总统接受外国大使、公使。

第二十五条　大总统缔结条约。但变更领土，或增加人民负担之条款，须经立法院之同意。

第二十六条　大总统依法律宣告戒严。

第二十七条　大总统颁给爵位、勋章，并其他荣典。

第二十八条　大总统宣告大赦、特赦、减刑、复权；但大赦须经立法院之同意。

第二十九条　大总统因故去职或不能视事时，副总统代行其职权。①

以上关于大总统的16条规定，参照前述《观奕闲评》中关于总统的议论和主张，可以说这些规定全部来自有贺长雄撰写的《观奕闲评》，有很多条款甚至连遣词造句都照搬自该书。这充分说明，新约法的整体内容与《观奕闲评》中的内容虽然有所出入，例如省制部分完全没有涉及，但总体

---

① 新约法的全部条文请参阅杨幼炯《中华民国立法史》，第192～200页。

上看，充分吸纳了有贺提出的意见，把有贺的许多主张原封不动地写了进来。

七 有贺长雄关于在中国建设新式国家需具备三要件之建议①

新约法通过后，此前制定的《总统选举法》与新约法规定的内容矛盾之处甚多。如《总统选举法》规定，选举大总统的机关为总统选举会，而新约法规定立法院为立法机关，采取一院制，法律事实均有变更。另外，《总统选举法》规定，大总统和副总统同时缺位时，由国务院摄行其职务；而新约法规定实行总统制，不设国务院，将来关于摄行总统之职务，无其法定机关。《总统选举法》附则明定大总统的职权，暂据《临时约法》关于临时大总统之规定，而《临时约法》既然因袁记约法而废止，那么大总统职权的"依据"也就消失。因此新约法生效后，《总统选举法》势必应予以修正。

1914 年 8 月 26 日，"约法会议"召开第一次会议，讨论修正大总统选举法。会议按照"宜注重共和之精神，而不可概袭共和之形式，宜参稽本国之遗制，而不宜涂附外国之繁文"的修订精神，于 12 月 28 日通过了《大总统选举法》修正案，1913 年 10 月由国会制定的《总统选举法》同时

---

① 袁世凯除让有贺参加宪法研究会，令其发表关于宪法演讲以影响舆论之外，还经常直接通过曾彝进向其征求意见。由于资料的缺乏，我们搞不清楚袁世凯到底向有贺征询了多少次以及什么样的意见。除标题所示三要件之建议外，北京大学历史学系还收藏了一份有贺长雄回答袁世凯询问的文件。文件未署日期，也没有执笔者署名，但文中有"近日参政院议决之惩办国贼案"字句。查参政院通过惩办国贼条例系 1915 年 5 月 29 日，故可以确定该文写于 1915 年 6 月初。从文件的开头第一句"曾彝进传谕承询欲使政治入立宪轨道何者宜先等因，长雄愚以为"看，应系袁世凯通过曾彝进向有贺咨询实行立宪政应从何处着手的答复。对此，有贺表示，"无论政治若何美善，但使无公选之议会，即不得（一字不明）为已入立宪轨道。纵令政治犹有未备，但使已有公选之议会，即可谓其已入立宪轨道。要之入轨道与否，惟视立法院之成立与否而已。但选举立法院议员，事关重大，不可过急，似可定于民国 5 年举行选举，慎选议员而预告国人，定于民国 6 年 1 月召集立法院。如是亦可谓渐入立宪轨道矣"。接着他指出，若使政治早入立宪轨道，必须使一切行政著有成绩而后可，"现在民国良美法律何尝不多，而无一能卓著实效，此现今世界对于民国之通评也，长雄于此亦有同感"。之所以至此，"或曰巧于文词，拙于事实为民国致病之由"。有贺不同意此种看法，认为"其原因在于政治与技术未能分离。政治之为物，必须锻炼文字与理想，故使老练人士当之，诚属至当办法。至关于技术之行政，例如矿山行政、森林行政、监狱行政等，非使曾受专门教育，具有科学上或技术上知识学问之少壮有为者当之，万不能卓著成效也"。

废止。

修正后的《大总统选举法》规定：大总统的候选资格为中华民国国籍的男子，年满 40 岁以上，并在国内居住满 20 年以上；大总统每届任期 10 年，可以连选连任，无任期次数限制；在每届应行选举大总统之年，如果 2/3 以上的参政同意大总统可以连任无须改选。这样，袁世凯实际上成了终身大总统。

大约在《大总统选举法》修正案的审议期间，有贺再一次来到北京，并面见了袁世凯。其时，袁世凯向有贺征询关于《大总统选举法》的意见，并希望听到他关于中华民国应兴应革之事的意见。事后，有贺长雄向袁世凯提交了一篇题为《新式国家之三要件议》的报告，[①] 表示起草《大总统选举法》修正案时，自己"曾参末议"，舍弃了昔日所著《观奕闲评》之主张，而赞成了该法。因此，有贺对这一法律案持完全赞同的态度。

对于如何在中国建立新式国家，有贺提出了三点主张。他认为，"现今世界之国家组织计分二种，一为旧式，一为新式，如土耳其、波斯、印度、暹罗等皆古文明国也，而用旧式组织，国家故于国际间信用甚鲜。中华民国为世界最古之文明国，世界各国于其果能组织新式之国家与否，不能无疑"，如欲"组织新式国家必须具备以下三事。一有循轨道进行之国会；二取审判权独立主义，确定司法制度；三小学教育力图发展"。

他指出，"近日，世界人民大抵皆信用国会制度，殆有以国会有无

---

① 该文中译本收藏于日本静嘉堂文库《袁氏密函》（甲），No. 8418 - 14 - 103. 35，上进时间不详。另，《袁氏密函》由《袁氏密函甲乙丙》（三册）和《袁氏密函一二三》（三册）及《袁氏密函释文》（八册）共 14 本档案组成。甲乙丙三册所收为各界人士致袁世凯的信函或文件。甲和乙档中收入的文件多属民国以后至复辟帝制前后的文件，丙档所收则大多为有关清帝逊位的文件和各种讨论中的优待条款等内容，以及袁世凯就任临时大总统前后的文件。其中重要的函件除本文引用者外，尚有由孙中山秘书于右任（时在 30 岁左右）用毛笔书写，孙中山签名的致袁世凯的信件（日期为民国元年 11 月 3 日）；英国驻华大使朱尔典和袁世凯关于袁氏称帝的谈话记录；王赓在袁世凯接任临时大总统前夕致袁世凯的政策建议，其中建议应从英美德法日聘请外国顾问，协助制定宪法；还有南京临时政府派员赴京迎接袁世凯南下遭遇士兵骚乱，袁世凯发布的自责文件（钢板誊写本）等。《袁氏密函一二三》收入的则是袁世凯的各种亲笔批文和题字 1200 余件，内容包括批议、督办、查询、题签等。但是，所批对象文件一概没有收录。《袁氏密函释文》则是对收入上述一二三文档中的内容，用中文楷书誊写，以便让利用者辨认和解读。

定其国文野与否之势。趋势如此，故于一人之政治能力，其信用总不甚厚。民国现虽有参政院代行立法院之职务，然其民国之信用终不甚厚者，则以参政院参政皆由大总统指定。大总统能指使参政院议决各事，立法行政表面里面皆由大总统一人左右之也。民国之司法制度尚未确定，治罪之法颇有违反约法者，加以晚近使行政官兼任司法之制度复活，此决非增长民国信用之道。现在，民国都会乡曲小学教育尚未发达，闻近日又有建议废止小学教育者，故近日疑民国不能组织新式国家者渐多"。

接着，他论述必须开设国会的理由，"国会者，使全国对于政治怀抱不平之分子鸣其不平而设者也，故国会者，国家之安全弇也，若久闭此安全弇，诚恐有不平爆裂之虞。盖政府小有失策，诚所难免，若无国会，不平分子必借口政府失策，乘机煽惑，冀图起事。故为民国计，莫如定一开设立法院期日，以为镇抚不平分子之策。日本明治十四年宣示定于明治二十三年开国会即为此也"。

至于为什么要实行司法独立，他说："确定司法制度，何以亦为治安之一策？盖现在民国习法律学者几近万人，若使此辈学成而无所用，积其不平之气，一旦溃决，亦非得策。若确定司法制度，使此辈皆有所归，似亦弭乱之道。"

之所以要振兴小学教育，他认为："其利有二。一、凡小学教育，其目的在授人民以生业必须之智识之阶梯，故小学教育盛兴之国，无职游民鲜少，有弭乱于无形之益。二、民国各省皆有师范学堂，现在毕业者亦不下数万人，若振兴小学教育，使此辈有糊口之途，讵非两利之法。"

他最后得出结论说："一宜宣示开设立法院之期日，二宜于财政所许之范围内更使司法权由行政权完全分离，并振兴小学教育，外以使民国之信用重于世界，内以使有新智识而怀抱不平、苦无职业之人皆有所归。"

虽然，上述三策皆是为了袁世凯政权的稳固，所述理由亦非问题的关键所在，但建立国会、司法独立以及普及教育的确是中国建设新式国家绕不过的门槛。而且，有贺虽然赞同新的《大总统选举法》确定袁世凯为终身大总统，但对于其日益明显的独裁倾向，利用内部报告的形式提出了隐约的批评。

小　结

中华民国成立后，经过南京临时政府短暂的 3 个月兴革之后，统治权转入袁世凯之手的特定时期，有贺长雄在日本政府的默许下，应聘担任袁世凯政府的法制顾问。他根据自己对中国历史和现实的观察和理解，结合明治维新以后日本形成的社会和政治制度的现状，经与袁世凯的亲信反复探讨，倾其所学撰写出了《观奕闲评》，实为袁世凯定制的宪法蓝图。

受《观奕闲评》影响制定出来的《中华民国约法》通过后，受当时国内外形势的影响，尤其是后来袁世凯称帝复辟的影响，社会各界对它的评价大多是负面的，认为新约法阻碍了中华民国政治近代化的发展过程，是一部逆历史潮流而动的政治文件。但是，当中国历史经过近 100 年的演变后，有不少学者对这部约法做出了与当时区别很大的评价。张化腾即是其中的一位。他撰文认为新约法中加强大总统的权限，从当时中国的社会实际来说，符合中国的国情。他批评长期以来，人们对袁世凯及袁世凯政府的评价，没有照顾到历史的实际情况，从而一味地指责他破坏资产阶级搬来的美国、法国的民主模式；同时也没有考虑到这种民主模式，在极度缺乏民主传统的国度里，其实施的步履艰难或遭受破坏，应该是很正常的事情。另外，他还指出，从袁世凯政府执行《中华民国约法》的实际效果来看，由于没有立法机关对总统的制约，行政支配一切，这一时期北京政府对各方面的治理是有一定实效的。

他认为，实际上《中华民国约法》规定的政治体制，保持了行政、立法、司法三权的分立，改内阁制为总统制，仍然属于资产阶级的统治方式，只不过比较接近德国、日本的统治模式而已。新约法摒弃美国、法国模式，更多地借鉴了日本明治宪法，赋予国家元首极大的权力，而将议会权力减少到最低限度。这种做法，应该说是符合刚刚摆脱 2000 多年封建专制传统的中国国情的有益尝试。所以，他主张，对《中华民国约法》不应该轻易予以否定。①

---

① 张化腾：《封建买办政权还是资产阶级政府？——1912～1915 年北京政府性质新议》，《史学月刊》2008 年第 2 期。

应该说，张化腾的评价是比较中肯和冷静的。不过，张化腾有一点忘记指出，《中华民国约法》之所以更多地照搬了日本明治宪法的规定，是因为当时担任袁世凯政府法制顾问的有贺长雄在其中发挥了不可忽视的重要作用。不过，有贺的一些主张从长远看来有益于中国社会，但由于与现实形势不合拍，受到人们批判，也是时势使然。例如，他主张重视儒学在中国社会治理中的作用，在今天看来有其合理的部分，但在当时强调这些，就与打破儒教的思想束缚，破坏旧传统的革命要求背道而驰。因此，今天我们在评价有贺长雄与袁世凯及其政府的关系，以及他在中国从封建向近代转型过程中发挥的作用时，既不能停留在当时的认识水平上继续对之进行批评和责难，也不能用势利的眼光对之加以美化。所以，本章并未对这一段历史中有贺之于中国的作用做总结性评判，而只是将事情尽量按照接近历史的原貌加以描述。

第三章
日本对华"二十一条"交涉与有贺长雄

引　言

　　1915 年，中日两国关系史上发生了一件影响深远的重大历史事件。这就是大隈重信内阁向袁世凯政府提出的"二十一条"要求及其交涉。这一事件不仅给中国民众以极大的震动和冲击，也对日本的对华政策产生了深刻的负面影响，长期以来，它极其严重地妨碍着中日关系的正常发展。日本由于这次交涉而攫取的在中国的特权，使其向中国侵略扩张的野心急剧膨胀，在推进侵略中国的道路上越走越远，最终于 1937 年挑起了对华全面侵略的法西斯战争，并进一步与世界爱好和平的力量为敌，与德意法西斯联手。但其最终结果却使整个日本陷入全世界反法西斯和爱好和平力量的汪洋大海之中，国家遭受灭顶之灾。

　　日本对华"二十一条"要求的交涉已经过去了 100 多年，其交涉的内容、经过以及结果已为世人所熟知。但是，在这一几乎获得日本举国上下一致支持的交涉过程中，有一个日本人采取了受到当时日本政府忌恨的行动，为袁世凯政府在这一交涉中尽量减少受侮程度，保持起码的国格提供了侧面支援。这个人就是在袁世凯政府担任法制顾问的有贺长雄。从结果看来，有贺的行动虽然未能彻底改变日本政府要将"二十一条"强加给中国的企图，但从最终签署的条约内容看，日本政府也没有能够完全实现最初向中国政府提出的要求。日本政府之所以在交涉过程中不得不从当时咄咄逼人的高压姿态中做一些妥协让步，主要原因当然首先是中国人民的激烈反对，其次是国际社会对日本的牵制，有贺在其中折冲樽俎于日本元老与中国政府之间的活动也是不能忽视的一个重要因素。

当时，有贺长雄受到日本政府以及许多民间团体和媒体的强烈谴责，被骂为"非国民""袁探""卖国贼"，甚至连人身安全都受到威胁。[①] 为此，有贺不得不在一段时期里隐居避难。但是，有贺长雄为何肯替袁世凯奔走，他开展了哪些活动，在其中到底起了什么作用，他的行动是否真的损害了日本的国家利益，除曾叔度（彝进）撰写的《我所经手二十一条的内幕》[②]有所述及外，详情至今不太为世人所知。

本章为了揭开这些疑团，旨在对有贺长雄在中日两国政府围绕"二十一条"的交涉展开激烈交锋的过程中所进行的活动及其对"二十一条"的最终签订产生的影响进行调查、探讨和分析。由于中日两国政府围绕"二十一条"交涉的外交文件都已经解密，对其的研究也是汗牛充栋，因此本章对"二十一条"要求交涉本身只做一些简要的叙述，而将重点放在与有贺长雄活动有关的部分，利用中日两国的相关历史档案和公开的资料，勾画出接近历史真实的轮廓。

第一节 对华"二十一条"的内容及其形成背景和交涉经过

一 对华"二十一条"要求概要

所谓对华"二十一条"，是日本大隈内阁向袁世凯政府提出的旨在全面控制中国，使中国成为日本附庸国的侵略性要求。有关这一要求的交涉，以

---

① 信夫淳平「有賀長雄博士の十三回忌に際し」『外交時報』第 66 巻第 685 号、1933、20 頁。

② 曾叔度（彝进）：《我所经手二十一条的内幕》，荣孟源、章伯锋主编《近代稗海》第 3 辑，四川人民出版社，1985。

外务大臣加藤高明①1914 年 12 月 3 日训令日本驻华公使日置益②为开端。这份题为《关于对华要求提案的训令》共有 8 份附件，标题分别是：附件一《关于处理山东问题之条约案》，附件二《为明确日本在南部满洲及东部内蒙古地位之条约案》，附件三《关于汉冶萍公司的合同案》，附件四《旨在保全中国领土的约定案》，附件五《建议中国政府聘请日本人担任顾问及其他事项》，附件六《关于归还胶州湾租借地》，附件七《日本可以向中国方面提供的事项》，附件八《参考文件第一乃至第五以及附件》。但是，训令的"备考"中明确写道，"上述文件乃供日置公使参考，并非提交给中国方面之文件"③。

　　日置益接到加藤对华交涉的训令后，经过精密盘算，并按照加藤高明的指示，借口自己从日本新近归来需要面谒总统，于 1915 年 1 月 18 日，偕小幡参赞和高尾书记官拜会袁世凯。稍事寒暄后，日置益趁机将加藤高明训令中的附件一至附件五直接递交给袁世凯，并要求中国迅速商议，接受日方提出的条件。这就是所谓的对华"二十一条"。④

　　附件一《关于处理山东问题之条约案》，共有 4 条（中文译为款），内容如下：

　　　　第一款　中国政府允诺，日后日本国政府拟向德国政府协定之所有德国关于山东省依据条约或其他关系对中国政府享有一切权利利益让与等项处分，概行承认。

---

① 加藤高明（1860~1926），日本外交官、政治家。历任日本四届内阁的外务大臣、贵族院议员、内阁总理大臣（1924~1926）。1881 年以第一名的成绩毕业于东京帝国大学法学部，先入三菱，后于 1887 年进入政界，历任外相大隈重信的秘书官兼政务课课长、驻英公使。后来在第四次伊藤博文内阁中担任外务大臣，成功缔结日英同盟。大隈内阁解散后，任宪政会总裁，推动打破元老政治，扩大选举权运动。1924 年宪政会成为议会第一大党，加藤以总裁身份出任总理，是为东大毕业生担任日本首相的第一人。加藤内阁是大正民主运动的结果，开启了日本的"宪政之道"。加藤任内既通过了扩大人民民主权利的《普通选举法》，又通过了以取缔日本共产党、限制人民民主自由为目标的《治安维持法》。该法被认为是日本钳制舆论，使日本走上军国主义道路的恶法。因此，加藤内阁被称为"胡萝卜加大棒"的时代。在对华政策上始终坚持侵略和扩张政策。
② 日置益（1861~1926），日本外交官。东京帝国大学法学部毕业。历任日本驻华公使和日本驻德国特命全权大使。
③ 『日本外交文书』大正 3 年第 3 册、1966、568 页。
④ 日文原文收录于『日本外交文书』大正 3 年第 3 册、563~567 页。中文译文依据王芸生编著《六十年来中国与日本》第 6 卷，三联书店，2005，第 74~78 页。

第二款　中国政府允诺，凡山东省内并其沿海一带土地及各岛屿，无论何项名目，概不让与或租与他国。

第三款　中国政府允准，日本国建造由烟台或龙口接连胶济路线之铁路。

第四款　中国政府允诺，为外国人居住贸易起见，从速自开山东省内各主要城市，作为商埠。其应开地方，另行协定。①

附件二《为明确日本在南部满洲及东部内蒙古地位之条约案》，共有 7 款，内容如下：

日本国政府及中国政府因中国向认日本国在南满洲及东部内蒙古享有优越地位，兹议定条款如下：

第一款　两缔约国互相约定，将旅顺大连租借期限并南满洲及安奉两铁路期限，均展至九十九年为期。

第二款　日本国臣民在南满洲及东部内蒙古为盖造商工业应用之厂房，或为耕作，可得其须要土地之租借权或所有权。

第三款　日本国臣民在南满洲及东部内蒙古任便居住往来，并经营商工业等各项生意。

第四款　中国政府允将在南满洲及东部内蒙古各矿开采权，许与日本国臣民，至于拟开各矿，另行商定。

第五款　中国政府应允关于以下各项，先经日本国政府同意而后办理：

（一）在南满洲及东部内蒙古允准他国人建造铁路，或为建造铁路向他国借用款项之时；

（二）将南满洲及东部内蒙古各项税课作抵由他国借款之时。

---

① "从速自开山东省内各主要城市，作为商埠。其应开地方，另行协定"一句，最初原文应为"从速自开山东省内列记于本条约附件内之各主要城市，作为商埠"。另据该附件所列各城市为高密、青州、黄县、德州、临清、羊角沟、胶州、沙河、莱州、兖州、济宁。同时标明羊角沟以上为第一候补地，胶州以下为第二候补地。大约是为了避免过于刺激中国，提交给中国前，日本自行做了上述修改。见『日本外交文书』大正 3 年第 3 册、563～564 頁。

第六款　中国政府允诺，如中国政府在南满洲及东部内蒙古聘用政治财政军事各顾问教习，必须先向日本国政府商议。

第七款　中国政府允将吉长铁路管理经营事宜委任日本国政府，其年限自本约画押之日起以九十九年为期。①

附件三《关于汉冶萍公司的合同案》，一共只有两款，内容如下：

日本国政府及中国政府顾于日本国资本家与汉冶萍公司现有密切关系，且愿增进两国共通利益，兹议定条款如下：

第一款　两缔约国互相约定，俟将来相当机会，将汉冶萍公司作为两国合办事业，并允如未经日本国政府之同意，所有属于该公司一切权利产业，中国政府不得自行处分，亦不得使公司任意处分。

第二款　中国政府允准所有属于汉冶萍公司各矿之附近矿山，如未经公司同意，一概不准该公司以外之人开采，并允此外凡欲措办无论直接间接对该公司恐有影响之举，必须先经公司同意。

附件四《旨在保全中国领土的约定案》只有一项条款，由两段文字组成，内容如下：

日本国政府及中国政府为切实保全中国领土之目的，兹订立专条如下：

中国政府允准所有中国沿岸港湾及岛屿概不让与或租与他国。

附件五《建议中国政府聘请日本人担任顾问及其他事项》，没有采用条文方式，只是列出了7项事务和范围，内容如下：

---

①　附件二本来准备了甲乙两个方案。在乙方案中，第二、三款的条文是这样的："第二款　中国政府允诺，为外国人居住贸易起见，自行开放南满洲及东部内蒙古内本条约附件所列各主要城市。第三款　中国政府允准两缔约国臣民通过合办在南满洲及东部内蒙古经营农业及附随工业。"同时，第四款中的"至于拟开各矿，另行商定"文字，最初是"本条约附件所列记各矿"。相比甲案，乙案似乎还照顾到了日本以外国家和中国的权益。但在交涉时，日本政府向中国提交的是条件更为苛刻的甲案。见『日本外交文书』大正3年第3册、564～565页。

一、在（中国）中央政府，须聘用有力之日本人充为政治财政及军事顾问。

二、所有在中国内地所设日本病院寺院学校等，概允其土地所有权。

三、向来日中两国屡起警察案件，以致酿成轇轕之事不少，因此须将必要地方之警察，作为日中合办，或在此等地方之警察官署须聘用多数日本人，以资一面筹划改良中国警察机关。

四、由日本采办一定数量之军械（譬如中国政府所需军械之半数以上），或在中国设立中日合办之军械厂，聘用日本技师，并采买日本材料。

五、允将接连武昌与九江南昌路线之铁路及南昌杭州间、南昌潮州间各路线铁路之建造权，许与日本国。

六、在福建省内筹办铁路矿山及整顿海口（船厂在内），如需外国资本之时，先向日本国协议。

七、允认日本国人在中国有布教之权。

二　日本为之准备的"胡萝卜"和对华交涉秘籍

前面提到的 8 份附件，其内容可以分成三类。第一类是日本对华的特权要求，分列于前五份附件之中，即上文列出的附件一至附件五一般统称为"二十一条"。第二类是日本政府拟给予中国的所谓好处和保障，分列于附件六和附件七之中。第三类是为了论证日本对华"二十一条"要求的所谓依据和参考资料，收录于附件八之内。如果将第一类归属于"大棒"，第二类则可以看作"胡萝卜"。

那么，日本为推动对华"二十一条"要求的交涉顺利展开，准备给予中国的"胡萝卜"都有哪些呢？"胡萝卜"之一是所谓归还胶州湾租借地。但是，附件六《关于归还胶州湾租借地》是这样规定的："中国政府允诺日本国政府将胶州湾租借地归还中国时，应将其全部作为商港开放，且同意日本国政府在其指定地区设置日本专管租界。"这里，日本给了中国一个将来归还胶州湾的不确定性许诺。"胡萝卜"之二是对袁世凯的安全提供保障和约束革命党在日本国内的活动。其内容具体记述于附件七

《日本可以向中国方面提供的事项》之内。它规定："本件交涉之际，日本可以允诺对华履行的事项大致如下。第一，保障袁大总统的地位并其一身一家的安全。第二，严肃积极地取缔革命党及中国留学生等，同时对本国不谨言慎行的商民浪人给予充分注意。第三，于适当时期诠议归还胶州湾问题。第四，应诠议奏请或赠与袁总统以及有关高官叙勋问题。"但是，对于这几项所谓保障和允诺训令只是让日置益便宜行事，并令其秘不示人。①

附件八《参考文件第一乃至第五以及附件》收录了 7 份参考资料，它们依次分别是：关于英国租借威海卫不损害德国在山东省利益或与之相争所发声明之英国兰皮书拔萃；关于山东省开埠候选地之说明；光绪二十四年（1898）三月初六日于北京签订之俄中条约关于旅顺大连湾租借第三条的俄汉译文对照；关于南满洲及东部内蒙古地区开埠候选地调查的往返电报的全部抄件；关于汉冶萍公司的调查；特殊事业在中国投资优先权之实例；山座公使与张謇关于聘请日本人担任中国政府矿政顾问会谈要领。

从这些参考资料的内容可以看出，日本政府向中国提出"二十一条"要求经过了长期调查和周密的准备，势在必得。例如，"关于山东省开埠候选地之说明"中列出了候选地青州、黄县、德州、临清、羊角沟、胶州、沙河、莱州、兖州、济宁，对它们的地理位置、人口、交通状况、矿产资源、经济情况等都有详细的调查。②"关于南满洲及东部内蒙古地区开埠候选地调查的往返电报的全部抄件"中的候选地则系日本驻当地的领事或满铁理事所推荐，其中各地领事推荐了 24 处，满铁桦山理事推荐了 28 处。③

为了使交涉获得成功，日本政府在对日置益公使的训令案中，还以"附记"的形式对日置益开展交涉的策略以及对华要求事项做出了指示。关于交涉策略，训令指出了两点：一是应注意接触中国政治中心，二是应谋求日中两国国民的意志疏通。针对前者提出了两条具体措施：其一，让中央政

---

① 「12 月 3 日　加藤外務大臣より在中国日置公使宛　中国に対する要求提案に関し訓令の件」『日本外交文書』大正 3 年第 3 册、567 頁。
② 『日本外交文書』大正 3 年第 3 册、570～571 頁。
③ 『日本外交文書』大正 3 年第 3 册、581～584 頁。

府聘请日本的著名人士担任政治财政以及军事顾问；其二，对袁大总统做出保证，即使动用武力也要对其一身一家的安全提供保护。针对后者的具体措施也是两条。其一，为了维护远东全局，日中两国必须互信互助，因此两国之间应该相互约定，让两国有实力的报纸杂志以其方针诱导民心；其二，应采取各种方法，让商业会议所及其他实业家团体与中国各地重要的实业家团体接触，此外，还应让精通中国国情且可信赖的有志之士协助领事在中国实业家之间开拓亲日意向。①

接到训令的当天，即 12 月 3 日，日置益便致信外务大臣加藤高明，就对华要求的交涉提出了自己的看法。他认为，日本利用日军攻陷青岛的军事行动基本结束，趁欧洲战事正酣无暇东顾之机提出对华要求，对日本国运的发展乃千载难遇之大好时机，称这些要求至为恰当甚或有些温和。指出这些要求的交涉能否成功，"不仅关系到我国国运对于中国的污隆消长以及我国国力的伸缩盛衰，而且关涉帝国在世界的威信与荣誉"。他表示，中国方面"恐不会轻易服从我国的主张，因此对于中国除实行威吓利诱以外，还要穷尽一切手段和策略"。为此，他主张，在国际上应该拉拢联络与中国有特种利害关系的美英俄各国，在对华交涉上应斟酌实行的难易程度，选择适当时机，确定条件的形式出示之，还要考虑好最终为实现日本的要求而采取的相当的利诱条件以及威胁手段以备万一。②

利诱条件被列于附件六和附件七之中。作为威胁手段，日本政府设计了两条办法：第一，将在山东作战的军队驻留当地，以显示日本的威力，让中国猜疑日本对中国有什么野心；第二，煽动革命党、宗社党增强颠覆袁世凯政府的气势，对之形成威胁。对此，日置益进行具体分析后得出结论，认为相关利诱条件对中国没有太多的诱惑力，两项威胁策略实行起来并非易事，也很难达到预期的效果。③

日置益随即提出了自己的具体对策。"鄙见以为当局需要考虑的是，（一）随着谈判的进展，势不得已时……需要准备进一步动用（军队），例如占领津浦铁路北段等。（二）作为诉诸上述威胁手段之前的利诱条件，对

---

① 『日本外交文书』大正 3 年第 3 册、579～580 页。
② 「12 月 3 日　在中国日置公使より加藤外务大臣宛　中国に对する要求提案に关する意见上申の件」『日本外交文书』大正 3 年第 3 册、591～592 页。
③ 『日本外交文书』大正 3 年第 3 册、593 页。

袁世凯最为有力的事项之一不用说是取缔革命党和宗社党……政府对此问题必须加以根本性研究，采取具体方法进一步满足袁世凯（当然在谈判的某段时期，有时需要根据形势对其加以利用，以增加反抗［袁世凯］的气势）。……（五）通过斡旋借款以救袁政府的燃眉之急，此时正是推动对手的最有利时机，即使我国财政经济状况极为困难，也应尽量采取措施作出规划。（六）即便袁世凯迫不得已决心服从我国的要求，他也必定需要在其左右中谋求与其分担责任之士。虽然以一二百万元的金额不可能收买袁世凯本人，但此等亲信人物中或可以利诱之。此外，随着谈判的进展，操纵报纸等方面也需要不少机密费用，望政府预为准备以上资金"①。

上述情况说明，日本在开展对华"二十一条"交涉时，既有最后动用武力逼迫中国政府签订城下之盟的准备，也做好了金钱收买袁世凯及其亲信和操控舆论的打算。

三　日本提出对华"二十一条"的原因与《对华近况警告书》

日本为何突然对华提出"二十一条"要求？日本学者丰田穰认为既有远因也有近因。据他分析，"远因就是明治44年（1911）爆发辛亥革命，使得中国的主权究竟是转移至孙文的新政府，还是由于后来发生内战使实权掌控于北京的袁世凯政府，变得非常不确定，因此，日本通过甲午战争、日俄战争获得的……权益变得含混不清，从而需要逼迫北京政府予以确认。至于近因，则是日本虽然占领了青岛，但日本是否能够承接德国拥有的对胶州湾的99年租借权，需要予以确认"②。

但是，笔者看来，主张对华实行强硬政策的右翼组织对华联合会说得虽然比较赤裸露骨，但确实是对日本政府提出"二十一条"要求之根本原因的真情表达。这一真情在该会1914年5月发表的《对华近况警告书》表达得毫不掩饰。

这份警告书首先指出并分析了美国、法国、德国、俄国以及英国等列强在中国扩张各自势力范围的现状，接着呼吁日本应该放弃与其他西方列强争夺在中国的经济权益，而应该把目光转向政治关系，即加强对中国的控制和

---

① 『日本外交文書』大正3年第3册、593～594頁。
② 丰田穰『大隈重信と第一次世界大戦』講談社、昭和59年1月、130頁。

统治。警告书是这样说的："吾等迫切希望新内阁一改从前外交之谬误，为中国权益竞争场开辟出生动局面。然而，日本对华关系于权益以外尚有更为重要者。敢问其为何物？政治关系是也！"

他们认为，如果不能确保政治上的优势地位，即便在经济上占到了一时的有利地位，在与其他竞争者竞争时也不可能继续保持。如果"竞争国家碰到了占领中国的机遇"，"此乃破坏大局也，乃搅乱东亚和平也，乃欧洲强国出现于日本对岸也。果然，我日本大陆扩张之道于兹杜绝，朝鲜不断受到胁迫，我日本本土也势必常受对岸之压迫"[1]。

那么，应该采取什么措施和中国确立政治性关系呢？警告书提出"何如首先处分南满和东部内蒙古，在此地建立牢固之立脚点"，认为如果成功地控制住了满蒙即中国的东北地区，"凡百方策皆可以自此发出。若欲保全中国，必据此排斥侵略者；若中国内地陷入混乱，可以此为据点进出自如，收拾局面；万一因形势变化中国不幸分裂，亦可守此形势，与列强角逐而有余。只要南满内蒙之根据不动摇，经济上之所失以政治上之所得予以补偿且有余，其时无疑会到来"[2]。而且主张，"解决满蒙问题实系今日最大之急务"[3]。换言之，政治上控制满蒙即中国的东北地区，"保全"中国是确保日本向大陆扩张，保障与列强开展竞争的根据地之紧急任务。

进入 8 月以后，陆军的"重要机关"也与对华联合会携手，制定了题为《欲以本次时局为契机遂行的对华政策》的文件，其主要内容如下：

（甲）中国关于大陆的外交，无论巨细都应预先和日本协商。

（乙）中国的军事应该聘请日本军官施行军事教育，或在特殊时期让日本军官指挥中国军队。

（丙）为使日中两国军队便于共同行动，应制造通用两国之兵器。

（丁）满蒙的行政应实行自治制度。

（戊）应将长江沿岸的铁路敷设权让与日本。

---

① 丰田穰『大隈重信と第一次世界大戦』、54 頁。
② 丰田穰『大隈重信と第一次世界大戦』、55 頁。
③ 内田良平文書研究会編『内田良平関係文書』第 4 巻、芙蓉書房、1994、51～55 頁。

（己）将福建省划为日本事实上之势力范围，不允许其有向外国借款及其他权利。[①]

四　"日中国防协约案"与"二十一条"要求的联系

日本亦官亦民的右翼组织黑龙会也认为为了加强政治关系，确保与西洋列强展开竞争的根据地，需要向中国提出新的条约。为此，黑龙会提出了《对华问题解决意见》，其中的"日中国防协约案"可以说是后来日本政府向中国提出的"二十一条"的蓝本。

大正3年（1914）10月29日，《对华问题解决意见》以"绝密"文件的形式炮制出笼。该文件由三部分组成，分别是"欧洲战局与对华问题"、"对华问题与国防协约"和"对华问题与现行内阁的外交"。其中最为重要的应该是第二部分。它提出应该缔结中日两国间的国防协约，以便把中国置于日本的控制之下。文件是这样叙述的：

> 时至今日，我国政府如果鉴于帝国之天职，欲做出英明决策，解决对华问题，所应采取之政策，非让中国信赖于我，而应令中国不得不信赖于我。而令中国不得不信赖于我之道无他，惟有我帝国主动地在政治上经济上占有优越于中国之实权，俨然对之实施指导。我帝国苟欲占据政治上经济上优越之立脚点，宜首先利用当前之机，与中国签订国防协约。

接着，文件提出了国防协约的草案。国防协约共有10条，其具体条文如下：

> 第一，日本在中国发生内乱或者中国与外国宣战时，应以日本军支援之，担负保卫中国领土、维持秩序之责任。
> 第二，中国应承认日本于南满以及内蒙古之优越权，将其统治权委

---

① 「乙秘第 1657 号　陸軍の対支政策と対支連合会」『日本外交文書』大正 3 年第 3 册、552 頁。

任于日本，使其成为建设国防之基础。

第三，日本在占领胶州湾之后，将原为德国占有地区，或青岛和平光复后，将之归还于中国，并将之开放作为世界之贸易市场。

第四，中国允诺，为应日中海防之需，将福建省沿海重要港口租借与日本作为日本海军之根据地，同时应将该省内铁路铺设权并矿山采掘权让与日本。

第五，中国应将改革陆军，军队之训练委任于日本。

第六，为保持军械统一，中国应采用日本军械，同时应将军械制造厂设置于某枢要之地。

第七，中国为逐渐振兴海军，应将海军之建设及训练悉数委任于日本。

第八，中国应委托日本整顿财政改革税制，日本则应选拔优秀的财政专家充任中国政府的最高顾问。

第九，中国应聘请日本教育专家充任教育顾问，或在各地设立日语学校以谋人文启蒙。

第十，中国在与外国缔约借款，或租借割让领土，或与外国宣战媾和时，应提前与日本协商并取得其同意。①

以上 10 项内容简而言之，就是要把中国变为日本的保护国，把南满和东部内蒙古的统治权交给日本，把福建沿海的重要港口租借给日本，把中国的陆海军建设和军事训练全部委托于日本，财政以及教育方面必须聘请日本人充当顾问和教师，中国的外交事务必须事先获得日本批准。不得不说这些协议的目的就是让中国完全变为日本的殖民地。

为了迫使中国签订这一协约，这份意见书认为先决条件是要处理好日本与中国政府的关系以及处理好与中国有密切利害关系的各国之间的关系。如何处理好与中国政府的关系，意见书提出的手段是，不以袁世凯为对手，而应对中国革命党或者宗社党以及其他感觉不平的政党给予资金援助，"让他们到处起义"，"导致袁世凯政府土崩瓦解"，"我国则支援拥护在 4 亿民众中最有信用和声望者，帮助其成就改造政府、统一国家之事业，当我国军队

① 『内田良平関係文書』第 4 卷、74 ~ 75 頁。

使得（中国）安宁秩序得以恢复，国民生命财产受到保护时，人民乃心悦诚服，政府乃会信赖我国，国防条约的签订始能轻而易举地实现其目标"①。主张应该利用欧洲战局有利于日本的现状，"毫不犹豫彷徨地""刻不容缓地采取其方法和手段"。

意见书进一步呼吁必须改变中国的共和政体，实行立宪君主政体。"欲谋从根本上改造中国政府，规划日中合作，维护东亚永久和平，确立国家之百年大计，应乘今日之机，变革中国之共和政体，使之成为立宪君主政体，采用与日本之立宪君主政治基本相同之形式。而此实为改造中国政府之根本性第一件大事"②。

据《东亚先觉志士记传》记述，制定这份意见书的目的是向政府"具体说明当今采取一系列根本方针的原因，促使当局深谋远虑"。为此，意见书"仅仅印刷了50份，其中的40余份……分发给了各位大臣、元老以及其他的主要官员"③。比照翌年1月18日日置益向袁世凯政府提交的"二十一条"就可以发现，两者的内容除附件三关于汉冶萍公司的要求外，其余均极为相似。"二十一条"的附件二和附件三是协约案第一至第三条的细化，附件四是协约案第十条的翻版，附件五则照搬了协约案第四至第九条的内容。两者之间存在如此多的相似之处，说明日本政府拟定的"二十一条"要求受到这份国防协约草案很大的影响。

五　日本社会对"二十一条"的反应

对华"二十一条"要求的内容在日本社会引起了什么样的反响呢？

首先，它得到了日本主要报纸的支持。《东京朝日新闻》（1915年1月21日）认为"对华二十一条要求维护了东亚和平"。《读卖新闻》（1915年1月22日）发表社论，认为"政府的措施应该说大体上是适合时宜的"，对其表示肯定。④ 当"二十一条"交涉时，日本政府采取发出最后通牒逼迫中国政府承认的高压手段，也获得了新闻媒体的支持。《中央新闻》（5月6日）、《东京日日新闻》（5月7日）、《万朝报》（5月7日）等先后刊登报

---

① 『内田良平関係文書』第4巻、77頁。
② 『内田良平関係文書』第4巻、78頁。
③ 黑龍会編『東亜先覚志士紀伝』中巻、原書房、1966、572頁。
④ 丰田穰『大隈重信と第一次世界大戦』、139～140頁。

道或发表社论，批评中国政府的态度，拥护日本政府，宣称日本的主张极其正当。①

其次，在日本知识精英中间，很多人表示理解和支持。辛亥革命时期担任过临时大总统孙中山法律顾问的寺尾亨，在报纸披露对华"二十一条"要求后不久即表示给予理解。他说，"关于对华问题，应该批评的地方固然不少，然吾人对其事实无法准确把握，即便已经知之，今天亦非公然批判之时。为了国家的体面，最终应该明确我国主张之所在，努力贯彻之"②。

吉野作造是日本大正民主运动中的核心人物，是一位积极主张民主主义的学者。就连他对日本政府为了迫使中国政府就范，采取发表最后通牒不辞一战的高压手段也表示"事已至此，也只有通过最后通牒达到目标一法"③。而且，当6月份对华"二十一条"要求交涉结束，两国以条约、交换公文的形式缔约以后，吉野作造发表了一篇题为《日中交涉论》的文章。在这篇被称为他"正式论述中国最早的文章"④ 中，吉野论述了对华"二十一条"要求的交涉，对对华"二十一条"要求给予了肯定的评价，并表示支持日本政府开展的交涉。他写道："这一次的对华要求表面上看有些地方或许侵害了中国的主权，或许让中国丢了脸面，但是我相信，从帝国的立场来看，大部分都是最小限度的要求。……从与西洋各国的关系来看，选择的时机颇好……处理得极其恰当……"⑤ 连吉野作造这样的知识精英都评价对华"二十一条"要求"处理得极其恰当"，可以想见一般日本民众的态度了。

但是，"二十一条"要求超越了当时人们的普通常识，因此对于报纸披露出来的内容，许多人都是将信将疑，甚至连贵族院议员都不相信这是真的，认为这不过是中国的捏造，目的是败坏日本名声。《读卖新闻》刊载的某位贵族院议员的评论就是一个典型事例。这位议员说："最近，各种报纸都刊载了日本提出的条件，从其内容来看，以常识判断，断难相信这是政府深思熟虑后提出的东西，诸如附件四和附件五只能挑拨外国的猜疑心，如果中国方面承认了它，其结果势必在欧战结束之际，由于列强的抗议，反而使

① 丰田穰『大隈重信と第一次世界大戦』、142～143頁。
② 「対支問題善後策」『読売新聞』1915年4月24日、第2版。
③ 丰田穰『大隈重信と第一次世界大戦』、138頁。
④ 尾崎護『吉野作造と中国』中央公論社、2008、146頁。
⑤ 『吉野作造選集』第8巻、154～155頁、转引自尾崎護『吉野作造と中国』、175頁。

已经到手的满蒙也要完璧归赵。精明过人的加藤外相不可能不懂得这些道理吧。因此，各家报纸上发表的所谓条件恐怕是中国方面为了诬蔑我国而捏造出来的夸张性条件……"①

当然，"二十一条"在日本国内也受到了批判和质疑。例如，日本帝国议会内最大的在野党政友会总裁原敬就对"二十一条"提出了反对意见，他在 6 月份召开的帝国议会上发表讲演，批评"二十一条"加深了列国对日本的猜疑心，失去了最需加强睦邻关系的邻邦中国国民的同情，必将导致日本将来陷入孤立境地。同时他批判交涉过程中增兵中国，内部下令撤回侨民的做法，会让列国感到日本在威胁行使武力，从而引起他们对日本的警戒。② 不过，这种反对的声音毕竟属于少数，对于日本政府把"二十一条"强加给中国的行为没有产生任何影响。

六　对华"二十一条"要求交涉大略

如表 3 - 1 所示，自日本驻华公使日置益 1915 年 1 月 18 日向袁世凯面交对华"二十一条"要求，到袁世凯政府于同年 5 月 25 日在文件上签字画押，日本仅仅花了 4 个多月就把一份将中国等同于日本殖民地的历史性文件强加给了偌大的中国。对于这一令中国人民痛感屈辱的历史事件，迄今已有无数学者进行过多方面、多层次的研究，日本以强凌弱、霸道跋扈的丑恶行径都已经有了历史定论。因此，本文不拟对事件的交涉经过重复描述，只想通过这份时间表，让读者对"二十一条"的交涉有一个概括性理解。

表 3 - 1　对华"二十一条"要求交涉主要经过

日期	主要内容
1914. 11. 10	日本内阁会议决定对华交涉方案
1915. 1. 8	加藤高明外相向日置益公使发出训令,指示开始对华交涉
1915. 1. 18	日置公使拜访袁世凯,面交"二十一条"要求。当天晚上,袁世凯召开会议商讨对策
1915. 1. 20	日置正式向中国外交部提交对华"二十一条"要求

① 「对支外交問題議論（4）」『読売新聞』1915 年 4 月 28 日、第 3 版。
② 川田稔『原敬と山県有朋』中央公論社、1998、34 頁。

续表

日期	主要内容
1915.1.27	对于英美两国的询问,日本否认向中国提出了对华"二十一条"要求
1915.2.2	举行第一次交涉。参加者:中国方面外交总长陆征祥、外交次长曹汝霖;日本方面驻华公使日置益、参赞小幡酉吉
1915.2.4	日本向法国、俄国通报对华"二十一条"要求附件一至附件四内容
1915.2.8	日本向美国通报对华"二十一条"要求附件一至附件四内容
1915.2.11	英国驻北京记者 W. H. Donalol 公布对华"二十一条"要求全文
1915.2.12	日本向中国提交第一次修正案
1915.2.16	日本内阁会议通过新的对华要求案
1915.2.25	举行第四次交涉,讨论烟台潍坊铁路、山东省的商港开放、南满洲、东部内蒙古问题
1915.3.6	举行第七次交涉。交涉没有进展,日置致电加藤,要求采取断然手段
1915.3.8	曹汝霖访问日本公使馆,通知日本中方在安奉铁路、日本人居留满洲问题上做出重大让步。日置表示数日内如没有令人满意的结果,或将发生不可预测之事件
1915.3.10	日本内阁会议决定向中国出兵
1915.3.13	日本向山东省、满洲、天津增兵约 3 万人
1915.3.23	举行第十三次交涉,附件二要求基本解决
1915.4.10	举行第二十一次交涉,中国拒绝讨论附件五要求
1915.4.17	举行第二十四次交涉,中国拒绝将东部内蒙古与南满洲同样对待,交涉陷入停顿
1915.4.20	日本内阁会议秘密决定对华交涉的让步条件
1915.4.26	日本提出修正案二十四条
1915.5.1	中国外交部提出对二十四条修正案的答复
1915.5.4	日本内阁会议决定对华最后通牒(上午),元老会议决定对华最后通牒(下午)。内阁会议决定从最后通牒中删除附件五要求(夜间)
1915.5.5	日本公布南满洲戒严令
1915.5.6	御前会议决定对华最后通牒。袁世凯召开会议,决定对日进一步让步。美国向英国、法国、俄国提议共同干涉中日交涉,未获赞同
1915.5.7	下午 3 时,日置公使向外交部提出最后通牒,要求在 5 月 9 日下午 6 时前答复
1915.5.9	晚 11 时,中国外交部照会日置公使,中国同意最后通牒
1915.5.25	签署条约,互换照会
1915.6.2	袁世凯批准条约及公文

资料来源:郭廷以《中华民国史事日志》,中研院近代史研究所,1979;『日本外交文書』大正 4 年第 3 册上卷（1968 年 3 月）。

如前所述，日本政府之所以能把对华"二十一条"要求强加于中国，在日本国内可以说获得了朝野上下几乎一致的支持。同时，在国际上，欧洲各国因为第一次世界大战自顾不暇，没有精力过问远在东亚发生的国际事件，尤其是英国身为日本的同盟国，助纣为虐，对日本的霸权行径中相助。因此，日本鲸吞中国的霸权行径在国际上居然没有遇到像样的反对。更为可悲的是中日两国的国力有天壤之别，进入 20 世纪前后，日本一战胜清，再战胜俄，与德国交战中又攻陷了其租借地青岛，国势可谓蒸蒸日上。相反，清廷刚刚覆亡，袁世凯虽然从孙中山手中接过民国政府的总统宝座，但身在民国，心系皇权，致使国内分裂，政局不稳，其统治地位岌岌可危。日本政府正是瞅准了这一千载难逢的机会，视袁世凯政府为砧俎之上鱼肉随意宰割，袁世凯政府对之可以说是毫无反击之力，只能缔结城下之盟。

第二节　有贺长雄涉足"二十一条"交涉的契机及原因[①]

一　涉足契机

有贺长雄在袁世凯政府担任法制顾问，主要职责是针对中国制定宪法和法律方面的事务接受咨询，应该说与外交事务没有关系。但实际上，有贺在袁世凯政府和日本大隈内阁围绕对华"二十一条"要求的外交交涉过程中，多次扮演了袁世凯密使的角色，往返于北京和东京之间，利用日本元老与大隈内阁之间对华外交方针的微妙区别，尽量争取日本对华的苛刻要求有所降低。

日置益于 1915 年 1 月 18 日向袁世凯递交对华"二十一条"要求的当天晚上，袁世凯就召集会议，指示与会者商讨谈判对策。参加会议者有外交总

---

① 本节草就于 2008 年，2009 年发表于日本山梨学院大学《社会科学研究》第 29 号。本节主要依靠国内外已经公开的史料，部分依靠日本外交史料馆和日本宪政资料馆等机构所藏未公开资料。2017 年五六月间，笔者将本文移译成中文时，蒙北京大学历史学系尚小明教授赠阅所著《二十一条交涉的另一管道——总统府相关活动透视》（《安徽史学》2017 年第 2 期），得知尚先生撰写此文时，利用了北大历史学系所藏未公开之有关袁世凯档案中涉及"二十一条"交涉的部分资料，指出"二十一条"交涉，除外交部交涉的管道之外，还有总统府的交涉管道。本书撰写过程中，笔者亦曾想阅览这部分档案以便充实此部分内容，孰知据说该档案需要整理后才能对外公开，暂不便让校外人员查阅云云。后又想采取转引尚先生文章的办法弥补缺憾。思之再三，转引他人已用资料，有掠人之美嫌疑，自应避免。故除明显舛误予以订正或个别地方注明参阅尚先生论文外，基本照原样译出。望读者诸君同时参阅尚先生的论文，与本节相互参照，或能接近更完整的历史面貌。

长孙宝琦、次长曹汝霖以及总统府秘书长等高级官员。① 可见袁世凯对日本提出的"二十一条"要求不敢有丝毫怠慢。翌日下午，袁世凯又指示秘书曾彝进（又名曾叔度）就日本政府对中国提出的"二十一条"要求，"往晤顾问有贺，密探日本内阁之真意究竟何在"。

曾彝进不敢怠慢，在接到袁世凯的指示后，旋即离开总统府，前往有贺在北京的下榻处秦老胡同衡家西院花园，探听虚实。有贺听完曾彝进的说明后表示，"依国际公法惯例，惟有大使可直接要求单独见驻在国元首，公使无此权利。又，一国对一国有所要求，必须经过驻在国之外交首长。又，元首接见外国大使或公使时，外交首长应一同在座。此次外交首长是否在座，外交首长是否先有所闻，均关重要。甲国对乙国有所要求，系常有之事，而国际间通行的礼貌，不能随便破坏。此事无论内容如何，日本公使不守国际间通行的礼貌，似乎不太对"。同时，有贺表示，日本公使馆没有向他透露任何对华"二十一条"要求的消息，因此对"二十一条"要求是否答应或驳回，无从表示意见。当晚，曾彝进再次往访有贺，试图从他嘴里套出日本政府提出对华"二十一条"要求的真实意图。为此，曾氏采取迂回策略首先向有贺咨询日本的政治情形。对此，宪法学家出身的有贺好像打开了话匣子，向曾氏滔滔不绝地讲解日本的宪政现状。据曾彝进转述，有贺告诉他，"日本完全由几位元老当家，大隈伯爵虽任内阁总理，但外交、军事最后决定，即外交应否决裂，决裂后如何遣兵调将，大权尚在天皇，而其实权仍操之于元老。日本现在元老，以松方侯爵及山县公爵为最有权，若此二人不允许外交决裂，不允许用兵，大隈内阁一点办法没有"。同时，有贺还向曾氏介绍了日本宪政体制与其他国家的区别。他告诉曾彝进，日本的统帅大权保留在天皇手中，并未与其他统治权一并交与内阁。统帅大权在天皇，辅之以参谋本部之帷幄上奏，而不辅之以内阁。极端言之，内阁总理大臣及陆军大臣、海军大臣，不能以命令遣一兵调一将，令其向某处开一枪，这与英国只需获得总理大臣及内阁全体阁僚同意，并获议会批准即可对外开战的体制存在重大区别。②

---

① 王芸生编著《六十年来中国与日本》第 6 卷，第 83 页。
② 曾叔度：《我所经手二十一条的内幕》，荣孟源、章伯锋主编《近代稗海》第 3 辑，第 280～281 页。

　　袁世凯受到有贺意见的启发，表示自己不直接参与交涉，应由外交当局负责。① 因此，当 1 月 20 日日置益公使向曹汝霖询问何时开始谈判时，曹汝霖批判日本欲开与元首直接交涉之恶例，逼迫日本驻华公使将条约文本递交给外交部。同时，为了摸清楚日本元老对"二十一条"的态度，20 日袁世凯又让曾彝进请有贺长雄回国会见松方和山县，"把大隈提出的'二十一条'要求，及他叫日本公使不守国际间通行礼节，直接向一国元首提出无理要求的情形告诉元老，并询诸位元老的真意"。起初，有贺以自己对"二十一条"内容一无所知，回国晤元老，颇觉困难。经曾彝进晓以利害，有贺表示，"松方侯爵、山县公爵都请我讲过宪法及国际公法，都是熟人，可以回国一趟"，同意接受使命，并决定第二天动身。就这样，1 月 22 日，有贺由袁世凯秘密派遣便衣宪兵送至沈阳，经朝鲜秘密回国，承担起袁世凯个人的密使，通过日本元老了解日本对华提出"二十一条"要求的真实意图，从而不自觉地卷进了对华"二十一条"要求的交涉。不过，对于"二十一条"要求的全部内容，有贺是在返回日本的前一天通过曾彝进得知的。② 这便是有贺涉足"二十一条"要求交涉的最初契机。

　　有贺秘密返回日本后，马上拜访了元老松方正义，将大隈重信内阁对华提出的"二十一条"要求告知了松方，并在松方面前批评日本公使直接向驻在国元首提出交涉要求，有失国际间通行礼貌的做法。可是，如此重大的外交政策，身为元老的松方居然毫无所闻，似乎也没有经过御前会议的讨论，完全是大隈内阁独断专行做出的决策。因此，据说松方对有贺表示，"大隈重信言大而夸，你快回华告诉袁世凯，满洲系我帝国臣民以血肉性命向俄国人手里夺过来的，应当予帝国以发展的机会。至于满洲以外中国领土上的主权及一切，帝国毫无侵犯的意思。大隈的要求是他大隈重信的要求，帝国臣民不见得都支持他的要求"③。

---

① 尚小明论文认为，袁世凯一直利用自己的管道，即通过政治秘书曾彝进、法制顾问有贺长雄在与日本元老沟通，掌控着谈判的进程。谈判尚未正式开始前，袁世凯确实没有通过外交部，而直接指示有贺赴日探听日本虚实，但是，两国外交当局正式开谈之后，有贺在日本的活动基本上是透过中国驻日公使馆进行，很难说是袁世凯的独立管道。

② 曾叔度：《我所经手二十一条的内幕》，荣孟源、章伯锋主编《近代稗海》第 3 辑，第 282 页。

③ 曾叔度：《我所经手二十一条的内幕》，荣孟源、章伯锋主编《近代稗海》第 3 辑，第 283 页。

　　为了确认有贺所述确实不虚，有贺长雄返回北京后第三天，袁世凯又根据曾彝进的建议，派遣金邦平、秦景阜（曾彝进的表妹夫）两人携带有贺长雄的介绍信再赴日本，拜会松方。结果证实松方对金邦平叙述的意见，与有贺所言完全一致，言极简而意极坚。①

　　得到松方这一表态，袁世凯对日本的交涉似乎增加了一点自信。于是，他撤换了与自己意见相左的外交总长孙宝琦，重新任命陆征祥担任外交总长，负责对日交涉。于是，由外交次长曹汝霖秉承袁世凯的意见主持会商对策，参加会议的除参事顾维钧、伍朝枢、章祖申外，还有美籍顾问古德诺和有贺长雄。会上草就了一份说帖上报袁世凯。

　　说帖的大意如下：

　　（第一号第一款）……我若允许此款，似宜加但书于后，大意谓日本国政府允诺取得德国政府之同意，德国对于以上所处分之权利利益让与等项，不向中国政府要求赔偿，并不使其臣民要求赔偿。（第二款）此项要求……若必不得已而允诺此款，似宜将他字改为外字，不以条约声明，另以大总统命令或立法院法律宣布之，以示其为中国对于各国所公布之宣言，而非允许日本之条款也。（第三款）……中国如允诺此款，似宜声明由烟台接连胶济路线，当可得英人之援助。（第四款）此款似尚可行，惟各地方系中国自开之商埠，当然与岳州、三都澳、秦王岛等处之规则相同，而不能与上海、天津等处相仿也。

　　（第二号）此段绪言，殊属荒谬。日本在南满洲之地位，除旅大租借及南满安奉铁路外，按照条约，并无何种优越地位。……至于东部内蒙古，其区域并无确实界线，我国更未许以何种权利。……日本欲以轻轻一笔，攫得许多权利，用心亦良巧。即我于此号项下有所允诺，亦宜将绪言完全删去。（第一款）……日人对于此三者，要求展限，早为明眼人意料所及。此款有无磋商余地不得而知，不得已而从其请，文字上亦似宜留意。就普通解释，所谓展至99年为期者，应为自原订协约之日起算，然日人狡诈百出，恐日后解释为自此次订约之日起算，似应及

①　曾叔度：《我所经手二十一条的内幕》，荣孟源、章伯锋主编《近代稗海》第3辑，第284页。

早明晰声明。(第二、第三款) 此两款流弊甚多。……(第四款) 此款须加限制如下：一、日本人民开采矿山，须遵守我国矿业条例；二、拟开各矿，应详细开列，且经一次开列，日后不得再另有要求。(第五款) ……似亦应将日本之同意权改为优先权，如筑路借款日本人与他国人之条件相同或较优，则许其承揽。(第六款) 聘用顾问为我国用人之权，政治财政军事尤关重要，此日人侵犯南满东蒙内政之端也。……(第七款) 吉长铁路为中国自营铁路……今本利并无拖欠，安得要求管理。违背前约，强夺财产，于兹为甚。

(第三号第一款) 汉冶萍公司乃私人产业，中国政府碍于约法，何能以为两国合办事业。……今该公司履行契约，未闻有阙，而日人每年以贱价得铁石铣铁，获利亦不可谓不厚，今复思变其债权为所有，足见其贪心无餍矣。(第二款) 所谓汉冶萍附近各矿，漫无标准。……以独立主权国之政府，而受制于一公司，宁有是理？

(第四号) 此条与第一号第二款同……若允诺之，则中国为日本之保护国矣。必万不得已，退让至于极点，亦惟有将他国之他字改为外字；不以条约声明，而另以命令或法律宣布之，仿第一号第二款所拟办法矣。

(第五号) ……各款之万不能承诺，则彰彰明甚……

从以上说帖可知，除第五号表示万不能承诺外，其余各号各款都做好了交涉不成则妥协退让的打算。

2月2日，中日双方就各自参加谈判的代表人数达成统一意见后举行了第一次交涉。① 交涉是在袁世凯政府外交部进行的。第一次谈判，双方围绕是采取逐条讨论还是逐号讨论的谈判方式争论不下。中国主张前者，日本主张后者。第一次交涉无果而终。在交涉中，虽然袁世凯政府息事宁人，做出了重大让步和妥协，但是坚持拒不讨论第五号要求。而日本则采取两面手法，在向西方各国通报对华要求时，隐瞒第五号要求，而在和中国谈判时，

---

① 据顾维钧回忆，当时中国方面主张各派 5 人参加谈判，谙熟英语并与英美关系密切的顾维钧也名列其中。但是，为了保证谈判进程不为英美各国所知，日本方面特别害怕中国与英美关系密切的官员参加谈判，因而反对顾维钧参与谈判。中方被迫接受日方要求，最终确定各自仅派 3 人参加谈判。因此，顾维钧和另一位秘书被排除在谈判代表团之外，只能在外围做一些辅助性工作。《顾维钧回忆录》第 1 分册，中华书局，1983，第 122 页。

坚持要和中国交涉第五号条款，从而使交涉举步维艰。为了打破僵局，袁世凯政府拟再次请有贺长雄出面斡旋。

二　袁世凯再请有贺长雄

据时任袁世凯政府外交次长、实际参与"二十一条"交涉的曹汝霖回忆，再次请有贺长雄出马的事情经过如下：

> 余以会议僵持已久，终须设法打开，遂向总统建议，请密遣公府顾问有贺长雄博士，回国向日本元老疏通。总统问，此着有效否？余答有贺博士在日本不但学者地位很高，他在明治初年设元老院时，是元老的干事，与陆奥宗光同事，故于元老方面，颇有渊源。日本政府对于元老很为尊重。元老都是持重有远见之人，若告以第五项条件中不但于两国不利，且易引起人民仇日之心。我曾与有贺谈过此次交涉情形，他亦很以为然。请总统召见有贺，假以辞色，恳切相托，他必肯效力。总统遂特召有贺进府，告以此次日本提出的觉书，由外交部总次长尽最大之努力，以副日本之愿望。今日置公使又要求商议日本希望条件之第五项，实在令我为难，请回国向元老详细说明，请其谅解，顾全两国之友谊。君必然谅解我意，及政府为难情形，务请善为说辞。有贺果然自告奋勇，愿回国尽力向元老报告，力说利害。时日本元老以松方正义侯最关心中国情形，有贺见松方侯陈说此次中国政府已尽力商结日本觉书之各条，日置公使又要商议希望条件之第五项，未免逼人太甚，难怪中国政府为难不肯商议。松方侯听到第五项，似未知道，又听有贺报告第五项内容，面显诧异之色，随即召见加藤外相，诘问他觉书中有第五项，何以没有报告？加藤说这是希望条件。松方即说，既然只是希望条件，对方不愿开议，即不应强逼开议，设若交涉决裂，你何以处置？加藤答，不惜使用武力，不出三个月中国可完全征服。松方笑说，莫要把中国看得太轻，若用武力，恐三年未必成功，遑说三月，应速自行善处（日本对善处之语，意颇严重）。加藤知是有贺进言，遂令监视有贺，不许行动，幸有贺已完全报告矣。①

---

① 曹汝霖：《一生之回忆》，香港：春秋杂志社，1966，第 125～126 页。

这段回忆是作者在 1960 年代，即事件已经过去约半个多世纪后写的。由于时代相隔久远，所述内容虽然基本正确，但一些细节语焉不详或与事实存在出入。为了还原历史真相，笔者拟就以下几个问题做一梳理。

首先，关于有贺长雄的赴日时间，曹的回忆是这样叙述的：“余以会议僵持已久，终须设法打开，遂向总统建议，请密遣公府顾问有贺长雄博士，回国向日本元老疏通。”这段文字从表面上解读，有贺当系中日两国外交当局就对华“二十一条”要求开始交涉，经过一段比较长的时间以后才回日本的。那么，有贺究竟是什么时候接受袁世凯之请返回日本的呢？曹的回忆中“今日置公使又要求商议日本希望条件之第五项，实在令我为难，请回国向元老详细说明，请其谅解，顾全两国之友谊”等文字，给我们提供了重要线索。就是说，曹汝霖请求袁世凯派遣有贺返日活动日本元老，时间应该是在日置益公使重提交涉第五项条款之后的某个时间。

根据中国驻日使馆与外交部之间的往返电报，以及两国关于对华“二十一条”交涉的会议记录，这个时间可以推定在 2 月 5 日第二次会议与 2 月 22 日第三次会议之间，具体时间当在 2 月 16 日日本驻华公使日置益亲赴外交要求商议第五号条款之后。因为在 2 月 5 日举行的第二次会议上，中国外交总长陆征祥已经对日置益公使公开表明，“第五号全部不能商议，不能商议之理由业已详细告知”日方。可是，日置益又于 10 天后，即 16 日再次要求商谈第五号条款，其时间与曹回忆中所述“今日置公使又要求商议日本希望条件之第五项”契合。此外，3 月 5 日中国驻日公使陆宗舆发给外交部的电报中，明确说明 3 月 4 日有贺与陆宗舆接洽后即往访元老。陆宗舆的电报是这样叙述的：

　　四日电悉，有贺昨日接洽后，即赴乡谒井上（馨）、松方（正义）、山县（有朋），今日特托伯平（金邦平字）远访有贺。据云：此次条件及交涉状况，惟山县知大略，松方自有贺报告后，谓中日邦交当惟大总统是赖，如五号一三四款有妨总统体面地位，亦非日本之利，当与山县协力忠告政府，并劝止勿用武力伤感情，而起恐慌。山县则谓旅大南满延期，誓达目的，用兵亦所不避。满蒙居住贸易，虽极重要，但可修正条件，使无妨中国主权及各国均等之约。其他条件，决不致以兵力相迫，即此次守队调换，与外交无涉。各元老口气，均不满意政府措置云云。①

这表明，有贺此时已经回到日本并配合中国驻日使馆开展游说活动。此后直至条约签字，有贺长雄一直滞留日本帮助中国驻日使馆与日本元老进行沟通。考虑到当时交通状况须先从北京乘火车至沈阳，然后经朝鲜乘轮船到福冈或神户，再乘火车赴东京，路途最少需用一个星期，因此可以说有贺最迟也应该在 2 月下旬就离开了北京。②

因此可以断定，有贺不是如曹所说"会议僵持已久"之后返回日本的，而几乎是在中日交涉会议开始不久便应袁世凯和外交部之请返日奔走的。

其次，有贺长雄返日向元老说项，确实是出于袁世凯的请求。这一点，有贺长雄在外交交涉结束，两国签订条约和换文后，于 6 月 9 日在北京的下榻处接受过一次日本记者的采访。采访问答中，有贺没有回避，坦然地承认自己进行的这些活动是受袁世凯的委托。其问答内容如下：

> 问：您回国之际，与袁总统之间谈了些什么？
>
> 答：面见袁总统时，袁总统表示交涉案件之内那些损害中国主权的条款以及违反保证中国领土完整的条款，最难承认，如果承认它们，将影响余（指袁世凯）好不容易才建立起来的地位。他委托我回日本后将这层意思向要人转达。
>
> 问：在元老间进行游说活动也是受袁总统的委托吗？
>
> 答：有转达袁总统的意见，余自己的意见也与其一致，故此对元老进行了游说，如此而已。

那么，对于"二十一条"要求，有贺是怎样向元老表达自己意见的呢？对此，有贺是这样叙述的：

> 余自北京回国后，向山县、井上及其他元老就日中交涉阐述了意

---

① 王芸生编著《六十年来中国与日本》第 6 卷，第 172 页。
② 据尚小明查证，有贺长雄回国日期是 2 月 24 日，此章分析的 2 月下旬回日本与其高度吻合。

见，这是事实。余之意见自始即相信日中之间干戈相见，从维护东亚和平的角度而言不利于日本，也不利于中国。遂将这一意见向元老作了陈述。元老之中也有人认为，一号案二号案之类的要求于日本关系重大，开战亦在所难免，但不能因为五号案而开战。余之意见亦相同，故表示如因一号案引起（战争）乃势不得已，但不能因为五号案而开战。①

最后，对于松方不知道"二十一条"要求中存在第五号条款，从而招来加藤质询并提出批评之事，由于没有确切的资料印证，很多人对此表示怀疑。这是因为，日本对华提出"二十一条"要求3个月之前，即1914年9月24日，大隈首相曾与元老山县有朋、大山岩、井上馨、松方正义交换过一次意见，会上，大隈承诺，"以前所有的外交交涉文件都附上译文提交给元老，以后有关外交的重要问题都事先与元老协商"②。而且，青岛被日本攻陷后，据说加藤要求政府制定对华要求方案，经元老同意后交给了北京政府。③ 因此，不能想象作为元老之一的松方不知道对华"二十一条"要求中存在第五号条款。难道大隈内阁真的对元老隐瞒了对华交涉的重要内容？

4月下旬外务大臣加藤就日本"最后让步方案"征求松方的意见时，松方对其的教谕似乎印证了事情的真实性。关于这一点，《松方正义关系文书》是这样记载的：

> 一日（加藤）高明访侯于邸，谈及外交之事，侯凛然正襟向高明曰，大凡外交之要在秉持天地公道，重视国际信义。然近来对华政策出于一时之权谋诡计，丝毫不能见日华亲善之实，是遗祸百年之举，非此何焉？抑日中亲善乃支撑东亚危局之所以，又乃我帝国自卫之道也。奈何玩弄恫吓中国，以之与日本为仇雠之拙策乎？百巧不若一诚，失信于他人，如何得自保国威。国际关系向来以互利互惠、休戚与共为紧要。

① 「1915 年 6 月 10 日在中国日置公使より加藤外務大臣宛電報　条約及び公文全部発表せられたる旨報告の件　付記　6 月 9 日北京における有賀博士と通信記者との会見録」『日本外交文書』大正 4 年第 3 冊上巻、533～534 頁。
② 室山義正『松方正義』ミネルバ書房、2005、364 頁。
③ 丰田穣『大隈重信と第一次世界大戦』、131 頁。

故若我独享其利，彼独受其损，乃彼所不堪者。若夫彼无诚意，其有无诚意非我所问。诱导彼向善，乃使我帝国于世界之地位永远立于强大巩固之道。然帝国之对华政策，非唯对中国一国之策，实乃对世界之策也。而其对世界之根本大义即在于秉持天地之公道，重视国际信义，此岂非维新以来始终一贯之方针耶？尔等为何隐瞒对华条款之一部分，恬然无所愧，却受外国指责，丢尽帝国脸面。如此拙劣之策无出其右者。①

其中谈到的隐瞒对华条款之一部分，应系对大隈内阁向国际社会隐瞒对华"二十一条"中的第 5 号条款进行的批评。同时，透过松方的谈话，可以看出日本元老和大隈内阁之间围绕着对华政策存在较大的意见分歧。

三 元老和外相加藤高明围绕对华外交交涉的意见分歧

大正时代（1912～1925）初期，日本面临着国内外的重大转折。在国内政治方面，要求推翻萨长藩阀统治，确立政党政治的呼声高涨，大正民主运动正蓄势待发。大正 3 年（1914），山县、井上、大山、松方等元老费尽九牛二虎之力，终于使大隈内阁组建成功。国际上，西方列强围绕争夺中国的权益正闹得不可开交。在如何确保日本对华优先权的问题上，元老们与政府尤其与外相加藤高明之间存在着意见分歧。当然，元老们的意见和看法也不尽相同，着眼点各有侧重。

例如，井上馨认为，中国国内要求收回被外国攫取主权的运动此起彼伏，列强争夺中国权益的斗争愈演愈烈，这些行动必将波及日本已经控制了主导权的汉冶萍公司，因此，他觉得为确保日本在中国的权益，仅仅依靠日英同盟尚不够，强烈主张日本还应该与俄国结盟，建立日英俄法四国合作机制。

他的这一主张在大正 3 年 4 月 10 日举行的大隈伯爵、井上侯爵第一次会见中正式被提了出来。他指出，目前德国、英国、法国、比利时、俄国等国家争相控制中国，竞争非常激烈，为了保卫日本在华权益，保护"先帝

---

① 藤村通监修『松方正義関係文書　第 5 巻　侯爵松方正義卿実記/5』大東文化大学東洋研究所、1983 年 12 月、236～237 頁。

陛下的伟大遗产",他提出,"外交的重大方针由原来的日英同盟,再进一步与俄国紧密合作,结合俄法关系发展为日英俄法,以此保全中国。必须以之作为外交基础。就是说,只有确定了外交基础才能实行国防计划,才能量财政之力实行国防计划。我忠告你们必须这样做"[1]。同时,井上还特意提醒说,"当然,今天所说是元老们的一致意见"。对此,大隈当场表态"自然赞成",似乎接受了井上的建议。

对于欧美各国在中国的扩张,山县认为"唯有实行日中亲善,相互勠力,抵挡如此强大之压力"。他主张"如欲举日中亲善之实,我帝国就非得拥护领导中国不可,则我国必须拥有强大的兵力,使彼安心倚靠于我,我亦需要临危援救,是以我帝国之国防不止在于保卫我帝国领土,而是还要进一步保卫中国全境"[2]。就是说,日本必须依靠强大的国防力量,指导中国实现日中合作,确保日本在大陆的权益。

松方正义则进一步觉得日本仅仅依靠军事力量跻身于一等国家非常不稳固。他尤其重视实行大陆政策,认为应该在门户开放的原则下增强经济实力,以与欧美各国进行平等竞争,与欧美各国基于国际信义开展诚实的外交。他认为,重要的是在此原则基础上构筑与中国的信赖关系,日中合作发展中国的经济并使中国实现独立。欧战使欧洲各国自顾不暇,无暇考虑中国的事情,中国与欧洲携手戏弄日本之路亦被堵死,因此,现在正是修复中日信赖关系的大好时机。因此,松方认为应该利用这次世界大战的机会,重新审视此前的对华政策,援助中国,加强日中合作的实质性内容,建立信赖关系,加强与欧美各国的协调,在大战结束后提出的"机会均等"原则下顺应国际经济竞争的大趋势。[3]

松方正义的看法虽然不同于井上馨确保在华经济利益的主张,也不同于山县有朋确保在大陆权益的主张,但与井上主张国际协调,山县主张日中合作的意见相通。因此,大正4年(1915)2月,松方、井上、山县三人加上大山岩,向大隈首相提交了一份意见书。他们认为,第一次世界大战"无论胜败如何,作为此次战乱的结果,列强的势力必定发生变化,迄今为止的

① 「大正 3 年 4 月 10 日井上邸において大隈伯、井上侯第一会見談記」日本憲政史料館蔵『井上馨文書』(37)No. 67-(1)-6。
② 山県有朋「国防方針改訂意見書」『山県有朋意見書』、375 頁。
③ 室山義正『松方正義』、365 頁。

权力均衡将遭到破坏，需要进一步整理，不难想象外交以及经济方面必定出现重大变化"。因此，意见书分析，和平恢复后，欧洲列强围绕中国的经济竞争必将日趋激烈，维护中国领土完整，获得中国对日本的信任极其重要。由于日本尚无能力单独维护中国领土完整，为了预防白色人种对黄色人种的联合气势于未然，意见书建议除继续坚持日英同盟之外，还应该考虑缔结日俄同盟，并提出日俄同盟的内容可以包括以下诸多方面的内容，"维护中国的领土完整；对中国开展外交经济（尤其是铁路）及其他重要问题交涉时相互知照协商；关于蒙古满洲，特别是应该对中国交涉的重要事项，必须预先知照协商，对于两国在同一地方的特有关系要互相尊重和爱护"①。也就是说，松方等元老的外交方针是和英俄等国采取协调行动，共同瓜分中国的利益。

可是，加藤高明刚刚就任外务大臣，就将元老们提出的上述根本方针束之高阁。加藤认为，既然有了日英同盟，再增加日俄同盟乃多此一举，并非得策。而且，加藤已经先于元老们的意见书，于同年的1月份向袁世凯政府提交了对华"二十一条"要求。日本虽向盟国英国政府通报了对华交涉的事实，却隐瞒了第五号条款。其后，英国等西方各国政府通过北京政府知道了真实情况后，提高了对日本在中国实行扩张政策的警惕。同时，在对华交涉过程中，加藤高明严格保密，包括用向中国增兵的手段以逼迫中国政府屈服，许多交涉内容不仅没有告知元老，甚至避开了内阁会议，通过与北京的驻日公使日置益密商，以强硬且独断的方法推动对华交涉。由于加藤高明抛弃国际协调路线，甚至欺骗盟国英国，以发动对华战争相威胁逼迫中国承认日本提出的屈辱条件，从而使其与元老之间出现了裂痕。

四　有贺长雄为何同意在对华交涉中发挥沟通管道作用

有贺长雄作为一个日本人，作为一位具有法学、文学双料博士学位的世界知名的国际法学权威和宪法学专家，作为一个在中日甲午战争和日俄战争中担任日本军队国际法顾问，对日本获取国家利益做出过贡献的人，而且身

---

① 「意見書（大隈首相宛　山県、大山、井上、松方連署提出案）大正4年2月」大久保達正監修、松方峰雄等編集『松方正義関係文書』第11巻、大東文化大学東洋研究所、1990、22～25頁。

负大隈重信特别托付就任中国政府法制顾问,① 怎么可能牺牲日本的国家利益，为中国政府服务呢？

那么，有贺长雄为什么接受袁世凯的委托，扮演这一必定受日本政府尤其是日本外交当局憎恨的角色呢？其原因有以下两点。

首先，可能是有贺长雄不认同日本外交当局对中国居高临下的傲慢态度，以及以发动战争相要挟，迫使对手屈服的交涉手法。对此，信夫淳平是这样叙述的："1915 年，发生了大家都知道的'二十一条'要求的问题。而先生认为我国对中国这种强硬态度将使两国处于尴尬境地。从这一见地出发，在临时返回日本的时候，利用面见几位元老的机会，直率地陈述了自己的看法。"② 另据曾彝进回忆，对于日置益公使越过外交机构直接向一国元首提出交涉，有贺认为是一种违背国际交往礼仪的举动。他表示，"甲国对乙国有所要求，系常有之事，而国际间通行的礼貌，不能随便破坏。此事无论内容如何，日本公使不守国际间通行的礼貌，似乎不太对"③。有贺自己在接受日本记者采访时也强调了这一点。"余之意见自始即相信日中之间干戈相见，从维护东亚和平的角度而言不利于日本，也不利于中国。遂将这一意见向元老作了陈述"。换句话说，有贺之所以接受了袁世凯的请求，担任起斡旋元老从中牵制的角色，就是因为他认为中日两国开战不利于维护东亚和平，不利于日本和中国的和平发展。

其次，元老们需要通过有贺了解日本政府与中国交涉的进展状况，从而使有贺的斡旋活动得以进行并得到了元老们的鼓励和保护。内阁成立之初，大隈曾向元老许下诺言，有关外交交涉事项应与元老们协商后推进，但是对

---

① 关于这一点，作为有贺长雄的助理一起赴华的早稻田大学教授青柳笃恒致早稻田大学总长高田早苗的信（1914 年 5 月 21 日。收藏于早稻田大学中央図書館『大隈文書』イ14B - 16 No. 301）中的以下文字可以作为旁证。"13 日大札昨晚收悉，无任感激。来信中关于（中国）时局应有义务向大隈伯爵做尽可能详尽报告之指示，我将迅速与有贺博士商议。"另外，信夫淳平追忆有贺长雄的谈话中也谈到了这一点："……但是，大隈侯爵力劝先生接受聘请，（医生）青山国手也诊断先生的健康状况无庸忧虑，先生遂决意应聘。且将赴任之际，大隈侯爵说服先生应密切与袁世凯的关系，尤其是应该使袁充分依赖我国。先生就是体察侯爵的这层意思到北京赴任的。"信夫淳平「有賀長雄博士の十三回忌に際し」『外交時報』第 66 卷第 685 号、1930、19 頁。

② 『外交時報』第 66 卷第 685 号、1930、19 頁。但是，其中的 1915 年误记为 1914 年，引用时笔者给予了更正。

③ 曾叔度：《我所经手二十一条的内幕》，荣孟源、章伯锋主编《近代稗海》第 3 辑，第 280 页。

华"二十一条"交涉，大隈内阁实行的是彻底的秘密外交。同时，当时日本社会认为元老是违反宪政的产物，厌弃元老介入政治外交的气氛比较浓厚，因此，元老们被大隈内阁晾在了一边。有贺长雄向他们通报"二十一条"交涉的内情以及中国方面的反映，满足了元老们亟须了解日本政府如何处理日中悬案的欲求，因此对有贺的情况反映能够耐心倾听。正是这一缘故，当加藤高明知道有贺长雄是元老们的情报提供者，对其加以围攻的时候，山县有朋出面保护了有贺。对此，有贺长雄4月23日致曾彝进的电报是这样叙述的："山县又告加藤云：凡事非深悉里面情形不易公平判断，各元老因有贺而知内情，所益甚多。元老之用有贺以此。诸君以有贺忠袁，但有贺亦日本人，彼之理想中日亲善，即是元老主义。有贺果系何种人，一任元老，诸君幸勿妄加猜疑。"①

第三节　折冲樽俎于对华"二十一条"交涉的有贺长雄

一　确认元老对"二十一条"要求的真实意图

如前所述，元老和日本政府之间，在对华政策方面存在着微妙的意见分歧，元老们主张国际协调，希望在加强与英美法俄等西方列强关系的基础上，在利益均沾的原则下，攫取在华特权，以免日本在对华问题上单兵突进，陷于孤立。而政府方面，尤其是以外务大臣加藤高明为首的外交当局，则试图利用日本战胜德国的机会，仅仅依靠日英同盟，独霸在华权益，通过"二十一条"要求使中国变成日本的附庸国。当袁世凯政府得知这一情况后，寄希望于有贺在"二十一条"要求交涉过程中能够发挥的第一个作用，就是想通过他了解元老对"二十一条"要求的真实意图，以便采取应对之策。

日置益向袁世凯提交"二十一条"要求后，袁世凯立即派有贺回国活动，其目的即在此。有贺果然不负所望，通过元老了解到"二十一条"要求并没有得到元老们的认可，甚至是在瞒着元老们的情况下进行的外交活动。这一信息使中国在交涉初期掌握了一定程度的主动权。

但是，总体而言，元老们在日本政治上虽然爵高位重，但不掌握实际的

① 王芸生编著《六十年来中国与日本》第6卷，第220页。

行政外交等权力，因此，元老与政府的政策分歧很难被人利用，以此来缓和甚至化解中日之间的根本性矛盾。尤其是袁世凯政府经不起日本政府的恫吓，有贺的这种作用也往往事倍功半。

例如，在交涉第一号和第二号条件的时候，日本政府强加给中国的条件苛刻且不正当，中国政府不肯接受，交涉陷入僵局。而日本政府，尤其是外相加藤高明恨不得早一天结束秘密谈判，强迫中国政府不得提出任何异议，接受日本的条件。为此，加藤于3月5日致电日置益公使，准备采取威逼手段，"帝国政府认为，为了实现当初的目标，有必要对中国采取另外的威逼方法"，拟利用满洲驻屯军和山东守备军换防交接的机会，"让接替师团提前出发，现行驻屯师团回国日期则作不定期延后，山东守备军也本应于4月回国，此亦可以派遣新守备军的同时，让旧守备军出发回国的日期延期，使驻屯于山东省的平常兵力事实上达到一个师团以上"，"此外，去年已经减员之华北驻屯军，亦可将军队人数增加至各国协定之人数的最高限度，使其驻屯于京津之间，再进而向郑家屯出兵，同时没收吉长铁路也是有效的办法"。加藤还指示日置益公使，向中国政府发出通告，日本将行使武力。① 3月7日，日置益按照加藤的训令会见曹汝霖，"警告时局正急剧转变为颇为危险之状态"，逼迫中国承诺日本的要求。②

接到日置益的警告和威胁后，中国外交部骤然感到危机，遂致电中国驻日公使陆宗舆，指示其面晤加藤，探听日置公使所言是否属实，同时让他通过有贺秘密向元老报告，说明中国方面十分尊重元老的意思，完全承认旅大、南满、安奉等条件，并各条让步之程度，以及日置益对华威胁恫吓的情形，让他做元老们的工作。③ 可是，软弱无能的袁世凯政府虽然委托有贺长雄向日本元老沟通，却在有贺行动之前，即在日置益发出警告的第二天就迫

---

① 电报中写道："本大臣训令贵官，令贵官再次向陆（征祥）总长恳切谈话，表示若中国政府不能体谅日本之立场，鉴于大局接受我要求，日本为实现其目的，将迫不得已求助其他手段。万一出现如此局面，两国邦交上之不幸或将更大。以此使中国政府经过深思熟虑允诺我要求。……倘若对方仍不改其态度，应通告中国政府，帝国政府迫不得已必将采取其相信乃必要之手段。"「加藤外務大臣より在中国日置益公使宛（電報）中国をして我提案を承諾せしむる為の威圧手段に付考慮中なる旨内示の件」『日本外交文書』大正4年第3冊上卷、206頁。

② 「在中国日置益公使より加藤外務大臣宛（電報）曹汝霖に対し時局の重大性に付警告並我提案応諾勧説の件」『日本外交文書』大正4年第3冊上卷、211頁。

③ 王芸生编著《六十年来中国与日本》第6卷，第187页。

不及待地答复接受在交涉中陷入僵局的条款。对此，日置益踌躇满志地向加藤汇报："3月8日，曹汝霖来访本使，谓昨天所发警告各件，即刻报告了大总统，大总统深刻体谅本使之忠告，并征得当局者同意，决定承诺安奉铁路之期限大体上延期至我方可以满意之程度，第二条、第三条原则上同意我方之提议，只要考虑设法调和中国之主权条约及各种制度上之抵触，则可以满足日本国之希望。"①

就这样，在3月9日的交涉会议上，中国方面爽快地同意接受第一号要求的全部条件以及第二号第一款安奉铁路和旅大租借期限延长至99年。因此，加藤10日面见陆宗舆时极为满意。为此，陆宗舆在致外交部的报告中回复当前不用委托有贺出面活动，有贺终于没有获得出场的机会。

二　在元老与中国政府之间穿梭沟通

如上所述，3月9日举行的第八次交涉会议上，中方接受了第一号要求的全部条件，第二号第一款安奉铁路和旅大租借期限也按照日方要求，同意延长为99年。但是，当开始讨论第二号第二款、第三款关于日本人在南满、东部内蒙古自由居住和开放商埠的要求时，中国为了维护国家的领土完整和行政权，提出了修正案，作为承认日本人在上述地区自由经商、从事农业的条件，要求他们遵守中国的法律和服从中国政府的管束。修正案内容如下：

> 凡在东三省南部内地居住贸易之外国臣民，须先觅妥实商保，声明赴何处作何项职业，呈请该省巡按使或道尹查核，果系正当营业，发给居留执照，以便居留。惟此项在内地居住之外国臣民，遇有民刑诉讼，应由中国官吏处理，所有中国法令警察条规，税课章程，均应一律遵守。其因盖造工商业应用房厂之地基，应向业主公平商租。又以文件互换者如下：中国政府允许设一中日垦务公司，择南满洲荒旷地方划定界

---

① 「在中国日置益公使より加藤外務大臣宛（電報）曹次長来訪我警告を袁大総統に伝達の旨竝我提案第二号一、二、三条に同意の旨申越の件」『日本外交文書』大正4年第3册上巻、212頁。

址，由公司备价租赁开垦，其一切章程应按照中日合办采木公司章程，与奉天地方长官另行商订。①

这些内容作为一个主权国家是最起码的要求。可是，日本政府认为这简直是要收回日本在中国的治外法权，垦务公司仅限于一地，与原案相差甚远，对中国的合理要求百般刁难。中国方面自 3 月 9 日开议此一条件，至 4 月 9 日被迫先后提出 6 次修正案，步步退让，委曲求全。中国提出的第四次修正案内容如下：

> 中国政府约定，所有日本国臣民，在东三省南部地方内地，拟欲居住或经营各项生业，如有日本国领事官或确实保人证明从事正当营业者，中国地方官即准其注册，非有正当理由，勿得借词阻止。并约业在前开地方居住或经营各项生业之日本国臣民，亦不得加何等之阻止。但前项日本国臣民，均应服从中国警察法令，完纳一切赋税，与中国人民一律。至日本人与中国人之民事诉讼及日本人与日本人之诉讼关于土地之争执及牵涉中国人者，均归中国官审判。其日本人犯有刑事罪案，可由日本领事会同中国官员审判。候该省司法制度完全改良之时，所有日本国臣民之民刑诉讼完全由中国法庭审判。又前项日本国臣民盖造商工营业房屋需用地亩，得与业主公平商租。在东三省南部，无论商埠与否，可许日本国臣民与中国人民合办公司，或商租地亩，经营开垦事业。所有关于租地开垦各项章程，由中国另行规定。②

但是，由于尝到了一施压中国便妥协屈服的甜头，在上述内容交涉的过程中，日本一方面对中国的修正案一再批驳，迫使中国提出第五次、第六次修正案。4 月 9 日中国提出的第六次修正案内容如下：

> 日本国臣民在东三省南部，为盖造商工业应用之房厂，或为农业，可向业主商租须用之地亩，其农业租地章程由中国另行规定。

---

① 王芸生编著《六十年来中国与日本》第 6 卷，第 189 页。
② 王芸生编著《六十年来中国与日本》第 6 卷，第 206~207 页。

日本国臣民可在东三省南部任便居住往来，并经营商工业等各项生意。

前二项所载之日本国臣民，除须将照例所领护照向地方官注册外，应服从中国警察法令，完纳一切赋税，与中国人民一律。至民刑诉讼，各归被告之本国官审判，彼此均得派员听审。但日本人与日本人之诉讼，及日本人与中国人之诉讼关于土地或租契之争执，均归中国官审判。候该省司法制度完全改良之时，所有日本国臣民之民刑诉讼，即完全由中国法庭审理。[①]

以上内容已经基本接近日方此前提出的第三次修正案。[②] 可以看出，中国一再让步，甚至近于承认日本作为东三省宗主国的地位，却仍然不能获得日方的认可。为逼迫中国做出更大妥协，日本按照加藤高明设计的威吓手段，向辽宁、山东增兵，以此逼迫中国完全接受日本的条件。

在这种背景下，有贺长雄在中国外交部和驻日公使的要求下，一直活跃在元老与中国政府之间，发挥了穿针引线的作用。其活动情形，可以有贺于4月6日发给曾彝进的电报中窥见其一斑。

松方今晨约长雄面谈，言加藤曾对山县、松方有报告谈判经过之约，迄今未来。大隈昨访山县，关于谈判事，只言当由加藤面述，松方意欲履行秘密一事，而以谈判未结，有所不便，极盼适当机会发生。数月来元老散在京外避寒，故威力不行。四月十一、十三两日为照宪皇后周年，山、松现皆归京，井上亦将至，三元老同时聚集东京。为结了谈判起见，并使松方向各元老发表秘密一事，均系不可错过之机会。否则临时议会召集，政界动摇，转多不便。鄙意谈判大局既定，民国宜以内政有种种困难为理由，要求结了，其关满蒙问题极力让步，并声明第5

---

① 王芸生编著《六十年来中国与日本》第6卷，第211页。

② 日本提出的第三次修正案内容如下："日本国臣民在满洲为盖造商工业应用之房厂，或为农业，可暂租或永租须用之地亩，其农业章程由中国自拟，与日本妥商决定。日本国臣民可在南满洲任便居住往来并经营商工业等各项生意。前二项所载之日本国臣民，应服从由日本领事承认之中国行政警察法令及课税，至民刑诉讼各归被告之本国官审判，彼此可得派员听审。其日本人与中国人关于土地之诉讼，由两国官员共同审判。"（引自王芸生编著《六十年来中国与日本》第6卷，第210~211页）

号毫无让步之余地。结了之期，四月初十日以前为宜。日本若欲加以强制手段，诸元老必制止之。①

从电报内容来看，加藤虽然许诺要将中日交涉的进展情况向元老通报，但元老们始终没有得到来自政府的报告，因此对交涉内容了无所知。有贺或许是通过对元老态度的观察，就交涉的方法以及可以让步的地方和应该拒绝的地方向中国政府提出了自己的建议。另外，电报中似乎还暗示为了活动元老，中国政府与松方之间有过秘密交易。②

9日，曾彝进回电有贺，告诉其交涉中问题的症结所在，并委托他继续做元老的工作。电报提示了中国方面关于第二号第二款、第三款的让步方案，希望他与元老沟通。

六日电已代呈，谈判力图速进。第二号南满问题，除第二第三二条外，双方均已同意议结。即第二第三二条原文，中政府已同意；惟附加一项声明，内地杂居之日本人，须服从中国警察，照纳赋税，民刑诉讼仍照条约办理。惟关于中国日本人民之土地租契争执，应由中国官裁判，此系参照土耳其成例，日本使欲于警察赋税附日本领事之条件，土地诉讼主持共同裁判。中国以警察赋税完全内政，未便干涉；土地诉讼牵及土地主权，地方习惯，不便外人会审，均力持不可，实无再让之余地。至东蒙尚未开化，外人居住，目下尚为危险，未能与南满并论。南满各条，中国已事事曲从日政府之要求，只此一点，极盼同意，以留友谊之纪念。中国政府切望速行解决，只须日政府训令日置使，稍为让步，速予同意，便可了结。俾亲善方针得早进行。两国交亲，重在永久之感动，不在目前之快意。谅各元老与有同情。目下排斥日货，以政府之力业已镇压，而日本国在奉天、山东方面骤加军队，到处肇衅，人民惊疑，益形愤激，实非两国前途之福。并祈各元老维持大局，特加注意，为要。③

---

① 王芸生编著《六十年来中国与日本》第6卷，第208~209页。
② 据尚小明教授根据北大历史学系馆藏未公开资料查证，有贺所说的秘密实际上是当时袁世凯政府为了牵制大隈内阁的对华强硬外交，其时正在暗中策划的邀请松方正义访华之事。
③ 王芸生编著《六十年来中国与日本》第6卷，第209~210页。

这封电报的日文译本存于日本国会宪政资料馆收藏的《井上馨关系文书》（No. 263943 6 – 4）中，说明有贺接此电报后，确实根据中国外交部的希望对元老进行了游说。4 月 11 日，外交部致驻日公使陆宗舆的电报中有"松方调和政府，甚感"① 字样，这表明有贺对元老做的工作还是有一定成效的。

三　在中国和日本元老之间充当信使

有贺长雄发挥的第三个作用是在中国政府与日本元老之间充当信使，以便将交涉过程中中国提出的主张转达给元老，将元老的意见转达给中国政府，使日本元老了解日本政府与中国政府意见分歧之所在，并活动元老居中调停。有贺充当信使体现在以下几个方面。

首先，中日两国外交当局开始交涉的第二天，即 1915 年 2 月 3 日，有贺长雄即将自己从中日两国交涉的当事人那里了解到的双方态度以密函的形式向日本元老松方正义做了通报，同时也知会了袁世凯。这封翻译成中文的密函现存于北京大学历史学系资料室。据该文件的发现者北大教授尚小明介绍，该密函由曾彝进翻译后呈递给了袁世凯，函首有"有贺长雄致松方侯爵密函一件谨译呈睿鉴"字样，中文长达 1500 余字，内容包括 4 个方面。其一，大隈重信故意向元老隐瞒日本向中国提出的"二十一条"，同时对舆论界下达钳口令，企图以迅雷不及掩耳之势迫使中国就范。其二，日本决计在短期内逼迫袁世凯政府同意这些条件，如不达目的则准备动用武力解决。其三，中国方面的态度是，其重要部分不难承诺，唯其中害及中国独立权、违反现行条约及破坏各国在中国之机会均一者，则属万难承诺。其四，有贺批评日本内阁口头讲"亲善提携"，而不把"彼此提携之大义"写入"二十一条"文本，担心"日本内阁急于成功，借些微口实，遽发哀的美敦书，俟限期既满，即以兵力从事"，致使中日关系破裂。因此，他建议"元老诸公"必须防止出现这种情况，最好能"先协定中日提携之大主义"，作为商谈大原则。②

---

① 王芸生编著《六十年来中国与日本》第 6 卷，第 214 页。
② 转引自尚小明《二十一条交涉的另一管道——总统府相关活动透视》，《安徽史学》2017 年第 2 期。

这份密函对于促动日本元老介入"二十一条"交涉起了多大作用不好评估，但袁世凯政府则因为知晓了大隈内阁企图瞒天过海、暗度陈仓的诡计，而将日本的"二十一条"透露给国际社会，使得日本的密谋大白于天下，从而增加了日本讹诈中国的成本，尤其是不敢示诸世界的第五号条款最终落空。

其次，在4月10日以后，中日交涉处于僵持状态，日本政府以向中国增兵，与中国开战相要挟这一过程中，有贺的信使作用显得尤其宝贵。以下拟通过驻日公使陆宗舆和外交部之间的几封来往电报窥见有贺活动之一斑。

1915年4月10日陆宗舆致电外交部：

> 有贺电已转，顷有贺密告，松方甚感大总统盛意，此次缓发军队，确系松、山两老之力。松方并言万一谈判决裂，愿自行赴华解决，以全邦交。特来询谈判近状，舆告以南满问题将完，东蒙后议。日政府或非置重五号，顾问一条业已议决，三号本系商办，近英日为中国问题，报纸时有反响，日本决不犯以扬子路款伤同盟之好。且英法俄已有劝告，与其为枝节问题致他国进言，毋宁由元老暗自调停，就此了局。加藤本有派特使致礼之说，若以元老调和完事，借此到华一行，中日邦交转形圆满。有贺甚以为然。拟转告松、山两老，惟怕政府醋意，尚须探询意见，颇费周旋云。①

这封电报告诉我们以下几件事情。第一，"有贺电已转"几个字虽然没有说明电报的具体内容，但它表明，有贺在日本游说活动是根据中国政府的要求开展的。第二，可以推测日本暂缓对华增兵，很可能是松方、山县听取了有贺的建议，运动政府的结果。第三，袁世凯通过有贺邀请松方访问中国，以此加强中国政府与日本元老的联系，从而牵制日本政府。主张日中亲善的松方似乎接受了中方的建议，准备谈判破裂时亲自出马，解决悬案。第四，中国政府对有贺完全信赖，谈判中中国方面的建议以及谈判进展情况都毫无保留地告知有贺。而有贺也总是想方设法将中国方面的建议向元老传递。

---

① 王芸生编著《六十年来中国与日本》第6卷，第215~216页。

4 月 15 日陆宗舆致电外交部：

> 十二日电已交有贺转达，松方、山县甚为了解，大、山亦愿尽力。井上注重汉冶萍，惟主张日本若松铁厂亦应与中国合办，方见公允，不以政府为然。松、山两老意欲将汉冶萍移动作后议，现山县小病，须两三日方能会议，再与政府开口。望我政府切宜坚持数日，听元老消息。汉冶萍祈先勿轻让，或备将来应酬元老。①

这封电报表明，中国政府似乎通过有贺把处理汉冶萍公司合办的意见告知了元老，获得元老的理解。为此，陆宗舆建议政府缓议汉冶萍之事，欲将中国对汉冶萍的让步条件作为献给元老的礼物使用。

但是，元老们似乎没有马上采取行动。为此，陆宗舆又于 16 日致电外交部，说明其催促有贺活动元老介入的情形。"今日催有贺请元老速决方针，据云：两日内必可切实接洽。且云蒙古问题，元老近意亦不注重，五号更无容论。祈勿再让"②。

最后，有贺还在日本元老之间充当信使。由于元老们年事已高，经常在外地别墅疗养，很少在东京会面，因此，元老们的意见很难形成一种集体决策，故而对政府的影响力有限。元老们似乎也意识到了这一问题，因此往往利用有贺作为信使，传递各自的意见。对此，信夫淳平的追忆证明了这一点。

> 翌年春天，出现了二十一条要求的问题，先生坚持认为，以高压手段对付具有三千年历史和四万万民众的中国，绝非永久之良策。当时他回到日本，与井上又有前述因缘，因此，某一天拜谒井上时，坦率地陈述了己见。井上听后领首赞同，遂嘱咐先生将此意见向山县陈述，并特别派遣都筑男爵代表自己陪同先生往访山县。山县认真地听取了先生的主张，又叫他向松方陈述。于是，先生再登松方府邸拜访，将情况一五一十地向松方公爵做了说明。松方倾听以后，又让先生把高见告诉大山

---

① 王芸生编著《六十年来中国与日本》第 6 卷，第 216 页。
② 王芸生编著《六十年来中国与日本》第 6 卷，第 216 页。

岩。……总之，先生又遵照松方的嘱咐谒见大山，把自己的意见向大山重复了一遍。[1]

4月12日陆宗舆致外交部电也从侧面证实了这一点："鱼函及节略均到，松方已派有贺赴西京见山县，松、山两老拟十四日归京协议。"[2]

四　中国转变交涉姿态与有贺建言的关系

与中国驻日使馆希望外交部不要匆忙推进交涉的情形相反，北京方面总是希望早一天结束交涉。因为他们担心一旦日本召开帝国议会，有可能利用议会的压力使条件升级。日置益似乎看穿了中国方面的心理，总是以中国的条件不能使日本满意而放缓交涉的进度，以此施加压力。4月15日的交涉，日置公使采用的战术就是借口未接到政府训令，从而不能结束关于日本人在南满和东蒙自由居住的议题。但是，中国方面在接到陆宗舆4月16日发来的电报后，在17日举行的第二十四次交涉会议上，日本公使试图再次提出东蒙问题、第五号条款以及汉冶萍问题时，中方的态度似乎突然表现得很强硬，使日置益等日本方面参与交涉的官员大感困惑。日置益致加藤高明的电报是这样描述的：

今天，陆（征祥）表示，上回考虑到日本如果撤回第五号，作为交换，可以尽量满足日本国关于东蒙问题的希望，因此披露了一份个人私案。但是，此后政府经过深思熟虑的研究，认为第五号自始就决心不予讨论，只是对日本国政府提出的希望难以表示沉默，交换意见纯粹是为了解释不能同意之理由，故其性质并非可以用其与解决东蒙问题相交换。本来，东蒙与南满地位不同，其经纬已屡次做过说明。该地为中国首都北京之屏障，如在此地给予日本某些权利，其他外国自然以利益均沾为由，势必要求在附近区域获得同样之权利，如此，将使外国势力侵蚀一国首都之屏障，中国政府势必觉得最为困难。因此，十分遗憾上次披露之私人方案未能获得政府同意。此时他断言，中国政府除于其他适

---

[1]　『外交時報』第66卷第685号、1930、21页。
[2]　王芸生编著《六十年来中国与日本》第6卷，第216页。

当时机许诺增设商埠之外，关于东蒙不会做出任何许诺。……第五号所有内容毋论，关于东蒙问题，也表示了坚决拒绝之最为露骨意向。而且，对于第三号汉冶萍问题，陆总长也表示拒绝重新讨论，第一第二两条一并处理，已经提出了政府原则上可以同意之最大限度修正案，此外没有考虑之余地，亦无必要再次陈述意见。①

对于中国方面态度的变化，日置益推测，"据本公使今天得到的印象，感到中国方面的态度突然强硬，可能是受到近来什么动机的影响"。对此，外务大臣加藤致电指示日置益开展调查。日置益在回电中分析其原因可能是：第一，英美政府对第五号的干涉使得日本不能动用武力；第二，日本出兵将引起英美各国人民的反感，使世界更加同情中国；第三，认为日本政府已经基本满意中国方面迄今做出的让步；第四，预测在本次选举中获得多数议席的政府不会采取不讲理的行动，以避免迄今有违公道的做法；第五，断定现在的谈判进度日本已经没有了使用武力的借口。② 在19日的报告中，日置益进一步断定，其直接原因是美国驻华公使向中国发出的通告。据日置益电报叙述，美国公使芮恩施（Reinsch）根据美国政府的命令，向中国政府通告："任何和美中条约相抵触或违背保持领土完整以及机会均等原则之事项，美国概不予以承认。"③

笔者认为，除以上原因外，陆宗舆公使16日发出的前述电报也是导致中国谈判态度发生重大变化的一个重要原因。中国通过有贺了解到日本元老对"二十一条"要求与政府的态度存在区别，或许使中国政府负责谈判的官员增加了一点讨价还价的筹码。16日的电报内容与翌日陆征祥态度的突变，不能仅仅看作时间上的巧合。

但是，中国态度转为强硬并未引起日本的反省，英国舆论对日本的批评、美国的通告也未能抑制日本妄图独占中国权益的膨胀野心，相反，中国

---

① 「在中国日置益公使より加藤外務大臣宛（電報）第24回談判において東部内蒙古第五号及漢冶萍の問題に関し商議を試みたるも中国側の態度強硬不誠実なるに付請訓の件」『日本外交文書』大正4年第3冊上巻、329～331頁。

② 「在中国日置益公使より加藤外務大臣宛（電報）中国の態度硬化の原因に関し回伸の件」『日本外交文書』大正4年第3冊上巻、332～333頁。

③ 「在中国日置益公使より加藤外務大臣宛（電報）中国の態度硬化の原因は米国公使の通告にある旨報告の件」『日本外交文書』大正4年第3冊上巻、335～336頁。

态度的变化促使日本孤注一掷，下定"最后之决心"，直至上升至发出最后通牒，以向中国发动战争相要挟。

　　日置益在向加藤报告陆征祥态度变化的当天，就建议研讨方策，"以最后之决心强迫其接受具体协定方案"。日置益在电报中建议用武力解决："现在居然对我国向满洲及山东示威性出兵都不屈服，持最后之（此外电文脱落——引者注），以不肯让步之姿态看来，已经完全不能按照一般的折冲应酬来实现我国的希望了。因此，我觉得，停止讨论具体细节，立即提出对各号的具体协定方案，显示最后之决心，强迫其接受，以图迅速解决，此正当其时。"同时，他建议第五号可以让步，以照顾美英两国对第五号的意见。①

　　日本外交当局研究策划最后的"具体协定方案"期间，中国政府也加强了游说日本元老的工作。17日，外交次长曹汝霖致电陆宗舆，要求其通过有贺对元老开展活动。接到这一指示后，陆宗舆再次和有贺取得联系，转达了曹汝霖的意见。4月18日陆宗舆致外交部的电报说明了这一经过。"十七日三电敬悉。山县昨尚未能见客，特派秘书问有贺交涉情形，当已详告。有贺今日赴乡见井上，已详告有贺，速催进行"。但是，有贺了解到，元老们为了避免自己干涉外交的嫌疑，希望等待政府前来征求意见时发表看法。同时，有贺告知陆宗舆，元老们虽然行动消极，但在密切注视交涉的进展，如果事情到了迫不得已的地步，元老们定会"不顾嫌疑，先行开口"。陆透过有贺还得知，松方对福建声明不借外款之事非常满意，建议汉冶萍以后再议，有贺还告诫中国政府"不妨以坚决求机会"②。

　　另一方面，日本政府采纳日置益的建议，于20日召开内阁会议，决定了"帝国政府应该采取之方针"。为了获得元老们的支持，21日，外务大臣加藤等人先后到山县和松方住所报告最后让步方案。山县为了掌握交涉的进展情况，找来有贺，听取了有贺的详细介绍。政府与元老们的协商花费了整整一天，因此，最后让步方案比预定时间21日晚了一天发送给日置益公使。

　　21日晚上，陆宗舆通过有贺拿到了政府经与元老协商后制定的最后方

<hr />

①　「在中国日置益公使より加藤外务大臣宛（電報）彼我民論の趨向と我对支政策とに鑑み最後の决心を以て具体的今日提案を押し付くるの方策に付上申の件」『日本外交文書』大正4年第3册上卷，331~332頁。
②　王芸生编著《六十年来中国与日本》第6卷，第217页。

案，并立即报告给了中国外交部。电报内容如下：

> 有贺君密告：政府与元老接洽关系，已有所闻。昨日阁议密定让步各条，今日由加藤面告山、松两老：一、宣言将胶澳还中国，开为商埠，日本设专管租界。二、南满警察规则，须与日本协议，裁判仍行会审。三、东蒙以四条件解决，不再他求：甲、增开商埠；乙、铁道不许与他国；丙、租税不供担保；丁、合办农业。四为汉冶萍由人民协议，政府惟同意尽力。四号宣言已足。五、福建因万国抗议，日本已向美说明日本以自卫之必要，不许他国有军事经营，至经济经营则仍均等，美已赞同此意。其余五号各条，只留会议经过记录，不强要求等情。山、松似已满意，已派有贺告井上，俟井上同意，政府明后日方有训令云云。日置口中或尚有虚价，亦未可知，但此件请于事前万密不露。①

五　"最后让步方案"与元老的作用

4 月 22 日，外务大臣加藤高明致电日置益公使，并附送阁议决定的最后让步方案。电报上特意标明"上述方案经 20 日阁议决定，4 月 21 日已内部通报山县公爵、松方侯爵，已由山县公爵内部通报井上侯爵"。电报中，加藤训令，如果中国政府原封不动承认日本的最后让步方案，日本政府可以："（1）开放全部商港；（2）在日本国指定地区设置日本专管居留地（即租界。——引者注）；（3）依据各国的希望设置共同租界；（4）在德国的建筑物处分完成的前提下，向中国政府承诺'战争结束后胶州湾租借地完全委托日本国自由处分时，将该地归还中国'。"② 与此同时，以第二百六十二号电报的形式将日本所谓的"最后让步方案"发给了驻华日本公使馆。该电报表示，两国已经协商同意的部分不变，没有达成协议的条款出示以下让步方案：

---

① 王芸生编著《六十年来中国与日本》第 6 卷，第 217～218 页。
② 「4 月 22 日加藤外務大臣より在中国日置公使宛（電報）261 号（極秘至急）我最後讓步決定に付訓令の件」『日本外交文書』大正 4 年第 3 册上卷、337 頁。

（一）第一号第三条按照中国的对案不变，即中国政府许诺，当本国敷设自芝罘（烟台）或龙口连接胶济线的铁路时，若德国放弃烟潍铁路借款权，应向日本资本家商议借款。

（二）第二号原案前言修改如下：日中两国政府为了发展彼此在南满及东部内蒙古的经济关系，议定如下条款。

（三）依据中国方面对第二号原案第二条第三条的修正案（贵电第一百七十号第十七次会议中方提案），我国的让步案如下：

第二条　日本国臣民因于南满建设各种工商业设施，或因经营农业所需，得租赁或购买土地（暂租或永租均可，或在获得明确理解，租赁乃期限长久且可以无条件更新的条件下，亦可使用商租一词）。

（关于本条，若中方制定租地章程，必须写明须与日本国协商。）

第三条　日本国臣民得于南满自由居住往来，从事各种工商业及其他义务。

第四条　关于前两条，日本国臣民须依据例规向地方官提出下附护照，接受登记，且须服从日本国领事官承认之警察法令，完纳经相同承认之课税。但关于前述警察法令及课税部分，不妨根据中国方面的希望采取密约形式。民刑诉讼日本人为被告时由日本国领事官审判，中国人为被告时由中国官吏审判之，得相互派员临席旁听。但是日本人和中国人有关土地之民事诉讼则依照中国法律及地方习惯，须由日本国领事官及中国官吏共同审判之。但将来该地方司法制度完全改良时，日本国臣民所涉一切民刑诉讼，须完全在中国法庭审理。

（四）关于第二号中的东蒙问题，仅要求租税担保借款及铁路借款先定为与日本协商，仿第一号山东省之例增设若干商埠，若日中两国臣民欲通过合办经营农业及附属工业时，中国政府须承认之。但是，关于东蒙的条款可以视情与南满的部分分开，另定条约。

（五）撤回第三号第二条。

（六）第四号由中国政府自己宣布即可，无须向日本政府通告之。

（七）第五号全部六项内容按往电第二百三十四号训令的方针处理。①

---

① 「4月22日加藤外務大臣発日置公使宛電報未決条項ニ関スル我最後讓步案（第262号別電）」『日本外交文書』大正4年第3冊上巻、338～339頁。

另据第二百三十四号训令，第五号规定的顾问、军械的采办、中国南部铁路、福建省的地位问题、传教问题等，以"会议记录"的形式交换即可。①

从上述内容观察，陆宗舆报告的内容与日本政府后来提交的让步内容大致相同。这说明，有贺确实对元老做了游说，向元老报告并介绍了两国交涉的进展情况。为了使交涉早日结束，有贺向陆宗舆建议，改变目前的交涉态度，在表示总体同意的基础上，对有损主权的部分进行协商。24 日，陆宗舆致外交部的电报是这样叙述的：

> 有贺君云：日内阁一变态度，轻减要求，虽有他因，而却以元老监制不能行再后手段之故。深望中国亦一变态度，顾全元老面子。将来必要时，尚可以元老意向牵制内阁。并望中国以后谈判勿拘既往谈判形式，就大体先表同意。其有碍主权者，不妨彼此推诚熟商，并不宜拖长时日。嘱为转达。②

但是，元老们对外交政策没有最终决定权，而且正如信夫淳平所述，元老们存在着凡事不想负责任或者极力回避责任的倾向，③ 因此他们对"二十一条"的交涉所能施加的影响应该是有限的。而且，从《日本外交文书》收录的记录来看，"二十一条"交涉主导权始终掌握在外务大臣加藤手中，最后让步方案的内容也基本上是由加藤和日置益协商确定下来的。

不过，在外交政策得不到元老的首肯就无法执行的体制下，元老对于政府向中国采取高压交涉手段，以及向英国为首的盟国隐瞒"二十一条"要

---

① 「4 月 12 日加藤外務大臣ヨリ在中国日置公使宛（電報）　第五号各項ニ関スル我方讓歩ニ付並内蒙古問題等ニ関スル我主張貫徹方ニ付訓令ノ件（第 234 号）」『日本外交文書』大正 4 年第 3 册上卷、314～315 頁。

② 王芸生编著《六十年来中国与日本》第 6 卷、第 219 頁。

③ 关于元老不负责任的问题，信夫是这样指出的："元老这些人，说来很奇妙，自己可以肯定他人的说法，但即使相信事情对国家有利，他们也不会去扮演受人憎恨的角色，自己主动向政府当局提出忠告，况且万一因此而使政局发生动荡，这种责任他们绝不愿意承担。因此，这种被人憎恨的角色一个一个往下推，自己则回避承担责任。在这里元老的心理经常表露出来。"『外交時報』第 66 卷第 685 号、1930、21 頁。

求中的第五号条款，从而使日本的国际信誉受到伤害的做法持批判态度，希望以缓和的手段获得在中国的优先权，这就对以加藤为首的对华推行强硬外交的势力形成了牵制。外交当局原来以为能够轻而易举地获得元老同意的最后让步方案，结果协商花了整整一天时间，原定 20 日向驻华公使发送训令的时间被推迟了两天，这说明政府与元老之间，围绕着最后让步方案确实存在着不同意见。

5 月 1 日，中国方面对日本的修正案提出了答复，虽然基本上同意了日本提出的修正案，但对第五号条款等内容提出了修正意见。这使日置益大为不满，谈判因此中止。日本政府于是决定孤注一掷，以向中国开战相要挟，逼迫中国政府完全接受日本的要求。5 月 3 日，日本内阁举行临时阁议，决定向中国发出最后通牒。翌日下午，在永田町首相官邸举行了元老大臣联席会议，井上馨因病未能出席，山县、松方和大山都出席了会议。第二天，《读卖新闻》发表了一篇题为《再呈元老诸公》的文章，其中写道："传说元老诸公不同意政府的对华政策，其不同意的性质，诸公在程度上各有不同。当然，迄今为止，虽说是与各位商量，但实际上只不过是通知各位一下的性质而已。……对于昨天阁议的结果，似不应完全主张不同意，面对国家大计，当然不能止步不前，意见也不能全变。对于当前的局面，主张自信为最良之策，乃可称为国家柱石。"并不无警告地说："恐善后难题甚多，或是国步艰难之首途，举国上下期待诸公者日多。时下乍暖还寒，晴雨无常，乞诸公自爱。"① 这些言论表明，联席会议上，元老对政府的对华交涉提出了意见和批评。据《读卖新闻》报道，元老们在会议上各自发表了自己的看法。例如松方在会议上就批评政府提出的条件繁多是导致谈判不能顺利进行的原因，并指出用兵将花费巨额军费，恐将破坏帝国的财政基础。②

当然，如前所述，元老们虽然在外交等方面上有一定的发言权，但最终决策权掌握在内阁手中，因此，元老们不可能完全改变内阁做出的阁议。不过，从结果上看，由于元老们对第五号条款一直持有异议，因此，最后通牒中第五号条款也未能完全实现大隈内阁的最初目标。

---

① 『読売新聞』1915 年 5 月 5 日、第 3 版。
② 『読売新聞』1915 年 5 月 7 日、第 2 版。

第四节　被斥责为"国贼""袁仆"的有贺
和来自中国的慰藉

一　有贺长雄斡旋元老活动暴露的原因

如上所述，元老们需要通过有贺长雄这一管道把握日本与中国交涉的进展情况，加之有贺对"二十一条"要求的看法与元老们合拍，同时还因为中国方面特别是来自袁世凯自身的希望与要求，因此，元老的意见通过有贺传达至中方，中方的意见也经由有贺为元老所知晓。

但问题在于，"虽然（有贺）并非刻意对自己向元老陈述意见之事加以保密，元老也没有必要明白告知政府，自然就变成似乎是在进行秘密活动了"①。就是说，有贺虽然没有刻意打算秘密地向元老报告交涉的进展状况，但结果变成了他瞒着政府以及外务省与元老携手妨碍外务省主导的谈判。因此，有贺频繁地出入元老们的府邸，成了一件被人怀疑的行为。据信夫叙述，"先生如此历访各位元老，并非先生自己运动的结果，而是因为受到元老连续不断的委托。他的行踪都被各位元老府邸的值班警察传到了警视厅，警视总监则把（有贺）历访元老视作妨碍政府的对华交涉活动报告给了内阁。加上大山岩有一天又把先生的活动若无其事地、不加掩饰且率直地告诉了大隈"②。这样，"4 月 20 日前后政府知道余向元老陈述过意见，元老意见的背后有余之存在"③。也就是说，日本政府正在制定最后让步方案的关键时期，发觉了有贺在对元老进行游说活动。

二　日本政府对有贺长雄的态度

日本政府尤其是使日本在"二十一条"交涉中失去国际信义受到元老严厉谴责的加藤知道这件事情后，把有贺视为妨碍谈判的障碍，对有贺进行

① 「1915 年 6 月 10 日在中国日置公使ヨリ加藤外務大臣宛電報　条約及公文全部発表セラレタル旨報告ノ件　付記　6 月 9 日北京ニ於ケル有賀博士ト通信記者トノ会見録」『日本外交文書』大正 4 年第 3 冊上巻、534 頁。
② 『外交時報』第 66 巻第 685 号、1930、21 頁。
③ 「有賀博士ト通信記者トノ会見録」『日本外交文書』大正 4 年第 3 冊上巻、534 頁。

了严厉责难，唆使不明真相的右翼对有贺进行人身攻击，甚至企图杀害他。对此，信夫做了生动的描述：

> 政府视其为非爱国行动，像时任外相加藤伯爵等人，召集当时被称之为七人帮的民间有志人士夜宴，席间痛骂先生，又特地派遣法制局长官高桥作卫博士到先生家发出警告。另一方面，执政党的机关报、与政府沆瀣一气的民间志士、主张对华强硬论者及其追随者们，舞文弄墨、口干舌燥地一齐攻击先生，把非国民、袁仆甚至国贼等脏词统统泼到先生身上，威胁恐吓的信件每天都雪片般地投递到先生的府上，天底下所有的所谓爱国者甚至连他夫人也不放过，加以威胁恐吓。先生考虑到生命危险——听说先生确实面临着现实的生命威胁——在井上老侯爵的帮助下，暂时藏身位于兴津水口屋的一所远离人烟、十分僻静的房子里。当时，尤其是政府方面攻击先生的核心是，有贺受袁的唆使，在元老之间展开不道德活动，妨碍政府的对华方针。……当时不幸招致一世之攻击，先生的声誉简直是一夜之间荡然无存。①

受到攻击非难，一时显得狼狈不堪的有贺与山县、井上等元老商讨了对应之策。1915 年 4 月 29 日山县致井上的信谈到了这一过程。

> 时值新绿季节，然天气颇为不佳，想必不致影响阁下休息，谨祈静心疗养。日昨有贺长文受遣来访，外交方面与外务省之应答之事并汉冶萍之事，获得详细答复。本次对华谈判阁议，本与外相约定应时时派人向我等报告，然迄未从彼处获得回答，未获任何报告。前日晨，有贺长雄登门造访，商谈应对恐吓信之事，答以可暂时回避。据闻彼将赴贵处，有关情形想彼必告。综核诸般情形，或来自政府施压，余虽觉不致如此，然昨日已遣秘书见内务大臣，令其打探真相。于是接获书翰一封，谨供内览。政府似未采特别行动施压，然产生如此疑惑，显明因未能履行有贺之前约。此信台览之后请付有贺一阅，看彼是何印象。余事

---

① 『外交时报』第 66 卷第 685 号、1930、20 頁。

容后鸿禀告，专祈时祉！①

从信中可知，有贺受到了日本某些势力的恐吓，对此，山县劝其暂时躲避，以避锋芒。

关于这件事情，有贺自己是这样叙述的："加藤外相将余在元老背后的活动视为障碍，欲将余赶出东京，遂唆使日志会壮汉，污蔑余之行动为袁探，企图杀害余，这些都是确凿无疑的事实。袁探云云乃为煽动此等壮汉而捏造之说辞。各地举办之演讲会只听谩骂袁探云云，却未闻有任何具体之事实说明。据闻演讲者中桥本某、小山某，是只认铜臭的恶棍，尤其后者更是一天收受津贴若干便肯替人坐牢之辈。"②

对有贺长雄的谴责非难乃至攻击在最后通牒提出的 5 月 5 日前后达到高潮。当天晚上，在位于赤坂溜池的"剧场演技座"举行了主战论者演讲会。警察担心散会后群众袭击有贺，而难以担负保护有贺之责，因此，劝说有贺外出避难。为此，有贺不得不按照警察的安排，在井上侯爵的帮助下，到井上位于兴津的别墅躲避。这件事被报纸炒作为有贺长雄失踪案件。5 月 7 日《读卖新闻》这样写道：

> 以国际法泰斗闻名于世的法学博士有贺长雄氏，正当社会上聚焦其袁探的污名时，突然自 5 日夜间起失踪。当天夜间，赤坂溜池的"剧场演技座"举办了主战论者演讲会。会上有辩论者与听众相约去拜访博士。演讲会解散后，小岛高踏、桥本彻马等六人到访位于小石川茗荷町的博士家，发现博士不在家中。来访者虽然面见了夫人千代子，但综合各种情况判断……家人虽然承认博士去向不明，但据说不是在盐原的别墅，就是去筑地的医院治疗咽喉疾患。……博士是否真是袁探，负责管辖该地的大塚警察署也没有充分的证据，回避作出肯定的答复，但警察始终以"即便是外行也能判断其真假"的口吻做答，以此看来似乎是承认博士为袁探……③

---

① 「山県有朋井上馨宛書簡」『井上関係文書』（日本憲政史編纂会收集文書 657～673）。
② 「有賀博士卜通信記者卜ノ会見録」『日本外交文書』大正 4 年第 3 册上卷、534～535 頁。
③ 『読売新聞』1915 年 5 月 7 日、第 5 版。

这份报道借用警察之口断定有贺就是袁世凯派来的间谍。对于这些诽谤中伤，有贺是这样解释的：

> 报纸报道说余下落不明，实际上是一个误解。据管辖余居住地的警察署通知，该警察署只有20名左右巡警，如果暴徒们乘讲演会的气势前来袭击，他们无法加以有效保护。因此，余遵从他们的劝说。警察署完全知道余的去向，只是去避险。政府肯定完全掌握余之所在，余并非失踪，是在位于兴津的井上别墅里回避了两个多星期。①

因此，有贺认为，所谓其失踪云云，是政府蓄意上演的把戏。

有贺所述是否属实呢？《井上馨关系文书》里收录的一封信可以提供旁证。这是有贺长雄从避难地回家后写给井上的一封感谢信，说明有贺所言不虚。

> 谨启者。前些时日在贵处滞留，承蒙亲切护佑，得获安全。在东京车站又承日比谷警察署警察热诚护卫，现已平安抵家。余不在家期间，袁世凯秘书于5月10日送来一封书信，信内提及如无不便望向元老诸公转致问候。为此谨另行翻译送呈。山县、松方二位处亦已送呈。②

信中所谓袁世凯秘书的书信，指的是袁世凯的政务秘书曾彝进根据袁世凯的指示，在中国政府被迫承认最后通牒的翌日写给有贺长雄的慰问和感谢信。

日本政府不仅向有贺长雄泼脏水，早稻田大学还按照大隈重信的旨意剥夺了他的教授职务。据有贺叙述，解除其早稻田大学教授的职务，"表面上的理由是被中国聘为顾问，影响授课，而幕后的理由相信当然是因为余采取了反对早稻田大学创始人大隈伯爵内阁的行动。当时，高田校长不在大学，都是由大隈伯爵裁决的"③。此外，有贺长雄还不得不辞去东京大学的教职。

---

① 「有賀博士卜通信記者卜ノ会見録」『日本外交文書』大正4年第3册上卷、535頁。
② 「有賀長雄より井上馨宛書簡」『井上馨関係文書』No. 263913 6-1-4。
③ 「有賀博士卜通信記者卜ノ会見録」『日本外交文書』大正4年第3册上卷、536頁。

据信夫回忆，有贺"还在帝国大学文学部担任讲师，甚至连硬骨头的山川总长也不得不按照文部省的授意，通过他人催促先生提出了辞呈"①。

有贺对这一过程的叙述更加详细，"……其次，关于辞去文科大学讲师之事，在您的关照下，19 日上午面见了望月氏，他当着小生的面用电话与上田学长交涉，确定 19 日提交辞呈。我请求他们尽量在临时议会闭会后公布其批准结果，上田学长答复说努力照办。在即将提交辞呈之前，因前田侯爵家的捐款管理人需要申报，昨日面会早川千吉郎，叙述其经过。早川认为与捐款管理人相比，小生的辞职甚为遗憾，提醒我通过滨尾男爵和山川大学总长交涉，在此之前先不要提交辞呈。余表示，小生之辞呈已由早川氏保存，本日午后一时早川氏应与滨尾男爵会见，其结果尚未与闻。另经望月氏提醒，今晨赴大隈伯爵处致谢，等候良久，然终未获面见机会。故只得递交名片以示来意……"② 总之，当时有贺长雄"陷入重重包围"，"俄顷之间成了四面楚歌之人"③。当初，有贺担任袁世凯的法制顾问是大隈重信推荐的，现在却连一面都不肯相见，不给他解释的机会，可见大隈对有贺活动元老，使日本对华"二十一条"要求不能完全按计划实现是多么痛恨。

三　阻碍有贺长雄续聘中华民国政府顾问

如前所述，有贺长雄应聘担任袁世凯政府的法制顾问本来是大隈重信关照的结果。有贺在北京服务期间，给日本带来了不少的方便，因此受到日本政府的高度评价。"大隈嘱咐他与袁世凯保持亲密关系，使他依赖于日本。先生在北京非常忠实地执行了这一嘱咐……"④ 因此，最初的聘用期（1913 年 3~7 月）5 个月结束时，其进一步延长 1 年聘用的申请获得了政府同意。

本来，有贺在东京帝国大学文科大学讲授帝室史、帝室制度，对顾问聘期的延长颇有难色。由于中国政府强烈要求，时任外务大臣牧野伸显表示，"中国制定宪法是对时局的发展有很大关系的政策，应尽量满足中方的请

---

① 『外交時報』第 66 卷第 685 号、1930、22 頁。
② 「有賀長雄より井上馨宛書簡」『井上馨関係文書』No. 263913 6-1-4。
③ 『外交時報』第 66 卷第 685 号、1930、22 頁。
④ 『外交時報』第 66 卷第 685 号、1930、22 頁。

求，政府应对此做出应有的关照"①，自己亲自要求奥田文部大臣给予协助。结果，经文部省与东京帝大协商，同意有贺延长聘期。但是又规定，"今后，有贺博士完全住在日本国内，让一位适当的日本人助手常驻当地，除特别重要事项外，主要通过书信往来接受袁世凯的咨询"②，因此，有贺的顾问工作与此前发生了变化。

但是，由于前面所述原因，日本政府改变了此前的态度，对有贺进行批判甚至人身攻击。1916 年 8 月 21 日袁世凯的政治顾问莫理循致威廉·康宁汉·格林的信说明了这一点。8 月初，莫理循到日本访问，8 月 16 日拜会加藤高明子爵，会谈中，莫理循似乎谈到了有贺长雄。对此，加藤激烈地批判有贺，使莫理循大为惊讶。"我为加藤子爵对北京所聘宪法顾问有贺教授的敌意，感到惊讶。我说我之所以推荐有贺担任现职，因为听说他是日本著名的法学家。加藤却说他（有贺）从来不是。然而中日（甲午）战争期间有贺担任过大山岩的顾问，又在日俄战争和旅顺口投降时期，当过乃木希典的顾问。当袁世凯任命他时，日本公使坚持要求给他每年 4000 英镑薪金，订为期 5 年的合同。加藤子爵甚至攻击他的道德品质，说他的操守有问题"③。加藤逼迫中国接受的"二十一条"要求，虽然打了一点折扣，但基本达到了加藤的初期目标。但是，事情结束 1 年多之后，加藤对于有贺仍然耿耿于怀，可见加藤把自己的目标未能全面实现的责任归结于有贺。

日本驻华公使馆也厌弃有贺，露骨地阻碍中国政府后来续聘他担任顾问。1917 年 7 月 18 日林权助公使致本野外务大臣的电报就赤裸裸地表明了这一点。电报写道：

有贺博士 18 日来访本公使，提出段祺瑞托人要求他继续留任 1 年（现在的聘用期限本月到期）。对此，本人不敢苟同。作为个人意见，我告诉他，此事应该按照帝国政府的意图决定去留，你可要求对方经由

---

① 「牧野大臣ヨリ山座公使宛（書簡）　第 221 号」『外国官庁に於いて本邦人雇入関係雑件（清国の部）六』。
② 「臨時代理公使小幡酉吉ヨリ加藤高明外務大臣宛　第 229 号」『外国官庁に於いて本邦人雇入関係雑件（清国の部）六』。
③ 骆惠敏编《莫理循书信集》（下），第 582 页。

章公使与我国官方协商。总之，他打算明后天出发，暂时回国，并表示到东京根据政府当局的意见做出决定。然而，据本公使从其他渠道获悉，该博士内心希望留任，现今已向中国方面表示，其平常关系亲密的伊东巴代治子爵已经恢复权势，万事皆好办理。如所言确实，其或在回国后运动权势人士，企图以帝国政府给予同意之形式留任亦未可知。如您所知，该博士有一段不光彩历史，日本俱乐部开除他的声明虽因博士做出道歉没有公开，形式上他已经恢复了名誉，但旅京日本官绅对他的评价并没有因此改变，同时他与外国人以及中国人的交往范围也极其狭窄，且近来颇显衰老。因此，鄙意以为，让他就此完满洗手，另选贤良，振作内外人心，于各方面皆为良策。①

段祺瑞察觉到日本驻华公使馆反对延长有贺任期的活动后，对续聘有贺似乎发生了动摇。有贺知道公使馆反对自己续聘后，于 7 月 27 日拜访了本野外务大臣，征询政府的意见。于是，本野致电林公使征求意见，谓在物色不到其他适当人选的情况下是否可以同意他的任期延长 1 年。对此，8 月 3 日，林公使再次致电外务省表示反对。

电报是这样叙述的："有贺博士延聘问题，起初是由与博士关系密切的曾彝进通过赵秘书长向段提出来的，结果，段透露可以考虑。8 月 2 日经向刘崇杰确认，除前述事实外，章公使致电刘，表示伊东子爵及阁下有意希望博士续聘。刘将此意秘密告知段，同时告知段，日本公使馆反对博士。对此，段仅答曰自己并无异议，只是首先需要有贺处理好与日本方面的关系，看不出段有丝毫强烈希望续聘有贺的意愿。本公使认为，此时坚决让有贺博士洗手上岸，对其本人而言亦为良策。至于后任人选，本公使暂不发表意见，一任阁下物色。另外，希望候选人资格既要有学识和能力，同时特别在人格上没有可受谴责者。此点本无须赘言，但望铨衡中留意。"② 延聘有贺虽然遭到日本驻华公使的激烈反对，但由于中国方面强烈要求，8 月 18 日，本野权衡各种情形，指示林公使同意有贺续聘 1 年。有贺延聘之事

① 「林公使ヨリ本野外務大臣宛（電報）第 1003 号」『外国官庁に於いて本邦人雇入関係雑件（清国の部）六』。
② 「林公使より 8 月 3 日第 1084 号電報」『外国官庁に於いて本邦人雇入関係雑件（清国の部）六』。

乃算确定。

　　8月15日有贺长雄来访本大臣，说中国政府希望续聘他，尤其汪外交总长想聘用他。第二天，即16日章公使来访，提出同样要求。然关于此事贵官预先有过陈述，经过种种考量，当前尚未找到合适人选，且加上其他事由，故认为续聘有贺1年可以不持异议，祈对此请求予以承诺，委细邮报，不一。①

　　从日本驻华公使馆和外务省以上往返电报可知，有贺任期延长之事虽经外务省拍板定案，但日本驻华公使馆对于有贺长雄在"二十一条"交涉中的行为仍然忌恨在心，极力阻挠中国对有贺的续聘。

　　日本公使馆反对有贺续聘的事情传到了有贺的耳朵里。1917年8月8日有贺从日本盐原致信莫理循，批评日本公使馆阻碍中国政府对自己的续聘。

　　正像我上次写给你短笺中告诉你的那样，我接到段总理7月17日的通知，说他决定继续和我再订1年合同。我说我希望中国政府自行向日本政府提出。因为，这一回我必须让日本政府赞同这项续订。我的处境是这样，我离开日本已经太久，以致人们认为我是个贪财的人，为物质利益而抛弃了学院生活。因此，为了保持我作为一个学者的名声，我必须能够说"我之所以续订合同，是日本政府说为了国家利益我应该这样做"。……在我回到东京时，我发现政府全体，包括寺内正毅伯爵和本野一郎子爵都赞成续订。

　　但是，奇怪得很，中国政府从那时起却变了态度，据说是由于北京日本公使馆表示反对（这是一件极为重大的秘密，我希望你为了日本永远不要泄露）。这件事情我可实在无法理解。我和林权助男爵是亲切友好的，我们之间从来没有意见分歧。我倒是一贯帮助他实现他的目标。这个他应该心里有数。因此只可能有两种猜测：第一，有些秘书可能因为3年前中日谈判时我曾经阻碍他们的成功，还在恨我。第二，可

---

① 「本野外務大臣ヨリ林公使宛（電報）　第588号」『外国官庁に於いて本邦人雇入関係雑件（清国の部）六』。

能是林权助男爵确实认为让某个比较积极的人来代替我会更为合适。然而我在自己的范围内实在很积极，这位男爵简直不知道我私下里为中国政府做了多少起草、修订法律和条例等等的事。如果说我在积极外交方面抱着超然态度，那是我有意这样做的。再说，中国也绝不会同意换人……①

四　来自袁世凯的慰藉与感谢

"二十一条"要求的交涉以日本发出最后通牒，袁世凯政府被迫接受而告落幕。最初仅仅是作为希望性条件提出的第五号中关于聘请日本顾问、采购军械等企图控制中国等要求，日本采取"退一步进两步"的策略成功地使中国同意。因此可以说，大隈内阁提出的"二十一条"无理要求几乎完全如愿实现，获得了全面胜利，甚至应该说取得了超乎预想的成果。但是，日本政府如此冷酷地压迫中国的做法，极大地刺激了中国人民憎恨日本的情感，使中国人民心里种下了难以化解的反日种子。后来成为中国共产党创始人之一的李大钊，当年正在日本留学，他代表日本留日学生总会发表《警告全国父老书》，谴责日本对华提出"二十一条"的行为乃"不义、不仁、不智、不勇、不信之行为，于日本为自杀，于世界为蟊贼，于中国为吾四万万同胞不共戴天之仇雠，神州男子，其共誓之"②。中国把 5 月 9 日定为国耻纪念日，反映的正是人民大众的这种心理。在此意义上说，日本虽然获得了眼前的利益，却使日本在亚洲增加了一个敌人，从长远眼光看，此时日本亲自为自己埋下了一颗最终必然失败的种子。

在"二十一条"要求的交涉中与外相加藤的谈判风格保持距离的元老们根据来自有贺长雄的信息，对加藤高明等人的交涉手法提出了质疑和委婉的批评。日本政府了解到有贺长雄在元老背后活动后，将其郁闷的心情向有贺发泄，对有贺进行了激烈的攻击。有贺虽然受到了元老们的支持和保护，

---

① 《有贺长雄致莫理循的信》（1917 年 8 月 8 日），骆惠敏编《莫理循书信集》（下），第 669 页。

② 《李大钊文集》（上），人民出版社，1984，第 121～122 页。

身心却受到了极大的伤害。不用说，有贺受到攻击的消息自然传到了中国。因最后通牒处于困境的中国政府，对遭遇意想之外不公待遇的有贺长雄，忍着遭受日本政府欺凌的悲痛心情给予了力所能及的理解和慰问。5 月 10 日，袁世凯的政务秘书曾彝进按照袁世凯的旨意以自己的名义致信有贺，对有贺为中日两国的和平奔走的行动给予高度评价，对其遭受日本社会的批评表示慰问。

> 本次交涉，我大总统极欲敦睦中日邦交，维护东亚和平，其最真最挚之情谊，直接为足下所知，间接为贵国元老所悉，唯未能为贵国内阁所谅，遂以产生种种误会，构成现今状况，诚可叹息也。足下确知大总统亲日之真意，又灼见中日两国同处一洲，诚宜交相好，以享两利之福，不应交相恶，以成两败之局，奔走调停。此非为一时之计，实为两国百年之计。贵国内阁若深明此义，最初即舍胁迫手段，用真挚协商，何尝不能达最后通牒要求之目的。独惜此意唯足下及贵国元老远见及之，而贵国内阁未之及也。我大总统笃念邦交，力保和平，对贵国最后通牒既完全答复，两国情谊当能渐次融和。唯闻贵国内阁致误疑足下，足下之衷曲不能明白，转致涉嫌疑。我大总统深抱不安，嘱余代为转达。愿足下从今以后善全自智，勿以敝国前途致累达士，是所至望。贵国元老于此次交涉力主和平，请代为转达我大总统感谢元老之意，如足下毫无不便，即祈代为转达，不堪所望。宪法草案拟不日着手，足下能否早日惠临，此颂近祉！①

这封信的内容充分流露出中国政府的软弱和悔恨以及对日本政府的不满，同时也让人们感到中国政府对有贺遭遇的不公平待遇表示慰问的诚意和感谢元老居中调停的诚挚心情。

对华"二十一条"交涉结束，以及袁世凯称帝失败郁郁而终之后，有贺仍然留在中国，继续担任中国政府的法律顾问，直至 1919 年 8 月。

---

① 「曽彝進致有賀信」『井上馨関係文書』No. 263943 6 - 3。原件为经有贺翻译之日文，中文由笔者据日文翻译。据尚小明教授论文，知原文现藏于北大历史学系。因笔者未被允浏览原件，故文中仍用笔者的翻译，原文请参阅尚小明论文。

鉴于有贺长雄在"二十一条"交涉中以及为中国法制建设做出的贡献，1918 年 11 月 30 日，时任中华民国大总统的徐世昌授予其二等文虎章，以资表彰。

五　松方正义的忧虑和警告

应该说，有贺长雄在日本对华"二十一条"要求的交涉中，应袁世凯的请求以及日本元老出于希望了解两国交涉进展的愿望，在中国政府与日本元老之间发挥疏通双方意见管道的作用，从长远来看有益于中日两国的长期共处。大隈内阁以及以加藤高明为首的外交当局对有贺的非难和围攻是一种感情用事的、偏狭的民族主义思想的典型表现。

实际上，当日本政府对于中国被迫接受"二十一条"要求，为其敲诈成功而欢欣鼓舞之时，却有人对"二十一条"要求交涉胜利后日本将采取何种对华政策而忧心忡忡。这个人就是对加藤高明高压欺侮中国的外交政策持否定意见的元老松方正义。大正 5 年（1916）10 月，松方向时任总理大臣寺内正毅提交的《对华意见书》充分反映了他对日本采取的对华政策怀有的忧虑，并对这种政策今后将造成的恶果提出了警告。

《对华意见书》开门见山地指出日本"对华政策的失态"，毫不隐讳其对日本对华政策的失败而抱有的危机意识。他认为日本表面上虽然因为世界大战保持了和平，确保了本国的权益，但"察其真相，实际是岌岌可危，犹如驾驶破舟激流直下，其前途实不禁令人寒心"。

松方接着强调外交政策的信义和正义的重要性，主张"遵循天地之公道，重视国家信义"，是使"我国置于富岳之安，光耀我皇威于八纮"的关键所在。认为应该把"不吐刚，不茹柔，凭据条理，主持正义"作为日本"外交政策之传统要诀"，强调"无势力之信义乃空言，然无信义之势力乃祸媒。无论多大之势力唯有作为有信义之实行力方可有效"。

但是，在松方的眼中，近年来日本外交政策是舍弃信义，"徒弄一时之阴谋诡计，不顾因此而酿生国家百年之祸根"，批评这种外交政策"唯驱可谓帝国外廓之中国为敌国，从而使帝国在世界之信用丧失殆尽"。他以"二十一条"要求交涉为例，将批判的矛头指向"向盟国通知其条款，却故意隐瞒其第五号"的做法。认为日本近年来的对华政策，"不得不断言绝对陷入了荒谬，实余所不堪痛叹也！"

松方进一步主张，解决日中问题的方法无他，"主要还是回归日中亲善"。对于日中亲善关系的重要性，松方强调，"日中亲善非仅支撑东亚危局之所以，又非单纯救助中国之所以，实乃我日本帝国屹立于世界惊涛骇浪之中而不倒之自卫之道也"。

松方指摘日本对华政策之恶劣，"然我国近年来对华政策，徒恃我强盛，乘彼之弱小，威吓彼，恫吓彼，时而玩弄欺诈小计，时而行强夺之拙策，唯驱彼怨恨于我，离反于我，以我为不共戴天之仇雠，以迄子子孙孙以我为诅咒对象，不过徒以自得"。他警告说，"谚曰，百巧不若一诚，然我国之对华政策，巧拙交互，唯促彼之怨恨，复招其侮"。同时，对于日本政府的对华政策的不统一以及前后矛盾的问题加以批判后，他提出了对华外交的根本性问题，"是使中国弱小，衰灭，吞并之乎？抑或将中国视为友弟，善诱之，扶助之，将其作为东洋自治一要素待遇之乎？此乃对华政策之根本问题"。他指出："若不迅速幡然猛醒，奈何能不使帝国之威信失于中国，更将使帝国之于世界之地位陷于危殆？"

当时，日本人中间盛行这样的论调，即认为"中国人乃忘恩负义之国民，故须威压，不能怩忸对之"，"中国人无诚意，向彼表示我诚意乃与对娼妇守我贞节，同等愚蠢"，"远交近攻乃中国人惯用伎俩，无论如何讨中国人之欢心，皆属徒劳之举"。对于这些论调，松方告诫道，"国际关系唯最重利益，休戚与共才能使关系紧密。若真欲得中国人之心，最善之法乃讲求利益共享之道。我独利，彼独损，彼所不堪也。日本之所以失中国之心，职存于此"。他还进一步质问道："有如议论中国人有无诚意，毋宁需要斟酌我帝国之诚意如何！"关于日本对华外交的最终目的，他指出："吾人向中国持有诚意，非因中国人对我有诚意，亦非为令中国人向我表达诚意。乃唯欲支持我帝国根本对外政策之大原则，构筑帝国于世界中远大且永久之地位；即仅为使帝国于世界占有不败之地位，据之以发展国力；即仅为自家自卫而行之，中国人是否诚意之类与此根本问题无任何关系也。"

最后，松方批评日本政府"唆使""后援"之下在中国各地展开的"扰乱治安"活动，向日本执政当局发出了严重警告："为今之计，若不迅速采取重大措施，给予根本改善，相信帝国将来之危机祸害实不可测。"①

---

① 松方正義「対支政策意見書」藤村通監修『松方正義関係文書』第 5 卷、229 ~ 235 頁。

松方正义在一个世纪前严肃地提出的这份对华政策意见，即使现在回过头来看，也有许多值得铭记的内容。遗憾的是，当时尤其是进入昭和时代以后的历届日本政府似乎以嘲笑松方意见迂腐的姿态，接连不断地采用受到松方激烈批评的手段欺侮中国，为使中国变成日本的殖民地，不断升级侵略中国的步骤，最终占领中国大片领土，可谓得逞于一时。其结果，日本不仅成了中国不共戴天之仇人，而且孤立于世界，最终美英诸国也转变成为日本的敌人。松方的警告不幸应验，在其警告发出不足 30 年后，日本就受到沉重的打击。

小　结

有贺长雄是在大隈重信的推荐和帮助下，受袁世凯聘请担任中国政府法制顾问的。对此，大隈有自己的盘算。实际上，在一段时期内，大隈是把有贺作为沟通日本与袁世凯政府之间的桥梁来使用的。1914 年 4 月 16 日，大隈内阁在井上馨等元老的荐举之下成立。在此之前的 12 日，元老们曾在井上馨府邸举行过一次元老会议，讨论日本未来的内外政策，大隈应邀列席会议。会上，关于如何处理与中国的关系，大隈受到质询，对此，大隈答复说北京将由有贺与袁世凯联络。以至于后来有贺从北京返回日本公干时，井上特意找有贺面谈，了解北京的政情和中日两国关系的现状。对此有贺一一做了回答。[①] 这说明，有贺担任袁世凯的法制顾问，日本政府对其给予的希望远远超过其法制顾问本身。

但是，当大隈内阁以一种有违国际通行礼仪，蛮横地将对华"二十一条"要求强加给中国的时候，有贺能够不顾及于自己有恩的大隈，以一个国际法学家应有的良知和正义感，站在一个超越狭隘国家利益的高度，对日本政府处理中日关系过程中表现出来的赤裸裸的霸权主义行径，坚持了比较公允、公正的评价立场。由此，他最终接受袁世凯及其政府的委托，将大隈内阁对华要求中极其霸道的条款实事求是地向日本元老反映，以求元老们能够顾及中日关系的长远未来和大局对交涉施加影响。他的这种做法，受到了

---

①　信夫淳平「有賀長雄博士の十三回忌に際し」『外交時報』第 66 巻第 685 号、1933、20 ~ 21 頁。

大隈内阁的激烈批判和日本社会尤其是日本国粹主义者们的诋毁，被谩骂为"卖国贼"和"袁仆"，甚至连生命安全都受到威胁。面对这一切，有贺并没有妥协，而始终认为他这样做有益于中日两国的长远利益，有利于日本与国际社会的和睦共处，有利于东亚的和平与发展。只是可惜，当时正处于扩张时期的日本，像有贺长雄这样有着国际良知和冷静头脑的精英太少，甚至连那些一直主张民主自由、辛亥革命时曾帮助过中国的对华友好人士，对于"二十一条"要求都持积极支持或者默认的态度。

在此意义上，有贺长雄在对华"二十一条"要求交涉中的行动，虽然说不上是出于国际主义的高尚之举，但起码可以说他是一位具有国际良知的知识精英，对国际交往中恃强凌弱的霸权行径敢于说不的勇士。他的行动不仅是为了聘请自己担任法制顾问的中国，更多的还是为了生他养他的日本。他的行动具有国际主义的内涵，也是爱国爱日本的具体表现。遗憾的是，由于中国自身国力的孱弱和国内政治的不稳，有贺的行动未能帮助中国抑制住日本殖民中国的野心，从而促使日本在企图统治中国乃至称霸世界的道路上越走越远，最终走上了一条不归之路。

同时，中国方面对于有贺为使中国在对华"二十一条"要求的交涉中能够处于一种相对比较有利的地位所做的努力，后世似乎也没有给予应有的评价，甚至存在怀疑和批评，应该说这对有贺也是不公正的。

第四章
日籍法律顾问与法学教习的招聘经纬

引　言

据日本学者南里知树调查，中国第一次招聘日本顾问的时间是中日甲午战争结束后的第二年，即 1896 年（光绪二十二年）。广东省东文学馆招聘的日文教习长谷川雄太郎似是最早的应聘者。如表 4 – 1 所示，自晚清正式启动新政的 1902 年起，招聘的日本顾问人数急剧增加，从 1901 年的 26 人猛增至 116 人，此后逐年增加，到 1908 年达到高峰，共招聘 555 人。招聘的范围也从教育领域逐渐扩大至工业、农业、矿山、军事、医疗、海关乃至警察和法律，可以说无所不包。[①]

表 4 – 1　晚清中国招聘的日本教习、顾问人数

单位：人

年度	1896	1897	1898	1899	1900	1901	1902	1903
人数	1	0	3	8	13	26	116	151
年度	1904	1905	1906	1907	1908	1909	1910	1911
人数	218	243	431	520	555	532	484	358

资料来源：南里知树编『中国政府雇用の日本人』『日中問題重要関係資料集　第 3 巻　近代日中関係資料』（第 2 集）、第 1 表「中国政府雇用日本人省別編年表（1896～1925、1936）」。

---

① 南里知树编『中国政府雇用の日本人』『日中問題重要関係資料集　第 3 巻　近代日中関係資料』（第 2 集）、2~3 頁。

正是在这一潮流中，1904 年创设的修订法律馆以及 1906 年开办的修订法律馆所属京师法律学堂也从日本聘请到冈田朝太郎、松冈义正、志田钾太郎、小河滋次郎等著名的法学专家及司法官员，任命他们担任京师法律学堂的法学教习和修订法律馆的"调查员"。名称对外虽然是调查员，实际上是帮助清廷草拟各种法律草案的法律顾问。① 本章拟对这一过程进行梳理和分析。

第一节　修订法律馆招聘日籍法学教习和法律顾问始末

一　创设修订法律馆的经过概述

晚清新政中，修改旧律、编纂新法是其中的一项重要活动，而主持这项活动的是修订法律馆。

设立修订法律馆的源头要追溯到八国联军出兵对义和团运动的镇压。光绪二十六年十二月初十日，被八国联军赶出北京逃往西安的光绪皇帝和慈禧太后，痛定思痛，发布上谕，标榜决心革除旧弊，实行改革，推行新政。上谕云：

> 世有万禩不易之常经，无一成不变之治法。穷变通久，见于大易，损益可知，著于论语。盖不易者三纲五常，昭然如日星之照世。而可变者令甲令乙，不妨如琴瑟之改弦。伊古以来，代有兴革。当我朝列祖列宗，因时立制，屡有异同。入关以后，已殊沈阳之时。嘉庆道光以来，渐变雍正乾隆之旧。大抵法积则敝，法敝则更，惟归于强国利民而已。自播迁以来皇太后宵旰焦劳，朕尤痛自刻责，深念近数十年积敝相仍，因循粉饰，以致酿成大衅。现正议和，一切政事，尤须切实整顿，以期渐致富强。懿训以为取外国之长，乃可去中国之短，惩前事之失，乃可作后事之师。……总之，法令不更，痼习不破，欲求振作，须议更张。

---

① 由于修订法律馆为了规避列强的干预，表面上给予冈田等人的头衔为"调查员"，实际担负的则是顾问任务，因此中日两国都习惯性地称他们为修律顾问。本书则调查员和顾问两者并用。

　　为了切实施行，上谕要求军机大臣、大学士、六部九卿、出使各国大臣、各省督抚建言献策，"各就现在情弊，参酌中西政治，举凡朝章国政、吏治民生、学校科举、军制财政，当因当革，当省当并，如何而国势始兴，如何而人才始盛，如何而度支始裕，如何而武备始精，各举所知，各抒己见。通限两个月内，悉条议以闻，再行上禀慈谟，斟酌尽善，切实实行"。①

　　随之，中央各部大臣与各地督抚纷纷提出改革建议，其中，最为重要的是两江总督刘坤一、湖广总督张之洞提出的变法三折。其中第三折提出的11条变法中，就包含制定新法的建议，如要求制定矿律、路律、商律、交涉刑律等。关于这些法律的编纂办法以及法律的实施方法，奏折提出："拟请由总署致电各国驻使，访求各国著名律师，每大国一名来华充当该衙门编纂律法教习，博采各国矿务律、铁路律、商务律、刑律诸书，为中国编纂简明矿律、路律、商律、交涉、刑律若干条，分列纲目，限一年内纂成。由该衙门大臣斟酌妥善，请旨核定，照会各国，颁行天下，一体遵守。惟所有各国律师，必须确系律学著名曾办大事之人，不妨优给薪水，庶各国闻名敬服，知中国矿、路、商各律及交涉、刑律，系其订定，不致争执妄驳，方为有益。此项教习，其合同内须议定归矿路商务大臣节制，并随事与该衙门提调商办。一面于该衙门内设立矿律、路律、商律、交涉、刑律等学堂，选职官及进士、举、贡充当学生，纂律时帮同翻译缮写，纂成后随同各该教习再行讲习律法，学习审判一两年。……京城学生毕业，并须随同洋员学习审判此等案件，学成后即派往各口充审判官，随时添选学生接续学习，以期多储人才，取用不竭。各洋教习既为我编纂四项新律，兼能教授学生，即可长留在京，以备咨访，而资教授。"②

　　上述建议中，包括聘请外籍顾问、开办法律学堂、培养司法人才等内容。这正是清末中国修订旧律、制定新法的嚆矢。

　　而且，张之洞立即行动，于同年十二月初一日单独上奏，为朝廷荐举人

---

① 朱寿朋编《光绪朝东华录》第 4 册，第 4601～4602 页。

② 会奏三折全文收录于朱寿朋编《光绪朝东华录》第 4 册，第 4727～4771 页。引文见第 4762～4763 页。原文编入光绪二十七年八月之内，未署奏折日期。据苑书义、孙华峰、李秉新主编《张之洞全集》第 2 册（河北人民出版社，1998，第 1393～1450 页），三份奏折的标题和上奏时间分别为《变通政治人才为先遵旨筹议折》（光绪二十七年五月二十七日）、《遵旨筹议变法拟整顿中法十二条折》（光绪二十七年六月初四日）、《遵旨筹议变法谨拟采用西法十一条折》（光绪二十七年六月初五日）。

才 12 人，其中排名第二的就是伍廷芳。他在奏折中是这样介绍伍廷芳的："出使美国大臣四品卿衔伍廷芳，该员久在海外律学专门，上年北方变乱，该员力向外国人为中国解说，颇能动听，故美国多持公论。今日交涉事体日形棘手，现英国议约专使已指明有定海上律例、设商律衙门一条，又有洋商入内地居住贸易一条，以后若不将律法酌量改定，交涉无从措手，中国处处受亏。似宜调该员回国筹办，此事关系裨益极为重大。"①

江楚会奏的变法建议得到清廷的重视。光绪二十八年二月初二日，朝廷颁发上谕，决定变法，推行新政。关于修改旧律、编纂新法，上谕云："中国律例，自汉唐以来，代有增改。我朝大清律例一书，折衷至当，备极精详。惟是为治之道，尤贵因时制宜。今夕情势不同，非参酌适中，不能推行尽善。况近来地利日兴，商务日广，如矿律、路律、商律等类，皆应妥议专条。着各出使大臣，查取各国通行律例，咨送外务部，并着责成袁世凯、刘坤一、张之洞，慎选熟悉中西律例者，保送数员来京，听后简派，开馆编纂，请旨审定颁发。总期切实平允，中外通行，用示通变宜民之意。"②

接获这一上谕后，袁、刘、张三位总督于同月二十三日联名举荐沈家本和伍廷芳主持修订法律。三位总督在上疏中写道："查刑部左侍郎沈家本久在秋曹，刑名精熟。出使美国大臣四品卿衔伍廷芳，练习洋务，西律专家。拟请简调该二员，饬令在京开设修律馆，即派该二员为之总纂。其分纂、参订各员，亦即责成该二员选举分任。伍廷芳并可遴选西国律师二三人挈以同来，拔茅连茹，汲引必当。近来日本法律学分门别类，考究亦精，而民法一门，最为西人所叹服。该国系同文之邦，其法律博士，多有能读我之会典律例者。且风土人情，与我相近，取资较易。亦可由出使日本大臣，访求该国法律博士，取其专精民法、刑法各一人，一并延订来华，协同编译。如此规模既立，则事有指归，人有禀承，办理自易。迨开馆之后，即就目前所亟宜改订者，择要译修，随时呈请宸鉴施行，逐渐更张，期于至善，不过数年，内治必可改观，外交必易顺手，政权、利权亦必不难次第收回，裨益时局，

---

① 《胪举人才折并清单》，苑书义、孙华峰、李秉新主编《张之洞全集》第 2 册，第 1465～1467 页。他推荐的 12 人，除伍廷芳外还有李盛铎、汪凤藻、胡惟德、黄绍箕、王先谦、樊恭煦、缪荃孙、沈曾植、乔树楠、陈宝琛、曾金禾。
② 朱寿朋编《光绪朝东华录》第 5 册，第 4833 页。

实非浅鲜。"①

经过一个多月的衡量考虑，朝廷于四月初六日发布上谕，命令沈家本、伍廷芳负责修订和编纂法律。"现在通商交涉，事益繁多，着派沈家本、伍廷芳，将一切现行律例，按照交涉情形，参酌各国法律，悉心考订，妥为拟议，务期中外通行，有裨治理。俟修定呈览，候旨颁行"②。

但是，朝廷虽然任命沈家本、伍廷芳两位分别通晓中国传统法律和西方法律的官员负责改定和编纂法律事业，可是伍廷芳接受任命以后的两年多时间里，又先后受命负责与英美日德等国开展修订航海通商条约的谈判、编纂商律和创建商部，直至光绪二十九年八月接到上谕被补授商部左侍郎后才回到北京，十一月又从商部左侍郎调任外务部右侍郎，始得以外务部右侍郎兼修订法律大臣的身份与沈家本协商修律事务。因此，此前的两年多时间，修律工作主要由沈家本一人主持，其内容也仅仅局限于对旧律例的检视和条文的增繁就简。③

伍廷芳正式参与修律事务后，于光绪二十九年十一月与沈家本协商，提出修律四条办法，其中包括要求成立独立的修律机构和拨付独立的办公经费，并于十二月上奏。奏折获得朝廷批准，由户部拨银3万两，于光绪三十年四月初一日正式成立修订法律馆。修订法律馆虽然仍隶属于刑部，但有了专职司员和相对独立的办公机构。沈家本和伍廷芳任修订法律大臣。不久，伍廷芳和沈家本协商一致，又建议在修订法律馆之下举办京师法律学堂，同时派员到国外，主要是从日本延聘法学专家来华担任教习，同时帮助修订法律馆起草各种法律草案。

光绪三十二年七月十三日，朝廷下诏预备立宪，并首先改革官制作为立宪的先行步骤。九月，实施官制改革，形成由十一部两院组成的中央官制。沈家本由刑部左侍郎调任新改组的大理院正卿，但其修订法律大臣的职位未变，由此引发出新改组的法部与大理院之间围绕法律修订主导权的争论。争论的结果，经宪政编查馆裁定，"近世法学家，尝谓立法之事，必宜独立，

_____

① 天津图书馆、天津社会科学院历史研究所编《袁世凯奏议》（上），天津古籍出版社，1987，第475～476页。

② 朱寿朋编《光绪朝东华录》第5册，第4864页。

③ 请参阅丁贤俊、喻作凤《伍廷芳评传》，人民出版社，2005，第219～225页；李贵连《沈家本传》，法律出版社，2000，第205～208页。

若隶属行政或司法机关之内，必致徒循行政及司法上之便利，而有任意规定之弊，于法律之进步实多妨碍。臣等公同商酌，拟照原奏，变通办法，请将修订法律馆仍旧独立，与部院不相统属，所有修订法律大臣，拟请旨专派明通法律之大员二三人充任。应修各项法典，先编草案，奏交臣馆考核。一面由臣馆分咨在京各部堂官，在外各省督抚，酌立期限，讨论参考，分别签注，咨复臣馆，汇择核定，请旨颁行……"① 宪政编查馆的建议上奏后马上获得敕准，并随即任命沈家本、俞廉三、英瑞为修订法律大臣。自此以后，修订法律馆脱离法部正式独立。经过短时间的筹备，修订法律馆于光绪三十三年十月二十七日以全新面貌登场。

从以上所述可知，修订法律馆成立于光绪三十年四月，以光绪三十三年十月为界，可以分成前后两个阶段，即前一阶段隶属于刑部（法部），沈家本、伍廷芳被任命为修订法律大臣；后一阶段则是一个独立的法律修订机关，沈家本仍然担任修订法律大臣，而伍廷芳则离开修订法律馆，回到其本行的外交事务，被任命为出使美国大臣。取代伍廷芳的则是俞廉三和英瑞。

二　招聘法学教习和调查员的缘由与经过

如前所述，伍廷芳光绪二十九年十一月以外务部右侍郎兼修订法律大臣的身份正式参与修订法律活动时，和沈家本商议提出了修律的奏折上报朝廷。这份奏折的内容包含四项措施：

> 遴选谙习中西律例司员，分任纂辑；延聘东西各国精通法例之博士、律师，以备顾问；调取留学外国卒业生从事翻译；请拨专款，以资办公，刊刻关防，以昭信守。②

以上四项措施中，第二项与聘请外籍顾问有关。实际上这也是江楚会奏

① 朱寿朋编《光绪朝东华录》第 5 册，第 5746～5747 页。
② 朱寿朋编《光绪朝东华录》第 5 册，第 5325 页。该奏折收录于丁贤俊、喻作凤编《伍廷芳集》（中华书局，1993），题为《奏删除律例内重法折》，时为光绪三十一年三月二十日（癸巳日，1905 年 4 月 24 日）。据该折可知，以上四条办法是在修订法律馆成立之前拟就的，陈煜《清末新政中的修订法律馆——中国法律近代化的一段往事》（中国政法大学出版社，2009，第 46 页）认为时在光绪二十九年十一月。

中提出的措施。张之洞单独向朝廷举荐伍廷芳办理修律的上疏中也提到让其从外国延聘两三名著名律师一起回国充当修律顾问。因此，这四项措施获得了朝廷的批准。拨经费，刻公章，遴选精通中外律例的司员和招聘留学生从事外国法律的翻译，自修订法律馆成立之日起就已着手进行。但是，延聘外籍顾问，从哪些国家延聘，延聘几人，是如何以及在什么时候确定的，则因没有发现相关历史文件，迄今不明就里，只是从结果上可知，修订法律馆从日本延聘了前述四位专家来华。原定由伍廷芳从西方国家遴选律师两三人，由出使日本大臣从日本延聘刑法和民法专家各一人的设想为何最后变成完全从日本延聘的呢？

对此，我们可以从修订法律馆成立时起便参与法律修订工作的董康后来的回忆中理出一点头绪。据董康回忆：

迨团匪乱后，两宫加跸，翌年派沈家本、伍廷芳为修订法律大臣，奏请将律例馆更名修订法律馆，派提调等职，开始进行，并择留学生章宗祥、陆宗舆、曹汝霖充纂修，美人林某充顾问。康亦以校对，滥厕其间。最初循囊时修订故事，仅荟萃同治以来章程，详看编辑（同治以后迄未修订）。未几伍大臣出使美国，馆中仅沈大臣一人主持。年余，政府诘问，沈大臣征求众议。康建议自宋以后，刑制日趋于重，若凌迟尤形残酷，今欲中外书一，须从改革刑制始，如蒙俞允，始知朝廷非虚应故事也。由康草撰改革刑制奏稿，凡分三项：

（一）废止凌迟枭示。……

（二）免除援坐。

（三）废止刺字。

奏进，俱蒙一一允行。……沈大臣感朝廷之嘉纳，督饬同僚，奋志进行。

复公同议定办法四种：

（一）请支领办公经费，由户部月支银二万两。

（二）派员至日本延聘顾问，并调查改革之历史及其成绩。

（三）设立京师法律学堂，训练法律系各种科目，备实行新律之任使。

（四）调留学各国之毕业生，如江庸、王宠惠、丁士源、陈篆、朱献文皆负优秀之物望者亦蒙俞允。为延顾问，康衔命东航数度，计先后聘得法学博士冈田朝太郎、松冈义正、小河滋次郎、志田钾太郎，充馆中顾问暨学堂教习。乃沈大臣为人龉龃，曾裁撤大臣一职，将馆并归法部（时刑部已改法部）。嗣朝廷颁行立宪年限，复将法律馆独立。政府知斯职非沈家本不能胜任，令其复职，加派英瑞、俞廉三襄助，英瑞未就职病故……①

上述回忆为我们今天了解这段历史提供了极为重要的线索，但由于事过境迁，回忆中也存在着一些舛误以及在时间顺序上含混不清之处。第一，回忆给人的印象，律例馆更名为修订法律馆似乎是在沈家本、伍廷芳被任命为修律大臣后马上进行的。而实际上，伍廷芳是在被任命为修订法律大臣两年后，即1903年底才正式到任的，提议成立修订法律馆，即将律例馆更名是在伍廷芳正式到任之后。因此，派提调、招募留学生也应该是在修订法律馆成立之后。

第二，从回忆文章来看，提出改革刑制的奏稿似乎是在伍廷芳离开修订法律馆之后。此事应该是董康的记忆错误。事实上，该奏折是由沈家本、伍廷芳联名上奏的，时在光绪三十一年三月二十日，即1905年4月24日。②伍廷芳离开修订法律馆，时在光绪三十二年春回家扫墓，再一次被任命为出使美墨秘古大臣应该在光绪三十三年九月。③

第三，回忆中"复公同议定办法四种"似乎是在光绪三十一年改革刑制的奏稿上奏之后提出的，而实际情形则是，如要求支领办公经费的部分，应该是伍廷芳正式到任后的光绪二十九年，即律例馆更名为修订法律馆之前提出的，另有一部分，如"派员至日本延聘顾问，并调查改革之历史及其成绩"，则是在光绪三十一年三月上奏《奏删除律例内重法折》中提出的，设立京师法律学堂也应该是在光绪三十一年三月。④提出

---

① 董康：《中国修订法律之经过》，何勤华、魏琼编《董康法学文集》，中国政法大学出版社，2005，第461~462页。
② 《奏删除律例内重法折》（1905年4月24日），丁贤俊、喻作凤编《伍廷芳集》，第256~260页。
③ 丁贤俊、喻作凤：《伍廷芳评传》，第259页。
④ 关于京师法律学堂请详阅本书第五章。

聘请日本教习似乎也是在这个时期。

第四，"沈大臣为人崎龁，曾裁撤大臣一职，将馆并归法部（时刑部已改法部）。嗣朝廷颁行立宪年限，复将法律馆独立"一段，存在事实错误。此事可能是指 1906 年的官制改革中，沈家本调任大理院正卿后发生的院部之争。实际上，官制改革之前，修订法律馆虽然独立设置，但并未脱离刑部，仍是刑部的一部分；同时官制改革中并未裁撤沈家本的修订法律大臣之职，"将馆归并法部"也并非将独立机构的法律馆恢复由法部管辖，"复将法律馆独立"也是认知错误，修订法律馆真正独立是在 1907 年以后，此前的法律馆从来就不是一个独立机关。此外，李贵连还指出了关于沈家本兼任资政院副总裁的时间以及月支银 2 万两的记忆错误等问题。①

虽然上述回忆中存在以上舛误，但董康的回忆告诉我们，修订法律馆内曾经聘请过"美人林某充顾问"，但此位林某由谁延聘，何时到任，年限几何，负何职责，待遇若干，何时去职，则无从考证。至于 4 名日籍顾问是否真的由董康受命数次渡海东瀛聘请，则需要对当时的历史事实进行梳理，以验证董康所述真伪。

首先，让我们来看一下伍廷芳于光绪三十一年九月十七日（丁亥日，10 月 15 日）上奏的《奏订新律折》。

> 臣等奉命修订法律，固以明定法权，推行无阻为指归，尤以参酌东西择善而从为目的。是以自上年四月开馆以来，自德法日俄各国刑律，均经陆续译齐。并以英、美两国向无刑法专书，大半散见他籍，亦经依次搜讨，编译成书。惟立邦之法制，虽知其大凡，而刑制之执行，尤资于试验。考查日本改律之始，屡遣人分赴法、英、德诸邦，采取西欧法界精理，输入东瀛，然后荟萃众长，编成全典。举凡诉讼之法，裁判之方，与夫监狱之规则刑制，莫不灿然大备。用能使外国旅居之人，咸愿受其约束，而法权得以独伸。至推原致此之由，实得力于遣员调查居

---

① 李贵连：《沈家本传》，第 207 页。关于李贵连提出银 2 万两是"月支"还是"岁支"的疑问，陈煜《清末新政中的修订法律馆——中国法律近代化的一段往事》（第 84～95 页）考订后认为，修订法律馆的经费 1 年至少需要 9 万两，李贵连认为的岁银 2 万两肯定是不够的。

多。我国与日本相距甚近，同洲同文，取资尤易为力。亟应遴派专员前往调查，籍得与彼都人士接洽研求。至诉讼裁判之法，必亲赴其法衙狱舍，细心参考，方能穷其底蕴。将来新律告成，办理乃有把握。然非得有学有识通达中外之员，不能胜任。兹查有刑部候补郎中董康、刑部候补主事王守恂、麦秩严通敏质实，平日娴习中律，兼及外国政法之书，均能确有心得。拟请派令该员等前赴日本，调查法制刑政，并分赴各裁判所，研究鞫审事宜，按月报告，以备采择。凡该国修订之沿革，颁布之次第，以及民事刑事之所以分判，并他项规则之关于刑政为译书内所未赅载者，俱可得其要领。此外，监狱制度，日本向分为六，其中建筑精审，劝惩得宜，久为泰西所称颂，非循历周访，绘图贴说，不能一目了然，尤应详细稽考，借助他山，事半功倍。庶内外交资，于刑政不无裨益。①

伍廷芳的这份奏折是与沈家本联名上奏的，主旨在于请求朝廷派遣官员赴日本考察法制刑政，以备修订新律，推广施行，获得朝廷的允准。文中提及的请派董康等人赴日考察，其一行于光绪三十二年四月赴日，同年十二月回国，在日本考察长达8个多月，收获颇丰。② 据日本学者岛田正郎考订，董康等人在日本考察期间，冈田朝太郎、松冈义正、志田钾太郎、小河滋次郎等人为他们做过“集中讲义”。③ 伍廷芳奏折虽然没有谈及让董康延聘日籍专家，但董康在日本考察期间，正是伍廷芳提议创立的京师法律学堂筹备开办的时期，近代新法的教授乏人，制定新律需采择日本法律也需要顾问备询，因此，伍廷芳和沈家本让董康利用在日考察的机会，与日本学者洽谈来华任职的事情是完全可能的。

其次，沈家本的叙述更加直接明了地证实了这一点。

余恭膺简命偕新会伍秩庸侍郎修订法律，并参用欧美科条开馆编纂。伍侍郎曰，法律成而无讲求法律之人，施行必多阻阂，非专设学堂

---

① 朱寿朋编《光绪朝东华录》第 5 册，第 5412～5413 页。该奏折亦被《伍廷芳集》收录，惜有几处抄录错误。
② 熊達雲『近代中国官民の日本視察』、186～189 頁。
③ 请参阅岛田正郎『清末における近代的法典の編纂』創文社、1980。

培养人材不可。余与馆中同人佥韪其议。于是奏请拨款设立法律学堂。奉旨俞允择地庀材克日兴筑。而教员无其人，则讲学仍托空言也。乃赴东瀛访求知名之士。群推冈田博士朝太郎为巨擘，重聘来华。松冈科长义正司裁判者十五年经验家也，亦应聘。而至光绪三十二年九月开学。学员凡数百人。①

这段话说明，修订法律馆聘请日本专家，直接起因是创设京师法律学堂需要近代法学教习，而且，伍廷芳《奏订新律折》中虽然没有公开挑明，但已经含蓄地表示此后即将着手编订的新律基本上确定仿效日本，因此，在后来延聘日本法学教习的时候，就特别重视候选人不仅能够承担教学，还要具备起草法律草案的能力。

1903 年，袁世凯和张之洞联名上奏，要求递减科举。1905 年，清廷决定正式废除科举考试，在中国实行了 1300 多年的科举制度寿终正寝。为此，各地普遍兴办新式学堂，推行近代教育。由于缺乏人才，各地纷纷从学习西方获得成功的模范生日本聘请各种教学科目的教习，至 1908 年来华充当教习的日本人达到高峰。当时，聘请日本教习有 3 种渠道：第一种是官方渠道，即由中国政府通过日本文部省或者它的外围团体帝国教育会推荐；第二种是民间渠道，即通过个人介绍推荐来华任职，例如京师法政学堂的日语教习井上翠就是由严修的儿子严智怡介绍和推荐来华的；② 第三种是团体或法人推荐介绍，有些像铁路、军警等特殊性质的学校，一般是自行到相应的学校聘请，不用经过文部省或帝国教育会。③

修订法律馆为所辖京师法律学堂聘请法学教习则不同于一般教育机构，它的真实目的毋宁说在于聘请新法草案的起草专家，即法律顾问。那么，修订法律馆是怎样聘请教习兼法律顾问的呢？以下根据中日两国所存资料，参照公开出版物对修订法律馆延聘日本教习和法律顾问的过程做一梳理和简要分析。

---

① 《法学通论讲义序》，沈家本：《寄簃文存》卷 6。
② 井上翠「松涛自述」波多野太郎编·解题『中国语文资料汇刊』第 5 编第 4 卷、不二出版、1995。
③ 汪向荣：《日本教习》，中国青年出版社，2000，第 112 ~ 115 页。

第二节　梅谦次郎招聘失败和冈田朝太郎的应聘来华

一　梅谦次郎为何没有应聘来华

中国法制史学界很多人都知道，侍读学士朱福诜在光绪三十三年十一月二十二日（1907 年 12 月 26 日）上过一份奏折，要求修订法律馆延聘日本著名民法学家梅谦次郎来华帮助编纂民商法典，其奏折谓：

> 窃惟中国欲巩固立宪法权，必先改正各国条约，欲改正各国条约，必先修明本国法律。兹者钦奉明旨派修订法律大臣沈家本、俞廉三等专司编纂，甚盛业也。……查泰西私法系统，皆肇源于罗马，及其流也，则分为大陆与英美二派。英美民族纯一，程度高尚，犯罪者耻逃匿，守狱者即囚徒且俗信义，诈伪不滋，故人民习惯即为国家法律，裁判官遇有诉讼，皆推考条理裁判，而不必拘泥于条文。欧洲大陆民族繁杂，屡经变乱，程度不齐，故非网罗社会事实，去其劣者，存其良者，列为成文法典，不足以制民情之诪幻而其国力之恢张。德意志、法兰西其代表也。亚洲民族程度去英美稍远，而于德法为近。中国居亚洲上腴，民族开化最早，惟世变日亟，习俗不同，校其层级，与同洲之日本正复类似。日本自明治十五年颁行新刑法后，二十三年请法国学者草民法，德国学者草商法，此二者为私法之实体法。具稿后呈元老院，决议将奏请发布矣。忽有英美学派之法学士创议争阻，谓法典发布不宜太早，卒由议会奏请停止。此为英美派与德法派之冲突。至二十九年始敕法学博士梅谦次郎等修正民法，三十一年复修正商法，次第颁行。法典内容皆尚德法，而绌英美，此中国所最宜取法者也。……查日本法学博士梅谦次郎曾于明治初年试汉学得高第，游法兰西、德意志习法律学，归授博士，手定日本民法、商法、破产法等，又设法政大学，教授生徒数千人。光绪二十九年于该大学附设速成科，以教中国官绅，亲授民法，业者千余人，其功效不在法政专门科之下。臣尝闻其绪论颇欲救中国法权，参与法典事业，以遂其德法调和、民商合编之志。方今修律大臣既设专官，则编纂法典应视为国家重要事件，广揽人材，宽筹经费，以观

厥成。私法尤为民事诉讼之根本，编制得宜则内外国人民财产权利得所保护，而后与刑法、诉讼法一律颁行，庶几各国领事裁判有撤回之望，中国立宪法权植不拔之基。臣等管见所及，虑有未当，可否恳恩饬下修律大臣参酌。臣说电咨出使日本大臣聘法学博士梅谦次郎为民法商法起草员，而以中国法学生参议其侧，用法律变社会主义不重习惯而重成文，采法德两国派学说，不主分编而主合纂。中国国家之幸，亦中外臣民之幸也。①

朱福诜强烈要求聘请的梅谦次郎何许人也？

梅谦次郎（1860～1910），其父是日本旧松江藩（现岛根县松江市）的藩医。1880 年，梅氏以第 1 名的成绩毕业于东京外国语学校（现东京外国语大学），被编入司法省法（律）学校，1884 年又以全校第 1 名的成绩从该校毕业，翌年就任东京大学法学部教员。就任东大教员才 1 年，1886 年被文部省选派赴法国里昂大学公费留学，不久跳级就读法学博士课程。3 年后，梅谦次郎获得法学博士学位，其论文《和解论》获得里昂市的表彰，以公费出版。随后，梅氏又到德国柏林大学留学 1 年，后于 1890 年回到日本，任东京帝国大学法科大学教授并兼任农商务省参事官。1892 年政府任命其担任民法商法施行调查委员。其时，法国人波索纳德编纂的民法付诸实施时遇到抵制，日本政府被迫成立法典调查会，对民商法典重新进行评估，梅氏被任命为调查委员，并与东京帝国大学教授富井政章、穗积陈重一道被任命为新民法的起草委员，被称为"日本民法之父"。1897 年就任东京帝国大学法科大学长，并兼任内阁法制局长官及内阁恩给局长。1900 年被任命为文部省总务长官，1903 年后担任法政大学首任总理（校长）。梅氏博学强识，在司法省法（律）学校读书时期，据说一个星期便将 300 页的法文教材熟记在心，但由于考试答卷与课文内容高度吻合，反而导致被扣分。据说他还能背诵民法典的全部条文。当时，他出版的《民法要义》（总则编、物权编、债权编、亲族编、继承编共 5 卷）是学习日本民法的必读著作。② 梅

---

① 朱福诜：《奏翰林院侍读学士朱福诜折　慎重私法编别请选聘起草客员由》，中国第一历史资料馆藏档案，档案号：3－108－5620－41。
② 关于梅谦次郎的事迹请详阅東川德治『博士梅謙次郎』大空社、1997。

氏十分关心中国的发展和改革。为此，他在担任法政大学校长后，特意设立中国留学生预备科，专门招收和教育中国留学生，因此，梅氏在中国留学生之中口碑很好，声望非常高。同时，梅氏又主张中国编纂民法应该民商合编。这些都是朱福诜要求聘请梅氏来华帮助制定民商法典的主要原因。

实际上，要求聘请梅谦次郎，朱福诜并非第一个。早在京师大学堂正式开办的1902年，吏部尚书、管学大臣张百熙就曾向当时的日本驻华特命全权公使内田康哉提出聘请梅谦次郎来华讲学。1902年5月17日内田康哉致外务大臣小村寿太郎的信函是这样叙述的：

当地设立大学以至中小学校之议，自去年吏部尚书张百熙受命担任管学大臣以来，制定一般学制乃至建造校舍诸般事务费时耗力，终于近日选定西郊外约6里处之丰台附近作为大学的建设场所，本年已经开工建设，据闻非至年底不能竣工。为此，在校舍竣工之前似修缮位于景山附近之某建筑物，先期设立仕学科及师范科（据悉现有学生约200名），于本年秋季开学。为此，本月12日，张百熙大臣来访并提出希望从我国为仕学科（以财政、政治为重点培养现行官员）招聘法学博士1人及可担任其助教之学士1人，为师范科招聘文学博士或有教学实践经验者1人及可以担任其助教之学士1人，共计4人。

关于此事，张百熙及其同僚迄今亦多次谈及，然总不得要领，本公使曾私下怀疑他们是否真心实意需要本国帮助，以图改良教育，为试探其意多次发表尖锐议论。此次终于实现从我国招聘教师，本公使甚为满足。

有关招聘年限、薪俸数额、赴华时间、官舍如下：

年限为3年，赴华时间为9月上旬以前。至于薪俸，则由于目前大学堂的经费以储蓄于俄华银行之500万两之利息20万两充之，创业须费多端，手头拮据，故将来可以增加薪俸，唯目前只能支付日本金币500日元，担任助教之学士为金币300日元以内，宿舍则视情缴纳住宿费。担任助教之人可以从正教授之博士中选拔，然最需要的是找到能够翻译教授之讲义的人才，询以中国人中有无合格者，答复曰拟从现在东京帝国大学学习者中选拔。有关招聘本国博士学士之事有如上述。

　　对方列举梅（谦次郎）、一木（喜德郎）①、织田万②、冈村司③、冈田朝太郎、松崎（藏之助）④、中村进午⑤等我国著名的法学博士，但他们也估计这些博士碍难应聘，迫切希望能为清朝遴选适当人物。

　　对方希望安排应聘之博士学士能于本年 8 月内抵达。除因需要开始授课外，为了提升最终由本国派遣教师的功绩，本公使亦打算对此给予充分之注意，与管学大臣开展协商。⑥

这份公函告诉我们，当年京师大学堂拟向日本聘请的法学教习中就有梅谦次郎的名字，同时，冈田朝太郎等多位知名教授亦赫然在列，可见当时京师大学堂对于聘请日籍教师的要求非常高。但是，这一要求似乎没有得到日本方面的全面响应，后来受荐来华的学者中不仅没有梅谦次郎，冈田朝太郎等教授亦没有应聘来华。

京师大学堂提出聘请梅氏的愿望没有实现之后，至朱福诜提出前述奏折之前，即清廷决定创办京师法律学堂的 1905 年，清政府又一次提出希望梅氏来华。关于这件事情，时任中国驻屯军司令官的神尾光臣向陆军大臣寺内正毅发出的秘密报告是这样描述的：

　　……决定以极大之组织建设法律学堂，以之作为刑部直辖事业。刑部此议一决，其计划预算尚未确定，便致电驻日公使杨枢，令其调查并

---

① 一木喜德郎（1867～1944），行政法学家，时任东京帝国大学教授。"天皇机关说"主张的始作俑者，是二战时期以主张"天皇机关说"而受到日本军部迫害的法学家美浓部达吉的老师。后来从政，历任贵族院议员、法制局长官、文部大臣、内务大臣、枢密院议长、宫内大臣等职。

② 织田万（1868～1945），行政法学家，时任京都帝国大学教授。后出任关西大学校长、国际司法法院法官、贵族院议员等职。编纂出版过《清国行政法》等书。

③ 冈村司（1867～1922），法学博士，民法学家，时任京都帝国大学教授。后因猛烈批判以家督制度为基础的亲族法，受到文部省处分离开讲坛，从事律师工作。

④ 松崎藏之助（1866～1919），法学博士，经济学家。时任东京帝国大学法科教授，讲授财政学。后历任东京高等商业学校（一桥大学前身）校长、日本银行创设委员等职。

⑤ 中村进午（1870～1939），法学博士，国际法学和外交史专家，时任学习院大学教授。日俄战争时，与其他 6 位博士以主张对俄开战而闻名。后任拓殖大学总监（校长）。

⑥ 「在清国特命全権公使内田康哉より外務大臣男爵小村寿太郎宛ての書簡（機密第五八号）北京大学堂にわが博士・学士招聘の件」（明治 35 年 5 月 17 日）。此据『北京大学創成期に日本人教授』，http://www.geocities.jp/hanegao/kiji_ 24.htm、検索日期：2015 年 7 月 16 日。另，括号中人名为笔者所加。

报告日本第一流法学家中，有无愿意应聘清政府者。于是，杨公使推举法学博士梅谦次郎及同为法学博士之冈田朝太郎二氏。众多留学生的属意人选虽然五花八门，但推选梅、冈田二氏者居多。因此，刑部通过日本公使杨枢提出延聘梅博士之事。然而，杨公使回函刑部曰，梅博士提出如不得授课上之绝对自由以及月俸 1000 元之报酬，碍难应聘。刑部先是惊讶其要求报酬之巨，多次反复诠议结果，取消延聘梅博士之议，决定延聘第二候选人冈田博士。再次令杨公使与冈田接洽。杨使回电云冈田授课之方针与梅氏相同，然报酬要求月俸 800。刑部将之杀价至 600 元，冈田氏不允。刑部遂与袁宫保及省亲回乡之伍侍郎电商。袁宫保即刻回电，意谓倘若此教习乃教育之骨髓首脑、品学兼备之良师，月修 800 元何谓之多哉。近日清朝政府决定，新设法律学堂，聘请日本法学博士（刑法专业）冈田朝太郎为教习，期限 3 年，月修 800 元。①

从上述报告中可知，清廷在内部讨论设立京师法律学堂和招聘法学教习的阶段，刑部似乎就已经要求驻日公使杨枢推荐教习的应聘人选了。杨枢接到指示后，马上行动，通过留学生推荐合适人选，并从获推举人数比较多的人中，向刑部推荐了梅谦次郎和冈田朝太郎两人。但是，杨枢直接向本人征求过意见的似乎只有梅氏一人。关于这件事，冈田后来在纪念梅谦次郎的文章中，对于自己应聘赴华任职过程做了这样的叙述：

记得是明治 37 年晚秋的事情。一日，梅博士问余曰：有意赴华从事法律编纂以及讲授法学否？然目前尚未进入具体交涉，欲了解尊意以备参考。因之答曰：讲授法学另当别论，至于编纂法案，必有担当首脑之人方可。先生若进当此任，弟子亦喜附骥尾尽己所能。嗣后清朝政府因种种内情所制，未获机会公开提议延聘博士。博士亦因朝鲜事务及其他公务之故终于无暇赴彼国就任。然彼国不能长期延缓此悬案。明治 39 年，余首先赴华，松冈学士、志田博士、岩井学士亦依次应聘。惟岩井学士与编纂法案之事无涉。尔来阅寒暑六载，博士易篑已成法典法

---

① 日本国立公文書館・亜洲歴史資料中心所蔵「清国駐屯司令官神尾光臣より陸軍大臣寺内正毅宛駐屯軍報告第十七号」（清国駐屯軍司令部秘参発第 19 号、明治 39 年 7 月 9 日）。

案者五。欲捡其中余起草者中与日本法典相异之二三处，报告于博士灵前。①

冈田朝太郎确实是于京师法律学堂开学的 1906 年来到北京的，同时他透露梅谦次郎之所以没有应聘来华，是"朝鲜事务及其他公务之故"，这些都没有疑问。只是文中提到的"明治 37 年晚秋"云云似乎是冈田的记忆错误。明治 37 年即公历 1904 年，而修订法律馆开始讨论设立京师法律学堂应该是 1905 年 3 月，即日本明治 38 年，正式确定下来是在同年的 8 月。前述中国驻屯军司令官的秘密报告也证实了这一点。只有确定开办学校才有可能谈到从日本延聘教师，因此，在讨论此事半年之前的 1904 年晚秋即和梅氏接洽延聘教师之事显得不合逻辑。

前述朱福诜要求修订法律馆聘请梅谦次郎来华承担民商法的起草员是在冈田朝太郎已经来华 1 年半之后的 1907 年底。当时，清廷内部拟延聘梅氏赴华的呼声似乎比较高，因此，日本媒体在朱氏建议延聘梅氏的奏折上奏之后的 1908 年 3 月报道了这一消息。《东京朝日新闻》云："28 日上海特派员稿，梅谦次郎接受清朝政府聘请，签订 3 年合同，担任新民法编纂事务监督。"② 对此报道，三天后的 31 日，梅谦次郎做了澄清："据博士亲口所述，此事在目前并非事实。关于清朝编纂法典之事，前年，相当于我国敕任官，可以说是担任司法局长官职务的董康氏来日本访问时，曾与梅博士会面，希望务必劳动博士从事法典编纂。博士谓该事业极其重要，必须假以 10 年岁月。不久，博士踏上赴中韩旅游之途，董康亦回国。然后博士滞留韩国期间，接获董康来函，云已向政府建议，务必聘请日本人编纂法典。博士于是应清朝政府之请，推荐冈田博士，主要从事刑法草案之起草，同时执教。目前，冈田氏似乎以教学为主，刑法起草为次，据说唯总则已经脱稿，各编之分则不久亦可告竣。另外，关于民法调查则推荐了法学士松冈义正。该氏眼下正在起草民法。关于商法起草，据闻也应约要求推荐人选，奈无合适之人，空缺如故。又闻博士主张清朝应该民商法合编。"③

① 冈田朝太郎「清国既成法典及ヒ法案ニ就テ」法政大学『法学志林』第 13 卷第 8～9 号、1911 年 8 月、131～132 頁。
② 『東京朝日新聞』1908 年 3 月 29 日。
③ 「梅博士と清国法典」『東京朝日新聞』1908 年 3 月 31 日。

新闻报道中提到的"前年"系指明治39年，即1906年，正是这一年，董康奉命赴日考察，这有沈家本为董康撰写的《裁判访问录》所做序言为证。序言谓："光绪乙巳（1905）九月修订法律馆奏请派员赴日本调查裁判监狱事宜，应斯役者为郎中董绶金（康）、主事麦敬舆（秩严），馆事殷繁于次年四月始克东渡。员外郎熙惟周（桢）亦相偕前往。抵东京后，适员外郎王书衡（仪通）奉学部命在彼相助为理。日本政府因吾国司法初与交涉，由司法省特简参事官斋藤十郎、监狱局事务官小河滋次郎导引诸人，分历各处裁判所及监狱详细参观，并于司法省及监狱协会开会讲演，见闻所及，撮其大要为裁判四章，监狱二十二章……"① 董康应该是在考察日本期间向梅谦次郎提出请其来华帮助清廷编纂法典的。但是，文中所谓"不久，博士踏上赴中韩旅游之途，董康亦回国"中，"董康亦回国"则可能是董康临时回国。因为有报道表明董康等人自1906年8月到日本考察日本法制和司法设施后，在日本一直滞留到当年的12月份。这有以下事实为证：

首先，日本《法律新闻》明治39年（1906）8月30日的报道可以作证。该报道内云："清朝刑部特派法制调查员董康、熙桢、麦秩严、区天相等4人此次来日，每天前往司法省，就裁判所构成法以及民刑两法向该省参事官斋藤十郎、监狱制度向监狱事务官小河滋次郎开展调查研究，同时审判事务则通过旁听审判进行实地调查研究。"②

其次，同年9月25日《法律新闻》的报道进一步证明梅氏出访韩国和中国期间，董康等人仍在日本进行考察。该报道谓："监狱协会会长清浦（奎吾）男爵于20日下午3时在位于麹町饭田町五丁目之监狱协会举办晚餐会，招待正在日本访问之清朝法律调查员一行。晚7时半放映监狱幻灯，以尽余兴。"③

最后，同年12月20日《法律新闻》又刊载题为《清朝公使馆举办慰劳会招待司法干部》的报道，内称"此前16日，清朝公使馆以该国刑部侍郎、刑部主事及其他官员考察我国审判制度及法院内部情况时，得到日本协助，为表示感谢，举办盛大慰劳会，招待司法大臣松田、司法次官河村、大

---

① 沈家本：《寄簃文存》卷4。
② 「清国法制調査委員の渡来」『法律新聞』第374号、1906年8月30日。
③ 「清浦男爵の清国法律取調委員招待」『法律新聞』第379号、1906年9月25日。

审院院长横田、检察总长松室、东京控诉院院长长谷川、民刑局长平沼及其他数名官员"①。这则报道说明，董康等一行直至年底仍然在日本考察。而此时梅氏也已从韩国、中国考察完毕回到了日本。

结果，梅谦次郎最终没有接受清廷的聘请来华。②

那么，梅氏为何没有应聘来华呢？对此，中国驻屯军司令的秘密报告认为原因是报酬问题致使清廷放弃延聘。或许，1905 年杨枢公使与梅氏接洽时存在这个问题，但在翌年董康借访问考察日本的机会直接和梅氏接洽的时候，梅氏没有接受清廷的聘请则另有原因。最重要的原因可能是时任韩国统监的伊藤博文邀请梅氏负责调查并整顿韩国的法制。伊藤对梅谦次郎有知遇之恩，伊藤的邀请梅氏自然必须优先对待。这一点，梅氏的简历中有这样的记载："日俄战争后，韩国法制需要革新。在伊藤统监的热切希望之下，余于明治 39 年（1906）6 月第一次被派遣至韩国，接着又兼任韩国政府的法律顾问。自此以后一直从事韩国的法制起草工作。"③ 同时，梅谦次郎从韩国、中国考察回国不久，接受过记者采访。根据这份采访我们知道，梅氏"在韩国滞留了 50 天，在中国滞留了刚好两个月，总计 110 天"④，同时我们还知道，梅氏经由香港回到日本，时间是 1906 年 10 月 18 日。⑤

根据以上考证并结合第五章关于成立京师法律学堂经过的叙述，对清廷延聘梅谦次郎的经过可以做如下梳理：1902 年，京师大学堂正式开办时第一次提出聘请梅氏来华任教，没有成功。1905 年 8 月，学部正式同意成立京师法律学堂，修订法律馆在制定各种办学章程的同时，通过刑部要求驻日公使杨枢在日本聘请法律教习，杨枢推荐了梅谦次郎和冈田朝太郎，因梅氏要求报酬过高，清廷遂将人选集中于冈田。翌年，即 1906 年 4 月，董康一行 4 人奉命考察日本法制和法律，同时在杨枢的协助之下负责接洽延聘教习

① 「清国公使館における司法幹部に対する慰労会」『法律新聞』第 396 号、1906 年 12 月 20 日。
② 1908 年 3 月 29 日和 31 日『東京朝日新聞』虽然报道了梅谦次郎被授予"新民法编纂事务监督"的头衔，这个头衔应该只是一个名誉职务，梅氏并没有来中国赴任。
③ 「嗚呼法学博士梅謙次郎先生」東京大学『法学協会雑誌』第 28 巻第 9 号、1908、3 頁。
④ 「帰朝せる梅博士の清韓談（上）」『法律新聞』第 386 号、1906 年 10 月 30 日。
⑤ 「漫遊中の梅博士」『法律新聞』第 377 号、1906 年 9 月 15 日。另外『読売新聞』（1906 年 10 月 28 日）也刊载了采访梅谦次郎的报道，梅谦次郎在这篇题为「梅博士の北清談」的采访中，谈到了他在中国访问期间与袁世凯等人会谈的情景，并对清廷制宪、传说京师大学堂取消日语教学、当地日本人与中国的关系发表了自己的见解。

之事。此时的梅谦次郎由于受韩国统监伊藤博文之邀，拟担任韩国政府法律顾问，故无法应聘来华，至此，延聘梅氏之请不得不放弃。于是，梅谦次郎推荐了刑法学家冈田朝太郎和其他人选应聘。

那么，冈田等人是怎样应聘来华担任法律教习和"法律顾问"的呢？

二　冈田朝太郎应聘始末

董康一行抵达东京后，一面积极认真地调查考察日本的法院、监狱等司法设施，一面在驻日公使杨枢的协助下与冈田频繁接触，商谈其应聘来华担任法学教习以及法律顾问事宜。

冈田朝太郎生于1868年，1891年7月毕业于东京帝国大学法科大学，随即于当年9月进入研究生院深造，主攻刑事伦理学；[①] 在读研究生期间即以研究生的身份担任讲师，讲授刑法和刑事诉讼法，1894年任东京帝国大学副教授；同年11月，刚过而立之年的他即被日本政府任命为日本法典调查会委员，参与日本刑法的修订活动。1897年奉派赴德国、法国留学，1900年学成回国被聘为教授，翌年取得法学博士学位。[②] 冈田勤奋好学，热心研究，年纪轻轻即著作等身，据日本学者西英昭搜集的冈田著作目录统计，冈田自1893年发表首篇论文，至其应聘来华的1906年止，13年内共发表论文64篇、判例评释4篇、法律时评及随笔49篇，出版学术著作4部、讲义稿21部。[③] 他于1894年出版第一本学术著作《日本刑法论》，其时尚只有学士学位。1908年，在中国担任教习和调查员期间，他又出版了《法学通论》，并将清朝的法制作为著作的研究内容之一。[④] 聘请这样一位学富五车，又具有刑事关系法律起草经验的年轻学者来华讲授刑法和协助编纂刑法及刑事诉讼法，可以

①　冈田考入研究生院，还上了『読売新聞』（1891年9月24日）的新闻报道，可见当时日本能考入东京大学研究生院是何等大事。

②　冈田朝太郎的简历，有一部分依据東京大学百年史編輯委員会編『東京大学百年史　部局史（一）』、非売品、1986、56～57、70、80頁。

③　其著作目录可以参阅西英昭「岡田朝太郎著作目録（稿）」『東洋法制史研究会通信』第15号（2006年8月21日）、http://www.terada.law.kyoto-u.ac.jp/tohoken/15_ns.htm、检索日期：2013年10月6日。此后，西英昭在平成22年（2010），受日本文部科学省科学研究费资助［若手研究（B）、课题番号22730007］，对此目录进行了大规模充实。详细内容请参阅『岡田朝太郎について（附・著作目録）』、http://catalog.lib.kyushu-u.ac.jp/handle/2324/1657763/nishi_1657763.pdf、检索日期：2016年9月20日。

④　见『読売新聞』1908年4月26日报道。

说是最合适不过的。

但是，董康在与冈田交涉过程中遇到了几个棘手问题。

第一个难题是应不应该给予冈田顾问头衔。董康似乎打算延聘冈田为顾问，而国内却不希望给冈田顾问的头衔。关于这一点，沈家本与杨枢之间的往来函电说得很清楚。

> 驻日杨大臣转董康等，洪密电悉。聘冈田以教习为主，顾问实多窒碍，决不可行。合同宜专订教习。如冈田定欲别兼名目，只可另附兼法律调查员一条。望仍照前函妥办。板仓甚好，照聘。不敷经费照拨，另函详。本宥。①

从内容上看，这封电报应是法律大臣沈家本对董康来电的答复，但由于没有找到董康电报的原文，其详细内容无从判断。但是，从沈家本的电文中可以推测，董康在电报中希望给予冈田以修订法律馆法律顾问的头衔，而且，这一希望是冈田自己提出的，而非出自董康。那么，事实到底如何呢？从当时的历史背景以及清朝官吏的行事方式综合判断，笔者倾向于认为，给予冈田以顾问头衔，似乎是董康主动提出的。

首先，董康等人奉命赴日考察日本的法院、监狱等司法设施以及法律制度，一个重要背景就是要修订现行法律和编纂新的法律。而编纂新法律，中国缺乏人才，需要从外国延聘法律专家。对此，张之洞、刘坤一和袁世凯等人都向朝廷进言，聘请外国专家协助，并获得清廷的嘉许。修订法律馆正式成立时，修订法律大臣伍廷芳和沈家本都公开表示要从日本聘请法律专家。董康是修订法律大臣任命为提调的，应该能够准确理解沈家本以及政府的真实意图。因此，董康同梅谦次郎接洽时，谈到的虽然包括编纂法律和讲授法学两个方面，但明显地倾向于编纂法律。如果目的仅仅是请法学教习到新设的京师法律学堂向近代法律知识几乎为零的学生讲授法律，那么高薪聘请日本超一流的法学专家不仅失敬于

---

① 《法律馆请代发驻日本杨大臣转董康电》（光绪三十二年五月二十六日，1906 年 7 月 17 日），见中国第一历史档案馆藏《法律大臣等为聘请日本法律教习致外务部驻日出使的片、电》（外务部 2303 号）。

受聘的法学专家，经济上也不合算。

其次，梅谦次郎征询冈田的意见也是把重点放在编纂法典之上。梅氏这样做，恐怕是受董康的影响。当时，日本乘战胜俄国的余威，企图全面控制韩国。为此，日本正热心地准备重新构建韩国的法律制度和法制框架。此时清廷对日本提出同样的要求，对于意欲扩大本国政治影响的日本来说，可以说是天赐良机，因此，获得了日本的认真对待和响应。

那么，清廷既然需要外国人的帮助，为何又不愿意给予这些外国人以符合其工作内容和性质的身份和头衔呢？关于这一点，1906年在天津北洋法政专门学校担任过教习的吉野作造是这样描述中国官员对待外国顾问的态度的：

> 第一，在中国对顾问的感受不好。这是因为，本国的事情征询外国人的意见，伤害他们的自尊心，故而比较讨厌。即使实际上干的是顾问的活，在合同中也写作教师或翻译。就是说要弄成是中国在使用你。
>
> 第二，即便延聘了顾问，对雇主也没有影响力。因此，中国官僚即便使用日本顾问，也不会和你做任何商量。但又不能置之不理，因此，大部分人都被当作教师来供着。
>
> 第三，总体而言，中国官僚雇佣外国人，并非真心想搞什么开发创新，而主要是出自一种使用外国人的虚荣。被使用者以一片至诚之心批评政治。于是，这些官僚们不会反对你的意见，表示出一种愉快接受的样子，但是不会去实行。[1]

吉野的说辞有一部分是对的，但是，他没有准确地反映出晚清政府避讳外国顾问的深层次原因。当时，晚清政府千疮百孔，受尽列强欺凌。列强为了避免在中国因分赃不均而致相互倾轧，纷纷要求中国"门户开放""利益均沾"。在这种背景下，如果晚清政府自列强中的某一个国家聘请顾问这一政治色彩浓厚的角色，其他列强势必援用"利益均沾"的原则，要求中国从本国聘请同样数量的顾问来华工作。为了避免出现这种麻烦，清政府即便

---

[1]　吉野作造「清国における日本人教師の現在及将来」『新人』1909年3～4月号，收入田中惣五郎『吉野作造』，转引自南里知树编『中国政府雇用の日本人』『近代日中關係資料』第2集、1976、17頁。

实际上是请外国人做顾问的工作，也非常坚决地拒绝授予他们以顾问的身份。在清廷看来，修订旧法、编纂和完善新法，说到底属于中国的立法主权，必须由中国人自己完成。如果因此而出现不得不接受各个国家顾问的情况，构建新型法律和法制的事业有可能受到各国的掣肘而无所适从。

第二个难题是报酬。请看以下电报：

> 驻日杨大臣鉴：电悉。承代商合同，甚感。原合同学堂薪水外有房膳费五十圆，不能再有增加。如冈田实在要求，只可在法律馆津贴内加五十圆，尚希酌核，余照办。合同订后即请约早来京。本简。①

或许是因为修订法律馆的经费拮据，沈家本对于聘请外籍顾问的报酬显得斤斤计较，因此，与冈田的交涉很不顺利。直到京师大学堂教习岩谷孙藏9月临时回国，在他的斡旋下，关于招聘的条件才算拍板定案。② 同时，正如前述中国驻屯军司令的秘密报告所述，中国方面则可能是因为袁世凯的意见，才最终决定向冈田支付高薪。

总之，交涉是在修订法律馆和冈田各让一步的情况下达成一致的，冈田不再坚持顾问名号，承诺接受京师法律学堂的教习和兼任修订法律馆的调查员；清朝则在报酬上让步，同意冈田的要求，连带房租补贴月支付报酬850银圆。合同条文如下：

> 大清国
>
> 钦差出使日本国大臣杨枢　代
>
> 钦命修订法律大臣沈家本、伍廷芳聘订
>
> 大日本东京帝国大学法科大学教授、法学博士冈田朝太郎为
>
> 北京法律学堂教习兼钦命修订法律馆调查员。所有合同条款开列
>
> 于左：
>
> 第一则　该员到中国后应受法律学堂监督节制，遵守奏定学堂章程

---

① 《法律大臣请代发驻日本杨大臣电》（光绪三十二年七月十五日潜字 338 号，1906 年 9 月 3 日），中国第一历史档案馆藏。

② 『法学博士岡田朝太郎氏』『法律新聞』第 377 号、1906 年 9 月 15 日。

及本学堂章程内教习应照各条，并遵修律大臣命令，从事法律馆所嘱托调查改良法律事宜。此外民商等法遇有嘱托亦应竭力襄助。

第二则　该员在学堂教授刑法及刑事诉讼法，按照本学堂学期授业预定表及时刻与各教习分任课目。

第三则　该员应受薪水分列如左：

一　由法律学堂每月致送薪水银圆六百圆。

一　由法律馆每月致送薪水银圆二百圆。

一　本学堂法律馆未备该员居住相当官房，每月另送房租银圆五十圆，但住房未满一个月须按日扣算。

以上三项俱以到北京之第二日起算，按照中国历于每月月底致送。所有食膳车马雇役一切费用及住房内桌椅等件俱由该员自理。

第四则　本合同以满三年为期限，限满续订与否由本学堂及法律馆临时酌定。

第五则　该员如未经修律大臣及法律学堂监督许可，接连一月未能从事第一则、第二则所揭职务时薪水减半，倘再接连旷课二月，则本合同作废。

第六则　该员非有疾病及意外事故不得于合同期限内借端辞职，如或自愿解职，须于三个月前预先声明，不得临时告辞。

前项自行辞职不得要求川资。

第七则　本学堂及本馆除因该员有违背合同及旷课满三个月可将该员辞退外，不得于合同期限内无端解约。

但本学堂及本馆如有意外事故不能履行合同之时可临时将该员辞退，除送川资银圆四百圆外，另送六个月薪水以示格外优待之意。

第八则　该员自照本合同应聘后，当于起程来中国时致送川资银圆四百圆以为一切旅费。

如合同期满不再续订，归国时亦致送川资银圆四百圆。其常年暑假年假时旅行归国等费，俱由该员自理。

第九则　该员在合同期限内非经法律大臣及监督许可不得兼他业，亦不得在外另收生徒。

第十则　本合同分缮汉文四份，署名盖印，一存该员，一存使署，一存法律学堂，一存法律馆，以昭信守。

第十一则　本合同中如有未尽事宜，俟该员到北京后与修律大臣随时商订。

附则

本合同所称银圆系为重库平七钱二分之中国现行银圆。

大清国钦差出使日本国大臣杨枢　代署名

钦差修订法律大臣沈家本、伍廷芳　订

大日本国东京帝国大学法科大学教授、法学博士冈田朝太郎　署名

光绪三十二年七月二十六日①

这样，聘请冈田的合同于 1906 年 9 月 14 日在东京签字。合同给予冈田的身份为"京师法律学堂教习兼钦命修订法律馆调查员"。合同共 11 条。第 1 条规定的是冈田在中国应履行的义务。第 2 条规定了冈田承担的讲学内容。第 3 条是关于冈田的报酬，规定其报酬由京师法律学堂支付 600 银圆，修订法律馆支付 200 银圆，房租补贴月 50 银圆，合计 850 银圆。第 4 条为聘用期限，第一次为 3 年，期满是否续聘由京师法律学堂和法律修订馆商定，第 5～7 条和第 9 条是关于工作的各种要求，第 8 条规定期满回国所应负担的旅费。同时在附则中还具体规定了银圆"为重库平七钱二分之中国现行银圆"。

冈田来华赴任之前，东京大学主办的《法学协会杂志》发了一篇文章为其送行，表达了对冈田到清廷修订法律馆赴任的祝贺与期待。

我法科大学教授、法学博士冈田朝太郎氏本次接受清朝政府聘请，担任京师法律学堂教习兼钦命修订法律馆调查员，任期 3 年，将于本月 3 日启程，保留现任职务去清朝赴任。博士在我法科大学担任刑法讲座多年，且荣任刑法修正案主查委员之要职，乃我国第一流刑法学家，于理不应随意旷此重任，然于情亦不忍漠视邻邦之急务。盖清朝当今正值从千古迷梦中觉醒，全国上下期待所谓革新以变法自强，其最为紧要之事

---

① 「岡田朝太郎の清朝京師法律學堂教習応聘の契約」外務省外交史料館所藏外務省記録『外國官庁ニ於テ本邦人雇入関係雑件　清國ノ部』（自明治 35 年 5 月から）第 4 卷（1）3－8－4－16－2。

莫过于改革刑法及普及刑事法学，尤其立宪政体乃至各种法制，清朝政府皆欲师事吾邦，故寄厚望于博士，托以重任，诚乃出于万不得已之需要，是博士之有此行之所以也，亦我大学不顾自身之不便与困难令清朝实现此希望之所以也。博士今以大国国宾之身份前往，为拥有四百余州三亿有余之民众讲述刑法，编纂法典，岂止博士一身一家之光荣，亦我学界之荣耀也。博士之责任实可谓重且大矣。请博士多自珍重，待任满功成之秋重返我大学讲述东亚之刑法，于兹敢饯一言为博士壮行。

顺便告知，博士不在校期间，由检察官、法学士牧野英一氏担任我法科大学讲师，负责刑法讲座。[1]

第三节 松冈义正和其他教习应聘经过

一 招聘松冈义正的经过

阅读沈家本致杨枢的电报可知，修订法律馆最初打算招聘两人。但是，如上所述，原拟聘请的梅谦次郎因故无法接受中国的聘请。于是，另一位该招聘谁呢？据沈家本和杨枢的往返电报，其候选人最初似乎是板仓松太郎和丰岛直通。

驻日杨大臣鉴：冈田外尚需一日本教员。闻板仓松太郎、丰岛直通甚佳。如冈田尚未代定有人，请于二人中速为酌聘一人，薪金合同均照矢野。熊、陈、李三君并望约同速来。本告白。[2]

那么，电文中提到的板仓和丰岛是什么人呢，作为他们两人报酬的参照系的矢野又是何许人呢？

据查，丰岛直通直至 1906 年 9 月的简历是这样的：明治四年（1871）

---

① 「岡田博士の渡清」『法学協会雑誌』第 24 卷第 10 号、1906、1482～1483 頁。

② 《法律大臣请代发驻日本杨大臣电》（光绪三十二年七月十九日 448 号，1906 年 9 月 7 日），中国第一历史档案馆藏。

12 月 18 日出生于东京市的一位士族家庭，明治 28 年 7 月毕业于东京帝国大学法科大学法律学科，同年 8 月 1 日被任命为司法官试补，常驻东京地方裁判所，就任检察官代理，下赐年俸 300 日元。明治 30 年 5 月担任检察官，明治 32 年 1 月补为东京控诉院检察官，直至明治 39 年（1906）。其间历任裁判所书记员录用考试委员（明治 32 年 6 月）、律师法及公证人规则修改审查委员（明治 35 年 6 月）、法官检察官录用第一届考试委员（明治 36 年 6 月）、律师考试委员（明治 37、38、39 年）等职。①

　　丰岛的上述简历告诉我们，1906 年清廷修订法律大臣打算延聘丰岛来华赴任的时候，丰岛正在东京控诉院（相当于现在的东京高等法院）里担任检察官，并担任第一届法官检察官录用考试委员和律师考试委员，其地位很难让他轻易离开自己的岗位。

　　至于板仓松太郎，由于没有找到他的详细资料，现在无从知晓他的全部经历。但是，板仓曾经出版过《民事诉讼法》和《刑事诉讼法》等著作，并根据新井勉的论文可知，板仓毕业于东京帝国大学，明治末期担任过大审院法官，② 大正时期出任过大审院检察局的检察官，1928 年和松冈义正同时担任大审院的部长职务，③ 由此可以说，他既担任过法官，又担任过检察官，是一位司法通才。

　　他们两人之所以受到推荐，应该与董康等人在考察日本法制以及司法设施过程中，曾获得他们二人的帮助，知道他们的为人和学识有关。同时，板仓还在法政速成科兼职讲授民事诉讼法和刑事诉讼法，在留学生中有很大影

① 丰岛 1907 年以后的简历补充如下：明治 40 年 3 月补为大审院（即现今最高裁判所）的检察官，并兼任司法省参事官，兼管民刑局。同年 6 月被任命为刑法施行法起草委员。明治41 年 5 月受命担任刑事诉讼法修正案起草委员、刑事诉讼法修正主查委员（明治 41 年 11月）。明治 43 年被授予法学博士学位。明治 44 年 4 月任司法省参事官兼检察官，大正 3 年（1914）6 月担任司法省法务局长，1915 年 7 月晋升为一等高等官，1919 年 4 月被任命为司法省刑事局长。1921 年 6 月再次担任检察官，被补为东京控诉院检察长。1923 年 10 月担任法官，补为大审院部长，1930 年 10 月去世。

② 另据《法政大学史资料集第 11 集（法政大学清国留学生法政速成科特集）》（1988 年，非卖品）第 91 页"清国留学生法政速成科担任讲师"记载，1904 年板仓松太郎是以大审院判事的身份在法政速成科讲授"民刑诉讼法"的，学历为法学士。

③ 新井勉「大正・昭和前期における司法省の裁判所支配」『日本法学』第 77 卷第 3 号、2011 年 12 月、13、26 页、http://www.law.nihon - u.ac.jp/publication/pdf/nihon/77_3/01.pdf、检索日期：2012 年 5 月 12 日。

响。板仓之所以最终没有应聘，估计与他当时正担任大审院法官无法长期离开岗位有关。

那么，矢野又是何许人呢？经调查，矢野名为矢野仁一，是东京帝国大学文科大学的副教授，当时应京师大学堂总监督兼教习、进士馆监督张嘉亨的聘请，自 1905 年起在进士馆担任历史地理科目的教习，其时居住在北京。据矢野与京师大学堂签订的合同，支付给他的工资为每月 360 银圆，另加房租补贴每月 45 银圆。因此，矢野的报酬只相当于冈田的一半左右，这对于经费不充裕的修订法律馆来说是一个不错的参照标准。①

---

① 矢野仁一与京师大学堂签订的合同内容如下：

大清国京师大学堂总监督兼教习、进士馆监督张亨嘉延聘
大日本国文学士矢野仁一为教习进士馆历史舆地科教习，所有合同条款开列于左。
一　本馆聘请教习订立合同，该教习到华后一应授业事宜应受监督节制，按照学期编排课程由教务提调核定办理，其有该教习意见或就商监督，或由教务提调转达以归划一。
一　该教习到华后，由本馆发奏定章程及各种章程条规一份给该教习阅看，该教习须一律遵守不得违背以奏定章。
一　本馆现在开办伊始，一切章程条规未及全备，尚须陆续修订，其自该教习到华后陆续修订之章程条规，该教习须一律遵守，不得歧异。
一　该教习担任历史舆地学专科，其如何分年分类教授之处，该教习到华后应按本馆所定学年详分子目，编每学期之授业预定表，一律交由教务提调切实互商妥订，再呈监督核准，按表遵办。至每一学期毕后须照所授学业编成授业报告书，亦交教务提调转呈，备核斯教者学者循途守辙，方有成绩可查。
一　该教习每日授课至少须及四点钟，以本馆钟点为准（入堂出堂不得短少时刻）。
一　教授学生须尽心指授不厌烦琐，质问务期学者明白晓畅而后止。如讲堂功课学生尚未尽明晓之处，得赴该教习住舍质疑请问以求详尽。
一　该教习薪水自到京之第二日起按中国月份每月支给中国银圆三百六十圆（不以日本金圆扣算），所有伙食佣工养马及其他一切费用均在其内。惟本馆未备该教习居住官房以前，每月另支房租中国银圆肆拾五圆，但住房未满一个月，须按日扣算。将来备有官房以后即应一律住馆，所有另支房租一项即行停止。所备官房有应修理之处，本馆理应修理，惟该教习不得任意挑剔房屋之式样或添盖等事，除必需应用器具外，亦不得任索家具陈设铺垫等物。
一　该教习由本国来京应用川资中国京平银贰佰五十两，挈眷者加支壹佰五十两。
一　该教习薪水本馆于华历每月底致送，如不足一个月则按日扣算。
一　该教习到堂后以三年为限，期满时返国川资亦照来时川资支给，如彼此愿留或一年或三年，再行议订，订准蝉联则返国川资应俟续订期满返国时再行支给。
一　该教习如因病不能教课尽合同内所载之责任过十五日以上者，须自请人权代，其所权代之人是否胜任应由监督考认可，其代理期内薪水由请代者自与订给。（转下页注）

但是，与板仓、丰岛的交涉无果而终。10 日后的 9 月 17 日，沈家本接到了推荐志田钾太郎的电报。志田系东京高等商业学校（现一桥大学）的教授，并在东京帝国大学法科大学等大学授课，拥有博士学位，是一位著名的商法学专家，其地位与冈田朝太郎仿佛。招聘志田，其待遇必定要与冈田持平。为此，沈家本考虑到修订法律馆的经费问题，认为无法支付与冈田一样的高薪，而且请来的教习，拟让其担任审判实务的讲义，可以不要求其拥有博士学位，故否定了招聘志田的提议。此外还有一个原因，电报中没有明言，当时亟须解决的是民事诉讼法和民法草案的起草事务，以商法为专业的志田还不是眼下最需延聘的人选。

　　驻日杨大臣鉴：感电悉。承荐志田，甚好。惟学堂经费支绌，不能

（接上页注①）　一　该教习如因疾病不能教课竟无法自请代理，则从第十六日起扣除薪水二分之一，以为本馆代为延聘代理之费。
　　一　如三个月以上该教习仍不能教课，即将此合同作为废纸。
　　一　遇有该教习实系患病自请告退，经教务提调呈由监督验准，照第八款支给川资；为别项事故告退，或因不遵守合同暨违背本馆已订及续订一切章程条规辞退，则不给川资。
　　一　该教习除患病告退外，如因别项事故起意辞职，必当于三个月前告知，以便另延他人继席。
　　一　该教习在合同限内不经监督允许不得营利别图他业，并不得私自授课他处学生，致荒本馆正课。
　　一　该教习如无过失，本馆于合同限内或将该教习辞退，除应支返国川资外支给三个月薪水。
　　一　凡本合同未尽诸事宜皆包括于本馆奏宣章程及一切章程规并日后续修章程条规之中，该教习详阅遵守亦与本合同所订各条无异。
　　一　本馆延聘如国各科学教习，无论各该教习同国异国，其应聘前来原属先后差池，所订合同自不一律，各该教习各循所订合同办理，不得援他合同歧异之处以为口实。
　　一　此项合同系用汉文，共录二纸，各执一纸为据。
　　大清国出使日本国大臣杨代
　　大清国京师大学堂总监督兼教习进士馆监督张亨嘉订
　　大日本国文学士矢野仁一
　　保证人岩谷孙藏
　　光绪三十一年二月　日
　　明治三十八年三月　日

　　引自「矢野仁一应聘中国教习的合同」日本国立公文书馆·亚洲历史资料中心所藏『東京帝国大学文科大学助教授矢野仁一応清国政府ノ招聘ニ応ジ報酬ヲ受クルノ件』（国立公文書館·公文雑纂、明治 38 年、第 99 巻、文部省·農商務省一。レファレンコード：A04010091500）。

再出重滽，且宗旨重在裁判实验，不必拘定博士，请另为物色一人，合同薪水只能照矢野例……①

可是，经过上述迂回曲折之后，最终确定延聘的竟然是时任东京控诉院"部长判事"的松冈义正，其待遇并非与矢野同列，而是与冈田持平。只是签订合同的时候，松冈没有兼任修订法律馆的调查员，因此没有来自修订法律馆200银圆的报酬。现在我们无从知晓究竟是什么原因使最终确定延聘的人选变为松冈。根据前面引用的《东京朝日新闻》的报道，发挥最大作用的可能还是梅谦次郎的推荐。

不过，这位人选的交涉是从9月份才开始的，而梅氏其时不在日本，尚在北京考察。如果推荐松冈的是梅谦次郎，要么是在去韩国考察之前的6月份，要么是在北京考察期间提出的建议，而后者的可能性更大。据梅谦次郎前述关于中韩的谈话，其在中国滞留期间，先后会见过肃亲王、北洋大臣袁世凯、湖广总督张之洞、两江总督端方以及商约大臣吕海环、上海道台等人，调查了中国法制改革的情形，在中国受到各界的高度关注。② 松冈如果由梅谦次郎这样地位高、名气大、学富五车的人士推荐，清廷似乎没有理由拒绝。

修订法律大臣沈家本、伍廷芳与松冈义正于1906年10月16日签订的中文合同，内容几乎与和冈田签订的合同一模一样，但也有几处细微的区别。第一，给予松冈的身份没有修订法律馆调查员，只有京师法律学堂的教习，负责讲授民法、商法和民事诉讼法；第二，松冈的月俸中没有修订法律馆支付的200银圆；第三，松冈回国的川资比冈田少50银圆，为350银圆；第四，支付冈田的银圆"系库平重七钱二分中国现时通行之银圆"，而松冈的合同规定系"库平重七钱二分中国现时通行之龙圆"。③

---

① 《法律大臣请代发驻日本杨大臣电》（光绪三十二年七月二十九日潜字720号，1906年9月17日）。

② 「帰朝せる梅博士の清韓談（上）」『法律新聞』第386号、1906年10月30日。

③ 松冈义正的合同内容如下：

　　大清国钦差出使日本国大臣杨枢代

　　钦命修订法律大臣沈家本、伍廷芳聘订　　　　　　　　　　　（转下页注）

二　梅谦次郎推荐松冈义正的原因

　　梅谦次郎应时任韩国统监伊藤博文的邀请，决定担任韩国政府的法制顾问，负责调查和重新构建韩国的法制和法律体系，因而没有接受清廷的聘请。作为替代人选，梅氏推荐了冈田朝太郎，担任大清刑律和大清刑事诉讼律草案的起草工作，并在京师法律学堂讲授刑事关系法律。梅氏还应清朝政府的请求推荐松冈义正担任京师法律学堂的教习，讲授民商法和民事诉讼法等民事关系法律。两年后，他又向清廷推荐了小河滋次郎和志田钾太郎，分别担任监狱法和商法的起草工作和教学。冈田、志田都是东京帝国大学的教

（接上页注③）　大日本国东京控诉院部长判事法学士松冈义正

　　为北京法律学堂教习所有合同条款开列于左

　　第一条　该员到北京后，应受法律大臣及法律学堂监督节制，遵守奏定章程及本学堂章程内教习各条办理。

　　第二条　该员在学堂教授民法、商法、民事诉讼法，按照本学堂学期授业预定表及时刻与各教习分任课目。

　　第三条　该员薪水自到北京之第二日起算，按照中历每月支给中国银圆六百圆，于每月底致送。所有食膳车马雇役家具一切费用俱由该员自理。不足一月者按日扣除。

　　本学堂未备该员居住相当官房以前每月致送房租银四十五圆，该员自行租屋居住。

　　第四条　本合同以满三年为限满，续订与否本学堂临时酌定。

　　第五条　该员如因疾病不能从事第二款所载之责任过三十日者，则从三十一日起算扣去薪水二分之一，倘再接连二月不能从事，此合同作废。

　　第六条　该员非有疾病及意外事故不得于合同期限内籍端辞职。如或自愿辞职须于三个月前申请法律大臣认可。

　　前项自行辞职不得要求第八条第二项之利益。

　　第七条　本学堂因该员有违背合同及因病旷课满三月可将该员辞退外不得于合同限内无端解约。但本学堂如有意外事故不能履行合同之时可临时将该员辞退。除按照第八条第二项致送川资外另送六个月薪水以示优异。

　　第八条　该员自照本合同应聘后，当于起程时致送川资银三百五十圆。如合同期满不再续订，归国时已致送川资三百五十元。其寻常年假、暑假回国或旅行时俱由该员自理。

　　第九条　该员在合同限内非经法律大臣及监督许可不得别兼他业。

　　第十条　本合同分缮汉文三份，署名盖印，一存使馆，一存法律学堂，一存该员，以昭信守。

　　付款　本合同所称中国银圆系为库平重七钱二分中国现时通行之龙圆。

　　如有未尽事宜由法律大臣随时更定。

　　大清国

　　钦差出使日本国大臣杨枢代

　　钦命修订法律大臣沈家本、伍廷芳订

　　大日本国东京控诉院部长判事法学士松冈义正

　　光绪三十二年八月二十九日

　　明治三十九年十月十六日

授，都拥有博士学位，而且两人还是日本法典调查会的辅助委员，参与过日本刑法、刑事诉讼法以及商法的起草工作；小河虽然是监狱事务官员，但拥有博士学位，是世界驰名的监狱学专家。因此，以上 3 人受到梅氏的推荐完全可以理解。但是，与冈田、志田、小河相比，松冈虽是东京控诉院的部长判事，但只有法学学士学位，而且作为司法实务官员的审判官，日常审判业务繁忙，应该像丰岛一样很难离职赴任的。

梅氏没有从著名的民法学家而是从司法实务官员中，把松冈义正作为最佳人选推荐给了中国。其中的原因何在呢？关于这一疑问，由于没有发现相关资料，也许很难得到正确的答案。但是，笔者通过调查梅氏与松冈的关系以及松冈本人的学问和业绩，认为梅氏推荐松冈至少有以下三个原因。

第一，松冈义正是梅谦次郎在东京帝国大学的第一批直系弟子。

梅谦次郎于明治 23 年（1890）8 月自法国返回日本，在东京帝国大学法科大学担任教授讲授民法的这一年，松冈义正恰好从第一高等中学毕业考入东京帝国大学，就是说，松冈是梅氏留学回国后教授的第一批学生之一。松冈于明治 25 年（1892）从东京帝国大学毕业，同年 10 月梅氏被任命为民法商法施行调查委员。

第二，松冈在法典调查会以辅助委员身份开展的工作得到梅谦次郎的高度评价。

众所周知，日本请来法国著名民法学家波索纳德，花费 10 年工夫编纂的由财产编、财产取得编、债权担保编、证据编构成的日本民法草案，于明治 23 年 3 月 27 日经元老院和枢密院的审议修订获得通过，4 月 21 日以法律 28 号的形式在官报上公布，宣布自明治 26 年 1 月 1 日起实施。但是，民法典公布后，日本法学界出现了激烈的争论，一派反对民法典，坚决要求延期实施，被称为"延期派"；另一派支持民法典，坚决要求按期实施，被称为"坚定的实施派"。两派意见尖锐对立，互不相让。争论的结果是"延期派"获胜。明治 25 年 5 月举行的第三届帝国议会经过激烈争论，最终决定这部民法典延期实施。①

于是，政府决定设置法典调查会，以修正民商法的名义重新编纂民商法

---

① 详阅星野通『明治民法编纂史研究・日本立法资料全集』别卷 33、信山社、1991。

典。法典调查会成立于明治 26 年，结束于明治 36 年，共存在了 10 年时间。同时，法典调查会以明治 32 年 3 月 9 日敕令第 48 号修改法典调查会规则为界分为前后两期。前期的法典调查会主要任务是"起草审议法例、民法、商法及其附属法律的修正案"，后期则是"起草审议法典、法律及其附属法令的修订或制定有关的事项，并调查实施条约所需事项"①。本章目的并非讨论法典调查会本身，而只是对涉及与松冈有关的部分做一些简要介绍。

后期法典调查会设有总裁、副总裁、部长、起草委员、委员、辅助委员。总裁、副总裁"以敕任官充之"，总裁一般由总理大臣出任，副总裁则由司法大臣或文部大臣兼任。部长一职基本上由宫中顾问官、司法次官或者著名学者担任，委员由总理大臣从高等行政官、司法官、帝国大学教授、帝国议会议员和知名人士中奏请天皇任命，尤其是起草委员，获得任命的都是帝国大学的一流学者。例如前期法典调查会中被任命为起草委员的穗积陈重②、富井政章③、梅谦次郎，无一不是当时著名的法学专家。在法典调查会内，辅助委员位于组织的末端，主要任务共有 3 项：提供起草法典草案相关的资料；奉起草委员之命开展各种调查；根据起草委员的意见撰写草案理由书。④ 从以上业务内容可以看出，辅助委员虽然位卑言轻，但担负的工作都是基础性的，对于起草委员来说是不可或缺的助手。至于出任辅助委员的资格和任命程序，虽然没有看到具体的规定，但选拔的都是优秀的年轻学者。

在前期法典调查会中，被选拔担任辅助委员的是仁井田益太郎、松波仁一郎、仁保龟松，分别辅助起草委员富井政章、梅谦次郎和穗积陈重。仁井田、松波、仁保都是明治 26 年毕业于东京帝国大学法科大学的新晋学士，毕业以前就被任命为法典调查会的书记员。

---

① 「法典調査会規則」法務大臣官房司法法制調査部監修『日本近代立法資料叢書』第 28 卷、商事法務研究会、昭和 61 年、42～43 頁。

② 穗积陈重（1855～1926），日本最早的法学博士之一，民法学家，东京帝国大学教授。历任东京大学法学部长、贵族院议员、枢密院议长等职。参与创办中央大学，有《法窗夜话》等著作行世。

③ 富井政章（1858～1935），法学博士，民法学家，东京帝国大学教授。历任东京帝国大学法科大学学长、贵族院敕选议员、枢密顾问官等职。后任京都法政学校（今立命馆大学）首任校长。

④ 星野通『明治民法編纂史研究・日本立法資料全集』別卷 33、162 頁。

松冈义正则是从后期开始与法典调查会发生联系的。明治 32 年 3 月，法典调查会重组，内设部由两部体制变为四部体制，各部承担的起草审议法典的分工分别是："第一部负责破产法、保险取缔法、船舶登记法，第二部负责民事诉讼法及裁判所构成法，第三部负责刑法、刑事诉讼法，第四部负责调查实施条约所需事项。"① 法典调查会重组后，松冈义正被起用为辅助委员，安排在第一部和第二部。第一部的部长由男爵尾崎三良担任，起草委员有井上正一、梅谦次郎、冈野敬次郎、田部芳，委员则由三浦安、横田国臣、穗积陈重、富井政章、穗积八束、土方宁等 15 人担任。松冈义正、加藤正治（明治 32 年 12 月 15 日免职，同月 8 日任命研究生川名兼四郎替代）、矢野恒太则被任命为辅助委员。第二部部长是三浦安，河村让三郎、前田孝阶、富谷𫓩太郎任起草委员，委员有尾崎三良、横田国臣、波多野敬直、井上正一、梅谦次郎、冈野敬次郎、土方宁等 15 人。辅助委员则有横田五郎、宫田四八以及松冈义正 3 人。②

以上人事安排中有两点值得注意。其一，法典调查会规定辅助委员的编制为 8 人，而实际上 4 个部中共有辅助委员 9 人。其中，松冈义正同时担任第一部和第二部的辅助委员。这说明，松冈的能力和学识得到了起草委员的肯定。其二，一身而兼两个部起草委员的唯有梅谦次郎，而且这两个部的辅助委员都有松冈义正，说明松冈在法典调查会的两个部门担任梅氏的助手。

据法典调查会整理的《委员及其他出勤调查表》记载，在第一部和第二部担任辅助委员的松冈参加法典调查会会议的出勤率似乎不是很高。例如，明治 32 年 4 月至 33 年 2 月第一部委员会共召开 12 次会议，部长尾崎、起草委员梅谦次郎和田部全部出席，冈野出席 11 次，相比之下，松冈仅仅参加了 4 次。③ 明治 33 年 6 月至 7 月第一部召开的两次会议，松冈全部缺席。④ 但是，后半期松冈的出勤率就非常高。例如，明治 33 年 9 月至 11 月，第二部委员会共召开 8 次会议，松冈和起草委员河村、前田、富谷

---

① 「内閣令第六号　改正法典調査会規程」（明治 34 年 7 月 10 日）、法務大臣官房司法法制調査部監修『日本近代立法資料叢書』第 28 卷、15 頁。
② 『日本近代立法資料叢書』第 28 卷、50～59 頁。
③ 『日本近代立法資料叢書』第 28 卷、137～139 頁。
④ 『日本近代立法資料叢書』第 28 卷、146 頁。

一样，8 次全勤。① 又如明治 34 年 3 月至 5 月，第二部委员会共召开 15 次会议，松冈和梅氏出席了 13 次。② 同年 6 月至 8 月第二部召开的 13 次会议，松冈出席了 9 次，梅氏出席了 11 次。③

由上可知，松冈义正在法典调查会与梅谦次郎频繁接触，其学识和才能都为梅氏所熟知。而且，第二部的任务就是起草和审议日本民事诉讼法，可以推想松冈义正以辅助委员的身份，与横田五郎、宫田四八一道在搜集、提供民事诉讼法起草相关的资料，以及撰写各种调查报告和理由书方面做出了很大贡献。法典调查会完成使命时，松冈义正"因奉职法典调查会辅助委员尽力良多，特赠银杯一套"，就是一个明证。④ 当清廷要梅谦次郎推荐专家帮助中国起草民法以及民事诉讼法的时候，其脑海自然会浮现出曾在法典调查会活跃过的年轻法官松冈义正的身影，把他推荐给修订法律馆，应该是符合逻辑之举。

第三，松冈义正的学问和学识足够承担在京师法律学堂讲授民商法和民事诉讼法的任务。

松冈义正虽然是一位主要从事民事审判的法官，但他平时就很注意钻研学问，发表论文近 20 篇。他的学问得到学术界承认，先后在东京帝国大学、早稻田大学、东京法政大学、明治大学等大学讲授民法、民事诉讼法、破产法和人事诉讼法等课程，并出版了《民法总则》和《破产法》等相关专著，由各所大学刊行的讲义录有 10 多种。⑤ 这些研究成果应该也是梅谦次郎推荐松冈的一个重要考量。

三　沈家本同意延聘松冈义正的原因

如上所述，除冈田朝太郎以外，沈家本还打算为京师大学堂延聘另一位教习，但囿于经费支绌，他指示董康等人延聘的教习薪酬只能维持与时在进士馆任教的矢野仁一同等的水平。可是，结果却出人意料，沈家本不顾经费

① 『日本近代立法資料叢書』第 28 卷、148～150 頁。
② 『日本近代立法資料叢書』第 28 卷、157～160 頁。
③ 『日本近代立法資料叢書』第 28 卷、162～165 頁。
④ 『帝国法曹大観』（大正 4 年出版）松冈義正条。
⑤ 据日本学者西英昭整理的《松冈义正著作目录》介绍，松冈去中国赴任以前发表论文 18 篇，出版著作和讲义 18 部。

的拮据，下决心支付与冈田朝太郎同等水平的薪酬聘请了松冈义正。是什么原因促使沈家本做出如此决定？

据笔者的分析，这应该与修订法律馆面临的法律修订和编纂的任务以及当时正在酝酿的"官制改革"的进展有关。

首先，伍廷芳牵头制定的《大清刑事民事诉讼法草案》没有顺利获得清廷的认可，重新编纂诉讼法草案势在必行。

如前所述，被任命为修订法律大臣之一的伍廷芳在正式着手修订法律馆的事务之前，一直参与并负责与英美德法日等国家进行商约谈判。谈判中，中国方面一直试图说服列国废除在中国的领事裁判权即治外法权，恢复中国的司法主权。但是，中国的法律体系和审判制度受到各国的诟病，它们不肯放弃在中国的治外法权。在中国反复力争之后，为了获得中国的更大让步，英国在改正商约中允许写入第十二条："中国深欲整顿本国律例，以期与各西国律例改同一律。英国允愿尽力协助以成此举。一俟查悉中国律例情形及其审断办法，及一切相关事宜皆臻妥善，英国即允弃其治外法权。"① 由此伍廷芳痛切地知道，中国要想废除列强在中国的治外法权，必须尽快改变中国的传统法律，建设新的法律体系和法制。为此，当他处理完商约修改谈判，有时间与沈家本一起主持修订法律馆事务之后，马不停蹄地做了三件事情。第一件事情是摆脱此前依靠律例馆对传统法律小修小补的做法，让修订法律馆成为一个与律例馆平行的独立机构，招募专门人才，从事法律修订。第二件事情是将旧律例中受到列强激烈批判、同时也是反人道的严刑峻法之类的条款删除。1905 年，他与沈家本联名上奏的这类奏折就多达 6 份。② 这些奏折都十分顺利地得到朝廷的批准，很快被付诸实施。第三件事情是改革中国的审判制度。针对旧的审判制度没有章法可循的现状，伍廷芳选择的切入点是制定程序法，1906 年初，他主持编定的《大清刑事民事诉讼法草案》就是这项工作的集大成者。③

---

① 朱寿朋编《光绪朝东华录》第 5 册，第 4919 页。
② 据《伍廷芳集》，这些奏折分别是《奏删除律例内重法折》（1905 年 4 月 24 日）、《奏核议恤刑狱各条折》（1905 年夏）、《奏变通盗窃条例折》（1905 年夏）、《奏停止刑讯请加详慎折》（1905 年夏）、《奏订新律折》（1905 年 10 月 15 日）、《奏流徒禁刑讯、笞杖改罚金折》（1905 年 10 月）。
③ 过程可参阅陈煜《清末新政中的修订法律馆——中国法律近代化的一段往事》，第 198 ~ 210 页。

　　伍廷芳早年留学香港和英国，学习英国法律，据说是在英国取得律师资格的第一位中国人，熟知以英国为代表的判例国家的审判程序。在修订法律馆内，唯有他具有如此深厚的西方法律背景。他的自负使他主持制定的这部诉讼法基本上照搬英美法系的法律，除引进陪审员参与审判和自由辩论制度外，更将不同性质的刑事民事案件的诉讼程序合二为一。

　　为了早日实践修订商约中的承诺，废除列强的治外法权，恢复中国的司法主权，伍廷芳身体力行主持制定审判程序的诉讼法典，其本意值得称道，出发点也是正确的。但是，当这部由 5 章 260 条组成的皇皇大典①提交给政府后，并没有获得朝廷此前对伍廷芳、沈家本提交的其他修律奏折给予立即准奏、颁发施行的待遇。朝廷采取了一种审慎态度，将《大清刑事民事诉讼法草案》发给各地将军督抚都统等高级官员，让他们提出看法和建议。上谕谓"法律关系重要，该大臣所纂各条款，究竟于现在民情习俗能否通行，着该将军督抚都统等体察情形，研究其中有无扞格之处，即行缕析条分，据实具奏"②。

　　朝廷的这种处理方法，实际上是对伍廷芳主持制定的诉讼法草案持怀疑态度，这也是伍廷芳随后辞职回乡，坚决不再返回修订法律馆的直接原因。

　　当然，各地将军督抚和中央大员反馈给朝廷的意见大部分是负面的，咸以该部法律不适合中国国情，反对付诸实施。其中反对最激烈者是坚决主张改变中国传统法律体系的湖广总督张之洞。他在 1907 年 7 月 26 日提交的题为《遵旨讨论新编刑事民事诉讼法》的奏折中提出了 4 条质疑或反对的理由。③

　　第一，该法全盘移植西洋法律的原则和主义，破坏了中国的传统秩序。

　　　　综核所纂二百六十条，大率采用西法，于中法本原似有乖违，中国
　　　情形亦未尽合，诚恐难挽法权转滋狱讼……乃阅本法所纂，父子必异
　　　财，兄弟必析产，夫妇必分资，甚至妇人女子责令到堂作证，袭西俗财

---

① 详细条文请参阅《大清新法令（1901 ~ 1911）》第 1 卷，商务印书馆，2010，第 420 ~ 456 页。
② 朱寿朋编《光绪朝东华录》第 5 册，第 5506 页。
③ 苑书义、孙华峰、李秉新主编《张之洞全集》第 3 册，第 1772 ~ 1775 页。

产之制，坏中国名教之防，启男女平等之风，悖圣贤修齐之教，纲沦法
斁、隐患实深。

第二，仅仅改变诉讼程序和诉讼制度，不可能使外国人服从中国法庭的
审判，更不可能依恃这部诉讼法的实施来收回治外法权。收回治外法权从根
本上说需要依靠法制整体的完善，更需要有国家整体实力做后盾。

> 在法律大臣之意，变通诉讼制度，以冀撤去治外法权，其意固亦甚
> 善，惟是各国侨民所以不守中国法律者，半由于中国裁判之不足以服其
> 心，半由于中国制度之不能保其身家财产……而谓变通诉讼之法，即可
> 就我范围，彼族能听命乎？……近年与英、美、日订立商约，彼国虽允
> 他日弃其治外法权，然皆声明俟查悉中国律例情形、审断办法及一切相
> 关事宜皆臻妥善等语。是以失之法权，不能仅恃本法为挽救，其理甚
> 明。所谓"一切相关事宜皆臻妥善"十字，包括甚广，其外貌则似指
> 警察完备、盗风敛戢、捐税平允、民教相安等事，其实则专视国家兵力
> 之强弱，战守之成效以为从违。

第三，实施本法所定诉讼程序，如无完善的配套措施跟进，贸然实施，
反将导致诉讼泛滥，良民受屈，恶人嚣张。

> 观于日本实行管束外国商民，实在光绪二十年以后，可以晓然。若
> 果不察情势，贸然举行，而自承审官、陪审员以至律师、证人等无专门
> 学问，无公共道德，骤欲行此规模外人貌合神离之法，势必良儒冤抑，
> 强暴纵恣，盗已起而莫惩，案久悬而不结，此臣所谓难挽法权而转滋狱
> 讼者也。

第四，应该优先制定刑法、民法等实体法，然后再制定程序法，才符合
构建新的法律制度的先后顺序。

> 且西洋各国皆先有刑法、民法，然后有刑事、民事诉讼法。即日本
> 维新之初，亟亟于编纂法典，亦未闻诉讼法首先颁行，如刑法及治罪法

俱施行于明治十五年，旧民法及民事诉讼法俱公布于明治二十三年是
也。……今日修改法律，自应博采东西诸国律法，详加参酌，从速厘
定，而仍求合于国家政教大纲，方为妥善办法。律条订定以后，再将刑
事、民事诉讼法妥为议定，则由本及支，次第秩然矣。

张之洞的质疑和反对意见中，如反对诉讼法主体的平等之类的内容确实
显得保守，对此提出批评也是理所当然，① 但从制定法律的先后次序以及收
回治外法权的手段而言，张的意见具有合理的成分，不能一概斥之为保守。
同时，张之洞也不是为了反对而反对，在奏折中还具体提出了自己的修正条
文，就 260 条条款中的 63 条附加了详细的修改意见，可以说是一种认真务
实且负责任的态度。

沈家本作为伍廷芳的搭档，对坚持以英美法系作为参照系移植近代法律
的意见虽然有自己不同的看法，最终还是妥协让步，与伍廷芳一起署名上奏
《大清刑事民事诉讼法草案》。结果《大清刑事民事诉讼法草案》遭到朝廷
上下诸多官员的激烈反对，实际上被束之高阁。由于中国官场上大多数人认
为日本学习西方，很有成效地走上了近代化的道路，收回了治外法权，故而
主张仿效日本的呼声很高。而伍廷芳对此潮流似乎没有认真体会，接受群僚
们的意见，把自己草拟的诉讼法草案进一步修正，而是负气辞职。这样，编
纂新法取代必将废弃的《大清刑事民事诉讼法草案》的议题势必被提出来，
这使沈家本感到压力巨大。在这种时候，他对有能力为中国编纂制定新型法
典和法律的人才的渴求一定十分迫切。这应该是沈家本不顾经费拮据，通过
驻日公使和正在日本考察法制的董康，连续和冈田朝太郎以及松冈义正签署
聘用合同的主要原因。

其次，光绪三十二年七月十三日（1906 年 9 月 1 日）"官制改革"完成
后，加快编纂完成以宪法为核心的各种法典和法律是推动宪政的重要一环。
承担编纂法律重任的修订法律馆直面人才匮乏的局面，招揽人才刻不容缓。
这次官制改革中，沈家本调任大理院正卿。虽然他担任的修订法律大臣职位
没有明确调整，但已经有人对他的位子虎视眈眈，对修订法律馆的归属和作
用也颇有争议。在这种情况下，沈家本沉着应对，一面小心躲避明枪暗箭，

---

① 丁贤俊、喻作风：《伍廷芳评传》，第 242～245 页。

一面抓紧为修订法律馆招募人才。但是，沈家本对于朝廷会采取何种措施也是心中无底。他必须抓紧时间，利用自己修订法律大臣的地位处于暧昧的时期，与松冈签订聘用合同，这或许就是沈家本在官制改革完成后 1 个月就与松冈签订合同的原因。同时，为了免遭怀疑，他在延聘松冈的合同上没有像冈田那样给予松冈以修订法律馆"调查员"的身份，而只是聘请他作为京师法律学堂的教习。这些细节充分反映了久居官场的沈家本自保避祸的智慧。而实际上，在幕后，沈家本与松冈之间可能还存在着不为人知的交易，否则，一个正处在事业上升期的优秀年轻法官不会为了一个区区外国法学教习的位置而自弃前程。果然，1907 年 9 月关于修订法律馆地位的争论尘埃落定，宪政编查馆决定让修订法律馆独立，朝廷重新任命沈家本为修订法律大臣的同一个月，沈家本便立即和松冈义正签订了一份补充合同，规定"该员除充当教习外，自光绪三十三年十一月初一日起并兼钦命修订法律馆调查员，应遵修订法律大臣命令从事法律馆所嘱托调查民法事宜外，商法、诉讼法等遇有嘱托亦应竭力襄助，每月致送银圆二百圆"①。

　　第三，松冈跟随梅谦次郎参与日本修订和制定民事诉讼法的辅助委员的经历，以及他长期从事民事审判的丰富经验和在日本东京帝国大学等多所大学从事民法、民事诉讼法教学的资质，使得沈家本认为松冈义正就是他所需要的，既可担任教学，又堪承担起草民法、民事诉讼法等民事法典重任的最佳人选。当然，还有沈家本等人最为信赖的梅谦次郎的有力推荐，从而使沈最终决心克服经费不足的困难，以高薪延聘松冈义正。

　　经笔者调查，松冈生于明治三年（1870）10 月，1890 年进入东京帝国大学法科大学学习，1892 年 7 月毕业。同年，被任命为司法官试补。3 年后的 1895 年 9 月晋升为"判事"，成为正式的法官，在东京地方裁判所从事审判工作，尔后被提拔担任东京地方裁判所的部长，随后调入东京控诉院担任法官，开始受到社会的重视。1899 年，松冈 29 岁时，即被任命为法典调查会的辅助委员，以梅谦次郎助手的身份活跃在法典调查会和司法界。1901 年 2 月，松冈的学问学识受到学界的关注，被东京帝国大学法科大学聘请为兼职讲师。与此同时，他还在早稻田大学、东京法政大学、明治大学等私立

---

① 『明治四十年公文雑纂（司法省・文部省・農商務省）巻十九』、日本国立公文書館蔵、2A – 13 – 1035。

大学讲授民事关系方面的法律课程，并出版了许多讲义录和著作。其中，他撰写出版的《破产法》在他应聘来华之前就已经被人翻译成中文在中国出版。① 过了两年，被任命为东京控诉院部长判事。翌年 1 月更被政府委任为"录用法官检察官第二次考试委员会"委员，地位愈加提高。

同时，董康等人 1906 年赴日本考察法律法制时，得到了时在东京控诉院第四民事部担任部长判事②的松冈义正的协助。董康回国后提出的考察报告《调查日本裁判监狱报告书》中，作为报告的参考资料就附录了松冈义正署名的《日本裁判沿革大要》。这份参考资料主要叙述日本设立法院的经过及其演变的历史，对于正要构建司法制度的清廷而言具有可供操作的使用价值。由于董康没有对其加以具体说明，松冈的这份沿革大要，是根据其撰写的文章翻译的，还是考察期间根据松冈的口述记录撰写的则无从知晓。可以肯定的是，松冈对于董康等人考察日本的审判制度和法院设施，一定提供了不少的帮助。

董康与松冈的实际接触，加深了对松冈的学问学识以及为人的了解，应该是沈家本下决心聘请年仅 36 岁的年轻法官松冈义正的重要参考。所以，如前所述，沈家本在介绍松冈时特别强调他有 15 年的审判经历，看中的就他丰富的审判经验和司法实践对于清廷编纂民事法典的重要意义。

四　小河滋次郎的受聘经过

在沈家本的努力下，负责编纂刑法和刑事诉讼法的冈田朝太郎和负责编纂民法和民事诉讼法的松冈义正相继来华，并着手开展法典的编纂起草工作。同时，宪政编查馆又开始讨论推动宪政的逐年筹备事宜。光绪三十四年（1908）八月初一日公布的筹备事宜清单中，第一年即光绪三十四年必办的事务中就有"一、修改新刑律。修订法律大臣、法部同办。一、编订民律、商律、刑事民事诉讼律等法典。修订法律大臣办"③ 等内容。因此，修订法律馆不仅要在短期内编纂完成近代意义上的刑法、刑事诉讼法、民法、民事

---

① 陈煜：《清末新政中的修订法律馆——中国法律近代化的一段往事》，第 238 页。
② 「清国の招聘と松岡義正」『法律新聞』第 384 号、1906 年 10 月 20 日。该报道说，松冈的聘期为 3 年。
③ 《宪政编查馆、资政院会奏宪法大纲暨议院法、选举法要领及逐年筹备事宜折（附清单二）》（光绪三十四年八月初一日），怀效锋主编《清末法制变革史料》上卷，中国政法大学出版社，2010，第 92 页。

诉讼法，还要制定商法、监狱法等重要法典。

借着朱福诜要求延聘梅谦次郎奏折的东风，沈家本在已经聘请到冈田和松冈两位法律顾问后，乘势先后又聘请到了承担监狱学教习以及编纂监狱法的小河滋次郎和担任商法教习以及编订商法的志田钾太郎。

小河滋次郎（1863～1925），日本旧信浓国（今长野县）人，系上田藩医生金子宗元的次子，1879 年过继给原小诸藩藩士小河直行做养子，同年进入东京外国语学校就读。1882 年，早稻田大学的前身东京专门学校成立，小河因仰慕创立者大隈重信，于当年作为第二期生考入该校法律学科。1883 年，经穗积陈重等教授建议并获文部省批准，在正规的法学部之外成立了"东京大学别课法学科"，专门招收有志研究法律的青年学子，以弥补东京大学法学部每年只培养七八名学生，远远不敷社会需要的缺憾，同时借此打压其时相继成立的不少私立大学的法律学科。在这种背景下，小河在保留东京专门学校学生的身份并继续在该校履修学分的同时，于 1883 年 9 月以自费生的身份进入了东京大学别课法学科。小河勤奋好学，于 1883 年在东京专门学校考试时获得优等成绩，受到学校的"褒奖"；1884 年在"东京大学法理文学部学生生徒考试优劣表"上，小河在总共 26 名学生中成绩排第 11 位，第一学期平均成绩为 70.2 分，第二学期平均成绩为 75.5 分。小河同时在两所学校拥有学籍，并取得了不错的成绩。

小河后来成为监狱学方面的世界知名学者得益于在东京大学别课法学科学习时受到了穗积陈重的指导和器重。穗积虽然专攻民法，是东京大学著名的民法学家，但他一直十分关心建设日本的行刑制度和改良日本的监狱。1876 年，穗积以刚过弱冠的 21 岁之年龄留学欧洲期间，每每发出要将欧洲的行刑制度移植于日本的呼声，在德国滞留期间还常常到监狱考察。6 年留学期满，穗积回到日本任东京大学教授后，还在法学部开设了特别讲座"监狱学"。正是在这个时候，小河有幸遇到了穗积陈重。穗积对小河也是情有独钟，悉心指导。据穗积回忆：

> 小河滋次郎君尝在大学时，余亦厕身教授。君为人深沉寡言，勤勉好学，均超越侪辈。讲学余暇，君不时来访茅庐，质之以学习之事。余一日谈余，谓君曰：监狱之事务，乃关涉社会风教淑慝之所，关系国帑岁费增减之所，实国家至重之制，乃当局诸公所必须用心良深之所。故

如欧洲诸邦，讲究之俨然别为一科专门之学，以审慎探讨其利害关系。而在吾国，尽付之不问，尚未就学理上稽查之，诚可谓一大缺憾。君岂无意率先补之？君颇以余言为然，自是而后，留心斯学，沉潜钻研，孜孜不倦，遂成大器。[①]

随之，穗积给了小河一本学术著作让他翻译，这就是伯麦的《监狱学提要》。小河翻译告竣，穗积便将其译作推荐至东京大学法学部的机关刊物《法学协会杂志》的创刊号并分数次连载。

正是受到穗积的鼓励和启发，小河的毕业论文题目就是《治狱案》，专门探讨监狱制度问题。小河滋次郎从东京大学别课法学科毕业时，也是穗积向时任内务省警保局长的清浦奎吾推荐，从而进入内务省，专门掌管监狱事务达四分之一个世纪之久。

进入内务省警保局后，小河对于监狱学的研究仍然孜孜不倦。据介绍，小河在积累实际经验的同时，凡有余暇，便一头钻进帝国图书馆。该馆藏书中有关监狱学的著述，不论日文外文，几乎没有他没涉猎过的。他的这种敬业和孜孜好学的精神受到上司的重视和好评，在清浦奎吾男爵（1850～1942）的推荐下，小河三次奉派赴欧洲考察各国的监狱制度和监狱现状，还多次代表日本政府出席万国监狱会议。[②] 在监狱事务极其繁忙的情况下，小河利用工作之余的时间，笔耕不辍，出版了多部有关监狱学和监狱制度的专著，如《监狱法讲义》（1890）、《监狱学》（1894）、《狱事谈》（1901）、《刑法修改的两大重点》（1902）等，为日本监狱的完善和改良发挥了应有的作用。为此，1897 年被擢升为典狱。1907 年 1 月，一度传说他即将由事务官荣升为监狱局长。[③] 日本制定监狱法时，小河还奉命协助监狱法起草者

---

① 穗积陈重「小河滋次郎君著监狱学序」（1894 年 6 月 7 日）、『穗积陈重遗文集』（第 2 册）岩波书店、1932、286 页。

② 1895 年 3 月，小河以神奈川县典狱的身份奉命考察比利时、法国、德国、瑞士、意大利、英国、荷兰、奥地利等欧洲国家的监狱后，《读卖新闻》于 1897 年 1 月 19 日起分 4 次连载了他的考察报告《万国监狱视察谈》，对于各国监狱制度有比较深入的观察，认为比利时监狱制度在理论和实践的结合方面做得最好，欧洲各国区分男女监狱分别收容男女囚犯、特设少年犯监狱以及预防刑满释放人员再次犯罪等办法值得日本借鉴。

③ 之所以用"传说"二字，消息是根据 1907 年 1 月 6 日《读卖新闻》的报道。1908 年小河与修订法律馆签订的聘用合同，小河的头衔仍然是监狱事务官，可能最终未能升任为局长。

担任资料调查收集等实际工作。1898 年，应聘在母校早稻田大学和东京帝国大学法科大学讲授"监狱学"，日后成为日本刑法学泰斗的牧野英一博士就曾听过他的讲义，并公开表示日后的学术生涯受到他学术思想的启发以及他的"人格主义洗礼"。①

1906 年 8 月 8 日，经过东京帝国大学法科大学教授会审查，小河提交的题为《论未成年人的刑事制度之改良》② 的博士学位申请论文获得通过。教授会认为小河虽然不是东京帝国大学的正式毕业生，但具有在东京帝国大学学习，并经过正规考试者同等以上的学力，一致同意授予其法学博士学位。通过这段评语可知，小河滋次郎的博士学位属于破格授予。而且，小河天性温厚恭俭，性不嗜酒，因此应邀参加在布达佩斯召开的第十届万国禁酒会议并被推举为会长。为此，博士论文审查报告特意写上了博士会对小河人品的高度评价。小河不仅是当时日本以监狱学为专业的唯一的一位博士，③《法律新闻》的报道甚至评价小河，"谓之博士中之博士实不为过"。④

当时，在监狱学领域，小河滋次郎是日本名副其实的学术大家，尤其在主张改良少年犯监狱、打击犯罪应以预防为主、刑罚应注重对罪犯的感化和主张废除死刑等方面走在学术界的前列。不仅如此，他在国际刑事法学界也是一位知名人物。他的行刑思想不仅在当时影响着日本刑事政策乃至社会政策的制定，甚至在他离世乃至二战以后仍然可以看得到其对日本刑事政策的制定所产生的直接或间接的影响。⑤

聘请小河滋次郎的具体经过目前不是很清楚，但董康等人 1906 年在日本考察法院和监狱时，就得到过小河的多方协助，董康撰写的监狱报告书实际上就是小河滋次郎讲述内容的翻译，因此，修订法律馆对他的学识和为人都有深度了解。沈家本在为董康的报告书所做序言中，推崇"小河滋次郎

---

① 牧野英一「小河滋次郎博士を悼む」法学志林協会編『法学志林』第 27 巻、1925、78～79 頁。另外，关于小河滋次郎青年时期经历的介绍，笔者参阅了早稻田大学法学部教授杉山晴康「ある監獄学者の青春——若き日の小河滋次郎について」『早稻田法学』第 58 巻第 1 号、早稻田大学法学会、1983，以及『法学部創立百周年記念論文集』、1～37 頁，谨表示感谢。

② 关于小河的博士论文题目，牧野的文章写作《未成年犯罪者之处遇》。此处依据『法律新聞』第 371 号的报道。

③ 见『読売新聞』1906 年 8 月 6 日报道。

④ 「小河滋次郎君の篤学と博士論文」『法律新聞』第 371 号、1906 年 8 月 15 日、24 頁。

⑤ 请参阅杉山晴康「ある監獄学者の青春——若き日の小河滋次郎について」。

为日本监狱家之巨擘"，称赞其"本其生平所学，为我国忠告"①。加之又有梅谦次郎的推荐，小河滋次郎的延聘进行得非常顺利。

笔者在日本公文书馆找到了小河滋次郎的聘用合同，与聘用冈田和松冈的合同有十几条条文不同，聘用小河的合同非常简单。合同内容如下：

> 契约者　法律大臣、管理法律学堂事务、法部右侍郎沈，侍郎、俞
> 　　　　钦差出使日本国大臣李（代）
> 任务　　北京法律学堂教习兼法律馆编纂监狱章程调查员
> 期限　　满一年六个月
> 报酬　　由法律学堂每月致送薪水银圆六百圆
> 　　　　由法律馆每月致送津贴银圆二百圆
> 　　　　此外，每月另送房租银圆五十圆
> 旅费　　往复各银圆四百圆
>
> 　　　　　　　　　　　　　　　　　　　　明治41年4月1日

如此简单的条款说明双方已经有很深的信任，用不着再用很多条款来防止发生纠纷。而且，从小河给日本司法大臣的报告中可知，当小河1年半的合同期满后，修订法律馆又将他的聘期延长了半年，小河滋次郎在修订法律馆实际工作了整整两年。②

五　志田钾太郎的受聘经过

如前所述，早在1906年志田钾太郎就进入了沈家本的视线，只是当时修订法律馆编纂商法的任务还不是十分迫切，加之经费困难以及志田本人似乎也有诸多顾虑，故延聘之议中途作罢。

志田钾太郎出生于日本明治维新发生的1868年8月。1891年，他进入东京帝国大学法科大学，就读于英法科，1894年7月毕业，随之进入研究

---

① 沈家本：《寄簃文存》卷4。
② 明治42年（1909）9月30日、小河滋次郎在向司法大臣、子爵冈部长职提交的报告中申请延期6个月。10月28日司法次官、法学博士河村让三郎致内阁书记官长柴田家门的报告显示，司法省批准了小河的申请。『明治42年公文杂纂（司法省・文部省）卷17』、国立公文书馆所藏、H18、11、16 2A－3－1121。

生院深造，先后师从田部芳（1860～1936）、富谷銍太郎（1856～1936）和冈野敬次郎（1865～1925）等商法学家。志田进入研究生院时，东京帝国大学商法讲座刚刚开设，而他提出的研究计划题为"公司法及保险法"。据说以此作为研究课题，志田乃是日本第一位吃螃蟹的人，此后志田终其一生在此领域深耕细作，成绩斐然。

志田尚在研究生院就读期间，因其优秀的学业成绩，受他几位担任法典调查会委员的老师推荐，被日本法典调查会起用，于 1896 年 1 月至 1898 年 10 月，担任日本商法修正案起草委员的辅助委员，负责调查和研究各国的商法典，由此参与了日本新商法典法案的起草工作。在此期间，志田钾太郎作为辅助委员执笔撰写了《商法修正案参考书》（八尾书店，明治 31 年 6 月出版）。在此基础上，志田于明治 32～35 年（1899～1902）连续出版商法专著《日本商法论卷之一总论·第一篇商业》和《日本商法论卷之二·第二篇商法》（以上为 1899 年）、《日本商法论卷之三·第三篇商行为》（1901 年）、《日本商法论卷之四·第四篇票据》（1902 年），这套著作的出版，使志田与另一位商法博士、同时又是其导师的冈野敬次郎一起被人们称为日本商法研究的双璧。[①]

1897 年，志田研究生毕业，随即应聘进入现一桥大学的前身东京高等商业学校任教，系该校开设商法课程的首任教授。翌年，由日本文部省派遣，赴德国留学，研究商法，直至 1902 年 4 月结束留学回国。留学期间，志田研究德国及其他各国商法的同时，完成上述 4 卷本商法著作，因此，1903 年志田被授予法学博士学位。[②] 此后，以东京高等商业学校为中心，在东京帝国大学、学习院大学、早稻田大学、明治大学等大学讲授商法、民法等课程。

正当志田在日本商法、民法领域大展拳脚之际，清朝政府将编纂商法列入宪政筹备计划，从而一度中断的延聘商法典起草人才之事被再次提上了议事日程。由于两年以前修订法律馆有过聘请志田的接洽，加上冈田和松冈已经赴任，聘任条件已有先例可循，修订法律馆方面对于聘请志田似乎没有任

①　坂口光男『志田钾太郎』『ジュリスト』第 1155 号、1999 年 5 月、47～48 頁。
②　张登凯：《点校者序》，志田钾太郎口述、熊元楷、熊元襄、熊仕昌编《商法　有价证券　船舶》，上海人民出版社，2013，第 5 页。

何异议。但就志田钾太郎本人和日本而言，这一过程似乎经历了一番周折。志田在保险学会为其举办的欢送会上说过的一段话从侧面证明了这一点。他说："实际上，这次赴华的任务，自己是打算推辞而委之于他人的，只是由于诸般原因不容自己请辞，遂奋而接受聘请。本人虽然期以不致出现万一之失败，以充分的决心赴华，同时希望在国内各位同学先辈及保险业界同仁不吝给予后援"①。

同时，清廷对志田的延聘事出仓促，要求志田赴任的时间紧迫，对于志田赴华就职后留下的教授空缺如何补充等问题，日本政府需要时间调整，因此，最后获得日本政府同意似乎花费了不少时间。这从日本文部大臣小松原英太郎批准志田来华任职的公文中可知，日本外务大臣小村寿太郎向文部省发函，要求批准志田赴华就职，时在 5 月 11 日，而文部省直到 9 月 10 日才批准同意，花费了 4 个月的时间。② 可见，对于志田来华，日本政府是经过了一番考虑的。

这样，1908 年 9 月 29 日上午 8 时，志田钾太郎乘坐从日本东京新桥车站始发的火车踏上了赴华之旅，东京帝国大学和东京高等商业学校的教授和学生以及保险公司职员数十余人为其送行，盛况空前。③

志田应聘终于尘埃落定。在他来华之际，《法学协会杂志》刊载了为其送行的报道，对他来华寄予了厚望。文章是这样写的：

> 东京高等商业学校教授兼（东京帝国大学。——引者注）法科大学教授、法学博士志田钾太郎本次应清朝政府聘请，于 9 月 29 日踏上赴华的旅途。今天，清朝锐意编纂法典，意图完成伟业，曩时聘请冈田博士嘱其编纂刑法，接着又延聘松冈学士，着手编纂民法，进而自去年以来又为编纂

---

① 志田钾太郎「清国へ赴任するに就いて」『保険雑誌』第 149 号、1908、19 頁。
② 日本文部大臣小松原英太郎致日本外务大臣小村寿太郎批准同意志田赴华就任京师法律学堂教习和修订法律馆调查员的公函如下："（職）甲第 561 号　本年 5 月 11 日付送第 72 号ヲ以テ法学博士志田钾太郎ヲ清国政府ノ招聘ニ関シ在本邦同国公使ヨリ依頼アリタル趣ヲ以テ至急応聘ノ義取計方御照有之候処右本日許可致候条御了知相成度此段回答傍申進候也。
　　明治 41 年 9 月 10 日
　　文部大臣小松原英太郎
　　外务大臣伯爵小村寿太郎殿"
　　『外国官庁ニ於いて本俸人雇入関係雑件（清国の部）六』No. 38416 - 2。
③ 「志田博士の出発」『保険雑誌』第 149 号、1908、36 頁。

商法，希冀聘请我国商法学者，一直与志田博士交涉，博士常以种种缘由固辞不受。然今天因清朝政府心情恳切，加之先辈及亲朋故旧劝说，遂决然痛快允诺之。先以 3 年为期，与冈田博士同为京师法律学堂教习，担任商法讲义，此外又于修订法律馆承担编纂清朝商法之大任。本来，清朝数年前已有伍廷芳编纂之大清商律之法典，然如当时松本法学士于本刊所详评，其规定中不得宜之处匪鲜，现今已殆成有名无实之法典，清朝政府企图加以改造之。故博士此行担负重任，要为风俗习惯迥异的老大帝国之商业交易起草一部崭新大法典，吾人不难想象其事业光荣伟大，同时困难重重。然博士于曩时我国商法编纂之际，担任辅助起草委员，已积累丰富经验，且其后又游学欧美诸国，尽晓斯学奥蕴。回国以后，多年来在各式公私立学校执教，成就斐然，被人称颂为大家。如今牺牲一己之不便不利，侠义衷肠，勇于承担如此重任，必定成算在胸，自毋庸论矣。然而，事业能否成功，毋宁涉及清朝政府是否假以博士充足岁月及必须之材料。故吾人希望清朝朝野人士常怀对博士之信赖，真诚协助其困难无比之事业，同时殷切希望博士倾注浑身英气，妥善调和清朝国情与最新学理之关系，完成臻善臻美之法典，以不负此一光荣之信任与厚望。大至开拓增进清朝利国福民之基，小至弘扬我邦之法学光辉于海内外，不胜切望之至。兹以一言为博士送行并祝博士健康云尔。[1]

　　志田的聘期最初定为 3 年，本应于 1911 年 9 月结束。可能由于中国方面的需要，他的任期似乎延长了 1 年。可是，任期延长合同签订不久便

---

[1]　「志田博士の渡清」『法学協会雑誌』第 26 巻第 10 号、1908、288 頁。志田对于自己在中国工作期间修订法律馆给予他的协助以及有些顾问的处事方式似乎不是很满意。1910 年 7 月 5 日在一次欢迎宴会上，志田说了这样一段话："中国聘请我们负责编纂法典，人们以为这是对我们表达尊敬，但是如果仔细琢磨其所由来，乃知绝非如此。中国人绝非发自内心尊敬外国人，他们常常自称中华或中国，自尊自负的观念极其强烈，假如一定要说他们敬重外国，首先敬重的当然是欧美各国，而认为日本充其量只是欧美各国的徒弟。然而，编纂法典之际，之所以不请西洋人而依靠日本，只是因为他们认为日本人对自己而言使用起来更为方便，且诸如文章之类，大略相同，抛掉日文中的假名，将文字顺序颠倒便可通其意。故他们认为与其直接输入西方文明不如通过日本这位中介经手输入更为便利，绝非从内心尊敬日本人。可是，应聘的日本人却心得意满，态度傲慢，令中国人在其背后直指脊梁骨，是以不可不深思之。总之，如果盘算利益，将就行事，今后日本人在中国活动之余地必定很少，令人忧虑。"（「滞清雑話」『保険雑誌』第 158 号、1910、25～26 頁）

发生了辛亥革命。1912 年，中华民国成立，3 月，袁世凯接任孙中山的临时大总统职位，因此，志田在延长期内实际上是为新成立的中华民国服务。他大约于 1912 年中国的春节期间返回日本短暂休假，虽然对袁世凯抱有不满，但仍于 3 月 19 日返回北京继续完成其任期，直至 7 月份才返回日本。①

至此，修订法律馆延聘法律顾问的工作全部告竣。光绪三十四年十月，修订法律大臣沈家本上奏朝廷，正式请求"聘用日本法学博士志田钾太郎、冈田朝太郎、小河滋次郎、法学士松冈义正分纂刑法、民法、刑民诉讼法草案"，获得朝廷的批准，② 不用说，这种请求朝廷批示的奏折只是一种官场上的程序，通过日本顾问起草法典的实际工作其实早就已经开始。

第四节　日籍法律顾问在华滞留时间及其薪酬

一　日籍顾问在华滞留时间

4 位法律顾问何时来华赴任，在修订法律馆服务多长时间，何时回国，很久以来都是云里雾里，说不清楚。例如，关于他们来华的先后次序，李贵连早先曾认为，"所聘四位专家，其先后到达北京的时间顺序是，冈田朝太郎先到，接着是志田钾太郎、松冈义正，最后是小河滋次郎"③。但事实是，4 位法律顾问中，来华时间最早的应数冈田朝太郎，于 1906 年 9 月来华，其次是松冈义正，比冈田晚到一个月左右，于 1906 年 10 月抵京。小河滋次郎和志田钾太郎则分别于 1908 年 5 月和 10 月赴北京就任。

关于他们在修订法律馆乃至在中国的任职时间，即使日本方面也是语焉不详甚至出现混乱。其中，如表 4 - 2 所示，南里知树编辑出版的《中国政府雇用之日本人》认为，冈田、松冈、志田各 3 年，小河 1 年 6 个月，而《广池千九郎博士　清国调查旅行资料集》则认为冈田自 1906 年至 1915 年

---

① 参阅「同交会の志田博士歓迎会並びに例会」『保険雑誌』第 187 号、1912、25～27 頁。「保険演習関係者懇話会と志田博士」『保険雑誌』第 188 号、1912、32～33 頁。
② 朱寿朋编《光绪朝东华录》第 5 册，第 6019 页。
③ 李贵连：《近代中国法制与法学》，北京大学出版社，2002，第 100 页。关于这一点，李贵连在自著《沈家本评传》（增补版）（中国民主法制出版社，2016）第 94 页中已经厘清。

在华任职，共滞留 9 年；志田钾太郎在华任职时间为 1908 ~ 1912 年；共 4
年；松冈则为 1906 ~ 1908 年，共 2 年；小河滋次郎则未言及。[①]

表 4 - 2　聘请冈田、松冈、小河、志田的相关信息

姓名	月薪	聘任职务	在日本所任职务、学位	受聘时间	受聘期限
冈田朝太郎	850 银圆	法学教习及编纂法典	东京法科大学教授、法学博士	上午 12 时 00 分	满 3 年
松冈义正	800 银圆	同上	东京控诉院部长判事、法学士	上午 12 时 00 分	满 3 年
小河滋次郎	800 银圆	同上	司法省监狱事务官、法学博士	上午 12 时 00 分	1 年半
志田钾太郎	950 银圆	同上	东京商科大学教授兼东京法科大学教授	上午 12 时 00 分	满 3 年

资料来源：据南里知树编『中国政府雇用の日本人』附属资料一、8 ~ 10 頁制作。

以上 4 个人中，在华任职时间比较清楚的是冈田朝太郎，他不仅在修订
法律馆服务至清廷覆亡，而且在中华民国成立后，继续在新成立的朝阳大学
等大学任教，直至 1915 年因卷入一件民事纠纷而被迫离职回国。小河则比
合同规定的期限延长了半年，实际在中国工作两年。志田合同期满后似乎又
被续聘了 1 年，于 1912 年 7 月回国，故在中国的时间为 4 年。最模糊的是
松冈义正。直至 2009 年，陈煜撰写的关于修订法律馆研究的专著中，虽然
准确地指出其来华时间为 1906 年末，但未谈及其离任时间，[②] 甚至还有学
者怀疑松冈赴任后中途回国。

原因出在松冈义正的简历上。据井关九郎监修的《大日本博士录》第 1
卷（1921 年 11 月出版）中"法学博士及药学博士部分"收录的松冈义正
条目记载，松冈"明治 39 年（1906）11 月应清朝政府聘请赴华。明治 41
年 9 月任大审院判事，明治 45 年任东京控诉院部长，继而再次补授大审院
判事，大正 5 年（1916）4 月被授予法学博士学位"。因此，西英昭推测，
"如果明治 41 年 9 月任大审院判事的记载准确无误，那么，松冈很可能此时

①　『広池千九郎博士　清国調査旅行資料集』財団法人モラロジー研究所、1978、56 頁。
②　陈煜：《清末新政中的修订法律馆——中国法律近代化的一段往事》，第 238 页。

已经回国"。同时他又补充说，"至于松冈准确的回国日期和工作形态，根据目前掌握的资料状况不可能知道得更详细"①。

明治 42 年（1909）10 月 28 日司法次官河村让三郎致内阁书记官长柴田家门的信函或许能够解除这一疑惑。这封信是一份十分重要的资料，可以证明松冈在赴华就任京师大学堂教习和修订法律馆调查员期间不仅没有中途返回日本，而且 3 年期满后又续聘了 1 年半。信函中写道："应清朝政府之聘在职中之判事松冈义正提交之附件誊本所示，申请续聘 1 年半，谨此报告。""应清朝政府之聘在职中之判事松冈义正"云云说明松冈义正此时正滞留于中国。

同时，明治 42 年 10 月 11 日松冈本人向司法大臣冈部长职提交的申请报告是这样写的："小官谨呈：曩时本人与清朝政府签约，从事编纂法典和教授法学，至本年 10 月 15 日合同期满。本次对原来之合同做了如附件所示之变更，须延聘 1 年半，谨此申请。大审院判事松冈义正。"② 这份申请书的署名使用的是大审院判事的官衔。这表明，松冈在为清朝政府编纂法典和讲授法学期间已经晋升为大审院判事。

同时，明治 41 年（1908）9 月 4 日日本政府发行的《官报》"辞令"（职务任免）一栏内刊载有如下告示，"东京控诉院部长判事松冈义正补授大审院判事"以及"下赐大审院判事松冈义正二级俸"。这些情况清楚地表明，松冈虽然身在中国，但在日本国内获得了擢升。

那么，松冈人为何在中国任职却能够从东京控诉院部长判事擢升为大审院判事呢？这得从当时明治政府为接受清朝和韩国政府聘请的日本教习以及法制顾问等人员采取的优惠待遇说起。

优惠待遇反映在日本政府于明治 39 年（1906）10 月 30 日以敕令第 281 号形式颁布的法律之中。这部法律是《关于接受外国政府聘用的法官、检察官适用在职者的法律》，其内容如下：

> 在职法官、检察官经批准接受外国政府聘用者，在受聘期间及其聘

① 西英昭「清末民国時期法制関係日本人顧問に関する基礎情報」『法史学研究会会報』第 12 号、2008 年 3 月。

② 日本国立公文書館所蔵『明治 39 年公文雑纂（司法省・文部省）巻 17』、No. 2A - 3 - 1121。

用结束之后，没有缺员期间以之为编制外人员。

　　对于前款法官、检察官，必要时得特别适用有关在职者之规定。

　　对于以上两款人员，停发薪俸，不支付旅费。

　　这就是说，接受外国政府聘用的在职法官和检察官，在外国滞留期间以及任期届满回到日本后，如果原任职单位没有缺编则算作编制外人员，但其身份和职业仍然获得保障，而且，必要时，本人在外国服务期间与在国内工作的在职者同样享受提薪、升级升格等人事上的晋升待遇。当然，由于在外国服务期间接受了外国政府的报酬和旅费，日本政府停止向他们发放工资和支付旅费乃理所当然。

　　当时，日俄战争结束后，日本取得了对韩国的宗主国地位。日本政府为了彻底改造韩国的法律和法制，以便全面统治韩国，逼迫韩国统治当局向日本大量聘请法官和检察官以及法学教授。日本政府制定这部法律本来是为了解决这些应聘担任韩国法官和检察官之人的后顾之忧。但是，随着后来清朝政府为了改造传统的法制和法律，向日本提出了聘请日本法学教授和司法官员的要求后，日本政府便将适用于应韩国政府聘请的法官和检察官的规定扩大至适用于受清朝政府聘请的同类人员。松冈义正适用在职者的人事待遇正是由内阁总理大臣西园寺公望上奏天皇获准的。

　　因此，明治28年即已就任东京控诉院判事，明治36年已经提升为东京控诉院部长判事的松冈义正，于明治41年在中国工作期间适用敕令281号第二款的规定，擢升为大审院判事。

　　实际上，如表4－3所示，松冈义正与修订法律馆之间先后签订了3份合同。第一份合同签订时间为1906年10月16日，服务时间为3年。第二份合同签订于1907年12月5日（光绪三十三年十一月初一日），是一份补充合同，在第一份合同的基础上增加了兼任修订法律馆调查员的条款。最后一份合同签订于1909年10月11日，松冈义正在向司法大臣冈部长职提交的申请延长的报告中有"本年10月15日修订法律馆调查员和法学教习任职期满"的字样，说明松冈在中国已经滞留了3年。第三份合同的签字表明，松冈第一份合同规定的3年任职满期后又延长了1年半，因此，松冈在中国实际上为修订法律馆服务了整整4年6个月。

表 4 – 3　修订法律馆与松冈义正签约的主要内容

签约日期	签字者及其官衔	身份	工作内容	服务时限	报酬	房租补贴	回国旅费
光绪三十二年八月二十九日（1906年10月16日）	修订法律大臣沈家本、伍廷芳	京师法律学堂教习	讲授民法、商法、民事诉讼法	3 年	中国银圆600圆	45 银圆	350 银圆
	东京控诉院部长判事松冈义正						
光绪三十三年十一月一日（1907年12月5日）	不明	修订法律馆调查员	调查民法、商法、诉讼法事务		修订法律馆支付200银圆		
宣统元年八月二十八日（1909年10月11日）	修订法律大臣沈家本、俞廉三	京师法律学堂教习、修订法律馆调查员	前两份合同的综合	1 年6 个月	法律学堂支付600银圆、修订法律馆支付200银圆	45 银圆	400 银圆
	日本大审院判事松冈义正						

资料来源：日本国立公文书馆所藏『明治39年公文雑纂（司法省）巻14』、No. 2A – 13 – 1003；『明治40年公文雑纂（司法省・文部省・农商务省）巻19』、No. 2A – 13 – 1035；『明治42年公文雑纂（司法省・文部省）巻17』、No. 2A – 3 – 1121。

　　另据日本政府发行的《官报》记载，松冈到中国赴任时间是 1906 年 11 月 13 日，期满离任时为 1911 年 4 月 15 日。① 但是，松冈虽然离开了中国，此后仍然应修订法律馆的要求为中国提供法律咨询。这一情况可以通过松冈 1911 年 5 月 6 日向日本司法大臣冈部长职提交的报告得到印证。松冈在报告中写道："小官谨呈：拟应清朝政府嘱托，起草民法、民事诉讼法以及强制执行法之施行法并破产法且接受报酬，另纸附上法律馆提调董康来函，祈请批准为荷。"松冈提交的修订法律馆提调董康致松冈的亲笔信云："先生在本馆任调查法律之事，数年以来编纂民律、民诉及强制执行律三种草案，办事勤敏，深堪嘉许。刻下虽契约期满回国，惟各种施行法暨破产律草案未便遽易生手，兹拟仍由阁下接续调查。内三种施行法务须中历

――――――――――

①　关于赴任时间，明治 39 年 11 月 15 日（第 7015 号）《官报》"汇报"栏内"官厅事项"中记载"东京控诉院部长判事松冈义正应清朝政府聘请于前天 13 日出发"。关于离任时间，明治 44 年 5 月 9 日（第 8361 号）《官报》"汇报"栏内"官厅事项"中记载有"解聘　大审院判事判事松冈义正于上月 15 日解除清朝政府聘用"。

八月内送馆，破产律于中历十一月内送馆，万勿迟延，致误敝国颁行期限。仍由本馆每月致送报酬金日币四百元，如阁下回国专任此事，每月致送中币五百元。敬祈速复一信，以便于上项所开各种法律告成前按月致送。此请台安。"

董康致松冈的信未署日期，不知道是何时发出的，但松冈的报告是 5 月 6 日提交的，因此，这封信要么是松冈回国后不久收到的，要么是董康在松冈回国时托其携带回来的，考虑到当时国际邮件递送依靠邮轮，路途花费时间长的情况，后一种可能性极大，即松冈在回国之前就已经接受修订法律馆的委托，回国后继续为清廷起草三种法律的施行法和破产法。松冈的报告应该获得了准许。所以，据此推断，松冈回国后直至当年年底，仍在从事为清朝起草法律的工作。

根据以上情况分析，松冈义正在中国实际滞留了 4 年 6 个月，而实际上为清朝政府工作了整整 5 个年头。

二　工资福利是否太高

表 4-4 所示为 4 位日籍顾问的报酬情况。

表 4-4　日籍顾问的报酬及其内容

单位：银圆

项目	冈田	松冈	小河	志田
京师法律学堂报酬	650	600	600	750
修订法律馆报酬	200	200	200	200
房租补贴	50	45	50	50
合计	900	845	850	1000

资料来源：笔者依据 4 位顾问的合同制作。另据『中国政府雇用の日本人』附属资料二记载，明治 41 年起，冈田的薪俸亦提高至 950 银圆，加上房租补贴，数额与志田同。同时，松冈的第三份合同亦将房租补贴提高至 50 银圆，报酬合计为 850 银圆。

不少学者认为清朝政府给予日籍顾问的报酬、待遇过高。例如陈柳裕认为，修订法律馆的经费拮据，却给日本法律顾问支付了很高的酬金，"冈田朝太郎的年薪为 10200 银圆，而商法学专家志田钾太郎的年薪高达 11400 银圆，其余两人的年薪也分别达 9600 银圆。也就是说，仅仅冈田、松冈、志田和小河四位法律顾问的薪金总额，即相当于整个修订法律馆常年经费的 1.3 倍强"①。陈煜在《清末新政中的修订法律馆——中国法律近代化的一段往事》中也同意陈柳裕的看法，认为修订法律馆为日籍顾问支付的报酬过高。②

那么，日籍顾问获得的报酬是否真的太高呢？本章拟从以下几个角度加以对比分析，以探讨事情的真实情况。

第一个角度是与日本明治初年日本政府聘用外籍专家时所给予的待遇做比较。

在东方各国中，日本是最早承认本国与西方各国存在差距，从而弃旧迎新，采取各项改革措施，奋力推进近代化建设的国家。在推进近代化建设的最初阶段，日本不惜支付高薪向西方各国聘请了大量专家学者担任各行各业的顾问。据《近代日本产业技术的西洋化》等书统计，1868 年（明治元年）至 1889 年（明治 22 年），日本各级公私机构和个人聘用的外籍专家顾问共计 2690 人。这些顾问中，英国 1127 人、美国 414 人、法国 333 人、中国 250 人、德国 215 人、荷兰 99 人、其他 252 人。如果把时间延长至 1900 年，则英国 4353 人、法国 1578 人、德国 1223 人、美国 1213 人。当时，日本官员的工资是多少呢？明治四年，太政大臣亦即日本的最高行政长官三条实美的月俸是 800 日元，二把手右大臣岩仓具视是 600 日元，而外籍顾问的最高月俸领取者为"造币寮支配人"托马斯·威廉·金达③，月俸为 1045 日元，分别相当于三条实美的 1.3 倍和岩仓具视的 1.7 倍。其他如美国人弗里贝克④以及法国

---

① 陈柳裕：《法制冰人——沈家本传》，浙江人民出版社，2006，第 151～152 页。
② 陈煜：《清末新政中的修订法律馆——中国法律近代化的一段往事》，第 94 页。
③ 托马斯·威廉·金达（Thomas William Kinder, 1817～1884），英国人，造币工程师。1863～1868 年为香港造币厂总领。明治三年（1870）应聘赴日，担任日本大阪皇家造币局总监，为日本建设造币厂，确立近代货币制度做出重大贡献。但因性情急躁常与日本同僚发生争执，被讥称为"雷公"。明治 8 年被解雇回国。中国首条营运铁路唐胥铁路的总工程师克劳德·威廉·金达（Claude William Kinder C. M. G., 1852～1936）是他的儿子。
④ 弗里贝克（Guido Fridolin Verbeck, 1830～1898），荷兰裔美国人，明治政府最早招聘的外国人之一。1859 年作为荷兰改革派教会的海外传教士赴日，精通荷兰语、英语、法语和德语。1866 年，应聘在佐贺藩的"致远馆"讲授英语、政治、经济和理学。大久保利通、大隈重信、伊藤博文等明治领导人都曾是他的学生。明治元年，被明治政府聘为顾问，可以列席立法机关"公议所"的会议，为日本明治初期的最高立法机关提供咨询。

人迪博斯克^①月俸都是 600 日元。明治 6～28 年（1873～1895）应聘来日帮助日本起草民法以及刑法的法籍法学家波索纳德^②的月俸更是高达 1250 日元，为日本外聘顾问中最高。截至 1890 年，日本的平均月俸仅为 180 日元。可见当年日本为外籍顾问支付的工资，无论从哪个角度看都是很高的。

第二个角度是与当年日本大学的教员以及司法系统官员的薪俸相比较。

如上所述，修订法律馆聘用的冈田朝太郎和志田钾太郎是东京帝国大学的教授，松冈义正是日本东京控诉院法官，小河滋次郎是司法省所属监狱的事务官（一段时间传闻为局长候选人）。因此，他们在中国应聘期间的报酬是否过高，调查一下他们所属大学教授和司法系统的法官、检察官的工资处于什么水平似乎可以说明一些问题。让我们先来看一下东京帝国大学的工资状况。

据明治 30 年（1897）敕令第 212 号颁布的《帝国大学高等官官等俸给令》规定，日本帝国大学系统的工资分成"本俸"（基本工资）和"职务俸"（职务工资），表 4－5 所示为基本工资。

根据这项法律，领取一级本俸 5 年以上的教授，业绩特别优异者本俸可以增加 500 日元，本俸最高可以达到 2100 日元。

本俸之外还有职务俸，根据学科的种类、职务的繁忙程度，由文部大臣在年额 400～1200 日元以内确定之。根据以上规定推算，大学领取一级俸的教授，年俸最高可以达到 3300 日元。

---

① 迪博斯克（Albert Charles Du Bousquet，1837～1882），法国下级军官，1866 年，应德川幕府第十四代将军德川家茂之邀，参加第一次法国遣日军事顾问团赴日。明治政府建立后军事顾问团解散，迪博斯克则留在日本，担任法国驻日公使馆翻译。1870 年被日本"兵部省"聘为"兵式顾问"。翌年被元老院的前身左院聘为翻译。此后，为元老院翻译了 100 多件法文资料，其中包括法律、军事以及元老院起草"国宪按"所需资料。同时还为日本与西方各国谈判修改不平等条约提供咨询与建议。与日本政府的聘用合同结束后，迪博斯克继续留在日本，担任法国驻日领事。1876 年与日本女性结婚，育有 6 子，1882 年终老日本。

② 波索纳德（Gusutave Emil Boissonade de Fontarabie，1825～1910），法国法学家，来日前为巴黎大学副教授。日本在与西方各国谈判修改不平等条约时，西方各国要求日本制定近代法典（民法、商法、民事诉讼法、刑法、刑事诉讼法 5 部法典）作为修改条约的前提。为此，日本政府拟以欧洲评价甚高的《拿破仑法典》作为立法的参考，遂决定聘请法籍法学家指导。当时司法省川路利良等一行 8 人正在巴黎考察，为他们讲授法律的正好是波索纳德，因而他被日本聘为法律顾问，加上巴黎大学教授职位没有空缺，波索纳德也因此同意应聘赴日。来日后，波索纳德除在"司法省法学校"讲授法国法律达 10 年之久外，还为日本起草了刑法典和民法典，被称为"日本近代法律之父"。日本法政大学为其开设有永久纪念馆。

表 4 - 5 日本帝国大学教官基本俸给（年俸）

单位：日元

职务	一级	二级	三级	四级	五级	六级	七级
帝国大学总长	4000	3500					
帝国大学各文科大学教授	1600	1400	1200	1100	1000	900	800
帝国大学各分科大学助教授	800	700	600	500	400	300	
帝国大学书记官	2000	1800	1600	1400	1200	1000	900
帝国大学舍监	1600	1400	1200	1000	900	800	700

资料来源：日本「帝国大学高等官官等俸給令」（明治 30 年，勅令第 212 号）。

冈田朝太郎和志田钾太郎在东京帝国大学应该达不到一级教授的资格。如果按三级教授资格推算，其年薪当在 2800 日元左右。但是，如前所述，这些教授大多在其他大学兼职，这部分收入当不会太少。据小河滋次郎日记记载，他在东京帝国大学兼职讲授监狱学期间，每月领到的补贴为 50～100 日元不等。[1] 小河没有教授职称，一个月尚能拿到 100 日元的兼职补贴，据此推算，教授在外校兼职讲授一门课程，一年大体上可以获得报酬 1000 日元。冈田和志田都同时在多所大学兼职，并讲授多门课程，其兼职收入当不会少于一年 2000 日元。按此估算，冈田和志田在日本的年收入当在 4000～5000 日元。

下面再来看一下法官、检察官的工资状况。表 4 - 6 所示为明治 32 年（1899）法官、检察官的工资等级。

表 4 - 6 日本法官、检察官俸给（年俸）

单位：日元

职务	等级										
	一级	二级	三级	四级	五级	六级	七级	八级	九级	十级	十一级
敕任官	5000	4000	3500	3000	2500	—	—	—	—	—	—
奏任官	2200	2000	1800	1600	1400	1200	1000	900	800	700	600

资料来源：『判事検事官等俸給令』（勅令第 153 号、明治 32 年 4 月 17 日）『法令全書』（32 卷の3）原书房、昭和 57 年 6 月、203 頁。

---

① 杉山晴康「ある監獄学者の青春——若き日の小河滋次郎について」『早稲田法学』第 58 卷第 1 号、3 頁注釈 2。

另据《法律新闻》1906 年 10 月 20 日的报道，1906 年当年，东京和大阪控诉院院长的年薪是 4000 日元，其余地方的控诉院院长是 3500 日元；部长（东京、大阪）上席 1 人 2000～2500 日元，其他地方的部长 1600～2200 日元，法官 1000～1400 日元；检察长（东京、大阪）3500～4000 日元，其他控诉院的检察长 3000～3500 日元，检察官（东京、大阪）上席 1 人 1800～2500 日元，其他地方的检察官为 1000～2200 日元。①

根据以上数据推算，1906 年来华时任东京控诉院部长判事的松冈义正的年薪应该在 1600～1800 日元，加上他在几所大学的兼职收入，其年收入当在 3000～3200 日元。另据日本《官报》前述记录，明治 43 年（1910），松冈已经被任命为大审院法官，年俸为二级，应该属于奏任官二级，即 2000 日元，② 在回国后的明治 45 年（1912）2 月，松冈的薪俸为奏任官一级，即 2200 日元。③ 小河滋次郎系监狱事务官，来华之前，年薪在 2000～2500 日元。

第三个角度是与当时中国官员的待遇比较。

有清一代，官员的薪俸结构十分繁杂，其内容包括俸禄、养廉银、各种补贴（如"蔬菜烛炭银""心红纸张银""案衣什物银"等）、爵位俸禄等内容，俸禄的发放则有俸银和禄米。清朝共有八大俸禄系列：宗室封爵、公主/格格和额驸、世爵俸禄、文职官俸、外藩蒙古俸禄、回爵之俸、八旗绿营武职、新军俸禄等。由于俸禄系列太多，相互之间差别和差距很大，无法做统一比较，现仅取文职俸禄为例加以说明。

清代文职官俸计分十等：一品岁俸银 180 两，禄米 180 斛；二品 155 两，禄米 155 斛；三品 130 两，禄米 130 斛；四品 105 两，禄米 105 斛；五品 80 两，禄米 80 斛；六品 60 两，禄米 60 斛；七品 45 两，禄米 45 斛。从雍正时起，由于京官清苦，特支双俸（米除外），称"恩俸"。

养廉银的情况又如何呢？据《大清会典》中所载，地方官员养廉银一般为：总督 13000～20000 两，巡抚 10000～15000 两，布政使 5000～9000 两，按察使 3000～8444 两，道员 1500～6000 两，知府 800～4000 两，知州

① 「司法官の俸給——我が国とドイツとの比較」『法律新聞』第 384 号、1906 年 10 月 20 日。
② 『官報』第 8176 号、明治 43 年 9 月 20 日。
③ 『官報』第 8529 号、明治 45 年 2 月 13 日。

500～2000 两，知县 400～2000 两。

从以上两组数字可以看出，在清朝的正式制度安排中，由政府开支的养廉银超过了正式俸禄很多。如七品知县每年的养廉银为 400～2000 两，而他的俸禄每年只有 45 两，只相当于养廉银的 2.25%～11.25%。又如二品的江苏巡抚每年养廉银为 12000 两，而他的俸禄只有 155 两，为养廉银的 1.29%。①

从康熙到光绪年间，总督的品级为从一品，年俸一直是 120 两。每年领取的各种固定补贴，如"蔬菜薪炭银"180 两，"心红纸张银"288 两，"案衣什物银"60 两，总共是 528 两。总督们还大多封有爵位，有爵位工资。根据定例，公爵中的一等公，每年的爵位工资是 700 两，粮食补贴 350 石；伯爵中的一等伯，爵位工资是 510 两，粮食补贴 255 石。清朝中后期的正常年月，1 石粮食相当于 1 两白银，所以 350 石的粮食补贴可以视为 350 两白银。这样，一位总督的基本工资 120 两，各种补贴 528 两，爵位工资 700 两，爵位禄米 350 两，一个拥有一等公封爵的总督每年就能领到 1698 两。再加上养廉银 15000 两，总共收入为 16698 两。清朝白银 1 两是 37 克，16698 两就是 617826 克。② 当时，1 两黄金等于 20 两白银，一位总督的收入大约为 835 两黄金。而当时中国普通劳工的年收入则只有区区5～10 两银子。③

这仅仅是合法收入。清朝各级官员还有很多额外的灰色收入，而且数字很大，据美籍汉学家张仲礼教授推算，知县每年约 3 万两，知府约 5.25 万两，道员约 7.5 万两，按察使 10.5 万两，布政使 15 万两，巡抚和总督约 18 万两。④ 对此，李开周认为估得太低。但是究竟有多少，谁也无法准确计算出来。当然，这项收入不能算入他们的合法收入，比较时应该排除。

第四个角度是与京师大学堂教习们的工资待遇比较。

那么，京师大学堂教习的薪俸是多少呢？

据《光明日报》引述《宣统二年正月大学堂员生弁夫等薪饷草册》的

---

① 张仲礼：《中国绅士的收入》，费成康、王寅通译，上海社会科学院出版社，2001，第 12 页。
② 李开周：《两广总督的收入和花销》，《羊城晚报》2011 年 7 月 23 日。
③ 张仲礼：《中国绅士的收入》，第 9 页。
④ 张仲礼：《中国绅士的收入》，第 30 页。

记载：京师大学堂监督（相当于系主任）月薪公银180两，教习月薪最高公银100两，多为支付德、英、法、日文外籍教习的月薪标准。最低50两，多为支付图画教习的月薪标准。当时外籍教习的月薪高于中国教习，即便国文修身学科长（相当于教研室主任）的月薪也只有90两，低于外籍教习10两。但是，也有例外，如宣统二年被京师大学堂聘为经科教习的宋育仁，其月薪是200银圆，不仅超过一般外籍教习的薪俸，而且超出文科监督180两的月薪。宋氏取得如此高薪，除其"学术深裕"因素之外，可能与他的官衔正四品道台有关，因为光绪三十三年（1907）京师大学堂总监督（第七任校长）朱益藩也才正三品。①

　　但是，文中所述支付外籍教习的薪俸100银圆似乎与事实不符。据后述井上翠的回忆，外籍教习的月俸是200银圆，还可以从法律学堂领取100银圆，这还算是低的。如岩谷孙藏的月薪是700银圆，日文教习井上翠的也是300银圆。同时文中所述180两相当于180块银圆也不准确。据张仲礼《中国绅士的收入》（第14页）介绍，1两白银大约相当于1.47银圆。依此计算，京师大学堂监督的180两银子大约相当于265银圆，高于宋育仁的200银圆。文章虽然存在上述有欠恰当的叙述，但我们从中可以知道当时京师大学堂教习薪俸的基本情况，借以与日籍顾问的薪俸进行比较。

　　第五个角度是将日籍顾问承担的工作量做比较。

　　从表4-4可知，日籍顾问领取的工资分成两部分，即从京师法律学堂领取的部分和从修订法律馆领取的部分，与之相对应，其受托的工作也由两部分组成。从表4-7可以看出，日籍顾问在两个机构承担的工作量不可谓不大。他们不仅要在京师法律学堂讲授规定的专业课程，还要为清廷起草各种新型法律条文，撰写法律草案及其说明书，而这项工作甚至比

①　《京师大学堂的"教授"：月薪五两金》，《光明日报》2011年4月8日。据该文介绍，宋育仁（1857～1931）为清末著名维新派人物。字芸子，一字芸岩，四川富顺人。光绪十二年（1886）进士，授翰林院庶吉士。中日甲午战起，上书清政府抗日防俄。1895年8月参加"强学会"，并主讲"中国自强之学"。次年，回四川办理商务、矿务，兴办各类实业公司，以"保地产，占码头，抵制洋货，挽回利权"为号召。他还曾组织"蜀学会"，创办《渝报》。1898年宋育仁主持成都尊经书院，并与人创办《蜀学报》，主张变法，积极宣传新学。戊戌政变被罢职后，宋氏专心治学。1910～1912年被京师大学堂聘为经科教席，后曾主持地方通志编纂，主修《四川通志》。

表 4 - 7   日籍顾问在京师法律学堂和修订法律馆承担的工作状况

日籍顾问	在京师法律学堂承担的讲义科目	在修订法律馆承担的法律编纂事务
冈田朝太郎	法学通论、宪法学、行政法、刑法总则、刑法分则、裁判所构成法、刑事诉讼法、法院编制法	刑法、刑事诉讼法、法院编制法、国籍法、违警罪法等
松冈义正	民法总则、物权法、债权法、亲族法、相续法、民事诉讼法、破产法	民法（总则、物权、债权）、民事诉讼法、强制执行法、破产法、民法施行法、民事诉讼法施行法、强制执行法施行法等
小河滋次郎	监狱学、监狱法	监狱法等
志田钾太郎	商法、会社法、票据法、船舶法、有价证券法、国际私法	商法、公司法、票据法、有价证券法等

资料来源：讲义类据汪庚年编《法学汇编》和熊元翰等编《法律丛书》；法律编纂事务，松冈据董康致松冈义正的书信，其他各位据有关他们的介绍文章和各人的述怀编制。

讲授法律课程还要艰辛。

第六个角度是与当时中国的物价水平相比较。

关于日籍顾问在中国服务期间北京的物价水平，由于没有正式的国家统计，很难对其进行准确的介绍和分析。当年由严修之子严智怡介绍和推荐，自 1907 年起应聘在中国京师法政学堂讲授日语 4 年的井上翠在《松涛自述》中谈及日籍顾问的日常生活情况以及北京的物价，可以作为一个参考。

> 我定居于杉荣三郎原来租借的位于石附马大街的房子内，是一栋大宅子，内有正房 3 间、东西耳房各 1 间、东西厢房各 4 间、西院正房 2 间、合计 17 间，租金只要区区 27 元。教习的月俸是 200 元，还可以从法律学堂领取 100 元，这还算是低的，如岩谷先生月薪是 700 元，住在一栋有 60 间房子的大宅子里。他还包租了一辆黄包车，养了 1 匹马。一旦当了教习，中国人就称呼其为"某某大人"，在中国，这种尊称大约只用于二品以上的官员。记得当时北京的对虾是 6 分钱，大头鱼 1 条 1 毛 5 分，猪肉 1 斤 1 毛 6 分，牛肉 1 斤 1 毛 4 分，请客 1 桌 20 元，西餐用于接待客人的奢侈品也就 2～3 元，鸡蛋 1 元可以购买 130 个左右。[1]

---

① 井上翠「松涛自述」波多野太郎编・解题『中国语文资料汇刊』第 5 编第 4 卷、319 页。

另据张仲礼介绍，1889 年，1 石（约 89 公斤）大米价格大约 1.28 两银子，换算成银圆约 1.88 银圆，小麦每石 1.66 银圆，小米每石 1.03 银圆。[①] 1900 年以后，大米价格约为 1880 年代的 2 倍左右，4 块银圆可以购买 1 石大米。

按照 146.86 银圆等于 100 两白银的比价计算，冈田的月薪换算成银两为 613 两，松冈 575 两，小河 579 两，志田 681 两。按此计算，4 位日籍顾问的年俸分别为 7356 两、6900 两、6948 两和 8172 两。

综合以上情况，可以得出如下结论：第一，与日本明治初期聘请外国顾问所给予的薪酬相比，修订法律馆给予冈田等 4 名顾问的待遇不及日本慷慨。当时，明治政府给予外国顾问的最高薪酬甚至超过日本最高行政首脑，而和中国官员的收入相比，清朝政府给予日籍顾问的待遇说不上过高，日籍顾问所获得的收入大约相当于一位中国道员级别中较高层次者正规收入的水平。如果将他们的灰色收入算在内，则日籍顾问的收入远不及中国知县级别的官员。第二，和当时日本大学教授以及司法官员的报酬相比，日籍顾问中教授出身的冈田和志田从清朝政府领取的薪俸大约相当于其在日本大学领取工资的 2 倍，这其中包括从修订法律馆领取的部分。如果将这些教授在日本其他大学兼职的额外收入算进来，他们在中国获取的报酬应该不到其在日本实际收入的 2 倍。松冈来华之前即是高级法官，且在多所大学兼课，1907 年的收入已经达到 3000 日元以上，收入已经很高。小河虽然是行政事务官员，但来华之前已经是高级官员，并在多所大学兼职讲授监狱学，除领取政府的正常薪俸之外，业余收入当不在少数，因此他们在中国获取的收入可能会略高于其国内的收入，估计差距不会太大。第三，和京师大学堂教习们的工资相比，日籍顾问的薪酬大约相当于学堂监督工资的 3.2~3.8 倍，但是，如果刨除从修订法律馆领取的报酬，其薪酬只相当于学堂监督收入的 2 倍左右，这里还没有考虑日籍顾问在日本兼职的收入。第四，和当时北京的物价水平相比，日籍顾问的生活自然处于当时养尊处优的最高水平，这一点应该毫无异议。第五，从日籍顾问所负担的工作内容而言，他们不仅为中国培养出了大批懂得近代法律理论和实践的法律人才，而且为中国编纂起草了几十部具有近代意义的法典和法律草案，为中国从此告别传统的中华法系，使中国的法制和法律与国际接轨做出了重大贡献。因此

---

① 张仲礼：《中国绅士的收入》，第 322 页。

可以说，法律修订馆支出的报酬与获取的回报相比是物有所值，从某种程度上说，是以低投入获得了高产出，即便抛开政治意义不谈，仅从经济角度上看也是一种非常优质的投资。

小　结

综合以上所述，冈田朝太郎等 4 位日籍顾问的基本情况如表 4 - 8 所示。

表 4 - 8　冈田朝太郎等 4 位日籍顾问的基本情况

姓名	生殁时间	毕业大学	专业领域	学位名称及授予时间	留学或考察国外经历
冈田朝太郎	1868 年 5 月 1936 年 11 月	东京帝大	刑事法学	法学博士， 1901 年	留学德国、法国、意大利
松冈义正	1870 年 10 月 1939 年 8 月	东京帝大	民事法学	法学学士， 1892 年	留学德国、法国
小河滋次郎	1864 年 1 月 1925 年 4 月	早稻田大学	监狱学	法学博士， 1906 年	留学并考察德国、法国
志田钾太郎	1868 年 8 月 1951 年 3 月	东京帝大	商事法学	法学博士， 1903 年	留学德国、法国
姓名	主要著述	应聘推荐者	在华滞留起讫时间	回国后履历	备注
冈田朝太郎	《日本刑法论》《刑法总则》	梅谦次郎	1906 年 9 月 1915 年 5 月	早稻田大学教授	
松冈义正	《民法总则》《物权法》《民事诉讼法》	梅谦次郎	1906 年 10 月 1911 年 4 月	大审院民事部第一部部长、大审院院长候选人	1916 年 3 月取得法学博士学位
小河滋次郎	《监狱学》《监狱法讲义》《小河滋次郎著作选集（3卷）》	梅谦次郎	1908 年 5 月 1910 年 5 月	国立感化院院长待遇	
志田钾太郎	《日本商法论（4卷）》《商法保险法讲义》	梅谦次郎	1908 年 9 月 1912 年 7 月	明治大学总长	

资料来源：据各自的履历等资料制作。

结合上述内容，可以将晚清京师法律学堂和修订法律馆聘请的 4 位日籍教习和法律编纂顾问的情况做如下小结。

首先，清廷从日本聘请顾问最初属意的人选是日本民法学家梅谦次郎。他之所以受到清廷的重视，除他当时的学问、名望外，他还是一个活动家，不仅与日本政界联系广泛，还十分关注中国的发展和改革，为此，他在法政大学设立留学生预备科，专门教育培养来自中国的留学生，因此在中国的政界和青年学子中具有很高的声望。但由于梅氏另有重任未能接受中国的聘请来华，为此他很负责任地从其学生辈的优秀人才中向中国推荐了适当的人选。

其次，应聘来华的 4 位顾问都是年富力强、精力充沛的青壮年学术骨干。4 人中，小河生于 1864 年，冈田和志田生于 1868 年，松冈生于 1870 年，受聘来华时，小河 44 岁最年长，松冈 36 岁最年轻，冈田 38 岁，志田 40 岁，正是可以大展宏图的年龄。而且，4 人都是东京大学的毕业生（小河还有早稻田大学毕业的学历），是在日本建设成新的法律体系和法制条件下由日本教授亲自培养出来的法学家。来华时，除松冈只有学士学位外，其他 3 人都有法学博士学位，松冈则在回国后也取得了法学博士学位，可见这些人都是日本法学界的精英，每一个人都是各自专业领域的学术领军人物。

再次，4 位顾问既有到欧洲各国留学或考察的经历，具有世界视野，又都是具有立法实践的实干家。应聘来华的 4 个人都曾参与过日本法典调查会的活动，其中，冈田参与过日本刑法的修订活动，小河参与过日本监狱法的起草工作。松冈和志田都担任过法典调查会的辅助委员，前者为日本民事诉讼法和破产法修订案起草委员，后者为日本商法修订案的起草委员收集资料，撰写法律的参考条文和说明书，积累了丰富的编纂法律案的实际经验，与关在书斋内的纯粹学者不可同日而语。

最后，4 位顾问回到日本之后，除冈田因清廷覆亡后仍然滞留北京期间卷入一件民事纠纷回国被迫辞去东京帝国大学教授职务，转入早稻田大学担任教授，略显平淡之外，其余 3 人都在各自领域独领风骚。松冈除担任大审院民事第一部部长外，相继担任日本民事诉讼法修订调查委员会调查委员、起草委员。① 1916 年获授法学博士。1928 年，松冈本来入选大审院院长的

---

① 「改正民事訴訟法案審議の沿革」『法学会雑誌』第 8 卷第 20 号、新民事訴訟法実施記念号，1930、468～469 頁。

候选人名单有可能担任院长之际，不幸因急性脑出血病倒而壮志未酬。[①]　小河滋次郎则在回国后，因其有关改善监狱和行刑制度的意见不为当局所采纳，而离开了行刑机关，1913 年奉命指导大阪府的救济事业，后又获授国立感化院院长之职，1918 年以后为创立日本民生委员制度而奔走。[②]　志田钾太郎回国后，先是被日本著名的保险公司聘请担任重要职务，后来又回到明治大学，历任法学部长、商学部长乃至总长，并继续其为日本开创的保险学研究，于 1940 年另行创办 "日本保险学会"，成为事实上的会长，是日本保险学研究的先驱和开创者。[③]

总之，晚清修订法律馆聘请的上述 4 位教习和修律顾问，是日本当年法学界承先启后的中坚人物，修订法律馆和京师法律学堂给予他们略高于中国同行的报酬，和他们担负的工作以及任务完成的情况相比，应该说是物有所值，甚至可以说是以低投入获得了高产出。

---

① 「松岡大審院一部長卒倒」『読売新聞』1928 年 3 月 1 日。
② 杉山晴康「ある監獄学者の青春——若き日の小河滋次郎について」『早稲田法学』第 58 卷第 1 号、37 頁注釈 1。
③ 坂口光男「志田鉀太郎」、47 頁。另据『志田先生誕生百年記念文集』（1967 年編輯、非壳品）記载，志田 1891 年进入东京帝国大学的同一年，就与同窗好友粟津清亮、玉木为三郎一起共同创办 "保险学会"，翌年发行《保险杂志》（后改名为《保险学杂志》）。

第五章
民事关系法律教育的肇始与松冈义正

引　言

　　中华法系草创，经盛唐至明清，历经 2000 余年，绵延不绝。但是，近代以来，与中国不同质的西方法律文化随着资本主义的脚步进入中国，使中华法系面临几千年所未见之危局。在经过半个多世纪的抵制和反抗后，中华法系终于败下阵来，不得不直面现实，做脱胎换骨的改造。这就是发生在20 世纪初期作为清末新政一环的修律活动。清末这一特殊时代的修律活动虽然算不得成功，但对于中国法律现代化所发挥的作用，厥功甚伟，这大概是今天法制史学界的共识。探讨和研究晚清对法律现代化的摸索，不能不涉及我们的近邻日本。在精通近代法律人才匮乏、修律任务繁重、时间紧迫的情况下，清廷不得不低下高昂的头，虚心向此前的学生请教，不仅派遣大量学习法律政治的公私费留学生前往日本留学，而且连续不断地派出高官，对日本的政治、法律以及司法审判等开展了全方位的考察。[①] 同时如第四章所述，高薪向日本聘请著名法学专家及司法官员，来华负责讲授近代法律和法学并帮助起草各种法律草案。其中，东京帝国大学刑法学教授、法学博士冈田朝太郎讲授刑事关系法律，[②] 东京控诉院部长、东京帝国大学法学学士

---

① 熊達雲『近代中国官民の日本視察』有系统研究，请参阅。
② 关于冈田朝太郎与中国刑事法律的关系，请参阅李貴連「近代中国法の変革と日本の影響」、張培田「清末の刑事制度改革に対する日本からの影響」池田温・劉俊文編『日中文化交流史叢書 2　法律制度』大修館書店、1997。

松冈义正讲授民事关系法律，东京高等商业学校商法学教授、法学博士志田钾太郎讲授商事关系法律，法学博士、高级法务官僚小河滋次郎讲授行刑关系的法律。本章拟着重探讨松冈义正在京师法律学堂负责的民事关系法律的教学情况，并简评其对晚清民事关系法律教育的进步所发挥的作用和做出的贡献。

第一节　京师法律学堂建立经纬

一　设立京师法律学堂的提议

晚清中国政府聘请日本法学顾问来华，从一开始就抱有两个目的，一个是请他们讲授近代法律和法学，培养近代司法人才；另一个是委托他们帮助起草各种法律草案，以建设新的法律体系和法制。根据当时中国与英美日等国谈判修改的航海通商条约，英美日等国都同意俟中国的法律和法制与西方法律接轨之后放弃在中国的领事裁判权。[①] 为了换取西方各国放弃在中国的治外法权，清廷必须修改本国的法律，重新构建新的法律乃至法制体系，与西方各国的法律和法制接轨。

被朝廷任命为修订法律大臣之一的伍廷芳是在英国学习过法律并获取英国律师资格的第一位中国人，对于西方的法律制度有非常高深的造诣。[②] 因此，当他结束与列强进行的通商航海条约的谈判后来到修订法律馆，与中华法系的专家沈家本共同担负编纂近代法律的任务时就意识到，制定近代法律，如没有通晓近代法律的人才，法律就无法得到执行和落实，因此他极力主张设立附属于修订法律馆的法律学校，一面编纂法律，一面开展法律教育，培养储备司法人才。同为修订法律大臣的沈家本由于法律知识结构与伍廷芳大异其趣，在如何修订现行法律方面往往与伍廷芳意见相左，但对于伍

①　光绪二十九年六月五日签订的《中英续议通商行船条约》第十二款规定："中国深欲整顿本国律例，以期与各国律例改同一律。英国允愿尽力协助以成此举。一俟查悉中国律例情形及其审断办法及一切相关事宜皆臻妥善，英国即允弃其治外法权。"（田涛主编《清朝条约全集》第2卷，黑龙江人民出版社，1999，第1193页）此后，美国、日本等国亦仿此写入这一条款。

②　丁贤俊、喻作凤：《伍廷芳评传》，第63页。

廷芳要求设立法律学校的建议深表同意。关于这一点，沈家本是这样叙述的：

> 余恭膺简命偕新会伍秩庸侍郎修订法律，并参用欧美科条开馆编纂。伍侍郎曰：法律成而无讲求法律之人，施行必多阻阂，非专设学堂培养人材不可。余与馆中同人佥题其议。于是奏请拨款设立法律学堂。奉旨俞允择地庀材剋日兴筑。……至光绪三十二年九月开学。学员凡数百人。①

同时，京师法律学堂之所以能够得以成立，是因为获得了朝廷中最具实力的袁世凯的支持。这一点，日本驻扎在中国的驻屯军司令官神尾光臣致陆军大臣寺内正义的秘密报告《驻屯军报告第 17 号》可以佐证。

> 去年夏，北京政府于其政务处召开会议，决定欲举富国强兵之实，修订中国诸种旧律乃当务之急，经上奏裁可后于北京刑部内特设修律处，任命刑部左侍郎沈家本、刑部右侍郎伍廷芳为修律大臣。……而两位修律大臣凡事意见相左，且沈以中国大法律家自居，顽固不肯让步，对于比较具有法理思想、稍富文明知识之伍廷芳之意见绝对轻视之。
>
> 伍廷芳见此形势，且以北京政界无一后援，常多默默度日，然其勃勃不平终究难禁，遂期以前述诉讼法之完成，经数度恳请，乃以扫墓名义获准回乡，将归故里。途中（旧历三月下旬）经过天津，拜访袁总督，详述自身现状，且曰目下中国修订新定各种法律，实不止为列强所深注目，且于与各国条约上所负义务不少，故苟欲定立一法规，须究内外之法理，以为基础。然现今中国人中欲求通晓法理者固不可能，若以现在之处置，修订法律终难完成，云云。
>
> 伍（廷芳）上述谈话令袁震惊。于是，袁劝告北京政府，主张应讲求救济之道，即刻联络与其关系亲密之左侍郎绍昌及外务部右侍郎唐绍仪，对薄尚书及沈侍郎发出忠告，刑部宜伴随国家之进步，亟需速设法律学堂，自日本聘请第一流法律大家，使学生接受完整之教育，同

---

① 《法学通论讲义序》，沈家本：《寄簃文存》卷 6。

时，经费可从直隶烟酒税中补贴一部分，故此议忽决，中国官吏不分先后，其事业以极大之组织，建设法律学堂，由刑部直辖。①

于是，获得袁世凯支持的伍廷芳和沈家本于光绪三十一年三月，即修订法律馆成立一年后，联名上奏朝廷，要求设立法律学堂。

奏折首先强调制定近代法律的重要性，认为当前中国与世界各国的贸易和人员往来日益频繁，难免产生矛盾和纠纷，如各级官僚不通晓外国法律，难以妥善处理中外人民之间的矛盾纠纷，同时随着新政事业的展开和深入，若不制定新法律，则很难保护国家主权。奏折写道：

> 窃臣等奉命现行律例按照交涉情形，参酌各国法律，悉心考订。开馆以来与编译各员旦夕讨论，深虑新律既定，各省未豫储用律人才，则徒法不能自行，终属无补。当此各国交通，情势万变。外人足迹遍于行省。民教龃龉，方其起衅之始，多因地方官不谙外国法律，以致办理失宜，酝酿成要案。将来铁轨四达，虽腹地奥区，无异通商口岸。一切新政，如路、矿、商标、税务等事，办法稍歧，诘难立至，无一不赖有法律以维持之。然则弥无形之患，伸自主之权，利害所关，匪细故也。②

接着，奏折分析了当前法律人才缺乏与法学教育落后的现状，以日本明治维新后采取的措施为例，指出了培养和储备精通法律人才对于推行新政的重大意义和现实意义。

> 至于查照通商条约，议收治外法权，尤现在修律本意，亟应广储裁判人材，以备应用。查学务大臣奏定学堂章程内列有政法科大学，然须预备科及各省高等学堂毕业学生升入。现在预科甫设，计专科之

---

① 日本国立公文書館アジア歴史資料センター所蔵『清国駐屯司令官神尾光臣より陸軍大臣寺内正毅宛中ツン軍報告第 17 号』（清国駐屯司令部秘発第 19 号、明治 39 年 7 月 9 日）。文内“前述诉讼法”应系指伍廷芳主持编订的《大清刑事民事诉讼法草案》。

② 《修订法律大臣伍廷芳、沈家本会奏请专设法律学堂折》，《东方杂志》第 2 卷第 8 期，1905 年，转引自丁贤俊、喻作凤编《伍廷芳集》上册，第 271 ~ 273 页。上奏时间定为 1905 年夏，但从学务大臣孙家鼐于光绪三十一年七月丙午呈递的奏折来看，伍廷芳的奏折上奏时间似应在光绪三十一年三月二十日以前。

成，为期尚远。进士、仕学等馆，其取义在明澈中外大局，于各项政事，皆能知其大要。法律仅属普通科学之一，断难深造出洋。游学毕业法科者，虽不乏人，而未谙中国情形，亦多捍格。伏思为学之道，贵具本原。各国法律之得失，既当研厥精微，互相比较。而于本国法制沿革以及风俗习惯，尤当融会贯通，心知其意。两汉经师多娴律令。唐宋取士皆有明法一科。在古人为援经饰治之征符，在今日为内政外交之枢纽，将欲强国利民，推行无阻，非专设学堂，多出人材不可。日本变法之初，设速成司法学校，令官绅每日入校数时，专习欧美司法行政之学。昔年在校学员，现居显秩者，颇不乏人。宜略仿其意，在京师设一法律学堂，考取各部属员，在堂肄习毕业后，派往各省为佐理新政分治地方之用。①

接着，奏折具体提出了开办法律学堂的三条办法，第一是确定教育课程和学习年限，第二是筹措办学经费，第三是确定毕业生的毕业分配办法。

　　一曰定课程。查大学堂章程内，法律学门所列科目，其主课为法律原理学、大清律例要义、中国历代刑律、中国古今历代法制考、东西各国法制比较、各国宪法、各国民法及民事诉讼法、各国刑事及刑事诉讼法、各国商法、交涉法、泰西各国法，其补助课为各国行政机关学、全国人民财用学、国家财政学，颇为赅备，即照所定学科酌量损益，分延中外教员，逐日讲授。惟大学堂章程系四年毕业，拟多加授课钟点，改为三年毕业。另立速成科，习刑律、诉讼、裁判等法，限一年半毕业。

　　一曰筹经费。常年经费，如堂舍租金、教员薪水暨购买书籍、器具、饮食、杂用等项，力求撙节，每年约需银四万两。值此库储支绌，不敢请拨部款，应由各省督抚分筹拨济，大省约解三千两，中小省约解二千两，便可集事。分之见少，在各省尚不甚难。此项毕业学员，日后专为各省办事。现在育才之费仰及群力，于义亦合。至开办经费约需银三万两，请归户部筹拨。

----

① 《修订法律大臣伍廷芳、沈家本会奏请专设法律学堂折》，《东方杂志》第 2 卷第 8 期，1905 年。

　　一曰广任用。近日仕途猥杂，各省候补人员，文理未通者，指不胜屈。虽有课吏馆之设，而督抚事繁，未能躬亲督察，几至有名无实，遇有要政，本省无可用之人，不得不调诸他省。在平日已有乏才之患，将来新律颁行，需才更亟，非多得晓律意者不能行之无弊。应将学律各员于毕业后，请简派大臣详加考验，分别等差。其列优等者交部带领引见。按照原官品级以道府直隶州知州、知县等官，请旨录用。庶几学适于用，用其所学，于时政殊有裨益。①

　　另外，伍廷芳、沈家本还上奏，提出为了培养人才，以备推行新政，应在各省课吏馆内设立"仕学速成科"，从 40 岁以下的"候补道府、佐杂"官吏之中以及地方绅士中择优录取，让他们学习法学。②

　　清廷军机处接到朝廷发来的奏折，马上指示学务大臣孙家鼐研究应对措施。同年七月三十日（1905 年 8 月 3 日），孙家鼐呈交奏折，认为"伍廷芳等所请专设法律学堂实为当务之急"③，表示全面支持修订法律馆制定详细的办学章程。

　　接获政府的许可，修订法律大臣马不停蹄，很快就制定了《法律学堂章程》，为京师法律学堂的早日开学做准备。《法律学堂章程》中包括"设学总义章"、"学科程度章"、"职务规条章"（职务总目、职务通则、附各员规条）、"学堂试验章"、"寄宿舍规条章"（附自习室规条）、"全堂通行规条章"、"讲堂规条章"、"运动场规条章"、"会食堂规条章"、"礼仪规条章"、"休暇规条章"、"学堂禁令章"、"外部访问者接待规条章"、"图书馆规条章"、"经费规条章"、"督察出入规条章"等子章程。"设学总义章"规定，"本学堂以造已仕人员、研精中外法律、各具政治知识、足资应用为宗旨，并养成裁判人才，期收速效"④。

　　经过一年多的筹备，京师法律学堂于光绪三十二年（1906）十月正式

① 《修订法律大臣伍廷芳、沈家本会奏请专设法律学堂折》，《东方杂志》第 2 卷第 8 期，1905 年。
② 《奏请各省专设仕学速成科》（光绪三十一年三月二十日），丁贤俊、喻作凤编《伍廷芳集》，第 271～272 页。
③ 朱寿朋编《光绪朝东华录》第 5 册，第 5384 页。
④ 《修订法律大臣订定法律学堂章程》（光绪三十一年），潘懋元、刘海峰编《中国近代教育史料汇编：高等教育》，上海教育出版社，1993，第 129 页。

开学。清廷为表示祝贺，向京师法律学堂赠送了一套《古今图书集成》。就这样，晚清培养司法专业人才的教育正式鸣锣开场。

二　京师法律学堂的组织结构和教学体系

京师法律学堂由修订法律大臣沈家本兼任"管理京师法律学堂大臣"，下设教务提调、文案提调和庶务提调，分别管理教学、教材等事务和日常行政事务，由曹汝霖、董康、许受衡、王仪通、周绍昌担任。另设监学，管理学生事务，由吴尚廉、熙桢、张元节、林诒喆担任。教习中除从日本聘请的冈田朝太郎、松冈义正外，基本上都是国内比较知名的学者和官员，他们分别是吉同钧、姚大荣、朱汝珍、钱承志、陈威、陆宗舆、嵇镜、汪有龄、江庸、张孝杉、高种、熊垓、廉隅、汪曦芝、薛锡成、马德润、吕列煌、何廷式。① 其中，吉同钧②是当时著名的刑法学家，陆宗舆、江庸等后来都官至政府大臣，而且，很多人都有留学和国外考察经历，其中留学考察日本归国者最多。在担任提调、监学、教习的人员中，除许受衡、周绍昌、吴尚廉、张元节、林诒喆、姚大荣、陈威、薛锡成、马德润、吕列煌不清楚其是否有留学或考察日本的经历外，其余都能确认要么考察过日本，要么在日本留过学。而且，教师中半数以上同时又是修订法律馆的馆员。

京师法律学堂的学生分为两种，一种为学习 3 年毕业的正科，一种为学习 1 年半结束的"速成科"。"学科程度章"规定，学制为 3 年的正科履修科目，第一年有大清律例及唐明律、现行法制及历代法制沿革、法学通论、经济通论、国法学、罗马法、民法、刑法、外国文、体操；第二年有宪法、刑法、民法、商法、民事诉讼法、刑事诉讼法、裁判所编制法、国际公法、行政法、监狱法、诉讼实习、外国文、体操；第三年有民法、商法、大清公司律、大清破产律、民事诉讼法、刑事诉讼法、国际私法、行政法、财政通论、诉讼实习、外国文、体操。具体内容请参阅表 5 - 1。

---

① 《京师法律学堂同学录》收藏于东京大学东洋文化研究所。另请参阅吴朋寿《京师法律学堂和京师法政学堂》，中国人民政治协商会议全国委员会文史资料委员会编《文史资料选辑》第 142 辑，中国文史出版社，2000，第 168 页。但是，吴文所载"管理京师法律学堂大臣　沈家本　伍廷芳"，在《法律学堂同学录》中仅有沈家本一人的名字。

② 关于吉同钧，请参阅李欣荣《吉同钧与清末修律》，《社会科学战线》2009 年第 6 期。

表 5－1　京师法律学堂的授课科目与一周授课时间

单位：课时

第一学年 第一学期 科目名称	一周授课时间	第一学年 第二学期 科目名称	一周授课时间	第二学年 第一学期 科目名称	一周授课时间	第二学年 第二学期 科目名称	一周授课时间	第三学年 第一学期 科目名称	一周授课时间	第三学年 第二学期 科目名称	一周授课时间
大清律例及唐明律	4	大清律例及唐明律	3	宪法	3	刑法	3	民法	4	民法	4
现行法制及历代法制沿革	4	现行法制及历代法制沿革	3	刑法	4	民法	4	商法	2	商法	4
法学通论	6	法学通论	4	民法	4	商法	4	大清公司律	2	大清破产律	2
经济通论	4	经济通论	4	商法	4	民事诉讼法	6	民事诉讼法	4	民事诉讼法	6
国法学	4	国法学	4	民事诉讼法	3	刑事诉讼法	3	刑事诉讼法	2	国际私法	4
罗马法	2	罗马法	2	刑事诉讼法	4	国际公法	2	行政法	3	财政通论	4
刑法	6	民法	4	裁判所编制法	4	行政法	2	国际私法	3	诉讼实习	6
外国文	4	刑法	6	国际公法	2	监狱法	3	财政通论	3	外国文	4
体操	2	外国文	4	诉讼实习	4	诉讼实习	4	诉讼实习	6	体操	2
		体操	2	外国文	4	外国文	4	外国文	4	毕业论文	
				体操	2	体操	2	体操	2		
小计	36	小计	36	小计	36	小计	36	小计	36*	小计	36

* 第三学年第一学期的一周授课课时数写为 36 课时，实际为 35 课时。

资料来源：据上海商务印书馆译所编纂《大清新法令（1901～1911）》第 3 卷，商务印书馆，2011，第 393～395 页课程表制作。

从表 5－2 所载授课时间可以看出，外语教育最受重视，授课时间在各科目中最多，为 360 个课时，超过了民法、民事诉讼法、诉讼实习（各 300 个课时）和刑法（285 个课时）。而且所谓外语实际上全部为日语，这可能与当时几乎所有的新订法律基本上都是由日本顾问起草有关。

表 5－2　京师法律学堂授课科目与授课时间的总数

单位：课时

科目名称	第一学年		第二学年		第三学年		合计
	上半期	下半期	上半期	下半期	上半期	下半期	
大清律例及唐明律	60	45					105
现行法制及历代法制沿革	60	45					105
法学通论	90	60					150
经济通论	60	60					120
国法学	60	60					120
罗马法	30	30					60
刑法	90	90	60	45			285
民法		60	60	60	60	60	300
宪法			45	45			90
商法				45	30	60	135
刑事诉讼法			60	45	30		135
民事诉讼法			60	90	60	90	300
裁判所编制法			30				30
国际公法			30	30			60
国际私法					45	60	105
行政法				30	45		75
大清公司律					30		30
大清破产律						30	30
诉讼实习			60	60	90	90	300
财政通论					45	45	90
监狱法				45			45
外国文	60	60	60	60	60	60	360
体操	30	30	30	30	30	30	180

速成科规定需要学习 14 门课程，分别是大清律例及唐明律、现行法制及历代法制沿革、法学通论、宪法大意、刑法、民法要论、商法要论、大清公司律、大清破产律、民事诉讼法、裁判所编制法、国际法、监狱法、诉讼

实习等。

以上所列科目中，除大清律例、唐明律、现行法制及历代法制沿革外，其余法律尚在编纂中，因此教学内容基本上采用了日本现行法律，可以想见日本教习以及日本留学生在教学中发挥的作用是非常大的。

如前所述，京师法律学堂的教育目标是培养新法律体制下的司法人才，包括法官、检察官和律师。因此，能否通过短短几年的学习培养出社会所需要的司法人才，不仅关乎教育课程的设置以及合格教习的选任，更涉及学生的选拔。

那么，进入京师法律学堂学习的都是些什么人物呢？由于教育体制的改革以及晚清官场上争权夺利弊端的影响，京师法律学堂开办以后，在招收第三届学生时就被迫与1907年创立的京师法政学堂合并，京师法律学堂的管辖权也从修订法律馆转移至法部，因此京师法律学堂实际上只存在两年。对于法律学堂的学生的基本情况，可以说无从考证。幸好京师法律学堂留存了一本第一期学生的花名册，我们可以从花名册中窥见当年京师法律学堂学生的基本构成。

笔者在东京大学东洋文化研究所找到了这本同学录，名为《京师法律学堂同学录》，是一本高250毫米、宽145毫米、仅有20页的小册子。扉页为修订法律馆最初的奏派人员名单。同学录分京师法律学堂职员与京师法律学堂第一期同学录两项，前者列记了管理大臣、提调、监学、管理员和教习的名单，后者则是同学录。同学录共收录了232名学生的名单，每位学生除姓名外，还收录有"字"、"年龄"、"出生地"、"简历"和"住所"等信息（请参阅本章附录）。

根据这份同学录，我们得知京师法律学堂的第一期学生充分映照了当年中国社会处于转型时期的特点。在这些学生中，年龄参差不齐，最年轻者只有18岁，最年长者53岁，后者简直可以当前者的父辈。细分又发现，30～39岁年龄段的学生最多，共有114人，占全部学生的49.14%；其次是20～29岁年龄段，共67人，占28.88%；再次是40～49岁年龄段，共25人，占10.78%；18～19岁的只有4人，50岁以上的仅有2人（52岁1人，53岁1人）。在学历方面，旧科举考试出身者占到了37.5%，其中举人出身者81人，进士出身者6人。在经历方面，绝大部分学生都是等待实职任命的中下级官僚，其中地方的县知事和中央机关的主事（相当今天的处级干部）

最多，其中官品最高者名为长龄，当时为四品官衔，官职最高者为李懿德，入学前官至法部郎中（相当今天的司局级）。[①]

以上是京师法律学堂第一期学生的概况。据曾经是京师法律学堂学生的吴朋寿回忆，[②] 法律学堂开设了甲、乙两班，毕业者大概500人，丙班开办不久便停办，学生并入京师法政学堂，同时并入的还有财政部财政学堂之学生。而乙班和丙班共招收了多少学生，以及学生的构成如何，由于迄今没有发现相关资料，我们无法知晓。因此，京师法律学堂的学生人数就有500余人之说（吴朋寿、王健[③]），600人之说（小河滋次郎），还有800人一说（盐田环），更有接近1000人的说法（赵晓耕、李晓辉）。但从时在京师法律学堂任教的小河滋次郎的回忆、当时访问过京师法律学堂并观摩过教学的日本东京帝国大学法科大学副教授盐田环事后不久撰写的文章以及相关描述中可以推测，当时京师法律学堂的学生总共约1000人[④]的说法比较接近历史事实。

目前不清楚京师法律学堂的学生是如何录取的，但据法律学堂培养各级司法官的教育目标来看，大部分学生似乎来自中央机关以及各地督抚的推荐。曾经担任监狱班教学的小河滋次郎的文章部分印证了这一推测。

> 法律学堂成立于光绪三十二年（明治39年），是一所独立的学校，不隶属于任何机关。余乃执教于此学堂。冈田、志田、松冈、岩井、中村亦在此执教。该校现有学生约600人，先后已有两期学生毕业，即受过1年半教育的速成班和受过3年教育的完全班学生。我负责教育的学

---

① 据赵晓耕、李晓晖《京师法律学堂》（中国民商法律网，http：//www.civillaw.com.cn/article/default.asp？id=15825，最后访问时间：2010年4月5日）记载，"学堂第一届毕业生名单共有225人，最年长者53岁，最年轻者18岁，以30岁年龄段最多"，但此人数比同学录记载的人数少了7人。

② 吴朋寿：《京师法律学堂和京师法政学堂》，《文史资料选辑》第142辑，第168页。

③ 王健：《中国近代化的法律教育》（中国政法大学出版社，2001，第199页）认为直到清末，法律学堂毕业生总数为516人。

④ 据赵晓耕、李晓晖《京师法律学堂》称："该学堂创办几年，毕业者近千人，一时称盛。"另据盐田环在《北京之法律教育》一文中称："现今法律学堂有在校生徒约七百人。"盐田环在另一文章中又称，"现在学生旧班约220人，新班约550人，合计约800人"（塩田環「清国法典編纂事情」日本法政大学『法学志林』第12卷第2号、1910年12月、25頁）。但是，依据小河滋次郎「清国の獄制（上）」（『刑事法評林』第2卷9号、明治43年、55～56頁）的内容，赵、李所述毕业生近千人，数字应该可信。

生不同于普通学生。为了接受我的教育，特别成立了一个监狱班，学生都是从各地特别募集的。监狱班表面上采取的是法部即司法省委托法律学堂开班的形式，但实际上仍然完全由法律学堂管理，与法部几乎没有任何关系。监狱班的学生计有约120人，多数从法部官吏或任职于大理院以及其他法院的人中选拔而来，学生毕业后肯定被任命为监狱的官吏从事实际事务。①

京师法律学堂的教学和学生的学习情况如何呢？由于该校存在时间很短，毕业生们也没有留下相关记录，因此实际情形迄今不明。曾经在京师法律学堂学习过、1912年夏从合并后的京师法政学堂一级正科法律班毕业的吴寿朋虽然写过对当时情况的回忆文章，但对法律学堂持批判的态度，几乎没有涉及日本教习的讲学情况。

倒是当时任东京帝国大学法科大学副教授的盐田环曾经于1908年春（可能是3月份）赴韩国和中国考察法律教育，其间他在北京观摩过京师法律学堂的教学，回国后写了一篇题为《北京见闻录》的随笔，把在北京目睹的法律教育和宗教情况公之于世。因此，我们现在可以通过他的见闻录管窥日本教师的教学情况以及学生的听讲情形。

余一日至北京城西往访冈田博士，参观京师法律学堂。学堂占地约五百坪，房舍皆二层洋式建筑，有大小讲堂四间，另有会议室、编查室、教员室、图书室等设施。入一讲堂，岩井学士正讲授战时国际法。二百生徒凭几而坐，课本摊开，通译停口，乃移目至书，或思考，或笔记。而半者直如仅占座席毫无表情。转至大讲堂，四百生徒频频笔记松冈学士之民法讲义，其态度无异于前者。窃询其所以，乃因学堂监督时常于授课时拉出缺簿，查验出勤，旷课者减分，故彼等生徒被迫上学也。上学仅为义务，多数不管学问之研究，纯以拥有学籍为荣。自然并非全体以如斯者充之，其中亦有极为真挚踏实研习学术者，闻考试答案间有令教员惊异之人。惟概而观之，喜法律之名而不顾其实之徒居半，

① 小河滋次郎「清国の獄制（上）」『刑事法評林』第2巻9号、明治43年、55~56頁。

回顾我国学界现状，缺陷何其相似乃尔，不亦悲乎！①

从盐田随笔的这段话中我们可以窥见京师法律学堂当时的教学情况之一斑。首先，采取的是大班教学，一间教室动辄几百人挤在一起听讲，听课者人数多达 200 人，有的甚至达到 400 人，其教学效果可想而知。其次，学生基本上不谙日语，而日本教师又不懂中文，老师的讲义需要通过翻译转达给学生，如果翻译日语水平不是很高，其收效可能要大打折扣。最后，据盐田观察，虽然学堂对学生的出勤管得很严，但学生的学习并非出于自觉，多有勉强之意，故多数学生是出勤不出力，真正认真听讲者不会超过一半。当然，其中也有学习认真热心，考试成绩令老师惊异的学生。例如负责讲授监狱学的小河滋次郎对他的学生似乎就比较满意。他说：

> 学生的教育程度、年龄等情况千差万别，其中既有不少高级官吏，因而年龄相应较长，学识经验较为丰富。同时也有年龄较轻，完全没有学历者掺杂其中。然而多数学生还是对学习非常有兴趣、热心求学的，因此数次考试，大部分学生都取得了优异成绩。我自然高兴，校方管理当局也非常满意。②

这些学生的学习成绩究竟如何呢？根据京师法律学堂管学大臣沈家本的要求，1909 年 12 月和 1910 年 12 月，学部分别对甲班和乙班（含甲班补习学员）学生进行了毕业考试，使得我们今天能够管窥他们的成绩之一斑。

参加考试的学生甲班为 110 名，乙班为 363 名，然而，据甲班同学名录，入学时甲班应有学生 232 名，参加考试者却不到一半。这可能是因为当时新政甫行，各方面需人孔亟，很多年纪较大又有官场经历的人中途被调任实职，从而离开了法律学堂。乙班则由于不知其入学初期人数，是否也存在着甲班那么大比例缺考者则不得而知。另外，毕业考试时，还有一些学生因病缺席及被扣考者，实际人数应该多于 363 名。

---

① 塩田環「北京之法律教育」、416 頁。
② 小河滋次郎「清国の獄制（上）」『刑事法評林』第 2 巻 9 号、明治 43 年、56 頁。

　　考试共进行了 7 天，说明所有选修的课程都是考试科目。成绩由毕业考试分数加平时学期分数平均计算，精确到小数点后 2 位数，总体成绩分为最优等、优等、中等、下等和最下等 5 个等级。最优等为 80 分以上，优等为 70 分以上 80 分以下，中等为 60 分以上 70 分以下，下等为 50 分以上 60 分以下，最下等为 50 分以下。其中，最优等成绩总分虽在 80 分以上，如有主课不及 70 分，则要降为优等。总分成绩在 70 分以上，本属优等，但如主课有不及 60 分者则降为中等。可以说成绩等级的评定非常严格。根据这套成绩评定方法，甲班参加考试的 110 名学生中，获最优等者只有 3 名，占总数的 2.7%；优等 22 名，占 20%；中等 47 名，占 42.73%；下等 28 名，占 25.45%；最下等 10 名，占 0.91%。乙班 363 名毕业生中，获最优等者 9 名，占总数的 2.48%；优等 91 名，占 25.07%；中等 161 名，占 44.35%；下等 80 名，占 22.04%；最下等 22 名，占 6.06%。从上述成绩结果可知，获最优等者属于凤毛麟角，比例都不到 3%。甲班最优等成绩获得者，第一名是朱得森，分数为 86.61 分。乙班最优等获得者是后述《法律丛书》的编辑之一熊元襄，得分 83.72。朱得森乃湖南慈利县人，19 岁进入京师法律学堂，其时身份是优禀贡生，候选县丞。1916 年曾任民国大理院推事。中等以上成绩人数占比甲班为 65.45%，乙班为 71.90%，这反映出京师法律学堂的教学总体上讲很不错，大多数学生的学习也是认真的。①

　　但是，以修订法律馆附属学校的形式建校的京师法律学堂似乎仅仅存在了两年多一点的光景，正如盐田环所述，第三年便由直属于修订法律馆改为由法部管辖。不过，从要求举行毕业考试的奏折来看，京师法律学堂的管学大臣似乎仍由沈家本兼任。

　　　　然以教育事业不独立与其宗旨不符为由，于去年，即光绪三十三年

① 甲班成绩参阅《会考大臣会同学部奏考试法律学堂毕业学员事竣折并单》，内阁印铸局《政治官报》第 812 号，宣统元年十二月十八日，第 10～12 页；乙班成绩参阅《学部奏考试京师法律学堂乙班毕业及甲班补习学员请先给出身折并单》，内阁印铸局《政治官报》第 1198 号，宣统三年二月初四日，第 7～12 页。统计数字为笔者所加。京师法律学堂还招收过丙班，可能由于 1911 年辛亥革命的爆发，清政府已经风雨飘摇，无暇对他们举行毕业考试。

九月三十日使京师法律学堂独立，划归法部直属，在特别会计项下每年拨款 10 万两，其事务将不断扩张。①

而且，京师法律学堂正式开学的同一年，即光绪三十二年十二月二十日（1907 年 2 月 2 日），学部上奏提出开设京师法政学堂，并拟定了学堂章程，获得敕许。光绪三十三年四月，京师法政学堂晚于京师法律学堂不到 1 年正式成立。这样，北京就有了两所课程基本相同、培养目标类似的法律教育的专门教育机构。在财政情况拮据、法律教习严重缺乏的情况下，同时开办两所法律教育的专门机构，就当时的政府而言，显然力不从心。

从《京师法政学堂章程》内容看，该学堂的学制为 5 年，前两年为预科，后三年为正科。正科之内分设政治门和法律门两个专业，预科修满进入正科以后，再选择专业继续学习。同时，为了培养政治家，还设立了 3 年制的别科。此外，还设置了讲习科，学习时间为 1 年半，主要是为了让在各中央机关工作的新晋官员接受培训以及给精简下来的官员以再学习的机会。预科新生的年龄在 20 岁以下，别科新生的年龄在 35 岁以下。预科和别科的编制定员分别为 200 人和 100 人。②

关于这两所学校的异同和各自的特征，吴朋寿回忆：

> 京师法律学堂计开甲乙两班，毕业生约 500 人。京师法政学堂1907 年先开别科和预科两科，以后每年招收别科和预科学生。别科 3年毕业，③ 与京师法律学堂的程度接近。预科 2 年毕业后进入正科，3年毕业。1907～1912 年送出毕业生约 300 人。京师法政学堂设置的科目重视人伦道德，还设有体育科目。正科直接用日语听讲，还有学生宿舍，这与京师法律学堂不同。京师法律学堂开设丙班未几关闭，学生并

① 塩田環「清国法典編纂事情」法政大学『法学志林』第 12 卷第 2 号、24～25 页。
② 《学部奏筹设京师法政学堂酌拟章程折并章程》，上海商务印书馆编译所编纂《大清新法令（1901～1911）》第 3 卷，第 419 页。
③ 据《学部奏京师法政学堂别科学生毕业请奖折》，第一批学生于 1907 年 4 月入学，1910 年5 月毕业，共有毕业生 53 名。经毕业考试，获最优等成绩者 10 名，优等 25 名，中等 14名，下等 2 名，最下等 2 名。获中等以上成绩者给予副贡身份的奖励。由此可知，法政学堂的规模不及法律学堂。（《政治官报》第 1063 号，宣统二年九月十一日，第 6～8 页）

入京师法政学堂，同时财政部所属财政学堂的学生也并入进来。1912年，京师法政学堂更名为北京法政专门学校，分设政治、法律、经济三科。由此京师法政学堂结束。①

本来，修订法律馆设立法律学堂的目的是培养司法实务人才，以便新法律和新法制建成后，使法律能够得以顺利实施。修订法律馆的任务不是搞教育，而是修改原有法律，编纂新法律，因此，随着京师法政学堂的开办，京师法律学堂是否需要继续存在下去便成了一个问题。正如前面所述，京师法律学堂招收第三期即丙班学生后，留下了短短两年的足迹就于1908年和京师法政学堂合并，从而结束了它的历史使命。②

京师法律学堂的学生毕业以后都去了哪里？据学部1910年10月19日的奏折来看，初期似乎仍以担任行政官员者居多。③ 对于这种情况，学部认为这与京师法律学堂"造就司法人才"的宗旨不符，提出应由法部"查照法官考试任用等项章程，于京外审判衙门，分别将该员等改用相当之司法官"。学部的建议获得朝廷敕许。为此法部根据京师法律学堂毕业生入学前的具体情况，提出了7条具体办法，将京师法律学堂毕业生任用为法官。按照这一办法，该学堂的毕业生都根据入学前的官秩官级，分别等差任用为中央和地方各级审判机关的法官或检察机关的检察官。④ 因此可以说，京师法律学堂的学生绝大部分成了新建立的各级法院和检察院的中下层司法人员，为新的司法系统补充了新鲜血液。

至于京师法律学堂及其学生对后来的中国做过什么贡献，由于该校持续

---

① 吴朋寿：《京师法律学堂和京师法政学堂》，《文史资料选辑》第142辑。

② 据后来两校学员毕业考试分别举行的情况看，京师法律学堂虽然与法政学堂合并，教学和管理似乎还是分别进行的。1909年，沈家本以管京师法律学堂事务大臣的名义上奏要求学部举行对毕业生的考试证明了这一点。

③ 《学部奏补考法律学堂毕业学员请奖折》谓："京师法律学堂甲班毕业奖励考列最优等者，各就原官加保升阶，分部或分省遇缺即补。考列优等者，各以原官应升之阶，分部或分省尽先补用，考列中等者，已经分部分省人员，以原官尽先补用，并一律作为副贡。"这说明，京师法律学堂的首届毕业生都是作为一般行政官员予以任用的。《政治官报》第1104号，宣统二年十月二十二日，第7页。

④ 请参阅《法部奏酌拟京师法律学堂毕业学员改用法官办法折并单》以及《又奏京师法律学堂乙班毕业考试办法片》，上海商务印书馆编译所编纂《大清新法令（1901～1911）》第9卷，商务印书馆，2011，第260～264页。

时间短，晚清的修律活动又因辛亥革命半途而废，很难对此加以评估。据赵晓耕、李晓晖评价："京师法律学堂的创办，培养了大量的法律人才，为中国法制的发展做出了一定的贡献。其所培养的人才在以后的政治及法律运动中，发挥了很大的作用。比如 1910 年冬，法律学堂学员熊煜、王克忠①等人在教习汪学龄的支持下创建了北京法学会，并于辛亥年间设立政法研究所。自京师法律学堂设立后，全国兴起一股学法的热潮，法律学堂在全国各省如雨后春笋般纷纷兴起，其中比较著名的有袁世凯创办的北洋法政学堂等，促进了法律知识的传播、法律思想的变革，从此中国的法学教育步入了一个全新的阶段。"②另据李贵连介绍，沈家本对法学会的成立给予了很大支持，并就任首任法学会会长。北京法学会还发行《法学会杂志》，为介绍、宣传近代法学做出了应有的贡献。③

京师法律学堂乙班学生熊元翰、熊元楷、熊元襄兄弟三人尚在校学习期间，即于 1909 年共同筹措资金，在北京创办"安徽法学社"，成为当年国内首家专门出版西方近代法学原理、法律与法制的民间出版机构，并于宣统三年（1911）出版了以京师法律学堂日籍教授的讲义为基础内容的《法律丛书》。同为乙班学员的汪庚年也于当年早些时候，通过京师法学编辑社以《法学汇编》的名义出版了该学堂日籍教习的法律讲义。这两套丛书都是 22 册，结合当年清廷正在进行的修律活动，把属于大陆法系、在日本已经实施二十多年的民事法律体系、商事法律体系、刑事法律体系、诉讼法体系以及法院组织法、监狱法等法律制度全盘公开，使原本局限于只有不到 1000 名学生听讲的内容扩大至整个社会。尤其是熊氏兄弟编辑出版的《法律丛书》，进入民国以后仍然连续几度再版，为向中国民众普及近代法律知识，促进中国的法律法制转型做出了很大贡献。

此外，还有一事值得一提，就是曾任京师法律学堂教习，同时又是北京法学会会员的汪有龄纠合法学会同人集资创办的私立朝阳大学。该校于

①　熊煜，生卒年月和籍贯不详，系京师法律学堂乙班学员，毕业考试获中等第三十名，分数为 75.16 分。北洋政府时期似乎担任过四川省财政厅厅长。王克忠（1867～1935），字朴川，号两明先生，广东西宁县人。庚子辛酉并科举人，先后任工部主事、大理院行走。1906 年 39 岁进京师法律学堂甲班学习，毕业考试成绩为 64.79 分，列中等第三十名。

②　赵晓耕、李晓晖：《京师法律学堂》，中国民商法律网，http：//www.civillaw.com.cn/article/default.asp？id=15825，最后访问时间：2010 年 4 月 5 日。

③　李贵连：《近代中国法制与法学》，第 292 页。

1912 年，即民国肇始之年创立，素有注重法学研究之风，且学校管理严格，汇集了一批法学名师执教，如日本学者冈田朝太郎、岩谷荪藏，中国著名民法学家余棨昌、民事诉讼法学家石志泉、著名律师及社会活动家江庸、罗马法学名家黄右昌等都在此大学任过教。该校学风纯朴，研究氛围浓厚，培养出了很多优秀的学生，该校历届参加高等文官考试暨司法官考试的学生，录取比例一直很高，且成绩总是名列前茅，多次受到当时的教育部和司法部的明令褒奖。曾在朝阳大学任教的陶希圣先生在《朝阳大学二三事》一文中说："中国法学和司法界，朝阳大学出身的人才是第一流，亦可以说是主流，法学教育史上，朝阳大学应居第一位。"① 在当年法学界有"南东吴，北朝阳"以及"无朝不成院"② 的说法。1949 年 8 月 5 日，朝阳大学更名为中国政法大学，1950 年 2 月，以华北大学为基础，吸收中国政法大学合并成立中国人民大学，从此朝阳大学的法学教育为中国人民大学所传承。

第二节　京师法律学堂日籍教习的教学情况

一　京师法律学堂日籍教习的课程分担状况

正如第四章所述，修订法律馆在准备开办京师法律学堂的同时，即着手从日本聘请法律教习来华讲学。首先接受招聘、学堂一开学就来到中国的是刑法学家冈田朝太郎和法官学者一身二任的民法学家松冈义正两人。此后不久，又相继聘请到负责管理狱政的行政官员小河滋次郎、商法学家志田钾太郎以及岩井尊文（教授国际法）和中村襄。从已知招聘他们的合同内容可知，除岩井和中村只负责教学外，其他 4 位日籍教习不仅在京师法律学堂讲

① 孙政华：《百年朝阳：一所法律名校的繁盛与荒芜》，《法治周末》2012 年 4 月 18 日，转引自凤凰网，http://news.ifeng.com/shendu/fzzm/detail_2012_04/18/13979237_0.shtml，最后访问日期：2013 年 4 月 2 日。
② 所谓"东吴"是指位于苏州的教会大学东吴大学，侧重于英美法系的教学和研究，朝阳则指位于北京的私立朝阳大学，侧重于大陆法系的教育和研究。由于中国自清末确定通过日本法移植大陆法系后，民国继续沿用这一方针，因此朝阳大学的法学教育更接近中国法律的现状和实际，因此司法考试合格率很高，没有朝阳大学出身的法官就很难组成法院，这便是"无朝不成院"。

授法学和法律，还在修订法律馆负责调查和起草法律草案。

从京师法律学堂的授课科目可以看出，法律学堂开学时准备讲授的专业法律课程大多数都是尚未起草、颁布的法律。在这种背景之下，负责讲授专门法律课程的日本教习在课堂上使用的教材，只能依靠日本国内的现行法律以及日本的法律教材或法学著作，以及正在为中国起草的法律草案。这可能就是中国近代的法学教育全面向大陆法系倾斜的最为重要的原因。表 5 - 3 是京师法律学堂日本教习承担的讲义科目。

表 5 - 3　日本教习承担的讲义科目

日本教习	讲义科目	主要讲义学校	兼职学校
冈田朝太郎	法学通论、宪法学、行政法、刑法总则、刑法分则、裁判所构成法、刑事诉讼法、法院编制法	京师法律学堂（京师法政学堂）	京师大学堂
松冈义正	民法总则、物权法、债权法、亲族法、继承法、民事诉讼法、破产法	同上	京师大学堂
岩井尊文	国际公法、国法学	同上	不明
小河滋次郎	监狱学、监狱法	同上	京师大学堂
志田钾太郎	商法、公司法、船舶法、有价证券法、国际私法	同上	不明
中村襄	不明	同上	不明

资料来源：冈田、松冈、小河、志田据其各自与清廷签订的聘用合同以及汪庚年《法学汇编（京师法律学堂讲义）》（京师法学编辑社）；岩井据汪庚年《法学汇编（京师法律学堂讲义）》；中村据广池千九郎『清国調査旅行資料集』。

从表 5 - 3 可知，6 位日籍教习中，除中村襄所承担的课程不明之外，承担讲义科目最多的是冈田朝太郎和松冈义正。冈田承担的主要是公法和刑事诉讼法，课程名称分别是法学通论、宪法学、行政法、刑法总则、刑法分则、裁判所构成法、刑事诉讼法、法院编制法。松冈义正则主要承担私法部分以及民事诉讼法，课程名称分别是民法总则、物权法、债权法、亲族法、继承法、民事诉讼法、破产法。但是，由于亲族法和继承法的起草工作由中国学者承担，其内容有别于日本的法律，因此，从翻译成中文的讲义内容来看，松冈讲授的亲族法和继承法仅仅是点到为止，把它们单独列为一门课程显得很单薄。其后则依次为后期到京的志田钾太郎、小河滋次郎和岩井尊文。志田承担商事关系方面的法律课程，分别有商法、公司法、船舶法、有价证券法和国际私法。小河承担的是监狱法和监狱学，岩井负责国际公法和国法学。

这些日本教习虽然都有不错的汉文造诣，但不能直接用中文授课，因此，他们授课时都必须经过翻译转述，这有盐田环的文章为证。

> 生徒于法律学堂须研读之科目者，民法、商法、刑法、刑事诉讼法、民事诉讼法、监狱学及国际法是也。此等科目中目下虽尚有未及开讲者，然学堂创立甫始，未经星霜，实非得已。讲师乃日本人，冈田博士担任刑法及刑事诉讼法，松冈学士担任民法及民事诉讼法，岩井学士担任国际法，新任之小河博士担任监狱学。讲义悉数经由通译，故大多须预先向生徒颁授稿本。①

二 京师法律学堂的教材

由于日籍教习在京师法律学堂的讲课内容必须先翻译成汉语颁发给学生，日本教习给京师法律学堂留下了一套珍贵的法律以及法学的讲学资料。这套资料有两套版本存世，一套于宣统三年五月十五日（1911 年 6 月 11 日）由京师法学编辑社以《法学汇编》为题出版，编者是汪庚年；另一套由熊元翰、熊元楷、熊元襄兄弟编辑，以《法律丛书》为书名由安徽法学社出版，出版时间比前者略晚一个月，时间在宣统三年六月，两套丛书都是 22 册，但内容稍有不同。日本东京大学东洋文化研究所大木文库收藏有汪庚年编的《法学汇编》，笔者曾在该文库借阅过。熊氏兄弟编的另一套版本，笔者在 2013 年用日文撰写论文时只见过其中的一部分影印本。2013 年，由何勤华先生主持，该丛书经多位青年才俊点校，由上海人民出版社出版。因此，两套丛书的差异可以检证。为此，笔者将这两套丛书的情况列为一表（见表 5 - 4），比较之后发现它们在形式上存在以下差异。

首先，两者编辑方针不同。汪氏所编丛书名称为《法学汇编》，熊氏兄弟编的丛书名为《法律丛书》，前者以教习为中心，出版的是教习的讲义，后者以学生为中心，归纳的是学生对教师讲义的理解，因此可称其为笔记。

---

① 塩田環「北京見聞録」『法学協会雑誌』第 26 卷第 9 号、1908、417 頁。

表 5－4　围绕京师法律学堂讲义出版的两套丛书之比较

编者	汪庚年				编者	熊元翰、熊元襄等	
出版社	京师法学编辑社				出版社	安徽法学社	
出版时间	宣统三年五月十五日				出版时间	宣统三年五月呈出、宣统三年六月二日发行、民国元年 9 月 3 日再版、民国 2 年 3 月 24 日三版、民国 3 年 12 月 15 日四版	
书名	法学汇编				书名	法律丛书	
编号	各卷书名	讲授者	页数		编号	各卷书名	讲授者
第 1 册	法学通论·宪法·行政法	冈田	329		第 1 册	法学通论	冈田
第 2 册	大清刑法总则	冈田	286		第 2 册	法学通论·宪法	冈田
第 3 册	大清刑法分则	冈田	145		第 3 册	国法学	岩井
第 4 册	民法总则（上）	松冈	401		第 4 册	国法学	岩井
第 5 册	民法总则（下）	松冈	243		第 5 册	刑法总则	冈田
第 6 册	民法·物权法	松冈	246		第 6 册	刑法分则	冈田
第 7 册上	民法·债权法	松冈	160		第 7 册	民法总则（上）	松冈
第 7 册下	民法·债权法各论·亲族法·继承法	松冈	253、10、5		第 8 册	民法总则（下）	松冈
第 8 册	商法总则	志田	226		第 9 册	民法物权	松冈
第 9 册	会社法·手形法	志田	118		第 10 册	民法债权·总论·各论	松冈、志田
第 10 册	手形法·船舶法	志田	132、79		第 11 册	商法总则	志田
第 11 册	大清法院编制法	冈田	238		第 12 册	商法·会社·商行为	志田
第 12 册	刑事诉讼法	冈田	252		第 13 册	商法·有价证券·船舶法	志田
第 13 册	民事诉讼法·破产法	松冈	233、112		第 14 册	法院编制法	冈田
第 14 册	国际私法	志田	184		第 15 册	刑事诉讼法	冈田
第 15 册上	国法学（上卷）	岩井	175		第 16 册	民事诉讼法	松冈
第 15 册下	国法学（下卷）	岩井	299		第 17 册	破产法	松冈
第 16 册	平时国际法	岩井	225		第 18 册	监狱学附监狱律	小河
第 17 册	战时国际法	岩井	276		第 19 册	国际私法	岩井
第 18 册	大清监狱律·监狱学	小河	126、86		第 20 册	国际公法	岩井
附册第一	经济学·财政学	未署名	135、35		第 21 册	经济学	未署名
附册第二	名词解·秋审条例·审判要略（吉同钧述）		71、32、21		第 22 册	财政学	未署名

注：会社即公司；手形即票据。

资料来源：（1）东京大学东洋文化研究所大木文库所藏《法学汇编》全套分为 4 帙，第 1 帙为第 1~5 册，第 2 帙为第 6~10 册（第 7 册为上、下两本，上册名《民法·债权法》，下册名《民法·债权法各论·亲族法·继承法》）共 6 册，第 3 帙为第 11~15 册（《国法学·上卷》）共 5 册，第 4 帙为第 15 册（《国法学·下卷》）至第 18 册与附册第一《经济学·财政学》、附册第二《名词解·秋审条例·审判要略》共 6 册。全书共 22 册。（2）何勤华主编《民国法律史料丛刊·京师法律学堂笔记》（共 22 册），上海人民出版社，2013。因系重印，表中未标注页数。

其次，丛书中的书名存在许多差异。例如，汪氏编的《法学通论·宪法·行政法》，在熊氏编的《法律丛书》中则被一分为二，一册题名《法学通论》，另一册题名《法学通论·宪法》；汪氏丛书中，题名《大清刑法总则》《大清刑法分则》《大清法院编制法》《大清监狱律》的书名，熊氏丛书之中则全部删去了"大清"二字。出现这种差别，可能是前者的编者认为丛书出版时，冈田手编的大清刑律和法院编制法以及小河草拟的大清监狱律都已面世公开，所述内容与此基本相符，故加上"大清"二字。又如前一套丛书中的《民法·物权法》《民法·债权法》，在后一套中变成了《民法物权》和《民法债权·总论·各论》；前一套中的《亲族法·继承法》，在后一套中不见踪影。熊氏兄弟可能认为讲义内容分别只有10页和5页的亲族法和继承法，单独列出显得很牵强，故而将其内容删去。再次，前者将破产法的内容收录于《民事诉讼法》之中，后者则将《破产法》单独列为一册。《经济学·财政学》在前一套丛书中为一册，而后者则是《经济学》和《财政学》各为一册。又次，担当讲义教习的名字不同。《法学汇编》中《国际私法》的讲授者记作志田钾太郎，《法律丛书》则记作岩井尊文。从表5-3的内容看，志田钾太郎为国际私法的讲义教习似乎比较准确。同时，《民法各论》的讲义教习在《法律丛书》中记作志田钾太郎（参阅《法律丛书》第10册《民法债权·总论·各论》例言），《法学汇编》则记作松冈义正。最后，《法学汇编》的第22册《名词解·秋审条例·审判要略（吉同钧述）》，《法律丛书》没有收入。

两套丛书不仅存在上述编辑体例以及编排顺序上的差异，仅从笔者阅读过的松冈义正讲授之民法总则和民事诉讼法、破产法、物权法、债权法等内容来看，两套丛书收录的内容也有区别。如汪氏编的《物权法》的主要内容为物权法之概念、物权总论、占有权、所有权、地上权、地役权六章，而熊氏兄弟所编《法律丛书》则除上述内容外，还包括永小作权、地役权、留置权、先取特权、质权、抵当权。

两套丛书在文字的叙述上也存在着较大的不同。例如，关于学习民法必须注意的事项中，松冈提到了3点。熊氏兄弟编的《民法总则》（上）是这样叙述的：

（一）不可拘泥形式。法律有精神，有形式。精神者，形式之母也。舍精神而求形式，与无法律同。考之罗马法制史，当罗马黄金时代时代十八世纪末（重印本如此，疑为点校错误。——引者注），多数法学家皆能注重精神，故罗马勃兴。及其末世，治法律者皆拘泥形式，故国势不振。国势之盛衰，隐随法律为消长，顾不信欤？中国当春秋战国时，有郑侨、商鞅、韩非、申不害之徒，阐明法理，故能称雄一时，造成黄族历史上最有光荣之时代。汉唐草创，尚有闻人。逮宋以下，名法家言，已成古董。抱经之士，耻谈法术。而法律之学，遂徒存形式。国势亦陵夷波靡以至今日。然则治法律者，但讲精神而略形式，可乎？是又不然。拘泥形式者非，抛弃形式者亦非。学者研究法律，以精神为主，以形式为辅可也。

（二）不可盲从旧说。能辨古今学说，比较长短，决定从违，然后学问方有进步。孟子谓尽信书，不如无书，即此意也。法律之学，万派竞争。必以理论事实为基础，事实随时势为转移，理论即因事实而有变化。旧派学者之说，不适于今日。即可知今之学说，不适于将来。断无一成不变，可以永续通行之学说。固执己见者，谓之武断。迁就时好者，谓之盲从。盲从之害，甚于武断。故治法学者，不可无我。参考一般学者之著书演说，必讨究其根本上之是非。以为可从则从之，疑其不可则弃之。所谓以头脑为权衡是也。

（三）不可浅尝辄止。学问本无止境，浅尝者所得有限，则佻然自足。迨见诸行事，疑难丛生，不惟一身有无限苦境，国家亦隐受其害。赵括谈兵，即蹈此弊。此法学家之大忌也。补救之法有四：曰沿革法学；曰分析法学；曰比较法学；曰法律哲学。依此方法，循序渐进，事必有成。充其效果，可使一国法律，臻于完备，善学者幸无自画。[1]

然而，同一内容，在汪庚年编的《法学汇编》收入的《民法总则》（上）中则大异其趣。将其与本章第三节"二　关于民法总则的讲义"中所录引文比对就可知道，汪氏书中所述 3 点，虽然精神基本一致，但除"（一）不可拘泥形式"一句完全相同外，其余文字的表述都不一样，尤

---

[1]　松冈义正口述，熊元楷、熊元襄编《民法总则》（上），何勤华主编《民国法律史料丛刊·京师法律学堂笔记》，第 1~2 页。

其熊氏书中（一）下引述的有关春秋、汉唐乃至宋代以后的中国法史，汪氏所编书中完全阙如。①

当然，也有完全一致的地方。如关于民法本质的论述，汪氏所编和熊氏所编的民法总则，表述文字就完全一致："民法者与他法同为维持国家之秩序而存，秩序之维持乃保全人类共同生活之必要条件也。重秩序之人类发达，而轻之者灭亡，历史示之。故国家为维持其秩序计，一面设关于人类行为之法则，一面又设于实现此等法则效力上最为适当之法则。民法属于前者之法则，民事诉讼法属于后者之法则。"②

同一个人讲授的同样课程，又都是由京师法律学堂教习汪有龄担任的翻译，③ 两套丛书为什么会出现如此大的差异呢？究其原因，可能因为他们获取材料的来源不同。

《法学汇编》的编辑为汪庚年，浙江金华人，生于 1866 年，殁于 1923 年，1897 年举人。④ 他除编过《法学汇编》之外，还在宣统二年编辑出版过《大清现行刑律丛纂不分卷》（石印本，现藏天津图书馆）。汪庚年是京师法律学堂乙班的学员，进入京师法律学堂时已近不惑之年，亲自听过日籍教习们的讲义，1911 年毕业考试名列中等第 85 名，得分为 64.89 分，⑤ 成绩不算很好。但是，宣统二年八九月间，清廷曾举行过中国历史上首次全国性的法官录用考试，报名参加考试者达到 3500 人，试卷题目涉及范围广泛，既有中国的传统律例，又有新近编纂的法典和西洋各国以及日本法律，法律门类则综括刑法、民法、诉讼法和国际法等。经过笔试和口试，全国共有

① 请比较参阅本书第 272～273 页的叙述。

② 松冈义正口述，熊元楷、熊元襄编《民法总则》（上），何勤华主编《民国法律史料丛刊·京师法律学堂笔记》，第 5 页；松冈义正：《民法总则》上卷，汪庚年编《法学汇编》，京师法学编辑社，宣统三年，第 1～3 页。

③ "点校者序"，松冈义正口述，熊元楷、熊元襄编《民法总则》（上），何勤华主编《民国法律史料丛刊·京师法律学堂笔记》，第 5 页。

④ 关于汪庚年的出生年月，见金华县志编纂委员会编《金华县志》（浙江人民出版社，1992，第 733 页）汪厥明条。据该条记载，汪庚年还是金华长山小学、金华电灯公司创建人之一。并从中得知，1914 年汪庚年携子汪厥明赴日本留学，此后事迹不详。另，其子汪厥明（1897～1978），1914 年随父赴日留学后，于 1924 年毕业于东京帝国大学研究生院，获农学硕士学位，同年回国，历任北京大学副教授、教授，在生物统计和育种学方面做出较大贡献，时农学界有"南丁（丁颖，中央大学教授，水稻专家）北汪"之称。1946 年受聘担任台湾大学教授，直至退休。1978 年病逝于台北。

⑤ 《学部奏考试京师法律学堂乙班毕业及甲班补习学员请先给出身折并单》第 1198 号。

775 名（其中京师考场 561 名，贵州考场 42 名，甘肃考场 42 名，四川考场 130 名）^① 应试考生通过了此次法官考试，京师考场合格的 561 人之中，最优等 83 人、优等 193 人、中等 285 人，汪庚年位列最优等第 4 名，成绩为 94.3 分，^② 可见他的新法学功底很深。汪庚年还十分关心时政，热心于推动司法改革事业。民国甫始，袁世凯在北京刚刚就任中华民国临时大总统之时，他就撰写了《上大总统及司法总长条陈司法独立书》，指出前清司法制度在行政权侵犯司法权、行政官充任司法官、法院设施不健全、辩护人制度阙如、司法警察以及法医鉴定人仰人鼻息、法院没有独立经费预算、法官以及司法辅助人员薪俸奇低等诸多方面存在严重弊端，要求在破除以上弊端的基础上实行司法独立，并提出参考甄别前清法律修订馆拟就的一系列新法律草案，率先施行新刑律和依据诉讼法规定的诉讼程序依法断谳。^③ 这篇文章文字虽然不多，却字字珠玑，击中要害，因此，该文在 1914 年即被收入《民国经世文编》。后来不知何故，1914 年携子留学日本后就没有了他活动的踪迹。

　　《法律丛书》的编者熊元楷、熊元襄、熊元翰等人也是京师法律学堂乙班的学员。据《熊氏家谱》^④ 以及沈伟的《京师法律学堂笔记的诞生及历史地位》^⑤，他

---

① 京师考场合格人数及名单见《法部第一次考试法官等第名次分数单》（《政治官报》第 1079 号，宣统二年九月二十七日，第 5～15 页）和《法部会奏京师法官第一次考试录取各员折》（《政治官报》第 1099 号，宣统二年十月十七日，第 3 页）；贵州考场见《贵州巡抚庞鸿书奏考试法官事竣折》（《政治官报》第 1085 号，宣统二年十月初三日，第 8 页），未标明合格者等第；甘肃考场见《陕甘总督长庚奏考试法官事竣折》，42 名合格者中，最优等 11 名，优等 8 名，中等 23 名（《政治官报》第 1094 号，宣统二年十月十二日，第 13 页）；四川考场见《四川总督赵尔巽奏考试法官事竣折》，130 名合格者中，最优等 5 名，优等 40 名，中等 85 名（《政治官报》第 1102 号，宣统二年十月二十日，第 7 页）。李启成《晚清各级审判庭研究》（北京大学出版社，2004，第 114 页）所载 560 余名合格者数字，应仅为京师考场的合格者数。同页所引《大公报》（天津）关于合格者籍贯分布的报道可能属于记述错误。据笔者核查，当天的《大公报》没有关于此事的报道。同时，《政治官报》发表合格者名单在九月二十七日，《大公报》不可能提前做出如此分析。

② 实际上汪庚年是并列第二名，第一名有两人并列，分别是得分 96.4 分的诚允（正红满毕业生）和赵麇祥（奉天优贡）。与汪并列第二名的是廖儒宗（直隶举人）。汪庚年是浙江举人。

③ 《盛京时报》民国元年 4 月 21 日、24～25 日连载。转引自《民国经世文编》第 2 册，第 482～484 页。

④ 转引自李凤鸣"点校者序"，松冈义正口述，熊元襄编《民事诉讼法》，上海人民出版社，2013。

⑤ 沈伟：《京师法律学堂笔记的诞生及历史地位》，《中南大学学报》（社会科学版）2014 年第 6 期。另外，松冈义正口述，熊元楷编《民法物权》（上海人民出版社，2013）中的《民法总则》"点校者序"也有涉及，但不及沈伟介绍的系统和全面。

们乃出身于安徽宿松书香世家的同胞兄弟。其中，熊元翰年纪最长，字砚恒，小字养浩，生于 1872 年，殁于 1950 年。光绪二十八年（1902）中举，初任吏部主事，后入京师法律学堂乙班，以优等成绩第 38 名毕业，得分为74.17 分。熊元楷排行老三，^① 字矩恒，小字养廉，生于 1880 年，殁于 1961年。光绪三十三年（1907）参加丁未补行丙午科会考，获优贡第 17 名，同年参加丁未科朝考，获一等第 76 名，并签分江苏补用知县，当年只有 27岁。但是，熊元楷似乎未等知县的补用，于当年与其兄熊元翰一起考入京师法律学堂乙班。1911 年以最优等成绩第 4 名毕业，成绩为 82.37 分。熊元襄最年少，字燮恒，小字养蕙，号师蘧。生于 1882 年，殁于 1924 年。元襄最为聪慧，大约 24 岁左右进入京师法律学堂就读，并以最优等第 1 名毕业，得分为 83.72 分。他还参加过宣统元年（1909）己酉科拔贡朝考，为一等生。^② 根据该次考试规定，毕业成绩列中等以上者都给予副贡出身，因此兄弟三人同时获得副贡身份。

编者中还有一个人，名为熊仕昌（1883～1953），也是安徽法学社的创办者之一。仕昌亦是安徽人，只是籍贯为凤阳，字炽民，道名麓云，据说戊戌前后中过举人，与熊氏兄弟同时进入京师法律学堂乙班学习，以优等第13 名的成绩毕业，得分为 77.91 分。在情报战线上功名显赫，后来官至中国人民解放军总参谋部副部长的熊向辉即是他的次子。

熊氏兄弟的简历表明，他们与汪庚年同样是经过科举考试拥有举人身份、具有深厚传统儒学功底并有社会阅历的学生，^③ 且同在乙班学习，学习

---

① 据沈伟《京师法律学堂笔记的诞生及历史地位》介绍，熊氏兄弟中的老二，名为熊元育，字谷恒，小字养正，优附生出身。他一直在家管理和经营熊氏家产，一直在幕后出资支持熊氏兄弟开办的安徽法学社。

② 文中所记熊元楷和熊元翰于 1907 年入京师法律学堂，系笔者推算。本章末附录京师法律学堂第一期学生名单中未见熊氏兄弟和汪庚年的姓名。据考订，京师法律学堂总共招收甲、乙、丙三个班，甲班系 1906 年招生并开学，乙班似在翌年，即 1907 年开班。因此，他们既然是乙班学员，入学年限当在 1907 年无疑。

③ 据沈伟《京师法律学堂笔记的诞生及历史地位》，熊氏兄弟们在进入京师法律学堂之前，除熊元翰系 1902 年的举人，出任过吏部主事，享有一定的社会地位外，其余两人都是在考入京师法律学堂之后获得功名的。进入民国后，熊元翰曾任京师地方审判厅推事、民二庭庭长；熊元楷历任江苏吴县第二初级检察厅监督检事、直隶第二高等检察分厅、上海地方检察厅检事、法官考试监试委员等职；熊元襄则历任司法部佥事、京师地方检察厅厅长、两次代理刑事厅厅长，还在安徽省当过审判厅厅长和检察厅厅长，并出任过日本留学监督处总务主任。

成绩都比较优秀，只是宣统二年举办的法官考试，如此盛事并涉及个人发展前途，熊氏兄弟都有参试资格，理应参加了考试，但合格名单中，未见他们的名字。另外，从他们的简历上看，似乎都没有留学日本的经历，虽然京师法律学堂安排的日语学习课时不少，短短几年非专门的日语学习不可能达到自由运用日语的程度。因此，他们出版的《法律丛书》的内容，可以肯定地说，基本上是以翻译为媒介获取的。而且，书名虽然明确标出了编者的姓名，但这并不意味着这些笔记完全来自署名的编者，很可能是复述听讲学生集体劳作的结晶。两部丛书之所以既有完全一致之处，又有大异其趣的部分，笔者推测，一致的部分应该使用的是学校提供的翻译教材，不同之处则可能是听讲学生记录老师讲解的差异。当时的知识分子比较重视乡谊，汪庚年为浙江籍，熊氏兄弟出自安徽，他们编辑出版丛书使用的原始材料很有可能来自各自不同的集体。

这两套丛书的存在使我们今天得以了解当年日本教习在京师法律学堂讲授的具体内容，为我们研究探讨中国法律与日本法律的关系提供了一条重要线索。但是本章拟仅就松冈义正讲授的民事关系法律的内容进行初步梳理，以了解松冈对中国晚清民事关系法律的编纂、教育所起的作用。

第三节　松冈义正承担的民事关系法律的教学情况

一　《松冈义正关系文书》略述

从上一节叙述中可知，在京师法律学堂正是松冈义正负责讲授民事关系的法律课程，其内容综括了民法总则、物权法、债权法、亲族法、继承法、民事诉讼法、破产法等。但从上述丛书收录的松冈的著述内容看，亲族法和继承法讲授得非常简略，这大概与这两部法律的起草任务由中国学者承担有关。

1975 年 4 月，"东京大学法学部近代立法过程研究会"经过收集整理，编辑了一部题为《松冈义正关系文书》（未刊稿）的资料集，收藏于东京大学法学部近代法制资料室，其中包括一部分疑似松冈义正在京师法律学堂执教时留下的手稿，他承担的民法、债权法、物权法、破产法讲义还有部分中文译稿。① 这些资料充分证明，在京师法律学堂担任民法、民事诉讼法以及破产法教学的确实是松冈义正。

《松冈义正关系文书》收录的部分中文译稿由于没有译者署名，现在很难断定译者的姓名，但从其钢板铅印的译稿中标出的甲班、乙班、旧班、研究科等名称看，讲义稿似乎是多人分担翻译的。将其中残存的中文译稿《民法讲义物权法》《破产法讲义》《民法讲义债权》与汪氏编辑之《法学汇编》和熊氏兄弟编辑之《法律丛书》中相应的书籍阅读比较后，可发现丛书的基本内容与这些译稿的内容完全一致。同时，中文讲义译稿中，多处用日语标注着"試験はここより"（考试自此处开始）、"試験"（考试）之类的文字以及"◎""○"等符号，说明松冈阅览并使用过这些中文译稿。以下拟按民法总则、物权法、债权法、民事诉讼法、破产法的顺序对松冈承担的教学内容，根据前述两套丛书的记述并参考其原著稍加介绍和分析。

二 关于民法总则的讲义

表 5 - 5 所示为收藏于《松冈义正关系文书》中的日文手稿《民法总则》（以下简称"手稿"）与《法学汇编》中以上下两册的形式出版的中文译稿、松冈义正著《民法总则》（以下简称"汪氏编辑《民法总则》"）以及明治 40 年 （1907） 在日本出版的松冈义正著《民法论总则（明治 29 年）》三书目录的比较。

手稿的封面上标着"《民法总则》（法学士松冈义正讲述）"字样。经与松冈的笔迹比对，这几个字明显不是松冈自己所书。这部手稿似乎是日语熟练的助手或者听讲者、翻译根据松冈在京师法律学堂讲授的民法总则讲义编写而成的。文稿中有很多修改的笔迹。在《松冈义正关系文书》中没有发现这部《民法总则》手稿的中文译稿。如表 5 - 5 所示，汪氏编辑《民法总则》依据的正是日本出版的《民法论总则（明治 29 年）》。

为进一步加以证实，笔者将这部日文手稿与在日本公开出版的松冈著《民法论总则（明治 29 年）》做了比照阅读。日本出版的《民法论总则（明

---

① 这些译稿非印刷本，而是钢板誊印本，应该是当时课堂讲义使用的原始教材。

治 29 年)》仅目录就占 25 页，全书厚达 626 页，每页大约有 434 个字，字数总计 27 万余字，说它是一部皇皇巨著亦不为过。相比这下，日文手稿总共只有 125 页，每页有 264 个字，合计大约只有 3.3 万字。而汪氏编辑的《民法总则》分为上下两册，上册 401 页，下册 243 页，合计多达 644 页。每页印刷文字 450 个，全书的字数与日文原著不分伯仲。总而言之，松冈义正在京师法律学堂讲授民法总则时，使用的原始教材应该就是在日本出版的这本自著《民法论总则（明治 29 年)》。因此，我们今天大体上可以知道松冈在北京授课的内容及其重点所在。

　　如前所述，松冈原著《民法论总则（明治 29 年)》的内容十分充实，而在中国讲授的内容则不过原著的 1/10。但是，日文手稿以及公开出版、汪氏编辑《民法总则》都覆盖了原著的全部主要内容。原著的所有内容之所以在中国未能全部讲授，推测有两个原因。其一，正如盐田撰写的观摩教学的随笔中所述，一个班的履修人数太多，且授课需要通过翻译转述，因此，授课的速度必定很慢。其二，学生关于近代法律的知识匮乏，对崭新的近代民法理论理解起来有些困难。

　　表 5-5　松冈义正讲授之《民法总则》日文手稿与中文版《民法总则》
　　　　　及日文版《民法论总则》目录的对照

日文手稿《民法总则》目录	中文版《民法总则》目录	日文版《民法论总则》目录
諸言	绪论	
	第一章　民法之本质	第一章　民法の本質
	第二章　民法之意义	第二章　民法の意義
	第三章　民法之沿革	第三章　民法の沿革
	第四章　民法之内容	第四章　民法の内容及び分類
	第五章　民法之系统	第五章　民法の系統
第一编　総論	第一编	第一編　総則法
第一章　私権	第一章　民法法规	第一章　民法法規
	第二章　民法之渊源	第二章　民法の淵源
	第三章　民法之效力	第三章　民法の効力
	第四章　民法之适用	第四章　民法の適用
	第五章　民法关系	第五章　民法関係
	第六章　权利及义务	第六章　権利及び義務
	第一节　权利之观念	第一節　権利の観念
	第二节　义务之观念	第二節　義務の観念

日文手稿《民法总则》目录	中文版《民法总则》目录	日文版《民法论总则》目录
第二编　私権の主体	第七章　私权之主体	第七章　私権の主体
第一章　人（自然人）	第一节　私权主体之观念	第一節　私権主体の観念
第二章　法人	第二节　自然人	第二節　自然人
	第三节　法人	第三節　法人
第三编　私権の客体	第八章　私权之客体	第八章　私権の客体
第一章　有体物（即ち物）		
	第一节　私权客体之观念	第一節　私権客体の観念
第二章　無体物		
	第二节　物即有体物	第二節　有体物（即ち物）
	第三节　无形的生活资料	第三節　無形的生産資料
第四编　私権の得喪及び変更	第九章　私权之得丧失及变更	第九章　私権の得喪及び変更
		第一節　私権の得喪及び変更の観念
第一章　概念	第一节　私权之得丧及变更之意义	
第二章　法律事実	第二节　法律事实	第二節　法律事実
第三章　法律行為	第三节　法律行为	第三節　法律行為
第四章　時（期日及期間）	第四节　时（期日及期间）	第四節　時（期日及期間）

资料来源：（1）東京大学法学部近代法制资料室收藏之「松岡義正関係文書」（『東京大学法学部近代立法過程研究会編集』、昭和50年4月）的手记日文原稿「民法総則」；（2）東京大学東洋文化研究所大木文庫收藏之『法学匯編』第4~5冊『民法総則』（上、下）；（3）松岡義正「民法論総則（明治29年）」『日本立法資料全集』信山社、2006。原著由清水书店刊行于明治40年9月，以下子目省略。

　　因此授课时只能侧重讲解法律的概念、意义以及主要的法律条文。这一点由手稿得到证实。以下拟参照松冈的原著，根据汪氏编辑《民法总则》，对松冈在京师法律学堂讲授的关于民法学以及民法总则的内容做一个简单的梳理和分析。

　　众所周知，日本民法移植于德国民法。德国民法系根据潘德克吞法学理论编纂的。所谓潘德克吞法学就是重视成文法，重视法律概念，重视法律构成。德国的法学家和立法者根据这种法学理论，编纂了由民法总则、债权法、物权法、亲族法、继承法共五编组成的德国民法。日本模仿德国民法典时，同样采取了五编结构，只是将债权法和物权法的顺序颠倒。之所以这样做，据松冈解释，是因为"债由物而生，必先有物权而后有债权，事务发生之次序，本应如是也。德国之以债权在先，其理由则以总则而下，惟债权适用之范围为最大，因人类之生活关系，关于债者多也。换言之日本先物权而后债权，主事务发生之次序而言，德国先债权而后物权，主使用范围之广狭而言"①。松冈义正是日本学者，他在中国京师法律学堂讲授民法，自然会按照自己国家的民法五编体系，即总则、物权法、债权法、亲族法、继承法的顺序进行讲学。从《法学汇编》以及《法律丛书》所收录的有关民事法律的书籍以及京师法律学堂的课程安排来看，京师法律学堂的民法教学课程实际上也是按照上述日本的五编体系设计的。日本民法承自德国，因此，中国民法教学虽然表面上受的是日本民法的影响，但从根本上说它采用的实际是德国民法的教学方式。

松冈应聘来华名义上是到京师法律学堂讲学，而更重要的任务是帮助清廷起草中国法律史上从来没有过的民法草案。因此，松冈在讲学时除了讲授民法本身的内容外，更注重于强调学习、研究乃至理解民法的实质。他在讲授民法总则时开门见山地强调，研究学习民法不可拘泥于形式，而应注重其精神。他认为，学习民法必须注意三点：

第一，不可拘泥形式，而拘泥形式则无一事可行，学法律学者，更宜引以为戒。盖拘泥形式者其于法律精神即不能会，而反受法律之病。夫一国有一国之法，而其遵守法律，则皆在于精神而不在形式，总之法律有精神则国强，无精神则国弱。试观罗马帝国时代大法律家最多，其国亦日强，历史上称之为黄金时代，以法律有精神故也。至末世而专讲形式，不能适当法律之用，故至于衰微。

第二，须知书之精意。法律家之学说，各不相同。况当学术进步时代，谓前人之书后人无可指摘者，非也。要在辨别其精微，各取其长而已。故研究一家学说，必先以其说之是非决之于心，而后其学乃有用。如谨守前人之旧说，而不知抉择，其失必至于盲从。

第三，须端正其心术。学问者非浅尝薄涉所能得。法律之学非可克

---

① 松冈义正：《民法总则》上卷，汪庚年编《法学汇编》，第59页。

日而成，求学之时非办事之时，当于学问研究其全部融会而贯通之，则所发议论始克有当。如未深究而确见其理即发为议论，必一无所当。此亦法律家易犯之病也。平时于学问无所得，及其从事于法律，则茫然不知，于己既觉其苦，而国家社会亦受其害，又安用此法学为也。欲除浅尝薄涉之蔽，其法有四，曰分析，曰沿革，曰比较，曰哲理。①

他强调，民法的本质是维护国家秩序，轻视它可能导致国家灭亡。

民法者与他法同为维持国家之秩序而存，秩序之维持乃保全人类共同生活之必要条件也。重秩序之人类发达，而轻之者灭亡，历史示之。故国家为维持其秩序计，一面设关于人类行为之法则，一面又设于实现此等法则效力上最为适当之法则。民法属于前者之法则，民事诉讼法属于后者之法则。②

松冈告诫他的学生，一部民法能否推行于全国，不取决于其形式而取决于其实质。

法有实质与形式。实质犹人之精神，形式犹人之容貌。……按法之为法，必以实质与形式而成。但有形式而无实质谓之恶法，则法之必以实质为先也明矣……民法者研究一国之风俗人情习惯而成者也，不如是则不能推行于全国。故凡立一法而推行于全国有所不行者，必于其实质上有缺点耳。③

他接着阐释：

民法之实质的意义有广狭二者。广义之民法为法之全体……法律中有公法私法。公法者国家与人民关系之法，私法者人民与人民关系之

---

① 松冈义正：《民法总则》上卷，汪庚年编《法学汇编》，第1～3页。
② 松冈义正：《民法总则》上卷，汪庚年编《法学汇编》，第3页。
③ 松冈义正：《民法总则》上卷，汪庚年编《法学汇编》，第5页。

法。……民法者，私法之全体也。法有公私之别，私法者支配个人的关系之法也。而民法常用于与私法同一意义之处。……夫公法者支配权力者与他之人格者，即权力者或无权力者之关系之法也。故如宪法、行政法、刑法、民事刑事诉讼法，规定国家内部关系之法。……私法者支配无权力者间之关系之法也。故如狭义民法、商法、国际私法，规定个人的关系之法，私法也，团体亦与个人同。①

对于中国如何编纂民法典，松冈在介绍了英法德等国编纂法典的历史沿革以及日本民法学者穗积陈重关于世界各国古今法典编纂政策的研究和归纳后认为，世界各国编纂法典之政策可以分为五种，即抚慰策、持久策、统一策、整理策和一新策。他认为日本编纂法典采用的是一新策而兼统一策。

据此他设问："中国编纂法典之政策宜属何策？"他认为：

今为各国交通之时代，而非闭关自守之时代，断不能墨守旧章，宜用一新策。各省章程命令，自为风气，各不相同，于统一上有大缺点，宜用统一策。中国本为文明之国，可用之法甚多，以其可留者而整理之，则为整理策。是中国编纂法典之策比日本犹多其一。宜乎较日本而尤难也。学者须知法典之编纂，即整理一国之法典，制定有公力之法律书之事业者也。故法典之编纂，以使法律之实质臻于善良，法律之形式臻于完全为目的。若法律之实质不良，反而道德之观念，或不适于社会之事情，则不得维持社会之秩序。法律之形式不具，疑义百出，不得确知其文意，则个人不克依法而主张权利与履行义务。此古今各国所以皆致力于法典之编纂也。②

松冈以日本编纂民法的历史为例，强调中国编纂民法的必要性和紧迫性。他说：

日本编纂民法有二理由。一为修改条约，撤去各国领事裁判权。一

---

① 松冈义正：《民法总则》上卷，汪庚年编《法学汇编》，第 6 ~ 12 页。
② 松冈义正：《民法总则》上卷，汪庚年编《法学汇编》，第 42 页。

为使国民得适用于社会之新事物为政策。日本初与欧洲各国交通之时，事事失败，其最甚者为领事裁判权。今日之能改正条约收回领事裁判权者，其中历史甚多，非空言所能致也，乃于实际上求之而得之耳。就今日日本观，已与欧洲各国立于对等之地位。就以前之日本观，乌可得哉。而所以能如是者，非政府一方之功，国民亦与有力焉。当编纂法典之时，专注意于收回领事裁判权，思与各国一律。所以将日本之旧习惯置之一旁，而以一新法律为主，所用之旧法律已寥寥矣。其于全国顾亦大为不便。而全国政府臣民明知新法律之不便于己，乃以欲收回领事裁判权之故，宁不便于己，皆以用新法律为莫大之政策，日久相习，亦皆以为便矣，而领事裁判亦竟已收回，是为能达其目的也。就中国言之，则此事亦最为重要。今日之新修法律，非以治本国臣民为目的，必以治外国臣民、收回领事裁判权为目的。如仅为治本国臣民也，即不修新法律庸何伤。而必欲修新法律者，固明明为收回领事裁判权也。而犹必迟回瞻顾于本国之情形，不忍舍旧以图新，即领事裁判权决无收回之一日，亦多此一举而已矣。必也仿日本修订法律之政策，宁不便于国民，而以对于外国为目的。旧法之善者固宜留之，新法之良者必采用之，而后新法律可以修。今之论者执行新法律不宜于中国之说，只知治本国之民而不知治外国之民。此乃诸君之责任，有攻讦新法律者，必宜执此说以破其迷。言甚简单，可以数语晓之也。试以日本颁布新法之历史约略言之，中国学者可毅然兴矣。①

关于民法的内容，松冈按照日本现行民法体例，告诉他的学生们，"民法以分为总则法、物权法、债权法、亲族法及继承法为通例"，并分别对物权法、债权法、亲族法和继承法以及总则法做了如下定义：

> 物权法者规定物权关系之法也。按物权者，人有是物，有任己意使用是物或破毁是物完全之权，而或有欲占夺其物，侵害其物者，则不能不赖法律之保护。于是有规定物权关系之法则，曰物权法。然则物权者即事实上之关系物权法者，即他人负不侵害之之义务之关系也。

---

① 松冈义正：《民法总则》上卷，汪庚年编《法学汇编》，第 43~44 页。

债权法者规定债权关系之法也。按上言物权，似人类之生活之关系在乎物，有物权而生活可无虑矣，而不然也。人之于物，不能物物皆备于己，更不能物物皆不与人。则人之因物而发生赠与借贷买卖之往来亦必然之势也。有往来即不能无债，有债而不能无法律上之关系。此债权之所由生也。以简单言之，则人与物直接者为物权，人与人间接于物者为债权。

亲族法者规定亲族关系及与此相伴之财产关系之法规之全体也。按亲族法者养成良国民之制造所也。或谓欧西之法与中国不同，其于纲常名教不甚注意，岂其然哉，岂其然哉。欧洲学者之于亲族法上，莫不非常注意。至谓亲族法为良国民之制造所。诚以国民之良莠，皆关系于亲族法之善否。故各国之富强皆根本于亲族法。亲族法善则国民之爱国心厚，否则良国民何自而出。日本于亲族法上亦非常注意。欧洲各国并于亲族法上有特别之注意。松冈学士喟然叹曰，亲族关系尽人而知，所不知者将来之亲族制度有非常之危险也。自财产制度个人制度发生以来，遂为亲族制度之大敌……

相续法①规定相续及遗言之法规之全体也。按相续法者所以维持亲族者也。无相续则个人不能安心以为取引②。自古至今，无论何国，权利义务必祈日加巩固。无相续法，日久必忘其权利义务之所在。有相续法，则权利义务所以永久而不替。故相续之权利义务之关系，于亲族大有影响。相续法中将提出遗言以定规则，各国视之皆极为重要。盖人生所最不能忘情者财产权也。然不能忘之于生前，而不能不忘之于死后。则虽有财产权，至于死后必丧失之矣。有遗言以为之维持，则身后之财产欲以之建学堂，设病院，悉秉遗言以为处置，即所以维持身后之财产权也。故各国视遗言极为重要。

总则法者，共通于物权关系、债权关系、亲族关系及相续关系之法规之全体也。按总则法合物权债权亲族及相续四种关系公同之法则。何以为公同之关系。凡事皆始于人。物与债之关系，为人而有关系也。亲族相续之为人之关系，不待言矣。故民法中必皆以人定法则。各国之民

---

①　相续法：日本法律名词。相续意为继承，相续法即继承法。
②　取引：日文词语，意为交易。

法莫不以人为规定。人既规定之后，乃规定能力。盖人皆同而能力各有不同。例如结婚，未有结婚能力时不能结婚，相续亦然。故能力居人之次而规定。有能力者必有能力之目的。苟无物，则能力无所用，故先关于人之观念，次关于物之观念，人与物之关系，定为法律之后，则各种权利得丧事实皆附焉。此则为民法之顺序也。民法总则法，可称为民法之根本法。若无总则法，则民法可不定矣。[①]

从以上叙述中可以看出，松冈讲授民法，不是只限于讲授法律本身的内容，而是结合中国即将编纂和实施民法的实际情况，根据西方国家以及日本法律近代化的实践经验，为中国未来的司法官僚以及即将展开的修律活动提供有益的意见和建议。

三　关于物权法的讲义

《松冈义正关系文书》中收录有两部疑似根据松冈义正的讲义翻译而成的物权法讲义中文稿。第一部原稿的封面上写有"民法讲义：物权法"字样，第二部封面上写有"民法讲义第五章　地上权"。前者稿纸骑缝的空档处写着"乙"或"乙班"，后者写着"研究科"等字样。民法讲义（代理）骑缝处还标有"甲班"字样，根据前述内容可知，"甲班"应系第一期招收的学员，"乙"和"乙班"应该是第二期学员，至于"研究科"，很可能在普通班的基础上，开设了程度较高的课程，其学员或许懂得日语。但是，这些字样究竟是表示不同班级使用的教材，还是表示不同团体承担的翻译，则无可考。不过，笔者偏向认为属于前者，即为不同班级授课使用的教材的可能性比较大。表5-6所示即为这些文稿的目录。

但是，与上述内容相比，汪氏编辑《法学汇编》中收录的《民法·物权法》共分七章，各章标题分别为"物权法之概念"、"物权总论"、"占有权"、"所有权"、"地上权"、"永小作权"和"地役权"。而《松冈义正关系文书》中收藏的中文稿则没有永小作权和地役权，关于地上权也只有部分内容，残缺比较多。表5-7所示为《松冈义正关系文书》中所无却收录于《法学汇编》丛书中的《民法·物权法》讲义中所有的部分内容的目录。

---

① 松冈义正：《民法总则》上卷，汪庚年编《法学汇编》，第46～51页。

表 5 - 6　　《松冈义正关系文书》收录松冈承担的《民法讲义：物权法》中译稿目录

第一章　物权法之概念	（1）引渡公示主义
第一　性质	（2）引渡要件主义
第二　内容	（二）登记公示主义登记要件主义及地券
第三　系统	交付主义
第二章　物权总论	（1）登记公示主义
第一　意义	（2）登记要件主义
第二　种类	（3）地券交付主义
（壹）　所有权及定限物权	（贰）第三者
（一）所有权	一　意义
（二）定限物权	二　权利
（1）用益物权	（叁）登记
（2）担保物权	（一）意义
（三）实用	（二）登记物权
（贰）　动产物权及不动产物权	（三）登记事项
（一）动产物权	（肆）引渡
（二）不动产物权	（一）意义
（三）实用	（二）引渡物权
（叁）　本权及占有权	（三）引渡事项
（一）本权	第三章　占有权
（二）占有权	第一　意义
（三）实用	第二　种类
（肆）主物权及从物权	（壹）有瑕疵之占有及无瑕疵之占有
（一）主物权	（一）有瑕疵之占有
（二）从物权	（二）无瑕疵之占有
（三）实用	（三）区别之实用
第三　效力	（贰）正权原之占有及无权原之占有
（壹）优先权	（一）正权原之占有
（贰）追及权	（二）无权原之占有
第四　取得	（三）区别之实用
（壹）法律之规定	（叁）善意之占有及恶意之占有
（贰）法律行为	（一）善意之占有
第五　丧失	（二）恶意之占有
（一）不基于权利者意思之事实	（三）区别之实用
（二）基于权利者意思之事实	（肆）过失占有及无过失占有
第六　对抗	（一）过失占有
（壹）立法主义	（二）无过失占有
（一）引渡公示主义及引渡要件主义	（三）区别之实用

续表

（贰）传来取得	（捌）注意义务
（一）一般承继	（叁）取得
（二）特别承继	（一）互有权之取得
（三）有价取得	（二）共用物共有
（四）无价取得	（肆）丧失
（五）死因取得	（一）分割之性质
（六）生前取得	第五章　地上权
第八　丧失	第一　地上权之起源
（壹）绝对的丧失	第二　意义
（一）所有权之抛弃	第三　效力
（二）所有物之消灭	第四　取得
（贰）相对的丧失	第五　消灭
第九　共有	代理（1～44 页欠）
（壹）意义	（四）复代理
（贰）效力	（陆）附款
（一）处分权	（一）条件
（二）使用权	（1）意义
（三）管理权	（2）种类
（四）归属权	（二）期限
（五）所有诉权	（1）意义
（六）占有诉权	（2）种类
（七）共担义务	（柒）不完全（以下欠）

＊原文如此。从文章的前后关系看，第七、第八、第九、第十似应为第五、第六、第七、第八。

＊＊原文如此。从前后关系分析，此处似应为第四。

＊＊＊内容几乎为松冈义正所著『民法論　物権法上册』（东京清水书店、明治 41 年）的翻译本。其下似为松冈在北京讲义的笔记。

资料来源：本目录系笔者根据标题资料的内容制作。

　　明治 41 年（1908）9 月，即松冈义正赴华的翌年，东京清水书店出版了其撰写的《民法论　物权法》上册。这表明，松冈义正当时应该有撰写出版下册的计划。可是，此后或许在中国担任法学教习和法律顾问的工作过于繁忙，在中国滞留的数年间没有出版物权法下册，而且，他任职期满回到日本，直至昭和 14 年（1939）8 月 25 日病逝，虽然出版了很多部关于民法和民事诉讼法的专著，却最终没有见到他的物权法下册面世。《民法论　物权法》上册的内容是按照日本民法物权法的构成顺序撰写的，其内容涵盖物权法前半部分，写到占有权、所有权结束，后半部分的

表 5 - 7　松冈义正《民法·物权法》讲义中译本中关于地上权、永小作权、地役权的详细目录

续表

第二节　永小作人之权利义务	第一　永小作权之存续期间不得超于五十年又不得下于二十年
第一　永小作人因耕作牧畜于必要范围内得任意支配土地，行使属于土地所有者之权能	第二　当事者不定永小作权之存续期间时其期间依左之方法定之
第二　永小作人有让渡其权利以为权利又以其权利供抵当之权利	（一）有别段之习惯时从其习惯
第三　永小作人不得以其为权目的之土地供耕种收畜以外之用途	（二）无特别之习惯时其期限为二十年
第四　附于相邻者之关系	第四节　永小作权之消灭
第五　永小作人于行使权利目的之土地上有物权而附于目的物得拒绝第三者之干涉，对于其侵害行为得行使请求权	第七章　地役权
第六　永小作人因其权限而有附属于土地之工作物竹木之所有权，于其权限之存续期间内得处分之	第一节　地役权
第七　永小作料与借贷同有定期使用费用料之性质	第一　地役权之性质
第八　永小作人虽因不可抗力附于收益受有损失时不得请求永小作料之免除或减额	第二　地役权为行于他人土地上之物权也
第九　永小作人因不可抗力引续于三年以上全不得收益又五年以上不得收益较少之收益时得放弃其权利	第三　地役权为土地所有者以他人之土地供自己土地便益之权利也
第十　永小作人引续二年以上怠于永小作料之支付又既受破产之宣告时地主得请求永小作权之消灭	（一）便益之性质
第十一　关于变更土地之民法第二百七十一条之规定	（二）便益之种类
第三节　永小作权之存续期间	第四　地役权为不可分之权利也
	（一）土地共有者之一人不得附于其持分设定地役权，又不得附于其持分因设定地役权分取得地役权
	（二）土地共有者之一人不得消灭附于其持分于土地之上地役权　不得消灭附于土地之上之地役权
	（三）土地之分割或其一部让渡时地役权存于因其各部或其各部之上
	第二节　地役权之权利
	第一　属人地役属地役

续表

资料来源：据《民法·物权法》，《法学汇编》第6册（东京大学东洋文化研究所大木文库收藏）内容制作。

地上权、永佃权、地役权、留置权、先取特权、质权、担保权则没有涉及。而且，《法学汇编》丛书中的《民法·物权法》讲义虽然写了地上权、永佃权、地役权，但先取特权、担保物权则收录于《民法·债权法各论》之中。

笔者在摘录收录于《松冈义正关系文书》中的《民法讲义：物权法》的大小标题制作目录对照表时，对于译者就文中大小目录标题分别使用大写汉字、阿拉伯数字、干支加以区分的方法感叹不已。可是，当与松冈的原著比照后发现，原著中就是这样分类标注的，中译本只是照抄而已。

将《民法讲义：物权法》和《民法论　物权法》两书的内容比读后发现，它们之间存在以下几点不同。

首先，《民法论　物权法》对于法律的学理、物权法的历史经纬、关于法律条文的案例引用，有非常详尽的解说和分析，而《民法讲义：物权法》则将这些内容删削殆尽，只是翻译了法律用语的定义、结论以及物权的分类等内容。例如，《民法讲义：物权法》第二章关于"取得"的规定，只有"第四、取得物权依法律之规定或依法律之行为而取得之"一句结论性的定义。而《民法论　物权法》在第二章"第四　取得（贰）法律行为"之中，对于法律行为，在依次详细叙述了罗马法主义、法兰西法主义、德意志法主义异同的基础上，对"取得"一词的法律用语做出定义。[1]又如第三章关于占有权的叙述之中，《民法论　物权法》中详细介绍讲解的"罗马法的占有""德意志古代法的占有""近世各国的占有"等有关占有的历史性发展过程以及占有诉权的发展演变的内容，在《民法讲义：物权法》中没有一个字的翻译。[2]出现这种差异到底是因为松冈在授课时做了省略，还是因为翻译把它删掉了，我们今天无法判断。但是，很可能是松冈在授课时觉得讲授那些繁杂难懂的学理、历史由来，还不如向学生讲授法律用语的定义和概念、制定法律的目的及实际运用更容易被学生理解。

其次，由于中文本省略和跳跃比较多，许多地方存在原著的意思传达不准确、前后意思相互矛盾和冲突。下面仅举一例。关于"法律行为"，中文

---

① 请参阅松冈义正《民法讲义：物权法》（中文版），第7页；『民法論　物権法上册』（日文版）、17～24頁。

② 请参阅松冈义正《民法讲义：物权法》，第15页；『民法論　物権法上册』、87～93頁。

本是这样叙述的：

> 就日本民法言，专因当事者之意思表示而生其效力（民 176）。故物权之取得乃意思表示直接之结果，不以引渡（动产物权）或登记（不动产物权）为必要，又非为以物权之设定或移转为目的之债务履行之效果也。以物权之设定及移转为目的之法律行为一面使债权发生，一面则使取得物权。故仅发生物权移转之债务之债权契约，与生物权移转之效力之物权契约，相混而成一个之行为。由是观之，日本民法亦与民权同（原文如此。——引者注），以意思主义为是者也。①

接着，文章的结论是："第三，意思主义专因当事者之表意而生物权取得之效力。故以简便为宗旨，重意思之自由。以表意言之，法理上似极正当者。然深窥其究竟，实徒成为一片空理，既使取引杂烦，又反物权之法理。"②

阅读过后，虽然可知松冈是在批评日本物权法中的"意思主义"，但搞不清楚松冈自己的主张是什么。比对原文后发现，松冈旗帜鲜明地支持了德国民法中规定的登记要件主义。③ 他写道，各国承认意思主义的法律中，为了防备对第三人的侵害都设置了限制性条款，即规定"在没有登记和交付期间，不得以之对抗第三人"，认为这是"以此保护第三人的利益以及交易的安全"。他指出这种规定的缺点，即"由于存在着可以以此对抗物权中第

---

① 这一段应该译自以下文字：「日本民法ニ在リテハ当事者ノ意思表示ノミニ因リテ其効力ヲ生ス（民176）……故ニ物権ノ取得ハ意思表示ノ直接ノ結果ニシテ引渡（動産物権）若クハ登記（不動産物権）ヲ必要トセス。又物権ノ設定若クハ移転ヲ目的トスル債務履行ノ効果ニ非ス。物権ノ設定及ヒ移転ヲ目的トスル法律行為ハ一方ニ於テ債権ヲ発生シ、他方ニ於テ物権ヲ取得セシム。故ニ物権移転ノ債務ヲ発生スルニ止マル債権契約ト物権移転ノ効力ヲ生スル物権契約ヲ混成シテ之ヲ一個ノ行為ト為シタル二過キス。是ニ依リテ之ヲ観レハ日本民法亦佛国民法ト同シク意思主義ヲ是認シテルモノナリ。」（请参阅松冈義正『民法論　物権法上册』、24～25頁）

② 这段应该译自以下文字：「（三）制限　意思主義ハ当事者ノ表意ノミニ因リ物権取得ノ効力ヲ生セシムルヲ以テ簡便ヲ旨トシ、意思ノ自由ヲ重ンシ、法理上正当ナルノ外観ヲ有スト雖深ク其根底ヲ探究スレハ一片ノ空理ニ帰シ、取引ノ煩雑ヲ招キ、又物権ノ法理ニ反ス。」（参阅松冈義正『民法論　物権法上册』、26頁）

③ 松冈義正『民法論　物権法上册』、27頁。

三人的权利以及不能对抗第三人的物权，招致交易烦琐，同时损害了物权的本质"。在此基础上，松冈认为，"与此相反，物权合同主义以登记及交付作为取得物权的要件，故不存在不能对抗第三人的物权，从而既不会导致交易的烦琐，又无忽视物权法理之弊。此乃物权合同主义具有伟大力量，蚕食意思主义立法领土之所以"。或许正是因为松冈对日本民法中规定的"对抗主义"持批判态度，所以在松冈主持编纂的《大清民律草案》中才参照德国法规定了"登记主义"。

总之，关于两者的异同，可以参阅表 5 – 8 "松冈义正《民法论　物权法》上册目录"以及表 5 – 6 前半部分的目录内容。

最后，用日语汉字编造的新式法律用语，几乎都被《民法讲义：物权法》照搬使用。"物权"一词不用说，如"动产"、"不动产"、"取引"、"引渡"、"卖渡"、"有体物"、"无体物"、"用益物权"、"收益物权"、"地上权"、"永小作权"、"地役权"和"入会权"等，这些法律词语都原封不动地作为汉语词语应用。当然，这种现象不限于物权法，但在中国法律史上完全阙如的物权法中显得尤为突出。事实上，中国的物权法是经由日本将德国物权法移植过来的，因此直至今天，从中国物权法的法律词汇中还能看到日本物权法的身影。①

此外，笔者在与熊氏兄弟所编的《民法物权》比读后又发现，《民法物权》的主要内容与《松冈义正关系文书》中的《民法讲义：物权法》的内容完全相同，但是在叙述了松冈的讲义内容之后普遍添加了疑似编辑者所做的注释或诠释性乃至导读性文字。现仅举一例加以说明。如《民法讲义：物权法》中关于"取得"是这样叙述的：

第四、取得。物权依法律之规定，或法律行为而取得之。

（壹）法律之规定。物权得依法律之规定而取得之。第一，动产之所有权，依时效（民 162）、先占、拾得、发见、附合、混和、加工（民 239 至 246）等，而以原始的取得之。动产之定限物权，则依时效

---

① 当然，中国法学界此后也做了一些努力，尽可能把一些日本法律词汇中国化，如文章中列举的"取引""卖渡""永小作权"现在分别译成"交易""出让""永佃权"，"引渡"虽然仍在使用，但已经不是作为交付的意思而使用。

而以原始的取得之（民 163）。第二，不动产之所有权，依取得时效
（民 162）、强制竞卖（民诉 686）及土地公用征收而以原始的取得之。
又不动产之定限物权，则依时效而以原始的取得之。第三，相续财产，
依相续而由相续人以传来的取得之。妻之财产管理权，夫以原始的取得
之。子之财产管理权，亲权者以原始的取得之（民 986、1001、1801、
884）。①

这段文字，在熊氏所编之《民法物权》中，除个别文字不同外，② 其余
完全一致。钢板誊印本接着就转入叙述"（贰）法律行为"，而熊氏编辑本
则在"取得"叙述完毕，叙述"法律行为"之前，增加了如下一段文字：

> 时效详总则，先占、拾得、发见、附合、混和、加工均详后，强制
> 竞卖，详民诉强制执行，土地公用征收，详行政法。强制竞卖、公用征
> 收，是否原始取得，抑系传来取得，学者间议论甚多，松冈氏断为原始
> 取得。财产管理权，本非物权，本段因两种财产管理权，皆为原始取
> 得，权利之种类虽不同，而取得之方法相同，故附及之，至财产管理
> 权，既非物权，是否债权，说详相续亲族法中。③

这段文字看上去属于编者写的导读和评论。像这种夹叙夹议的编辑手法
贯穿全书，有的评议段落甚至几倍于讲义内容，如关于法律行为的叙述，讲
义内容大约 540 字，而评议部分却多达 1530 字。编者采用比正文缩进一格
的方式叙述自己对讲义内容的理解和心得、介绍诸家学说，④ 以及为了使读
者加深理解，指出相关展读内容，使得该套丛书既是特定教习的讲义，又发
挥了阅读指南的作用，从而大大地方便了读者，这大概是熊氏编的这套丛书
后来多次重印的原因。

---

① 松冈义正：《民法讲义：物权法》（钢板誊印本，收入《松冈义正关系文书》）。
② 如钢板誊印本《民法讲义：物权法》中"妻之财产管理权"，在熊氏所编《民法物权》中
为"财产管理权"。
③ 松冈义正口述，熊元楷编《民法物权》，第 16 页。
④ 上海人民出版社的点校重印本采用大号字体表示叙述正文，用小号字体表示编者阐释来加
以区别。

表 5 - 8　松冈义正《民法论　物权法》上册目录

第一章　物権法ノ概念	（一）主義
第一　性質	（1）羅馬法主義
第二　内容	（2）佛国法主義
第三　系統	（3）獨逸法主義
第二章　物権通論	（二）日本民法ノ主義（意思主義）
第一　意義	（三）制限
（壱）本質	第五　喪失
（貳）目的物	（壱）権利者ノ意思ニ基カサル事実
（参）効力	（一）目的物ノ消滅
第二　種類	（二）混同
（壱）所有権及ヒ定限物権	（三）時効
（一）所有権	（貳）権利者ノ意思ニ基ク事実
（二）定限物権	（一）抛棄
（1）用益物権	（二）譲渡
（2）担保物権	第六　対抗
（三）区別の実用	（壱）立法主義
（貳）動産物権及ヒ不動産物権	（一）動産物権ニ関スル主義
（一）動産物権	（1）引渡公示主義
（二）不動産物権	（2）引渡要件主義
（三）区別実用	（二）不動産物権ニ関スル主義
（参）本権及ヒ占有権	（1）登記公示主義
（一）本権	（2）登記要件主義
（二）占有権	（3）地券交付主義
（三）区別ノ実用	（貳）第三者
（肆）主タル物権及ヒ従タル物権	（一）意義
（一）主タル物権	（二）権利
（二）従タル物権	（参）登記
（三）区別ノ実用	（一）意義
第三　効力	（二）種類
（壱）優先権	（1）終局登記
（貳）追及権	（2）準備登記
第四　取得	（三）登記物件
（壱）法律ノ規定	（四）登記事項
（一）動産物権ノ取得	（五）登記手続
（二）不動産物権ノ取得	（1）終局登記手続
（三）相続	（子）登記ノ前手続
（貳）法律行為	（イ）登記義務者ノ同意

续表

续表

（一）占有保護ノ理由

  （1）絶対的占有保護主義

  （2）相対的占有保護主義

    （子）人格保護主義

    （丑）所有権保護主義

    （寅）秩序維持主義

（二）自力保護権

  （1）意義

  （2）占有者

  （3）相手方

  （4）要件

  （5）損害賠償

（三）占有訴権

  （1）発達

    （子）羅馬法ノ占有訴権

    （丑）獨逸普通法ノ占有訴権

    （寅）獨逸民法ノ占有訴権

    （卯）佛国民法ノ占有訴権

    （辰）日本民法ノ占有訴権

  （2）意義

  （3）種類

    （子）占有保持ノ訴

    （丑）占有保全ノ訴

    （寅）占有回収ノ訴

  （4）手続

    （子）起訴

    （丑）異議

    （寅）立証

    （卯）判決

  （5）消滅

    （子）占有保持訴権ノ消滅

    （丑）占有保全訴権ノ消滅

    （寅）占有回収訴権ノ消滅

  （6）占有訴権ト本権訴権トノ関係

    （子）占有訴権ノ独立

    （丑）本権訴権ノ準備

（貳）償還請求権及ヒ賠償義務

（一）償還請求権

  （1）意義

  （2）種類

    （子）必要費

    （丑）有益費

    （寅）奢侈費

    （卯）区別ノ実用

  （3）手段

    （子）留置権

    （丑）収去権

    （寅）賠償請求権

  （4）範囲

（二）賠償義務

  （1）要件

  （2）範囲

（参）動産権ノ取得及ヒ果実ノ取得

（一）動産ノ取得

  （1）発達

  （2）理由

  （3）要件

  （4）効力

  （5）特例

    （子）盗品及ヒ遺失品

    （丑）家畜外ノ動物

    （寅）不融通物船舶及ヒ不動産ノ従物

（二）果実ノ取得

  （1）発達

  （2）理由

  （3）善意ノ占有者

  （4）悪意ノ占有者

    （子）狭義ノ悪意占有者

    （丑）法定ノ悪意占有者

    （寅）準的悪意占有者

（肆）適法及ヒ継続ノ推定

（一）適法ノ推定

（二）継続ノ推定

第六　取得

续表

（壱）原始取得

　（一）占有的所持

　（二）占有的意思

（貳）伝来取得

　（一）譲渡

　　（1）占有的意思

　　（2）占有ノ移転

　　　（子）引渡

　　　（丑）意思表示ニ依ル引渡

　（二）相続

　（三）効力

　　（子）特別承継人

　　（丑）一般承継人

（参）代理取得

　（一）原始取得

　（二）伝来取得

第七　変更

（壱）他主占有

　（一）意思ノ表示

　（二）権限ノ変更

（貳）悪意占有

（参）強暴占有

（肆）隠秘占有

（伍）過失占有

第八　消滅

（壱）代理人ニ依ラサル占有権ノ消滅

　（一）占有的所持ノ喪失

　　（1）占有否定ノ事実

　　（2）永続的不行使

　（二）占有的意思の抛棄

（貳）代理人ニ依ル占有権ノ消滅

　（一）本人ノ占有的意思ノ抛棄

　（二）代理人ノ意思変更

　（三）代理人ノ占有的所持ノ喪失

（参）占有物ノ滅失

第九　準占有

（壱）意義

（貳）効力

（参）取得

（肆）喪失

第十　共占有

（壱）意義

（貳）効力

（参）取得

（肆）喪失

第四章　所有権

第一　所有権ノ起源

（壱）共産制

（貳）家産制

（参）個人制

第二　意義ノ発達

（壱）羅馬法ノ所有権

（貳）獨逸古代法ノ所有権

（参）近世諸国ノ所有権

第三　意義

（壱）内容

（貳）制限

（参）目的物

（肆）単一物

（伍）作用

第四　種類

（壱）不動産所有権

（貳）動産所有権

（参）区別ノ実用

第五　内容

（壱）作用ヨリ観察スル内容

　（一）所有者ノ随意

　（二）積極的作用

　（三）消極的作用

（貳）範囲ヨリ観察スル内容

　（一）地表、地上及ヒ地下ノ支配

　（二）従物ノ支配

　（三）果実ノ支配

第六　制限

（壱）制限者

　（一）国家

续表

（二）所有者	（イ）要件
（貳）制限ノ目的物	（ロ）手続
（一）作用	（巳）設堰権
（二）継続	（イ）要件
（参）公法的制限	（ロ）手続
（一）概念	（午）用堰権
（二）種類	（イ）要件
（1）不動産所有権ノ制限	（ロ）手続
（2）動産所有権ノ制限	（未）疏水権
（肆）私法的制限	（イ）要件
（一）概念	（ロ）手続
（二）種類	附言、工作物共用権
（1）緊急行為ニ対スル制限	（申）界標設置権
（2）相隣地所有権ニ対スル制限	（イ）要件
（子）侵入禁止権	（ロ）手続
（イ）要件	（酉）囲障設置権
（ロ）手続	（イ）要件
（丑）使用権	（ロ）手続
（イ）要件	（戌）剪除権
（ロ）手続	（イ）要件
（寅）通行権	（ロ）手続
（イ）要件	（亥）距離保存権
（ロ）手続	（イ）地上的工作物
（卯）排水権	（甲）建物ノ築造
（イ）要件	（乙）窓ノ建設
（ロ）手続	（ロ）地下的工作物
（辰）用水権	

资料来源：据松岡義正『民法論　物権法上册』目录制作。

四　关于债权法的讲义

据日本学者西英昭调查，松冈义正赴中国担任京师法律学堂教习和修订法律馆顾问之前，曾在现明治大学的前身明治法律学校讲授过债权法，并出版过讲义录。[1] 该讲义录的书名为《民法债权编讲义》（第一章第一节至

---

[1] 西英昭「清末民国時期法制関係日本人顧問に関する基礎情報・補遺（附：松岡義正・志田鉀太郎著作目录）」『東洋法制史研究会通信』第 21 号、2012 年 8 月、http：//www. terada. law. kyoto－u. ac. jp/tohoken/21_ nishi. htm、検索日期：2013 年 10 月 6 日。

第三节，明治法律学校），系合著，作者署名为田代律雄（东京控诉院部长判事、法学士）和松冈义正（东京地方裁判所判事、法学士）。① 此书没有标明出版时间，西英昭认定系明治 31 年度（1898）第二学期的讲义。该书第一章第一、二节由田代撰写，第三节至第五节标明由松冈义正撰写，但实际上，松冈只撰写了第三节，应该由松冈撰写的第四、五节不知何故书中没有收入。另外，该书总共只有 184 页，是一本薄薄的小册子。此后，松冈似乎没有在日本出版过有关债权法的专著。②

因此，关于债权法，松冈在京师法律学堂似乎只是承担了债权法总论部分的讲义。如前所述，和其他讲义一样，债权法的讲义当时即被译成中文，作为教材分发给了学员。松冈的授课内容以《民法讲义债权》的形式收藏于前述《松冈义正关系文书》之中。但是，被收藏的文稿内容并非讲义的全本，它只相当于民法债权法讲义总论部分第三章"债权之当事者"中第三节"连合债务关系"至最后一章即第五章第六节"混同"的部分，第三章第三节之前的内容和债权各论部分阙如。笔者将该部分内容与汪氏编的《民法·债权法》总论和上海人民出版社出版的熊氏兄弟所编之《民法债权·总论·各论》相应内容做了比较，发现《松冈义正关系文书》收藏的文稿正是两书的正文。

不过，汪氏和熊氏兄弟编辑出版的两套丛书中，关于债权法的内容存在着比较大的区别。熊氏兄弟编辑出版的文本为一册，书名为《民法债权·总论·各论》。表 5－9 所示乃熊氏兄弟所编《民法债权·总论·各论》的详细目录。

---

① 日本战败之前法院从低到高分别称作"区裁判所"、"地方裁判所"、"控诉院"和"大审院"，相当于今天日本的简易裁判所（基层人民法院）、地方裁判所或家庭裁判所（中级人民法院）、高等裁判所（高级人民法院）、最高裁判所（最高人民法院）。括号中为与中国法院的对应关系。

② 东京大学法学部图书馆收藏的《松冈义正关系文书》中收录有一部题名《松冈学士述债权及物权（原稿未完）》的手稿，在债权的手稿上题写有"第三节多数者的债权"字样。这篇手稿的标题与前述《民法债权编讲义》中的第三节标题完全相同。比对两者内容后发现，这篇手稿就是刊载于《民法债权编讲义》中的第三节的原稿。只是和原稿相比，公开出版的文章对手稿中的一些表达方式和文字做了修改。例如，手稿中的英文要么被删除，要么用日文片假名标出。另外，该书的最后"第三　保证债务发生之原因"只有数行的叙述，而手稿中则有"（二）效力，即关于保证债务的效力"文稿 7 页，300 余字的议论没有发表。

表 5－9　熊氏兄弟编辑松冈义正讲义《民法债权·总论·各论》目录

《民法债权·总论》目录		
第一章	债权法之概念	
	第一	性质
	第二	内容
	第三	系统
第二章	债权总论	
	第一	意义
	第二	种类
	第三	目的物
	壹	意义
	贰	要件
	叁	单一债权及聚合债权
	肆	可分债权及不可分债权
	伍	一定债权及不一定债权
	陆	特定物债权及不特定物债权
	柒	金钱债权
	捌	利息债权
	玖	选择债权
	拾	任意债权
	第四	效力
	壹	债务之履行
	贰	迟滞
	叁	间接诉权
	肆	废罢诉权
第三章	债权之当事者	
	第一	意义
	第二	多数当事者之债权
	第三	连合债务关系
	壹	意义
	贰	原因
	叁	效力
	第四	连带债务关系
	壹	意义
	贰	连带债务
	叁	连带债权
	第五	不可分债务关系
	壹	意义
	贰	多数债务者之不可分债务
	叁	多数债权者之不可分债务
	肆	变更
	第六	保证
	（壹）	意义
	（贰）	原因
	（叁）	效力

续表

续表

第八章	雇用				
	第一节	雇用之定义			
	第二节	雇用之效力			
	第三节	雇用之终了			
第九章	请负				
	第一节	请负之定义			
	第二节	请负之效力			
	第三节	请负之终了			
第十章	委任				
	第一节	委任之定义			
	第二节	委任之效力			
	第三节	委任之终了			
第十一章	寄托				
	第一节	寄托之定义			
	第二节	寄托之效力			
	第三节	消费寄托			
第十二章	组合				
	第一节	组合之定义			
	第二节	组合之效力			
		第一款	内部关系		
		第二款	外部关系		
	第三节	组合契约之终了			
		第一款	组合之解散		
		第二款	组合员之脱退		
第十三章	终身定期金				
	第一节	终身定期金之定义			
	第二节	终身定期金之效力			
第十四章	和解				
	第一节	和解之定义			
	第二节	和解之效力			
第二编	事务管理				
第一章	事务管理之定义				
第二章	事务管理之效力				
第三编	不当利得				
第一章	不当利得之定义				
第二章	不当利得之效力				
第四编	不法行为				
第一章	不法行为之定义				

第二章	不法行为之效力
第一节	不法行为之责任者
第二节	不法行为之求偿权者
第三节	赔偿之范围及方法
第四节	不法行为之时效

资料来源：据松冈义正《民法债权·总论·各论》（《法律丛书》第 10 册，安徽法学社）目录制作而成。

熊氏兄弟编辑出版的《民法债权·总论·各论》中总论的例言是这样写的：

> 一、本编本于日本法学士松冈义正所讲授并参考松冈氏之著述编辑而成。
> 一、本编根据日本现行民法，更引证日本新旧商法及其他法令，比较德法意奥诸国民商法及瑞西债务法，以汇其通，而他书专据日本民法者，宗派各别。故编者不复参以他氏之说，以避庞杂。
> 一、本编与松冈氏民法总则及物权讲义，互相发明，可供参照。

与此相比，汪氏编辑的讲义则没有任何说明，目录比较简略，且将其分成了两册，即《民法·债权法》总论和《民法·债权法各论·亲族法·继承法（附担保）》。同时，汪氏还将留置权、质权、先取特权、抵押权等原本属于物权法一部分的内容收入债权法。表 5 - 10 为《民法·债权法》总论目录，表 5 - 11 为《民法·债权法各论·亲族法·继承法（附担保）》中有关"各论"部分的目录，表 5 - 12 为《民法·债权法各论·亲族法·继承法（附担保）》中有关"担保"部分的目录。需要说明的是，表 5 - 9 至表 5 - 12 中所列详细目录并非原书目录所载，而是笔者根据著述内容从中摘录制作的。

之所以将其详细内容以目录形式列出，是因为考虑到债权法的内容十分庞杂，非三言两语所能叙述清楚，与其由笔者做蹩脚的介绍，毋宁由读者通过两套丛书中关于债权内容的详细目录，自己去了解松冈义正在京师法律学堂讲授债权法的大致轮廓，并判断其讲义的重点所在。

表5－10　松冈义正讲义《民法·债权法》总论的详细目录

《民法·债权法》总论	
第一章　债权法之概念	（二）种类
第一　性质	（1）约定利息
第二　内容	（2）法定利息
第三　系统	（3）区别之实用
第二章　债权总论	（三）利率
第一　意义	（1）约定利率
第二　种类	（2）法定利率
第三　目的物	（3）区别之实用
（壹）意义	（四）重利
（贰）要件	（五）偿还
（叁）单一债权	（玖）选择债权
（一）单一债权	（一）意义
（二）聚合债权	（二）选择权
（三）区别之实用	（三）给付之确定
（肆）可分债权	（1）选择权之行使
（一）可分债权	（2）给付之不能
（二）不可分债权	（拾）任意债权
（三）区别之实用	第四　效力
（伍）一定债权	（壹）债务之履行
（一）一定债权	（一）履行之时
（二）不一定债权	（二）履行之地
（三）区别之实用	（三）履行之效力
（陆）特定物债权及不特定物债权	（贰）迟滞
（一）特定物债权	（一）债务之迟滞
（二）不特定物债权	（1）要件
（三）区别之实用	（2）效力
（柒）金钱债权	（子）强制履行
（一）意义	（丑）损害赔偿
（二）应给付之金钱	（寅）危险负担
（三）效力	（卯）契约解除
（捌）利息债权	（3）迟滞之终了
（一）意义	（二）债权者之迟滞
	（1）要件

续表

<table>
<tr><td>

（2）效力

　（子）由于供托之责任免除

　（丑）损害赔偿

　（寅）不履行责任免除

（3）赔偿之终了

（叁）间接诉权

（一）意义

（二）要件

（三）效力

（肆）废罢诉权

（一）意义

（二）要件

（三）效力

（四）时效

第三章　债权之当事者

第一　意义

第二　多数当事者之债权

第三　连合债务关系

（壹）意义

（贰）原因

（叁）效力

第四　连带债务关系

（壹）意义

（贰）连带债务

（一）性质

（二）原因

（三）效力

（1）债权者及债务者间之效力

（2）债务者相互间之效力

（叁）连带债权

第五　不可分债务关系

（壹）意义

</td><td>

（贰）多数债务者之不可分债务

（叁）多数债权者之不可分债务

（肆）变更

第六　保证

（壹）意义

（贰）原因

（叁）效力

（一）保证人与债权者间之效力

（1）债权者对于保证人所有之权利

（2）保证人对于债权者所有之权利

（二）保证人及主债务者间之效力

（三）保证人相互间之效力

第四章　债权之变更

第一　概念

第二　债权之让渡

（壹）意义

（贰）要件

（一）指名债权

（二）指图债权

（三）无记名债权

（四）记名式所持人払之债权

（叁）效力

（一）让渡人及让受人间之效力

（二）让受人及债务者间之效力

第三　债务之引受

第五章　债权之消灭

第一　概念

第二　弁济（履行、清偿之意）

第三　相杀

第四　更改

第五　免除

第六　混同

</td></tr>
</table>

　　资料来源：据汪庚年编辑出版的《法学汇编》收录之松冈义正讲义《民法·债权法》总论的内容摘录制成。

表 5 – 11　松冈义正《民法·债权法各论·亲族法·继承法（附担保）》中
"各论"部分的详细目录

<table>
<tr><td>

序言

第一　法律行为

第二　法律行为以外之事实

第一编　契约

第一章　总则

第一节　契约之定义

第二节　契约之沿革

第一　口头契约

第二　书面契约

第三　要物契约

第四　合意契约

第三节　契约之区别

第一　双务契约及片务契约

第二　有偿契约无偿契约

第三　诺成契约要务契约

第四　要式契约不要式契约

第五　实定契约希幸契约

第六　主契约从契约

第七　有名契约无名契约

第四节　契约之成立

第一款　总则

第二款　申述

第一项　申述之性质

第二项　申述之效力

第三项　申述效力之丧失

第一　申述之取消

第二　承诺

第三　拒绝

第四　变更承诺

第五　期间满了

第六　申述者或被申述者之死亡及能
力丧失

第七　契约目的物之消灭

第三款　承诺

第一项　承诺之性质

第二项　承诺之效力及其效力发生之时期

</td><td>

第四款　广告

第一项　广告之性质

第二项　广告之撤销

第三项　应募者间之关系

第四项　优等赏悬广告

第五节　契约之效力

第一款　双务契约之效力

第一项　债务不履行时之效力

第二项　债务不能履行时之效力

第二款　为第三者利益之契约之效力

第六节　契约之解除

第一款　契约解除之意义

第二款　解除权之发生

第一项　因契约之解除权

第二项　因法律规定之解除权

第三款　解除权行使之方法

第四款　多数当事者间之解除权

第五款　解除权行使之效力

第六款　解除权之消灭

第二章　赠与

第一节　赠与之定义

第二节　赠与之效力

第一款　普通赠与之效力

第二款　特别赠与之效力

第三章　卖买

第一节　总则

第一款　诺卖之定义

第二款　卖买之种类

第三款　定款

第四款　卖买之费用

第五款　卖买规定之准用

第二节　卖买之效力

第一款　卖主之义务

第一项　本有之义务

第二项　担保之义务

第二款　买主之义务

</td></tr>
</table>

续表

（甲）非辨济债	第一节　赔偿之义务者
（1）无债务而为辨济时	第一　未成年者及心神丧失者之不法行为
（2）有债务而未至辨济期时	第二　使用者及请负人之不法行为
（3）非债者因错误而为债务之辨济时	第三　工作物占有者之责任
（乙）因不法原因之给付	第四　动物占有者之责任
第四编　不法行为	第五　共同不法行为者之责任
第一章　不法行为之观念	第六　正当防卫
（一）侵害他人之权利	第二节　求偿者
（二）因之生损害之事	第三节　赔偿之方法
（三）故意或过失	第四节　求偿权之实行
第二章　不法行为之效力	

注：表格中的排列顺序为原文，为照顾历史，未做变动。

资料来源：据汪庚年编《法学汇编》收录之松冈义正讲义《民法·债权法各论·亲族法·继承法》的内容制作。

实际上，熊氏编辑出版的债权法讲义也分为总论和各论两个部分，只是没有分成两册出版，更没有收入亲族法和继承法方面的内容。而且，熊氏出版的"各论"例言中，明确标出债权法各论的讲授者为志田钾太郎，这与汪氏标注为松冈义正明显不同。例言中写道："本编以志田博士钾太郎讲义（原文为'口义'，疑印刷错误。——引者注）为主，并参考志田氏原著债权各论及梅谦次郎法政大学讲义录，以补其不备。"①

但是，与熊氏兄弟同为乙班学生的汪庚年为何把债权法各论讲授者的名字写成松冈义正呢？汪庚年和熊氏兄弟各自出版丛书的时候，还是京师法律学堂的学生，两位教授当时就在北京，出现这种差错令人费解。志田为商法学专家，他应聘来华的目的主要是讲授商法以及协助修订法律馆起草商法草案，由他讲授债权法各论，似有越俎代庖之嫌。但是，志田来华之前确实在日本多所大学兼开过债权法课程，加之《松冈义正关系文书》中没有发现松冈义正关于债权法各论讲义的文稿，志田负责讲授债权法各论也并非没有可能。当然，债权法各论的讲授者究竟是谁，在缺乏确证之前还难下断论，只好暂且存疑。

---

① 《民法债权·总论·各论》，《法律丛书》第10册，安徽法学社。

表 5-12　松冈义正《民法·债权法各论·亲族法·继承法（附担保）》中关于"担保"部分的详细目录

续表

续表

第四　质权者有就质物受优先辨济之权利	第二　抵当权为行于不动产之权利
第五　质权者得为质物之转质	第三　抵当权为自当事者之意思表示所生之权利
第六　质权者就质物支出必要费或有益费时，有使质物所有者偿还之权利	第四　抵当权为不须占有目的物之权利
第七　质权者有以善良管理者之注意占有质物之义务	第五　抵当权为就目的物先他债权者受辨济之权利
第八　质权者有返还质物之义务	第二节　抵当权之目的
第九　为担保他人之债务设定质权者因辨济其债务或质权之实行已失其质物之所有时，对于债务者有求偿权	第三节　抵当权之效力
第四节　动产质	第一款　债权者相互关系
第五节　不动产质	第二款　抵当权者与第三者关系
第一　不动产上之物权非经登记不得以之对抗于第三者	第三款　抵当权之实行
第二　从为质物之不动产之用法不得为其使用及收益	第四款　抵当权之消灭
第三　不动产质权之存续期间不得超过十年	第一　主债权之消灭
第四　不动产质权之质权率用关于抵当权之规定	第二　抵当不动产之灭失
第六节　权利质	第三　涤除
第一款　权利质之设定	第四　第三取得者之辨济
第二款　权利质之实行	第五　竞卖
第五章　抵当权	第六　抵当不动产之公用征收
第一节　抵当权之性质	第七　混同
第一　抵当权为物上担保	第八　抛弃
	第九　消灭时效

资料来源：据汪庚年编《法学汇编》收录之松冈又正讲义《民法·债权法各论·亲族法·继承法》的内容制作。

　　笔者不拟对松冈义正在京师法律学堂讲授的债权法加以复述，在此，仅谈谈浏览该书后的几点体会和感想。

　　首先，债权法的讲义内容，其顺序完全照搬日本民法第三编债权的体例结构。日本民法债权编共由 5 章构成，分别是第一章总则，第二章契约，第三章事务管理（即无因管理），第四章不当得利，第五章不法行为（即侵权行为）。松冈义正讲授的总论部分相当于第一章总则，讲义稿中的债权法之概念、债权总论、债权之当事者、债权之变更、债权之消灭，分别对应总则中的债权之目的、债权之效力、多数当事者之债权、债权转让、债权之消灭。志田钾太郎讲授的《民法债权·各论》中的第一编至第四编则分别对应第二至五章，讲义第一编各章的标题一一对应第二章中的总则和法律中规定的赠与、买卖、交换、消费贷借、使用贷借、赁贷借、雇佣、请负、委任、寄托、组合、终身定期金、和解等 13 种合同形式，第二编对应第三章，第三编对应第四章，第四编对应第五章。

　　其次，讲义的内容比较简略。根据《松冈义正关系文书》收录之《民法·债权法》总论的残存文稿判断，当时发给学生的讲义教材属于提纲挈领式的定义性和总结性内容。现在见到的这份原始讲义稿总共只有 25 页，每页钢板刻字最多可以容纳 500 字，总计不到 1.3 万字。考虑到这份讲义稿缺少 1/3 篇幅的内容，即使加上所缺部分，其字数应不会超过 2 万字。当然，由汪氏和熊氏兄弟编辑的两套丛书中收录的讲义，其字数远超过残存文稿的字数。例如债权总论部分，据点校本计算，共有 135 页，按小号字统计，每页收入最多 600 字，全书最多约 8 万字。比文稿多出来的 6 万字，估计由以下几部分组成：一部分是授课教习在课堂上对教材内容的论证和举例说明；一部分是编者例言中所述，寻找其他著作，如教习本人的日文著作和其他著作中的论述加以补充；一部分则是编者或讲义记录者的评论。

　　最后，讲义中（当然不限于债权法讲义）的法律用语基本上照抄日语。传统中华法系以刑法为主线，其中虽然涉及交易买卖、租赁借贷、契约的订改废灭等民事法律关系，但发轫于罗马法、经德法等国欧洲法律洗礼和完善的债法体系经由日本传入中国的时候，对于中国的法律人而言，还是一个新鲜事物。许多肇端于欧洲、经过日本法律人移译为汉字的法律专有名词，虽然同为汉字，但其所包含的意义则在当时中国的汉语中并不具备。如果按照那些专有法律名词的意涵，寻找合适的汉字重新构建一套富于中国特色、契合中国传统法律意蕴的专业用语体系，在社会对建立新的法律和法制体系要求十分迫切的环境下，时间上来不及，人才的储备更是严重不足。在这种情况下，京师法律学堂的翻译们也只能是把日本人创造的法律专业术语全盘照收。因此，像债权、债务、目的物、当事者、连合债务、连带债务、让渡、引受、辨济、相杀、交换、请负、委任、寄托、组合、事务管理、不当利得、不法行为等名词都登堂入室，原封不动地进入了京师法律学堂的讲坛。

五　关于民事诉讼法学的讲义

松冈在到中国赴任之前，在担任东京控诉院部长判事的同时，长期在明治大学、法政大学、早稻田大学、日本大学甚至东京帝国大学等大学讲授民事诉讼法、人事诉讼法等诉讼法学，其讲义分别由所在大学出版，数量多达 10 种。[①] 而且，如第四章所述，松冈作为梅谦次郎的助手全程参与过日本民事诉讼法的修订工作，可见松冈不仅是能够娴熟运用民事诉讼法进行民事审判的法官，还是民事诉讼法的研究者、教育者，对于民事诉讼法有非常深厚的造诣，同时又是日本现行民事诉讼法修订事业的实际参与者。因此，没有人比他更适合讲授民事诉讼法了。实际上，松冈不仅在京师法律学堂讲授民事诉讼法，而且是晚清第一部民事诉讼法草案的实际起草人。那么，松冈在中国讲授的民事诉讼法有什么特点呢？

---

① 据西英昭『清末民國時期法制關係日本人顧問に関する基礎情報・補遺』介绍，松冈义正共出版了以下书名的讲义录：《民事诉讼法》［和佛法律学校，1901（6～8 编，34 年度乙种讲习利用）］；《民事诉讼法》［岩田一郎述，和佛法律学校，1902（6～8 由松冈讲述：明治 35 年度讲义录）］；《人事诉讼手续法》（和佛法律学校明治 36 年度特别法讲义录，和佛法律学校，1903）；《民事诉讼法讲义》（明治法律学校明治 36 年度第三学年讲义录，明治法律学校讲法会，1903）；《民事诉讼法》［仁井田益太郎讲述，法政大学，1904（6～8 编由松冈讲述：明治 37 年度讲义录）］；《民事诉讼法讲义》［横田五郎讲述，明治大学出版部，1904（3～5 编由松冈讲述）］；《民事诉讼法》［松冈义正讲述，法政大学，1905（3～5 编：明治 38 年度讲义录，6～8 编：明治 37 年度讲义录］；《民事诉讼法》［板仓松太郎、松冈义正讲述，法政大学，1905（7～8 编由松冈讲述）］；《民事诉讼法》［横田五郎讲述，法政大学，1907（3～5 编由松冈讲述）］；《民事诉讼法》（日本大学明治 40 年度法科第二学年讲义录，日本大学，1907）。

首先，松冈所讲授的民事诉讼法结构具有其自身的特点。

日本民事诉讼法由于条文多，内容繁杂，松冈在日本国内各大学讲授民事诉讼法，似乎都仅承担其中的一部分。这一点可从日本各所大学出版刊行的有关民事诉讼法讲义的教材得到印证。例如，日本法政大学明治37年和明治38年出版的教科书《民事诉讼法》，第一编由岩田一郎、第二编由远藤忠次①、第六编由板仓松太郎承担，松冈承担的是第三编上诉、第四编再审、第五编证书诉讼及汇票诉讼、第七编公示催告程序、第八编仲裁程序。松冈承担的部分虽然最多，但不是由他一个人完成。其内容基本上按照日本民事诉讼法的编、章结构撰写。这种现象并非松冈参与执笔的教科书如此，由其他学者撰写的同类书籍也不例外。例如，表5-13所示，由大审院法官、法科大学讲师、法典调查委员高木丰三于明治28年撰写出版的《民事诉讼法（明治23年）论纲》（四卷本）②，其章节排列基本上按照日本民事诉讼法的编、章结构。其中，江木衷编写的《民事诉讼原论》则做了新的尝试，把日本民事诉讼法规定的"区裁判所的诉讼程序""督促程序""准备程序""证据保全程序""临时查封及临时处分""婚姻及收养案件程序""禁治产案件的程序""证书诉讼及汇票诉讼""公示催告程序""仲裁程序"等内容归纳为"特别诉讼程序"③。但是，他把"区裁判所的诉讼程序""准备程序""证据保全程序"等第一审程序的内容也当作特别诉讼程序则显得有些牵强。

由于松冈是一个人在京师法律学堂讲授民事诉讼法学，加之又受清廷委托负责起草中国历史上首部民事诉讼法草案，因此，松冈得以按照自己的构思重新建构民事诉讼法讲义的体系。表5-14所示松冈民事诉讼法讲义的内容结构很多地方不同于日本出版的同类著作，他将民事诉讼程序分为普通程序和特别程序进行讲述。根据这一分类，松冈将第一审至第三审的正常诉讼列为普通程序，将督促诉讼、证书诉讼、票据诉讼、假差押诉讼、假处分诉

---

① 法政大学出版的《民事诉讼法》（明治38年度讲义录）的封面误注为"第二编、法学士远藤忠治"，实际上是远藤忠次。

② 高木豊三『民事訴訟法（明治23年）論綱』（復刻本、『日本立法資料全集』別巻142）信山社、1999。原书为四卷本，复刻本收为一卷。

③ 江木衷『民事訴訟原論』（復刻本、『日本立法資料全集』別巻441）信山社、2007。原书由有斐阁于明治26年1月出版。

表 5-13　高木丰三《民事诉讼法（明治 23 年）论纲》目录

续表

续表

第十章　有体動産に対する強制執行	第十三章　不動産に対する強制執行
第九十六節　差押の実施	第百十二節　通則
第九十七節　差押ふ可からざる物件	第百十三節　強制競売
第九十八節　差押後の手続	第百十四節　強制管理
第九十九節　未収穫の果実及び蚕に対する強制執行	第十四章　船舶及び其股分に対する強制執行
第百節　有価証券及び為替其他裏書をもって移転すべき債権に対する強制執行	第百十五節　船舶に対する強制執行
	第百十六節　船舶の股分に対する強制執行
第百一節　照査手続及び配当要求	第十五章　金銭の支払を目的とせざる債権に付いての強制執行
第十一章　債権及び其他の財産に対する強制執行	第百十七節　物件引渡の債務
第百二節　執行機関	第百十八節　行為又は不行為義務の実行
第百三節　差押ふべき権利	第百十九節　債務者の意思表示に付いての強制執行
第百四節　差押に関する法律上の制限	第十六章　差押及び仮処分
第百五節　差押の申立及び差押	第百二十節　仮差押
第百六節　差押後の手続	第百二十一節　仮処分
第百七節　差押及び転付より生ずる債権者債務者及び第三債務者の権利及び義務	第九編　公示催告
第十二章　配当手続	第百二十二節　公示催告手続
第百八節　必要条件　配当裁判所	第百二十三節　除権判決に対する不服申立の訴
第百九節　配当手続	第十編　仲裁手続
第百十節　異議の訴	第百二十四節　仲裁判断
第百十一節　異議完結後の手続	第百二十五節　仲裁判断取消の訴

資料来源：高木豊三『民事訴訟法（明治23年）論綱』（共四卷，複刻本『日本立法資料全集』別卷143，信山社，1999）。原书由讲法会于明治28～29年出版。

讼、破产诉讼、人事诉讼等列为特别诉讼。这种分类提纲挈领，使得复杂的民事审判形态，简明易懂，对于在历史上没有民事审判和刑事审判区分的法律环境中学习民事诉讼法的中国学生而言，更容易学习和理解烦琐复杂的民事诉讼法。

表5-14 松冈义正在京师法律学堂讲授之《民事诉讼法》详细目录

绪言	（贰）民事诉讼法乃公法之一部分也
（壹）民事诉讼法之本质	第二 狭义之民事诉讼法
（一）权利之行使	第二章 民事诉讼法之内容
（二）保护权利之手段	（一）诉讼关系
（三）公力保护	（二）执行关系
（贰）民事诉讼之意义	第三章 民事诉讼法之效力范围
（一）实质的意义	第一 关于人之效力范围
（1）狭义之实质的意义	第二 关于地之效力范围
第一 民事诉讼乃当事者双方及国家间所成立之两面的法律关系	第三 关于时之效力范围
第二 民事诉讼为单一之法律关系	第二编 诉讼关系
（2）广义之实质的民事诉讼	第一章 诉讼主体
（二）形式的民事诉讼之意义	第一节 国家
（1）狭义之形式的民事诉讼之意义	第二节 裁判所
（2）广义之形式的民事诉讼之意义	第一 意义
（叁）民事诉讼之主体	第二 种类
（一）国家	（壹）通常裁判所
（二）当事者	（贰）特别裁判所
（肆）民事诉讼之手段	（叁）区别之实用
（一）试验	第三 权限
（二）私权之确定	第四 组织
（三）私权之执行	（壹）裁判所之构成
（伍）民事诉讼之目的物	（一）裁判所之独立
（陆）民事诉讼的行为	（二）裁判所之组织
（一）诉讼行为	（三）裁判所之职员
（二）执行行为及求此之行为	（贰）裁判所之管辖
第一编 总论	（叁）狭义裁判所之管辖
第一章 民事诉讼法之意义	（1）法定管辖
第一 广义之民事诉讼法	（子）事物之管辖
（壹） 民事诉讼法乃关于民事诉讼法之法规之全体也	（丑）土地之管辖
	（2）合意管辖
	（子）管辖合意之性质

续表

续表

（拾）证据分离主义及证据结合主义	（二）区裁判所手续
（拾壹）自由心证主义及法定证据主义	（贰）上级裁判所手续
第二　种类	（一）控诉手续
（壹）要口头辩论之诉讼手续、不要口头辩论之诉讼手续	（二）上告手续
	（三）抗告手续
（贰）本人诉讼及辩护士诉讼	（叁）再审手续
（叁）通常诉讼及特别诉讼	第四　特别诉讼
第三　通常诉讼	（壹）督促手续
（壹）第一审诉讼手续	（贰）证书诉讼
（一）地方裁判所手续	（叁）为替诉讼
（1）开始手续	（肆）假差押诉讼
（2）审判手续	（伍）假处分诉讼
（子）意义	（陆）破产诉讼
（丑）种类	（柒）人事诉讼
（寅）立证责任	第五　合并诉讼
（3）终结手续	（壹）因当事者之行为之合并诉讼
（4）特种手续	（贰）因裁判所之行为之合并诉讼
（5）欠席手续	第三编　执行关系（原文如此）
（卯）中断中止及休止（原文为丑）	第一章　执行主体
（辰）再开手续（原文为寅）	第二章　执行要件
（巳）判决之更正及补充（原文为卯）	第三章　执行手续
（午）差戾（发回重审之意）后手续（原文为辰）	

资料来源：据《民事诉讼法·破产法》（《法学汇编》第13册，东京大学东洋文化研究所大木文库所藏）内容摘录制作。

其次，松冈在讲授民事诉讼法时，强调学习法理的重要性，认为理解法律的法理和原则比背诵和理解法律条文更重要。他对学生们说道：

研究民事诉讼法与民法同，亦有三要点。（一）知法律之沿革，（二）知各国之立法例，（三）知法理。夫民事诉讼法之条文异常繁多，各国均在千条以上，不能一一言之，亦不必一一言之。但提纲挈领，知其原则足矣。知其原则，则各国学者起草者之意思可以推测而得。为裁判官时，亦能解释法律，不至茫然无依据。若欲将其条文详细研究，则属异日成为法学家之责任，而非今日切要之事。然则民事诉讼法者，以探求原则为必要者也。适用条文，法典俱在，不难按册而稽。故一切法律皆有根本法理，又有自体适用之别，舍自体（条文）而专由适用以推求根本法理，省曲折周转之烦，乃最良之方法也。①

他认为"民事诉讼法之本质乃本诸国家公力保护私权之手续也。……民事诉讼之意义就其实质言，乃国家与当事者间所成立之权利义务关系，诉讼关系又从其外观言，则保护私法上利益之手续也"②。

最后，松冈在授课时，结合他起草的《大清民事诉讼律》，没有将日本现行民事诉讼法中一些过时的规定纳入讲义。如日本现行民事诉讼法第一编"总则"第一章"裁判所"内"第六节　检察官的参与"，设立了一条关于检察官参与民事审判的规定。但是，日本在明治30年至40年开展的民事诉讼法的修订过程中，废除了检察官参与民事审判的规定，只是由于民事诉讼法的修正草案因故未能提交帝国议会审议，从而没有成为法律，因此，当时日本现行民事诉讼法中仍然有这一条规定。了解幕后经过的松冈将这一点应用于他负责起草的《大清民事诉讼律》，并在讲义中做出了说明。他说这种安排"于理论上未尝不合，而事实上则检事但知刑事上之学问，欲使其干涉民事，于民事上之知识每多欠缺。另设民事上之检事机关，则经费太多。以刑事上之检事干涉民事必有非常之错误。故各国以检事干预有关公益之民事，于实质上毫无裨益。且民事诉讼上之目的物，不外乎纯粹之私法关系与非纯粹之私法关系，而断无纯粹关于公益之私法关系。故民事上裁判之范围不能超过于当事者申立之外"③。

六　关于破产法的讲义④

20世纪初，由于义和团事件的善后处理，清政府被迫与以英国为首的西方列国修订此前签订的通商航海条约。一系列通商航海条约的修订，使中国不仅要迎接西方各国的外资大量进入，中国的商事习惯也面临着改弦更张，必须移植西方各国近代公司的管理制度。制定商法就是为了适应这一趋势的措施之一。志田钾太郎正是在这一大潮中被聘请来到中国担任京师法律学堂商法学教习和帮助清廷起草商法典的。

---

① 松冈义正：《民事诉讼法》，汪庚年编《法学汇编》第13册，第1页。
② 松冈义正：《民事诉讼法》，汪庚年编《法学汇编》第13册，第12页。
③ 松冈义正：《民事诉讼法》，汪庚年编《法学汇编》第13册，第56页。
④ 松冈来华前，即在东京法政大学讲授过破产法。请参阅『法政大学講義録』（第60号）。

　　既然制定商法典、移植近代的公司管理制度，外资进入中国已然不可阻挡，那么，为了应付公司尤其是中外合资公司因经营不善引起破产所产生的矛盾纠纷，在中国构筑与其相适应的破产制度显得十分必要。因此，制定破产法以及培养能够娴熟地运用破产程序的法官、律师等法务人才的需要应运而生。被委托担任这一任务的不是别人，正是松冈义正。松冈不仅承担了破产法的教学，而且任满回国后受清廷特别委托在日本替中国起草了破产法草案。

　　松冈赴华任职之前，曾在日本多所大学讲授过破产法，并于明治35年出版了在"和佛法律学校"讲授的破产法讲义。这是一部厚达750页、日文字数合计达35.7万字的大部头著作。因此，由他来向中国学生讲授破产法是一个最合适不过的选择。将松冈在日本出版的破产法讲义与其在京师法律学堂的讲义比读后可知，两者内容前后一贯。为了对松冈的破产法讲义有一个全面的理解，笔者将其在日本和中国的破产法讲义制成了两份表格，其中表5-15是松冈在日本"和佛法律学校"的讲义，表5-16是其在中国的讲义。

表5-15　松冈义正在"和佛法律学校"讲授的《破产法》讲义目录

緒言
第一編　総論
第一章　破産の沿革及び法源
第二章　破産の性質及び破産法の性質
第三章　破産法と他の所法律との関係
第二編　実体的破産法規
第一章　破産債権
第二章　破産財団
第三章　破産宣告の効力
第一節　将来に関する破産宣告の効力
第二節　既往に関する破産宣告の効力
第三節　破産宣告の渉外的効力
第三編　形式的破産法規
第一章　破産機関
第一節　破産裁判所
第二節　破産主任官
第三節　破産管財人
第四節　検事
第五節　債権者集会
第二章　破産当事者
第一節　破産債権者
第二節　破産債務者

续表

| 第三章　破産手続の進行 |
| 第一節　破産の開始手続 |
| 第一款　破産宣告の要件 |
| 第二款　破産宣告の前手続 |
| 第三款　破産の宣告並びに申立の却下及び之に伴う諸手続 |
| 第二節　破産債権及び破産財団の確定手続 |
| 第一款　破産債権の確定手続 |
| 第二款　破産財団の管理及び換算 |
| 第三節　破産手続の終局 |
| 第一款　破産手続きの停止 |
| 第二款　協諧契約 |
| 第四編　破産法の効果 |
| 第一章　人に関する効果（当事者の国籍に関する法規） |
| 第二章　所に関する効果（法規の適用に関する問題） |
| 第三章　時に関する効果（法規の経過に関する問題） |
| 附言 |
| 第一章　破産罰則 |
| 第二章　支払猶予 |

资料来源：据松冈义正讲授『破産法』（明治 35 年度講義、和佛法律学校出版）制作。

表 5 – 16　松冈义正讲授的《破产法讲义》（中文本）详细目录

绪言	（二）债权者
第一　破产之本质	第二章　破产关系之消灭
第二　破产之主义	（一）破产之申立取下
第三　破产法之内容	（二）配当
第一编　总论	（三）协谐契约（强制和议）
第一　破产之意义	第三章　破产债权
（壹）破产乃民事诉讼也	（壹）性质
（贰）破产有债权者及债务者	（一）财产上之请求权
（叁）破产之目的	（二）得以诉求之权利
第二　破产法之性质	（三）对于破产者之权利
第三　破产法与家资分散法之关系	（四）破产宣告前所已产生之权利
第一编　破产实体法	（贰）多数当事者之债权
第一章　破产关系之成立	（一）共同债务者之破产
（壹）商人之支付停止	（二）社员之破产
（一）商人	（三）相续人之破产
（二）支付停止	（叁）有物上担保之债权
（贰）破产之申述	（肆）顺位
（一）债务者	（一）有优先权之破产债权

（二）对于破产者营业之债权

（三）相续债权者及受遗者之债权

第四章　破产财团

（壹）性质

（一）财产

（二）得为强制执行目的物之财产

（三）属于破产者之财产

（四）在破产手续终结前归属于破产者之一切财产

（贰）取戾权（取回权之意）

（叁）别除权

（肆）消灭

第五章　破产之效力

（壹）对于破产债权者之效力

（贰）对于破产者之效力

（叁）对于破产者之债务者之效力

（肆）关于破产者权利行为之效力

（一）关于破产宣告前所为权利行为之效力

（1）关于破产者权利行为无效及取消之破产效力

（2）关于破产者权利行为之履行及续行之破产效力

（二）关于破产宣告后所为权利行为之效力

（1）关于诉讼行为以外权利行为之效力

（2）关于诉讼行为之效力

第二编　破产手续法

第一章　破产之机关

（壹）破产裁判所

（贰）破产主任官

（叁）破产管财人

（肆）检事

（伍）债权者集会

第二章＊　破产当事者

（壹）破产债权者

（贰）破产者

第三章　破产手续

（壹）干涉主义及任意的弁论

（贰）不服申立

（叁）公告送达通知

（肆）破产之宣告手续

（一）破产宣告前之手续

（二）破产宣告之裁判手续

（三）破产之宣告及与破产申述却下相伴之诸手续（驳回破产申请随之出现的各种程序）

（伍）破产债权确定手续

（一）破产债权之呈报手续

（1）破产债权之呈报

（2）债权表之调制

（二）破产债权之调查手续

（1）承认

（2）异议

（陆）破产财团之确定手续

（一）破产财团之管理

（1）破产财团之占有

（2）破产目录之作成

（3）报告书及贷借对照表之作成

（4）保全处分

（5）破产管财人之报告

（二）破产财团之换价

（1）换价手续

（2）收入金之供托

（三）破产机关之干与（预）

（柒）破产之终结手续

（一）破产手续之停止

（二）破产手续之废止

（三）协谐契约（强制和议）破产手续

（1）成立手续

（2）效力

（3）履行

（4）消灭

（四）配当

（1）配当准备手续

（2）中间配当之手续

（3）最后之配当手续

（4）追加配当

（5）配当手续终结之效力

续表

第三编　破产罚则	（一）当事者之国籍（关于人之效力）
（壹）受破产罚则适用之行为	（二）属地法主义（关于地之效力）
（一）破产者之行为（有罪破产）	（三）法则之冲突（狭义之国际破产法）
（二）非破产者之行为	第五编　破产时际法
（贰）手续	附言　支扣犹予（暂停支付）
第四编　破产国际法	

　　* 原文没有标题，系笔者根据《法学汇编》第 13 册收录的《破产法》补充。另外，《法学汇编》的《破产法》之"保全处分"中增加了以下内容：第一、为别除相比之提示义务，第三、（原文如此）向破产管财人为送达物之交付，第四、动产之封印，第五、帐簿之认证，第六、关于破产者之处分。同时，第四章"破产财团"、第五章"破产之效力"中也增加了"（肆）之（二）关于破产宣告后所为权利行为之效力　（1）关于诉讼行为以外权利行为之效力"等内容。原文（3）改为（二）之（2）。《松冈义正关系文书》第一编总则没有独立成编，而是放在绪言中。

　　资料来源：据《松冈义正关系文书》收录的《破产法》中文笔记的内容制作。每一编的编号保持原状。

第四节　松冈对中国民事关系法律教育的贡献

一　中华法系中的民刑不分

　　传统的中华法系是以刑法为主线，国家组织法和行政法为两翼编织而成的法律体系。法律形式经过长期的演变，至唐代基本定格为"律令格式"。据《唐六典》解释，"律令格式"的规范分别是"律以正刑定罪，令以设范立制，格以禁违止邪，式以轨物程式"。据此可知，"律"属于刑事法范畴，是惩罚性的规范，"令、格、式"则是关于民事、经济以及行政事务的禁止性法律规范，四者相互补充。① 但在实际法律制度中，仍然是"以律为主"，律最受重视。

　　当晚清政府开始编纂民法，把目光投向西方各国的近代民法典时，猛然发现传统的中华法系里居然没有西方式的民法体系。正如时任大理院正卿张仁黼所指出的，"中国法律惟刑法一种，而户婚、田土事项，亦列入刑法之中，是法律既不完备，而刑罚与民法不分，尤为外人所指责"②，因此他主

---

　　①　郑秦：《中国法制史》，文津出版社，1997，第 140、145 页。
　　②　《大理院正卿张仁黼奏修订法律请派大臣会订折》，《清末筹备立宪档案史料》（下），第835 页。

张模仿西方分门别类编纂新法。在张仁黼看来，中华法系中包含民法的内容，只是没有独立成编，只要把它们整理出来，独立门户，中国的民法体系就可以大功告成。

这种说法到 1980 年代似乎被再一次强化，著名的法制史学家张晋藩先生在 1983 年召开的中国法律史学会第一次年会上明确指出，"诸法合体、民刑不分是中国古代法典的体例，就法律体系而言，是诸法并存，民刑有分的"①。张先生此后为挖掘中国的民法历史不懈努力，先后撰述和主编了《清代民法综论》（中国政法大学出版社，1998）及《中国民法通史》。受此影响，中国出版了不少关于古代民法史的著作，1993 年上海人民出版社出版的《中国民法史》（叶孝信主编）、1996 年吉林人民出版社出版的《中国民法史》（孔庆民、胡留元、孙季平编著）以及 2005 年中国政法大学出版社出版的《中国财产法史稿》（郭建著）等。

这些著作的出版，对于今天的人们了解研究中国古代如何处理民事法律关系提供了难能可贵的资料。但是，将古代散见于各种律令格式及古文献中关于民事关系的一些规定概括成为民法似乎值得商榷。我们知道，任何一种法律都是在一定的法律思想指导下编纂而成的。近代西方的民法是规范平等的民事主体之间的财产和人身关系的法律，它的诸如私有财产不受侵犯、债权法中的私法自治原则、物权法中的物权法定原则等都是中华法系中所不具备的。因此，严格地说，中华法系中充其量只有关于民事关系方面的规定，而远远称不上是一套完整的法律体系，"中国古代并不存在严格意义上的近代性质的民法"② 的结论是非常正确的。

二　松冈为中国民事法律教育奠定了规范化基础

中国真正开始移植、引进近代民法始自晚清的修律活动，而对其做出直接贡献的非日本法律教习兼法律顾问（调查员）的松冈义正莫属。而他在京师法律学堂从事的民事关系方面的法学教育，以及由京师法律学堂翻译的相关法学教材，为中国从此奠定大陆法系的民法体系做出了系统性的贡献，这种评价大概不能算过誉之论。

---

① 张晋藩主编《中国民法通史》，福建人民出版社，2003，第 3 页。
② 郭建、姚荣涛、王志强：《中国法制史》，上海人民出版社，2000，第 356 页。

松冈义正在京师法律学堂的民事法律关系的教学实践为中国近代的民法学教育奠定了规范化的教育基础。1862 年清廷开办同文馆，标志着中国近代教育的开始。但至 19 世纪结束，这些近代学堂也很少有开设法学课程的。1869 年同文馆聘请美国人丁韪良（W. A. P. Martin）讲授《万国公法》可以说是少有的法学教育课程。1895 年设立的北洋大学堂和 1897 年创立的湖南时务学堂虽然设有法律学科，但后者把民法与宪法划为"内公法"，前者则由于教师基本上都是美国人，因此讲授的法律也基本上是采用判例法的美国法律。在京师法律学堂开学之际，中国仅有的 3 所国立大学，即京师大学堂、山西大学堂和北洋大学堂都设有法学或法政学科。但是，这三所大学的法学教育中关于民法学的课程都十分简略。如表 5 - 17 所示，这三所大学的法科课程都没有详细而规范的民法学教育课程，如京师大学堂的课程名称是各国民法及民事诉讼法，山西大学堂的是契约法、民法，北洋大学堂的则为合同律例、田产法。

表 5 - 17　清末京师大学堂、山西大学堂、北洋大学堂的法学教育科目

京师大学堂政法科大学法律学门	山西大学堂西斋法律学	北洋大学堂法科律例学
法律原理学、大清律例要义、中国历代刑律考、中国古今历代法制考、东西各国法制比较、各国宪法、各国民法及民事诉讼法、各国刑法及刑事诉讼法、各国商法、交涉法、泰西各国法、各国行政机关学、全国人民财用学、国家财政学	法律学、罗法、国际公法、名法、伦理、英语、财政学、宪法、契约法、刑法、商法、刑事诉讼法、民法、交涉法、国际法制比较、法语、大清律例要义、中国历代刑律考、中国古今历代法制考、海军律	国语国史、英语、西洋史、生理、天文、大清律要义、中国近世外交史、宪法史、宪法、法律总义、法律原理学、罗法律史、契约律例、刑法、交涉法、罗法、商法、损害赔偿法、田产法、成案比较、船舶法、诉讼法则、条约及交涉法参考、理财学、兵学、兵操

资料来源：《大学堂章程（大学堂附通儒院）》；北京大学校史研究室编《北京大学史料》第 1 卷，北京大学出版社，1993，第 103 页；http://www.baike.com/wiki/山西大学法学院，最后访问时间：2013 年 3 月 31 日；李贵连：《近代中国法制与法学》，第 214 页。

京师法律学堂开设得比这三所大学都要晚，但在民事法律关系的教育课程上走在前面，其教学体系更为系统和规范。它按照日本的民法体系将民事法律细分为民法总则、物权法、债权法、亲族法、继承法以及破产法，实行分门别类的教育。这开创了中国近代民法学系统教育的先河，这种民法学教育课程后来成为中国大学法学教育的传统，无论是北洋政府时期，还是南京国民政府时期，以及当今的中华人民共和国，其民法学的教育大体上都秉承了将民法总则、物权法、债权法（合同法、侵权行为法）、婚姻法（家庭关系法）、继承法作为基本内容的教学体系。例如，朝阳大学的法律讲义中关于民法部分就列入了民法总则、债权总论、债权各论、民法物权、民法亲属编（2种）、民法继承编（2种）等。①

三　松冈为中国民事法律教育留下了系统性教科书

松冈义正在京师法律学堂讲授民事关系法律时留下的民法学和民事诉讼法学的教科书成为此后中国民法学教材的滥觞。虽然松冈来华前后，中国也先后出版了一些日本学者，例如，梅谦次郎等民法学大家的民法著作，但它们似乎都没有成为学校的教科书，而是作为了解研究日本民法现状的法学读本。因此，这些出版物对于学校的法学教育影响不是很直接。而松冈在京师法律学堂讲学的影响是其他人所不能比拟的。松冈当年的讲学内容虽然依据的是日本现行法律，但由于他同时负责为清廷起草民事关系方面的法律草案，因此其讲义内容不可避免地会涉及起草中的法律内容。这从松冈负责的民事诉讼法讲义的结构就可以窥其一斑。在日本现行民事诉讼法中，并没有将诉讼程序分成普通诉讼程序和特别诉讼程序，而松冈为清廷起草的民事诉讼法草案明确地将其分成普通诉讼程序和特别诉讼程序，他的讲义中也是按这种结构编排的。

民国肇始，万象更新，当政者尚无力建设新的法律体系，因此很多地方借用了晚清法律修订馆起草的法律草案。如民国初年发布《关于民事诉讼法草案的应用》的通知，决定将该草案有关法院管辖的各章规定予以运用。② 民国10年7月22日更以教令第26号公布了根据松冈义正起草的民事诉讼法草案修订而成的《民事诉讼法草案》。③ 该草案的条文以及部分结构虽然做了一些变动，但基本框架还是保留了松冈的模式。因此朝阳大学根据该法编订的教科书仍然可以看到松冈义正使用过的讲义的影子。

---

① 请参阅陶德骏、王选、李良校阅《朝阳大学法律科讲义（非卖品）》，北京朝阳大学，1925。
② 该通知被收入《中华民国法令大全》，商务印书馆，1914。
③ 该草案被收入《法令大全》，商务印书馆，1924。

小 结

中国开办京师法律学堂，开展以日本民事法律关系为基础的近代民法学教育以来，迄今经历 1 个多世纪的曲折反复。在日本学者的支援和协助下开始的建构近代法制和法律体系的进程虽然因清王朝的覆亡而遭受挫折，但它依然余韵犹存，对中国的法制建设产生着影响，尽管这种影响时断时续，力量也很微弱。南京国民政府成立之前的 17 年是中国近代史上军阀割据、民不聊生的时代，遑论建设近代法制和新的法律体系。但在北方的朝阳大学里，按照日本法律体系以及晚清草拟完成的一系列民事法律草案开展有关民事法律教育的事业得到了存续和继承。1930 年前后公布的民法典以及民事诉讼法典等有关民事法律关系的法律，基本上是在前述法律草案的基础上发展起来的。这些法律的制定公布使得中国的民事法律学的教育出现了短暂的新局面。但是，这一局面由于日本帝国主义的侵略而被迫中断。1949 年中华人民共和国成立后，包括民法典在内的旧六法被全面废止，虽然持续时间不长，但中国进入了一段民事法律空白的时期。随着改革开放的逐步深入，社会对法律法制的呼唤空前强烈。在这种背景下，中国再一次开始着手构建适合现行政治经济和社会体制的新法制和新法律，编纂一部统一的、反映新时代内容的新民法典已经列入全国人民代表大会的立法规划，不久的将来我们将迎来一部崭新的民法典。但是，从已经公布的新民法典的结构和内容来看，虽然随着中国国情的变化，新民法典的编、章结构以及具体内容有了很多全新的尝试，但基本精神与百年前的尝试仍然存在一脉相承之处。在此意义上说，一百多年前曾经为中国的民事法律的教育以及民事法律的起草编订做出过贡献的松冈义正理应为中国人民所铭记。

附录：京师法律学堂第一期学生名单

京师法律学堂第一期学生名单

姓名	字	年龄	出生地	简历	住所
瑞麟	玉书	53	镶红旗满洲人	乙酉科举人、兵科笔帖式	无记录
黄昌炜	彤甫	52	安徽合肥县	监生、法部主事兼袭云骑尉	卢州会馆
陶绪长	箴若	48	江西新建县	裁缺光禄寺署正	兵马司后街
长龄	鹤汀	47	正红旗满洲人	附生、四品衔吏部候补主事	宣武门内素罗布胡同中间
易昌元	绍乾	46	四川万县	廪贡生、翰林院孔目蓝翎五品顶带	石灯庵
杨光樾	季雯	46	山东高密县	丁酉科拔贡、候选直隶州州判	懒眠胡同赵宅
贺常昱	礼卿	46	直隶清苑县	岁贡、五品衔候选用知县	顺治门外大街
周国麟	子荃	45	浙江山阴县	监生、礼部簿正	佘家胡同
张朝甲	鲁云	45	四川合江县	丁酉科拔贡、直隶州州判、盐提举衔	烂面胡同刘宅
徐钟祥	吉卿	45	广西临桂县	庚子辛丑并科举人、拣选知县	宣武门内石灯庵
沈毓煃	幼樵	43	湖北孝感县	廪生、候选县丞	椿树三条
乔从锐	少绂	42	直隶天津县	丁酉科举人、拣选知县	西城劈柴胡同
王桐荫	吉人	42	直隶东光县	乙未科进士、度支部主事	宣武门外下斜街
吴焕英	赐琼	42	广西藤县	丁酉科拔贡、法部主事	化石桥
杨庭琧	艺苏	41	湖南常宁县	廪贡生、候选员外郎、度支部主事	教场头条
张元勋	贡三	41	四川资州	候选县丞	烂面胡同
姚武林	翰园	41	江苏阜宁县	乙酉科拔贡、翰林院孔目	骡马市淮安会馆
周德隆	云阶	41	镶蓝旗汉军	乙酉科举人、理藩部七品笔帖式	奉天会馆
宗室文钧	护臣	41	镶蓝旗第五族	戊子科举人、庚寅恩科进士、记名御史、翰林院撰文	无记录
刘翼经	子诒	41	福建侯官县	戊戌科进士、四品衔礼部主事	保安寺
周文堃	厚齐	41	贵州遵义县	丁酉科拔贡、癸卯恩科举人、山西补用知县	本堂
刘树声	乙青	40	四川万县	庚子辛酉并科举人、云南补用知县	石灯庵
丁传福	子余	40	江苏丹徒县	癸卯恩科副贡、直隶州州判	本堂
念槐荫	祐三	40	山东堂邑县	廪生、候选州判	松筠庵
蒋鸿斌	均儒	40	山东藤县	庚子辛酉并科举人、拣选知县	山左会馆
乌金布	嵩龄	40	吉林双城堡满洲正黄旗	附生、四品衔同知用候选知县	吉林新馆
向銮之	金台	40	四川万县	五品衔遇缺先选用府经历	石灯庵
吴衍任	少垣	39	江西南昌县	庚子辛酉并科举人、拣选知县	长巷头条南昌会馆
林怡	仲沂	39	福建侯官县	甲午进士、礼部主事	烂面胡同
程桂芬	芳谱	39	浙江永康县	癸巳恩科举人、广西补用知县	东大市金华会馆

续表

姓名	字	年龄	出生地	简历	住所
李懿德	明轩	39	直隶清苑县	附贡生、法部郎中	松筠庵
杨庆棠	思勉	39	福建侯官县	甲午科副贡、法部小京官	南下洼福州老馆
札拉芬	兰圃	39	满洲镶蓝旗	甲午科举人、笔帖式	前泥洼
王克忠	朴川	38	广东西宁县	庚子辛丑并科举人、工部主事、奏调大理院行走	潘家河沿高州馆
生绍兰	芳齐	38	山东平阴县	附生、礼部序班	宣武门内象房桥观音寺
郭玉山	温儒	38	河南温县	甲午科举人、拣选知县	潘家河沿怀庆会馆
景山	松年	38	驻防正黄旗满洲人	戊子科举人、起居注笔帖式	崇文门内炮厂钱局东
左树玉	森唐	38	湖北应山县	癸卯恩科举人、拣选知县	象坊桥
朱锡韩	赐云	38	广西贺县	癸卯恩科举人、拣选知县	本堂
钟濂	希洛	38	浙江钱塘县	庚子辛丑并科举人、法部主事	西珠市口仁钱会馆
周达	和甫	38	贵州贵筑县	监生、候选从九	翠华街
姚熙积	丞辅	37	浙江余杭县	廪生、丁酉科举人、拣选知县	兵马司街
赵元珂	邃庵	37	山东黄县	丁酉科拔贡、度支部主事	前门里细瓦厂
徐仲衡	宇甫	37	江苏荆溪县	癸卯恩科举人、拣选知县	永宁胡同史宅
贺寅清	静山	37	安徽宿松县	癸卯恩科举人、丁未科会考钦用主事签分法部行走	南柳巷永兴寺
曹鼎汾	雁桥	37	浙江萧山县	癸卯恩科举人、拣选知县	老墙根
秦曾源	心逵	37	江苏嘉定县	甲午科举人、陆军部主事	二龙坑王爷佛堂
孙鸿纲	习之	37	安徽怀远县	前北洋武备学生、候选县丞	本学堂
冯演秀	少礼	37	广东鹤山县	附贡、广西试用州同	前王公厂石灯庵
黄云冕	澹供	37	江西南昌县	庚子辛丑并科举人、法部主事	南昌会馆
陈芝昌	剑秋	37	广东新会县	廪贡生、法部主事	新会新馆
王树荣	仁山	37	浙江归安县	甲午科举人、候选知县	本学堂
刘澄清	绍泉	37	湖南郴州县	附贡、候选通判	丞相胡同上湖南馆
李秉超	溯舫	37	山东诸城县	监生、候选县丞	安福胡同中街路南
易昌炳	藻丞	37	四川万县	廪贡、候选县丞	本学堂
章祖僖	榖生	37	浙江乌程县	廪贡、度支部主事	西单牌楼梯子胡同
何宝权	小轼	36	广东番禺县	壬寅科举人、内阁中书	上斜街番禺馆
黄周	达成	36	广西阳朔县	癸巳恩科举人、拣选知县	广西老馆
彭光莹	秀文	36	广东南海县	优附贡生、花翎候选道、度支部主事	米市胡同
董来江	燕唐	36	江西南康县	丁酉科拔贡、度支部小京官	太平街关帝庙
王东楷	模亭	36	直隶天津县	前北洋武备学生、陆军第一镇正军校	本堂

续表

姓名	字	年龄	出生地	简历	住所
施尔常	端生	36	江苏华亭县	无记录	本学堂
姚德凤	威伯	36	江苏新阳县	岁贡生、候选同知	昆新会馆
魏正邦	薪传	36	直隶天津县	北洋武备师范毕业生、陆军第五镇工程营督队官	无记录
张修祜	毅若	36	江苏上元县	壬寅科举人、候选知县	本学堂
陶炳章	凤年	36	福建侯官县	丁酉科举人、拣选知县	老墙根
区家伟	伯翘	36	广西苍梧县	戊戌科进士、礼部主事	宣武门外大街
乔保元	子嘉	36	直隶天津县	廪贡生、戊子辛卯挑取誊录学部国子典籍	小沙土园
汪毓烜	苕孙	35	江苏长洲县	庚子辛丑并科举人、候选知县	顺治门外上斜街
褚荣泰	蕴楠	35	浙江嘉兴县	增贡生、候选州同	象房桥北永宁胡同
杨廷书	伟云	35	顺天固安县	壬寅科优贡录用教职	兵部洼北石碑胡同后坑路北
章朝瑞	云菘	35	江西南昌县	甲午科举人、拣选知县	长巷头南昌会馆
张业广	小春	35	湖北汉阳县	癸卯恩科举人、拣选知县	草厂八条汉阳馆
周汝为	树勋	35	直隶宝坻县	丁酉科副贡、候选直隶州州判	干鱼胡同鸿吉号
王化宣	席卿	35	直隶天津县	北洋武备学生、陆军第二镇正军校	宣武门外教场头条
徐际恒	久成	35	四川万县	庚子辛丑并科举人、吏部主事、奏调大理院行走	山西街夔府会馆
戴鸿功	霞村	35	直隶天津县	前北洋武备学生、陆军第四镇队官	本堂
马步瀛	海峰	35	陕西大荔县	甲辰恩科进士、法部主事	大荔会馆
郭书成	汉清	35	安徽合肥县	陆军第六镇正军校	北闸市口后宅
王太卿	紫宸	35	奉天锦县	癸卯恩科举人、法部候补主事	西珠市口奉天会馆
范天杰	晋贤	35	四川永川县	庚子辛丑并科举人、内阁中书	永光寺中街路西大门
张家枢	酉山	35	四川阆中县	甲午科举人、拣选知县	本学堂
邓殿华	筱芗	35	广东三水县	庚子辛丑并科举人、丁未科会考、钦用知县签分直隶补用	本学堂
辛际唐	述祖	34	江西万载县	壬寅科举人、内阁中书	宜分万会馆
马耀宗	星臣	34	河南罗山县	庚子辛丑并科举人、内阁中书	松筠庵
梁文光	星阶	34	山东益都县	庚子辛丑并科举人、拣选知县	山左会馆
朱隽藻	霈声	34	顺天大兴县	附贡、礼部序班兼袭云骑尉	前门外南火扇
李在瀛	仲洲	34	四川乐山县	庚子辛丑并科举人、度支部主事、奏调大理院行走	顺治门内前王公厂路南
乔鸿声	实甫	34	直隶安平县	副贡、候选州判	兴隆街

续表

姓名	字	年龄	出生地	简历	住所
荣兴	耀舟	34	镶蓝旗人	北洋武备学生、陆军第镇炮标正军校	宣武门内闹市口
邓仪中	鸥予	33	福建侯官县	癸卯恩科举人、拣发广西知县	宣武门外老墙根
杨润	泽华	33	直隶宛平县	监生、前大理寺候补评事	西单牌楼白庙胡同
殷本浩	瀚生	33	安徽合肥县	北洋将弁学生、陆军第三镇工程营队官	本堂
叶镜湜	冠生	33	广西岑溪县	癸卯恩科举人、礼部主事	海北寺街广西三馆
陈云岫	芸青	33	湖北汉阳县	附生、陆军第八镇协参领	本学堂
陈延年	晴初	33	广东番禺县	癸卯恩科举人、法部主事	宣武门外上斜街番禺馆
段芝清	寿崖	33	安徽合肥县	陆军第四镇炮队副军械官	本堂
张玉昆	瑞峰	33	直隶沧州	甲午科举人、截取知县	本堂
傅绍儒	聘三	33	顺天宁河县	庚子辛丑并科举人、法部主事	宣武门外香炉营二条
宗庆镛	夔笙	33	直隶密云县	附贡、礼部仪制司序班	宣武门外大街
徐巽	权伯	33	安徽歙县	丁酉科举人、内阁中书、候选知府	顺治门内太平街
范之鲁	屏蕭	33	山东历城县	附贡、候选府经历	东斜街绳串胡同
陆起	凤骞	32	江苏太仓州	廪贡生、候选县丞	顺治门内西斜街
何庆云	朵坛	32	广东新会县	附贡生、广西试用州同	新会新馆
高显祚	啸霞	32	江西新建县	庚子辛丑并科举人、拣选知县	南横街
梁韵清	锡真	32	广西临桂县	癸卯恩科举人、候选知县	广西馆
许国凤	彝定	32	江苏金匮县	丁酉科举人、内阁中书	东安门内井儿胡同
唐启虞	宥在	32	湖南慈利县	丁酉科拔贡、四川试用直隶州州判	澧阳馆
朱家桢	干卿	32	山东肥城县	癸卯恩科举人、度支部主事	本堂
江沆	梅庵	32	四川巴县	供事盐提举衔候选通判	潘家河沿
王凤至	桐梧	32	四川万县	附贡生、议叙通判	本堂
徐士桢	肅臣	31	江西玉山县	监生、安徽遇缺先补用州吏目	铁门广信会馆
伊勒图	信卿	31	山东青州驻防镶白旗人	翻译举人、笔帖式	銮仪卫夹道
史致培	厚卿	31	江苏宜兴县	监生、法部主事	西珠市口内白果巷宜荆新馆
王士拭	仲明	31	山东日照县	附贡、礼部序班	顺治门外山左会馆
张仁寿	颉笺	31	江苏青浦县	壬寅科举人、内阁中书	西河沿中间
周仲曾	孝鲁	31	湖北黄陂县	廪生、陆军第二十一混成协执事官	本学堂
周作霖	梅田	31	顺天宛平县	癸卯恩科举人、内阁候补中书	宣武门外前青厂
何文泉	清涌	31	直隶交河县	北洋武备学生、陆军第二镇队官	本堂
马履恒	月槎	31	直隶宝坻县	癸卯恩科举人、拣选知县	象坊桥龙泉寺

姓名	字	年龄	出生地	简历	住所
江保传	俊侯	31	江苏元和县	庚子辛丑并科举人、内阁中书	西单牌楼二龙坑潘寓
潘毓椿	懋庭	31	直隶盐山县	丁酉科举人、内阁中书委署侍读	寓松树胡同
王枢	汝密	31	四川三台县	癸卯恩科举人、拣选知县、京师高等审判厅行走	西砖胡同曾宅
熊国璋	特生	31	四川万县	癸卯恩科举人、拣选知县	石灯庵
李文矞	凤举	31	山东章丘县	庚子辛丑并科举人、拣选知县	本学堂
许森芳	尺珊	31	广东开平县	癸卯恩科举人、候选直隶州知州	肇庆西馆
秦树忠	式禹	31	广西雒容县	丁酉科拔贡、内阁中书	贾家胡同
姚弼宪	砺渠	31	四川江津县	庚子辛丑并科举人、法部主事	永光寺中街
陈经	礼庭	30	江苏江阴县	癸卯恩科举人、丁未科会考钦用主事签分大理院行走	前门内高碑胡同陈宅
樊鸿修	竹生	30	山东邹平县	贡生、花翎员外郎衔度支部主事	石碑胡同
王锡銮	镜铭	30	广西临桂县	庚子辛丑并科举人、拣选知县	粤西会馆
刘子修	惺初	30	广东新宁县	廪贡、候选部司务	前孙公园广州七邑馆
伍大奎	冕甫	30	广东新会县	优廪贡生、分省试用直隶州知州	新会新馆
沈铨	幼重	30	浙江会稽县	附贡、候选府经历	山会邑馆
王佺孙	曙笙	30	顺天府宝坻县	附监生、候选县丞	象坊桥龙泉寺
王义榕	述和	30	直隶易州	庚子科优贡、江苏补用知县	松筠庵
王寅山	景唐	30	山东乐安县	庚子辛丑并科举人、拣选知县	山左会馆
胡宏恩	伟堂	30	安徽怀宁县	附贡、分省试用知县	象房桥观音寺
程德霖	汝春	30	四川万县	候补知县	夔府会馆
徐厚祥	子山	30	江苏嘉定县	吏部郎中	苏州胡同
林鼎章	西智	30	福建闽县	壬寅科举人、拣选知县	校厂胡同
增禄	益臣	29	满洲正白旗	荫生、候选知州	地安门外扁担厂
石春熹	旭东	29	直隶容城县	附生、北洋陆军武备学堂毕业生、候选县丞	无记录
钱璜	璧臣	29	江苏甘泉县	陆军第三镇正军校供事、议叙从九品	扬州老馆
史棠	韵琴	29	四川万县	监生、候选县丞	西单牌楼手帕胡同
增钺	幼鹤	29	正红旗、满洲	贡生、候补员外郎、奏调大理院行走	慧照寺路北大门
朱钧声	子和	29	山东肥城县	庚子辛丑恩正并科举人、度支部主事	山左会馆
汪兆彭	翰青	29	安徽绩溪县	监生、候选县丞	石附马街
陈洪道	演九	29	浙江太平县	庚子辛丑恩正并科举人、拣发广西知县	后孙公园台州馆

续表

姓名	字	年龄	出生地	简历	住所
许逢时	翘谦	29	湖南湘阴县	监生、法部主事	松筠庵
刘善锜	作琳	29	直隶玉田县	癸卯科举人、丁未会考钦用主事签分学部行走	直隶新馆
王承毅	南生	28	浙江长兴县	附贡、五品衔广东试用府经历	西城永宁胡同
吴保琳	林伯	28	安徽歙县	监生、礼部太常寺典簿、分省补用同知	聿居胡同
沈其泰	伯寅	28	浙江归安县	增贡、度支部主事	永宁胡同
陈兆煌	景亮	28	广东番禺县	优附贡生、江西试用知县	番禺新馆
李昌宣	重光	28	四川安岳县	庚子辛丑并科举人、内阁中书	宣武门内前王公厂
赓勋	虞琴	28	山东青州驻防旗人	附贡、候选州判、陆军第九协执事官	本学堂
勒宗钧	子和		河南安阳县	监生、知县用直隶补用县丞	南横街
王恩荣	世卿	28	直隶定兴县	附监生、法部主事	宣武门外上斜街
李选	思本	27	江苏昆山县	方略馆供事、候选布理问	昆新会馆
吴天锡	荷之	27	安徽合肥县	荫生、同知衔山东候补知县	本学堂
刘景烈	晓愚	27	江西赣县	候选知县	西珠市口赣宁馆
杨津	孟川	27	山东潍县	附贡、度支部主事、奏调大理院行走	李阁老胡同
马祖乾	君健	27	江苏常熟县	陆军部主事	上斜街
胡泽涛	绍恒	27	湖南善化县	附贡候选县丞	顺治门大街善化街
李泰三	幼泉	27	河南汜水县	监生、候选知县	太平街天仙庵
恩培	植生	27	正蓝旗满洲人	附贡生候选笔帖式	西交民巷博济庵庙内
李振堃	典五	27	湖南桂阳州	附贡生候选县丞	上湖南馆
鲍忠淇	竹川	27	江西临川县	廪贡生、度支部员外郎	上斜街
王桐	硕川		奉天汉军镶黄旗人	分省补用知县	西四牌楼兵马司街
陈养愚	智若	27	四川江北厅	附贡、蓝翎五品衔候选县丞	皮库营四川馆
司徒衡	孟垠	27	广东开平县	法部主事	肇庆西馆
万敷	钵工	27	湖北潜江县	南学肄业生、候选州吏目	潘家河沿
陈宝舆	莲生	26	福建闽县	附贡、中书科中书	顺治门外保安寺街
李受益	朴乡	26	广西临桂县	监生、候选知县	本学堂
何毓璋	达甫	26	陕西石泉县	甲辰恩科进士、法部主事	山西街
岑鼎勋	天如	26	广东顺德县	试用典史	顺邑老馆
赵汝梅	雪邨	26	直隶玉田县	附贡、候选县丞	太平街
秦树勋	建奇	26	广西雒容县	增贡、候选县丞	柳州会馆
关应云	伯龙	26	广东开平县	监生、陆军部主事	李铁拐胡同
恽福鸿	宽仲	26	江苏阳湖县	附贡、法部主事、奏调大理院行走	前王公厂石灯庵

续表

姓名	字	年龄	出生地	简历	住所
杨汶	次明	26	山东潍县	附监生、法部司务	天显巷
汪德温	润民	26	安徽休宁县	附贡生、礼部太常司典簿	丞相胡同
周国华	仲濂	26	安徽合肥县	候选知县	西河沿三元井度支部何宅
石熙祚	仲皋	26	山东长山县	附贡、法部主事	西单牌楼旧刑部街
陈懋豫	用刚	26	福建闽县	癸卯科举人、拣选知县	顺治门外保安寺街
李庶瑛	伯良	26	河南卢氏县	廪贡、候选知县	麻线胡同北头路西史宅
陈懋咸	虚谷	25	福建闽县	壬寅科举人、拣选知县	顺治门外保安寺街
向泽藩	伯屏	25	四川万县	廪贡、候选州同	西草厂胡同山西街夔府会馆
唐延芬	诵先	25	广西临桂县	附生、知州用、议叙通判	驴驹胡同广西中馆
左念康	台孙	25	湖南湘阴县	廪贡、法部郎中	东安门外西堂子胡同
刘思诚	幼轩	25	甘肃陇西县	监生、候选知县	西单牌楼石虎胡同
王谦柄	子益	25	陕西郿县	癸卯恩科举人、度支部主事	山西街
贵德	立夫	25	镶黄旗汉军人	官学生、内务府笔帖式	德胜门内蒋养房草厂大坑路西
成煦	春谷	25	满洲镶蓝旗人	荫生、法部主事	阜成门内武定侯
石泉	季荪	25	广西临桂县	癸卯恩科举人、拣选知县	前门外粤西会馆
陈绍箕	鉴亭	24	江西靖安县	监生、陆军部员外郎	魏染胡同
欧阳钧	鹿宾	24	福建长乐县	监生、法部主事	宣武门内东城根
张允同	子郑	24	广东番禺县	监生、法部主事	前青厂番禺新馆
沈燕贻	子翼	24	浙江归安县	分省试用知县	报子街
王昌言	禹门	24	安徽太平县	附生、四品荫生候选州判	本学堂
王义检	昉罢	24	直隶易州	廪贡生、候选州同	松筠庵
胡熙寿	莘斋	23	湖南宁乡县	庚子辛丑并科举人、内阁中书	前王公厂路南
熊载光	锡之	23	湖北黄安县	监生、候选县丞	象坊内
刘春曙	雪初	23	湖北黄冈县	监生、候选县丞	兴隆街黄冈馆
杨述传	云澄	23	江苏丹徒县	监生、法部郎中	米市胡同
张仁普	莹瑶	23	广西临桂县	庚子辛丑并科举人、拣选知县	前门外粤西老馆
唐维翰	西圆	22	广西临桂县	附监生、候选县丞	广西会馆
朱得森	瑞男	19	湖南慈利县	优廪贡生、候选县丞	海北寺街澧阳会馆
刘元纪	肃堂	18	湖北谷城县	附贡、候选县丞	象坊桥
谢盛镕	铁臣	18	四川开县	江苏试用典史	前王公厂石灯庵
朱鼎菜	秉一	18	顺天大兴县	候选从九	前门外大耳胡同
杨乃赓					
乐骏声					
椿龄					

续表

姓名	字	年龄	出生地	简历	住所
铁祜					
吴镇藩					
陈祥泰					
李锡爵					
张志潭					
金润棠					
程德任					
黄培文					
葛鸿俊					
王大亨					
陆长淦					
余沅芬					
俞效曾					
胡明盛					
纪大经					
李光杰					
诸克聪					

第六章

《大清民事诉讼律草案》的编订
与松冈义正的作用

引　言

　　清末宪政运动中，以改订旧律、编制新律为核心内容的法律近代化活动是其主要内容之一。在这一活动过程中，法律近代化的参照系选择了学习西方的模范生我们的邻国日本。为此，负责此项工作的修订法律馆先后从日本聘请到了刑法学家冈田朝太郎、民法学家松冈义正、行刑法专家小河滋次郎和商法学家志田钾太郎充当顾问，负责调查和起草各项法律草案的任务。应该说，日本顾问恪尽职守，在短短几年的时间里，为修订法律馆起草了为数不少的法律草案。只是由于清廷覆亡，有些草案甚至还没来得及送交当时的立法机关资政院审议就夭折于襁褓之中，长时期以来不为外界所闻。1980年代，日本法制史学家岛田正郎将此前发表的有关文章结集出版，题为《清末近代法典的编纂》（创文社，1980），对发生于 20 世纪初期中国编制近代法典的活动进行了相对系统的整理。中国国内则直到 20 世纪末以后学者才开始重视，陆续发表和出版了不少学术论文和著作。①

---

① 其中主要有李贵连「近代中国法の変革と日本の影響」、張培田「清末の刑事制度改革に対する日本からの影響」池田温・劉俊文編『日中文化交流史叢書 2　法律制度』；张晋藩《中国法律的传统与近代转型》，法律出版社，1997；李贵连《沈家本传》，法律出版社，2000；张生主编《中国法律近代化论集》，中国政法大学出版社，2002；何勤华、李秀清《外国法与中国法——20 世纪中国移植外国法反思》，中国政法大学出版社，2003；张德美《探索与抉择——晚清法律移植研究》，清华大学出版社，2003；李显冬《从〈大清律例〉到〈民国民法典〉的转型——兼论中国古代固有民法的开放性体系》，（转下页注）

这些著述中，或多或少地都论述到日籍顾问在清末法制和法律现代化中所起的作用，这就使人们得以了解，清末出台的《大清刑律》《大清刑事诉讼律》与冈田朝太郎、《大清商律》与志田钾太郎、《大清监狱律》与小河滋次郎的关系以及他们在其中发挥的作用。但是，对于另一位日籍顾问松冈义正在清末进行的法律近代化的过程中发挥的作用，似乎语焉不详。虽然大多承认《大清民律》中的总则、物权编和债权编是由松冈负责编纂的，但对于《大清民事诉讼律》是松冈负责起草的，则大多持怀疑的态度。为此，本文拟侧重分析和探讨《大清民事诉讼律》与松冈义正的关系，并具体指出松冈义正在草案编纂过程中发挥的作用。

第一节　《大清民事诉讼律草案》引为蓝本的是德国法抑或日本法

一　认定《大清民事诉讼律草案》出自中国编纂者之笔的论据

吴泽勇在早期的一篇论文中认为《大清民事诉讼律草案》"是沈家本、俞廉三主持制定，由日本法学家松冈义正协助。沈家本本来就主张借鉴日本体制，又加上日本顾问的协助，使得《民事诉讼律》成了日本 1890 年民事诉讼法的翻版"[①]，主张《大清民事诉讼律草案》是照搬了日本现行民事诉讼法。

但是，吴泽勇后来纠正了自己的看法。他在《〈大清民事诉讼律〉修订考析》一文中，介绍了松冈义正应聘担任清廷修订法律馆的法律调查员的始末后，认为松冈确实参加了《大清民事诉讼律草案》的起草工作，但他同时又对松冈在其中发挥的作用表示怀疑："但他究竟在其中发挥了多大的作用，是单独起草初稿还是仅仅作为顾问提供咨询？目前就不得而知了。"接着，他在介绍分析了大清民事诉讼律的编纂过程后断定："大清民事诉讼律的确是经过

（接上页注①）中国人民公安大学出版社，2003；朱勇主编《中国民法近代化研究》，中国政法大学出版社，2006；孟祥沛《中日民法近代化比较研究——以近代民法典编纂为视野》，法律出版社，2006；陈煜：《清末新政中的修订法律馆——中国法律近代化的一段往事》；张松《变与常——清末民初商法构建与商事习惯之研究》，中国社会科学出版社，2010；李贵连《沈家本评传》（增补版），中国民主法制出版社，2016。

①　吴泽勇：《清末修律中的诉讼制度变革》，《比较法研究》2003 年第 3 期。

编纂者殚精竭虑、苦心孤诣编纂而成的‘中国’法典，而不是《日本民事诉讼法》的翻译或者翻版。"为此，他列举了 3 条理由。首先，《大清民事诉讼律草案》的结构不同于日本当时的民事诉讼法，即明治 23 年（1890）颁布的诉讼法；其次，当时的日本民事诉讼法中关于"检察官的参与"、强制执行、仲裁等内容没有写入《大清民事诉讼律草案》；最后，很多具体的条款存在着很大的差异。而且，他还以"事物管辖"为例，对两者的差异加以分析，得出的结论是《大清民事诉讼律草案》出自中国人之笔。①

那么，《大清民事诉讼律草案》具体是由谁主刀的呢？赵林凤在《汪荣宝：中国近代宪法第一人》中指出，"沈家本并没有因此而放弃编纂诉讼律，他聘请日本法学家松冈义正，组织人员重新分别起草《刑事诉讼律》《民事诉讼律》"。接着写了这么一段话："汪荣宝于 1907 年加盟法律修订馆，从 1909 年 4 月起担任法律修订馆第二科总纂，直接负责民事诉讼律和民律的修订和编纂。《民事诉讼律》的编纂和修订经历了 4 年之久，从 1907 年起至 1911 年 1 月才最终告竣，这是汪氏在法律馆花费精力最多、用力最勤的法典。"然后，详细介绍了汪荣宝参与编纂和修订大清民事诉讼律的三个阶段。② 这些叙述中，赵林凤仅仅在大清民事诉讼律起草编纂时提到了松冈义正的名字，而完全没有谈及松冈所起的作用，把编纂大清民事诉讼律的功劳全部归于汪荣宝，直指汪荣宝就是《大清民事诉讼律草案》的操刀手。

至于《大清民事诉讼律草案》参照了哪个国家的法律，陈刚等人撰写的《清末民事诉讼立法进程研究》认为："《大清民事诉讼律草案》由修订法律馆聘请的日本法律顾问松冈义正主笔起草，在 3 年多时间完成草案，基本内容和体例、用语都以 1890 年日本民事诉讼法为蓝本。"③

李政则在论文《中国近代民事诉讼法探源》中认为，"该草案以德国民事诉讼法为蓝本，共分四编，800 条"，认为清末编纂的历史上首部民事诉讼律草案是参考德国民事诉讼法拟就的。④

---

① 吴泽勇：《〈大清民事诉讼律〉修订考析》，《现代法学》2007 年第 4 期。
② 赵林凤：《汪荣宝：中国近代宪法第一人》，台北：新锐文创，2014，第 235～236 页。应该说，这段叙述中，将刑事诉讼律与松冈义正挂钩，显然是认知错误。负责起草刑事诉讼律的是冈田朝太郎。
③ 陈刚、何志辉、张维新：《清末民事诉讼立法进程研究》，陈刚主编《中国民事诉讼法制百年进程·清末时期》第 1 卷，中国法制出版社，2004，第 133 页。
④ 李政：《中国近代民事诉讼法探源》，《法律科学》2000 年第 6 期。

上述议论中，共提出了 3 个论点：第一，《大清民事诉讼律草案》的结构和许多条款的内容与日本当时正在实施的民事诉讼法大异其趣，形成了中国的独特体系；第二，该草案很可能是出自中国人之手，其中，汪荣宝等修订法律馆中的馆员起的作用最大；第三，它的参照物要么是 1890 年颁布的日本民事诉讼法，要么是德国的民事诉讼法。

那么，历史事实究竟如何呢？

直至今天，关于《大清民事诉讼律草案》起草过程，中日两国发现的公私历史档案非常有限，要想完全搞清楚大清民事诉讼律的制定过程几乎不可能。但是，调查并比较《大清民事诉讼律草案》可能参照过的外国原始法典与中国法律的异同，检证有可能是法律案起草者的法学背景及其参与立法的经验，或许可以从中窥见一斑。因此，对照以上 3 个论点，我们可以进一步探讨以下几方面内容。首先，《大清民事诉讼律草案》到底参照的是德国民事诉讼法，抑或是明治 23 年日本颁布的民事诉讼法。其次，《大清民事诉讼律草案》起草的时候，日本除明治 23 年颁布的现行诉讼法外还有没有其他可供参照的东西存在，如果有，它是什么？最后，谁最有可能是《大清民事诉讼律草案》的起草者，作为修订法律馆的调查员应聘来华负责起草民法和民事诉讼法的松冈义正在其中到底起了什么作用？

二　德国、日本民事诉讼法与《大清民事诉讼律草案》的结构比较

引言所引用的李政的议论，在某种程度上说是对的。因为，明治 23 年（1890）颁布的日本民事诉讼法是参考德国民事诉讼法编订的，甚至可以说，日本民事诉讼法的框架结构乃至具体条文基本上都是照搬德国民事诉讼法的。因此，即便说《大清民事诉讼律草案》是参照日本民事诉讼法起草的，从法源上说，仍然可以说它派生于德国的民事诉讼法。只是李政的主张似乎是想说《大清民事诉讼律草案》是越过日本民事诉讼法直接从德国民事诉讼法移植过来的。

李政和陈刚等人所述的是否准确呢？为了加以验证，笔者将德国民事诉讼法、日本民事诉讼法和《大清民事诉讼律草案》的结构进行了比较。表 6-1 所示即为上述 3 部法律编章结构的比较。经比读后发现，李政的主张未必没有道理。

表 6-1　德国民事诉讼法、日本民事诉讼法与《大清民事诉讼律草案》的编章节结构比较

德国民事诉讼法	日本民事诉讼法	《大清民事诉讼律草案》
第一编　总则	第一编　总则	第一编　审判衙门
第一章　法院	第一章　裁判所	第一章　事物管辖（1~12）
第一节　事务管辖（1~11）	第一节　裁判所的事物管辖（1~9）	第二章　土地管辖（13~36）
第二节　审判籍（12~37）	第二节　裁判所的土地管辖（10~25）	第三章　指定管辖（37~38）
第三节　法院管辖合意（38~40）	第三节　管辖裁判所之指定（26~28）	第四章　合意管辖（39~41）
第四节　法官的自行回避和申请回避（41~49）	第四节　关于裁判所管辖之合意（29~31）	第五章　审判衙门职员之回避,拒却及引避（42~52）
第二章　原被告	第五节　裁判所职员的除斥及忌避（32~41）	第二编　当事人
第一节　诉讼能力（50~55）	第六节　检察官之见证（42）	第一章　能力（53~71）
第二节　共同诉讼人（56~60）	第二章　当事者	第二章　多数当事人（72~94）
第三节　第三人参加诉讼（61~73）	第一节　诉讼能力（43~47）	第三章　诉讼代理人（95~109）
第四节　诉讼代理人与辅佐人（74~86）	第二节　共同诉讼人（48~50）	第四章　诉讼辅佐人（110~113）
第五节　诉讼费用（87~100）	第三节　第三者的诉讼参加（51~62）	第五章　诉讼费用（114~139）
第六节　保证（101~105）	第四节　诉讼代理人及辅佐人（63~71）	第六章　诉讼担保（140~151）
第七节　诉讼费用救助（106~118）	第五节　诉讼费用（72~86）	第七章　诉讼救助（152~167）
第三章　诉讼程序	第六节　保证（87~90）	第三编　普通诉讼程序
第一节　言辞辩论（119~151）	第七节　诉讼救助（91~102）	第一节　总则
第二节　送达（152~190）	第三编　诉讼程序	第一节　当事人书状（168~173）
第三节　传唤、期日及期限（191~207）	第一节　口头辩论及准备书面（103~135）	第二节　送达（174~212）
第四节　迟误的后果、期日的恢复（208~216）	第二节　送达（136~158）	第三节　日期及期间（213~228）
第五节　程序的中断与中止（217~229）	第三节　期日及期间（159~172）	第四节　诉讼行为之谕醻（229~237）
第二编　第一审程序	第四节　懈怠之结果及原状恢复（173~177）	第五节　诉讼程序之停止（238~262）
第一章　州法院诉讼程序	第五节　诉讼程序的中断与中止（178~189）	第六节　言词辩论（263~295）
第一节　判决前的程序（230~271）	第二编　第一审诉讼程序	第七节　裁判（296~299）

续表

德国民事诉讼法	日本民事诉讼法	《大清民事诉讼律草案》
第二节　判决（272~294）	第一章　地方裁判所的诉讼程序	第八节　诉讼笔录（300~302）
第三节　缺席判决（295~312）	第一节　判决前的诉讼程序（190~224）	第二章　地方审判厅第一审诉讼程序
第四节　计算事件、财产分割及类似事件的准备程序（313~319）	第二节　判决（225~245）	第一节　起诉（303~324）
	第三节　缺席判决（246~265）	第二节　准备书状（325~326）
第五节　调查证据的一般规定（320~335）	第四节　计算事件、财产分别及此类诉讼的准备程序（266~272）	第三节　言辞辩论（327~339）
第六节　勘验（336~337）		第四节　证据
第七节　人证（338~366）	第五节　证据调查总则（273~288）	第一款　通则（340~363）
第八节　鉴定（367~379）	第六节　人证（289~321）	第二款　人证（364~397）
第九节　书证（380~409）	第七节　鉴定（322~333）	第三款　鉴定（398~414）
第十节　宣誓（410~439）	第八节　书证（334~356）	第四款　证书（415~446）
第十一节　宣誓程序（440~446）	第九节　检证（357~359）	第五款　检证（447~448）
第十二节　证据保全（447~455）	第十节　当事者本人的讯问（360~364）	第六款　证据保全（449~457）
第二章　地方法院诉讼程序（456~471）	第十一节　证据保全（365~372）	第五节　裁判（458~491）
第三编　上诉	第二编　区裁判所的诉讼程序	第六节　缺席判决（492~508）
第一章　控诉（472~506）	第一章　通常诉讼程序（373~381）	第七节　假执行之宣示（509~515）
第二章　上告（507~529）	第二章　督促程序（382~395）	第三章　初级审判厅之程序（516~527）
第三章　抗告（530~540）	第三编　上诉	第四章　上诉程序
第四编　再审（541~554）	第一章　控诉（396~431）	第一节　控告程序（528~563）
第五编　证书诉讼与票据诉讼（555~567）	第二章　上告（432~454）	第二节　上告程序（564~586）
第六编　婚姻事件与禁治产事件	第三章　抗告（455~466）	第三节　抗告程序（587~602）
第一章　婚姻事件的程序（568~592）	第四编　再审（467~483）	第五章　再审程序（603~617）
第二章　禁治产事件的程序（593~627）	第五编　证书诉讼及票据诉讼（484~496）	第四编　特别诉讼程序
第七编　督促程序（628~643）	第六编　强制执行	

续表

德国民事诉讼法	日本民事诉讼法	《大清民事诉讼律草案》
第八编　强制执行		
第一章　总则(644~707)	第一章　总则(497~563)	第一章　督促程序(618~637)
第二章　关于金钱债权之强制执行	第二章　关于金钱债权之强制执行	第二章　证书诉讼(638~649)
第一节　对动产之强制执行	第一节　对动产之强制执行	
第一款　通则(708~711)	第一款　通则(564~565)	第三章　保全诉讼(650~669)
第二款　对有体物之强制执行(712~728)	第二款　对有体动产之强制执行(566~593)	第四章　公示催告程序(670~725)
第三款　对债权及其他财产权之强制执行(729~754)	第三款　对债权及其他财产权之强制执行(594~625)	第五章　人事诉讼
第二节　对不动产之强制执行(755~757)	第二节　配当程序(626~639)	第一节　宣告禁治产程序(726~765)
第三节　配当程序(758~768)	第三节　对不动产之强制执行	第二节　宣告禁治产程序(766~767)
第三章　旨在令其提交物之作为及不作为之强制执行(769~779)	第一款　通则(640~641)	第三节　婚姻事件程序(768~790)
第四章　明告宣誓及拘留(780~795)	第二款　强制竞卖(642~705)	第四节　亲子关系事件程序(791~800)
第五章　假扣押及假处分(796~822)	第三款　强制管理(706~716)	
	第三节　对船舶之强制执行(717~729)	
第九编　公示催告程序(823~850)	第三章　对不以金钱支付为目的之债权之强制执行(730~736)	
第十编　仲裁程序(851~872)	第四章　假差押及假处分(737~763)	
	第七编　公示催告程序(764~785)	
	第八编　仲裁程序(786~805)	

注：括号中的数字为条文顺序号。

资料来源：《一八七七年德意志帝国民事诉讼法》，蓝冰译、谢文哲主编《中国民事诉讼法制百年进程·清末时期》第 3 卷，中国法制出版社，2009。对子蓝冰省略翻译的部分则参考日本高木豐三翻訳编纂『日德民事訴訟法对比』（明治 25 年刊）『日本立法资料全集』别卷 235，信山社，平成 14 年。内阁官房局编『明治年間法令全書』（明治 23 年～1）原書房，昭和 60 年 9 月。《大清民事诉讼律草案》，陈刚主编《中国民事诉讼法制百年进程·清末时期》第 2 卷。

　　首先，从编的结构看，三者区别很大，德国民事诉讼法是十编体例，日本是八编体例，清朝是四编体例。但是，三国法律的内容都很接近。如果再深入分析三者的内容，《大清民事诉讼律草案》似乎更接近于德国民事诉讼法。例如，德国民事诉讼法第六编"婚姻案件与禁治产事件"在日本民事诉讼法中没有，而《大清民事诉讼律草案》则将其纳入第四编第五章"人事诉讼"之中。其次，德国民事诉讼法把"督促程序"作为第七编单独设编，而日本民事诉讼法只是把它写入区裁判所的程序之中，《大清民事诉讼律草案》却和德国民事诉讼法一样单独列出一章加以规范。再次，日本民事诉讼法在第二编第一审诉讼程序之下，设立第一章第十节，规定了"当事者本人的讯问"内容，德国民事诉讼法和《大清民事诉讼律草案》都没有这一规定。最后，日本民事诉讼法还规定了检察官的参与，德国民事诉讼法和《大清民事诉讼律草案》都没有这样的规定。

　　据上所述，如果仅对德日中三国民事诉讼法的结构进行单纯比较，李政的结论似乎更正确。

　　而吴泽勇提出的"《大清民事诉讼律》的确是经过编纂者殚精竭虑、苦心孤诣编纂而成的'中国'法典，而不是《日本民事诉讼法》的翻译或者翻版"的主张是否成立呢？

　　如果仅仅对表6-1所示内容进行单纯对比，则《大清民事诉讼律草案》的编章节结构以及内容既与日本民事诉讼法存在差异，与德国民事诉讼法也不一致。例如，德国和日本都有证书诉讼和票据诉讼，而《大清民事诉讼律草案》却只有证书诉讼，而舍弃了票据诉讼，给人以独树一帜的感觉。因此，得出《大清民事诉讼律草案》不是松冈义正而是修订法律馆中的中国人起草的结论，似乎也不无道理。

三　1890 年版日本民事诉讼法修改的经过及其结果

　　李政所主张的《大清民事诉讼律草案》参照的是德国民事诉讼法的观点，以及陈刚等人主张的它参考的是 1890 年版日本民事诉讼法的观点是否符合事实呢？

　　很遗憾，李政和陈刚等人的观点都没有事实做支撑。其实，《大清民事诉讼律草案》参考的既不是德国民事诉讼法，也不是 1890 年版日本民事诉讼法，而是另有他物，这就是 1890 年日本民事诉讼法的修订版。这部修订版民事诉讼法草案当年在日本虽然也已公开，但由于日本国内社会政治等原因，修订版日本民事诉讼法一直未能修成正果，因而直至 1990 年代初期作为日本立法资料出版为止，在日本知之者甚少，更遑论为中国学者所知晓。在具体探讨、论述《大清民事诉讼律草案》与日本这部修订版民事诉讼法之间的联系之前，笔者拟对 1890 年版日本民事诉讼法的修订经过及其结果做一概要叙述。① 或许可以通过它帮助我们理解这样一种怪现象：人们都说《大清民事诉讼律草案》是松冈义正主笔起草的，内容却与日本民事诉讼法大相径庭。

从事日本法制史研究的人大都知道，日本民事诉讼法是明治 23 年，即 1890 年 4 月 21 日以法律第二十九号的形式公布，并从翌年 1 月 1 日开始实施的。但是，人们一般很少知道，该法实施后不久就发现了许多问题和条文之间的矛盾之处，因此，当时就有很多律师和法官强烈建议修改民事诉讼法，修订日本民事诉讼法的工作随之在内部悄悄地展开。

日本民事诉讼法的修订工作大体上分两个阶段进行。第一个阶段是由"民事诉讼法调查委员会"主持进行的，第二个阶段则是"法典调查委员会"将修订民事诉讼法的工作纳入自己的管辖之下，在"修订其他法典法律法令"的同时开展民事诉讼法的修订工作。

民事诉讼法调查委员会成立之前，由司法省主导，从全国的裁判所、检察局和辩护士会收集了他们关于民事诉讼法的修正建议。根据这些建议，司法省于明治 28 年（1896）12 月成立了民事诉讼法调查委员会。调查会采取了以法官为中心，吸收司法省官员和学者参加的形式，成员共 9 人，由法官三好退藏任委员长。② 委员会成立后的第二年即着手起草修正案，先后起草了《民事诉讼法原案》、《民事诉讼法原案第三编》和《民事诉讼法修正案》3 种草案。

明治 32 年（1899）3 月 9 日，日本政府以敕令第四十八号的形式，对

---

① 关于 1890 年版日本民事诉讼法的修订情况，可详阅松本博之『民事訴訟法の立法史と解釈学』信山社、2015。

② 成员除三好退藏法官外，还有今村信行、高木丰三、富谷鉎太郎、前田孝阶、伊藤悌治等法官 5 人，司法官僚 2 人（司法省民刑局局长横田国臣、司法省参事官河村让三郎），学者 1 人（东京帝国大学法科大学教授梅谦次郎）。参阅松本博之·河野正憲·德田和幸编『民事訴訟法　明治 36 年草案（1）』『日本立法資料全集』第 43 卷、信山社、1994、3 頁。

明治 26 年成立的"旨在起草审议法例、民法、商法及其附属法律修正案"
的"法典调查会"规则进行修订。法典调查会从而以新的面貌出现，并将
上述修订民事诉讼法的工作纳入自己管辖的业务之内。民事诉讼法调查委员
会因此于同年解散。依据修订后的法典调查会规则，法典调查会内设机构由
2 个增加至 4 个，分别为第一部至第四部。各部负责起草审议法律的任务分
别为"第一部负责破产法，第二部负责民事诉讼法，第三部负责刑法、刑
事诉讼法，第四部负责裁判所构成法"，民事诉讼法的修订工作改由法典调
查会第二部承担。①

　　法典调查会由总裁、副总裁、部长、起草委员、委员和辅助委员组成。
总裁和副总裁都由"敕任官充之"，实际上是时任总理大臣担任总裁、司法
大臣或文部大臣兼任副总裁。部长由宫中顾问官、司法次官或知名学者担
任，委员则由总理大臣从高等行政官、司法官、帝国大学教授、帝国议会议
员和知名人士中指定，奏请天皇任命。担任各部委员的几乎清一色是来自帝
国大学的知名教授。从以上人事安排即可知道，当年法典调查会负责修订法
典法律及其法令乃是国家层级的庞大事业。其中，出任负责日本民事诉讼法
修订工作的第二部起草委员的是河村让三郎、前田孝阶、富谷鉎太郎，委员
则由尾崎三良、横田国臣、波多野敬直、井上正一、梅谦次郎等 15 人担任，
后来应聘中国修订法律馆"调查员"的松冈义正和横田五郎、宫田四八一
起被任命为辅助委员，协助起草委员工作。

　　在这样一种制度框架下进行的日本民事诉讼法修订工作，到了明治 32
年（1899）3 月 24 日，由司法大臣清浦奎吾向法典调查会总裁山县有朋提
交了《民事诉讼法修正案》一册和"关于民事诉讼法的意见书"一份，由
此拉开了民事诉讼法修订审议的序幕。② 表 6 - 2 中所列《民事诉讼法修正
案》就是由前述民事诉讼法调查委员会制定的方案。在审议该修正案的过
程中，又草拟了一份相当于民事诉讼法第一编总则内容的《民诉甲第一号》
文件，于明治 33 年（1900）9 月 11 日分发给各位委员阅览。最初的审议比
较谨慎，采取了"由起草委员做情况说明，经过委员陈述意见后，以表决

---

① 内阁令第六号「改正法典調査会規程」（明治 34 年 7 月 10 日）法務大臣官房司法法制調
　　査部監修『日本近代立法資料叢書』第 28 卷、15 頁。参阅『日本立法資料全集』第 43
　　卷、13 頁。
② 『日本立法資料全集』第 43 卷、8 頁。

表6-2　明治29年至36年编撰的三部民事诉讼法修正案之结构对比

民事诉讼法调查委员会编撰之《民事诉讼法修正案》	法典调查会编撰之《民诉甲第一号》	法典调查会第二部编撰之《民事诉讼法案》
第一编　总则	第一编　总则	第一编　总则
第一章　裁判所	第一章　裁判所	第一章　裁判所
第一节　事物管辖（1～12）	第一节　事物管辖（1～12）	第一节　事物管辖（1～9）
第二节　土地管辖（裁判籍）（13～32）	第二节　土地管辖（13～35）	第二节　土地管辖（10～32）
第三节　指定管辖（33～34）	第三节　审判决定之管辖（36～37）	第三节　管辖裁判所之指定（33～34）
第四节　契约管辖（35～37）	第四节　契约管辖（38～40）	第四节　关于裁判所之管辖契约（35～37）
第五节　裁判所职员的除斥、忌避及回避（38～48）	第五节　裁判所职员之除斥、忌避及回避（41～49）	第五节　裁判所职员之除斥、忌避及回避（38～48）
第二章　当事者	第二章　当事者	第二章　当事者
第一节　诉讼能力（49～53）	第一节　当事者能力及诉讼能力（50～60）	第一节　当事者能力及诉讼能力（49～63）
第二节　共同诉讼人（54～56）	第二节　共同诉讼（61～64）	第二节　共同诉讼（64～67）
第三节　第三者之诉讼参加（57～69）	第三节　第三者之诉讼参加（65～74）	第三节　第三者之诉讼参加（68～77）
第四节　诉讼代理人及辅佐人（70～78）	第四节　诉讼代理人及辅佐人（75～86）	第四节　诉讼代理人及辅佐人（78～89）
第五节　诉讼费用（79～93）	第五节　诉讼费用（87～102）	第五节　诉讼费用（90～105）
第六节　担保（94～98）	第六节　担保（103～110）	第六节　担保（106～113）
第七节　诉讼上之救助（99～112）	第七节　诉讼上之救助（111～121）	第七节　诉讼上之救助（114～124）
第三章　诉讼程序	第三章　诉讼程序	第三章　诉讼程序
第一节　口头辩论及准备书面（113～140）	第一节　口头辩论及准备书面（122～145）	第一节　口头辩论及准备书面（125～149）
第二节　送达（141～161）	第二节　送达（146～173）	第二节　送达（150～177）
第三节　期日及期间（162～175）	第三节　期日及期间（174～186）	第三节　期日及期间（178～190）
第四节　懈怠之结果及原状及回复（176～182）	第四节　懈怠之结果及原状及回复（187～193）	第四节　懈怠之结果及原状回复（191～197）
第五节　诉讼程序之中断及中止（183～198）	第五节　诉讼程序之中断及中止（194～211）	第五节　诉讼程序之中断及中止（198～215）

续表

民事诉讼法调查委员会编撰之《民事诉讼法修正案》	法典调查会编撰之《民诉甲第一号》	法典调查会第二部编撰之《民事诉讼法案》
第二编 第一审之诉讼程序		第二编 第一审之诉讼程序
第一章 地方裁判所之诉讼程序		第一章 地方裁判所之诉讼程序
第一节 判决前之诉讼程序(199~229)		第一节 判决前之诉讼程序(216~248)
第二节 准备程序(230~236)		第二节 判决(249~282)
第三节 证据及证据调查之总则(237~258)		第三节 缺席判决(283~297)
第四节 人证(259~289)		第四节 准备程序(298~304)
第五节 鉴定(290~305)		第五节 证据及证据调查之总则(305~327)
第六节 书证(306~335)		第六节 人证(328~360)
第七节 检证(336~339)		第七节 鉴定(361~374)
第八节 证据保全(340~347)		第八节 书证(375~406)
第九节 判决(348~366)		第九节 检证(407~409)
第十节 缺席判决(367~381)		第十节 证据保全(410~417)
第二章 区裁判所之诉讼程序		第二章 区裁判所之诉讼程序(418~428)
第一节 普通诉讼程序(382~390)		第三编 上诉
第二节 督促程序(391~404)		第一章 控诉(429~461)
第三编 上诉		第二章 上告(462~481)
第一章 控诉(405~432)		第三章 抗告(482~494)
第二章 上告(433~450)		第四编 再审(495~509)
第三章 抗告(451~464)		第五编 证书诉讼(510~520)
		第六编 人事诉讼
		第一章 关于婚姻事件及亲子缘组事件之程序(521~549)
		第二章 关于亲子关系事件,继承人废除事件及隐居事件之程序(550~565)

续表

民事诉讼法调查委员会编撰之《民事诉讼法修正案》	法典调查会编撰之《民诉甲第一号》	法典调查会第二部编撰之《民事诉讼法案》
		第三章　关于禁治产及准禁治产之程序(566~596)
		第四章　关于失踪之事件(597~607)
		第七编　督促程序(608~622)
		第八编　强制执行
		第一章　总则(623~684)
		第二章　关于金钱之债权之强制执行
		第一节　对动产之强制执行(685~714)
		第二节　对债权以及其他之财产权之强制执行(715~750)
		第三节　配当程序(751~763)
		第四节　对不动产之强制执行
		第一款　通则(764~769)
		第二款　强制竞卖(770~871)
		第三款　强制管理(872~900)
		第三章　对物之引渡或作为与不作为作之强制执行(901~909)
		第四章　假差押及假处分(910~940)
		第九编　公示催告程序(941~972)
		第十编　仲裁程序(973~997)

注：括号内之数字为条文之顺序号。

资料来源：《民事诉讼法案》依据松本博之·河野正宪·德田和幸编「民事诉讼 明治36年草案（1）」『日本立法资料全集』第45卷，信山社，1995。《民诉甲第一号》依据松本博之·河野正宪·德田和幸编「民事诉讼 明治36年草案（3）」『日本立法资料全集』第43卷；《民事诉讼法修正案》依据松本博之·河野正宪·德田和幸编「民事诉讼...草案...」。

的形式决定是否采纳"。这样，从明治 34 年（1901）3 月至 7 月共举行了 36 次会议进行审议，却只审议到第 86 条。由于审议太费时间，后期的审议则一改过于审慎的态度，把制定草案作为优先课题。这样仓促制定出来的就是共有 997 条条文构成的《民事诉讼法案》。[①] 因此，在这次民事诉讼法修订过程中，包括民事诉讼法调查委员会、法典调查会制定的修正案，前后共有 3 份修正案问世，这 3 份修正案的详细目录请参阅表 6－2。

　　比较上述 3 份修正案的内容，可以发现它们之间在遣词造句以及章节编排顺序方面存在着许多微妙的差异。例如，第一编第一章第三节的标题，《民事诉讼法修正案》为"指定管辖"，《民诉甲第一号》为"审判决定之管辖"，而《民事诉讼法案》则为"管辖裁判所之指定"。又如第二编第一章"地方裁判所之诉讼程序"，《民事诉讼法修正案》规定的第九节"判决"和第十节"缺席判决"，在《民事诉讼法案》中则成为第二节和第三节。再如第二编第二章"区裁判所之诉讼程序"，《民事诉讼法修正案》设第一节"普通诉讼程序"和第二节"督促程序"，而《民事诉讼法案》中则没有分节。而且，审议《民事诉讼法案》的过程中，对条文的字句和顺序进行了调整，最终增加了 7 条，变成 1004 条，并于明治 36 年（1903）作为法典调查会制定的《民事诉讼法改正案》公布。这部改正案和 1890 年颁布实施的民事诉讼法比较，编章体例几乎没有大的变化，而条文的内容几乎被改写一新。

　　与 1890 年版民事诉讼法相比，法典调查会的《民事诉讼法改正案》设计了许多新的诉讼制度。对此，松本博之在《民事诉讼法（明治 36 年法典调查会案）的成立》一书中，在借用染野信义的研究成果[②]的基础上指出了 9 项新的制度。这些制度分别是：新设关于当事者能力的规定，明确规定了将来给付之诉的要件，送达程序的修改，采用当事者恒定原则，调整了关于既判力客观范围的规定，调整了因采纳当事者恒定原则而出现的既判力之主观范围的规定，提议废除为替诉讼，建议限制上诉，建议第三审中必须雇用律师。[③]

　　可是，花费将近 10 年时间艰辛出台的《民事诉讼法改正案》虽然公之于

---

① 『日本立法資料全集』第 43 卷、9 頁。

② 请参阅染野信義「わが民事訴訟制度における転回点」『中田淳一先生還暦記念・民事訴訟の理論（上）』有斐閣、1969、1～60 頁。

③ 『日本立法資料全集』第 43 卷、11～13 頁。

世，随后的审议、修订工作却停止了数年，直到明治 40 年（1907）重新成立"民事诉讼法改正起草委员会"，才重开修订工作。该委员会在法典调查会编撰的《民事诉讼法改正案》的基础上，按照编章顺序，逐条审议，其每次的审议记录都保存了下来，但没有实质性进展。进入大正时代（1912～1925）后，日本政府又先后成立"法律取调委员会""民事诉讼法改正调查委员会"，再次将民事诉讼法的修订工作提上议事日程，1890 年版民事诉讼法最终得以修订完成，这就是所谓的大正民事诉讼法。① 可以说，明治 36 年完成的《民事诉讼法改正案》在日本民事诉讼法的发展史上具有重要的历史地位。

松冈义正以起草委员的辅助委员的身份参与了《日本民事诉讼法改正案》的起草工作，对于日本民事诉讼法修正的重点及其原因应该有深刻的理解。当他接受清廷修订法律馆的聘请来华担任法律顾问，负责为中国起草民事诉讼法的时候，《日本民事诉讼法改正案》必定是他用来作为参照物的最佳选择。只是由于《日本民事诉讼法改正案》即使在日本也是知之者寡鲜，遑论中国。因此，当我们时隔百年后来看《大清民事诉讼律草案》的时候，看到的是它既不同于当时日本正在实施的民事诉讼法，又不同于德国的民事诉讼法，从而把它看作当时修订法律馆里中国馆员的独立创造也是可以理解的。然而，事实并非如此。

第二节　《大清民事诉讼律草案》条文的八成以上来自《日本民事诉讼法改正案》

如上所述，日本民事诉讼法于 1890 年公布实施两年后，即开始了对它的修订工作。1903 年公布的《日本民事诉讼法改正案》（以下简称《日本民诉法改正案》）是其长时期修订活动的结晶。《大清民事诉讼律草案》完全有可能是参照《日本民诉法改正案》起草的。然而，这种推测是否可靠呢？在没有发现确证的历史资料之前，办法之一就是将两部法律案的结构乃至法律条文加以对比。②

---

① 松本博之・河野正憲・徳田和幸編『民事訴訟法　大正改正編（1）』『日本立法資料全集』第 10 巻、信山社、1993、625～695 頁。
② 用以对比分析的两部法律案分别是『民事訴訟法改正案——旧法典調査会案』松本博之・河野正憲・徳田和幸編『民事訴訟法　大正改正編（1）』『日本立法資料全集』第 10 巻、31～146 頁；《大清民事诉讼律草案》，陈刚主编《中国民事诉讼法制百年进程・清末时期》第 2 卷，第 4～363 页。后文除特殊情况外，一般不加注释。

一　两部法律草案文本的总体比较

表6-3所示为《日本民诉法改正案》的编、章、节结构。从中可以看出，《日本民诉法改正案》由10编组成，依次为总则、第一审诉讼程序、上诉、取消诉讼及再审诉讼、证书诉讼、人事诉讼、督促程序、强制执行、公示催告程序、仲裁程序。

表6-3　《日本民诉法改正案》编章节目录

第一编　总则	
第一章　裁判所	
第一节　事物管辖	第1~9条
第二节　土地管辖	第10~30条
第三节　管辖裁判所之指定	第31~32条
第四节　关于裁判所管辖之契约	第33~35条
第五节　裁判所职员之除斥、忌避及回避	第36~46条
第二章　当事者	
第一节　当事者能力及诉讼能力	第47~62条
第二节　共同诉讼	第63~66条
第三节　第三者之诉讼参加	第67~78条
第四节　诉讼代理人及辅佐人	第79~90条
第五节　诉讼费用	第91~107条
第六节　诉讼上之担保	第108~115条
第七节　诉讼上之救助	第116~126条
第三章　诉讼程序	
第一节　口头辩论及书面准备	第127~151条
第二节　送达	第152~179条
第三节　期日及期间	第180~192条
第四节　懈怠之结果及原状回复	第193~199条
第五节　诉讼程序之中断、中止及休止	第200~219条
第二编　第一审诉讼程序	
第一章　地方裁判所之诉讼程序	
第一节　判决前之诉讼程序	第220~252条
第二节　判决	第253~286条
第三节　缺席判决	第287~302条
第四节　准备程序	第303~310条
第五节　证据及证据调查之总则	第311~333条
第六节　人证	第334~364条
第七节　鉴定	第365~378条

续表

第八节　书证	第 379~410 条
第九节　检证	第 411~413 条
第十节　证据保全	第 414~421 条
第二章　区裁判所之诉讼程序	第 422~432 条
第三编　上诉	
第一章　控诉	第 433~466 条
第二章　上告	第 467~486 条
第三章　抗告	第 487~499 条
第四编　取消诉讼及再审诉讼	第 500~514 条
第五编　证书诉讼	第 515~527 条
第六编　人事诉讼	
第一章　关于婚姻事件及养子缘组（收养）事件之程序	第 528~557 条
第二章　关于亲子关系事件、继承人废除事件及隐居事件之程序	第 558~574 条
第三章　关于禁治产及准禁治产之程序	第 575~605 条
第四章　关于失踪之程序	第 606~616 条
第七编　督促程序	第 617~632 条
第八编　强制执行	
第一章　总则	第 633~691 条
第二章　关于金钱之债权之强制执行	
第一节　对动产之强制执行	第 692~723 条
第二节　对债权及其他财产权之强制执行	第 724~761 条
第三节　配当程序	第 762~775 条
第四节　对不动产之强制执行	
第一款　通则	第 776~779 条
第二款　强制竞卖	第 780~879 条
第三款　强制管理	第 880~899 条
第五节　对船舶之强制执行	第 900~907 条
第六节　以共有者（物）之分割为目的之强制竞卖	第 908~909 条
第三章　关于物之引渡或作为或不作为之强制执行	第 910~918 条
第四章　假差押及假处分	第 919~947 条
第九编　公示催告程序	第 948~979 条
第十编　仲裁程序	第 980~1004 条

　　资料来源：据『民事訴訟法改正案——旧法典調查会案』［松本博之·河野正憲·德田和幸編『民事訴訟法大正改正編（1）』『日本立法資料全集』第 10 卷、信山社、1993、31~146 頁］翻译制作。

　　笔者将《大清民事诉讼律草案》与《日本民诉法改正案》的结构进行了对比。两者之间的对应关系及其异同见表 6-4。从表 6-4 可以清晰地看出，《大清民事诉讼律草案》和《日本民诉法改正案》之间存在着以下几个方面的区别。

表 6－4　《大清民事诉讼律草案》与《日本民诉法改正案》编、章、节的对应关系

《大清民事诉讼律草案》	条文顺序号	《日本民诉法改正案》	对应条文的顺序号
第一编　审判衙门		第一编　总则	
		第一章　裁判所	
第一章　事物管辖	第 1～12 条	第一节　事物管辖	第 1～9 条
第二章　土地管辖	第 13～36 条	第二节　土地管辖	第 10～30 条
第三章　指定管辖	第 37～38 条	第三节　管辖裁判所之指定	第 31～32 条
第四章　合意管辖	第 39～41 条	第四节　关于裁判所管辖之契约	第 33～35 条
第五章　裁判衙门职员之回避、拒却及引避	第 42～52 条	第五节　裁判所职员之除斥、忌避及回避	第 36～46 条
第二编　当事人		第二章　当事者	
第一章　能力	第 53～71 条	第一节　当事者能力及诉讼能力	第 47～62 条
第二章　多数当事者	第 72～94 条	第二节　共同诉讼	
第三章　诉讼代理人	第 95～109 条	第三节　第三者之诉讼参加	第 63～78 条
第四章　诉讼辅佐人	第 110～113 条	第四节　诉讼代理人及辅佐人	第 79～90 条 + 第 59 条
第五章　诉讼费用	第 114～139 条	第五节　诉讼费用	第 91～107 条
第六章　诉讼担保	第 140～151 条	第六节　诉讼上之担保	第 108～114 条
第七章　诉讼救助	第 152～167 条	第七节　诉讼上之救助	第 116～126 条
第三编　普通诉讼程序		第三章　诉讼程序	
第一章　总则			
第一节　当事人书状	第 168～173 条	第一节　口头辩论及书面准备	第 129～131 条
第二节　送达	第 174～212 条	第二节　送达	第 153～178 条 + 明治 23 年民诉第 136、141、142 条
第三节　日期及期间	第 213～228 条	第三节　期日及期间	第 180～192 条
第四节　诉讼行为之濡滞	第 229～237 条	第四节　懈怠之结果及原状回复	第 193～199 条
第五节　诉讼程序之停止	第 238～262 条	第五节　诉讼程序之中断、中止及休止	第 200～219 条 + 第 280 条
第六节　言词辩论	第 263～295 条	第一节　口头辩论及书面准备	第 127～149 条 + 第 242～251 条
第七节　裁判	第 296～299 条		
第八节　诉讼笔录	第 300～302 条	第二编第一章第一节判决前之诉讼程序	第 252 条

续表

《大清民事诉讼律草案》	条文顺序号	《日本民诉法改正案》	对应条文的顺序号
		第二编　第一审诉讼程序	
第二章　地方审判厅第一审程序		第一章　地方裁判所之诉讼程序	
第一节　起诉	第303～324条	第一节　判决前之诉讼程序	第220～244条
第二节　准备书状	第325～326条	第一节　判决前之诉讼程序	第240条
第三节　言词辩论	第327～339条	第一节　判决前之诉讼程序	第250～251条
		第四节　准备程序	第303～310条
第四节　证据		第五节　证据及证据调查之总则	第311～332条
第一款　通则	第340～363条		
第二款　人证	第364～397条	第六节　人证	第334～364条
第三款　鉴定	第398～414条	第七节　鉴定	第372～378条
第四款　证书	第415～446条	第八节　书证	第379～409条
第五款　检证	第447～448条	第九节　检证	第411～413条
第六款　证据保全	第449～457条	第十节　证据保全	第414～420条
第五节　裁判	第458～491条	第二节　判决	第253～286条
第六节　缺席判决	第492～508条	第三节　缺席判决	第287～302条
第七节　假执行之宣示	第509～515条	第二节　判决	第261～267条
第三章　初级审判厅之程序		第二章　区裁判所之诉讼程序	
	第516～527条		第422～432条
第四章　上诉程序		第三编　上诉	
第一节　控告程序	第528～563条	第一章　控诉	第433～466条
第二节　上告程序	第564～586条	第二章　上告	第467～486条
第三节　抗告程序	第587～602条	第三章　抗告	第488～497条
第五章　再审程序		第四编　取消诉讼及再审诉讼	
	第603～617条		第500～514条

续表

《大清民事诉讼律草案》		条文顺序号	《日本民诉法改正案》	对应条文的顺序号
第四编　特别诉讼程序			第七编　督促程序	第 618~631 条
	第一章　督促程序	第 618~637 条		
	第二章　证书诉讼	第 638~649 条	第五编　证书诉讼	第 515~526 条
	第三章　保全诉讼	第 650~669 条	第八编　强制执行	
			第四章　假差押及假处分	第 923~945 条
	第四章　公示催告程序	第 670~725 条	第九编　公示催告程序	第 949~979 条
	第五章　人事诉讼		第六编　人事诉讼	
	第一节　宣告禁治产程序	第 726~765 条	第三章　关于禁治产及准禁治产之程序	第 575~603 条
	第二节　宣告准禁治产程序	第 766~767 条		
	第三节　婚姻事件程序	第 768~790 条	第一章　关于婚姻事件及养子缘组事件之程序	第 529~554 条
	第四节　亲子关系事件程序	第 791~800 条	第二章　关于亲子关系事件、继承人废除事件及隐居事件之程序	第 558~574 条

资料来源：据『民事訴訟法改正案——旧法典調查会案』和《大清民事诉讼律草案》制作。

首先，《日本民诉法改正案》采取 10 编体例，而《大清民事诉讼律草案》采用 4 编体例。《大清民事诉讼律草案》虽然只有 4 编，表面上看比《日本民诉法改正案》少了 6 编，但从内容上看，《大清民事诉讼律草案》完全没有做出规定的，实际上只有《日本民诉法改正案》中的第十编"仲裁程序"。另外，《日本民诉法改正案》第八编"强制执行"由 4 章构成，而《大清民事诉讼律草案》只吸纳了该编的第四章"假差押及假处分"，第一至三章被舍弃。因此可以说，《日本民诉法改正案》的 10 编内容，被《大清民事诉讼律草案》吸收的超过 8 编。

其次，《大清民事诉讼律草案》对《日本民诉法改正案》的结构体例进行了调整和重新安排。如表 6 - 4 所示，前者第一编"审判衙门"对应后者第一编总则第一章"裁判所"；前者第二编"当事人"对应后者第一编第二章"当事者"；前者第三编"普通诉讼程序"对应后者第一编第三章"诉讼程序"、第二编"第一审诉讼程序"、第三编"上诉"以及第四编"取消诉讼及再审诉讼"。

前者第四编"特别诉讼程序"与后者的第七编"督促程序"、第五编"证书诉讼"、第八编"强制执行"的第四章"假差押及假处分"、第九编"公示催告程序"、第六编"人事诉讼"对应。此外，章节的顺序也被调整，例如，《日本民诉法改正案》第二编第一章第一节"判决前之诉讼程序"和第四节"准备程序"在《大清民事诉讼律草案》中成为第一节"起诉"、第二节"准备书状"、第三节"言词辩论"。又如《日本民诉法改正案》第二编第一章第二节"判决"在《大清民事诉讼律草案》中成了第三编第五节"裁判"，后者第六编"人事诉讼"的顺序也发生了变化。

最后，两者的内容不同之处更多。例如，关于诉讼代理人及辅佐人的规定两者存在着三方面的差异。首先，《日本民诉法改正案》在同一节内对之做出规范，而《大清民事诉讼律草案》则将其分成"诉讼代理人"和"诉讼辅佐人"两章，对之加以规定；两者的条文数也不同，日本的条文数是12条，清朝的条文数是19条（诉讼代理人15条，诉讼辅佐人4条）。关于诉讼代理人资格，日本规定很严格，虽然规定了区裁判所或管辖裁判所辖区内没有律师时，可以委托其他有诉讼能力的人担任诉讼代理人这种例外条件，但原则上诉讼代理人必须有律师资格。对此，清朝的规定则比较宽泛，没有将律师资格规定为诉讼代理人的必要条件。而且，日本规定第三审时，只有具有律师资格的人才能担任诉讼代理人，而清朝没有这种硬性规定。存在这种差异或许是因为当时清朝的律师制度尚不完备。另外，《大清民事诉讼律草案》将有无表达能力作为能否担任诉讼代理人及辅佐人的条件，日本则没有类似的规定。《大清民事诉讼律草案》之所以做出这种规定，可能是因为对诉讼代理人及辅佐人的资格条件规定得比较宽泛，而用此一规定来预防能力极其低下的人被委托担任诉讼代理人及辅佐人，以保证诉讼的顺利进行。

虽然《大清民事诉讼律草案》和《日本民诉法改正案》在结构体例方面存在诸如以上的差异，但从具体的条款内容上看，前者85%以上的条文都来自后者，其独有的条文数还不足15%。表6-5所示为笔者统计的两者各编章中对应条文的数量及其比率。

如表6-5所示，《大清民事诉讼律草案》全部800条条文中，有673条与《日本民诉法改正案》的条文有对应关系，其中条文内容完全相同，即完全根据日本条文翻译过来的条文为294条，占总条文数的36.75%；存在部分差异的条文达到379条，占47.38%。此外，来自1890年版民事诉讼法和其他修正案的条文也有 9 条。

　　内容完全相同的条文数量较多，由于篇幅的关系，本节不拟将其逐一列出并加以分析，仅以表 6 - 6 的形式列举数例。比较阅读后就可以发现，根据日文条文翻译成中文的条款，与《大清民事诉讼律草案》在语气上存在着微妙的区别。

表 6 - 5　《大清民事诉讼律草案》与《日本民诉法改正案》之间对应条文数及其比率

单位：条

编、章	条文范围	内容完全相同的条文数	内容部分不同的条文数	与其他日本法律相同的条文数	《大清民事诉讼律草案》独创条文数
第一编	1～52 条	31（57.69%）	17（32.69%）	2（3.85%）	2（3.85%）
第一章	1～12 条	9	0	1	2
第二章	13～36 条	16	7	1	0
第三章	37～38 条	0	2	0	0
第四章	39～41 条	3	0	0	0
第五章	42～52 条	3	8	0	0
第二编	53～167 条	27（23.47%）	51（44.35%）	1（0.87%）	36（31.30%）
第一章	53～71 条	2	10	1	6
第二章	72～94 条	6	10	0	7
第三章	95～109 条	4	6	0	5
第四章	110～113 条	1	1	0	2
第五章	114～139 条	10	9	0	7
第六章	140～151 条	1	9	0	2
第七章	152～167 条	3	6	0	7
第三编	168～617 条	168（37.33%）	220（48.89%）	6（1.33%）	56（12.44%）
第一章	168～302 条	42	61	6	26
第二章	303～515 条	97	98	0	18
第三章	516～527 条	5	7	0	0
第四章	528～602 条	22	41	0	12
第五章	603～617 条	2	13	0	0
第四编	618～800 条	68（37.16%）	91（49.73%）	0	24（13.11%）
第一章	618～637 条	4	14	0	2
第二章	638～649 条	6	5	0	1
第三章	650～669 条	12	8	0	0
第四章	670～725 条	20	26	0	10
第五章	726～800 条	26	38	0	11
合计	800 条	294	379	9	118
比率		36.75%	47.38%	1.13%	14.75%

　　注：括号内的数字表示各类情况在各编中的比率。

表 6 - 6　内容完全相同的条文举例

《大清民事诉讼律草案》条文	《日本民诉法改正案》条文	
	原文	译文
第九条　因担保债权涉诉者,其诉讼物之价额以债权额为准。但以物权为担保者,若其物之价额少于债权之额,以其物之价额为准。	第六条　债权ノ担保力诉讼ノ目的ナルトキハ其债权ノ额ニ依リテ诉讼ノ目的ノ价额ヲ定ム。但担保タル物权ノ目的ノ价额力债权ノ额ヨリ寡キトキハ其价额ニ依ル。	第六条　债权之担保成为诉讼标的时,按照其债权额确定诉讼标的之价额。但担保物权标的价额少于债权额时,依其价额。
第十二条　因定期给付或定期收获之权利涉诉者,其诉讼物之价额,以一年收入额之二十倍为准。若其权利之存续期内,权利人所应收入之总额少于二十倍者,以其总额为准。	第九条　定期ノ给付又ハ收益ヲ目的トスル权利力诉讼ノ目的ナルトキハ一年ノ收入ノ20倍ノ额ニ依リテ诉讼ノ目的ノ价额ヲ定ム。但其权利ノ终期ノ定マリタル场合ニ於テ将来ノ收入ノ总额力一年ノ收入ノ20倍ノ额ヨリ寡キトキハ其额ニ依ル。	第九条　定期给付或以收益为目的之权利成为诉讼标的时,以一年收入20倍之价额确定诉讼标的之价额。但如果其权利终结期确定,其将来的收入总额少于一年收入之20倍时,依其价额。
第三十三条　诉讼代理人、辅佐人、承发吏、收受送达人,因规费或垫付款项有所请求而涉诉者,不问其诉讼物价额,均得于本诉讼之第一审判衙门行之。	第二十三条　手数料又ハ立替金ニ关スル诉讼代理人、补佐人、执达吏又ハ送达受取人ノ诉ハ诉讼ノ目的ノ价额ニ拘ハラス本诉讼ノ第一审裁判所ニ之ヲ提起スルコトヲ得。	第二十三条　诉讼代理人、辅佐人、执达吏或收受送达人,因手续费或垫付款项的诉讼,不问其诉讼标的额,得于本诉讼之第一审裁判所提起。
第一百四十条　诉讼之担保,应提存现金或经审判衙门认为相当之有价证券。但法令有特别规定或当事人有特别契约者,不在此限。	第一百零八条　诉讼上ノ担保ヲ供スヘキ场合ニ於テハ金钱又ハ裁判所力相当ト认ムル有价证券ヲ供讬スヘシ。但本法ニ别段ノ定アルトキ又ハ当事者力别段ノ契约ヲ为シタルトキハ此限ニ在ラス。	第一百零八条　如果需要提供诉讼之担保,应提存现金或经裁判所认为相当之有价证券。但本法有特别规定或当事人有特别契约者,不在此限。

注：日本法律条文的中文译文系笔者所译,为忠实于原文,采取了直译方式。

　　如上所述,《大清民事诉讼律草案》主要参照的是《日本民诉法改正案》,但也有一小部分参照和利用了 1890 年版民事诉讼法以及其他的修正案的条文,例如在审议法典调查会第二部编撰的《民事诉讼法案》过程中草拟的《民诉甲第一号》。表 6 - 7 所示即为其中部分条文的文本对照。

　　从表 6 - 7 中我们看到《大清民事诉讼律草案》有两处地方参照了《民诉甲第一号》中的条文,即关于事物管辖和法定代理权的规定。本来,法典调查会第二部起草的《民事诉讼法案》中,关于事物管辖沿用的是 1890 年版民事诉讼法,即事物管辖依据裁判所构成法,不做具体规定。但在审议

表6-7　《大清民事诉讼律草案》参照《日本民诉法改正案》以外法律的条款比较

《大清民事诉讼律草案》条文	参照其他法律的条文		出处
	原文	译文	
第二条　初级审判厅于下列案件有第一审管辖权： 第一，因金额或价额涉诉，其数在三百元以下者； 第二，业主与租户因接收房屋，或改让、使用、修缮，或因业主留置租户置物之家具、物品涉诉者； 第三，雇主雇人因雇佣契约涉诉，其期限在一年以下者； 第四，旅客与旅馆、酒饭馆主人、运送人、船舶所有人或船长，因寄放行李、款项、物品涉诉者； 第五，旅客与旅馆、酒饭馆主人、运送人、船舶所有人或船长，因寓房饭费、运送费涉诉者； 第六，因古有权涉诉者； 第七，因不动产经界涉诉者。	第一条　財産権上ノ請求ニシテ其目的ノ価額カ三百円ヲ超過セサルトキハ之ヲ区裁判所ノ管轄トス。 第二条　左ニ掲ケタル訴ハ其目的ノ価額ノ如何ニ拘ハラス区裁判所ノ管轄トス。 一　賃貸人ト賃借人トノ間ニ於ケル建物ノ引渡、使用若ハ修繕又ハ賃借人力賃借シタル動産ノ留置ニ関スル訴。 二　占有保持、占有保全又ハ占有回収ニ関スル訴。 三　界標又ハ囲障ノ設置若ハ保存ニ関スル訴。 四　僕婢又ハ労役者ト使用者トノ間ニ於ケル労務、給料又ハ賃金ニ関スル訴。 五　旅客ト旅館ノ主人、飲食店ノ主人、船長トノ間ニ於ケル宿泊料、飲食料、運送費、手荷物又ハ携帯品ニ関スル訴。	第一条　财产权上请求之诉，其标的的价额不超过300日元时由区裁判所管辖。 第二条　左列之诉，不问其标的价额，均由区裁判所管辖。 一　业主与租户之间因接收房屋，或使用、修缮，或因租户租借之房屋内添置之动产被留置涉诉者； 二　保持占有、保全占有、回收占有之诉； 三　关于界标或设置围墙之设置或保存之诉； 四　仆人女婢或劳役者与雇主之间关于劳务、薪酬或工资之诉； 五　旅客与旅馆主人、酒饭馆主人、船舶所有人或船长之间关于住宿、饮食费用、运费、寄放行李或携带手提行李之诉。	《民诉甲第一号》
第十五条　军人及军属之住址，以陆军部或海军部命令所指定地方为准。	第十一条　軍人、軍属ノ裁判籍ニ付テハ兵営ヲ営ミ地若クハ軍艦定繋所ヲ以テ住所トス。但此ノ規定ハ予備、後備ノ軍籍ニ在ル者及ヒ兵役義務ヲ履行スル為メニ現役スル軍人、軍属ニ之ヲ適用セス。	第十一条　军人及军属之裁判籍，以军营或军舰锚泊地为住所。但此规定不适用于预备、后备军籍，后备军籍者以及履行兵役义务而服役之军人、军属。	明治23年日本民事诉讼法

续表

《大清民事诉讼律草案》条文	原文	译文	出处
第六十一条 法律上之代理权，应以书状证明，付于审判衙门代理权已显著者，不在此限。	第五十一条 法定代理権又ハ訴訟ヲ為スニ必要ナル認許ハ訴訟記録ニ添付スヘシ。代理権ヲ以テ之ヲ証スヘシ。但在スル代理権又ハ認許ノ存スルコトヲ以テ裁判所ニ於テ顕著ナルトキハ此限ニ在ラス。	第五十一条 法定代理权或为诉讼行为而必需的许可应以书面证明，添付于诉讼记录。但代理权或存在许可的事实在许可的事实在许可的事实在许可显著者，不在此限。	《民诉甲第一号》
第一百七十四条 送达除本律有特别规定外，由审判衙门书记因职权为之。	第一百三十六条 送達ハ裁判所書記職権ヲ以テ之ヲ為サシム。	第一百三十六条 送达由裁判所书记以职权为之。	明治23年日本民事诉讼法
第一百七十五条 送达应由审判衙门书记交发吏、或庭丁，或邮政局为之。交庭丁或邮政局为送达者，以庭丁或邮政局为送达吏。	又ハ送達ヲ施サシムヘク又ハ他ノ裁判所ノ管轄ニ送達ノ施行ヲ委託スルコトヲ嘱託ス。裁判所書記ハ郵便ニ依リテモ亦送達ヲ為サシムルコトヲ得。	裁判所书记委托执达送达实施送达，或嘱托实施送达地区之裁判所书记委托书记实施送达。托执达吏实施送达。裁判所书记亦得通过邮政局为之送达。	
第一百七十六条 审判衙门书记将由承发吏送达之书件，嘱托送达地之初级审判厅为之。	第2項及ノ場合ニ於テハ執達吏又ハ第3項ノ場合ニ於テハ郵便配達員ヲ以下ニ規定スル送達吏トナル。	实施第二款和第三项送达之吏，邮政局和第三款送达员为送达吏。	
第二百十一条 传票及应与传票同时送达之文件，应由最后登载官报之日起，经三十日，发生效力。其他公示送达，自粘贴牌示处之日起，经十四日，发生效力。前项期间，受审判衙门得酌予延长。	第二百十八条 呼出状ノ公示送達ハ最後ニ官報ニ掲載シタル時ヨリ30日其他ノ公示送達ハ掲示場ニ貼付シタル日ヨリ7日ノ期間ヲ経過スルニ因リテ其効力ヲ生ス。	第二百十八条 传票之公示送达，自官报登载最后之时起逾30日，其他公示送达，自在公告牌张贴之时起逾7日，即生其效力。	明治23年日本民事诉讼法「民诉甲第一号」（明治33年9月11日分发）及「民事诉讼法」（明治23年）

注：日文条款的译文为笔者所译，文字下面画横线者系存在区别的地方。

资料来源：据《大清民事诉讼律草案》和日本法典调查会第二部审查会第二部审议之「资料3，民诉甲第一号」有关条款制作。

过程中提出来的《民诉甲第一号》却对之做了具体的规定。虽然《日本民诉法改正案》最终没有采用《民诉甲第一号》的方案，但《大清民事诉讼律草案》的起草者还是采用了《民诉甲第一号》的做法，对事物管辖做了具体的规定。《大清民事诉讼律草案》参照 1890 年版民事诉讼法撰写的条文主要是关于军人军属的审判籍以及关于送达的规定。《日本民诉法改正案》本来对 1890 年版民事诉讼法中规定的"职权送达原则"做了修订，改成为"间接送达原则"。但是，《大清民事诉讼律草案》没有采纳"间接送达原则"，而是维持了 1890 年版民事诉讼法的"职权送达原则"。

二　关于"部分内容不同的条文"分析

如前所述，《大清民事诉讼律草案》中属于完全独创的条文只有 118 条，其他条文要么是对《日本民诉法改正案》条文的翻译，要么是根据其条文对内容加以增删，或者变更文字的表达方式。对原条文的翻译前面已有简要介绍，此处不赘。对于增删原条文或变更表达方式而成的条文，本小节拟统称为"部分内容不同的条文"，并将其一分为三，即"内容有所增加的条文"、"内容有所删减的条文"和"以其他方式改动的条文"。下面拟据此展开略微深入一点的分析和探讨。

（1）内容有所增加的条文

据笔者的粗略统计，内容有所增加的条文共有 173 条，其中又可以细分成"条文中增加款、项、目"（共 55 条）、"条文中增加条件、手段以及修饰用语"（共 53 条）、"条文中增加准用内容"（共 23 条）、"条文中增加但书"（共 9 条）、"条文中增加以职权决定等内容"（共 22 条）以及"条文变更为概括性表述"（共 11 条）。以下拟就主要部分列举例文予以说明。

所谓"条文中增加款、项、目"，是指与《日本民诉法改正案》的条文相比，《大清民事诉讼律草案》的条文中增加了"款"或"项"。由于这种条文多达 55 条，因篇幅所限，不能逐一加以说明，表 6 - 8 所示仅为其中一部分内容的举例。画线部分的文字即是条文中增加的款或项。从示例可知，增加的款项内容有的是条文适用范围的扩张（第二十八条），有的是为了预防纷争的发生（第四十八条），有的是程序的补充（第五十四条），有的是明确条件（第七十五条），有的则是附加积极的定义（第一百条）。

表 6-8　《大清民事诉讼律草案》款、项所增加的条文举例

《大清民事诉讼律草案》	原文　《日本民诉法改正案》	译文
第二十八条　对于生徒、雇人或寄寓人,因财产涉讼者,得于寄寓地之审判衙门行之。对于兵卒因财产涉诉之,得于兵营地之审判衙门行之。	第十五条　生徒、雇人者ニ対スル地ニ一定ノ他、雇人其他ノ訴訟ニ関係ヲ有スル者ハ寄寓又ハ寄寓ニ関スル限リ寄寓地ノ裁判所ニ之ヲ提起スルコトヲ得。	第十五条　对于徒工、雇人或其他寄寓人,在关于寓所之有关系者之诉,仅限于财产权之请求者,得于寄寓地之裁判所提起之。
第四十八条　推事因审判偏颇被拒却者,在该事件完结以前,不得为一切行为,其应急速处分者,不在此限。拒却请求虽经决定为正当,前项处分仍属有效。但拒却请求向受诉审判衙门声明,由审判衙门迅速向该于相对人。	第四十二条　忌避セラレタル判事ハ忌避ノ決定スルマデ事件ニ関スルコトヲ得ス。但代理ヲ確定スルマデ事件ニ関スル一切ノ行為ヲ為スコトヲ得ス。但代理ヲ為スヘキ判事ハ急速ヲ要スル場合ニ於テキ事件ニ付急速ヲ要スル為ニ為スル行為ハ此限ニ在ラス。	第四十二条　被忌避之法官,在忌避确定之前,对于案件不得为一切行为。但没有代理处理案件而须迅速处理之行为不在此限。
第五十四条　无当事人能力者之诉讼行为不生效力。但诉讼中取得当事人能力后追认者,以本有效力之行为论。前项追认应以书状向受诉审判衙门声明,由审判衙门迅速向受诉讼人。	第五十三条　当事者能力ヲ有セサル者ノ為シタル訴訟行為ハ其者ニ当事者能力ヲ有スルニ至リタル後之ヲ追認スルコトヲ得。	第五十三条　无当事人能力者所为之诉讼行为,当其取得当事人能力后得追认之。
第七十五条　诉讼物之性质必须合一确定者,适用下列各款规定: 第一,共同诉讼人内一人所为为诉讼行为,若有利益者共同诉讼人,视与全体所同。 第二,共同诉讼人内一人所为为诉讼行为,若不利益者共同诉讼人,视与全体未为同。 第三,因共同诉讼人内一人生有诉讼中断及中止之原因,视与全体因生者同。 第四,相对人对共同诉讼人内一人所为之诉讼行为,视与对全体所为者同。	第六十六条　訴訟ノ目的ガ共同訴訟人ノ全員ニ付合一ニ確定スヘキ場合ニ於テハ左ノ規定ヲ適用ス。 一　共同訴訟人ノ一人ノ為シタル訴訟行為及ヒ共同訴訟人ノ一人ニ対シテ又ハ其相手方ガ其全員ニ対シテ之ヲ為シタルモノト見做ス。 二　共同訴訟人ノ一人ノ為シタル訴訟行為ノ抛棄、和解、認諾、自白和解、訴ヲ取下其他共同訴訟人ニ不利益ニ生シタル行為ハ其全員ニ付テ其効ナシ。 三　共同訴訟人ノ一人ニ付テ生シタル訴訟手続ノ中断及ヒ其他ノ原因ハ共同訴訟人ノ全員ニ付テ其効ヲ有ス。	第六十六条　诉讼标的必须由全体共同诉讼人确定合一时,适用左列各款规定: 一　共同诉讼人内一人所为诉讼行为,及相对方对共同诉讼人内一人所为,或者视为相对方对全体共同诉讼人所为。 二　共同诉讼人内一人所为抛弃、和解、承诺、自白、和解、撤诉行为以及其他共同诉讼人之不利行为,对全体无效。 三　因共同诉讼人内一人发生之诉讼程序中断及中止之原因,对全体共同诉讼人有效力。
第一百条　诉讼代理人权限内之行为,对于相对人与本人之行为有同一之效力。前项规定于本人非经诉讼代理人到场,即时撤销或更正代理人事实上之陈述者,不适用之。	第八十六条　訴訟代理人ノ事実上ノ陳述ハ本人ガ出頭シタル当事者ガ即時ニ之ヲ取消シ又ハ其効ナシ。	第十六条　诉讼代理人之事实陈述,如僭诉讼代理人到场之当事人即时撤销之或变正以更正时,或者以更正时,没有效力。

注：日文条文的译文为笔者所译。画线部分系《大清民事诉讼律草案》增加之内容。

"条文中增加条件、手段以及修饰用语"也涉及很多条文。例如，《日本民诉法改正案》第三百二十九条第一款规定"证据调查即使当事人不按时出庭亦得为之"，对此，《大清民事诉讼律草案》第三百五十九条第一款则在当事人之后加上了"一造或两造"的修饰语。又如《日本民诉法改正案》第三百七十五条第一款规定"裁判所得令鉴定人以书面陈述意见"，与此相对应的《大清民事诉讼律草案》第四百零四条第一款则在书面后加入了"言词"二字。再如《日本民诉法改正案》第二百七十五条第一款规定"宣读判决之前或法官未在判决上署名钤印期间，不得付与判决书正本、抄本或誊本"，对此规定，《大清民事诉讼律草案》第四百七十五条加入了付与对象之"请求人"。

《大清民事诉讼律草案》也许是为了强调法官的威权，与《日本民诉法改正案》相比，条文增加"职权""决定"的情况特别显著。在日本条文中"依据申请确定"云云之处，几乎都被改写成"依据职权决定"。例如，《日本民诉法改正案》第二百五十一条规定"未记载于准备书面之重要陈述以及记载于准备书面事项之重要变更，应依申请以添附于笔录之书面明确之"，对此，《大清民事诉讼律草案》第三百二十八条在保留申请的同时，添加了法官依职权的字句。

（2）内容有所删减的条文

这种情况大约涉及148条，其中又可以细分为"款、项的删减"（共65条）、"条件、手段、修饰用语的删减"（共67条）、"准用内容的删减"（共11条）、"但书的删减"（共5条）。

所谓"款、项的删减"，是指和原条文相比，《大清民事诉讼律草案》的条文删减了原有的"款"或"项"。表6-9所示乃此类条文部分内容的举例。

比照表6-9所列示例和其他条文内容，《大清民事诉讼律草案》将参照的条文中的一些款、项删去似乎缘于以下原因。首先，条文的规定内容前后不协调。例如，《日本民诉法改正案》第三十六条规定了法官"应回避，不得履行职务"的5种情形，其中，第五种情形是"法官曾参与被申请不服之前审审判或仲裁判断"，但是，该条文最后一款又做出规定，"前款第五项规定不妨碍受命法官或受托法官履行职务"。对于这一条文，《大清民事诉讼律草案》第四十二条基本上是原封不动照搬，只是删除了前述最后一款的文字。很可能是起草者认为这一款文字与主文不协调，从而将其删去。

表 6-9　《大清民事诉讼律草案》款、项所删减的条文举例

《大清民事诉讼律草案》	《日本民诉法改正案》原文	译文
第四十二条　推事遇有下列各款情形，为法律所应回避，不得执行职务： 第一，推事或其妻为诉讼当事人，或与诉讼当事人为共同权利人、公同义务人、担保义务人、偿还义务者之关系者。其妻为诉讼当事人，虽婚姻消灭后亦同。 第二，推事与诉讼当事人为四亲等内血族或三亲等内之姻族者。其姻族关系消灭后亦同。 第三，推事于该诉讼为证人或鉴定人者。 第四，推事为当事人之法定代理人、监督监护人、保佐人、诉讼代理人或辅佐人者，或曾为此各项者。 第五，推事曾与审前或审公断者。	第三十六条　判事ハ左ノ場合ニ於テ法律上其職務ノ執行ヲ除斥セラル。 一　判事若クハ其妻カ事件ノ当事者ナルトキ又ハ事件ニ付キ当事者ト共同権利者、共同義務者、担保義務者若クハ償還義務者ト付ノ関係ヲ有スルトキ。但妻ニ付テハ婚姻関係ノ止ミタル後ニ於ケルモ亦同ジ。 二　判事カ事件ノ当事者又ハ其配偶者ト四親等内ノ親族若クハ三親等内ノ姻族関係ニ在ルトキ。但親族関係ノ止ミタル後モ亦同ジ。 三　判事カ事件ニ付キ証人又ハ鑑定人トナリタルトキ。 四　判事カ事件ノ当事者ノ法定代理人、訴訟代理人又ハ補佐人ナルトキ又ハ為リシコトトキ。 五　判事カ不服ヲ申立テラレタル前ノ裁判又ハ仲裁判断ニ関与シタルトキ。 前項第五号ノ規定ハ受命判事又ハ受託判事トシテ職務ヲ行フコトヲ妨ケス。	第三十六条　法官遇有下列各款情形，为法律所应回避，不得履行其职务： 一，法官若其妻为案件当事人，或与该案件当事人为公同权利人、公同义务人、担保义务人或偿还义务人之关系者。与其妻婚姻关系消灭后亦同。 二，法官与案件当事人及其配偶为四亲等内之亲族、其亲族关系消灭后亦同。 三，法官为该案件之证人或鉴定人。 四，法官若案件之当事人之法定代理人、诉讼代理人或辅佐人，或曾为案件当事人之法定代理人、诉讼代理人或辅佐人者。 五，法官曾为被申请之前审判或受托法官履行职务。 前款第五项规定不妨碍受命法官或受托法官履行职务。
第一百二十条　审判衙门书记，承发吏、法律上代理人、诉讼代理人，因故意或重大过失致生无益之诉讼费用者，审判衙门得因职权以决定命其担负。 前项决定，审判衙门于口头辩论之前，依职权或因当事人口头声明为之即时抗告。	第一百零四条　法定代理人、訴訟代理人又ハ執達吏ノ故意又ハ重大ナル過失ニ因リテ無益ナル費用ヲ生セシメタルトキハ裁判所ハ職権ヲ以テ其費用ヲ負担セシムルコトヲ裁判ヲ為スコトヲ得。 前項ノ裁判ハ口頭弁論ヲ経スシテ之ヲ為スコトヲ得。但口頭弁論ヲ経サルトキハ関係人ヲ審訊スヘシ。 決定ニ対シテハ即時抗告ヲ為スコトヲ得。	第一百零四条　法定代理人、诉讼代理人或执达吏，因故意或重大过失致发生无益之诉讼费用，受法院判决依职权为审判，命其负担其费用。 前款审判得不经言词辩论为之。但不经言词辩论之前应审讯关系人。 对决定得为即时抗告。

《大清民事诉讼律草案》	原文《日本民诉法改正案》	译文
第二百一十六条　日期以该案件之点呼为始。	第一百八十四条　期日ハ事件ノ呼上ヲ以テ始マル。当事者力期日ニ出頭セス又ハ出頭スルモ弁論ヲ為ササルトキハ期日ヲ怠リタルモノト見做ス。	第一百八十四条　日期以该案件之点名为开始。当事人未按期出庭，或出庭而不为辩论时，视为怠慢日期。
第二百七十四条　下列各款之人，得以为证人而讯问之，但不得令其具结：第一，未满十五岁人；第二，因精神状态不能领会证言之责任者；第三，当事人之雇人或同居人；第四，就诉讼结果有直接利害关系者。	第三百五十二条　左ニ掲ケタル者ヲ証人トシテ尋問スヘシ。一　十五年未満ノ者　二　精神障害ニ因リテ宣誓ノ本旨ヲ了解スルコト能ハサル者　三　剥奪公権者　四　第三百四十四条第五項又ハ第三百四十五条第一項第四号又ハ第五号ニ掲ケタル者及ヒ第三百四十五条第一項第四号又ハ第五号ニ於テ証言ヲ拒ムコトヲ得ル者　五　当事者ノ雇人又ハ同居人　六　訴訟ノ結果ニ付キ直接ノ利害関係ヲ有スル者　前項第三号乃至第五号ニ掲ケタル者ニハ訊問後ニ宣誓ヲ為サシムルコトヲ得。	第三百五十二条　须将下列各款之人讯问而为证人：一，未满15岁者；二，因精神障碍不能领会宣誓之内容者；三，敬剥夺公权者；四，第三百四十四条第五项或第三百四十五条第一款第四项所列之人及于第三百四十五条第四号或第五号所列拒绝证言之人；五，当事人之雇佣或同居人；六，就诉讼结果有直接利害关系者。前款第三号至第五号所列之人在讯问后令其宣誓。
第二百八十五条　以官吏、公吏或曾为官吏、公吏之人为证人，而就其职务上应得秘密之事项讯问该得该监督上官之承认。以大臣或曾为大臣之人为证，而就其职务上应秘密之事项讯问同者，应得谕旨俞允。前二项之承认之与俞允，应由受诉审判衙门审判长请求之，并通知证人。	第三百五十五条　官吏、公吏、又ハ官吏、公吏タリシ者ヲ証人トシテ職務上黙秘スヘキ事項ニ付キ訊問ヲ為スヘキトキハ其監督官ノ承認ヲ依ルコトヲ得。其監督官ハ証言ニ依リテ帝国ノ安寧ヲ害スル虞アルニ非サレハ承認ヲ拒ムコトヲ得ス。大臣又ハ大臣タリシ者ヲ証人トシテ職務上黙秘スヘキ事項ニ付キ訊問ヲ為スヘキトキハ勅許ヲ受クヘシ。前二項ノ承認又ハ勅許ハ受訴裁判所ノ裁判長之ヲ求メ且之ヲ証人ニ通知スヘシ。	第三百三十五条　以官吏、公吏或曾为官吏、公吏之人为证人，而就其职务上应保密之事项讯问，应得监督官允许。监督官如认为其证言无损害帝国安宁之虞时不得拒绝承认。以大臣或曾为大臣之人为证人，而就其职务上应秘密之事项讯问同者，应得确旨俞允。保密之事项同者，应俞允承认与俞允应由受诉裁判所审判长请求之，并通知证人。

注：日文条文的译文为笔者所译。画线部分为被《大清民事诉讼律草案》删减之处。

其次，条文的主要内容发生了变化，因而从主要条文引申出来的款、项内容变得没有必要。例如，《日本民诉法改正案》第一百零四条关于法院有关人员因故意或过失导致当事人产生不必要的诉讼费用时，规定应进行审判，以决定其费用的负担，为此，需要对审判的进行方式和对审判的决定不服时如何处理做出相应规定。但是，《大清民事诉讼律草案》没有采取通过审判来确定其费用负担的方式，而是直接规定由法官依职权决定这些费用的负担，从而使得日本原条文中对审判的进行方式以及对决定不服时的处理措施做出的规定显得冗余而被删除。

再次，多余的规定没有必要写入条文。例如《日本民诉法改正案》第一百八十四条关于开庭审判开始日期是这样规定的："日期以该案件之点名为开始。当事人未按期出庭，或出庭未为辩论时，视为怠慢日期。"从内容上看，第二款规定的当事人未按时出庭，自然无法点名，也无法开庭。同时，后半部规定的出庭未为辩论时，视为怠慢日期，则与第一款规定之开庭以点名为开始相悖。因此，这种有点类似画蛇添足的规定被《大清民事诉讼律草案》删除。

最后，条文规定的行为难以实施。与《大清民事诉讼律草案》第三百七十四条、第三百八十五条相对应的《日本民诉法改正案》第三百五十二条、第三百三十五条属于这种情况。第三百五十二条规定的是不让证人宣誓接受讯问，但是该条第二款对第一款第三项"被剥夺公权者"和第四项"第三百四十四条所列之人及于第三百四十五条第一款第四项或第五项不得拒绝证言之人"，又规定了"得在讯问后令其宣誓"。该项规定中的"讯问后令其宣誓"的标准不清，任意性很强，只能交由法官自由裁量，难以保证公平。第三百三十五条则是关于现职官公吏和曾经的官公吏作为证人，就其职务上需要保守秘密的事项接受讯问时，需要获得其上司许可的规定。其第二款规定，其上司"如认为其证言无损害帝国安宁之虞时不得拒绝承认"。但是，证言还没有开始之时，谁能判断其证言对国家的安全不构成危害呢？因此，要证人的上司在下属接受讯问之前许可下属作证显然是两难之举，故而这种规定没有被《大清民事诉讼律草案》采纳。

（3）以其他方式改动的条文

这一类条文可以分成"文字表现的区别"（共31条）、"关于时间及金钱规定的差异"（共 16 条）以及"借用其他条文和单独的规定"（共 53 条）。

　　"文字表现的区别"又可以分成积极的表述和消极的表述。例如《日本民诉法改正案》第二百三十条第一款规定，"权利拘束发生后被告同意时，或者仅限于不致使诉讼程序显著困难，或不致迟延时，得为诉之变更"。对此，《大清民事诉讼律草案》第三百一十三条第一款则是这样表达的："诉讼拘束发生后，不得将诉变更。但经被告同意，或不甚碍被告之防御，或不致延迟诉讼程序者，不在此限。"即先规定一个原则，"诉讼拘束发生后，不得将诉变更"，然后以但书的形式将可以变更的内容作为例外加以规定。双方规定的内容最终结果是一样的，但日本采取了积极性写法，而中国则采取的是消极性写法。

　　关于时间和金钱的规定则反映了两国经济、社会条件的不同。如表 6－10 所示，有关履行各种程序的时间，除个别规定外，中国设定的比较长，日本比较短，而罚款数额则日本比较低，中国比较高。

表 6－10　《大清民事诉讼律草案》和《日本民诉法改正案》
关于时间及金钱规定的区别

	事由	中国条文顺序号	规定的内容	日本条文顺序号	规定的内容
	不服申诉	第四十七条	3 日以内	第四十一条	即时
	担保返还	第一百四十二条	相当时间	第一百零九条	1 个月以内
	公示送达	第二百一十一条	7 日	第一百七十八条	14 日
	申请回复原状	第二百三十三条	21 日	第一百九十六条	14 日
	诉状送达与言词辩论日期及其期间	第三百零八条	20 日	第二百二十六条	14 日
关于时间的规定	提起控诉	第五百三十三条	30 日不变期间	第四百四十条	14 日不变期间
	诉讼记录的递送	第五百三十七条	快速	第四百六十六条	24 小时以内
	提起上告	第五百七十二条	30 日不变期间	第四百七十二条	14 日不变期间
	对即时抗告的再审	第五百九十一条	30 日	第四百九十九条	7 日不变期间
	无公告理由之意见书的提出	第五百九十七条	无规定	第四百九十二条	3 日以内
	提起再审	第六百一十一条	30 日不变期间	第五百零七条	14 日不变期间
	再审判决确定后不能提起再审的时间	同上	5 年	同上	3 年
	申请支付命令	第六百三十六条	6 个月	第六百三十一条	1 个月以内
	公示催告	第七百一十五条	6 个月至 1 年	第九百七十一条	6 个月以上

续表

事由		中国条文 顺序号	规定的内容	日本条文 顺序号	规定的内容
关于金钱的规定	对不出庭证人的罚款	第三百六十七条	100 元以下	第三百三十九条	50 日元以下
	对于第二次不出庭证人的罚款	同上	200 元以下	同上	50 日元以下
	私信之真伪争论的罚款	第四百四十六条	500 元以下	第四百零九条	300 日元以下
	不能上告的条件	第五百六十六条	200 元以下	第四百六十八条	100 日元以下

除上述不同之外，还存在着将参照的原条文数条合为一条，或一条拆分为数条的情况。表 6 – 11 所示即将多条条文合并为一条条文的例子。

据表 6 – 11 所列例文并结合双方法律案中类似的条文，日本法律案中的多条条文被中国的法律草案合而为一，大体上出于以下几个原因。第一，起草者可能认为，《日本民诉法改正案》将同一性质的行为分成数条条文加以规定，徒增条文数量，分开规定没有实际意义，从而将其合并。表 6 – 11 中所载与《大清民事诉讼律草案》第三百四十条对应的《日本民诉法改正案》第三百一十一条和第三百一十二条当属于此类情形。第二，对于同一行为主体的作为或不作为加以分别规范，易生歧义并致法律条文不易被利用者理解。例如，关于可以拒绝作证和不能拒绝作证的规定，《日本民诉法改正案》先在第三百四十四条中规定："下列之人得拒绝证言。一、当事人配偶或四亲等以内之亲族，但亲族关系消灭后亦同；二、受当事人监护或保护之人；三、当事人之监护人或保护人。"接着又在第三百四十五条中规定："下列情形得拒绝证言。……五、证言可能使证人或证人与前条第一项、第二项或第三项有关系者产生财产上直接损害之时……"然后在第三百四十七条中规定："依第三百四十四条第一款或第三百四十五条第一款第五项规定得拒绝证言者，对于下列事项不得拒绝证言。"其中，第三百四十五条第一款第五项规定的部分内容与第三百四十四条第一款重合，因此，《大清民事诉讼律草案》第三百八十六条将此重合的两项内容合并成一条，使之更加清晰易懂。第三，将存在主次关系的数条条文合并，用款和项的立法方式设定其主次关系。例如，表 6 – 11 所列关于官吏和公吏依法制作的文件具有证据力的问题，

表6-11　《大清民事诉讼律草案》多条条文合并为一条条文举例

《日本民诉法改正案》		《大清民事诉讼律草案》
原文	译文	
第三百十一条　当事者ハ自己ニ利益ナル事实上ノ主张ヲ证スヘシ。	第三百一十一条　当事人应证明有利于自己之事实主张。	第三百四十条　当事人应为证有利于自己之事实主张。但于审判衙门已认知其事实者，不在此限。
第三百十二条　裁判所ニ於テ显著ナル事实ハ之ヲ证スルコトヲ要セス。	第三百一十二条　于裁判所显著之事实无须证明之。	
第三百四十四条　左ニ揭ケタル者ハ证言ヲ拒ムコトヲ得。 一　当事者ノ配偶者又ハ四亲等内ノ亲族等ニシテ亲族关系力止メタル后モ同シ。	第三百四十四条　下列之人得拒绝证言： 一　当事人配偶或四亲等以内之亲族，但亲族关系消灭后亦同。	第三百八十六条　当事人之配偶或四亲等内之亲族，得拒绝证言，其亲族关系消灭后亦同。
第三百四十七条　第三百四十四条第一项又ハ第三百四十五条第一项第五号ノ规定ニ依リ证言ヲ拒ムコトヲ得ル者ト雖モ左ノ事项ニ付テハ证言ヲ拒ムコトヲ得ス。 一　同一ノ家ニ在リ又ハ在リタル者ノ出生、婚姻、缘组、隐居又ハ死亡 二　亲族关系ニ因リテ生スル财产ニ关スル事项 三　证人トシテ立会ヒタル法律行为ノ成立又ハ趣旨 四　当事者ノ前主又ハ代理人トシテ争ヲ有スル法律关系ニ付キ为シタル行为。	第三百四十七条　依第三百四十条第一款或第三百四十五条第五项规定得拒绝证言者，对于下列事项不得拒绝证言： 一　系一家之人或曾系一家之人的出生，婚姻，收养，隐居或死亡； 二　因亲族关系所生关于财产案件之事项； 三　作为证人见证之法律行为之成立或意旨； 四　当事人之见证人前主或代理人，而就争议之法律关系所为之行为。	前款规定，于下列各项情形不适用之： 第一，同居人或曾经同居人之出生、婚姻、亡故及其他身份上之事项； 第二，因亲族关系所生之财产上事项； 第三，为证人而闻之法律行为之成立或意旨； 第四，为当事人之前主或代理人，而就相争之法律行为所为之行为。

续表

《日本民诉法改正案》		《大清民事诉讼律草案》
原文	译文	
第三百七十九条　官吏又ハ公吏カ其職務上成規ノ方式ニ依リテ作リタル書面ハ其記載事項ニ従ヒテ其記載事項ニ付キテ完全ノ証拠力ヲ有ス。	第三百七十九条　官吏、公吏依职务上程式制作之文件从后三条之规定；其所记载事项有完全之证据力。	第四百一十五条　官吏、公吏于职务上按法定程式作制之文件之证据力有完全事项有完全，但仍得举出反证： 第一，记明官吏、公吏之命令、处分或裁判之书状； 第二，记明在官吏、公吏前陈述之书状，证其有此陈述； 第三，记明前两款以外事项之书状，证官吏、公吏直接所知者为限。
第三百八十条　官吏又ハ公吏ノ命、処分又ハ裁判ヲ記載シタル公書ハ其命令、処分又ハ裁判アリタルコトヲ証ス。	第三百八十条　记载有官吏或公吏之命令、处分或审判之文件证明曾有其命令、处分或审判。	
第三百八十一条　官吏又ハ公吏ノ面前ニ於テ為シタル陳述ヲ記載シタル公書ハ其陳述ハ為シタルコトヲ証ス。	第三百八十一条　记载于官吏或公吏面前所为陈述之文件证明曾有其陈述。	
第三百八十二条　前両条ニ掲ケサル事項ヲ記載シタル公書ハ官吏又ハ公吏カ直接ニ知リタルモノニ限リ其真実ナルコトヲ証ス。	第三百八十二条　记载有前述两条所列事项之文件，以官吏、公吏直接所知者为限，证明其真实。	

注：日文条文之译文为笔者所译。

资料来源：据《大清民事诉讼律草案》和「民事訴訟法改正案——旧法典調査会案」制作。

《日本民诉法改正案》分别设立了 4 条条文，先用第三百七十九条规定证据力的主旨，然后用 3 条条文分别规定各种不同情形下的证据力。对此，《大清民事诉讼律草案》将其合并为 1 条，以第四百一十五条的形式做出统一规定。

与上述情形相反，《日本民诉法改正案》中有些条文被《大清民事诉讼律草案》一分为二乃至一分为四。表 6 - 12 所示为其中部分内容的举例。之所以这样做，《大清民事诉讼律草案》的起草者优先考虑的是条文的逻辑关系。例如，表 6 - 12 所列《日本民诉法改正案》第二百四十九条规定的是法院内和解的问题。原文是这样规定的："裁判所无论诉讼进行至如何程度，得尝试诉讼或各个争议之和解，或者得命受命法官或受托法官尝试之。裁判所为了和解，得命当事人本人到庭。"这一条文规定了 3 点，即法院尝试和解、法院令受命法官或受托法官尝试和解以及当事人本人必须到庭。但是，法院尝试的和解规定了"无论诉讼进行至如何程度"这一条件，但没有规定受命法官或受托法官依据什么尝试和解，以及和解实现后当事人反悔怎么处理等问题。对此，《大清民事诉讼律草案》根据案件的内在性质设立 3 条条文，分别对法院开展的和解、受命法官或受托法官根据法院的命令、嘱托或者依据自己的职权主持和解以及制作和解笔录做出了规范，使原来条文中的暧昧模糊之处得以明确，受命法官或受托法官赖以调停和解的根据做出规范，并将和解结果记载于辩论笔录，由此可以有效地预防当事人事后发生反悔和纠纷。又如《日本民诉法改正案》第二百一十九条关于诉讼程序休止的规定，包括当事人合意后的休止、当事人于言词辩论时不到庭引起的休止、诉讼程序休止的后果以及诉讼程序休止与不变期间的关系共四个方面的问题，用 1 条条文加以规范容易引起混乱。《大清民事诉讼律草案》的起草者可能考虑到这一因素，遂用了 4 条条文，分别就合意休止的申请方式、诉讼程序休止与不变时间的关系及其后果、休止之诉讼程序重开审判之条件、当事人过错引起的诉讼程序休止及其后果做出规范，使得诉讼当事人对于休止诉讼程序有更加清晰的了解和把握。

总之，按上述两种处理方式草拟的条文数量不少，本章不能逐一进行分析。但是，以上叙述和分析从一个侧面说明，《大清民事诉讼律草案》确实参照了《日本民诉法改正案》。

表 6-12　《大清民事诉讼律草案》一条条文被分拆成数条条文举例

《日本诉法改正案》原文	译文	《大清民事诉讼律草案》
第二百四十九条　裁判所ハ訴訟ノ如何ナル程度ニ在ルヲ問ハス訴訟又ハ各個ノ争点ニ付テ之ヲ試ミシムルコトヲ得。命判事若ハ受託判事ヲシテ之ヲ試ミシムルコトヲ得。 裁判所ハ和解ノ為メ当事者本人ノ出頭ヲ命スルコトヲ得。	第二百四十九条　裁判所得尝试诉讼之和解无论诉讼进行至如何程度，或者得命受命法官或受托法官尝试之。 裁判所得为了和解，得命当事人本人出庭。	第二百八十四条　受诉审判衙门不问诉讼程度如何，得于言词辩论时试行和解。 审判衙门得因和解命当事人本人到场。 第二百八十五条　和解成立，审判衙门应将事由记明辩论笔录。 第二百八十六条　受命推事或受托推事，得以受诉审判衙门之名义，或嘱托，或因职权试行和解。 第二百八十四条、第二百八十五条规定，于前项和解准用之。
第二百一十九条　当事者ハ訴訟手続ヲ休止スヘキ旨ノ契約ヲ為スコトヲ得。此契約ハ書面ヲ以テ之ヲ届出ツルコトヲ要ス。 当事者双方カ口頭弁論ノ期日ニ出頭セサルトキハ休止ノ契約ヲ為シタルモノト見做ス。 休止ハ之ヲ為シタル当事者ハ届出ヲ為シタル時又ハ懈怠シタル期日ヨリ三箇月日ヲ以テ其申立ヲ為スコトヲ得ス。一箇年内ニ其申立ヲ為ササルトキハ訴又ハ反訴ヲ取下タルモノト為シタルト見做ス。 訴訟手続ノ休止ハ不変期日ノ進行ニ影響ヲ及ホサス。	第二百一十九条　当事人得以合意休止诉讼程序。此项合意，应以书状提出之。 当事人双方于言词辩论期日不到庭时，视为已休止合意。 已为休止合意之当事人自提出休止书状或已届满之日起，不得于三个月内申请指定期日。一年之内不为其申请时视为撤销反诉。 诉讼手续之休止不影响不变期间之进行。	第二百五十八条　当事人得以书状向受诉审判衙门声明。 前项合意，当事人两造应以书状向受诉审判衙门声明。 第二百五十九条　第二百五十一条之规定，于诉讼程序之休止准用之。但诉讼程序之休止，于不变期间及回复原状期间同之进行无涉。 当事人自为前条声明之日起，若于一年内不声明指定日期者，视为撤销其诉或反诉。 第二百六十条　休止之诉讼程序，得因声请指定日期而续行之。 第二百六十一条　当事人自诉讼辩论之日期者，与休止诉讼程序之合意有同一效力。 前项声请，当事人自声明休止日起，不得于三个月内声请指定日期。

注：日文原文的译文系笔者所译。

资料来源：据《大清民事诉讼律草案》和「民事诉讼法改正案」「旧法典调查会案」制作。

三 《日本民诉法改正案》新建的制度设计与《大清民事诉讼律草案》的对应关系

正如本章第一节所述,《日本民诉法改正案》设计了 9 项在 1890 年版民诉法中没有的新制度。这些新制度在《大清民事诉讼律草案》中是如何体现的,是验证《大清民事诉讼律草案》是否参考以及在多大程度上参考《日本民诉法改正案》的重要指标之一。以下根据松本博之的前述论断逐一加以分析。

（1）关于新设当事人能力的规定

松本指出,《日本民诉法改正案》中以第四十七条、第四十九条第一款、第五十二条、第五十三条、第五十九条第一款规定了"得享有私权者具有当事人能力",新增加了追认没有当事人能力的人所为诉讼行为。检索《大清民事诉讼律草案》的条文发现,其中的第五十三条、第五十四条、第五十五条和第六十七条与其相对应（见表 6-13）。

表 6-13 《日本民诉法改正案》与《大清民事诉讼律草案》中关于
"新设当事人能力的规定"之条文比较

《日本民诉法改正案》		《大清民事诉讼律草案》
原文	译文	
第四十七条 私権ヲ享有スルコトヲ得ル者ハ当事者能力ヲ有ス。	第四十七条 得享有私权者具有当事人能力。	第五十三条 有权利能力人有当事人能力。<u>但胎儿以其可享之权利为限有当事人能力。</u>
第四十九条一項 当事者能力ヲ有スル者ハ独立シテ法律行為ヲ為スコトヲ得ル限度ニ於テ訴訟能力ヲ有ス。	第四十九条第一款 有当事人能力者于得以独立为法律行为之限度内具有诉讼能力。	第五十五条 能独立以法律行为负义务者,有诉讼能力。
第五十二条 当事者能力、訴訟能力若クハ法定代理権ヲ有セサル者又ハ訴訟行為ヲ為スニ必要ナル認許ヲ受ケサル者カ為シタル訴訟行為ハ追認アルニ非サレハ其効力ヲ生セス。	第五十二条 不具有当事人能力、诉讼能力或法定代理权之人,或者诉讼行为未受必要认可之人所为诉讼行为,如未获追认,不生其效力。	无对应条文。

《日本民诉法改正案》		《大清民事诉讼律草案》
原文	译文	
第五十三条　当事者能力ヲ有セサル者カ為シタル訴訟行為ハ其者カ当事者能力ヲ有スルニ至リタル後之ヲ追認スルコトヲ得。	第五十三条　不具有当事人能力者所为诉讼行为，当其获得当事人能力后得追认之。	第五十四条　无当事人能力者之诉讼行为不生效力。但诉讼中取得当事人能力而追认者，以本有效力之行为论。<u>前项追认应以书状向受诉审判衙门声明，由审判衙门送达于相对人。</u>
第五十九条一項　裁判所ハ訴訟ノ如何ナル程度ニ在ルヲ問ハス職権ヲ以テ当事者能力、訴訟能力、法定代理権及ヒ訴訟行為ヲ為スニ必要ナル認許ニ欠缺ナキヤ否ヤヲ調査スヘシ。	第五十九条第一款　裁判所不问诉讼进行至如何程度，得依职权调查当事人能力、诉讼能力、法定代理权以及所为诉讼行为所需必要之认可是否存在欠缺。	第六十七条　当事人能力、诉讼能力、代理权或特受权之有无欠缺，审判衙门因职权随时调查之。

注：日本条文之译文为笔者所译。画线部分系日本法律中所没有的内容。

如表6-13所示，《大清民事诉讼律草案》的起草者基本上照搬了日本新设立的制度，但对之做了完善。例如，把私权改变为权利能力，增加了胎儿的权利，并将追认程序进一步细化。日本法案第五十二条表面上看似乎没有对应条文，但其内容和第五十三条一起被归纳成一条。

（2）关于将来给付之诉要件的明文化

关于将来给付之诉，《日本民诉法改正案》第二百二十二条规定，"对于附期限之债权请求将来清偿之诉，以被告有到期不为清偿之虞为限，得提起之"。对此，《大清民事诉讼律草案》应对以第三百零四条："给付之诉，虽期限未届或条件未成就前，亦得提起之。"中国的规定虽然比日本更为宽泛，不受前提条件的限制，但基本精神仍是来自《日本民诉法改正案》。

（3）关于送达的规定

如表6-14所示，《大清民事诉讼律草案》没有采用《日本民诉法改正案》修改后建立的间接送达，即由当事人实施送达的规定，而是基本套用了1890年版旧民事诉讼法的规定，实行"依职权送达原则"。

表 6 - 14　《日本民诉法改正案》、日本旧民事诉讼法与《大清民事
诉讼律草案》中关于"送达"之条文比较

《日本民事诉讼法改正案》之规定		日本旧民事诉讼法之规定	《大清民事诉讼律草案》之规定
原文	译文		
第一百五十三条　当事者ノ為ス送達ハ裁判所書記ヲ経テヲ為ス。当事者カ送達ヲ為ス為メ書類ヲ裁判所書記ニ差出シタルトキハ裁判所書記ハ遅滞ナク送達吏ニ委任シ若クハ執達吏ニ委任スヘキコトヲ送達地ノ区裁判所書記ニ嘱託シ又ハ郵便ニ依リテ送達ヲ為スヘシ。	第一百五十三条　当事人所为送达经裁判所书记为之。当事人为了送达将文件递交裁判所书记时，裁判所书记应即刻委托送达吏或嘱托送达地之区裁判所书记必须委托执达吏，或经邮局为送达。	第一百三十六条　送达由裁判所书记以职权为之。裁判所书记应委托执达吏实施送达，或嘱托执达吏命可管辖送达地之区裁判所书记实施送达。裁判所书记亦可通过邮局实施送达。第二款之执达吏或第三款邮局投递员为下列规定之送达吏。	第一百七十四条　送达除本律有特别规定外，由审判衙门书记因职权为之。第一百七十五条　送达应由审判衙门书记交承发吏、或庭丁、或邮政局为之。交庭丁或邮政局为送达者，以庭丁或邮政局配置人为送达吏。第一百七十六条　审判衙门书记得将由承发吏送达之书件，嘱托送达地之初级审判厅为之。
第二百二十条一项　訴ノ提起ハ訴状ヲ相手方ニ送達シテヲ為ス。訴状ニハ左ノ事項ヲ記載スルコトヲ要ス。	第二百二十条第一款　诉之提起以诉状送达相对方为之。诉状必须记明下列事项。		第三百零三条　诉之提起，应以诉状送达于相对人。诉状应记明下列各款事宜。

注：两种日本法律条文均由笔者翻译。

（4）关于"当事者恒定原则"

民事诉讼法中，当诉讼进行过程中，诉讼标的物发生转移时，对诉讼不发生影响，当事人继续进行诉讼的制度，称为"当事者恒定原则"。这一制度在日本旧民事诉讼法中，没有做出规定。对于这一漏洞，《日本民诉法改正案》进行了弥补，即在第二百三十三条中加以规范："权利拘束发生后，即使权利或其标的物转移，其对诉讼没有影响。受让人经诉讼相对人同意，得代替当事人接手诉讼，或依据第二十四条规定提起诉讼。"第二十四条则规定："为自己请求他人双方之间的标的物之全部或一部之诉，得在权利拘束中主诉之第一审裁判所提起之。"对于这一规定，《大清民事诉讼律草案》基本照搬。相对于日本的第二百三十三条，《大清民事诉讼律草案》在第三百一十二条中是这样规定的："诉讼拘束发生后，诉讼物虽有让与、移转，于该诉讼无涉。让受人得经诉讼相对人之同意，代当事人引受诉讼，或依第

七十八条规定起诉。"第七十八条则规定："就两造之诉讼物全部或一部为自己有所请求者，得以本诉讼之两造为共同被告而起诉。"比较后就知道，后者基本上是对前者的翻译。

（5）关于既判力客观范围的规定

在 1890 年版日本民事诉讼法中没有对既判力的客观范围做出规定，改正案依据德国民事诉讼法对此重新做了规定，即在第二百八十一条中规定："确定之终审判决，对于以诉或反诉为之请求已经做出判决的部分为限具有既判力。对以抵消抗辩主张之反对请求所为判断成立或不成立，于主张抵消之相当额度内具有既判力。"对于这一点，《大清民事诉讼律草案》则在第四百八十一条中做了相应规定，"终局判决中，于其诉或反诉所主张之请求已经裁判而确定者有既判力"，并在第四百八十二条中规定"因相杀抗辩所主张之反对请求，而裁判其成立或不成立者，该裁判以主张相杀之额为限有既判力"。两相对照，《大清民诉律草案》只是将日本的条文一分为二，其内容则完全相同。

（6）关于既判力主观范围的规定

《日本民诉法改正案》由于采纳了当事者恒定原则，所以必须引申规定判决效力的主观范围。为此，改正案在第二百八十五条中做了如下规定："确定判决对于当事人，以及权利拘束发生后成为当事人之承继人者或者为当事人或其承继人占有请求之标的物者有其效力。"对此，《大清民事诉讼律草案》则在第四百八十四条中规定："确定判决，对于当事人及诉讼拘束后为当事人之继续人者有效力。前项规定，对于为当事人或其继续人占有请求之目的物者，适用之。"两者在立法技术上虽有差别，但意思完全一致。

（7）关于证书诉讼的规定

1890 年版日本民事诉讼法和德国民事诉讼法一样，都规定了证书诉讼和票据诉讼。在修订日本民事诉讼法过程中，法典调查会中的起草委员提议废除这两项规定，但最后达成妥协，废除票据诉讼而保留证书诉讼，并对原来规定的程序予以简化。《大清民事诉讼律草案》的起草者亦参照改正案，设计了对应的规定，如表 6 - 15 所示，除诉状的送达、口头辩论日期和时间以及缺席判决等细微之处与日本的规定有别外，基本上移译了《日本民诉法改正案》的规定。

表6-15　《日本民诉法改正案》和《大清民事诉讼律草案》中关于"证书诉讼"规定之比较

《日本民事诉讼法改正案》		《大清民事诉讼律草案》
原文	译文	
第五百二十五条　一定ノ金額ノ支払又ハ非サル代替物ノ数量若クハ有価証券ノ一定ノ員数ヲ給付ヲ目的トスル請求ハ書面ニ依リテ請求ノ原因タル事実ヲ証スルコトヲ得ルトキニ限リ証書訴訟トシテ之ヲ提起スルコトヲ得。	第五百二十五条　以支付一定金额，或以给付一定数量之代替物或者一定数额有价证券为目的之请求之诉，以可据书状证明其请求原因之事实者为限，得以证书诉讼提起之。	第六百三十八条　因给付代替物一定数量之请求，或由于票据而起诉者，以可据书状证明其原因为限，得提起证书诉讼。
第五百二十六条　訴状ニハ証書訴訟トシテ訴ヲ提起スル旨ノ陳述ヲ記載スルコトヲ要ス。	第五百二十六条　诉状应记载陈述提起证书诉讼之宗旨。	第六百三十九条　诉状内应记明以证书诉讼起诉之陈述。
第五百二十七条　当事者ハ又ハ口頭弁論ノ期日前ニ送達スル準備書面ニ又ハ口頭弁論ニ於テ請求ノ原因タル事実ヲ証スヘキ書面ノ謄本ヲ添付スルコトヲ要ス。	第五百二十七条　当事人应在诉状或口头辩论之前送达之准备书状内，添附可以证明请求原因之事实之书状之誊本。	证明请求原因书状原本或缮本，应附于诉状，或言词辩论期日前送达之准备书状。
第五百二十八条　訴状ハ之ヲ送達シタル日ト口頭弁論ノ期日トノ間ニ存スヘキ期間ハ之ヲ七日ニ至マテニ短縮スルコトヲ得。票据請求ニ因ル訴ニ付テハ前項ノ期間ヲ二十四時マテニ短縮スルコトヲ得。	第五百二十八条　诉状之送达与口头辩论日期之间隔得缩短至7日。因票据请求之诉，前款据审时间得缩短至24小时。	第六百四十条　由于票据请求之诉，其就审期间得短缩至二十四小时。
第五百二十九条　訴ニ関スルモ第五百一十五条ニ掲ケサル事実ニシテ請求ニ及ヒ書面ノ真否ヲ証スルニハ書面ニ依リテノミ之ヲ証拠方法ト為スコトヲ得。	第五百二十九条　为证明第五百一十五条所未载明之事实且关于请求者以及书状之真伪，得仅以书状为证据方法。	第六百四十一条　证明第六百三十八条所未揭载之事实及书状之真伪者，得只以书状为证据方法。
第五百三十条　書証ノ申出ハ書面ノ提出ニ依リテノミ之ヲ為スコトヲ得。	第五百三十条　申请书证，得仅以提出书状为之。	声明书证，得只提出书状。
第五百三十一条　反訴ハ之ヲ提起スルコトヲ得ス。	第五百三十一条　反诉不得提起之。	第六百四十二条　证书诉讼不得提起反诉。
第五百三十二条　原告ハ第一審ノ口頭弁論ノ終結ニ至ルマテ証書訴訟ヲ止メ通常ノ訴訟手続ニ於テ訴訟ニ係ラシムルコトヲ得。	第五百三十二条　原告得在第一审口头辩论终结之前停止证书诉讼，使其依据普通诉讼程序进行诉讼。	第六百四十三条　原告于第一审之言词辩论终结前，得停止证书诉讼，使系属于通常诉讼程序。

续表

《日本民诉法改正案》		《大清民事诉讼律草案》
原文	译文	
第五百二十三条　証書訴訟ノ要件カ存在セサルトキ又ハ原告カ適法ノ証拠方法ニ依リテ事実上ノ主張ヲ証セサルカ為メ其請求ノ理由ナキトキハ証書訴訟ヲ許ササルモノトシテ訴ヲ却下スヘシ。 裁判所ハ職権ヲ以テ証書訴訟ノ要件ヲ調査スヘシ。	第五百二十三条　不存在证书诉讼之要件，或者因原告不能依合法之证据方法证明其事实请求，从而没有请求理由时，得驳回其诉。 裁判所得以职权调查证书诉讼之要件。	第六百四十四条　审判衙门因职权调查证书诉讼之要件。证书诉讼要件之欠缺，应认为不合法，以判决驳回之。
第五百二十四条　被告カ適法ノ証拠方法ニ依リテ事実上ノ主張ヲ証セサルトキハ証書訴訟ニ於テ許ササルモノトシテ其抗弁ヲ却下スヘシ。	第五百二十四条　被告不能依合法之证据方法主张其事实，得驳回其诉讼。	第六百四十五条　原告不依合法之证据方法证明第六百三十七条所未揭载之事实之主张，致其请求无理由者，审判衙门应认为不合法，以判决驳回证书诉讼之诉。
		第六百四十六条　被告不依合法之证据方法证明其所应证之事实上主张者，审判衙门应以其非证书诉讼所诉，而驳斥其抗辩。
第五百二十五条　原告ノ請求ヲ争ヒタル被告ニ敗訴ヲ言渡ストキハ通常ノ訴訟手続ニ於ケル権利ノ行使ヲ其被告ニ留保スヘシ。判決ニ留保ヲ記載ナキトキハ被告ハ第二百七十九条ノ規定ニ依リ追加判決ヲ申立ツ為スコトヲ得。留保ノ判決ハ上訴及ヒ強制執行ニ関シテハ之ヲ終局判決ト見做ス。	第五百二十五条　被告争辩原告请求，被判决败诉时，应保留被告在普通诉讼程序中行使权利。判决中没有记明保留，被告得依据第二百七十九条之规定申请为追加判决。留保判决，于上诉及强制执行视之为审判决。	第六百四十七条　被告争执原告之请求，致受败诉之判决者，审判衙门应保留被告在普通诉讼程序中诉讼程序行使之权利。判决中未记明保留者，被告得依第四百七十九条规定，声请追加判决。留保判决，关于上诉及强制执行视与终局判决同。

续表

《日本民诉法改正案》		《大清民事诉讼律草案》
原文	译文	
		第六百四十八条　审判衙门为被告败诉之判决者，因职权为假执行之宣示。
第五百二十六条　留保ノ記載アル判決ノ確定シタルトキハ訴訟ハ通常ノ訴訟手続ニ於テ係属ス。通常ノ訴訟手続ハ前訴ニ於テ原告ノ請求ヲ理由アリト認ムルトキハ裁判所ハ前判決ヲ維持スルコトヲ言渡シ、其ノ請求ヲ理由ナシト認ムルトキハ前判決ヲ廃棄シ、原告ノ請求ヲ棄却シ且被告ノ申立ニ因リ前判決ニ基キテ支払ヒ又ハ給付シタルモノノ返還及ヒ前判決ノ執行ニ因リテ被告ノ受ケタル損害ノ賠償ヲ原告ニ言渡スヘシ。欠席判決ニ関スル規定ハ通常ノ訴訟手続ニ於テ当事者カ口頭弁論ノ期日ニ出頭セサル場合ニ之ヲ準用ス。	第五百二十六条　记明有保留之判决确定时，上诉系属于普通诉讼程序。在普通诉讼程序中，裁判所认为原告请求有理由，得宣判维持原判；认为其请求无理由时，应判决废除原判，驳回原告请求，且根据被告之申请，判决命被告根据原判所支付或给付之物，及赔偿被告因执行原判所受损失。关于缺席判决之规定，当事人于普通诉讼程序不按口头辩论日期出庭者准用之。	第六百四十九条　留保判决已确定者，该诉讼即系属于通常诉讼程序。于通常诉讼程序以原告请求为有理由者，审判衙门应维持前判决，驳回原告请求，并因被告声请，以废弃前判决，命原告返还被告本于前判决所受之物，及判决命原告返还被告因执行前判决所受之损害。

注：日文译文系笔者所译。

（8）关于限制提起第二审的规定

《日本民诉法改正案》第四百三十四条第一款对第二审上诉设置了限制性规定，"对于第一审关于财产权请求之判决，因上诉可受利益不超过三十日元者不得为上诉"，在第四百六十八条中又对提起第三审做出了这样的限制，"对于第二审关于财产权请求之判决，因上告（即第三审）可受利益不超过一百日元者，不得为上告"。对此规定，《大清民事诉讼律草案》只是采纳了第三审的限制，并将限额增加 1 倍。它在第五百六十六条中规定，"对于财产上请求之控告审判决，若因上告所应受之利益不逾二百元者，不得上告"。

（9）关于第三审中必须以律师为代理人的强制性规定

对日本民事诉讼法修正收集意见的过程中，诸如京都地方裁判所、大阪地方裁判所以及大阪律师协会等许多地方裁判所和律师事务所提出，"应仅限于区裁判所允许本人诉讼，地方裁判所以上的诉讼都应以律师为代理人进行诉讼"，对此建议，法典调查会根据当时日本律师法律知识的不完备以及存在一些品质恶劣的律师等现实情况，没有完全采纳这一意见，只是在进行法律审的第三审，即在上告审中规定了必须以律师作为代理人的强制性制度。① 当时的中国连律师制度都没有正式建立起来，自然不可能模仿日本做出这种强制性规定。

根据以上分析，《日本民诉法改正案》中新设立的 9 种新制度，除第（3）和第（9）之外，基本上都被引进至《大清民事诉讼律草案》，当然，有些规定根据当时中国的社会现实做了一些微调。可以说，《大清民事诉讼律草案》的起草者如果没有丰富的审判经验和法学方面的深厚造诣是不可能做出这些判断的。

四　《大清民事诉讼律草案》中独创条文的分析

《大清民事诉讼律草案》中也规定了不少日本法和德国法中没有的条文，可以说是它的独创。据粗略统计这类条文大约有 118 条，约占条文总数的 15%，其中第一编 2 条，第二编 36 条，第三编 59 条，第四编 21 条。表6-16 所示为这些独创条文在各编章节中的分布。

---

① 松本博之『民事訴訟法の継受と発展』、62～63 頁。

表 6 - 16 《大清民事诉讼律草案》中独创条文的分布

单位：条

编章节名	条文数	编章节名	条文数	编章节名	条文数
第一编第一章 事物管辖	2	同上第五节 诉讼程序之停止	6	同上第七节 假执行之宣示	1
第二编第一章 能力	6	同上第六节 言词辩论	2	第三编第四章第一节 控告程序	6
第二编第二章 多数当事人	7	同上第七节 裁判	4	同上第二节 上告程序	3
第二编第三章 诉讼代理人	5	同上第八节 诉讼笔录	1	同上第三节 抗告程序	3
第二编第四章 诉讼辅佐人	2	第三编第二章第三节 言词辩论	3	第四编第一章 督促程序	2
第二编第五章 诉讼费用	7	同上第四节第一款 通则	4	第四编第二章 证书诉讼	1
第二编第六章 诉讼担保	2	同上第三款 鉴定	1	第四编第四章 公示催告程序	10
第二编第七章 诉讼救助	7	同上第四款 证书	2	第四编第五章第一节 宣告禁治产程序	8
第三编第一章第一节 当事人书状	3	同上第六款 证据保全	1	同上第二节 宣告准禁治产程序	1
同上第二节 送达	9	第三编第二章第五节 裁判	4	同上第三节 婚姻事件程序	1
同上第四节 诉讼行为之濡滞	1	同上第六节 缺席判决	2	同上第四节 亲子关系事件程序	1

资料来源：据《大清民事诉讼律草案》制作。

　　这些独创条文都包括哪些内容呢？由于它们涉及范围比较广，本节不能全面介绍和评析，仅列出其中的一些主要内容（见表 6 - 17）。如表 6 - 17所示，关于诉讼能力，主要规定了不在常驻地居住之所谓"不在人""无演述能力之当事人"以及依据其本国法律没有诉讼能力而据中国法律具有诉讼能力的外国人进行诉讼的规定。关于诉讼费用的负担，向来在当事人之间容易出现纠纷，故对之不厌其烦地做出了详细规定。诉讼救助则对于无力负担诉讼费用者如何认定、如何预防欺诈等具体实施救助措施做出规定。关于送达的独创性规定，则主要就如何向居住在管辖法院以外区域的当事人、拥有治外法权的外国人和皇亲国戚等特别当事人以及不识字的当事人实施送达做出相关规定。公示催告程序则主要是有关权利的声明、失踪者的死亡宣告等内容。尤其是关于失踪者的死亡宣告，《日本民事诉讼法》以及《日本民诉法改正案》之中都没有相关规定，《大清民事诉讼律草案》则似乎考虑到为了保护当事人的利益，对长期下落不明之失踪者采取宣告其死亡的措施。同时也规定了死亡宣告撤销程序及其权利的恢复措施。此外，独创性规定中，第七百零八条规定之"检察官败诉者，诉讼费用由国库担负"（第七百五十五条系同样内容）显得十分突兀。因为在所有各种诉讼程序中，并没有关于检察官介入民事诉讼的规定，设置这一条款似有蛇足之感。

表 6 - 17   《大清民事诉讼律草案》中独创条文举例

项目	条文
（一）关于诉讼能力的规定	第五十六条　不在人之诉讼由管理人代行者，以该诉讼为限，其本人以无诉讼能力论。
	第五十九条　无诉讼能力人及法人之法律上代理人，除民律及他项法令有特别规定外，有为本人代行一切诉讼行为之权。
	第六十二条　法律上代理之规定，于不在人之管理人代行诉讼者准用之。
	第六十三条　第五十七条所揭之外国人，得由法律上代理人为本人代行诉讼。
	第七十条　无演述能力之当事人，演述不生效力。 演述能力之有无欠缺，审判衙门因职权随时调查之。 审判衙门得以决定禁止无演述能力人之演述。 前项决定不得为抗告。
	第七十一条　前条规定，无演述能力之法律上代理人准用之。
	第一百一十七条　原告因法律行为或法律之规定取得权利，若不通知被告或不为证明，遽行起诉，致被告有所争执者，因此所生之诉讼费用由原告担负。
（二）关于诉讼费用的规定	第一百二十三条　第一百一十四条至第一百二十二条之规定，于审判衙门以决定终结本案或与本案无涉之争点者，准用之。
	第一百二十五条　第一百一十四条至第一百二十二条之规定，于上级审判衙门审判上诉费用或诉讼总费用者，准用之。
	第一百二十六条　原告撤回诉讼，应担负该诉讼费用。 前项规定，于当事人撤回声请或上诉者，准用之。
	第一百二十九条　审判衙门以决定终结本案、或与本案无涉之争点者，因其职权以决定为诉讼费用之裁判。

续表

项目	条文
（二）关于诉讼费用的规定	第一百三十八条 审判衙门为确定费用额之决定,同时因其职权以决定为担负声请费用之裁判,并确定声请费用额之裁判。 前项之决定,得为即时抗告。
	第一百三十九条 审判衙门为担负诉讼费用之裁判,若即能确定一造应行赔偿相对人之费用额者,得因职权以决定为确定费用额之裁判。 前条第二项规定,于前项确定费用额之决定,准用之。
	第一百五十四条 声请诉讼救助之决定,得不经言词辩论为之。 驳斥前项声请之决定,得为即时抗告。 其经决定许可者,相对人不得声明不服。
（三）关于诉讼救助的规定	第一百六十条 当事人以欺诈之陈述受诉讼救助者,审判衙门得因职权,以决定科二百圆以下之罚锾。 前条第二项及第三项之规定,于前项之决定准用之。
	第一百六十一条 受诉讼救助人若力能完纳诉讼费用,审判衙门因利害关系人之声明,以决定命其补纳。 前项决定在诉讼未结前,由该诉讼所属之审判衙门;在诉讼已结后,由第一审之受诉审判衙门得不经言词辩论为之。 补纳诉讼费用之决定及驳斥声明补纳之决定,均得为即时抗告。
	第一百六十二条 前条规定,于诉讼救助之要件有欠缺者,或受救助人之一般承继人力能补纳诉讼费用者,准用之。
	第一百六十五条 前条第一项之相互担保,若不能调查者,审判衙门应征法部意见。
	第一百六十六条 受诉讼救助之外国人免除担保诉讼费用之义务。 第一百五十五条至第一百五十七条之规定,于前项救助,准用之。
	第一百六十七条 第一百五十三条、第一百五十四条、第一百五十九条至第一百六十三条之规定,于外国人受救助者,准用之。
	第一百八十四条 送达于不在受诉审判衙门所在地居住之当事人或代理人,应向其所指定之收受送达人为之。

续表

项目	条文
（四）关于送达的规定	第一百八十六条 收受送达人经指定声明后，于各审皆有效力。
	第一百八十七条 送达除本律有特别规定外，交付该书之缮本。
	第一百九十八条 承发吏为送达者，若送达人不能认识送达文件之所载事项，承发吏应据声明，以言词告知文件中要旨，并记明其事由于送达证书。
	第一百九十九条 交邮政局为送达者，以记明该事由及具年月日之文件作为送达证书。
	第二百条 不能为送达时，送达吏应将记明该事由之文件及应送达之文件，提出于审判衙门书记。审判衙门书记应将前项文件附入笔录，并将不能送达之事由，通知使为送达之当事人。
	第二百零一条 对于皇族或有治外法权之人为送达时，嘱托法部为之。
	第二百零六条 审判衙门书记收受所嘱托衙门或官吏记明不能为送达之书状者，应附入笔录。 第二百条第二项之规定，于前项情形准用之。
	第二百一十二条 嘱托送达或公示送达，若逾期间或在时效完成后，以当事人提出文件或声请书之日，作为送达效力发生之日。 依送达遵守不变期间者，若于提出文件后三十日内有送达时，自提出文件之日起发生效力。
	第六百七十八条 权利之声明得以书状或言辞为之。 以言词声明者，审判衙门书记应记明笔录。
（五）关于公示催告程序的规定	第六百八十三条 公示催告声请人濡滞新日期者，以诉讼休止论。但濡滞第七百八十一条之新日期者，不在此限。
	第六百八十九条 第五百三十八条规定，于撤销除权判决之诉，准用之。 在不变期间未满前起诉之事实，应声叙之。
	第六百九十三条 有声请权利及有声请原因之事实，应声叙之。
	第七百条 审判衙门应以判决宣示失踪人之亡故。 前项判决应确定亡故日时。
	第七百零三条 撤销宣示亡故之诉，除第六百八十七条规定外，遇有下列各款情形，得提起之： 第一，亡故之宣示不法者； 第二，确定亡故之日时不当者。
	第七百零四条 撤销之诉本于前条所列理由者，应于宣示亡故之判决后三十日不变期间内提起之。 前项及第六百八十八条规定，于撤销之诉本于失踪人生存者，不适用之。

续表

项目	条文
	第七百零五条 前条期间未满前,不开始言词辩论。
（五）关于公示催告程序的规定	第七百零七条 撤销亡故之宣示或另行确定亡故之时期之判决,不问对于何人均有效力。但于判决确定前,以善意所作之行为无涉。 因亡故之宣示取得财产人,因前项判决失其权利者,应于现受利益之范围归还财产。

资料来源：据《大清民事诉讼律草案》制作。

第三节 修订法律馆馆员与《大清民事诉讼律草案》的关系

通过以上分析，我们已经知道《大清民事诉讼律草案》既不是模仿德国民事诉讼法，亦非参照 1890 年版日本民事诉讼法起草的，而是直接依据《日本民诉法改正案》起草而成的。那么，它的起草者是谁呢？据前引吴泽勇论文的分析，松冈义正可能起草了日文初稿，但它仅仅起到了供制定法律的参考作用，修订法律馆的中国馆员对草案的修订几乎是逐条进行的，虽然不排除他们参考日文原稿边翻译边修订，"但是考虑到第二科馆员在后期修订中投入的大量时间和精力，不如说他们是在重新起草一部法典"。他认为，《大清民事诉讼律草案》"是修订法律馆馆员集体智慧的结晶，而汪荣宝在其中起了相当关键的作用"①。

那么，历史事实到底如何呢？以下拟根据吴泽勇的分析，对修订法律馆及其馆员与《大清民事诉讼律草案》的关系加以探讨，以弄清楚修订法律馆馆员，尤其是汪荣宝在其中到底发挥了什么作用。

一 新修订法律馆的组织构造与工作内容

众所周知，修订法律馆是晚清负责起草编纂法律草案的机关。它虽然早在光绪二十八年（1902）就已经成立，但正式开展业务应该是在光绪三十

---

① 吴泽勇：《〈大清民事诉讼律〉修订考析》，《现代法学》2007 年第 4 期。

年。章宗祥的回忆证实了这一点。据他回忆，修订法律馆工作的最初期限为
3 年，馆员也都是兼职，因此，法律草案的起草工作进展非常缓慢，到 3 年
期限届满时，计划完成的新刑律依然没有编纂完成，加上政治形势的演变，
其他法典的编纂工作也被提上了日程，因此，修订法律馆不仅到期没有被解
散，反而增加了馆员，扩充了机关，力量得到进一步加强。① 1906 年官制改
革中，因新任法部右侍郎沈家本与新任大理院正卿张仁黼之间发生 "院部
之争"，修订法律馆因祸得福，得以从法部独立，进行了重组，② 正式开始
着手起草各种法律法典草案。

据沈家本 1907 年 11 月上奏的《修订法律馆办事章程》，修订法律馆被
赋予了以下 3 项任务：起草敕旨交办的各种法律草案；起草民法、商法、诉
讼法等法律草案及其附属法；修订现存律例及起草各种章程。该章程规定，
修订法律馆设置第一科、第二科、译书处、编案处、庶务处，并设置提调按
照修订法律大臣的命令总司馆内事务。其中，第一科负责调查起草民法和商
法，第二科主司调查起草民刑诉讼法。③ 后来，又在修订法律馆设立咨议官
和调查员制度，令各省的提法使或按察使兼任咨议官，调查员则从深谙中外
法律的法学家中任命。咨议官非修订法律馆的正式馆员，他们的职责是接受
修订法律馆的咨询，就有关法律开展调查，提出咨询意见。④ 调查员的职责
则是按照修订法律馆的要求，负责起草有关法律案，进行实地调查。按规
定，调查员由修订法律馆从中外法律学校的毕业生、担任法律或政治学讲义
的教习以及精通刑法者中间选任，⑤ 但实际上，除从日本延聘过来的冈田朝
太郎、松冈义正等 4 位日籍法学专家被聘任为调查员外，尚不清楚有哪一位
中国学者被选任为调查员。

如表 6 - 18 所示，修订法律馆共有提调、总纂、纂修和馆员 37 人。

---

① 章宗祥：《新刑律颁布之经过》，全国政协文史资料委员会编《文史资料存稿选编》（1），
中国文史出版社，2002，第 34 页。
② 关于修订法律馆的成立和改组，请参阅陈煜《清末新政中的修订法律馆——中国法律近代
化的一段往事》，第 71～108 页。
③ 《政治官报》第 60 号，光绪三十三年十一月二十一日。
④ 《修订法律大臣沈家本等奏谨拟咨议、调查章程折并单》，《政治官报》第 238 号，光绪三
十四年五月二十八日。
⑤ 《修订法律大臣沈家本等奏谨拟咨议、调查章程折并单》，《政治官报》第 238 号，光绪三
十四年五月二十八日。

表6-18　修订法律馆馆员名单

姓名	职务	入馆时间	入馆前职务	与外国的关系
王世琪	提调	1907.10	法部左参议	日本法制监狱视察
董康	同上	同上	候选道,法部候补郎中	
许受衡	第一科总纂	同上	大理院刑科推丞	
周绍昌	译书处总纂	同上	大理院民科推丞	东京大学留学
章宗祥	提调	同上	署民政部参事	日本法制监狱视察
王仪通	庶务处总办	同上	大理院推事	
姚大荣	编案处纂修	同上	大理院署推事	早稻田大学留学
吴尚廉	编案处协修	同上	署推事	
陆宗舆	馆员	同上	民政部主事	日本教育部视察
陈毅	同上	同上	前学部参议	日本视察
金绍城	同上	同上	大理院推事	日本法制视察
熙桢	同上	同上	署大理院检察官	日本视察
吉同钧	编案处总纂	同上	法部员外郎	
曹汝霖	馆员	同上	外务部主事	日本中央大学留学
吴振麟	同上	同上	农工商部主事	日本留学
顾迪光	同上	同上	法部主事	
范熙壬	同上	同上	内阁中书	日本视察
诸宗诚	编案处纂修	同上	知府用安徽试用知州	
许同莘	编案处纂修	同上	拣选知县	日本法政大学留学
严用彬	馆员	1907.10	知州用优贡知县	
李方	同上	同上	大理院行走,法政科进士	美国留学
章宗元	同上	同上	同上	日本留学
江庸	同上	同上	大理院行走,分省知县	早稻田大学留学
张孝栘	同上	同上	大理院行走	日本中央大学留学
熊垓	同上	同上	同上	日本留学
汪有龄	同上	同上	同上	日本视察
程明超	同上	同上	法政科进士	日本视察
高种	同上	同上	法政科举人	日本中央大学留学
严锦荣	同上	同上		美国留学
王宠惠	同上	同上		英国留学
陈箓	同上	同上	翰林院编修	法国留学
朱献文	同上	同上	同上	日本留学
罗维垣	提调	1908.5	河南汝宁府知府、刑事律例馆提调	
朱汝珍	第一科纂修	同上	翰林院编修	
朱兴汾	馆员	同上	分省知府,前内阁候补中书	日本法律视察
汪荣宝	第二科总纂	1909.4	民政部右参议,宪政编查馆正科员	日本视察
何汝翰	总核	不明		早稻田大学、庆应大学留学

资料来源：熊达云『近代中国官民の日本视察』，359～361页表29；汪荣宝、何汝翰的情况根据陈煜《清末新政中的修订法律馆——中国法律近代化的一段往事》第100页补充。

但据陈煜考订，馆员名单中，有些人只是挂名，如王宠惠就始终在英国留学，从未在修订法律馆服务过。有的则是数年后才加入，如范熙壬、朱献文，名单上虽然一开始就有他们的名字，但他们一直在日本留学，直到宣统三年，即 1911 年才进入修订法律馆。因此，修订法律馆的馆员人数不足 37 人。

不过，从这份名单中，我们发现了两个有趣的现象。一是修订法律馆馆员大多同时又是以负责编纂宪法和推行政治制度改革为己任的宪政编查馆的馆员。如提调董康、章宗祥，馆员陆宗舆、曹汝霖、章宗元、熊垓、程明超、高种、张孝栘、陈毅、吴振麟等即是。二是馆员中与日本有关系者极多，37 名馆员中，有留学日本或考察日本经历者多达 22 人，占总人数的 60%。

如上所述，修订法律馆的任务是负责起草除宪法和国家机关组织法以外的民事、刑事、商事和诉讼有关的法律草案，修订现存法典，翻译外国法律及法学书籍。1907 年修订法律馆重组完成时，大清刑律草案的起草工作已经告竣，此时的主要任务是起草民法、商法、刑事诉讼法和民事诉讼法及其附属法律草案。

民事诉讼律的起草工作应该由第二科负责，当时第二科配备了多少馆员呢？如前所述，修订法律馆重组时，范熙壬、朱献文、王宠惠 3 人尚在国外留学；罗维垣、朱汝珍、朱兴汾 3 人于 1908 年 5 月，汪荣宝于 1909 年 4 月进入修订法律馆。因此，修订法律馆当时只有馆员 30 人。而且，根据《修订法律馆办事章程》第七条规定，负责起草法律草案的第一科、第二科分别配置"管理科内事务的总纂 1 名，纂修协修各 4 名，调查员 1 名或 2 名"。据此可知，两科各配备了约 10 名馆员。同时，这些馆员在宪政编查馆还有正式差事，不可能把时间全部用于修订法律馆。虽然修订法律馆还有 47 名咨议官，但他们都是兼职，只负责对法案进行评议和咨询，不负责具体起草事宜。

况且，重组之前，在伍廷芳的主持下，修订法律馆基本上依靠馆内力量完成了《大清现行刑律》和《大清刑事民事诉讼法草案》的编纂任务，但由于遭到朝野的反对和非难，两部法律草案未能得见天日。修订法律馆重组，沈家本再次被委以修律重任之后，已经决心模仿日本法律，以免重蹈伍廷芳的覆辙。他在馆内经费比较拮据的情况下，不惜花费重金从日本聘请 4 位法学专家为修订法律馆顾问，并大量收揽日本留学归来的毕业生和有视察日本经历者担任馆员即是明证。但是，这批日本留学生回国不过数年，几乎都是中央机构的低级官员，学问和修法经验都谈不上丰富，因此，他们是否有足够的能力将传统中国法里没有的法学理念和法律用语变换成民事诉讼法的条文令人怀疑。

那么，这些日本留学生出身的馆员在修订法律馆中发挥了什么作用呢？最大的可能性是他们把大部分精力放在了翻译外国法律以及法学著作上，以供起草、审议法典法律者参考。应该说，日本留学生在翻译事业中做出了很大贡献，事实也有力地证明了这一点。修订法律大臣沈家本曾 4 次上奏朝廷，汇报编纂法律的进展情况，每次都谈到了修订法律馆翻译外国法律及外国法学著作的成果。表 6 - 19 所示即根据沈家本奏折统计出来的译书成果。由于沈家本光绪三十三年五月十八日的奏折所列译书清单与光绪三十一年三月二十五日的内容重叠，因此，表 6 - 19 中所列书单实际上是对沈家本 3 本奏折的统计。分析这份译书清单，可发现修订法律馆翻译外国法律和法学著作存在以下几个特点。

表 6 - 19　修订法律馆翻译外国法律及法学书籍的译书清单

上奏时间	法律名称及法学书籍书名
光绪三十三年五月十八日	【刑事关系法】法国刑法、德国刑法、俄国刑法、荷兰刑法、意大利刑法、日本刑法、日本改正刑法、日本海军刑法、日本陆军刑法、日本新刑法草案、比利时刑法（未完）、美国刑法（未完）、瑞士刑法（未完）、芬兰刑法（未完） 【民事关系法】德国民法（未完） 【诉讼法】德国民事诉讼法、日本刑事诉讼法、德国旧民事诉讼法（未完）、美国刑事诉讼法（未完） 【组织法】日本裁判所构成法、日本监狱法、比利时监狱规则（未完） 【其他法律和法学著作】法国印刷法、日本刑法论、普鲁士司法制度、日本监狱访问录、法典论、日本刑法义解、监狱学、狱事论、日本裁判所编制立法论、比利时刑法论（未完）、刑法的私法观（未完）
宣统元年正月二十六日	【海商法・公司法】日本商法全部、德国海商法、日本票据法、美国破产法 【民事关系法】日本民法（未完）、德国民法（未完）、奥地利民法（未完）、条约改正后日本对待外国人的方法、德国强制执行及强制竞卖法（未完）、奥地利民事诉讼法（未完） 【诉讼法】德国改正民事诉讼法（未完）、日本改正刑事诉讼法全部、日本改正民事诉讼法全部、日本现行刑事诉讼法全部、日本现行民事诉讼法全部、法国刑事诉讼法（未完）、日本刑事诉讼法注释全部、日本民事诉讼法注释全部 【国籍法】英国国籍法、德国国籍法、奥地利国籍法、法国国籍法、葡萄牙国籍法、西班牙国籍法、罗马尼亚国籍法、意大利民法中之国籍条文 【其他法律和法学著作】诸外国归化法异同考、比较归化法、美国公司法论、英国公司法论、亲族法论、日本加藤正治破产法论、奥地利裁判所编制法全部、裁判访问录、国籍法要纲及志田钾太郎意见书、日本刑事诉讼论全部、日本民事诉讼论全部、德国高等文官考试法、德国裁判官惩戒法、德国行政官惩戒法、国际私法

续表

上奏时间	法律名称及法学书籍书名
宣统元年十一月二十五日	【海商法・公司法】德国商法总则条文、德国破产法条文（未完） 【民事关系法】德国民法总则条文、德国亲族法条文、奥地利民法总则条文、奥地利亲族法条文、瑞士民法总则条文、瑞士亲族法条文、法国民法总则条文、法国民法・身分证条文、法国民法・失踪条文、法国民法・亲族条文、德国强制执行及强制竞卖法 【诉讼法】奥地利民事诉讼法、德国改正民事诉讼法（未完） 【其他法律和法学著作】法律名词、冈松参太郎著《民法理由总则・物权债权》（未完）、奥田义人著《相续法》、日本法律辞典（未完）

资料来源：《修订法律大臣沈家本奏修订法律情形并请归并法部大理院会同办理折》（光绪三十三年五月十八日），《清末筹备立宪档案史料》（下），第 837～839 页；《修订法律大臣奏筹办事宜折》，《政治官报》第 471 号（《东方杂志》1909 年第 3 期亦有刊载）；《修订法律馆奏筹办事宜折并单》，《大清新法令（1901～1911）》第 7 卷，商务印书馆，2010，第 43～44 页。

首先，大陆法系各国的法律受到青睐。在翻译的外国法律和法学著作中，属于英美法系的只有美国刑法、美国破产法、美国刑事诉讼法、英国国籍法、美国公司法论、英国公司法论。而大陆法系各国的法律涉及的国家有德国、俄国、法国、奥地利、意大利、西班牙、瑞士、葡萄牙、比利时、芬兰、荷兰、日本等，数量达到 80 余部。

其次，大陆法系诸国的法律中尤注重翻译德国法，特别是日本法。据统计，修订法律馆翻译的大陆法系十数个国家的法律及法学书籍中，译自德国和日本的有 45 部，达到半数以上，其中译自日本的有 28 部。而且，13 部诉讼关系的法律，译自日本的多达 7 部。

再次，法学书籍也是译自日本的居多。全部译书中，仅仅根据书名即可以清楚地判断乃译自日本的就有 10 余种。如果把疑似译自日本的法典论、监狱学、狱事论、刑法的私法观、诸外国归化法异同考、比较归化法、法律名词等算在内，则更达到 20 种左右。

最后，民法关系和诉讼法关系的翻译几乎都是完成于修订法律馆重组之后，这说明，这些法律的翻译应该与民法、商法、刑事诉讼法和民事诉讼法等法律的编纂起草是同时起步的。其中尤须注意的是宣统元年翻译完成的《日本改正民事诉讼法》全部。正如本章第一节所述，日本没有与此同名的法律，它应该就是《日本民诉法改正案》无疑。该法律改正案虽然在 1903 年已经公开，但它不是以法律形式公布的，没有以书籍的形式发行，因此民间对其知之甚少。如果猜测不错，该改正案当系松冈义正应聘来华时自己带入中国的。

依据《修订法律馆办事章程》第八条规定，译书处设总纂 1 人，翻译不定编制。这说明，表 6 - 19 所列译书当系由馆内懂外语的馆员或者临时委托馆外人员翻译的。从业务分担角度看，民法、商法和诉讼法的翻译出自第一科、第二科馆员之手的可能性比较大。修订法律馆人数不多的馆员在短短数年内翻译出如此数量的外国法律和法学书籍，再让他们负责起草本身并不熟悉的民事诉讼法的法律草案，无论从时间和能力上看，似乎都不可能。

二 修订法律馆内谁可能执笔《大清民事诉讼律草案》

当然，有人或许会说，即便普通馆员没有能力起草法律草案，馆内的提调，科的总纂、纂修等核心馆员应该有能力承担起草重任。下文拟聚焦于这些人物，从他们的经历、学问背景及其工作状况入手，探讨这些人中谁有可能当此大任。

负责起草民事诉讼法职责的第二科，总纂前后有两人，最初是章宗祥。1909 年 4 月，章宗祥被提拔担任提调后，总纂由汪荣宝接任。[①] 因此，章宗祥既是修订法律馆的提调，又担任过第二科总纂。据《修订法律馆办事章程》第六条规定，提调一职乃是辅助修律大臣管理馆内的一切日常事务，位置仅次于修订法律大臣。如果说《大清民事诉讼律草案》是修订法律馆的馆员起草的，最合适的人选非章宗祥和汪荣宝莫属。

（1）关于章宗祥

据章宗祥所著《任阙斋主人自述》[②]，他 1879 年出生于上海，3 岁丧母，由姨妈抚养长大。15 岁时参加县试、府试、道试，以第二名的优秀成绩考上秀才，1896 年成为廪生。翌年，考入设立于上海的南洋公学师范班学习英语。1898 年 11 月考取国费留学生赴日本留学，在第一高等学校学习 1 年后，进入东京帝国大学选科，攻读法律政治。在东京帝国大学

---

① 1909 年 4 月 23 日（农历三月四日）"……本日得修订法律馆知会，派余代仲和充第二科总纂。"北京大学图书馆馆藏稿本丛书编委会编《汪荣宝日记》，天津古籍出版社，1987。文中的"仲和"为章宗祥号。

② 章宗祥：《任阙斋主人自述》，《文史资料存稿选编》（24）。

选科留学期间，章宗祥参与编辑《译书汇编》，积极向中国介绍日本的新思想和新观念。他自己还亲自翻译过著名学者一木喜德郎的著作《国法学》。拟任北京大学总教习的吴汝纶考察日本时，章宗祥为其担任翻译，陪同他到日本各中央官厅和地方考察。1903 年，章宗祥毕业回国，经驻日参事官汪大燮介绍推荐进入京师大学堂，在仕学馆和师范馆讲授刑法，并为仕学馆主任岩谷孙藏承担的民法讲义担任翻译。① 修订法律馆成立时，章宗祥即成为馆员，被任命为纂修。这一时期，修订法律馆还延揽了许多日本留学生和有视察日本经历的人。例如，吉同钧（字石生）、许受衡（字机楼）、陆宗舆（字闰生）、曹汝霖（字润田）等都在此时被任命为纂修、协修。修订法律馆重组时，章宗祥调任警察厅，但仍被任命为总纂，1909 年又被提拔为提调。

　　然而，据章宗祥的回忆，虽然他自始至终参与了新法律的编纂工作，修订法律大臣沈家本对他也很信任，他提出的意见几乎都被采纳，② 但据考订，他实际上只和董康在岩谷孙藏的协助下为修订法律馆起草过一部刑法草案，时在修订法律馆重组之前的光绪三十一年（1905）三月，而且这部草案在冈田朝太郎接手编纂大清新刑律草案时发挥了多大作用，迄今并不是很清楚。③ 如上所述，1907 年修订法律馆脱部独立时，章宗祥已经在警察厅任职，虽然他仍然被任命为负责编纂诉讼法的第二科的总纂，后来又担任提调，但像他自己承认的那样，编纂法律草案的热情已大不如前。④ 正因为如此，章在自己的回忆录里丝毫没有谈及《大清民事诉讼律草案》的编纂工作。因此可以说，章宗祥虽然身为第二科的总纂，但没有参与《大清民事诉讼律草案》的起草作业，被提拔为提调以后也没有迹象表明他与《大清民事诉讼律草案》的起草工作发生过联系。

　　（2）关于汪荣宝

　　那么，汪荣宝起草《大清民事诉讼律草案》的可能性有多大呢？

　　汪荣宝 1878 年出生于江苏吴县，其父汪凤瀛兄弟 4 人，全部学而优则

---

① 章宗祥：《任阙斋主人自述》，《文史资料存稿选编》（24），第 930～932 页。
② 章宗祥：《新刑律颁布之经过》，《文史资料存稿选编》（1），第 35 页。
③ 孙家红：《清末章董氏"刑律草案（稿本）"的发现和初步研究》，《华中科技大学学报》2010 年第 3 期。
④ 章宗祥：《新刑律颁布之经过》，《文史资料存稿选编》（1），第 34 页。

仕，都担任知府，有"一门四知府"的美誉，可见，汪荣宝出身于书香门第。可能是受这种家庭环境和书香世家气氛的影响，汪荣宝自幼聪慧过人，9 岁就能阅读四书五经，15 岁进县学，后以优等生推荐进入江阴南菁书院，1897 年考上拔贡生，翌年参加朝廷主持的选官考试，被授予七品小京官，在兵部当差。其间光绪帝推行的戊戌变法失败，维新遭受挫折。汪对时势失望，辞职回家。正当他赋闲在家的时候，北方爆发义和团事件，八国联军侵占北京，国势日益衰败。目睹国运江河日下，汪荣宝觉悟到传统的旧知识不足以振兴中华，遂毅然决然于 1901 年赴日留学，寻求新知识。

日本留学期间，汪荣宝先后就读于早稻田大学和庆应大学，学习历史和有关政法的专业，并联合留学生曹汝霖、陆宗舆、章宗祥等积极参加政治活动，被称为"四大金刚"。但后来，汪荣宝接受亲戚和朋友的建议，不待完成学业回国，在兵部恢复旧职。不久之后，汪荣宝被京师译学馆录取为教习，讲授近代史。此时，又遇朝廷推行新政，需要招聘大量留学生，汪于是从兵部升任为巡警部的主事。

1906 年，汪荣宝的命运发生转折。清廷开展官制改革，汪所在的巡警部改称民政部，汪被补升为参事。其时，正巧改革派徐世昌担任民政部大臣，当徐世昌赴东北考察时，任命汪为随员随侍在侧。视察结束后，汪荣宝为徐世昌撰写了内容充实的考察报告。这份报告由徐世昌上奏朝廷后，获得朝廷嘉许，社会上评价也很高。执笔者汪荣宝因此名声大噪，不久便被提拔为民政部的右参议。汪荣宝被聘为修订法律馆咨议官正是这个时候。而且，当章宗祥由第二科总纂提拔为提调时，汪荣宝被任命为第二科总纂，接替章宗祥的职位。

汪荣宝与修订法律馆发生关系始于 1908 年 11 月，其时他被聘为修订法律馆咨议官，但咨议官的职位还不可能使他参与法律草案的起草和编纂。汪参与《大清民事诉讼律草案》的编订工作应该始自 1909 年 4 月，这时，汪被任命为修订法律馆第二科总纂。汪荣宝有一个好习惯，每天都记日记，记下当天发生的事情和自己参加的活动及从事的工作。《汪荣宝日记》对于我们今天讨论汪荣宝与《大清民事诉讼律草案》的关系，是一份难得的资料。

《汪荣宝日记》详细记载了他自己参与《大清民事诉讼律草案》编纂的活动，据该日记记载，汪得知自己被任命为第二科总纂的消息是 1909 年 4

月 23 日。在接到任职通知 4 天后，即 4 月 27 日到修订法律馆报到，在与沈家本和俞廉三两位大臣寒暄后便留在第二科开始了他的工作。这是《汪荣宝日记》中首次提到民事诉讼律草案，并明确说明草案才完成了一半。①

　　如前所述，汪荣宝的本职是民政部的右参议，修订法律馆第二科总纂只是一个兼职，同时他还在宪政编查馆兼任科员，且被委任为将要新设的考核专科的帮办。② 因此，同时在 3 个机构任职的他不可能每天都到修订法律馆值勤，大体上是每隔 3~6 天去一次修订法律馆，为《大清民事诉讼律草案》修改润色。笔者查阅《汪荣宝日记》记载的他修改《大清民事诉讼律草案》的活动后发现，汪荣宝为此花费的时间，1909 年 15 次，1910 年 54 次，共计 69 次。③ 这里之所以没有使用天数而用次数做单位，是因为汪荣

① "早起，冷水浴。到法律馆见沈、俞两大臣及提调诸君。到第二科视事。第二科现编民事诉讼律草案，甫成一半云。饭后到部办事……"《汪荣宝日记》，1909 年 4 月 27 日（农历三月八日）条，第 92 页。

② "早起，冷水浴。到宪政馆。本馆奏设考核专科。闻各枢拟以劳玉初京卿为总办，余及恩咏春员外为帮办，行将奏派云。午后四时顷到部。旋散归。"《汪荣宝日记》，1909 年 4 月 28 日（农历三月九日）条，第 97 页。

③ 1909 年：5 月 10 日（三月二十一日）、5 月 14 日（三月二十五日）、5 月 18 日（三月二十九日）、5 月 21 日（四月三日）、5 月 25 日（四月七日）、5 月 28 日（四月十日）、6 月 8 日（四月二十一日）、6 月 11 日（四月二十四日）、6 月 29 日（五月十二日）、7 月 23 日（六月七日）、7 月 23 日（六月七日）、8 月 6 日（六月二十一日）、8 月 13 日（六月二十八日）、8 月 27 日（七月十二日）、9 月 3 日（七月十九日）；1910 年：1 月 12 日（宣统元年十二月二日）、2 月 22 日（宣统二年正月十三日）、3 月 1 日（正月二十日）、3 月 4 日（正月二十三）、3 月 8 日（正月二十七）、3 月 11 日（二月一日）、3 月 15 日（二月五日）、3 月 19 日（二月九日）、3 月 22 日（二月十二日）、3 月 24 日（二月十四日）、3 月 26 日（二月十六日）、3 月 29 日（二月十九日）、3 月 31 日（二月二十一日）、4 月 7 日（二月二十八日）、4 月 9 日（二月三十日）、4 月 12 日（三月三日）、4 月 14 日（三月五日）、4 月 16 日（三月七日）、4 月 19 日（三月十日）、4 月 21 日（三月十二日）、4 月 23 日（三月十四日）、4 月 26 日（三月十七日）、4 月 28 日（三月十九日）、4 月 29 日（三月二十日）、5 月 7 日（三月二十八日）、5 月 14 日（四月六日）、5 月 17 日（四月九日）、5 月 18 日（四月十日）、5 月 21 日（四月十三日）、5 月 24 日（四月十六日）、5 月 28 日（四月二十日）、5 月 31 日（四月二十三日）、6 月 9 日（五月三日）、6 月 16 日（五月十日）、6 月 18 日（五月十二日）、6 月 20 日（五月十四日）、6 月 25 日（五月十九日）、6 月 28 日（五月二十二日）、6 月 30 日（五月二十四日）、7 月 9 日（六月三日）、7 月 12 日（六月六日）、7 月 14 日（六月八日）、7 月 15 日（六月九日）、7 月 16 日（六月十日）、7 月 21 日（六月十五日）、7 月 30 日（六月二十四日）、8 月 13 日（七月九日）、8 月 16 日（七月十二日）、8 月 18 日（七月十四日）、8 月 25 日（七月二十一日）、8 月 27 日（七月二十三日）、9 月 23 日（八月二十日）、9 月 24 日（八月二十一日）、9 月 25 日（八月二十二日）。括号中的数字为农历日期。需要指出的是，《汪荣宝日记》中还有几次在家中看稿的记述，此处没有计算进来。

宝在修订法律馆很少待满一整天，几乎都是工作半天，然后再去其他机构上班。因此，将汪荣宝在修订法律馆上班时间中用于修订民事诉讼律草案的69 次换算成天数，则只有一个月多一点。

检阅《汪荣宝日记》中关于《大清民事诉讼律草案》的叙述，可以得到以下启示。

第一，清廷起用汪荣宝担任修订法律馆第二科总纂的主要目的是让他负责完成《大清民事诉讼律草案》的起草工作。为了完成这项任务，汪荣宝就任后即马不停蹄地开展工作，着手对《大清民事诉讼律草案》的条文加以修改润色，以下所引数天的日记，可以管窥汪荣宝的工作状况。

> 早起，冷水浴。八时顷，乘马到法律馆，修改民事诉讼律草案七页。午刻到仲和家饭。饭后到部办事……①
>
> 早起，冷水浴。到部阅大清律诉讼田宅钱债。新定民诉律案，内果实二字，代以旧田宅律内花利二字似尚相当……②
>
> 早起，冷水浴。以民诉律案尚多不惬之处，复加修改，自第一条至第五十二条，句斟字酌，又搜集经传及旧律内法律名词，比附译改如左。
>
> 手形，原译票据，今改券书。本周礼先郑注。
>
> 辩论改辩理，见大清律诉讼。
>
> 相手方改彼一家，用周礼郑注论语皇疏意。
>
> 检证改检勘，见大清律诉讼……③
>
> 早起……仍就冷水浴。自七月廿三日以后久未从事民诉律案，昨子健以书来促。本日接续修改，午前自第五百五十一条修至第五百七十条。午后休息片刻，续修至第五百八十五条，会胡伯平来谈，为之搁笔。④

从以上所引《汪荣宝日记》可知，汪荣宝由于在其他部门当差，同时

---

① 《汪荣宝日记》，1909 年 5 月 14 日（农历三月二十五日）条，第 113 页。

② 《汪荣宝日记》，1910 年 7 月 14 日（农历六月八日）条，第 561 页。

③ 《汪荣宝日记》，1910 年 7 月 15 日（农历六月九日）条，第 562 页。

④ 《汪荣宝日记》，1910 年 9 月 23 日（农历八月二十日）条，第 634 页。

还负责修订刑律和民律草案，因此他对《大清民事诉讼律草案》的修改是断断续续进行的，但效率很高，有时候一天修改条文数十条，最多的一天甚至修改了 52 条。另外，他还试图使用中国传统法律中的固有法律用语取代草案中的日语词汇，如用"花利"代替"果实"，用"券书"代替"票据"，用"彼一家"取代"相手方"，用"检勘"替代"检证"等。①

第二，汪荣宝对《大清民事诉讼律草案》的条文进行修订时，努力集中大家的智慧，采取的是开放式态度。以下几条日记说明了这一点。

> 早起，到修订法律馆，续订民诉律草案至一百二十一条，自一百二十一条至二百条由同科诸君分任，一律告成。午刻与张栋生同车到宪政馆。……饭后与柳溪商订行政纲目数条。旋与伯平同车到部办事……②
>
> 早起，冷水浴。……旋往法律馆与子健复校修正民诉律草案，又修改数条……③
>
> 早起，到修订法律馆与冈田博士商榷法律（诉讼律）名词酌定数十语，嘱博士列表用誊写版刷印，分饷同馆诸人……④
>
> 早起，冷水浴。到修订法律馆，与子健、伯初讨论民诉律修正稿本……⑤

上述数条日记告诉我们，汪荣宝在修订《大清民事诉讼律草案》条文的时候，与应该属于第二科的馆员以及日籍顾问冈田朝太郎就条文的表达方法开展了讨论。可惜日记中没有记述讨论的具体内容，他们议论了什么，讨论的结果是否反映进了草案，今天无从知晓。但从他们讨论时间不长看来，讨论的内容应该不会太深入。

第三，汪荣宝被授予的工作似乎是校对和修改《大清民事诉讼律草案》的条文，但他在这份工作没有结束之前，就被调离了第二科总纂的职位，因

---

① 但是，从后来公开的草案文本来看，《汪荣宝日记》中建议更换的中国传统法律用语并未被采纳。
② 《汪荣宝日记》，1910 年 3 月 24 日（农历二月十四日）条，第 445 页。
③ 《汪荣宝日记》，1910 年 6 月 9 日（农历五月三日）条，第 525 页。
④ 《汪荣宝日记》，1910 年 6 月 28 日（农历五月二十二日）条，第 544 页。
⑤ 《汪荣宝日记》，1910 年 7 月 16 日（农历六月十日）条，第 563 页。

此没有完成对《大清民事诉讼律草案》条文的修订作业。1910 年 9 月 23 日，中国历史上第一个议会机关资政院成立。据《汪荣宝日记》记载，通过抽签，所有议员被分成 6 个股，每股推选股长 1 名，通过投票选举理事 1 名。没有出席这次大会的汪荣宝被分配在第六股，并被选举为第六股的理事。9 月 25 日，汪荣宝修订《大清民事诉讼律草案》至第六百零五条时，资政院总裁溥伦致电希望他参与资政院开会的准备事宜。① 为此，自 10 月 1 日起，汪荣宝转移至资政院工作，此后日记中再也没有出现关于《大清民事诉讼律草案》的记述。现在不清楚汪荣宝之后，是谁承担了对《大清民事诉讼律草案》条文的稽核工作。同年 12 月 24 日，也就是汪荣宝离开修订法律馆约 2 个月之后，修订法律馆宣布《大清民事诉讼律草案》起草完毕，27 日，以修订法律大臣沈家本、俞廉三的名义上奏朝廷。接到奏折后，宣统皇帝立即颁发谕旨，命令宪政编查馆核定上奏。②

现在公之于世的《大清民事诉讼律草案》共有条文 800 条。如果汪荣宝当时据以修改的草案原稿也是 800 条的话，那么他对《大清民事诉讼律草案》的审核工作刚好完成了约 3/4。

第四，汪荣宝核定修订的草案最初原稿应该是用日文拟就的。这一点十分重要和关键。对此，《汪荣宝日记》是这样记述的，"早起，冷水浴。八时顷乘马到修订法律馆，阅民事诉讼法草案原文（日本文）。午刻到仲和家饭。饭后到部。四时顷散归。陆彤士、胡伯平、吕寿生来谈"③。这段文字中，汪特意在《大清民事诉讼法草案》原文后面用括弧写明"日本文"三字。根据日记中汪荣宝修正《大清民事诉讼律草案》中专用名词的译文，以及和冈田朝太郎讨论法律专业用语等记述看，汪荣宝据以审核的法律草案应该是翻译成中文的稿子。汪荣宝之所以要阅读日文原稿，可能对中文草案中的一些文字表达不是很满意。这说明，当时汪荣宝手中同时握有中日文两种文本的《大清民事诉讼律草案》。可以想见，汪荣宝在修订

① "早起，冷水浴。修改民诉律案至六百零五条。旋以星期辍业。润田以电话通知云叙斋贝子有事面商……"《汪荣宝日记》，1910 年 9 月 25 日（农历八月二十二日）条，第 636 页。文中所谓"云叙斋贝子"即指溥伦，当时被任命为资政院总裁。溥伦，1869 年生，道光皇帝是其曾祖父，1881 年袭贝子爵位。

② 《修订法律大臣沈家本等奏为民事诉讼律草案编纂告竣折》《大清民事诉讼律草案》，陈刚主编《中国民事诉讼法制百年进程·清末时期》第 2 卷。

③ 《汪荣宝日记》，1909 年 5 月 11 日（农历三月二十二日）条，第 110 页。

《大清民事诉讼律草案》条文时，是对照着日文的底稿进行的。因此日记中才会出现他从法律词典以及中国古籍中寻找合适词汇，以取代中文稿中保持日文原样的专业名词的情况，下面一段日记如实地反映了这一点。

> ……以民诉律内所用术语多承袭东人名词，思酌量改易。阅渡部万藏法律大辞典及上野贞正法律辞典，并参考英字，翻检经籍纂诂，反复斟酌，卒不能一一得确译之字，始叹制作之难……①

第五，从《汪荣宝日记》中可知，汪赴修订法律馆任职之时，《大清民事诉讼律草案》还只是完成了一半，可以说，汪对《大清民事诉讼律草案》的审核作业不是在草案全部完稿的基础上进行的，采取的是完成一部分，送来一部分，审核完成后再送馆员誊写的作业方式。这有以下日记为证：

> 早起，冷水浴。修改民诉律案自第五百八十六条至第六百零二条。写十九日至本日日记。以修改民诉律稿函送子健，嘱付书记写印。②

第六，日本在修订民事诉讼法时，法律草案在提交议会审议以前的阶段，除设置起草委员起草条文外，还设立审查委员会对完成的草案进行逐条审议。而清廷制定民事诉讼法时，由于时间和形势所迫，并没有像日本那样采取审慎严肃的立法态度，至少从《汪荣宝日记》中，我们看不到修订法律馆或者主管此项起草工作的第二科为此召开审议会或讨论会之类的记载，读到的只是汪荣宝一个人在办公室或自己的寓所对法律草案进行修改润色的情形。如果举行过这样的审议或讨论，相信汪荣宝不会在日记中遗漏。

以上花费大量篇幅就汪荣宝与《大清民事诉讼律草案》之间的关系进行了论证和分析，由此可以得出一个结论，汪荣宝虽然参与了《大清民事诉讼律草案》的编撰工作，但他的工作似乎只是对已经完成的条文进行审核和文字润色，他不可能是《大清民事诉讼律草案》的原始执笔者和制度

---

① 《汪荣宝日记》，1910 年 4 月 29 日（农历三月二十日）条，第 482 页。
② 《汪荣宝日记》，1910 年 9 月 24 日（农历八月二十一日）条，第 635 页。

设计者。草案的执笔者和制度设计者当另有其人。

关于这一点，吴泽勇是这样叙述的："事实上，根据《汪荣宝日记》的记载，自他担任第二科总纂之后，他不仅全程负责该法的编订，而且对许多条文反复加以修改，而其他馆员的作用好像只是负担部分中文初稿的起草，以及间或参与一些讨论。"但是，"汪荣宝修改民事诉讼律时，在文字上所下的功夫远远大于在制度设计上下的功夫。……一方面，汪荣宝并没有完全遵从日文稿原文；但是另一方面，他的'创造'多数只是字句上的斟酌、取舍"。① 对于吴泽勇"汪荣宝并没有完全遵从日文稿原文"这一判断尚可商榷，但他主张的汪荣宝并不是《大清民事诉讼律草案》的原始起草者和制度设计者，与笔者的判断有相通之处。

（3）关于汪有龄和章宗元

那么，修订法律馆第二科还有没有其他人可能是《大清民事诉讼律草案》的原始起草者和制度设计者呢？由于迄今没有发现修订法律馆第二科馆员的名单，除先后担任过第二科总纂的章宗祥和汪荣宝以外，不清楚还有谁是第二科的馆员。1910 年 12 月 27 日修订法律大臣沈家本虽然向朝廷上奏并提交了该草案，但草案结尾处也没有附上修订参与者的名单。同时遗憾的是，在《大清原稿刑律》中也没有发现关于"犯奸罪"的"律文修改稿"参与者名单之类的文件，② 因此，无法确定修订法律馆以及第二科馆员中参与起草和修改的人。但是《汪荣宝日记》中留下了几次和其他馆员探讨修改《大清民事诉讼律草案》的记载，并记下了他们的姓名。虽然日记中没有明确记载他们就是第二科的馆员，但他们属于第二科的可能性应该比较大，为我们今天分析谁是《大清民事诉讼律草案》的起草者和制度设计者提供了一点线索。

检索《汪荣宝日记》，可发现与汪氏探讨过《大清民事诉讼律草案》的人，除冈田朝太郎以外还有 2 名馆员，他们分别是汪有龄和章宗元。《汪荣宝日记》谈及章宗元（伯初）1 次，汪有龄（子健）3 次。

章宗元乃章宗祥之胞兄，1900 年赴美留学，在美国加利福尼亚大学商学院学习，1903 年学成回国，被修订法律馆录用。他出版过《美国宪法》

---

① 吴泽勇：《〈大清民事诉讼律〉修订考析》，《现代法学》2007 年第 4 期。

② 陈煜：《清末新政中的修订法律馆——中国法律近代化的一段往事》，第 100～101 页。

《美国民政考》等书，对美国情况比较熟悉，但他的专业原本是商学，承担的任务很可能是翻译与美国有关的法律，似乎不大可能承担民事诉讼律的起草执笔任务。因此完全可以将其从《大清民事诉讼律草案》的执笔者中排除。

据《汪荣宝日记》，汪有龄应该就是第二科的馆员。这有日记为证："早起。访伯屏于石桥别业，知方在润田家，往谈片刻。到修订法律馆，与子健诸君商定第二科课程分担事宜。余自任民诉修正至一百二十条，限三月十五日以前一律告竣。本日修正数条……午刻散……"① 文中的"子健"指的就是汪有龄。从汪荣宝把修改过的文稿邮寄给汪有龄，并通过他指示书记官缮写和交付印刷等情况判断，汪有龄很有可能是第二科的"纂修"或"协修"，地位当在汪荣宝之下。同时，当汪荣宝将近一个月没有对《大清民事诉讼律草案》条文进行修改时，汪有龄去信催促："早起……仍就冷水浴。自七月廿三日以后久未从事民诉律案，昨子健以书来促。本日接续修改，午前自第五百五十一条修至第五百七十条。午后休息片时，续修至第五百八十五条。会胡伯平来谈，为之搁笔。"② 这说明，汪有龄在第二科具体负责日常事务，对《大清民事诉讼律草案》的编纂进程负有监督之责。应该说汪有龄参与编纂《大清民事诉讼律草案》的可能性极大。

汪有龄是何许人呢？实际上，汪有龄和章宗祥不仅同岁，都生于1879年，且是同乡，更是同窗共读了十几年的同学。章宗祥3岁丧母，跟着姨妈长大，而此时姨妈寡居多年，寄宿于其舅父陈小庄公家。因此，章宗祥实际从小就生活在其舅祖父家，直至16岁考中秀才后独立谋生。陈小庄公虽然仅为江苏候补同知，当厘差，属于低级官员，但父子两人都曾在曾国藩和李鸿章手下做过幕僚，其父亲还当过上海知县，在当地小有名声。章4岁时，随其舅祖父、姨妈迁入苏州，并在舅祖父家的私塾里与舅祖父家的儿女孙子们一起受业。汪有龄出自世代为官的家庭，不知何故此时亦寄居于陈小庄公家，因此与章宗祥在同一所私塾里同窗十数载。据章宗祥回忆，"子健记忆力为诸人冠，读书时用心极专，在旁呼之名如不闻。十五岁前后《十三经》皆读毕，即《尔雅》及《文选》中之三都赋，

---

① 《汪荣宝日记》，1910年2月22日（农历正月十三日）条，第414页。
② 《汪荣宝日记》，1910年9月23日（农历八月二十日）条，第634页。

亦背诵如流。余与仲文均愧弗如。尝于夜课时，子健、仲文与余三人，于油灯下围坐一方桌，读名人时文，三人试以一文暗诵，仲文与余非三四遍不能强记，子健则一遍即照背无讹，其记忆力洵惊人也"①。文中的仲文乃章宗祥舅祖父之次子。

后来，章宗祥进入南洋公学师范班，汪有龄就读杭州蚕学馆。光绪二十三年（1897），在改革派报人汪康年的推荐下，汪有龄被选定为浙江官费留学生，比章宗祥早1年赴日留学，学习养蚕技术。由于不懂日文，起初，汪有龄经汪康年的介绍，先赴大阪进入汪康年的友人山本宪经营的私塾学习日语。② 其时，光绪帝正热心政治改革，不仅中央政府需要懂得政治法律的人才，地方政府亦不甘落后。受此影响，汪有龄本应于翌年进入养蚕学校学习，但在浙江巡抚廖中丞的指示下，改赴东京学习法律。从日本法政大学法律速成科毕业回国后，汪先是在商部编辑《商务官报》，京师法律学堂成立后则在该学堂担任教习，为日本教习冈田朝太郎、松冈义正等人当翻译，如松冈义正口述、熊元襄等编《民事诉讼法》例言中即明确写道"本编为日本松冈义正所讲授，钱塘汪有龄所口译"③。1907年10月，汪有龄以"大理院行走"的身份加盟修订法律馆，据《汪荣宝日记》可知被分配至第二科。

但是，关于汪有龄，人们知道他在沈家本的支持下创建了北京法学会，进入中华民国以后创办朝阳大学并担任校长，致力于推动中国法学教育的现代化，后来作为政治家为立法事务和国务而奔走，却不清楚他在修订法律馆参与修订《大清民事诉讼律草案》的情况。何邦武、刘亮合著的《汪有龄与近代中国法治的现代化》可能是探讨汪有龄在清末民初中国法律近代化过程中发挥作用的为数极少的论文之一，其中对于他在修订法律馆的地位和作用也是语焉不详，仅仅提到他为冈田朝太郎讲授的《刑事诉讼法》、松冈义正讲授的《民事诉讼法》做过翻译。④ 汪有龄也没有为自己在修订法律馆

① 章宗祥：《任阙斋主人自述》，《文史资料存稿选编》（24），第916页。
② 吕顺长「山本梅崖と汪康年の交遊」『四天王寺国際仏教大学紀要』第45号、2008年3月、37～38頁。
③ 松冈义正口述，熊元襄编《民事诉讼法》，"例言"。汪庚年编辑出版的《民事诉讼法·破产法》中的"例言"也有同样的说明。
④ 何邦武、刘亮：《汪有龄与近代中国的法治现代化》，《浙江理工大学学报》2012年第5期。

参与《大清民事诉讼律草案》的制定工作留下只言片语。

总之，在笔者看来，以汪有龄当时的学识和经历，他不大可能被委以担任《大清民事诉讼律草案》的起草和制度设计的重任。同时，如前所述，章宗祥和汪荣宝也不可能是《大清民事诉讼律草案》的起草者和制度设计者。那么，负责《大清民事诉讼律草案》的起草和制度设计的究竟是谁呢？

第四节　松冈义正才是《大清民事诉讼律草案》的真正起草者

笔者认为《大清民事诉讼律草案》的真正起草者和制度设计者应该就是日籍顾问松冈义正。但是，在目前的情况下，这个结论还缺乏足够的史料支持，所以很多学者对此持保留态度。

例如，最早研究修订法律馆及修订法律大臣沈家本的北京大学教授李贵连在最初的《沈家本传》及其关于中国法律近代化与日本之关系的许多论文中，尽管指出了松冈义正参与了起草《大清民事诉讼律草案》，也没有提示确证的史料。① 最近出版的《沈家本评传》（增补版）也没有增加这方面的资料。② 又如陈煜研究修订法律馆的著作对所聘 4 位日籍"调查员"的介绍中，对冈田朝太郎、小河滋次郎、志田钾太郎的介绍用了比较大的篇幅，唯独对松冈义正的介绍仅仅只有 4 行文字，而且关于其起草的法律草案提到了民律，却全然没有谈及民事诉讼律。③ 再如曾经担任修订法律馆提调的董康在《中国修订法律之经过》中，关于《大清民事诉讼律草案》，也只有一句话带过，"由修订法律馆馆员和法律顾问、现在的法学博士松冈义正一道起草"，而且把起草者的主体说成"馆员"。④ 主要探讨和分析《大清民事诉讼律草案》制定过程的吴泽勇也没有做出肯定的表述，只是含糊其词地说："由这些记载，大致可以确定松冈义正参加了《大清民事诉讼律》的起草。但他究竟在其中发挥了多大作用，是单独起草初稿还是仅仅作为顾问提

---

① 请参阅李贵连《沈家本传》。
② 李贵连：《沈家本评传》（增补版），第 112 页。
③ 陈煜：《清末新政中的修订法律馆——中国法律近代化的一段往事》，第 237～244 页。
④ 何勤华、魏琼编《董康法学文集》，第 464 页。

供咨询目前就不得而知了。"①

的确，在当前可以确证是松冈义正执笔起草的《大清民事诉讼律草案》的原稿没有被发现的情况下，也许很难复原历史的真实面貌。不过，难道就真的没有接近历史事实的方法吗？笔者认为办法还是有的。例如，调查分析修订法律馆延聘松冈的经过、松冈赴华前的经历与编纂《大清民事诉讼律草案》之关系，对松冈在京师法律学堂讲授的民事诉讼法讲义的内容结构与《大清民事诉讼律草案》的章节结构进行对比，探讨松冈关于民事诉讼法的理论在《大清民事诉讼律草案》中的体现，以此来验证松冈义正是不是《大清民事诉讼律草案》的起草者和制度设计者。

关于修订法律馆聘请松冈义正来华的经过、松冈赴华前的经历与编纂《大清民事诉讼律草案》关系，本书第四章有比较详细的叙述和分析，而且当年松冈任满回国后不久，董康致信松冈，希望其回日本后继续为修订法律馆编纂民法施行法和民事诉讼法施行法等草案。在这封信中，董康明确承认《大清民律》《大清民事诉讼律》皆出自松冈义正之手，完全不同于他在1930年代回忆中的含糊其词。这些情形，此处不赘。本节拟主要对松冈在京师法律学堂讲授的民事诉讼法讲义的内容结构与《大清民事诉讼律草案》的章节结构进行对比，并分析松冈关于民事诉讼法的理论在《大清民事诉讼律草案》中的体现。

一　松冈在京师法律学堂的民诉法讲义与《大清民事诉讼律草案》体例结构的关系

吴泽勇主张"《大清民事诉讼律》的确是经过编纂者殚精竭虑、苦心孤诣编纂而成的'中国'法典，而不是《日本民事诉讼法》的翻译或者翻版"的重要证据之一，就是《大清民事诉讼律草案》的体例和结构既不同于德国民事诉讼法，又与1890年版日本民事诉讼法存在差异。关于这一点，本章通过《大清民事诉讼律草案》与《日本民事诉讼法改正案》的对比，已经充分说明《大清民事诉讼律草案》既非模仿德国民事诉讼法，也不是抄自日本当时的民事诉讼法，而是以修纂完毕并已公开却未能成为日本正式法律的《日本民诉法改正案》为蓝本。但是，至于它是由谁主导的则没有具

---

① 吴泽勇：《〈大清民事诉讼律〉修订考析》，《现代法学》2007年第4期。

体说明。

本书第五章在分析松冈义正于京师法律学堂讲授民事诉讼法时，注意到其讲授内容及讲义的编排与在日本发行的民事诉讼法讲义存在很大区别，对此进行分析或许可以进一步接近事实真相。为此，下面拟就此做一点简要探讨。

众所周知，松冈在京师法律学堂担任教习讲授民事诉讼法的时候，中国还没有制定民事诉讼法。因此，松冈讲授的民事诉讼法的内容应该主要来自日本的民事诉讼法。他的讲课内容经由汪有龄的口译，并由听过松冈讲授的学生刊行问世，这就是第五章中提到的两套法律丛书，其中有一本叫作《民事诉讼法》，其详细目录请参阅表5－15。检阅松冈义正口述、熊元襄等编辑的《民事诉讼法》，可发现松冈讲授的民事诉讼法内容具有以下特点。

第一，松冈讲授民事诉讼法没有完全按照日本民事诉讼法的体例，而是对其进行了新的编排和整理。松冈在讲授民法时，基本上按照日本民法总则、民法物权、民法债权的结构顺序，以日本民法内容为基础开展教学。但是，松冈在讲授民事诉讼法时，则在尊重日本民事诉讼法的编章结构的同时，按照民事诉讼的内在规律，重新安排为总论、诉讼关系、诉讼程序、执行关系。

第二，松冈在讲义中把诉讼关系分成诉讼主体和诉讼要件，将法院及其管辖和当事人作为诉讼主体加以重点讲述。同时，又把诉讼程序区分为"普通诉讼"和"特别诉讼"，把第一审至第三审以及再审程序归纳为普通诉讼，将日本民事诉讼法在各编规定的督促程序、证书诉讼、票据诉讼、假差押诉讼、假处分诉讼等归纳为特别诉讼，并将当时现行民事诉讼法中没有做出规定的破产诉讼和人事诉讼也列入特别诉讼之中。普通诉讼和特别诉讼在日本民事诉讼法中没有区分，这应该是在日本长期担任民事法官的松冈义正根据其审判经验做出的创新。此外，讲义中删除了仲裁程序，执行程序也可能是因为修订法律馆确定要制定单行法规，从而只是简单地一带而过。

以审判衙门、当事人、普通诉讼程序、特别诉讼程序四编体制草拟成的《大清民事诉讼律草案》，与松冈义正在京师法律学堂讲授的民事诉讼法讲义的内容与结构如此高度一致，难道是一种偶然的巧合？笔者以为不然。正如松冈义正口述、熊元襄等编辑出版的《民事诉讼法》例言中所云，"讲者为我法律馆起草民诉法委员会之一员，故本编形式虽出日本法，而其精神直贯注我国民诉法草案之全部。允足为研究新法者之重要材料"①。就是说，当时的听讲者都知道，松冈在京师法律学堂讲授的民事诉讼法，已经包括了他当时为修订法律馆起草的民事诉讼律的内容。这就是松冈在日本讲授的民事诉讼法与在北京讲授的民事诉讼法结构和内容都存在差别的主要原因。

　　另外，《大清民事诉讼律草案》中有些条文，例如第一编"审判衙门"中的第一章"事物管辖"，既不是来自日本当时的民事诉讼法，也不是来自《日本民事诉讼法改正案》，更不是来自德国民事诉讼法。它来自哪里呢？吴泽勇认为这是修订法律馆馆员的独创，并以此作为《大清民事诉讼律》出自修订法律馆馆员之手的有力证据之一。实际上，正如本书表 6 - 7 所示，这些条文基本上来自日本讨论修订民事诉讼法过程中的衍生物《民诉甲第一号》。比较两者的条文可以知道，《大清民事诉讼律草案》中关于事物管辖的规定，除在条款的排列次序和用词上存在细微区别外，几乎照搬了《民诉甲第一号》第一条、第二条的内容。

　　《民诉甲第一号》是日本法典调查会第二部于明治 33 年（1900）9 月11 日发给委员们的修正案，全文共 211 条。据《法典调查会（第二部）民事诉讼法议事速记录》记载，起草委员富谷鉎太郎在审议说明中指出，1890 年民事诉讼法中的事物管辖规定，由于此前在裁判所构成法中有了规定，故诉讼法中避繁就简，将裁判所的事物管辖简单地写成"依裁判所构成法之规定"。但是，这次修订中，"我们认为应将此事物管辖集中规定于诉讼法……不仅仅是事物管辖，属于裁判所管辖的内容亦应悉皆写入民事诉讼法"②。但是，《民诉甲第一号》虽然对事物管辖做了详细规定，而后来作为正式修订草案公布的《日本民事诉讼法改正案》并没有采纳这一写法，同时，《民诉甲第一号》直到 1994 年首次公开以前，从来没有公之于众。那么，是谁把这些条文写进了《大清民事诉讼律草案》之中的呢？修订法律馆的馆员不可能知道《民诉甲第一号》的内容。唯一合理的解释是参与过日本民事诉讼法修订工作的松冈义正将此条文移植进了《大清民事诉讼律草案》。

---

① 松冈义正口述，熊元襄等编《民事诉讼法》，"例言"。

② 松本博之・河野正憲・徳田和幸編『民事訴訟法　明治 36 年草案（1）』『日本立法資料全集』第 43 卷、229 頁。

认为《大清民事诉讼律草案》出自修订法律馆馆员之手的另一个理由是日本当时的民事诉讼法中有检察官参与民事诉讼的规定，而《大清民事诉讼律草案》中却没有类似的内容。这又是怎么回事呢？实际上，日本法典调查会在讨论修改民事诉讼法的过程中就达成了共识，将关于检察官参与民事诉讼的规定从民事诉讼法中删除。检阅前述 3 部民事诉讼法的修正案就可以发现，任何一部修正案中都没有关于检察官参与民事诉讼的规定。如前所述，松冈义正在负责起草民事诉讼法修正案的法典调查会第二部，作为起草委员的辅助委员，他清楚地知道为什么要废除检察官参与民事诉讼的有关规定。因此，当松冈义正为修订法律馆起草《大清民事诉讼律草案》时自然不会把日本业已决定废除的制度写入其中。

同时，松冈义正在京师法律学堂讲授民事诉讼法时，也向他的学生解释了废除这一规定的原因。他说：检察官参与民事诉讼的规定，“于理论上未尝不合，而事实上则检事但知刑事上之学问，欲使其干涉民事，于民事上之知识每多欠缺。另设民事上之检事机关，则经费太多。以刑事上之检事干涉民事必有非常之错误。故各国以检事干预有关公益之民事，于实质上毫无裨益。且民事诉讼上之目的物，不外乎纯粹之私法关系与非纯粹之私法关系，而断无纯粹关于公益之私法关系。故民事上裁判之范围不能超过于当事者申立之外”①。总之，综合以上所述，《大清民事诉讼律草案》之所以没有把当时日本民事诉讼法中的“检察官的参与”写进来，并不是因为修订法律馆馆员的判断，而是出自松冈义正的考虑。

二　松冈义正关于民诉法的理念在《大清民事诉讼律草案》中的体现

成文法系的法律法典都是由条款构成的，维持条款之间的逻辑与理论上的平衡依靠的是法理或贯穿该法始终的基本原则。法律草案的起草者的原则主张必定会以条款的形式反映其中。因此，验证《大清民事诉讼律草案》是不是由松冈义正起草的，方法之一就是调查分析松冈对于民事诉讼法的一些重要主张在《大清民事诉讼律草案》的条款中有无体现。

松冈义正 1911 年任满回国后不久，1913 年日本成立“法律取调委员

① 松冈义正口述，汪庚年编《民事诉讼法》，第 56 页。

会", 重新启动修订日本民事诉讼法的工作。同年 6 月, 松冈即被任命为该委员会的委员; 1914 年 11 月, 又被任命为 "民事诉讼法改正主查委员会" 委员; 1919 年 7 月担任 "民事诉讼法改正调查委员会" 的调查委员, 2 个月后, 更被起用为 "民事诉讼法改正起草委员会" 的起草委员, 参与了大正民事诉讼法的整个制定过程。① 大正民事诉讼法的制定是以法典调查会制定的前述《民事诉讼法改正案》为基础进行的, "民事诉讼法改正主查委员会" 成立之初, 审议的对象就是《民事诉讼法改正案》。在此后召开的一系列审议会上, 松冈义正作为《民事诉讼法改正案》的参与者, 同时又以主查委员的身份, 就民事诉讼法的许多重要原则问题发表过意见和看法。他的这些意见虽然是针对《日本民诉法改正案》的, 但对于理解《大清民事诉讼律草案》与松冈义正的关系有很重要的参考价值, 这里仅举几例加以说明和分析。

首先, 我们来看律师诉讼原则。1914 年 11 月 18 日举行的第二次主查委员会会议讨论了是否应该采用律师诉讼原则。对此, 松冈在会上做了发言。他认为: "在诉讼法立法方面, 有本人诉讼原则和律师诉讼原则两种主张。关于这两种原则之利害得失似乎尚未定论。我个人认为, 如果律师制度非常完善, 大可实行律师诉讼原则, 否则会出现庸医同样的弊端。从经济角度观之, 律师诉讼原则会增加当事人诉讼费用的负担。自法院角度观之, 以律师诉讼原则为便利。外国之立法法例殆无一定之规。故请各位就此两种原则的可否加以充分研究。"② 从松冈的发言来看, 他似乎对律师诉讼原则持一种消极的态度。结合《大清民事诉讼律草案》中对于《日本民诉法改正案》中采取的律师诉讼原则只在第三审中予以保留的做法, 可以推断此事乃出于松冈义正的判断和推动。

其次, 再来分析关于当事人能力的规定。如前所述, 关于当事人的能力, 《日本民诉法改正案》第四十七条规定, "得享有私权者有当事人能力"。对应这一条, 《大清民事诉讼律草案》在第五十三条中是这样规定的: "有权利能力人有当事人能力。但胎儿以其可享之权利为限有当事人能力。"

---

① 松本博之・河野正憲・徳田和幸編『民事訴訟法 大正改正編 (1)』『日本立法資料全集』第 10 卷、22 ~ 28 頁。

② 松本博之・河野正憲・徳田和幸編『民事訴訟法 大正改正編 (1)』『日本立法資料全集』第 10 卷、628 ~ 629 頁。

这里，"私权"变成了"权利能力"。为什么会发生这种变化呢？1922 年 11 月，日本举行的第五次民事诉讼法改正调查委员会会议的速记中，记录了一段松冈义正和其他委员之间关于当事人能力的讨论，我们或许可以从中窥见端倪。会上，同为调查委员、当时担任大审院院长之职的平沼骐一郎①发问，"当事人能力是什么意思，民法中有什么规定？"对此，松冈答复："所谓当事人能力没有直接规定为当事人能力的，说到底，民法所谓权利能力就相当于当事人能力，依民法及其他法令之规定这种写法，就知道它的意思。"同为调查委员的冈野敬次郎进一步追问："当事人能力与民法的权利能力是同一件事吗？"对此，松冈强调："不能说是同一件事，它的意思是说有民法之权利能力的人有当事人能力。"②从上述对话中我们不难想见是谁在当年《大清民事诉讼律草案》中将《日本民诉法改正案》中的"私权"改写为意思更为清晰的"权利能力"的了。这个人不是别人，应该就是松冈义正。

　　总之，结合第四章有关聘请松冈义正担任京师法律学堂教习以及后来追加聘请其为修订法律馆"调查员"的经过及其原因，我们可以这样认为，对于修订法律馆从日本聘请法律顾问之终极目的了然于胸的梅谦次郎，之所以推荐松冈义正来华，看重的应该是他的资历：松冈既是一位有丰富民事审判经验的资深法官，又是一位勤于思考、著述颇丰且有深厚理论造诣的学问家，而且他参与了日本民事诉讼法的修改活动，作为起草委员的辅助委员对《日本民诉法改正案》的起草做出过巨大贡献，可以说是一位擅长立法技术的立法行家。从日本修改 1890 年版民事诉讼法的过程来看，在修改案的起草讨论阶段，负责起草和审议的委员，除部分来自东京帝国大学外，大部分是法官或曾经的法官。这说明，修订民事诉讼法的起草者的选任，有无民事审判经验是重要的标准之一。中国历史上缺乏近代意义上的民事审判传统，更没有过规范民事审判的程序法，因此，修订法律馆要想制定一部近代意义上的民事诉讼法草案，集民事审判法官、民法学者以及立法经验者于一身的松冈义正应该是不二选择。可以推断，修订法律馆的中国籍馆员不可能担负

---

① 松本博之『民事訴訟法の立法史と解釈学』、71 頁。
② 松本博之・河野正憲・德田和幸編『民事訴訟法　大正改正編（3）』『日本立法資料全集』第 12 卷、信山社、1993、59～60 頁。

《大清民事诉讼律草案》条文的起草和制度设计重任，因为他们大多只在日本留学过数年，掌握的民事法律知识有限，加上在国内毫无审判经验，对于制定一部技术要求很高的民事诉讼法，应该是力所不逮，而有资格有能力堪当此任的只有松冈义正了。完全有理由相信，只有松冈义正才可能是《大清民事诉讼律草案》的起草者，是中国第一部民事诉讼法的制度设计者。

小　结

在法律近代化的大潮之中，东亚各国在改革落后于社会变化和发展的法制和法律，建设新的法律体系时，一个共同的特征是把目光投向走在前面的西方各国，从与本国历史、文化和传统相近的国家移植引进其基本成熟的法律和法制。在移植外国法律及其法制时，采用的手法往往是照搬外国最新法典甚至对方尚在审议制定中的法律草案，或者干脆高薪聘请外国的知名法学专家或者司法官员操刀。明治初期，日本编纂最初的民法（史称"旧民法"）时采取了后一种方法，聘请法国著名法学家波索纳德帮助起草了法国式的民法典。但当法国式民法遭到日本很多法学家的激烈反对，不得不编纂新民法时，则采用了前一种方法，将德国尚在编制阶段的民法案基本照搬翻译成日文，这就是日本明治民法典。1890年实施的民事诉讼法可以说也是德国民诉法的翻版。

中国建设近代法律和法制落后于日本，参考被称为"同文同种"日本的做法推进法律近代化有其历史的必然。今天我们回顾这段历史，还原历史真相具有重要意义。

本章正是基于这一考虑，将《大清民事诉讼律草案》的结构与条款和日本当时现行的民事诉讼法以及长期湮没于故纸堆里的《日本民诉法改正案》等相关法律草案进行比对，以探讨当年受聘担任修订法律馆调查员，帮助清廷起草民法、民事诉讼法等法律案的松冈义正在《大清民事诉讼律》制定过程中所发挥的作用。根据本章的分析和论证，并结合第四至第五章的论述，笔者断定松冈义正才是《大清民事诉讼律草案》的原始起草者和制度设计者。对于松冈在民事诉讼法制定过程中的作用和贡献，笔者认为可以给予如下评价。

首先，松冈为中国移植、创立近代民事诉讼法体系发挥了开山辟路的作用。

众所周知，传统的中华法系里没有独立的民事诉讼法，诉讼程序之类的规定基本上包含于刑法性质的刑律之中。因此，在中华法系里，虽然也有一些对于民事性质的纠纷，以刑事处罚的方式加以解决的条款规定，但大多数民事纠纷基本上靠民间的绅士调解息讼，法律中从来没有过当事人能力以及当事人双方的权利和义务之类的概念，自然也没有所谓的诉讼程序。晚清统治者在与英国等西方各国谈判修改通商航海条约过程中，为了从西方列强手里夺回领事裁判权，才认识到改革本国法律体系，建构近代诉讼法体系的重要性和必要性，但具体如何建构，既缺乏必要的知识，也没有这方面的经验，最主要的是缺少精通近代法律的人才。伍廷芳懂得英国法，清廷任命他担任修订法律馆大臣，让他和精通中国传统法律的沈家本搭档建构新的法律体系应该说是知人善任之举。但可惜的是伍廷芳没有搞清楚立法的先后次序，又没有对成文法和判例法体系内的诉讼程序加以区别，同时本人及其部属缺乏审判经验，因此在他主持下制定的《大清刑事民事诉讼法》缺陷甚多，终被废弃。正是在这样的背景下，松冈义正应聘来华，承担《大清民事诉讼法草案》的起草重任。他以日本法典调查会已经审议通过但没有提交帝国议会讨论的《日本民诉法改正案》为蓝本，与修订法律馆的同事们探讨斟酌，起草了《大清民事诉讼律草案》，任满回国后又为修订法律馆起草了民事诉讼律施行法。至此，中国正式告别了没有民事诉讼法的历史，开启了一个新时代。笔者认为，松冈在这一历史转折过程中发挥的重要作用应该得到高度肯定和评价。

其次，松冈起草的《大清民事诉讼律草案》为中国民事诉讼法的制定奠定了基础。

如前所述，《日本民诉法改正案》虽然由于日本国内社会政治的原因最终被搁置，没有成为正式的法律，但它是日本数十位著名法学家、司法官员历经十几年，针对日本当时现行民事诉讼法存在的缺陷，根据日本社会经济的发展变化，充分吸取民事审判中的经验，集思广益编纂而成。该改正案引进了许多新理念，建构了许多新制度新体系，是一部超越当时日本现行民事诉讼法的崭新法典，是当时民诉法学研究的集大成之作。松冈义正就是参考这样一部可以说是全新的民事诉讼法案为中国起草了《大清民事诉讼律草案》。这就是后来的人们在比较《大清民事诉讼律草案》和当时日本现行的民事诉讼法以及德国民事诉讼法时，觉得前者优于后二者的根本原因。虽然《大清民事诉讼律草案》命运多舛，由于清王朝的覆亡而最终未能成为正式的法律，但它的基本结构和基本原则大多被后来的政府继承和接受。中华民国以及当今的中华人民共和国制定的民事诉讼法，总体框架仍然基本承袭《大清民事诉讼律草案》。因此可以说，松冈起草的民事诉讼法为中国的民事诉讼法奠定了基础。

第七章

中华民国的启航与法制顾问
寺尾亨、副岛义一

引 言

众所周知，日本朝野与辛亥革命以及辛亥革命准备的过程，有着广泛而密切的关系。对此，中日两国学术界的研究成果可谓汗牛充栋。[1] 但是，被南京临时政府聘为法制顾问的日本国际法学家寺尾亨、宪法学家副岛义一却似乎为后人所遗忘，关于他们与辛亥革命的关系几乎无人涉及。[2] 言及他们两人的文字，就笔者目力所及似乎少之又少。其中，台湾学者包遵彭编辑的《中国近代史论丛》第一辑第八册所收张忠绂于1935年撰写的《中华民国诞生初期之外交》可能是最早的文字。该文列举了许多援助过辛亥革命的日本人姓名，其中就有寺

---

① 关于辛亥革命研究成果可以参考赵慧、涂文学主编《辛亥革命研究史料目录（1899~1999）》（武汉出版社，2002）和严昌洪主编《中国内地及港台地区辛亥革命史论文目录汇编》（武汉出版社，2003）。前者主要收录1899~1999年的史料和研究论著，不包含学术论文。后者主要收录20世纪辛亥革命史研究论文，时间截至1999年，以报刊发表的文章为主，兼收部分论文集所载文章。另外还有海峡两岸出版交流中心、华中师范大学中国近代史研究所编《海峡两岸辛亥革命著述书目（1911~2011）》（九州出版社，2011）可供参考。2018年1月，该书由千华驻科技出版有限公司发行了电子版。日本山根幸夫编『新編辛亥革命文献目録』（東京女子大学東洋史研究室、1983）也有比较全面的收录，但没有反映1980年代以后的研究。此外，"南湖侠客"在博客中宣称其编写的《辛亥革命史料和研究文献目录》是在赵慧、涂文学以及严昌洪主编的著作基础上，首次收录了有史料价值的缩微文献、电子文献（VCD）的目录。据称，该文献目录包括史料或档案汇编、地方文史资料、人物文集、传记和研究论著，论文目录则包括正式发表的报纸文章、学术论文、博硕士学位论文和会议论文，其中博硕士学位论文和会议论文首次入选文献目录。但笔者不能确认该书是否已经出版。
② 曽田三郎『中華民国の誕生と大正初期の日本人』（思文閣、2013）第1章做了稍微详细的介绍。

尾亨和副岛义一，指出他们为辛亥革命做过贡献。[1] 1992 年，李廷江撰写的《辛亥革命时期的日本人顾问》也写到了寺尾亨、副岛义一出任南京临时政府的法制顾问，但没有论及其出任顾问的缘始及贡献。[2] 2001 年，日本史研究者松下佐知子注意到了副岛义一，发表了有关他的学术论文，可惜没有提及他作为南京临时政府法制顾问开展的活动。[3]

南京临时政府成立前夕，在上海举行的同盟会领导人会议上，主张实行美国总统制的孙中山和主张实行法国内阁制的宋教仁之间，围绕未来新生政权建设什么样的政体发生了激烈的争论，此后通过的《中华民国临时政府组织大纲》采纳了孙中山主张的总统制。但是，其后为南京临时政府临时参议院通过的《中华民国临时约法》确定的政体蓝图采纳的却是宋教仁的主张。而此时应该具体负责《临时约法》起草工作的法制院总裁宋教仁本人在临时约法审议期间却不在南京，而作为迎接袁世凯南下代表团的一员去了北京。辛亥革命研究者对于《中华民国临时约法》的实际起草者究竟是谁，孙中山因何由主张美国总统制改变为同意法国共和制都语焉不详，甚至相互冲突。革命意志非常坚定、对自己的主张从不轻易变更的孙中山对《临时约法》构想的豹变，幕后或许存在其他因素，担任法制顾问的寺尾亨和副岛义一应该在其中发挥了作用。当然，本章不可能全部揭开其中的疑团，但希望它能为拨开这一迷雾提供一点线索。

第一节　辛亥革命的爆发与寺尾、副岛赴华经过

辛亥革命不仅对清廷是一场晴天霹雳，对同盟会主要领导人来说也是始料未及的大事件。因此，辛亥革命的爆发给予国内外极大冲击，与中国关系最为密切的邻国日本尤其如此。日本政府以及日本社会各界的反应可以说是五花八门，辛亥革命的领导层聘请日本顾问正是在这种背景下进行的。以下就此做一简单的分析。

---

① 张忠绂：《中华民国诞生初期之外交》（《外交月报》第 6 卷第 1 期，1935 年 1 月），收入包遵彭等编《中国近代史论丛》第 1 辑第 8 册，台北：正中书局，1957，第 68～69 页。

② 李廷江「辛亥革命時期における日本人顧問」『アジア研究』第 39 巻第 1 号、1992 年、1～23 頁。

③ 松下佐知子「清末民国初期の日本人法律顧問——有賀長雄と副島義一の憲法構想と政治行動を中心として」『史学雑誌』（110）第 9 号、平成 13 年 9 月、59～83 頁。

一　辛亥革命的爆发与日本政府的反应

首先，让我们看看日本政府的反应。总体而言，日本政府对辛亥革命的态度是否定的。

辛亥革命爆发后，日本政府很快就通过日本驻中国各地的领事馆密切地注视着事态的发展变化。辛亥革命爆发的第二天，日本驻汉口总领事松村就向日本外务大臣林董发出了"道台照会因武昌爆发暴动希望军舰警戒之件"的电报。以此为开端，日本驻华公使伊集院（10 月 12 日）、驻上海总领事有吉（10 月 13 日）等相继致电日本外务省，报告领事馆所在地区的形势以及革命军和政府军的战斗状况，反映出日本对辛亥革命的高度关心。

与此同时，日本政府甚至出现了借口保护日本侨民对辛亥革命实施军事干涉的动向。最早提议干涉的是驻华总领事伊集院。他在 10 月 13 日致外务大臣林董的电报中提议："武汉骚乱尚若果如各种情报所示，难保叛徒下一步不向大冶方面发动更大进攻……为保持现状，感觉应向该地区派遣帝国军舰，悄悄地暗示我国实行保护之实……"①

日本政府采纳了伊集院的建议，决定向中国南方派遣军舰。"如阁下所知，当前帝国驻扎于长江之军舰有伏见、秋津洲、对马、隅田各舰，其中两舰已在汉口。并且决定于 19 日前后向旅顺派遣龙田舰，20 日前后自横须贺派遣 1 艘驱逐舰，25 日前后自濑户内海派遣千早及 4 艘驱逐舰。尤其是对马舰由于水量缘故，或将于本月下旬之内由汉口顺流而下。如果广东方面出现需要，应该可以令驻扎于澎湖列岛之驱逐舰 3 艘驰援。"②

10 月 17 日，日本海军大臣斋藤向驻汉口第三舰队司令官川岛以及驻上海加藤中佐宣示日本海军对辛亥革命的方针，传达日本政府不承认革命派的意见。斋藤在训令中指示："一、我舰队在接到命令之前，对清朝官府以及叛徒双方采取严守中立之态度。……四、如暴动波及大冶，得以国家自卫权之名义实行防卫。至于其时机，要点应在保护侨民之范围内，致力于保护帝国于该地区之特殊权益。五、对

① 「大冶方面ニ軍艦派遣ノ要アリトノ件（第 255 号）」『日本外交文書』第 44～45 卷、『清国事変「辛亥革命」』、1961、46 頁。

② 「明治 44 年 10 月 14 日　林外務大臣より在清国伊集院公使宛（電報）　長江ニ於ケル日本軍艦配置ニ関スル件（第 193 号）」『日本外交文書』第 44～45 卷、『清国事変「辛亥革命」』、47 頁。

于长江咽喉之江阴应加充分之注意，应随机应变，下决心不落后于列国。为此，应以保护南京侨民及保持通信联络之名义，向该地区持续保留一艘军舰。……十、帝国政府之方针仍然坚持不与此次叛徒发生任何外交关系……"①

而且，日本政府还试图火中取栗，做出内阁决议，拟利用辛亥革命，逼迫清朝政府采取有利于日本的政策，解决所谓满洲问题。内阁决议中提出，"由于上述原因，帝国政府寻求之满洲问题根本性解决之方法，应等待于我最为有利之时机的到来，今后尤应致力于在中国内陆扶植势力，并让其他国家承认我国在该地区的优势地位"②。

为了让清政府就范，日本政府以向清政府提供武器援助为诱饵。外务大臣内田康哉致伊集院公使的电报对这一企图说得十分明确。

> 帝国政府顾念清朝政府为了讨伐革命军最迫切需要获得枪炮弹药，遂决定给予充分支持，让本国商人提供这些枪炮弹药。为此已经采取各种必要措施。帝国政府对清朝政府给予如此慷慨援助乃自负重大责任之举。……帝国政府之所以甘冒此重大危险实行此举，实出于对清朝政府之特别好意并虑及维护东亚大局之必要。望将此旨趣向清朝政府以及摄政王本人加以充分并透彻之说明。为此，贵官应立即以适当方法采取上述措施。贵官还应借机指出清朝官绅迄今对帝国之态度常失公允，并指明彼等不了解满洲之现状乃基于大战之结果，把我国当作不法侵略者对待，动辄企图损害、取消我国之正当地位，同时阐述帝国政府对清朝政府不仅常怀最深厚之同情且有能力将其彰显之事实，本次措施恰好得到印证，希望清朝政府由此理解帝国政府所常倡导者绝非空言呓语，幡然消除从前之误解，实现两国互信，共同致力于维护东亚大局。③

---

① 「明治44年10月17日斎藤海軍大臣ヨリ在漢口川島第3艦隊司令官及在上海加藤中佐宛（電報）　湖北事件ニ関シ日本海軍ノ方針電訓ノ件」『日本外交文書』第44～45卷、『清国事変「辛亥革命」』、48頁。

② 「明治44年10月24日　閣議決定　満洲問題ノ解決ハ好機ノ到来スルヲ待チ目下ハ中国本部ヘノ勢力扶植ヲ努メタキ件」『日本外交文書』第44～45卷、『清国事変「辛亥革命」』、51頁。

③ 「明治44年10月16日　内田外務大臣ヨリ在清国伊集院公使宛（電報）　日本政府力重大ナル危険ヲ冒シ兵器ヲ提供スル好意ニ鑑ミ　清政府ニ於テモ対日態度ヲ改善シ満洲ニ於ケル日本ノ地位ヲ尊重シ申入アリタキ件（第197号）」『日本外交文書』第44～45卷、『清国事変「辛亥革命」』、136頁。

同时，日本政府对革命派也提供了援助，以此牵制清朝政府。这一点，可以从伊集院公使致内田外务大臣的电报中得到证实。"若庙议决定打算乘此机会实行之，鄙意以为则不应有丝毫犹豫，分别采取措施援助华中武昌、华南广东方面之革命党，不使其气势受挫，以生与华北中央政府和平妥协之念，使其持久对峙。即便暂且将前述根本方针之决定置之度外，尚存袁世凯为代表建立新内阁后清政府最终将取何种态度待我……如此，鄙意以为，即便仅在必要时，为使其有利于我，采取策略以资牵制，亦需要实施上述谋略。"①

为此，驻扎于汉口的寺西中佐通过三井公司"走私"进口机关枪 20 挺，弹药 20 万发，31 式榴霰弹 5 万发，提供给了革命军。②

后来，随着中国国内形势的变化，日本政府还活动英国政府，企图在中国建立立宪君主制以结束革命。由于英国政府坚持不干涉中国革命的方针，日本政府才不得不最终放弃了这一想法。③

二　寺尾亨、副岛义一赴华经过

就在日本政府准备对辛亥革命采取火中取栗政策的同时，部分在野的日本政治家以及浪人团体出于各自的目的参与了辛亥革命。尤其突出的是自同盟会

---

① 「明治 44 年 11 月 2 日　在清国伊集院公使ヨリ内田外務大臣宛（電報）　武昌広東ノ革命党ニ援助ヲ与ヘ北京政府ヲ牽制スルノ肝要ナル件」『日本外交文書』第 44～45 卷、『清国事変「辛亥革命」』、149 頁。

② 「明治 44 年 11 月 3 日在蕪湖奥田領事ヨリ内田外務大臣宛（電報）　革命軍援助ノ為兵器輸送方稟請ノ漢口寺西中佐電報転電ノ件」『日本外交文書』第 44～45 卷、『清国事変「辛亥革命」』、150 頁。

③ 关于在中国建立立宪君主制的政治交涉，请参阅『日本外交文書』所收以下档案资料：
「明治 44 年 11 月 18 日　在清国伊集院公使ヨリ内田外務大臣宛（電報）　袁世凱トノ会見ニ於テ君主立憲制ヲ至当トスヘキ旨ヲ述ヘタル件」（378 頁）;「明治 44 年 11 月 28 日　内田外務大臣ヨリ在英国山座臨時代理大使宛（電報）　清国時局収拾策ニ関シ日英協議方及日本政府ノ意見ハ立憲君主制ニ在ルコトヲ英外相ニ申入方訓令ノ件」（383 頁）;「明治 44 年 12 月 24 日　内田外務大臣ヨリ在清国伊集院公使宛（電報）　日本ノ立憲君主制支持ニ変更ナキモ英国ト協議スヘキ件」（454 頁）;「明治 44 年 12 月 25 日　内田外務大臣ヨリ在清国伊集院公使宛（電報）　革命軍ニ立憲君主制ノ採用勧告ノ為人ヲ上海ニ派遣ノ件」（457 頁）;「明治 44 年 12 月 25 日　内田外務大臣ヨリ在英国山座臨時代理大使宛（電報）　立憲君主制ノ基礎ニヨル官革妥協ヲ列国共同ニテ勧告シタキニ付英国ノ意向ヲ急打診方ノ件」（458 頁）;「明治 44 年 12 月 26 日　在清国伊集院公使ヨリ内田外務大臣宛（電報）　六国ニヨル立憲君主制勧告ニ付英公使ト意見交換ノ件」（469 頁）;「明治 44 年 12 月 27 日　内田外務大臣ヨリ在魯国本野大使宛（電報）　立憲君主制ニ列国ノ同意困難トナリシ故事態静観ノ方針ニ決シタル件」（472 頁）。

时代起就侧面支持孙中山革命活动的犬养毅等日本在野党领袖以及玄洋社的创始人头山满等人。但是，奔赴中国的日本浪人团体往往鱼龙混杂，既有像萱野长知那样率领日本浪人与辛亥革命军一起攻打汉阳者，也有不少"火中取栗、中饱私囊之辈"①。为此，英国总领事甚至直言不讳地要日本驻上海总领事有吉予以注意。② 在这种状况中，为了抑制日本浪人的张横跋扈，以及向革命派尤其是孙中山等领袖们提供帮助，犬养毅③和头山满④等人先后奔赴中国，

① 藤本尚则『巨人頭山満翁』文雅堂書店、昭和17年、396～397頁。另据副岛义一撰写的「支那革命に参加せる余が抱負と実歴」『早稲田講演』（明治45年5月号、69～70頁）记述："当时我们目睹了这一事件忍不住非常愤慨……这就是那25万日元事件。当时，汉阳战斗已经结束，革命军打了败仗。日本人虽然参加了这场战斗，当看到革命军已经顶不住，于是就声称现在拿不到钱以后就拿不到了，我们要25万，赶快拿来，简直就是强抢，手段极其卑劣。……而且这还是在日本多少有点地位的人所为。25万这个数字对革命军来说是一笔非常大的款子。抢夺了这么一笔巨款手段太恶劣了！还有，有的商人之辈带去一些毫无用处的武器收取五六万块钱。有的名为筹款，实际用其购买武器弹药，然后将武器购款从中扣除，给予对方的筹款还不到一半。有的武器虽然相当不错，但以非常高的价格出售。……当今现状，对日本人的评价非常差。还有些人想借此机会攫取各种事业的权益而采取非常卑劣的手段，日本人中稍许有点地位者往往瞧不起中国人，总是算计着获取一些权益，而且采取的卑劣手段简直无以言表。现实中这种人很多。"

② 例如，明治45年1月30日，驻上海总领事有吉致内田外务大臣（电报）《日本在革命军的评价很差之件》中谓："我方在革命军中受到的评价绝非部分人士所传良好，所谓浪人或同情者相互排挤争为所用，或为所欲为，散布种种革命军不利之传言，结果往往反而导致对我方的反感，他们表面上和颜悦色对待日本人，实则背后在各国面前极尽毁谤之能事。肯尼迪也屡屡提请本官予以注意，英国总领事也曾向小官直言不讳地指出日本人的评价甚为不佳。"引自『日本外交文書』第44～45卷、『清国事変「辛亥革命」』、128頁。

③ 犬养毅（1855～1932），号木堂，日本冈山县人。东京庆应义塾肄业。因获大隈重信知遇步入政坛，与大隈重信一起组建立宪改进党，投身于政治活动。1890年明治宪法颁布，犬养在第一次众议院大选中首次当选为众议院议员，此后连续17次当选。犬养先后多次组建政党，提出推翻藩阀统治，拥护宪政，在他的政治生涯中，多次进入政府，担任内阁大臣和内阁首相。犬养毅曾入二松学舍学习汉学，汉学造诣深厚，号称日本政界唯一的中国通，与中国的革命党人交往广泛。孙中山致力于推翻清王朝，被迫流亡日本，获得犬养毅的庇护和帮助，两人结下了深厚的情谊。犬养毅因拥护宪政，在1932年"五一五事件"中，被军部右翼分子刺杀。

④ 头山满（1855～1944），出生于福冈，是福冈藩士筒井龟策的第三子，幼名乙次郎。后因继承母系家业，改姓头山，取名满，号立云。头山满历经明治、大正、昭和三代，一生经历复杂。年轻时参与自由民权运动。其组建的向阳社，1881年（又说1879年）改称"玄洋社"，取日本海波涛澎湃、玄洋壮观之意，是日本近代第一个右翼政治团体。玄洋社对内主张所谓"勤皇报国敬天爱人"，对外主张所谓"大亚细亚主义"。在对华关系上，既主张维护中国的统一，策动驱逐独占中国东北的俄国，又组建黑龙会，企图掠取中国黑龙江以北地区。在推翻清朝统治方面，头山满与以孙中山为首的革命党人意见相合，1905年协助孙中山在东京成立中国革命同盟会，并对孙中山的反清革命和后来与袁世凯的斗争给予了大量的人力和物力支持。

以图掌握第一线的情况。国际法学专家、东京帝国大学教授寺尾亨，宪法学家、早稻田大学教授副岛义一就是在这种背景下应邀前往中国的。

但是，当时正是革命军和政府军进行拉锯战，胜负尚未确定之时，革命军为什么提出邀请寺尾亨和副岛义一呢？综合分析有关人士的回忆，提出聘请寺尾亨等人担任革命军顾问似乎有两个渠道。

第一个渠道是黎元洪通过大原武庆提出来的。对此，《东亚先觉志士传》是这样叙述的：

> 在此之前，革命爆发后不久，去过武昌的大原武庆来找长谷川芳之助，说是受黎元洪之请帮助推荐法律顾问。长谷川认为寺尾亨是最合适的候选人，于是马上与其交涉。寺尾表示"我不喜欢去当什么法律工匠，要去的话，需与犬养君等人聊一聊，如果意气相投我就去"。经与犬养等讨论如何支援革命后他才接受邀请应聘。①

另外，关于此事犬养毅晚年是这样回忆的：

> 第一次革命成功时，应革命军邀请，犬养和头山满、古岛一雄一道前往中国，但我们觉得既然应邀就不能赤手空拳而去，必须做一点有益于南方的事情。因为马上就要碰到国际问题和法制问题，为此派遣了寺尾和副岛义一，并带上了松平国康，让他负责撰写宣言和文告。②

《东亚先觉志士传》的记述得到了寺尾亨本人的印证。他自己回忆：

> 中国第一次革命爆发的时候，长谷川芳之助博士问我是否愿意去中国。当时，长谷川君十分关心中国问题，但是他不同于我们，很有钱，可以做很多事情。当时在武昌的黎元洪表示想请人去当法律顾问，于是，通过一位军人出身的大原武庆找到长谷川君，随后长谷川君便找到

---

① 黒龍会編『東亜先覚志士伝』黒龍会出版部、1933、470頁。
② 岩淵辰雄『犬養毅』時事通信社、昭和33年、114～116頁。

了我。①

　　大原的确与黎元洪有过交往。早在 1898 年，大原武庆（1865～1933）被任命为参谋本部临时官员时，就应当时正在开展军事改革的湖广总督张之洞聘请担任武昌武备学堂的日籍教官，在武汉滞留了 5 年之久。受日本鼓动，张之洞试图改变德国军人控制武昌军队的局面。于是，自 1898 年起，张之洞响应日本的要求，向日本派遣学习军事的留学生（4 人），并在武昌开办军事学校，开始雇用日籍军事教官。大原正是最早一批日籍教官之一，为培养湖广总督辖下的军官尽力。② 由于大原的活动，日本在武昌的势力大增。至 1902 年，日本军人已经取代德国占据垄断性地位。据统计，清末时期，武昌各所军事学校聘用的外籍军事教官共计 52 人，除 3 人国籍不明外，德国人只有 6 人，剩余 43 人全部为日本人。③ 被起义军人强行推上武昌起义领袖地位的黎元洪正是在这一期间作为中方的军事教官与大原武庆共过事。④ 辛亥革命爆发后，大原立即奔赴武汉，在都督府附近开办了一家事务所，对革命者提供咨询与帮助。⑤ 黎元洪之所以委托大原聘请日本顾问很可能是出自这段交往。但是，至于聘请日籍顾问是黎元洪主动提出的，抑或黎元洪接受大原的建议提出的则无从知晓。

　　第二个渠道据说是黄兴、宋教仁通过萱野长知⑥提出来的。对此，萱野长知是这样回忆的：

　　　　刚开始在武汉，黄兴被推举为大元帅，已经宣布独立的各省代表齐

① 藤本尚则『巨人頭山満翁』、406 頁。
② 南里知樹編『近代日中関係史料第二集　中国政府雇用の日本人——日本人顧問人名表と解説』（28 頁）記載，大原于 1898～1903 年在武昌武备学堂担任军事教官。
③ 李细珠：《张之洞与清末新政研究》，上海书店出版社，2003，第 223～224 页。
④ 大原武慶「支那の現在及将来の大勢」『岐阜県教育会雑誌』第 221 号、1913 年 1 月 30 日、21 頁所述"黎元洪正是武备学堂受过大原教导的第一期毕业生"似与事实不符。
⑤ 萱野長知『中華民国革命秘笈』帝国地方行政学会、1940、155 頁。
⑥ 萱野長知（1873～1947），日本高知县人，政治活动家、民间外交家、大陆浪人、大亚细亚主义倡导者之一。年轻时热心参加自由民权运动，1891 年后担任东京日日新闻社通讯员，常驻上海。后在香港与孙中山相识，成为好友，与孙中山伴随始终。1905 年协助孙中山成立同盟会，并与宫崎滔天等人创办《革命评论》，从舆论上支持孙中山的反清革命。与黄兴、宋教仁、胡汉民等辛亥革命领导人过从甚密。辛亥革命时与革命军共同战斗过的日本人之一，著有《中华民国革命秘笈》。

集武汉举行代表会议，商讨今后的方策，但是，代表们意见纷呈，争执不下，难于驾驭。黄兴颇觉棘手，提出"赶快请孙先生回来"。同时破坏容易建设难，宋教仁正在着手制定宪法草案，也需要顶级专家，遂提出聘请寺尾博士。于是笔者从汉阳到武昌，雇了只小船去汉口，从汉口电报局拍发电报至头山满，嘱其恳请寺尾博士驰援，并请住在美国芝加哥的大塚太郎转交，恳请中山先生迅速回国。[①]

萱野长知是在武昌起义发生后，从日本门司港经由上海抵达汉阳，加入黄兴革命军司令部，11 月 4 日由黄兴任命为军事顾问的。[②] 头山接到萱野长知电报后是否与寺尾进行了接洽则不得而知，但是，据寺尾回忆，他之所以远渡中国，的确是因为受到头山满的邀请。

> 当时，犬养君说要去中国，通过头山君问我愿不愿意同行，于是我表示，"我不是去当法律工匠，先得跟犬养君聊一聊，意气相投则一起去"。当时犬养主张南北分治，我表示反对。于是去拜访当时正在汤和原疗养的犬养，聊的结果是各自互让一步，意见达到一致，遂决定一道出发。[③]

根据萱野长知的谈话推测，指名聘请寺尾的是宋教仁，目的是请其帮助起草宪法。宋教仁之所以提出邀请寺尾、副岛来华，恐怕与他在日本流亡、留学 6 年（1904～1910）的经历关系密切。1906 年 2 月至 10 月宋教仁曾就读于早稻田大学留学生部预科壬班，但因健康原因辍学治病，此后未再进入大学学习，但他一直留在日本，从事反清革命的同时翻译各种政治法律书籍和办报。其间他曾通读过副岛义一撰写的《日本帝国宪法论》，并为该书写了书评，对副岛义一的宪政主张有比较深刻的了解。这可能是副岛也受到邀

---

① 萱野长知『中華民国革命秘笈』、154 頁。
② 李云汉：《黄克强先生年谱原稿》，吴相湘主编《中国现代史丛刊》第 4 册，台北：正中书局，1962，第 274 页。
③ 藤本尚则『巨人頭山満翁』、407 頁。此处寺尾的回忆中关于出发赴华的时间似乎有误。据《民立报》1911 年 12 月 18 日 "犬养来朝记"援引日本《国民新闻》报道，犬养等人来华的出发日期似在 12 月 18 日之前的一两天，而寺尾亨和副岛义一已于当月 13 日抵达上海。该报道称，犬养来华乃由其与康有为交往亲密的亲信柏原文太策划，而且，（转下页注）

请的主要原因。

对以上所述两个渠道综合分析，黎元洪和黄兴、宋教仁等人不谋而合，同时想到了从日本聘请顾问，只是黎元洪没有提出具体人选，而将该事委托给了大原武庆，宋教仁则是直接点名要聘请寺尾亨。

此外，寺尾也极力鼓动副岛义一一起同行。对此，寺尾是这样叙述的：

> 有一天，副岛义一博士来访，讨论中国问题，我觉得副岛君似乎想去中国，一问，他说"确实想去"。于是我说，"你去我也去"。①

关于这一经过，副岛义一回忆：

> 去年秋天，武昌首发这次革命动乱，当初谁也没有料到它会发展成这么大的事件。初期是一场小规模的骚乱，然后蔓延，遂引发了这场革命。其时我们正在东京，觉得这一次恐怕将演变为中国的一大事件，当务之急是应该在南方成立一个政府之类的机构。打算让他们早一点成立一家类似政府的东西。于是，我到两三位前辈之处谈了自己的想法，结果都想去。同意这一主意的人也很多。
>
> 然而，汉阳一战，革命军大败，败得非常惨烈，所有的人都作鸟兽散。因此中国的革命派很沮丧，同情革命的日本人也十分失望，顿时陷入意气消沉，不知道这次革命的结果将会怎样。然而不久之后，张勋兵败南京，南京再次为革命军所占领。沮丧的人们又恢复了朝气。其时，我们觉得应该乘此人心向上之机迅速前往中国，于是匆忙准备行装离开东京到长崎，然后从长崎乘船赴沪。②

寺尾亨、副岛义一就是这样于 1911 年 12 月 11 日秘密离开日本前

（接上页注④）犬养来华期间正值国民党召开大会期间，故在中国不可能滞留太久。同时据《民立报》记者观察，犬养来中国后"当得见我国民之趋向，决不以彼土半开之立宪政体妄参异议，阻我中华民国共和之机也"。这表明，当时犬养对于中华民国所持何种态度，辛亥革命的领导层似乎尚不明确。

① 藤本尚则『巨人頭山満翁』、406 頁。

② 副島義一「支那革命に参加せる余が抱負と実歴」『早稲田講演』改巻記念号、明治 45 年 5 月、41～42 頁。

往上海的。我们可以从副岛义一的回忆录中窥测到他们当年奔赴中国的
情形。

　　出发之时，考虑到公开前往或许妨碍事情取得成功，遂决定秘
密前行，名字也按照日本的寺尾这一含意，取日和寺字组成一个
"時"姓，取名为时亨。至于去中国绝对不是心血来潮的轻率举动，
乃是经过十分缜密的准备，听取了当时的政治家、学者、实业家及
其他与中国关系密切之人的意见，并获得他们谅解，还制订了计划，
适时相互联络，务必达到目的。并且决心一旦出发，大学教授之类
亦可弃之如敝屣。我记得好像是 1911 年 12 月 11 日离开长崎然后抵
达上海的。①

　　可是，寺尾亨在长崎把本应秘密前往中国的消息若无其事地告诉了新闻
记者，被报道出来后为世人所知。② 为此，寺尾亨不得不辞去本来还差一年
就可以终生领取退休金的东大教授职务，蒙受了非常大的经济损失。③

　　除以上所述之外，还有一份更能直接证明寺尾和副岛确实是应辛亥革命
领导层邀请奔赴中国的材料。1911 年 12 月 9 日，《民立报》④ 发出大字号消

---

① 法学博士寺尾亨氏三周年追悼会残务所编『法学博士寺尾亨氏三周年追悼会记要』、44～
　45 页。刊印日期不详，但扉页上盖有"昭和 3 年 3 月 6 日，法学博士寺尾亨氏三周年追悼
　会残务所寄赠"印章，估计刊印时间应是 1928 年。此件收藏于早稻田大学图书馆。
② 岩渊辰雄『犬養毅』、116 页。
③ 关于这件事情，与寺尾关系亲密的殷汝耕是这样叙述的："辛亥革命爆发时，寺尾是东京大
　学的教授。日本政府不允许身奉公职者参与中国革命。寺尾明知这一点而断然前往中国。
　结果，寺尾被迫辞去大学教授的职务。同时，大学教授服务满 20 年，退休后终生可以领取
　养老金，但是先生参加中国革命正好是他担任大学教授 19 年的时候，还差 1 年去中国参加
　了革命，因此他的养老金被全部取消，先生眼中根本不把它当回事。"（『法学博士寺尾亨
　氏三周年追悼会记要』、59 页）
④ 《民立报》是由中国同盟会会员于右任于 1910 年 10 月 11 日在上海创办的一份民办报
　纸，1911 年 7 月中国同盟会中部总会在上海成立后成为同盟会的机关刊物。该报为揭露
　清廷的腐败，为辛亥革命的舆论宣传以及传播共和民主思想做出了重要贡献。宋教仁本
　人就是该报的主要撰稿人，陈其美、章士钊、徐血儿等都是该报的记者。辛亥革命期
　间，该报对辛亥革命的一系列重大事件进行了及时且详尽的报道，是研究辛亥革命必不
　可少的参考资料。1913 年孙中山发动二次革命讨伐袁世凯，《民立报》对此大力支持，
　从而遭到袁世凯政府的取缔。随着报纸的主要领导人流亡海外，该报于 1913 年 9 月 4
　日自动停刊。

息，宣布"寺尾、副岛两法学博士得中国民国军政府电命昨日午后自东京启程赴上海"①。这条 30 余字左右的简短报道说明，寺尾、副岛在东京时就已经与同盟会成员有密切的接触，寺尾前脚离开东京，消息马上就传到了上海，并由《民立报》立即公布。可见辛亥革命领导层对寺尾、副岛来华寄予了很高的期待。

第二节　寺尾亨、副岛义一赴华的背景及其目的

寺尾亨、副岛义一在日本政府对辛亥革命采取否定乃至干涉态度的背景下，决心付出巨大牺牲，奔赴没有胜利保障的辛亥革命第一线，并在没有任何报酬保障的情况下应聘担任南京临时政府的法制顾问。② 他们这样做出于一种什么动机呢？本节拟从寺尾和副岛的生平、对中国的认知以及他们与同盟会的关系等方面入手，探讨和分析他们奔赴中国参与辛亥革命的动机和目的。

一　寺尾亨、副岛义一的生平

为了理解寺尾、副岛两人决心奔赴中国支援辛亥革命的动机，本小节拟聚焦他们的生平和思想脉络。

寺尾亨生于 1859 年 2 月 1 日（安政五年十二月二十九日），其父亲寺尾喜平太是福冈藩士。寺尾亨兄弟 4 人，个个出类拔萃。他自己排行老二，既是法学博士，又是东京大学教授。老大寺尾寿是理学博士，老三澄川德是医学博士，老四小野隆太郎为司法省法官。

青少年时期，寺尾亨在家乡一所名叫修猷馆的藩校学习，1876 年，进入司法省法律学校，与后来成为日本著名民法学家的梅谦次郎等人一同师从法国籍著名法学教授波索纳德学习刑法。1884 年毕业后进入横滨裁判所担

---

① 《民立报》1911 年 12 月 9 日。

② 从当年日本驻北京公使伊集院发给外务大臣的电报中可知，寺尾、副岛赴华完全没有知会日本政府。伊集院驻华全权公使也是通过英文《北京日报》的报道才得知他们前往中国的消息。『伊集院全権公使から内田外務大臣宛電報』（655 号）、明治 44 年 12 月 9 日。『清国革命叛乱ノ際同党軍政府二於テ本邦人顧問招聘計画一件』、日本外交史料館蔵、No. 384－42。

任司法官。1891 年 9 月任东京大学教授。翌年，寺尾亨作为金子坚太郎的随同参加于日内瓦举行的国际公法会议，并留在巴黎学习，转攻国际法。1895 年回国后回到东京继续担任大学教授，负责讲授国际公法和国际私法。次年兼任外务省参事官，以其所学参与日本的外交事务。1899 年获得法学博士学位。

　　寺尾亨为社会所周知始自日俄战争。1900 年，他认为日本政府对俄外交软弱，愤而联合富井政章（1858～1935）、金井延（1865～1933）、松崎藏之助（1866～1919）、户水宽人（1861～1935）、中村进午（1870～1939）5 名博士发表了对俄意见书，表示赞成近卫笃麿公爵等发起组织的国民同盟会的主张，要求政府当局对俄采取强硬政策。1903 年 8 月，寺尾又与近卫公爵组织对俄同志会，联合东京帝国大学教授户水宽人、富井政章、小野塚喜平次（1870～1944）、高桥作卫（1867～1920）、金井延、学习院教授中村进午 6 人联署《对俄开战建白书》，要求桂太郎首相和小村寿太郎外相对俄宣战，实行对俄强硬政策。由于参加联署的 7 人都有博士学位，又是名牌大学教授，对社会产生的影响很大，史称"七博士事件"①。1905 年，日俄战争结束之际，寺尾再次联合河野广中等人，发起组织联合同志会，开展反对对俄媾和运动，9 月 21 日又联合前述 6 名博士向天皇提交奏折，请求废除日俄媾和条约《朴茨茅斯条约》。

　　对俄一贯主张采取强硬态度的寺尾，对中国则是另外一种态度。他很早便开始关注中国的发展，寄希望于中国实行改革，振兴经济，但对腐败的清王朝表示失望。他主张要保持东亚和平，紧迫的任务就是要加强中国的武装实力。因此，早在 1905 年，他就自掏腰包，在东京创办"东斌学堂"，招收中国的有志青年，开展军事教育。当年，很多热血青年希望强军卫国，但不为清政府所允许，很难进入日本的正规军事学校就读。寺尾创办的东斌学堂为这些青年立志学习军事提供了一个很好的平台。事实上，从东斌学堂毕业的许多学生都成了后来中国的军事骨干，如熊克武将军就毕业于东斌学堂。1925 年（大正 14 年）9 月 15 日，寺尾逝世，享年 66 岁。②

---

① 具体详阅宫武实知子「帝大七博士事件をめぐる輿論と世論——メディアと学者の相利共生の事例として」『マス・コミュニケーション研究』第 70 巻、2007。
② 『法学博士寺尾亨氏三周年追悼会記要』、9～12 頁。

下面我们再来看看副岛义一的生平。

副岛义一（1867～1967）于庆应三年一月出生于肥前藩（今佐贺县）。1894 年毕业于东京帝国大学法科大学德法科，随后考入研究生院深造。他在大学攻读公法尤其是宪法时受德国宪法学家格·迈尔的影响很大，把国家人格理论、君主机关理论看作宪法学上的真理，而反对穗积八束所主张的天皇主权理论。为此，他在参加高等文官考试以及其他多种场合受尽刁难，但他始终顽强不屈，不轻易改变自己认定的学说。结果他与官场和官学绝缘，进入了私立大学早稻田大学。在早稻田大学任教期间，副岛义一曾到德国柏林大学留学。1923 年被选举为众议院议员。1930 年应聘担任南京国民政府考试院和立法院的法律最高顾问，任期结束回到日本后被国士馆大学聘为校长。

进入昭和时代后，日本军阀势力越来越大，为了扫除妨碍其实行专制独裁的势力，1935 年挑起了一场所谓"国体明征"运动，对主张天皇机关说的学者进行批判，有的学者因此被赶出大学和众议院或贵族院。在这场运动中，副岛义一的《日本帝国宪法论》《日本帝国宪法要论》《日本帝国宪法讲话》等 20 多本著作和论文被列为调查对象，被责令绝版，禁止出售。副岛在军部列出的受调查者名单中仅次于美浓部达吉。[1] 在早稻田大学，他还经常批判学校的创始人大隈重信，以奇人著称。[2]

寺尾和副岛两人虽然相差 8 岁，但他们的经历中有不少共同之处。首先，两人都是大学的精英。其次，两人都有强烈的在野精神，对政府经常保持一种批判的态度。再次，两人都对中国持有同情态度，很早就开始关心中国的改革和振兴。两人正是因为这些共同之处，所以才能意气相投，不计个人利害得失，毫不犹豫地携手奔赴中国支援辛亥革命。

二　寺尾亨的对华认知

寺尾之所以能够决心与副岛义一赴华参与辛亥革命后的国家建设，与他的对华认知有密切关系。寺尾认为中日两国唇齿相依，日本能否维持在国际

---

[1] 「天皇機関説関係著書の処置調」、JACAR（アジア歴史資料センター）Ref. A15060147900、資 00118100（昭和 10 年 9 月 25 日作成）。收藏于国立公文书馆。

[2] 『日本人名大事典·現代』平凡社、1979；「講師の面影·法学博士副島義一」『早稲田講演』第 9 号、明治 44 年 1 月。

上的地位，与中国的发展具有密不可分的关系，中国的振兴决定着日本的振兴。这一主张早在他于 1900 年 10 月做的题为《清朝的未来与列国的关系》讲演中即有清晰的表达。

1900 年，中国发生义和团运动，北京被八国联军占领，中国的走向为世界各国所瞩目。当时西方各国舆论中关于中国的看法可以说是五花八门，有的主张瓜分中国，有的主张对中国放任不管任其自生自灭，有的主张对中国实行财政监督，有的主张在中国扶植独立政府，当然其中也有一部分主张维护中国的主权。寺尾在他的讲演中，特别关注瓜分中国和维护中国主权这两种旨趣完全相反的主张并加以分析，认为瓜分中国的主张中可以分成现在瓜分派和将来瓜分派，指出"欧罗巴人动辄主张他们有权使其他国家开化走向文明，当他们发现美洲时，西班牙以及葡萄牙曾经以有权使美洲开化为借口杀戮人民。他们即是以这种思想驾临中国"，批判企图扩张领土的国家将会支持这种瓜分中国的主张。

对于所谓维护中国主权的主张，寺尾认为是那些觉得瓜分中国颇为繁杂，管理成本太高，担心导致经济上受损失的人们设计出来的主张，指出这些人"认为倒不如着眼于中国的财富，为了达到仅仅吸收其利益的目标，以维护中国主权为上策"，为此，他们的目标实际上是企图在中国推行联邦制，然后逐步瓜分中国。接着，他揭露"维护中国主权"主张中存在的阴谋，"如果实行如此联邦制，名义上虽然是中国的联邦，中央政府或许也是中国的政府，而其实际或成各国势力所及区域，其结果，不唯商业、工业问题丛生，政治上亦势生争执，因此，中国将自然分裂"。

寺尾在指出了瓜分中国、维护中国主权等主张背后的陷阱后，提出日本应该找出解决问题的方法。"对于中国向何处去，具有重大关系的国家乃我日本国。日本能否立于世界之林，得到充分的发展，作为世界中之一国能否受到重视，端视此中国问题如何解决，因此，此问题正是日本人所必须研究的重大事件。"[①]

1904 年，梅谦次郎应中国人范源廉的强烈要求，在法政大学开办"清

---

① 寺尾亨「清国の将来と列国との関係」法政大学『法学志林』第 2 巻第 13 号、1900 年 11 月、36~37、45 頁。

国留学生法政速成科"，专门教授来自中国的留学生以法律和政治学知识，以备中国开展立宪运动后的人才之需。法政速成科除聘请来自帝国大学等名校的知名教授讲授各门专业课程之外，还不定期地举办讲演会，请校内外著名专家做专题报告，以拓展留学生的知识和视野。1905 年 9 月 24 日举办的第一期讲演会，应邀做报告的就是寺尾亨。他讲演的题目为《国民思想之变迁》，从中亦可看出他对中国的告诫和期望。他在讲演中指出："国家兴亡如同人之生死，是一个永恒的话题。其间只有经过种种变化始能获得进步，即依靠国民思想的变化促使其进步，恰如个人通过与他人交往带来思想的改变一样，国家也必须努力与他国接触。"接着他以日本历史上多次学习借鉴外国获得进步和改变为例，认为中国如果要改变"逊色于欧美各国"的现状，就必须"跟随时势变化的步伐改变思想"。他举例说，孔子的教导也未必完全符合当今的时势，"例如古时的政治可以是'民可使由之不可使知之'，但在今天国民担当国家的时代，如此古老的主张就行不通。在今天要想改变旧思想，最为迫切的就是要从根本上改变教育制度"。最后，他把希望寄托在眼前的留学生身上。他说，"余绝非鼓吹推动激进开明之人，但诸君既然已经养成了国家观念，他日必将出现旧有思想的根本变化，相信诸君必定会努力以国家前途为己任"①。

对于辛亥革命，寺尾的观点和主张更是十分明确："这场革命我们私下是赞成的，但是，是一些具有日本志气的人表示赞成。革命也可以理解为是谋反。有人可能会说赞成谋反这件事情不太恰当，但事实并非如此。没有革命，国家就不可能建立，不会进步。"他进一步以明治维新为例，认为"正因为有这场维新革命，日本才有了今天。中国要想现在开始进步，不搞革命不行"，指出辛亥革命是在应该发生的时候爆发的，表明了他对之加以支持的态度。

日本为什么如此希望中国发生革命，出现进步呢？此点尤须请大家予以注意。日本为什么与中国有那么多利害关系呢？这就如大

---

① 『法律新聞』第 307 号，明治 38 年 9 月 30 日。转引自法政大学大学史资料委员会编『法政大学史资料集第 11 集（法政大学清国留学生法政速成科特集）』非卖品，1988、97 ~ 99 頁。

家始终倡导的那样，中日两国是唇齿相依、同文同种的国家，这些话是如此老生常谈，中国人和日本人相逢总要说到这些话，它几乎没有任何功利目的，其实我们应该好好玩味这些话的意思，我们不能仅仅停留在口头上，而应该考虑让它变成事实。考虑到欧洲人眼中的中国和日本人对中国的认识及其关心的重点，日本人必须与中国合作前行。①

三　寺尾亨与中国的关系

从前述寺尾生平的介绍中我们知道，寺尾早在 1905 年就创立了东斌学堂，致力于为中国的未来培养人才。以下拟着重介绍东斌学堂与寺尾的关系。

1885 年，日本创办文武讲习馆讲授军事学，1886 年改名为成城学校。1898 年，日本参谋总长川上操六兼任该校校长，建议中国官绅到成城学校学习军事。为此，湖广总督张之洞为成城学校送来了第一批 4 名留学生学习军事。自此以后从中国来日本学习军事的留学生渐次增多。在这种背景下，清廷驻日公使蔡钧在参加一次陆军留学生举办的宴会上，被几个留学生乘着酒兴抬起来戏耍。对此，蔡钧觉得自尊心受到打击，遂向朝廷报告留学生中混入了革命分子，要求政府从严选拔留学生，并向日本政府提出录取学习军事的中国留学生需要驻日公使提出保证，同时不准自费留学生学习军事。在这一过程中，1902 年，有 9 位自费留学生希望进入成城学校学习军事，请求蔡钧给予保证并在入学通知书上加盖印章。蔡钧认为自费留学生到成城学校学习军事，目的是要从事革命，拒绝盖章担保。为此，留学生们到当时正在日本考察教育的吴稚晖处活动，簇拥着吴稚晖到公使馆向蔡钧请愿。蔡钧不仅听不进去留学生和吴稚晖的意见，反而叫来日本警察进入公使馆，强行将留学生带离。蔡钧的傲慢态度激怒了留学生，于是引发了一场驱逐蔡钧的运动。这就是所

① 寺尾亨「支那問題を論ず——大正二年二月二十二日国家学会講演会に於いて講和」『国家学会雑誌』第 27 巻第 4 号、1913、109～110 頁。

谓的"成城学校事件"。①

　　驱蔡运动的结果是蔡钧被调回国，表面上留学生获得了胜利。可是日本政府对留学生，尤其是对学习军事学学生的管理更加严厉了。1903 年 8 月，日本参谋本部解除委托成城学校教授军事学的合约，利用成城学校的校外宿舍特设了振武学校，作为参谋本部专门教授中国陆军学生的特设预备教育机关，并将原属在成城学校学习军事的留学生转隶振武学校。② 此外，1905 年11 月日本文部省公布的第十九号文部省令《关于公私立学校录取中国人规程》不仅将留学生入学、转学、退学等需要公使馆出具介绍信制度化，而且进一步加强了对留学生日常生活的管理，甚至包括监督留学生的学习情况以及住宿状况等。③

　　振武学校的设立和留学生规程的颁布使得想学习军事课程的中国自费留学生无法进入振武学校学习军事。为他们打开学习军事留学之门的正是寺尾亨。为了让有志学习军事课程的自费留学生得遂其志，寺尾于 1905 年前后自掏腰包创办了"东斌学堂"。之所以将学校名称加入一个"斌"字，据说取意既教授文科知识也教授武科系统的军事知识。

　　据《日本东斌学堂学则》规定，该校设立有普通科、师范课和兵学科。兵学科学制为 2 年（速成科 1 年半），讲义科目除日语、数学、地理、历史、理科、图书等其他学校都有的科目外，还设有陆军礼仪、体操教范、剑术教范、军制大要、步兵操典、步兵射击教范、野外要务、筑城教范、测图法大要、军队教育法、柔软体操、器械体操、剑术、单兵教练、部队教练、野外演习、战术学、军制学、兵器学、筑城学、地形学、海军一般等军事教育科目。而且，设置兵学科的理由书中规定，其目的是让他们考入陆军士官学校，培养他们成为未来的军人。④ 但是，据志田钾太郎回忆，学则中虽然

---

① 実藤恵秀『中国留学生史談』第一書房、昭和 56 年、195～196 頁；曹汝霖《一生之回忆》，第 19～21 页。但是，两者所述在细微之处有所不同。

② 小林共明「振武学校と留日清国陸軍学生」『中国近代史論集—菊池貴晴先生追悼論集』汲古書院、1985。

③ 「清国人ヲ入学セシムル公私立学校ニ関スル規程」『官報』第 6705 号、明治 38 年 11 月 2 日。

④ 《日本东斌学堂章程》，《东方杂志》第 2 卷第 8 期，1905 年，第 188～195 页。

计划设立 3 个学科，但实际上主要开展的是军事课程的教学。① 这所学校究竟招收了多少留学生，由于没有准确的资料难以做出评估，② 但据 1906 年 11 月 6 日东斌学堂向东京府知事千家尊福申请增设拥有 4 间教室的"分教场"的情形观察，当时应该招收了为数不少的留学生。

为了使中国自费留学生能够顺利入学，寺尾还致信文部大臣久保田让，以请示的形式要求扩大出具介绍信的范围，放松对自费留学生入学的管制。请示信写道：

> 本月二日贵省发布之第十九号省令关于接收中国人入学之公私立学校规程第一条中有清朝驻本邦公使等文字，所谓清朝公使馆包括清朝公使馆、领事馆自不用说，是否可以理解为其中自然还包括旨在监督留学生而驻扎于东京府内的中国各省的留学生监督公署，以及经清朝公使承认的中国留学生会馆？另外该条款结尾处所述应附加介绍信，鄙人理解为只要获得公使、领事、公使馆官吏、留学生监督以及留学生会馆干事之保证即无须介绍信……③

寺尾亨本来专攻法学，与军事学风马牛不相及，却要开设军事学校招收中国留学生，个中原因何在呢？对此，曾经为寺尾当过翻译的殷汝耕是这样解释的：

> 至于其原因嘛，中国革命尚未开始之前，中国有很多学生来日报考陆军，初期不管是自费留学生还是其他学生都允许报考陆军士官学校。于是，自费学生中拥有强烈革命思想的人也进入了陆军士官学校学习。清朝政府渐渐地发现了这一点，觉得很危险，于是逐渐禁止，不是官派留学生不能报考士官学校，因而具有革命思想的人想修军事学不得入其

---

① 志田鉀太郎「支那留学生教育時代」『法学博士寺尾亨氏三周年追悼会記要』、32 頁。志田也曾在东斌学堂执教。

② 据游学生监督处编《官报》光绪三十四年六月第 19 期的统计，东斌学堂兵学科第一学班有毕业生 14 名，另据同年八月第 21 期的《官报》，从该学堂警宪科毕业的学生有 40 名，宪兵研究科补考毕业生 4 名。

③ 東斌学堂堂長法学博士寺尾亨「甲第 1 号，伺」明治 38 年 11 月 9 日、都立公文書館『明治 39 年文書類纂・学事』、No. 626 - A5 - 1。

门。寺尾先生就是为了满足这些学生的要求而创办东斌学堂的。①

东斌学堂前后只开办了 5 年，寺尾为此承受了很大的经济负担。"先生开办东斌学堂时付出了很大的代价，随着中国政局的变化学校负债累累。为了还债，先生自己的财产甚至被查封"②。就是在这种环境下，东斌学堂为中国革命培养了许多军事人才。

四　寺尾、副岛赴华的目的

寺尾亨和副岛义一在辛亥革命爆发不久就奔赴中国，为辛亥革命的领导者出谋划策，据他们自己叙述，乃出于以下 3 个目的。

第一，为了维护东亚和平。对此，副岛义一是这样说的：

> 我们为什么要去中国帮助革命军，助他们一臂之力呢？虽说没有完全实现，但我们是怀抱着伟大目标的。说到底，我们的最终目标就是世界和平，东亚的和平。而东亚的和平就是中国的和平，东亚的和平就必须由东亚人来努力维护。而东亚的和平主要是中国的和平。中国的和平日本人必须参加，因为日本是东亚的主人翁，东亚和平之根本的中国和平日本人必须努力参加。我们就是为了实现这一根本志愿

---

① 殷汝耕「支那革命と寺尾博士」『法学博士寺尾亨氏三周年追悼会记要』、57 页。但是，殷的说法似乎不是很确切。因为寺尾在创办东斌学堂时与清朝驻日公使杨枢协商过，并将学校章程送给杨枢，同时表示东斌学堂的兵学科与振武学校采用同样的教育方法，"将来毕业学生送入陆军士官学校"。对此，杨枢表示，"敝国学生有志陆军者甚多，只以振武学舍狭隘，有人满之虞，未能全送，甚为可惜。兹该博士特设东斌学堂，教授兵学，本大臣至为欣慰"。由于振武学校章程规定，学生一经毕业，即全班送入联队，递入士官学校。为了核实东斌学堂毕业生是否可以像振武学校学生一样进入日本军队实习，杨枢致信日本文部大臣，请其转达陆军大臣，表示如能允许东斌学堂兵学科学生享受振武学校的待遇，他将请示本国练兵处王大臣及各省督抚，派送学生到东斌学堂留学。但是，日本陆军大臣的答复是从未公开同意过东斌学堂的要求，同时也没有正式承认过振武学校以及东斌学堂的成立及其教学内容。振武学校以及东斌学堂的留学生毕业后，是否可以进入日本军队实习，必须经过清朝政府的相当程序，而且只有当日本士官学校有余力接受时才能满足这一愿望。因此可以说，日本军方对于中国学生在日本学习军事采取的也是消极态度。详阅日本国立公文书馆、亚洲历史资料中心所藏《杨枢致日本文部大臣的信》以及《日本文部大臣和日本陆军大臣的来往信函》，档案编号为 3 - 2437。当然，东斌学堂客观上为中国培养了不少军事人才。
② 殷汝耕「支那革命と寺尾博士」『法学博士寺尾亨氏三周年追悼会记要』、58 页。

而奔赴中国的。

他接着说："要维护中国的和平就必须使中国成为一个完整的国家，要想使中国成为一个完整的国家就必须改善中国人民的思想，改善中国的政治。……中国不成为一个真正完整的国家就不可能期待出现东亚和平，因此当务之急是改善中国人民的思想，改善中国的政治。……但是，中国的政治从根本上已经崩溃，所谓已经病入膏肓，用寻常之手段断难得到改善，必须施加大的手术，即需要一场革命。如不能从根本上颠覆北京朝廷，终究难以挽救中国腐败已亟之政治。因此，我们很重视这次极其需要的革命。……这就是我们十分同情这次革命的原因。"①

这里，副岛义一所说"日本是东亚的主人翁"虽然暴露出日本俨然亚洲霸主的心态，但他认为东亚和平能否得到维护，关键在于中国必须是一个真正意义上的完整国家，而辛亥革命则是改变中国人民的思想，改变中国政治，使中国成为一个主权完整的国家的正义举动，所以，同情、支援辛亥革命就是维护东亚和平的认识是值得肯定的。

第二，为了推翻清王朝，在南方建立一个具有新体制的政府。

关于这一点，副岛义一是这样描述的："在当时的状态下推翻满清朝廷甚为得策。所谓排满兴汉的旗帜大得人心。在中国首先需要以此旗帜推翻满清朝廷。要实现这一点，我们想到在南方建立临时政府，加强其力量，然后用此旗帜压制北方，以此打开政治改革新纪元。"但是，据副岛义一说，他们当时碰到了一系列问题，担心"是否真的能够废除满清朝廷的君主制，建立共和制，共和政治是否真的适合中国人民，建立临时共和政治的地方是否能够灵活运转"。此外也有人怀疑，"如果不搞共和制，是否有必要推翻满清朝廷"。大家最后议论的结果是，"既然认定排满兴汉这面旗帜好，那我们就先将满清朝廷推翻。然后再根据形势考虑采取何种政体"。于是，大家一致确定先赴中国建议他们一定要推翻清王朝。② 同时，副岛义一等人认为，"而今南方发生了革命骚动，但它不仅仅是一些地区和一些人的骚动，

① 副島義一「支那革命に参加せる余が抱負と実歴」『早稲田講演』改巻記念号、明治45年5月、42~43頁。

② 副島義一「支那革命に参加せる余が抱負と実歴」『早稲田講演』改巻記念号、明治45年5月、44~45頁。

因此，首先在南方建立一个稍具体制的政府乃是当前的迫切任务。于是我们决定亲自到南方去，尽量争取加入革命军"。①

他们之所以强烈主张推翻清王朝，是因为他们认为中国的政治腐败，官吏腐败的根源在于清廷的专制统治，它已如同一个病入膏肓的病人，用平常手段难以治愈，不能幻想通过颁布宪法、采用立宪政体的办法根治，必须脱胎换骨，服用革命这服猛药不可。

第三，支援中国就是支援日本自己。对此，寺尾亨是这样叙述的：

> 日本人之所以有今天的分量是因为有中国这个大国的存在。在此人种中，由于中国是最健全的，所以才有东亚人种即黄色人种的立足之地。如果仅仅只有日本人，日本早就不知道成了什么样子呢。虽然最近数十年来日本经历了两次大战，在所有文物制度上有幸成了今天这个模样，日本才为世界所知晓。但是，如果我们因此而自我陶醉，认为让中国自生自灭，中国崩溃与我无干，自己能在此世界，在所谓白色人种中争雄即可，那就大错特错！……时至今日，如果中国灭亡，或者不致灭亡而被四分五裂，日本人还能独善其身与白色人种为伍吗？只要稍微对欧罗巴有些许理解，知道世界人情风俗者，念及此大概思过半矣。就是说，如果日本不拥护中国，日本这个国家就存在不下去。②

第三节　南京临时政府法制顾问寺尾亨与副岛义一

在上述背景和目的下，寺尾亨和副岛义一从日本来到了中国，旋即被中华民国南京临时政府任命为法制顾问。③本节拟侧重探讨和分析他们在滞留中国期间发挥了何种作用。

① 副岛義一「支那雑観—明治 45 年 5 月 24 日法理研究会に於いての講演」『国家学会雑誌』第 26 巻第 7 号、1912、102～103 頁。
② 寺尾亨「支那問題を論ず——大正二年二月二十二日国家学会講演会に於いて講和」『国家学会雑誌』第 27 巻第 4 号、1913、113～114 頁。
③ 《中华民国临时政府公报》1912 年 1 月第 1 号。据日本驻南京领事铃木 1912 年 1 月 21 日致内田外务大臣的电报（第 12 号），寺尾、副岛抵达南京就任顾问的时间似为 1912 年 1 月 17 日。

一　为中华民国法制建设指点迷津

武昌首义的枪声打响后不久，辛亥革命的领导层就开始了新国家法制建设的尝试。10 月 28 日黄兴、宋教仁等从沪抵鄂之后，在宋教仁的主导下，《中华民国鄂州约法及官制草案》很快出台。从其所规定的总纲、人民、都督、政务委员、议会、法司等内容看，这部约法俨然是一部采用了三权分立思想的资产阶级性质的近代宪法。

随着各省先后宣布独立脱离清朝统治，11 月 30 日，各省都督府代表汇集武汉，在汉口英租界举行第一次会议，决议临时政府成立之前，中央军政府的职权暂由鄂军政府代理；12 月 2 日，各省都督府代表联合会议决由雷奋、马君武及王正廷起草《中华民国临时政府组织大纲》。12 月 3 日，各省都督府代表联合会决定临时政府设在南京，并议决通过《中华民国临时政府组织大纲》。这部法律虽然名为临时政府组织大纲，其性质实际上是新生中华民国的一部临时性宪法，是后来组建南京临时政府，选举临时大总统的法律依据。

这份组织大纲共 4 章 21 条，内容如下①：

中华民国临时政府组织大纲

(1911 年 12 月 3 日公布)

第一章　临时大总统

第一条　临时大总统由各省都督府代表选举之，以得票满投票总数三分之二以上者为当选。代表投票权，每省以一票为限。

第二条　临时大总统有统治全国之权。

第三条　临时大总统有统率海陆军之权。

第四条　临时大总统得参议院之同意，有宣战、媾和及缔结条约之权。

第五条　临时大总统得参议院之同意，有任命各部部长及派遣外交专使之权。

---

①　原载《民立报》1911 年 12 月 11 日，题为《中华民国临时政府组织大纲草案》（11 省代表在武昌议决签名）。

第六条　临时大总统得参议院之同意，有设立临时中央审判所之权。

第二章　参议院

第七条　参议院以各省都督府所派之参议员组织之。

第八条　参议员每省以三人为限，其遣派方法，由各省都督府自定之。

第九条　参议院会议时，每参议员有一表决权。

第十条　参议院之职权如左：

一、议决第四条及第六条事件；

二、承诺第五条事件；

三、议决临时政府之预算；

四、调查临时政府之出纳；

五、议决全国统一之税法、币制及发行公债事件；

六、议决暂行法律；

七、议决临时大总统交议事件；

八、答复临时大总统咨询事件。

第十一条　参议院会议时，以到会参议员过半数之议决为准。但关于第四条事件，非有到会参议员三分之二之同意，不得决议。

第十二条　参议院议决事件，由议长具报，经临时大总统盖印，发交行政各部执行之。

第十三条　临时大总统对于参议院议决事件，如不以为然，得于具报后十日内，声明理由，交令复议。

参议院对于复议事件，如有到会参议员三分之二以上之同意，仍执前议时，应仍照前条办理。

第十四条　参议院议长，由参议员用记名投票法互选之，以得票满投票总数之半者为当选。

第十五条　参议院办事规则，由参议院议订之。

第十六条　参议院未成立以前，暂由各省都督府代表会代行其职权，但表决权每省以一票为限。

第三章　行政各部

第十七条　行政各部如左：

一、外交部；

二、内务部；

三、财政部；

四、军务部；

五、交通部。

第十八条　各部设部长一人，总理本部事务。

第十九条　各部所属职员之编制及其权限，由部长规定，经临时大总统批准施行。

第四章　附则

第二十条　临时政府成立后，六个月以内，由临时大总统召集国民议会。其召集方法，由参议院议决之。

第二十一条　临时政府组织大纲施行期限，以中华民国宪法成立之日为止。

与宋教仁领衔起草的《鄂州约法》相比，这份《临时政府组织大纲》显得比较粗糙和稚嫩，因此，《民立报》为这部法律所加按语指出了其中存在的缺陷，认为"此草案不适合者颇多，如人民权利义务毫不规定，行政官厅之分部则反载入，以制限其随时伸缩之便利。又如法律之提案权不明，大总统对于部长以下之文官吏之任免权不具，皆其失当也"①。

这部《临时政府组织大纲》颁布后的第 10 天，寺尾、副岛抵达上海。大约过了一个星期，寺尾和副岛便通过日本人在上海发行的《上海日报》（日文）对这部《临时政府组织大纲》发表了自己的评论。《民立报》及时对该文做了译载，题名《共和民国临时政府大纲之缺点——驻沪某法学博士之批评》。据译者介绍，该文系日本旅居上海的两位法学博士撰写，内容是对《中华民国临时政府组织大纲》提出批评。在译者看来，文章所论"皆根据法理，谆谆侃侃，诚我民国他山之石也"，之所以译载乃是"供我民国代表有组织临时政府之责者之参考"。

但是，该文在《民立报》译载时没有作者署名，最初刊载于日文《上

---

① 《民立报》1911 年 12 月 11 日。此按语乃宋教仁所加，见《宋教仁集》上册，中华书局，2011，第 371 页。

海日报》的原文是否有作者署名，由于没有找到原始资料，没法认定具体作者。① 笔者之所以断定该文乃出自寺尾、副岛之手基于以下理由。第一，该文发表在日文报纸上，作者当系日本人；第二，作者是两位驻沪法学博士。当时获得日本法学博士学位的人少得可怜，而当时住在上海，同时还关心新生中华民国法制建设的法学博士更是屈指可数。在当时赴华旅居上海的日本人中符合这一条件的应该只有 13 日抵达上海的寺尾和副岛。第三，副岛回国后所作「支那雑観—明治 45 年 5 月 24 日法理研究会に於いての講演」（刊载于日本《国家学会杂志》第 26 卷第 7 号）与报上内容基本一致更可以相互印证。②

那么，寺尾和副岛指出的《中华民国临时政府组织大纲》中存在的缺点是什么呢？

第一，第五条关于临时大总统任用行政各部部长及外交专使须经参议院之同意的规定，"非适当之规定也"。他们认为，"目下军国多事，如各部部长外交专使，大总统皆不可不择其平日所认为适当之人物者而任用之"。如果部长专使的任用一一须经参议院同意，"恐不免以议论纷纭之故而旷延时日，贻误机宜，此危险之甚者也"，主张给予大总统以专有任用部长及专使之权。③

第二，第二章第七条关于"参议院由各省都督府所派遣之参议员组织之"的规定，不适合中国的现状，有将共和国变成联邦国家之嫌。他们指出："目下民国状况，大总统不可不有广大之权力，唯须有议决咨询机关辅助之，故设参议院。然此咨询机关非必为各省都督府之代表机关，且各省非联邦制之国家，乃中华民国之一地方也。各省都督府非联邦国家之政府，乃中华民国之地方政厅也。是并非以此地方政厅之代表者组织参议院，不过参议院之组织员，一任各地方之选出耳。因此，故其组织员不宜定为各省都督府之所派遣，但宜视为各省代表者之所选出。且其人数各省亦不必一致。盖

---

① 关于日文《上海日报》，笔者在日本搜索后发现，日本最大的国立国会图书馆没有收藏该报，东京大学法学部近代法制研究中心资料室和东洋文库虽藏有该报，但前者只有明治 30～39 年的部分，后者则仅有 1940 年的极少一部分。笔者同时又委托朋友在它发行的所在地上海查找，上海图书馆也只有 1929 年、1932 年等部分年份的收藏。因此，目前无法找到该文的原始出处。

② 曽田三郎『中華民国の誕生と大正初期の日本人』、34 页。

③ 《共和民国临时组织法之缺点》，《民立报》1911 年 12 月 23 日。

人员过多，决事反不灵便。故参议院以各省代表者所选出之少数委员组织之最为适当。"因此，他们主张应该加强总统权限，参议院的地位只是作为咨询机构起辅助性作用，并要防止按照联邦制国家的办法组织参议院。

第三，第十七条规定设置行政各部却"不置统一行政各部之总长，此缺点之最著者也"。他们指出，"大抵行政之部署贵与事机相应，必令其随时有所增减，故行政各部之编制不可不由大总统专定之"。"且行政各部虽各掌其主管事务，然须调和一致，否则互相扞格，难保持其行政之秩序。故须置统一行政各部之行政总长（或内阁议长），其责任在保持行政全盘之统一"。认为如果不设内阁总理，势必由总统直接指挥行政而负其责任。"然大总统为全国统治之大渊源，其任期中不可轻为更动。若使之立于责任之地位，自国家根本法上论之实不可也"。主张为了国家的稳定，应该在总统之下设立内阁，在内阁之中设置行政各部，使内阁各部既能各负责任，又可达到事权统一之效。总之，他们主张实行责任内阁制。①

综合上述三点，寺尾和副岛实际上对新生共和国的法制建设提出了三点重要主张。第一，鉴于民国肇始，事务繁多，必须给予临时大总统广泛权限，而不应受各种羁绊；第二，必须避免走向联邦制国家的道路，而应坚持单一制国家的国家结构；第三，应该在总统之下设置内阁，实行责任内阁制的政体。但是，《临时政府组织大纲》隐含有可能致使中国变成联邦制国家的制度安排，寺尾的批评对于辛亥革命的领导层以及中国社会而言无疑是一服清醒剂。对于自始即参与民国法制建设的宋教仁而言，寺尾的责任内阁制设想与其不谋而合，因此当孙中山回到上海的第二天，12月26日召开的同盟会干部会上，宋教仁建议修改组织法大纲，主张实行责任内阁制。但孙中山鉴于当时的国内外形势，认为尚不具备实行责任内阁制的条件，结果宋的意见被否决，翌年1月2日对组织法大纲进行修改时，宋教仁仍然坚持自己的主张，亦未受到重视，对《临时政府组织大纲》的修改只停留于增加了关于临时副总统的一些规定，其余基本上保留了原来的内容，孙中山实行总统制的意见得到确认。

但是，一石激起千层浪，寺尾和副岛对《临时政府组织法大纲》的批评意见在辛亥革命的参加者和同情支持者中引起了一系列反响，不少人纷纷

---

①　《共和民国临时组织法之缺点》，《民立报》1911年12月24日。

发表文章，呼应寺尾的主张。

例如，向乃祺在《上大总统书》中就认为，国家新创，"群情所趋，集注共和。然论国家制度，有主联邦者焉，有主单一者焉。政体组织有主三权分立者焉，有主议院制内阁者焉"，对于这些莫衷一是的议论，向乃祺旗帜鲜明地主张"国家构造宜采中央集权制"，"政体组织宜用议院制内阁"。①

关于前者，他认为，由于清政府的专制统治，致使爱国之士高唱地方分权，与其对抗，但这只是"一时之策略，非真理也"。然革命之后各省仍有部分志士坚持此说，如山东省就主张实行联邦，自立宪法。他呼吁"当兹革故鼎新之时，固宜审慎周详，采一最善制度，以为我国长治久安之计"。他在分析了德意志联邦和美国的联邦制度演变史和现状后主张，"以愚见揣之，莫若取法法国，采中央集权主义，废各行省以府为地方行政之单位，使直辖于中央政府"，认为"中央集权自消极言之，足以泯各省之畛域，自积极言之，足以兴地方之利福祺，所以大声疾呼，欲唤起全国之舆论趋重于此者"。

关于后者，向乃祺认为美国遵循孟德斯鸠三权分立理论，运用于实际后，行政权归属总统，总统即有失政行为，议院亦无可奈何；议院开会，总统不能出席，总统无权向议院提交法案，只能致信建议，法律能否成立只有听天由命。"其弊也，在各部机关愈相分离，愈生冲突，双方均失其威力而毫无伸缩性"。相反，"英国首相即多数政党之首领，立法行政两部关系密切。故在野党人不轻为无责任之攻击，苟舆论一变，而内阁之运命系之一般人民，均注意政治，罔敢稍懈。以故内阁坚实，得贯彻其政策，而且进退自由，能随时势之转移为更迭焉"。因此他呼吁，"前车为后车之鉴。窃以我国政体宜取英制，以议会优势党组织内阁，万不可蹈美之覆辙也"，强烈主张应该采用议院制内阁。

又如章士钊以笔名"行严"在《民立报》发表社论，针对在英国留学

---

① 向乃祺：《上大总统书》，《民立报》1912 年 1 月 11 日、12 日。向乃祺（1884～1954），字伯翔，湖南省永顺县人。16 岁考中秀才，23 岁时官费留学日本，就读于早稻田大学政治经济学系，获政治学学士学位，回国后参加辛亥革命。后经宋教仁、于右任介绍加入中国国民党。袁世凯政府的国会成立后，当选为国会参议院议员兼宪法起草委员会委员，参与《天坛宪法草案》起草工作。后辗转任职于教育界和政界，曾在北京政法大学、朝阳大学任教，热心研究土地问题。1949 年后，任湖南省军政委员会参议，湖南省第一届各界人民代表会议特邀代表。1951 年，当选为湖南省政协常务委员、民革湖南省筹委会副主任、湖南省人民政府参事室参事等职。1954 年病逝于长沙。

的罗鸿年发表的《共和宪法意见书》中提出的实行联邦制同时采用内阁制的主张，明确表示"不欲赞成"其中的联邦制主张，"苟吾于政体之选择尚游刃有余，而吾复决采内阁制矣。则以美利坚政治弊习为殷鉴，万不宜更鼓吹联邦制"。①

再如王印川在为《民立报》撰写的题为《中华民国制定新宪法之先决问题》的社论中提出，制定中华民国宪法，首先需要解决的先决问题是：第一，采取联邦国家制度还是单一国家制度；第二，采取大中国（即统一之中国）主义还是小中国（即南北分治之中国）主义；第三，取中央集权主义还是地方分权主义；第四，取巩固国权主义还是取扩张民权主义。

关于第一个问题，他在列举分析了联邦制主张者和单一制国家主张者所提出的理由后认为，"考之吾国之历史，审之列强之趋势，参之各国之学理"，单一制国家之主张更为优越，认为"今一旦取联邦制使分而治之，固已大违乎吾民族数千年好合之美习，即就学理而论，国家学上惟单独国家方为合理。联邦国家不过由国家联合进乎单独国家时过渡之一阶级"。指出值此"列强并峙，竞争剧烈，各国方挟其统一之民族、强固之国家，龙拿虎斗，皆以我为机上肉而思操刀之一割，而我欲分而自弱，以与之相抗，是恐死亡之不速又从而自杀也。愿我爱国之君子其慎思之"。

关于第二个问题，王印川解释说，所谓"大中国主义"，是指"金瓯无缺，藩属一视，举中国现在所有之领土而统治于一政府之下"；所谓"小中国主义"，是指"划疆自守，志不在大，以一部分之土地人民组织一国家而置其他于可有可无之列"。"南北分治"或"本部中国"主张都属于小中国主义。他在分析了小中国主义的诸种弊端之后指出，"吾意欲取大中国主义而规定宪法曰，大中华民国领土为本部与外藩。……永为一国不可分离。外藩政治以特别之法律定之"。

关于第三个问题，王印川在批判了极端中央集权主义和极端地方自治主义之后指出，"吾所取者乃'权中的中央集权主义'"。他解释说，所谓"权中的中央集权主义"，就是在中央集权之下实行地方分权，关乎全体人民之福利，其权力应集中于中央，关乎部分人民之福利者，其权限宜分之地方。前者如军政财政外交司法交通教育以及货币铸造和金融机关应由中央集权，

---

①　行严：《内阁制与联邦制》，《民立报》1912 年 3 月 8 日。

后者如卫生市政农田水利道路桥梁河川等等则应实行地方分权"。①

此外，王印川还为《民立报》撰写社论，提出应实行真正的共和制。他在其中写道："真共和者主权必在国民，必有规定此主权在国民之完美宪法；而其制定此宪法之机关，又必出于全国人民有选举资格者之公选；而其遵此宪法统治全国之首领，亦必出于全国人民有选举资格者之公选；而其改订此宪法之权，与监督遵此宪法而统治全国之首领之权，亦必直接或间接在于国民。"②

向乃祺和王印川都曾留学早稻田大学，就读于副岛义一供职的政治经济学系，分别获得政治学和法学学士学位，而宪法是其必修课程，因此他们两人都应该选修过副岛的宪法讲义。寺尾、副岛抵达上海后对《临时政府组织法大纲》提出批评，指出其缺陷，昔日的学生跟着撰文与其主张遥相呼应，或许他们之间有过接触和思想交流。

二　参与起草《中华民国临时组织法》

如前所述，提出邀请寺尾亨来华的是宋教仁，目的是请他们来协助起草宪法。据副岛叙述，他们来到中国后就被确定参与制定宪法："就这样我们决定从事夯实南方的基础对抗北方的计划。首先必须建立政府。建立政府必须先制定基本法，即必须起草叫作宪法之类的文件，于是我们被确定参与制定宪法。"③

随着南北议和的进行，孙中山表示在袁世凯满足南京临时政府的条件下，自己愿意辞去临时大总统职务，并于 1 月 28 日在南京成立了临时参议院，拟制定《中华民国临时约法》。其时，寺尾、副岛二人作为临时政府的

---

① 空海：《中华民国制定新宪法之先决问题》，《民立报》1912 年 1 月 25 日、1 月 27 日、2 月 4 日、2 月 7 日、2 月 8 日。空海即王印川（1878～1939），字月波，笔名空海，其时正担任《民立报》编辑。河南省修武县人，1903 年癸卯科举人，后赴日本留学，在早稻田大学政治经济学系学习，获法学学士学位，回国后被授予法政科举人。中华民国成立后，历任统一党、共和党、进步党干事。后供职于北洋政府，历任国会众议院议员、宪法研究会及工商会议委员、政治会议议员、政事堂法制局调查员、约法会议议员、参政院参政。1920 年 2 月，署理河南省省长。1924 年，任奉系领袖张作霖的顾问。翌年 7 月，任段祺瑞执政府的临时参政院参政等职。

② 空海：《真共和论》，《民立报》1912 年 2 月 10 日。

③ 副岛義一「支那革命に参加せる余が抱負と実歴」『早稻田講演』改卷記念号、明治 45 年 5 月、45 頁。

法制顾问应该参与了约法的起草工作。但由于至今没有发现有关详细史料，对于他们是如何参与制定临时约法的具体情况不太清楚。[1] 不过，根据寺尾、副岛当时的述怀及有关资料，可以说《中华民国临时约法》赖以成立的蓝本之一《中华民国临时组织法》的原始草案很可能是寺尾、副岛起草的，或者说至少也是在他们的参与下起草的。

关于这一点，1912 年 3 月 18 日，《大阪朝日》的报道明确指出寺尾和副岛在南京参与编纂法典。[2] 同年 3 月 31 日，《大阪朝日》以寺尾谈话的方式发表的报道中更明确表示，"南京政府将寺尾、副岛手订之约法交由北京政府继承，将其提交至他日开议的议院，经其承认后成为中华民国宪法"[3]。《大阪朝日》的报道以及寺尾本人的谈话都是在事后仅仅 1～3 个星期之后发出的，不可能出现记忆错误，也应该不会是当事人的自我吹嘘。

那么，寺尾所说《临时约法》是他们起草的有何根据呢？这可能要从《中华民国临时组织法》的出台说起。1 月 27 日《民立报》全文发表《中华民国临时组织法》，1 月 28 日临时参议院在南京成立，这显然是在为制定《临时约法》做准备。据该报 1 月 29 日刊载的"法制院俭"，这份法律文件是由法制院起草的，"民立报馆鉴，沁日贵报所载中华民国临时政府组织法仙（可能为系字之误。——引者注）本院提出供参考之草案，现尚未经参议院决议，请更正为中华民国临时组织法草案"。而翌日也就是 1 月 30 日，孙中山即将该草案咨送临时参议院，并在咨文中明确表示这是法制局局长宋教仁呈拟的。

南京临时政府法制院（又称"法制局"）成立于 1912 年 1 月 12 日，任务包括"草订法律命令案、考核各部草订之法律、命令案"等。同月 15 日，宋教仁被孙中山任命为法制局局长，原湖北谘议局议长汤化龙为副局长。[4] 寺尾、副岛正是在 1 月 17 日前后抵达南京，受命以法制顾问的身份协助法制院起草法案等工作的。而且，如前所述，寺尾、副岛就是宋教仁建

---

[1] 对此，曾田三郎『中華民国の誕生と大正初期の日本人』第一章有稍许详细的叙述，但也缺乏具体细节的描述。

[2] 「孫日本に来らん」『大阪朝日』1912 年 3 月 18 日。

[3] 「支那憲法草案（門司）」『大阪朝日』1912 年 3 月 31 日。

[4] 当时对法制局的称谓似乎没有统一，初期称"法制院"，负责人称"总裁"。因此《民立报》的报道一般不用"法制局"，而使用"法制院"和"总裁"。

议请来帮助新生共和国制定包括宪法在内的各种法律制度的。寺尾说他和副岛起草了《中华民国临时约法》，很可能是指他们协助宋教仁，与法制局职员一起起草《中华民国临时组织法草案》这件事。从前述内容可知，寺尾、副岛关于中华民国未来宪法的主张，许多地方与宋教仁在《鄂州约法》中的内容高度契合，因此，《中华民国临时组织法草案》的基本精神和内容与《鄂州约法》有很强的继承关系，而且，寺尾、副岛批评《中华民国临时政府组织大纲》中存在的缺点在这部组织法草案中都得到了纠正。例如，他们批评的有可能使共和国演变成联邦制国家的参议院一省一票制的规定、行政只设各部总长而没有内阁及其内阁总理的规定从而妨害行政统一等问题都得到了妥善解决。这部《临时组织法草案》很明显是一部贯穿了责任内阁制精神的法案。而且这份草案又被孙中山咨送给临时参议院，作为制定临时约法的参考，故寺尾他们自豪地宣布《中华民国临时约法》是在他们起草的法案的基础上成立的。

但实际情况是，临时参议院对于孙中山咨送来的这份《临时组织法草案》极其不满，认为宪法的立法权归参议院，批评法制局起草约法草案是越权行为，将这份组织法草案退回给了孙中山，并自行组织临时约法起草委员会，另行起草了临时约法草案，并以《大中华民国临时约法草案》为题在《申报》上公开发表。[①] 在此后审议制定临时约法的过程中，起草和审查委员都是临时参议院议员，其中以同盟会会员为主体，也有前清立宪派人士参与。宋教仁自 2 月 18 日后参加迎接袁世凯南下代表团的活动，没有实际参加制定临时约法的活动，因此，张亦工经过考订，认为宋教仁没有参加该法案的起草和审议活动，《临时约法》也不是宋教仁起草的。

张亦工的结论本身没有问题，但他并没有说《中华民国临时约法》没有参考法制院起草的《中华民国临时组织法草案》。实际上，虽然《临时约法》制定初期，临时参议院和法制局围绕临时约法草案的起草权发生了争执，在实行总统制抑或内阁制的问题上意见对立，但由于此时孙中山已经理解并接受了寺尾、副岛以及宋教仁关于实行内阁制、限制总统权限的主张，对双方对立的主张进行了协调。据迟云飞研究，在临时参议院起草审议《临时约法》的同时，孙中山多次召开同盟会领导人会议，讨论《临时约

---

① 《申报》1912 年 2 月 1 日、2 日。

法》的基本原则和主要框架，"中华民国之主权属于国民全体""中华民国以参议院、临时大总统、国务员、法院行使其统治权"、总统由参议院选举、实行内阁制等许多重要原则都是在这些会议上确定下来的。"由此看来，制定约法，不但有参议院起草、审议这公开的一条线，还有革命党人私下讨论这幕后的一条线，后一条线对制定约法也有举足轻重的影响"。① 因此之故，临时参议院最终妥协让步，向着法制局提出的草案靠拢，如表 7 - 1 所示，最终审议通过的《中华民国临时约法》的内容很多地方采纳了《临时组织法草案》的规定。从这个意义上说，不能否定寺尾说他们参与起草了《临时约法》具有一定的事实根据。

三　寺尾、副岛的主张对《中华民国临时约法》的影响

如上所述，《中华民国临时约法》很多地方采纳了《临时组织法草案》的规定，而《临时组织法草案》是在寺尾、副岛的参与甚至主持下起草的，其中很多地方反映了他们对中国未来的国家体制以及宪政所坚持的主张。因此可以说，寺尾、副岛的许多主张和思想对《临时约法》产生了一定影响。这主要体现在以下几个方面。

第一，寺尾、副岛提出制定单一制国家即实行中央集权制的宪法主张得到承认并被写入《临时约法》。

当时，为即将成立的新国家制定基本法，首先必须解决的问题是需要确定今后的中国是实行联邦制还是单一制的国家结构。其时，中国国内以及国际上都有许多人主张中国应该采用联邦制的国家结构，② 有的甚至主张可以容许南北分治。对于此类主张，寺尾、副岛在赴华之前就表示了反对。他们认为，为了维护东亚和平，必须维护中国领土的完整，辛亥革命中也必须贯彻这一方针。因此，他们在动身赴华之前就已决定，"既然维护中

① 迟云飞：《宋教仁与中国民主宪政》，湖南师范大学出版社，1997，第 119 页。
② 辛亥革命以前甚至连孙中山、陈天华、冯自由等同盟会主要领导人都提倡过联邦制，辛亥革命以后，章士钊、戴季陶、张东荪等人都曾发表过主张联邦制度的议论，以牵制袁世凯的集权。参阅龙长安《联省自治运动的政治困境与民主发展》，《河北师范大学学报》（哲学社会科学版）2013 年第 6 期。在《中华民国临时政府组织大纲》和临时参议院起草的《大中华民国临时约法草案》中规定参议院选举总统实行一省一票的规定就属于联邦制国家的选举安排。

表7-1 《中华民国临时组织法草案》、《中华民国临时约法》、《大中华民国临时约法草案》(临时参议院起草) 条文比较

《中华民国临时组织法草案》	《中华民国临时约法》	《大中华民国临时约法草案》(临时参议院起草)
第一章 总纲	第一章 总纲	第一章 总纲
第一条 中华人民今建立中华民国，组织临时政府统治之。	第一条 中华民国由中华人民组织之。	第一条 大中华民国永定为民主国。
第二条 临时政府以临时大总统，副总统与内阁，参议院，法司构成之。	第二条 中华民国之主权属于国民全体。	第二条 大中华民国领土无论现在及将来任区域中者，受同一政府之统治。
第三条 临时政府成立后一年内领开设国民议会，制定宪法，选举大总统继续统治。	第三条 中华民国领土为二十二行省，内外蒙古、西藏、青海。(按：新疆省在二十二行省内)	第三条 大中华民国国权依旧宪法。宪法未协定以前依本法。
	第四条 中华民国以参议院，临时大总统，国务员，法院行使其统治权。	
第二章 人民	第二章 人民	第二章 人民权利义务
第四条 凡具有临时政府法定之资格者，皆为中华国人民。	第五条 中华民国人民一律平等，无种族、阶级、宗教之区别。	第四条 大中华民国人民无种族阶级宗教之区别，一律平等。
第五条 人民一律平等。	第六条 人民得享有左列各项之自由权：	第五条 大中华民国人民除法律特定外，有一切言论著作刊行集会结社信仰之自由。
第六条 人民自由言论，著作，刊行并集会结社。	一 人民之身体非依法律，不得逮捕，拘禁，审问，处罚。	第六条 大中华民国人民非依法律不得侵犯其产业及本身之自主权。
第七条 人民自由通信，并不得侵其秘密。	二 人民之家宅非依法律不得侵入或搜索。	第七条 大中华民国人民非依法律不得入其住所及家宅。
第八条 人民自由信教。	三 人民有保有财产及营业之自由。	第八条 大中华民国人民依法律范围内得居住及移转之自由。
第九条 人民自由居住迁徙。	四 人民有言论，著作，刊行及集会结社之自由。	第九条 大中华民国人民有书信秘密之自由。
第十条 人民自由保有财产。	五 人民有书信秘密之自由。	第十条 大中华民国人民非依法律不受逮捕监禁问处罚。
第十一条 人民自由营业。	六 人民有居住迁徙之自由。	第十一条 大中华民国人民依法律规定取得有本国一切选举及被选举权。
第十二条 人民自由保有身体，非依法律，不得逮捕，审问，处罚。	七 人民有信教之自由。	第十二条 大中华民国人民依法律得请于国会及行政各署。
第十三条 人民自由保有家宅，非依法律，不得侵入搜索。	第七条 人民有请愿于议会之权。	
第十四条 人民得诉讼于司法，求其审判。其对于行政官署违法损害权利之行为，则诉讼于临时参议院。	第八条 人民有陈诉于行政官署之权。	
第十五条 人民得陈诉于临时议会。	第九条 人民有诉讼于法院受其审判之权。	
第十六条 人民得诉诉于行政官署。	第十条 人民对于官吏违法损害权利之行为，有陈诉于平政院之权。	
	第十一条 人民有应任官考试之权。	

续表

《中华民国临时组织法草案》	《中华民国临时约法》	《大中华民国临时约法草案》（临时参议院起草）
第十七条　人民有应任官考试之权。 第十八条　人民依法律有选举时投票及被投票之义务。 第十九条　人民依法律有纳税之义务。 第二十条　人民依法律有当兵之义务。 第二十一条　本章所载人民之权利，有认为增进公益，维持公安之必要，或非常紧急之必要时，得以法律限制之。 第三章　临时大总统副总统 第二十二条　临时大总统、副总统由各地方代表会举，其任期适用第三条之规定。 第二十三条　临时大总统代表临时政府总揽政务。 第二十四条　临时大总统公布参议院所议定之法但有不以为然时，得以内阁全体之署名，付参议院再议，以一次为限。 第二十五条　临时大总统认为非常紧急必要时，得发布命令及教令。但发布后须提出参议院经其议定。 第二十六条　临时大总统得与外国宣战、媾和、缔结条约。但缔结条约须得参议院经其议决。 第二十七条　临时大总统提出须经参议院经其议决。 第二十八条　临时大总统统帅全国海陆军。 第二十九条　临时大总统除典试官职及考试惩戒事项外，得制定文武官职权，并给与章差及其他荣典。但任命内阁员须得参议院之同意。	第十二条　人民有选举及被选举之权。 第十三条　人民依法律有纳税之义务。 第十四条　人民依法律有服兵之义务。 第十五条　本章所载人民之权利，有认为增进公益，维持治安或防止非常紧急必要时，得依法律限制之。 第四章　总统 第十九条　临时大总统、副总统由参议院选举之。以总员四分三以上出席，得票满投票总数三分二以上者为当选。 第二十条　临时大总统代表临时政府，总揽政务，公布法律。 第二十一条　临时大总统为执行法律或基于法律之委任，得发布命令及使发布之。 第二十二条　临时大总统统帅全国海陆军队。 第二十三条　临时大总统得制定官制、官规，但须提交参议院议决。 第二十四条　临时大总统任免文武职员，但任命国务员及外交大使公使须得参议院之同意。 第二十五条　临时大总统得参议院之同意，得宣战和及缔结条约。 第二十六条　临时大总统得依法律宣告戒严。 第二十七条　临时大总统得颁给勋章及其他荣典。	第十三条　大中华民国人民依法律得诉于司法各署。 第十四条　大中华民国人民依法律应受教育，服海陆兵役及纳租税。 第三章　临时大总统副总统及国务员 第十五条　临时大总统、副总统由各省代表选举之，以得票满投票总数三分二以上者为当选。但代表投票每省以一票为限。 第十六条　临时大总统治全国，总揽政务，公布法律。 第十七条　临时大总统制定官规，任免文武职员及各省及外交专使，须得参议院之同意。 第十八条　临时大总统统率海陆军队。 第十九条　临时大总统经参议院之同意，得宣战媾和及缔结条约。 第二十条　临时大总统代表全国接受外国之公使大使。 第二十一条　临时大总统得宣告戒严。 第二十二条　临时大总统得提出法律案于参议院。

续表

《中华民国临时组织法草案》	《中华民国临时约法》	《大中华民国临时约法草案》（临时参议院起草）
第三十条　临时大总统依法律宣告戒严。 第三十一条　临时大总统宣告大赦特赦减刑复权。 第三十二条　临时副总统辅佐大总统襄理政务，大总统有故不视事时得代理其职，大总统因故去职时即升任之。	第三十八条　临时大总统得提出法律案于参议院。 第三十九条　临时大总统得颁给勋章并其他荣典。 第四十条　临时大总统得宣告大赦、特赦、减刑、复权。但大赦须经参议院之同意。 第四十一条　临时大总统受参议院弹劾后，由最高法院全院审判官互选九人组织特别法庭审判之。 第四十二条　临时副总统于临时大总统因故去职，或不能视事时得代行其职权。	第二十三条　临时大总统处为非常紧急时得发布同法律之制令。但发布后须提出参议院经其追认。 第二十四条　临时副总统于临时大总统因故去职时得升任之，临时大总统，有故障不能视事时得受大总统之委任代行其职权。 第二十五条　行政各部设部长一人为国务员，辅佐临时大总统处理各部事务。
第四章　内阁 第三十三条　内阁以内阁总理及各部总长为内阁员组织之。 第三十四条　内阁员执行法律，处理政务，发布命令，负其责任。但制定预算、募集公债、征收赋税、缔结国库有负担之契约，及其处理外须必要时及处理及预算外之支出，事后亦须提出法律案于参议院。 第三十五条　内阁员得提出法律案于参议院，并得出席发言。 第三十六条　内阁员于临时大总统公布法律及有关政务之教令时，须亲署名。	第五章　国务员 第四十三条　国务总理及各部总长均称为国务员。 第四十四条　国务员辅佐临时大总统负其责任。 第四十五条　国务员于临时大总统提出法律案公布法律及发布命令时须副署之。 第四十六条　国务员及其委员得于参议院出席及发言。 第四十七条　国务员受参议院弹劾后，临时大总统应免其职。但得交参议院复议一次。	第二十六条　国务员得提出法律案于参议院。 第二十七条　国务员于临时大总统公布法律及有关政务之制令时须副署之。 第二十八条　国务员于政府任一切政务任连带之责，于本部事务各自任责，不任责。非大逆不为此责。

续表

《中华民国临时组织法草案》	《中华民国临时约法》	《大中华民国临时约约草案》(临时参议院起草)
第五章 参议院	第三章 参议院	第四章 参议院
第三十七条 参议院由各省公举之参议员组织之。参议院议每省以三人为限。 第三十八条 参议院议定法律案、预算案、条约案、赋税征收等事,但基于本法有负担之契约,并公债募集,非基于法律之支出不得减除。 第三十九条 参议院审理决算。 第四十条 参议院得提出条陈于内阁。 第四十一条 参议院得质问同内阁并以求其答辩。 第四十二条 参议院以总员三分之二以上之出席,以出席员三分之二以上可决,得议决内阁员之失职及法律上犯罪。 第四十三条 参议院得自制定内部诸法规并执行之。 第四十四条 参议院于议中自选举议长。 第四十五条 参议院得随时集会开会。 第四十六条 参议院之议事公开之。但有内阁之要求,及出席员三分之二以上之连署,得秘密之。 第四十七条 参议员以十人之连署,得提出法律案。 第四十八条 参议员除关于内乱外患之犯罪及现行犯罪外(按:应为许诺),在会期中,非得议长之许诺,不得逮捕。 第四十九条 参议员在会场之发言、表决、提议,在会外不负责。但用他方法发表于会外者,不在此限。	第十六条 中华民国之立法权以参议院行之。 第十七条 参议院以第十八条所定各地方选派之参议员组织之。 第十八条 参议员每省、内蒙古、外蒙古、西藏各选派五人;青海选派一人。其选派方法由各地方自定之。参议院会议时每参议员有一表决权。 第十九条 参议院之职权如左: 一 议决一切法律案。 二 议决临时政府之预算决算。 三 议决全国之税法币制及度量衡之准则。 四 议决公债之募集及国库有负担之契约。 五 承诺第三十四条、三十五条、四十条事件。 六 答复临时政府谘询事件。 七 受理人民之请愿。 八 得以关于法律及其他事件之意见建议于政府。 九 得提出质问于国务员,并要求其出席答复。 十 得咨请临时政府查办官吏纳贿违法事件。 十一 参议院对于临时大总统认为有谋叛行为时,得以总员五分四以上之出席,出席员四分三以上之可决弹劾之。 十二 参议院对于国务员认为失职或违法时,得以总员四分三以上之出席,出席员三分二以上之可决弹劾之。 第二十条 参议院得自行集会开会闭会。	第二十九条 大中华民国上下议院未成立以前,其立法权以参议院行之。 第三十条 参议院以各省所出参议员组织之。 第三十一条 参议员每省选出三人,会议时,每省有一表决权。 第三十二条 参议院职权如左: 一 议决临时政府之预算; 二 检查临时政府之出纳; 三 议决全国统一之税法、币制、度量衡之章则及发行公债之事件; 四 议决政府提出之法律案及自行提出法律案; 五 答复政府之谘询书; 六 接受国民之请愿书; 七 得以关于法律及他事件之意见建议于政府。 第三十三条 参议院非有过半数之参议员出席不得决议。 第三十四条 参议院会议时,以到会参议员出席过半数之决议为准。但关于第十九条事件非有到会参议员三分之二同意不得决之。 第三十五条 参议院议决可否同数时,依议长之所决。 第三十六条 参议院决议事件由议长具报,经临时大总统盖印发布行政各部执行之。

续表

《中华民国临时组织法草案》	《中华民国临时约法》	《大中华民国临时约法草案》(临时参议院起草)
第五章　参议院	第三章　参议院 第二十一条　参议院之会议须公开之。但有国务员要求或出席参议员过半数之可决者，得秘密之。 第二十二条　参议院议决事件由临时大总统公布施行。 第二十三条　临时大总统对于参议院议决事件，如否认时，得于咨达后十日内声明理由，咨院复议。但参议院对于复议事件，如有到会参议员三分之二以上仍执前议时，仍照第二十二条办理。 第二十四条　参议院议长由参议员用记名投票法互选之，以得票满投票总数之半者为当选。 第二十五条　参议院参议员于院内之言论及表决，对于院外不负责任。 第二十六条　参议院参议员除现行犯及关于内乱外患之犯罪外，会期中非得本院许可，不得逮捕。 第二十七条　参议院之职权由国会成立之日解散。其职权由国会行之。 第二十八条　参议院自	第四章　参议院 第三十七条　临时大总统关于参议院议决事件，得于具报后十日内声明理由交令复议。但参议院于复议事件如有到会参议员三分之二以上同意前议时，仍照第三十六条办理。 第三十六条办理。 第三十八条　参议院议员于院内之发言及意见表决，对院外不负责任。 第三十九条　参议院议员除现行犯及关于内乱外患之罪外，会期中非得本院许可不得逮捕。 第四十条　参议院议长由参议员用记名投票法互选之，以得票满投票总数之半者为当选。 第四十一条　参议院议事规则由参议院定之。 第四十二条　国务员及政府委员得于参议院出席及发言。
第六章　法司 第五十条　法司以临时大总统任命之法官组织之。法司之编制及法官之资格以法律定之。 第五十一条　法官非依法律受刑罚宣告或应免职之惩戒宣告，不得免职。 第五十二条　法司以中华民国之名，依法律审判民事诉讼及刑事诉讼。但行政诉讼及其他特别诉讼不在此例。	第六章　法院 第四十八条　法院以临时大总统及司法总长分别任命之法官组织之。 第四十九条　法院依法律审判民事诉讼及刑事诉讼。但关于行政诉讼及其他特别诉讼别以法律定之。 第五十条　法院之审判须公开之。但有认为妨害安宁秩序者得秘密之。	第五章　司法 第四十三条　大中华民国司法权以国民公意委托裁判所行之。裁判所构成法以法律定之。 第四十四条　裁判所依民刑诉讼，依法律定之。得设置陪审审员及辩护士。 第四十五条　裁判官及推事检事依法定资格任用之。裁判官不得减俸或转职。非受法律宣告不得解职。惩戒处分及惩戒规条依法律定之。

续表

《中华民国临时组织法草案》	《中华民国临时约法》	《大中华民国临时约法草案》（临时参议院起草）
第六章 法司	第六章 法院	第五章 司法
第五十三条 法司之审判须公开之。但有认为妨害安宁秩序者，得秘密之。	第五十一条 法官独立审判不受上级官厅之干涉。 第五十二条 法官在任中不得减俸或转职。非依法律受刑罚宣告或惩戒处分，不得解职。惩戒条规以法律定之。	第四十六条 裁判所之裁判非由陪审员认为有害安宁秩序或风俗者一律公开。 第四十七条 凡关于海陆军及行政各署之诉讼，别以法律定之。
第七章 补则	第七章 附则	第六章 附则
第五十四条 本法由参议院议员三分之二以上，或临时大总统之提议，议员三分之二以上之出席，出席员过半数之可决，得改正之。 第五十五条 本约法自□□□□日施行。	第五十三条 本约法施行后限十个月内，由临时大总统召集国会。其国会之组织及选举法由参议院定之。 第五十四条 中华民国之宪法由国会制定。宪法未施行以前，本约法之效力与宪法等。 第五十五条 本约法由参议院参议员三分二以上，或临时大总统之提议，经参议员五分四以上出席，出席员三分二以上之可决得增修之。 第五十六条 本约法自公布之日施行。临时政府组织大纲于本约法施行之日废止。	第四十八条 临时政府成立后六个月以内由临时大总统召集参议院制定宪法，其召集方法由参议院议定之。 第四十九条 本法施行期限以中华民国宪法成立之日为止。

国领土完整是基本原则，那么就必须排斥联邦制，必须排斥南北分立，更必须排斥分裂中国的主张，所以说中国的宪法必须是单一制国家的制度"。

因此，当他们抵达上海后的第一时间就提出了这一诉求，以获得辛亥革命领导层的支持。"当晚我们见到了黄兴，第一次谈到了这件事。我们表示，如果你们同意实行联邦政治，那与我们的主张完全背道而驰，我们绝对不会参与这种宪法政治。我们的主张说到底就是实行单一国制国家。黄兴说他也是这种主张，我们的意见基本上被接受。"[①] 事实上，寺尾、副岛的这一主张在前述《共和民国临时组织法之缺点》中有所阐述。

寺尾、副岛为什么主张中国必须实行单一制的国家结构呢？除上述维护东亚和平的目的外，还鉴于美国联邦制存在的弊端以及对中国被外国瓜分的警惕。副岛说："中国没有必要采用联邦制。美国实行的是联邦制，他们也承认今天中央的权限和地方的权限互相冲突非常困难。而中国本来就是一个国家，即便分成了许多省，但国家还是一个叫中国的国家，是单一制国家。为什么今天要把单一制国家改变成连美国都苦不堪言的联邦制呢？一点理由也没有。如果实行联邦制，就是把单一制国家拆分成若干个小国。省一旦变成国家就容易被人上下其手。各省就可以分别与外国缔结某些特殊条约。……这样就开启了分裂中国的端绪。"[②]

为了贯彻单一制国家的原则，寺尾和副岛在讨论草案稿时，坚决反对一些人提出的"参议院议员每省选出 3～5 人，但其表决权一省一票"，将各省等同一国的提议，强烈主张"各省代表即代表全中国，参议院议员各自拥有表决权"。这一建议获得采纳，临时参议院起草的草案中有关"临时大总统副总统由各省代表选举之，以得票满投票总数三分之二以上者为当选。但代表投票权每省以一票为限"的规定没有被采纳，《临时约法》最终规定为"参议员每行省、内蒙古、外蒙古、西藏各选派五人；青海选派一人。其选派方法由各地方自定之。参议院会议时每参议员有

---

① 副岛義一「支那革命に参加せる余が抱負と実歴」『早稲田講演』改巻記念号、明治45年5月、46頁。

② 副岛義一「支那革命に参加せる余が抱負と実歴」『早稲田講演』改巻記念号、明治45年5月、47頁。

一表决权"①。

第二，《临时约法》接受了寺尾、副岛提出的内阁制主张。

南京临时政府制定约法时，遇到了一个政府组织是采取美国制还是法国制，设不设内阁总理的问题。对于这个问题，寺尾和副岛表示，"我们依然觉得仿效法国制设置内阁总理是妥当的。美国在制度层面没有内阁总理这一职务，行政各部部长都置于总统的指挥监督之下，因此，责任也是由总统承担，所以，在美国总统选举是一件非常重大的政治问题。中国采用这一制度并不合适"。他们还认为中国的老百姓终究还不能像美国的老百姓那样"正确理解政治问题，选举总统，即从这一点而言中国也不适合仿效美国制"，"还是应该仿效法国制设立内阁总理，总统由参议院或国会选出，因此，我们提出忠告不宜采取由人民直接选举总统的制度"②。

寺尾和副岛的这一主张在他们抵达上海后不久就向黄兴、宋教仁等领导人提了出来，据说得到了持有相同看法的宋教仁的认可。

但是，孙中山从美国夏威夷回到上海后，12 月 26 日在同盟会干部会上，宋教仁接受寺尾的意见提出了设立内阁制的构想，但受到了孙中山的强烈反对。孙中山认为，"内阁制乃平时不使元首当政治之冲，故以总理对国会负责，断非此非常时代所宜"③。加之同盟会领导层中有不少人对宋教仁存在误解，认为他是一个爱搞独裁的人，因此他提出设立内阁总理的方案在表决时被否决，表决结果是 4∶14，支持总理内阁制的只有 4 票。④

但随着确定由袁世凯就任中华民国临时大总统，制定临时宪法，即《中华民国临时约法》时，是否需要设置一种装置以约束未来的大总统使之不致脱离民国的既定路线，是否需要采用内阁制又被提上了议事日程。直到这时，寺尾等人的意见才被采纳。对此，副岛事后是这样叙述的："中国是

---

① 参阅《中华民国临时约法》第十八条。郭卫编《中华民国宪法史料》，沈云龙主编《近代中国史料丛刊》第 88 辑，台北：文海出版社，1973，第 15 页。

② 副岛义一「支那革命に参加せる余が抱负と実歴」『早稻田講演』改卷記念号、明治 45 年 5 月、51 頁。

③ 吴相湘主编《中国现代史丛刊》第 4 册，第 284 页。

④ 副岛义一「支那革命に参加せる余が抱负と実歴」『早稻田講演』改卷記念号、明治 45 年 5 月、51 頁。副岛认为内阁制构想之所以被否决，不是因为孙中山的反对，而是因为宋教仁的人望不够。但是，松本英纪「中華民国臨時約法の成立と宋教仁」（『立命館史学』第 2 号、1981 年 3 月、59 頁）则认为是被孙中山否决的。

第一次实行宪政，很难预测什么样的人就任大总统，若是有野心的人担任大总统则甚为危险，因此必须考虑到出现这种事态。出于这种顾虑，制定的临时宪法采取的方针是尽量减少大总统的权限。这种结果主要是采纳了寺尾先生的意见。"①

应该说，孙中山十分推崇美国式民主制度，其建国主张倾向于建立联邦制和总统制，因此《临时约法》的建构与孙中山的主张多有抵触。孙中山为什么改变了自己的主意呢？其幕后除孙中山与宋教仁达成妥协，同意实行内阁制这一因素外，寺尾、副岛等人对孙中山的说服活动似有也很大影响。

据迟云飞的研究，武昌起义的枪声打响后，宋教仁、黄兴等同盟会的领导人便立即奔赴武汉，起草了具有三权分立精神的《鄂州约法》，获得认可并公开发表。② 12 月 13 日寺尾、副岛抵达上海后，与之频繁接触的是黄兴、宋教仁等同盟会领导人。寺尾、副岛关于中国革命所应实现的目标以及关于未来的政体形式和宪法构想都是通过宋教仁向黄兴转达说明的。黄兴接受了寺尾等人的主张，对于具有与寺尾同样看法的宋教仁而言是一个很大的鼓舞和支持。这或许就是宋教仁日后坚持自己的主张不妥协的原因。

孙中山 12 月 25 日到达上海，寺尾、副岛与头山满、犬养毅、小岛一雄等从日本赴华的辛亥革命同情者和支持者一起到码头迎接了孙中山，③但直到孙中山被推举为临时大总统之前，似乎都没有获得与孙中山深谈的机会。"12 月 30 日孙中山被选举为临时大总统，在当天晚上举办的庆祝晚宴上，黄兴特地将寺尾先生引见给了孙中山，双方进行了愉快地交谈"④。从这段话中可以推测，直到此时孙中山可能还不知道寺尾和副岛关于共和国体制的具体构想。因此，孙中山抵达上海的第二天晚上举行的同盟会干部会议上围绕着临时政府的体制形式，主张实行总统制的孙中山和主张内阁制的宋教仁出现意见分歧并进行了激烈的争论。争论的结果是宋教仁的内阁制主张被否决。

---

① 副岛義一「支那革命援助時代及其後」『法学博士寺尾亨氏三周年追悼会記要』、46～47 頁。
② 迟云飞：《宋教仁与中国民主宪政》，第 114 页。
③ 《我参加了辛亥革命》，《孙中山先生与日本友人》，陈鹏仁译注，台北：大林书店，1973，第 16 页。
④ 副岛義一「支那革命援助時代及其後」『法学博士寺尾亨氏三周年追悼会記要』、46 頁。

可是，南京临时政府成立后，寺尾亨和副岛义一跟随孙中山一起进入南京，他们获得了向孙中山说明自己有关共和国宪法构想的机会。1 月 30 日，孙中山改变以前的态度，转而同意把写入了宋教仁所主张的内阁制内容的《中华民国临时组织法草案》送交参议院参考，其幕后应该有寺尾、副岛的作用。《临时组织法草案》规定"内阁以内阁总理及各总长为内阁员组织之"（第三十三条），并对内阁业务范围做出规定，"内阁员执行法律、处理政务、发布命令、负担责任。但制定会计预算、募集公债、征收赋税、缔结国库有负担之契约，除非常紧急必要时之处理外，须提出参议院经其议定，其非常紧急必要时之处理及预算外之支出，事后亦须提出经其承诺"（第三十四条），"内阁员得提出法律案于参议院，并得出席发言"（第三十五条）。草案还对总统的权限加以约束，"内阁员于临时大总统公布法律及有关政务之教令时，须亲署名"（第三十六条）。①

其后审议通过的《中华民国临时约法》也实际上采纳了《临时组织法草案》的内容，而此时宋教仁已经加入迎接袁世凯南下的代表团前往北京，其内阁制构想之所以得以被保留于《临时约法》之中，据副岛述怀，是寺尾、副岛活动的结果。②

《临时约法》关于内阁是这样规定的，"国务总理及各部总长均称为国务员"（第四十三条），"国务员辅佐临时大总统负其责任"（第四十四条），"国务员于临时大总统提出法律案公布法律及发布命令时须副署之"（第四十五条），"国务员及其委员得于参议院出席及发言"（第四十六条），"国务员受参议院弹劾后，临时大总统应免其职，但得交参议院复议一次"（第四十七条）。③ 对比两者的条款可知，《临时约法》虽然将内阁改为国务员，条款的字句也有所调整，但基本内容一脉相承。

---

① 参阅《中华民国临时政府组织法》第四章"内阁"，《民立报》1912 年 1 月 27 日。
② 就目前现有史料而言，副岛的证词属于孤证，不能定谳。但前引张亦工的文章告诉我们，《临时约法》是由参议院临时约法起草员马君武、张一鹏等人起草，经审查员李肇甫、林森、熊成章、谷钟秀、殷汝骊、欧阳振声、张继、汤漪等审议后交由参议院三读通过的。从起草员和审查员中的不少人在日本流亡或留学时就与寺尾、副岛等有过密切交往的情况判断，此时作为南京临时政府法制顾问的寺尾和副岛的思想和主张对他们产生影响完全是有可能的。
③ 参阅《中华民国临时约法》第四章，据郭卫编《中华民国宪法史料》。

四 对南北统一谈判献计献策

此外，寺尾、副岛等日籍顾问就南北统一谈判似乎也曾向孙中山等辛亥革命领导人提供了各种参谋和建议。据副岛义一叙述，随着南北交涉的进展，"袁世凯频繁设计，企图使自己在北京朝廷退位后掌握权力的野心日益彰显，因此，南方对于应该采取何种态度对付袁世凯感到十分头疼"。尤其是当袁世凯要与孙中山直接谈判时，寺尾的任务非常繁重。当时，南方革命派的领导人中出现了动辄采取姑息的妥协动向。但是，姑息妥协将给未来的中国留下重大祸根。为了克服这一问题，寺尾力主应以坚忍不拔的精神对付北方，与头山满、犬养毅等人一道努力使南方革命力量避免陷入袁世凯的圈套。"因此，寺尾先生的意见是，值此之际，与袁世凯谈判必须准备好坚定不移的精神，绝对不能陷入袁世凯设计的陷阱"。为了使这种坚定意志一以贯之，寺尾、副岛费尽苦心，让革命派内部主张姑息妥协态度的人"处于封闭状态"①。南北统一谈判达成妥协后，在寺尾、副岛等人的策动下，成功地使袁世凯答应到南京就任临时大总统。据寺尾回忆，事情的经纬是这样的：

> 我抵沪以后不久便去了南京，与副岛君住在一起。随着南北妥协的进展，袁拟邀请孙中山和黄兴到北京议事，孙的意见倾向于接受其邀请。这件事传到了头山满的耳朵后，头山的意见是"岂有此理！孙去北京，搞不好会被人谋杀，绝对不能去，相反应该叫袁世凯来南京！"为了向孙提出忠告，他还特意赶到了南京。我记得当时负责南北交涉的，南方是伍廷芳，北方是唐绍仪。头山满到南京后来到我的住地，商量去总统府拜访孙文。当时在场的除头山君和我外，还有宫崎滔天、萱野长知两人。……于是，我们四五个人一起到了总统府拜会孙文，由头山君阐述了忠告的宗旨，一个叫林博士的医生为之翻译。可惜翻译没有按照头山君所说的翻译出来。头山君平常沉默寡言，遇有紧急事故时则十分健谈，其时提出的忠告，其遣词造句也是逻辑严密，说实话（写出来就）是一篇漂亮文章。凑巧翻译不在场。接着我又加以补充说明……虽说此时妥协已经有很大进展，但孙还是听从了头山的忠告，没

---

① 副岛義一「支那革命援助時代及其後」『法学博士寺尾亨氏三周年追悼会記要』、48頁。

有亲自上北京，而指示要求袁前来接收南京政府。可是，袁最终还是没来南京……①

此外，寺尾、副岛辞去南京临时政府法制顾问之际，还向孙中山、黄兴等辛亥革命领袖提出了三条忠告："第一，必须由革命派方面的人组织政府；第二，军权必须掌握在原来的革命派手中；第三，必须迁都至南京或武昌。"②

第四节 二次革命前后的寺尾亨与副岛义一

孙中山对袁世凯妥协，避免了中国的分裂，实现了国家的统一。由袁世凯出任中华民国临时大总统的临时政府组成后，寺尾和副岛即辞去南京临时政府法制顾问回到了日本。同盟会也于是年 8 月在孙中山的主持下联合其他政党改组成为国民党，拟通过政党政治在议会监督袁世凯，推进议会政治向前发展。可是，这一设想不久就变成幻想，国民党不得不和企图推行独裁统治，甚至阴谋复辟帝制的野心家袁世凯进行斗争。当中国形势发生变化后，寺尾和副岛又应国民党的要求，密切注视中国政局的变化，对国民党人加以策援。

一 担任国民党顾问，策应议会斗争

1913 年初，中华民国举行首次国会选举。可是，袁世凯不能容忍国民党在国会中占据优势地位，一般的说法是他派刺客暗杀了国民党推荐的总理候选人宋教仁。③ 在这种险恶背景下，国会于当年 4 月份召开了第一次国会。为了夺取议会斗争的胜利，国民党聘请寺尾和副岛担任顾问。当时，"南方诸君斗志昂扬，决心按照寺尾先生主张之精神与袁世凯斗争到底，标榜绝不让袁世凯成为拿破仑，而应尽力让其成为华盛顿。于是，寺尾先生也

---

① 藤本尚则『巨人頭山満翁』、412 頁。
② 副島義一「支那革命に参加せる余が抱負と実歴」『早稲田講演』改巻記念号、明治 45 年 5 月、63 頁。
③ 尚小明《宋案重审》（社会科学文献出版社，2018）则对此提出了异议，认为并非袁世凯派遣刺客谋杀了宋教仁。

表示，既然大家有此斗志，那我就一如既往给予充分的援助，于月初再次从东京前往上海，又从上海直赴北京"，作为国民党议员的智囊出谋划策，支援他们的议会活动。这些活动举其荦荦大者有以下几点。

首先，建议国民党议员的行动应该保持统一步调。国会召开甫始，袁世凯就企图采取胁迫和金钱利诱等手段搅乱国会以售其奸。对此，寺尾"先生采取的对策是让南方的议员以统一的态度对付之，在国会开展堂堂正正的行动"。

其次，奥援受袁世凯迫害的议员。"当时在北京受到袁世凯打压的人几乎不胜枚举。就自己今天记忆所及者就有谢持、李肇甫、欧阳振声、孙钟等人。尤其是张继，因为他是参议院的议长，是一位重量级人物，所以受到的打压更甚。对此，寺尾先生始终尽量设法奥援。" 当袁世凯用等同政变的手段破坏国会时，张继就是在寺尾的保护下由天津逃亡日本的。①

最后，利用日本人在中国的特殊地位为国民党议员提供集会场所。当时，对于国民党议员的正常聚会，袁世凯都要动员警力加以破坏，因此使得国民党议员们甚至无法集会。为了打破袁世凯的封锁，寺尾绞尽脑汁，最终在中国警察无权过问的北京公使馆区域内开设一间俱乐部，供国民党议员们集会使用，"使南方诸君大为方便"②。

在支持国民党开展议会斗争的过程中，寺尾、副岛发挥了重要的作用。由于有些活动甚至妨碍到了日本的国家利益，因此他们还受到来自日本政府当局的压力，"提醒我们注意不得违背日本的国策"③。对于日本政府尤其是外务省不惜牺牲南方革命势力与北洋政府沆瀣一气时，寺尾亨也敢于提出异议，加以批判。例如1916年7月1日，寺尾亨在谈到时局问题时，就指名批判外务省"即使在袁世凯死后，南方革命派真正需要以武力对抗北方政府的形势下，依然无视南方真切之恳请，拒不提供武器"，认为这种做法使得南方革命派对日本失去信任，是日本对华政策的失败。④

---

① 副岛義一「支那革命援助時代及其後」『法学博士寺尾亨氏三周年追悼会記要』、51 頁。
② 副岛義一「支那革命援助時代及其後」『法学博士寺尾亨氏三周年追悼会記要』、49～51 頁。
③ 副岛義一「支那革命援助時代及其後」『法学博士寺尾亨氏三周年追悼会記要』、50 頁。
④ 「寺尾亨の談」、JACAR（アジア歴史資料センター）Ref. B03030272700、支那政見雑纂第二巻（1－1－2－77－002）（外務省外交史料館）。

二　日本政法学校的设立与寺尾亨

国民党的议会斗争因袁世凯行使武力而告失败，为此，李烈钧等国民党人发动了第二次革命。可是，这场革命也因遭袁世凯的武力镇压而受挫。此后，孙中山、黄兴等人被迫率领数百名革命党人亡命日本。寺尾认为，"革命失败，未能实现中华民国的改革与革新，这也是教育的缺陷，必须大力培养人才"，于是联合其他志同道合之士，于 1914 年 1 月借用工科学校的校舍，开办政法学校，将流亡日本的革命党人收容起来对之进行教育。① 政法学校开办以后，寺尾又通过自己的人脉从各大学请来知名学者授业解惑。对此，二次革命失败后亡命日本期间曾在政法学校学习，后来回国官至国民政府总统府参军长、国民革命军陆军二级上将的刘士毅有一段栩栩如生的回忆：

> 因为孙总理一面鉴于二次革命之失败，一面觉得同志们多是勇武有余而学识不足，他接受犬养毅、副岛义一、寺尾亨等人之建议，成立政法学校以充实同志之学识。我自己觉得住在日本无事可做，于是请求进该校读书。政法学校的教室是利用东京锦町锦辉电影院对门之工业专门学校之教室，因为该校学生每日下午须赴工厂实习。教室空出，故可借用。寺尾亨博士为校长，教授均由寺尾亨聘请，因他在东京帝大执教二十五年以上，桃李满天下。是时在政法学校担任课程的有小野塚喜平次、小林丑三郎、吉野作造、堀江归一、副岛义一等有名的教授，而且多是同情革命党的，所以他们不取分文报酬，纯尽义务。学生中不谙日文的人很多，上课备有翻译。经常担任翻译的是戴季陶、殷汝耕、殷汝骊、文群、王侃等人，其中以戴季陶、殷汝耕两人担任的时间最多。……民国四年冬，筹安会成立，袁世凯做皇帝的野心愈来愈明显，孙总理要我们回国革命，政法学校至民国五年始停办。该校前后共开办约有二年半。这期间因为办理成绩很好，不但国内逃至日本之革命同志纷纷加入，就是在日本各大学中

---

① 　志田鉀太郎「支那留学生教育時代」『法学博士寺尾亨氏三周年追悼会記要』、32 頁。

之华籍学生也有不少参加……①

这段回忆中，除关于寺尾亨"在东京帝大执教二十五年以上"和"政法学校至民国五年始停办，该校前后共开办约有二年半"等与事实稍有出入外，所述应该都是事实。实际上，据《私立政法学校设立申请书》记载，该校的创办者为寺尾亨，地点在东京市神田区锦町三丁目十番地，利用的是私立东京工科学校的校舍。该校于 1914 年 2 月 1 日开学，共办了 7 年。该校学制为两年，编制 800 人，开设的科目有政治及经济专修科和法律专修科两个专业，目的是招收中国留学生，为之讲授政治、经济及法律。② 据开办当年 7 月份的调查，该校开学半年就有 230 多名留学生在学。③ 该校留学生中，出了很多国民党的名人，如陈铭枢、钱大钧等。④

第五节　副岛义一描绘的中国政治蓝图

寺尾、副岛返回日本后仍然持续关心着中国政治的发展，并提出了各种政治主张，为中国社会的发展描绘了各种蓝图。本节谨以副岛的言论为中心加以概述。

一　关于中华民国宪法的构想

南京临时政府通过的《临时约法》终将被正式的宪法所代替，未来的宪法将以什么面目出现，吸引着国内外有识之士的眼球。寺尾、副岛作为目睹并置身其中为其出过谋划过策的过来人和亲历者对此尤为关心。为此，副岛回国后撰写《新中国论》，针对中华民国未来的宪法提出了自己的构想。在这一构想之中，副岛提出了以下主张。

第一，"中国需要建设单一制国家"。当时，中国国内有不少人认为，

---

① 《刘士毅先生访问记》，http://blog.sina.com.cn/s/blog_683960c80100j1do.html，最后访问时间：2006 年 12 月 5 日。

② 東京都立教育研究所『東京教育史資料大系』第 10 卷、昭和 49 年、741 ~ 743 頁。

③ 中国留学生监督处《第一次留学生调查报告书》第 2 册，大正 3 年 7 ~ 9 月调查，收入早稻田大学图书馆微缩胶卷。

④ 志田鉀太郎「支那留学生教育時代」『法学博士寺尾亨氏三周年追悼会記要』、32 頁。

中国国土辽阔，交通不便，各地习惯迥异，各省犹如独立国家，因此建设新国家时应该采取联邦制。① 对此，副岛以美国的联邦制并未成功运行为例，担心如果中国把原来的单一制国家改变为联邦制，中国各省不仅有可能成为难以管辖的独立国家，还有可能招致外国干涉，开启领土被分割的危险，主张"中国必须坚定地坚持单一制国家"②。

第二，在中央与地方关系上实行中央集权与地方自治相结合的机制。为此，他强调，"中央政府需要对地方拥有广泛的权力"。他认为，"作为单一制国家产生的当然结论"，将来的中央必须日益强化其权力，中央政府尤其必须集中兵权、财权、外交权和司法权。同时他又主张，为地方发展计，各省应实行地方自治，在内务行政方面赋予其广泛的自治权。他认为，这些地方自治不会破坏中央财政的统一，中央与地方的行政系统应该经常保持完整，因此他强调，各省都督应该经由地方议会推荐由中央政府任命，将其置于中央政府的有效监督之下。③

第三，必须加强议会的权限。他主张今后中国应该实行两院制，但目前可以只设参议院。他认为应该将参议院作为政府组织之大本营，成为选举总统之所，给予其选任国务院官吏、外交使节等重要官吏，立法以及重要行政事务之参与权，对于总统及国务员的行为虽然不应过分约束，但对于他们的行为是否违反共和制，国家政治是否合法运行必须进行严密监督。④

第四，主张设立法国式大总统制度。他说，"总统作为国家元首，必须总揽全国的统治权，统辖文武大政……并在社会上拥有尊贵的地位，在法律上除一定情由之外不负责任"。因此，他认为比较妥帖的做法是像法国那样由参议院选举大总统。⑤

第五，主张在总统之下设立责任内阁制，由总理协调行政各部，保持行

---

① 关于这一点，梁启超也提出了批评。他在 1912 年 12 月至翌年 1 月连载于《庸言》杂志第 1 卷第 1、2、4 号上的《中国立国大方针》中指出："我国有一派政客，谓中国所以积弱，由于地广大荒而不治；故宜将现在境土划分为若干小国，使之各自为政，然后徐布联邦制度。"对此，梁批判说："殊不知此种思想正与世界大势相逆行。"梁启超：《饮冰室文集点校》第 4 集，吴松等点校，云南教育出版社，2001，第 2413～2414 页。
② 副島義一「新支那論」『早稲田講演』第 3 号、明治 45 年 7 月、14 頁。
③ 副島義一「新支那論」『早稲田講演』第 3 号、明治 45 年 7 月、15～16 頁。
④ 副島義一「新支那論」『早稲田講演』第 3 号、明治 45 年 7 月、16～17 頁。
⑤ 副島義一「新支那論」『早稲田講演』第 3 号、明治 45 年 7 月、17 頁。

政统一。他认为，总统作为国家元首，令其负担政治责任甚为不妥，即便在美利坚合众国，虽然没有设立总理一职，但对国会负责的也是国务卿。因此，中国也不能让总统对国会负责，而必须设立一个对国会负责的职位，这个职位应该就是内阁总理。①

1912 年 8 月 25 日国民党成立大会上，宋教仁被推举为代理理事长。1913 年初，国会选举，国民党在参议院与众议院皆获得最多议席，成为国会最大党，按《中华民国临时约法》之规定，应由国民党组阁，宋教仁成为内阁总理的不二人选。在赴北京之前，宋教仁花费 3 天时间口述，由秘书徐血儿记录了国民党的施政纲领《代草国民党大政见》②（宋教仁 3 月 22 日死后于 1913 年 4 月 2～7 日连载于《民立报》）。这份纲领中宋教仁关于政体之主张提出的实行单一国制、责任内阁制、省行政长官由民选制以进而委任之、省为自治团体有列举立法权、国务总理由众议院推出等重要理论，都可以从副岛义一于 1912 年 7 月发表的《新支那论》中找到共同之处。

宋教仁和副岛义一关于中国未来的政体主张如此契合，并非偶然。笔者分析，南京临时政府法制院总裁宋教仁与担任法制顾问的副岛过从甚密，副岛关于中国共和制的思想宋教仁一定耳熟能详，同时曾在早稻田大学留过学的宋教仁应该读到了副岛发表于该校《早稻田讲演》上的《新支那论》，因此，他关于中国未来政体的主张受到副岛思想的影响和启发并非臆想。

二　对中国实现共和制的期待

辛亥革命爆发时，不少日本精英认为中国百姓自私自利者居多，缺乏公共精神和爱国之心，很难建成共和制国家，最终免不了被列强瓜分的命运。为了防止被瓜分，他们中的很多人悲观地主张与其推行共和制，还不如实行君主制。对此，副岛以其在中国滞留期间目睹的事实为依据，认为"也有人激情地捐献出了大量的金钱，也就是说有很多来自中国百姓的捐助。这一

---

① 副島義一「新支那論」『早稻田講演』第 3 号、明治 45 年 7 月、18 頁。
② 宋教仁：《代草国民党之大政见》，徐血儿等编《宋渔父先生传略/遗著/哀诔》（沈云龙主编《近代中国史料丛刊》第 82 辑），第 16～21 页。

次革命军的资金依靠最多的是中国百姓的捐献。由此可知，不能一概而论地说中国人自私自利，为了一点点利益大打出手"①，而且，他对于大多来自乞丐和苦力的南方革命军士兵，"不太胡来，不搞抢劫"的现象大为惊讶，认为"绝不能说中国百姓没有爱国之心"②，对中国普通百姓的素质给予了较高的评价。不过，副岛把对中国的期望寄托于中国的"乡绅"。他说：

> 我们尤其要问，中国的社会基础到底在什么地方呢？所谓乡绅，叫作地方绅士的人们就是它的社会基础。这些乡绅有一些财产，也有土地，这些乡绅就是中国社会的核心。……改良这些乡绅的思想，培养乡绅就能培养出大量的人才。是这些乡绅在推行自治制的政治，因此，只要对他们加以充分改良，共和的基础就一定能够打造出来。只要把这些乡绅培养好，就一定能造就出色的共和人民。③

接着，副岛还以封建时代的长州藩、萨摩藩有爱乡之心而无爱国之心为例，认为中国百姓之所以没有爱国心，是因为"人民的交往困难，中国的现状是交通不便"，主张"交通发达，各省百姓可以相互往来交际时，爱乡之心就会发展为爱国之心"④。因此，他对中国的未来持乐观态度。"绝不能说中国没有跟随国家发展前行的分子，而是大有人在。随着这些分子的日益养成，我乐观于中国一定会发展得很好"。当然，副岛也认为，这不可能一蹴而就，"中国的问题不是十年二十年就可以解决的"⑤，必须打持久战。对于共和制在中国的前途，副岛做出了这样的分析：

> 或曰，共和制若非建立于人民政治思想最为发达之所，即便行之亦

---

① 副島義一「支那革命に参加せる余が抱負と実歴」『早稲田講演』改卷記念号、明治45年5月、71～72頁。
② 副島義一「支那革命に参加せる余が抱負と実歴」『早稲田講演』改卷記念号、明治45年5月、73頁。
③ 副島義一「支那革命に参加せる余が抱負と実歴」『早稲田講演』改卷記念号、明治45年5月、72～73頁。
④ 副島義一「支那革命に参加せる余が抱負と実歴」『早稲田講演』改卷記念号、明治45年5月、73頁。
⑤ 副島義一「支那革命に参加せる余が抱負と実歴」『早稲田講演』改卷記念号、明治45年5月、74頁。

难期其实现。然中国人从来惯受官吏统治，毫无政治思想，如斯之地不适行共和制。如中国之庞然大国，毋宁宜行强权之独裁统治之制。然最关键者，无论推行何种统治制度人民皆必有政治思想。不然，政治即至腐败，是为中国历朝历史所证明。故于中国，无论行何种国家制度，人民于政治上思想之进步甚为必要。此非仅为共和制所必要者。且强权统治于共和制上亦得行之，何独限于君主制焉。又，中国于政治思想及其训练亦非毫无办法，中国各地有所谓乡绅，有绅商，有其他豪族、族长等等。中国官吏从来惟汲汲于中饱私囊，民政完全阙如，相反，这些人却能推行地方政治，中国内地之民政由此得幸免荒废。有此乡绅推行地方政治，同时成为中国人民之基础。然若将此乡绅之政治思想加以充实扩张，刷新其风气并加以训练，得使其形成健全之中等阶级之人民，用以推行共和制。现今中国留学生来自此阶级，他们努力学习世界之新知识与思想，将之输入内地，使中国各地接触世界史文明之潮流。中国已显耀出一道曙光。如此，中国之国家及共和制之前途可以乐观其成，得以推行之分子亦存焉。①

副岛把实行共和制的希望寄托在所谓乡绅等势力之上，反映出了他的阶级局限性，但在当时推翻长达 2000 多年的封建君主制，建立新型的资产阶级共和制的初期阶段，资本主义在中国尚不发达的情况下，他的主张还是具有现实意义的。

三　对中国前途的期望与忠告

对于辛亥革命前后的中国，副岛有一种守护婴儿成长的期待与自信。前述《新支那论》可以说如实地反映了他的这种心情。文章中副岛对中国的未来提出了以下期望和忠告。

首先，他认为中国一定会坚持共和制。"中国一旦实行共和制，吾等应该期待它会坚定地保持并推行之。然而，推行史无前例的共和制必然极其艰难，因此，全国上下必须大觉大悟，尤其是政治机构之当权者必须以清政府

---

① 副岛義一「新支那論」『早稲田講演』第 3 号、明治 45 年 7 月、21～22 頁。

之腐败为殷鉴，以至诚待人，以公平处事，以勤勉尽职"①。

其次，告诫领导人不要竞相获取地位与功名。他说："创业之际最易发生互竞功名，互争地位之观念，此乃最为忧虑者也。然当政各员若顾及以其全体之力经营统摄全国之伟大事业，须臾不能忘记必须相互合作，协调一致，区区得失乃过眼云烟。纵令其中若干人掌握政权，若其苟有信念遵从共和制之基本原则，则应勠力辅助之，希冀其取得政绩，绝不能采取行动妨害之。"②

针对当时革命领导层内部经常出现纷争的现象，他进而呼吁领导集团内部应该团结一致，合力同心。"吾等最希望于政府当局者，应扩大其胸怀，经常着眼于国家之上，不为龌龊之事，不搞小动作，以能思能断，以堪当重任为宗旨是也。……尤于论事之际最应谨慎者，乃仅凭感情，以人身攻击为能事，动辄恶言相向，骂詈嘲弄……即便与反对派之人论事，亦应经常以礼相待。"③

最后，他呼吁应该注重培养人才。副岛强调，维护共和制的任务虽然当前主要依靠执政当局，但要将它永久坚持并推行下去，则需要注重人才的培养。他说："国家之存在永久也，国家之政务无限也，仅以现在之当局者何能终尽如此重任哉？须经常培养品学才识兼具之后继者，以足担当此等无限之政务。抑制度者无论其如何完备，唯纸上之空文也，要在人活用之。然造就、供给人才乃国家百年大计，国家政治最终之渊源。古人云，十年生聚，十年教训。中国以其疆土之大，人口之多，而眼下人才却陷此落寞境地，皆因不施以教训与施之不当也，岂不令人慨叹乎！吾等深冀中国共和制之前途幸运，而不得不大声疾呼，最急者培养人才是也。"④

第六节　副岛义一对有贺长雄和古德诺的批判

一　副岛义一对有贺长雄关于中华民国宪法构想的批判

1913 年 3 月，有贺长雄应袁世凯之聘赴北京就任中华民国政府的法

---

① 副島義一「新支那論」『早稲田講演』第 3 号、明治 45 年 7 月、22 頁。
② 副島義一「新支那論」『早稲田講演』第 3 号、明治 45 年 7 月、23 頁。
③ 副島義一「新支那論」『早稲田講演』第 3 号、明治 45 年 7 月、23 頁。
④ 副島義一「新支那論」『早稲田講演』第 3 号、明治 45 年 7 月、24 頁。

制顾问。在最初 5 个月的任期内，有贺与袁世凯挑选五六位年轻政治家组成宪法研究谈话会，探讨未来的宪法问题。由有贺长雄执笔、用中文公开发表的《观奕闲评》即是宪法研究谈话会的集大成之作，可以说是有贺长雄关于中国宪法的构想。同一时期，副岛义一也受国民党之邀，作为国民党的顾问滞留于北京。《观奕闲评》一公布，副岛便对有贺的宪法蓝图进行分析和批判，其详细内容分两次登载在 1914 年 6~7 月号的《早稻田讲演》杂志上。根据其连载的内容，副岛对有贺宪法的批判主要集中在以下几点。

第一，副岛认为中华民国共和制的性质与世界上其他共和国的共和制完全相同。

对此，有贺长雄有不同的解释。有贺把着眼点放在辛亥革命后孙中山和袁世凯进行谈判，然后清帝逊位的过程上，认为"中华民国并非纯因民意而立，实系清帝让与统治权而成……因而其国法有与纯因民意成立之共和国相异"。因而有贺认为中华民国的宪法既不同于通过战争"将属于英国王及国会之统治权全体排斥，从新造就一个统治体"的美国，也必须区别于法国，因为"法兰西国民斩首路易十六世，用示主权之全然断绝，另由人民互相公约从新建设统治体"。①

针对有贺这一说辞，副岛开门见山地质问道："敢问中华民国果属何种政体，君主国抑或民主国？"副岛分析了南北媾和过程以及清帝逊位上谕的内容后认为，"今日之中华民国苟非君主制，必然系共和制，换言之，其必系纯粹之共和制，其本质上固无可疑之余地"，指出共和制没有纯粹共和制与非纯粹共和制之区别，实现共和制之路虽然可以各有不同，但中华民国之共和制的实质与美国和法国不能有不同之处。②

副岛还进一步反驳中华民国是因为清帝让与统治权而成立的说法，认为"统治权属于国家，国家乃统治权之主体"，"清帝既无属于自己之统治权，因而亦无得以让与之理"，指出有贺存在思想上的缺陷，"清帝唯有抛弃以前作为统治权总览者之地位，唯有退出此地位，唯有被其他组织组成之政府

① 有贺长雄：《观奕闲评》，第 8、13 页。
② 「支那共和政体に関する有贺、副岛両博士の論争（上）」『早稻田講演』大正 3 年 6 月号、60 頁。

取代之，时至今日何言统治权之转让。此乃视统治权为所有权，不得不谓此种解释乃古代思想，落后时代者也"①。副岛还坚定地指出，"中华民国政府本因纯粹之民意而建立，本质上与其他诸共和国及共和制相同，断无存疑之余地"，并质问有贺"欲以中华民国为一种君主制乎"②？

第二，关于制定何种性质之宪法，副岛与有贺存在着尖锐的意见对立。有贺认为，中国制定一部什么性质的宪法，取决于这个国家是如何建立起来的。为此，他在《观奕闲评》第一章主张，中华民国是由于清帝让与统治权成立的，所以可以制定不同于美法等先进国家的宪法，并提出了三点与美法等国宪法的不同之处。这三点分别是"能将不参与革命不赞成共和之地方暨诸外藩仍包于民国领土之内"；"无须遵据普及选举法开国民议会"；"中华民国宪法不必取法于先进共和国宪法"。③

对于有贺的上述主张，副岛逐一进行了批判。关于有贺指出的第一点，副岛否定中华民国的建立是由于清帝转让的理论，认为由于清帝抛弃了其领土，所以民国的权力通行于全境，主张"民国的共和制事实上是中国全境的制度"。对于有贺指出的第二点，副岛首先指出法国、美国通过普选产生的国民议会也不过是一部分人民的聚会，绝对不是全国人民不分男女老幼毫无差别地选举议员，断言中华民国虽然现在还没有法国和美国式的议会，但与法美的共和制"绝对没有差异"。关于有贺提出的第三点，副岛指出，从理论上说，任何国家制定宪法都没有必要采用其他国家的制度，"但一个国家参考他国的制度，再根据本国的固有现状以立制度则实属必要"。他认为，现在各国的文明进步程度基本相同，因此必须折中人民的情理走中正之道，警告如果与此大势背道而驰，"建立方便一私人图谋之制度，则不得不鸣鼓而攻之"④。

第三，对于社会党、社会主义的意见尖锐对立。有贺在《观奕闲评》第二章中呼吁应防止社会党之危害，预防社会主义进入中国，认为"立宪

---

① 「支那共和政体に関する有賀、副島両博士の論争（上）」『早稲田講演』大正3年6月号、63～64頁。

② 「支那共和政体に関する有賀、副島両博士の論争（上）」『早稲田講演』大正3年6月号、65～66頁。

③ 有賀長雄：《观奕闲评》，第13～16页。

④ 「支那共和政体に関する有賀、副島両博士の論争（下）」『早稲田講演』大正3年7月号、40～43頁。

政治为代表政治，代表政治之下有最大势力者为最多数之人民，无论何国最多数者为下级贫民，故立宪政治动有变为贫民政治之弊。是实美国独立及法国革命以来一百年间，全球最有厚望之立宪政体至于最近二三十年间在各国招致大失望之原因也"，对立宪政治表现出一种担心与恐惧。他还表示，在君主制国家可以限制选举，不给下层贫民以参政权，但一旦成为民主制国家，就必须实施选举，因此导致社会党的"跋扈"。这些言辞让人隐约觉得有贺更憧憬君主制国家。他警告说，将来社会主义一旦侵入中华民国，"各人能安分守己，富者富而不骄，贫者贫而不怨，上下亲睦，贵贱融合"的所谓美风雅俗将会"美风破，雅俗沦焉，而政治不困难，国运不阻滞者未之有也"[1]。当然，需要指出的是，有贺这里所指社会党和社会主义，并非现在意义上之社会党和社会主义，应该系指孙中山领导下的国民党和他所提倡的民生主义。

针对有贺的这些主张，副岛提出了异议，认为"社会党及社会主义乃本于社会之必要而自然产生者"，遍观社会主义之所为，"乃在使社会之非正义归于正义，故以匡救大多数人之危困为目标"，对社会主义给予了某种程度的理解，甚至主张社会主义与古代中国的井田制以及孔子的思想存在共通之处，批评有贺提出的"富人富而不骄，穷人贫而不怨"的主张是不可能实现的，认为"富人骄奢而起不平，穷人因无贿赂不得不自怨，故革命骚动起"，"上下和睦，贵贱融合"乃人们所愿，然而，"若上下贵贱之间不行正义之道，绝不可得亲睦融合，而社会主义者实乃使其接近正义者也。若有社会主义而无折中社会之制，吾恐上下贵贱、贫富悬殊将益甚，社会绝不得安全，秩序绝难平稳"，字里行间表露出他对社会主义的理解与拥护。[2]

第四，围绕共和组织形态的意见对立。有贺在《观奕闲评》第四章中认为美国和法国的组织形态不适合中国，必须建设"适于民国国情之特别共和组织"，主张效法德国、日本立宪君主制下的内阁制度，给予大总统而不是议会任免内阁阁员的权限和议会解散权，以所谓"超然内阁"的形式

---

① 有贺长雄：《观奕闲评》，第17、20页。

② 「支那共和政体に関する有賀、副島両博士の論争（下）」『早稲田講演』大正 3 年 7 月号、43～45 頁。

作为中华民国的共和组织形态。① 对此，副岛批判这种组织形态"乃是专制，与近代政治的原则完全相悖，是欲复辟专制政治"，认为"此乃吾人大惑不解之所也"，怀疑"有贺博士的真意岂非欲引导中华民国之政治陷于君主制政治之弊窦耶！"②

此外，有贺还主张对大总统的候选人资格加以限制，必须是"四海之内皆仰其德者"。副岛对此也提出异议，认为没有必要做出如此规定，也难以实际操作，主张应让选民依据自己的良心自由选择。③

二　副岛义一对古德诺帝制论的批判

1915 年，袁世凯企图复辟帝制。其实际推动者是受到袁世凯支持的心腹，然而理论方面的支持似乎主要来自美国的法制顾问古德诺（Frank Johnson Goodnow, 1859 – 1939）执笔撰写的《共和与君主论》。④ 古德诺来华前担任哥伦比亚大学法学院院长，是美国政治学会创始人之一，被世界公认为政治学和行政学的权威学者。与此同时，杨度发表了《君宪救国论》，大力鼓吹实行帝制，这两篇文章被誉为主张君主制的理论"双璧"，但两相比较，古德诺的论文虽然字数不多，却论证严密，加之他来自实行共和制的美国，因此他的文章简直就像一颗重磅炸弹，把反对实行君主制的势力震得晕头转向。古德诺共和制不适用于中国的主张给袁世凯复辟帝制的企图增加了理论护持。对于古德诺这位权威学者的观点，副岛也毫不畏惧，对其逐一展开了批判，旗帜鲜明地主张中国完全可以实行共和制，他的主要论点如下。

---

① 有贺长雄：《观奕闲评》，第 38 ~ 51 页。
② 「支那共和政体に関する有賀、副島両博士の論争（下）」『早稲田講演』大正 3 年 7 月号、50 ~ 52 頁。
③ 「支那共和政体に関する有賀、副島両博士の論争（下）」『早稲田講演』大正 3 年 7 月号、48 頁。
④ 古德诺虽然来自共和制的美国，但他对在中国实行共和制一开始就不是很热心，甚至持反对态度。早在 1913 年 10 月，他就对以国民党议员为核心组成的宪法起草委员会起草并经国会通过的《中华民国宪法草案》（"天坛宪草"）持批判态度。他撰文批判这部依据《中华民国临时约法》的精神制定的宪法草案，认为内阁制弊端很多，"谓行内阁制有利于中国，吾诚未敢信也"。对于大总统的权限，他主张按照日本明治宪法关于天皇大权的规定，赋予大总统以各种权力。文章虽然没有挑明，其主张实际上是希望制定一部类似于立宪君主制的宪法。参阅古德诺《中华民国宪法草案之评议》，《民国经世文编》第 2 册，第 319 ~ 321 页。

第一，人民是决定政体的主要力量。古德诺认为，"盖无论其为君主或为共和，往往非由于人力，其于本国之历史习惯，与夫社会经济之情状，必有其相宜者，而国体乃定。假其不宜，则虽定于一时，而不久必复以其他之相宜之国体代之。此必然之理也。约而言之，一国所用之国体，往往由于事实上有不得不然之故。其原因初非一端，而最为重要者，则威力是也"①。对于这一观点，副岛在承认其存在部分合理性的基础上进行了反驳。他主张，"然而，一个国家的制度关系到其有活动力的人，因此，绝对不能相信人力的影响对其毫无作用，一个国家的制度由人为即人的自觉性选择而决定的绝不在少数"，"因而，国家制度的建立不能完全视之为仅是历史的发展物，绝不能忽视因为人的自觉活动这一事实"②，强调人在决定建立何种政体上的重要作用。

第二，中国建立共和制是辛亥革命的结果。古德诺认为"凡君主之国，推究其所以然，大抵出于一人之奋往进行，其人必能握一国之实力"。他把美国建国之初选择了共和制的原因归结为在英国企图建立共和制却遭遇失败者移居美国，其死后犹遗留下讴歌共和制的思想，"前世纪赞助共和之人，多移居美国，以共和学说，灌输渐渍，入于人心。虽其人已往，而影响甚远。故共和国体，实为当时共同之心理"，并说华盛顿之所以没有当皇帝，除其本人是一位主张共和制的人之外，还由于他没有子孙能够承袭其后，"当日统率革命军为华盛顿，使其人有帝制自为之心，亦未始不可自立为君主。乃华盛顿宗旨，尊共和而不喜君主，而又无子足以继其后，故当合众国独立告成之日，即毅然采用共和制"③。对于这种主张，副岛指出古德诺理论的狭隘，认为"一个国家的威力不是建立君主制的唯一原因，建立共和制亦然"，强调"它的问题在于这个国家的威力应该向什么方向运动，这种威力建立的制度如何才能保持长治久安"。他认为，通过辛亥革命，中国已经培养出了共和思想，并浸润于全国，但有人却依然

① 古德诺：《共和与君主论》，林步随译，http：//blog. renren. com/share/221272871/12478687808/3，最后访问时间：2010 年 10 月 12 日。
② 副岛義一「支那の国体変更並に古德諾氏の帝制論に就いて」『太陽』第 21 卷第 13 号、1915、96 頁。
③ 古德诺：《共和与君主论》，林步随译，http：//blog. renren. com/share/221272871/12478687808/3，最后访问时间：2010 年 10 月 12 日。

认为中国缺乏共和思想。副岛对于这种观察问题的方法进行了批判。他斥责袁世凯"采取与华盛顿相反的行动，只能说其心术迥异于华盛顿"，并诘问古德诺："如果古德诺活在华盛顿时代，难道也会建议华盛顿采用君主制？"①

第三，中国如果推行帝制，古德诺必罪责深重。古德诺认为建立共和制，必须"求其能于政权继承之问题有解决之善法，必其国广设学校，其人民沐浴于普通之教育，有以养成其高尚之知识，而又使之与闻国政，有政治之练习。而后乃可行之而无弊"。同时，他警告说，"民智低下之国，其人民平日未尝与知政事，绝无政治之智慧，则率行共和制，断无善果。盖元首既非世袭，大总统承继之问题，必不能善为解决，其结果必流为军政府之专横"。接着他又强调，"中国数千年以来，狃于君主独裁之政治，学校阙如。大多数之人民，智识不甚高尚，而政府之动作，彼辈绝不与闻，故无研究政治之能力"，并批评说"四年以前，由专制一变而为共和，此诚太骤之举动，难望有良好之结果者也"。于是，他得出结论，"中国如用君主制，较共和制为宜，此殆无可疑者也。盖中国人欲保存独立，不得不用立宪政治，而从其国之历史习惯社会经济之状况，与夫列强之关系观之，则中国之立宪，以君主制行之为易，以共和制行之则较难也"②。对于古德诺提出的这一系列论调，副岛认为"如果承认中国人民有资质用好立宪制，那么他们同样能够实行共和制"，认为此事与人民有无与闻国政之心没有关系，至于共和思想的教育和政治练习，副岛主张即使在美国、法国"也不是提前给人民施以共和制教育，让他们经过政治练习后才建立共和制的，只不过是一边实施共和制一边开展教育，进行政治练习，经过岁月的洗礼，经验自然积累而成"，"因此，我们看不到有丝毫理由要改变中国当下的共和制而为君主制"。③ 他激烈地批判古德诺这位来自共和制国家的学者所提出当前的"中国以君主制行之为易，以共和制行之则较

---

① 副島義一「支那の国体変更並に古德諾氏の帝制論に就いて」『太陽』第 21 巻第 13 号、1915、98 頁。

② 古德诺：《共和与君主论》，林步随译，http://blog.renren.com/share/221272871/12478687808/3，最后访问时间：2010 年 10 月 12 日。

③ 副島義一「支那の国体変更並に古德諾氏の帝制論に就いて」『太陽』第 21 巻第 13 号、1915、100 頁。

难"的主张。最后他严厉地警告古德诺，中国"如果帝制运动由此而起，酿成国内混乱，其结果或不至于搞乱东亚和平，但他的罪责必定至为深重"[1]。

基于上述分析和批判，副岛以中国历史为根据，认为"中国国家制度的原则是应由仁智者天子掌握统治权，不仁者不得为天子"，因此，"中国的君主制并非纯粹的君主制，可谓其中亦包含着共和制之元素"，"在这种国度，所谓必须建立世袭君主制之议论反而有悖历史"[2]。而且，对于袁世凯通过劝进式即皇帝位的主张，副岛指出其欺骗性，"如果说仅以一次诉诸民意，其后统治者即便更换多少次，甚或经过数十年亦无必要顾及民意的话，乃矛盾百出之议"，警告袁世凯"如果为自己及其子孙之荣达和权势地位之私而立帝制，恰如海市蜃楼，危险之亟"。他预言，"纵使袁氏一度称帝成功，其在世期间或其死去之际必生大乱"[3]。此事不幸为副岛所言中。1915 年 12 月 12 日，袁世凯被拥戴即位，立即遭到了全国舆论的激烈反对，仅仅做了 108 天的皇帝梦便不得不宣告取消帝制。受此打击，袁世凯从此一蹶不振，于翌年 6 月 6 日在抑郁中死去。更加不幸的是袁世凯死后十几年间，中国陷入军阀混战，给中国人民带来了深重的灾难，国家更加速了衰败。

小　结

如上所述，寺尾亨、副岛义一作为中华民国南京临时政府的法制顾问，活动时间虽然只有短短的三个多月，但他们参与了中华民国法制尤其是《临时约法》的制定等重要活动，贡献了自己的智慧和学识，在很多方面做出了重要贡献。南京临时政府的使命结束后，他们又作为孙中山领导下的国民党的政治顾问为国民党的议会斗争出谋划策。而且，对于有贺长雄为袁世

---

[1]　副島義一「支那の国体変更並に古德諾氏の帝制論に就いて」『太陽』第 21 卷第 13 号、1915、102 頁。

[2]　副島義一「支那の国体変更並に古德諾氏の帝制論に就いて」『太陽』第 21 卷第 13 号、1915、102 ~ 103 頁。

[3]　副島義一「支那の国体変更並に古德諾氏の帝制論に就いて」『太陽』第 21 卷第 13 号、1915、105 頁。

凯政府描绘的有可能导致独裁专制乃至复辟帝制的宪法构想和古德诺提出的推行君主制的主张展开了针锋相对的批判，坚定地保护辛亥革命的成果和坚决拥护共和制。寺尾、副岛的这些活动完全出自他们对辛亥革命的同情和理解以及中日携手维护东亚和平的理想，为促进中国社会的进步与发展提供了宝贵的援助。而且，即使在日本政府对辛亥革命持否定态度的时候，他们也不顾自身的利益将受损害，无视政府的对华敌对政策，真心实意地援助辛亥革命，他们的这种行动值得中国人民铭记。

辛亥革命是近代中国转型过程中的重大历史事件。这场革命虽然不可避免地存在着不彻底性，但它结束了在中国持续两千多年的皇权制度，为中国实行共和制做出了无可替代的历史性贡献。辛亥革命取得如此成功，其根本动力毋庸置疑来自中国人民对共和、民主的强烈向往，发轫于资产阶级革命派为实现这一目标而开展的前赴后继的革命行动。此外，在当时的形势下，包括日本在内的世界各国人民在精神和物质层面对辛亥革命给予的支持与援助也具有重要的意义。正因为如此，中国人民直至现在仍然没有忘记并持续地称颂那些为辛亥革命做出过贡献的国际友人。当然，这种记忆更容易偏向于那些提供物质援助以及公开参与到革命战争中的人士也是事实。本章之所以挖掘史料，公开像寺尾亨、副岛义一那样默默地在幕后为辛亥革命提供"软件"方面支持的人士的事迹，目的之一就是要给予这些默默无闻者在中日关系史上应有的地位。

主要参考文献

一　文献资料类

包遵彭等编《中国近代史论丛》第 1 辑第 8 册，台北：正中书局，1957。

北京大学图书馆馆藏稿本丛书编委会编辑《汪荣宝日记》，天津古籍出版社，1987。

曹汝霖：《一生之回忆》，香港：春秋杂志社，1966。

陈旭麓主编《宋教仁集》（上下），中华书局，2011。

戴鸿慈：《出使九国日记》，钟叔河主编《走向世界丛书》，岳麓书社，1986。

丁文江、赵丰田编《梁任公先生年谱长编（初稿）》，中华书局，2010。

故宫博物院明清档案部编《清末筹备立宪档案史料》，中华书局，1979。

《顾维钧回忆录》第 1 分册，中华书局，1983。

郭廷以：《中华民国史事日志》，台北：中研院近代史研究所，1979。

郭卫编《中华民国宪法史料》，沈云龙主编《近代中国史料丛刊》第 88 辑，台北：文海出版社，1973。

海峡两岸出版交流中心、华中师范大学中国近代史研究所编《海峡两岸辛亥革命著述书目（1911～2011）》，九州出版社，2011。

何勤华、魏琼编《董康法学文集》，中国政法大学出版社，2005。

何勤华主编《民国法律史料丛刊·京师法律学堂笔记》，上海人民出版社，2013。

怀效锋主编《清末法制变革史料》，中国政法大学出版社，2010。

金华县志编纂委员会编《金华县志》，浙江人民出版社，1992。

《李大钊文集》（上），人民出版社，1984。

梁启超：《饮冰室文集点校》第4集，吴松等点校，云南教育出版社，2001。

骆惠敏编《清末民初政情内幕——〈泰晤士报〉驻北京记者、袁世凯政治顾问乔·厄·莫理循书信集》，刘桂梁等译，知识出版社，1986。

《民国经世文编》第1～2册，台北：文星书店，1962。

潘懋元、刘海峰编《中国近代教育史料汇编：高等教育》，上海教育出版社，1993。

全国政协文史资料委员会编《文史资料存稿选编》（1），中国文史出版社，2002。

荣孟源、章伯锋主编《近代稗海》第3辑，四川人民出版社，1985。

上海商务印书馆编译所编纂《大清新法令（1901～1911）》第1卷，商务印书馆，2010。

沈家本：《寄簃文存》，中华书局，1985。

沈云龙主编《官制篇》，台北：文海出版社，1971。

实藤惠秀监修，谭汝谦主编《中国译日本书综合目录》，香港中文大学出版社，1980。

《孙中山年谱》，中华书局，1980。

天津图书馆、天津社会科学院历史研究所编《袁世凯奏议》（上），天津古籍出版社，1987。

田涛主编《清朝条约全集》第2卷，黑龙江人民出版社，1999。

汪庚年编《法学汇编》，京师法学编辑社，宣统三年（1911）。

王芸生编著《六十年来中国与日本》第6卷，三联书店，2005。

文明国编《宋教仁自述》（上下），深圳报业集团出版社，2011。

吴相湘主编《中国现代史丛刊》第4册，台北：正中书局，1962。

吴相湘主编《中国现代史料丛书》第1辑，台北：文星书店，1962。

吴宗慈：《中国宪法史前编》，沈云龙主编《近代中国史料丛刊》第3编第38辑，台北：文海出版社，1988。

谢文哲主编《中国民事诉讼法制百年进程：清末时期》第 3 卷，中国法制出版社，2009。

徐血儿等编《宋渔父先生传略/遗著/哀诔》，沈云龙主编《近代中国史料丛刊》第 82 辑，台北：文海出版社，1972。

严昌洪主编《中国内地及港台地区辛亥革命史论文目录汇编》，武汉出版社，2003。

严修：《严修东游日记》，武安隆、刘玉敏点注，天津人民出版社，1995。

苑书义、孙华峰、李秉新主编《张之洞全集》，河北人民出版社，1998。

载泽：《考察政治日记》，钟叔河主编《走向世界丛书》，岳麓书社，1986。

《张謇全集》第 1 卷，江苏古籍出版社，1994。

赵慧、涂文学主编《辛亥革命研究史料目录（1899～1999）》，武汉出版社，2002。

中国人民政治协商会议全国委员会文史资料委员会编《文史资料选辑》第 42 辑，中国文史出版社，2000。

中华文化复兴运动推行委员会主编《中国近现代史论集》第 21 卷，台湾商务印书馆，1986。

朱寿朋编《光绪朝东华录》，中华书局，1958。

二　著作类

陈丹：《清末考察政治大臣出洋研究》，社会科学文献出版社，2011。

陈丰祥：《日本对清廷钦定宪法之影响》，台湾商务印书馆，1986。

陈柳裕：《法制冰人——沈家本传》，浙江人民出版社，2006。

陈煜：《清末新政中的修订法律馆》，中国政法大学出版社，2009。

丁贤俊、喻作凤：《伍廷芳评传》，人民出版社，2005。

郭建、姚荣涛、王志强：《中国法制史》，上海人民出版社，2000。

何勤华、李秀清：《外国法与中国法——20 世纪中国移植外国法反思》，中国政法大学出版社，2003。

李贵连：《近代中国法制与法学》，北京大学出版社，2002。

李贵连：《沈家本传》，法律出版社，2000。

李贵连：《沈家本评传》（增补版），中国民主法制出版社，2016。

李启成：《晚清各级审判庭研究》，北京大学出版社，2004。

李细珠：《张之洞与清末新政研究》，上海书店出版社，2003。

李显冬：《从〈大清律例〉到〈民国民法典〉的转型——兼论中国古代固有民法的开放性体系》，中国人民公安大学出版社，2003。

李新主编《中华民国史》第 1 编，中华书局，1982。

孟祥沛：《中日民法近代化比较研究——以近代民法典编纂为视野》，法律出版社，2006。

任达：《新政革命与日本：中国，1898~1912》，李仲贤译，江苏人民出版社，2010。

松冈义正：《民法总则》上卷，汪庚年编《法学汇编》，京师法学编辑社，宣统三年（1911）。

松冈义正口述，熊元楷编《民法物权》，上海人民出版社，2013。

陶德骏、王选、李良校阅《朝阳大学法律科讲义》（非卖品），北京朝阳大学，1925。

汪向荣：《日本教习》，中国青年出版社，2000。

王健：《中国近代化的法律教育》，中国政法大学出版社，2001。

王晓秋：《近代中日启示录》，北京出版社，1987。

韦庆远、高放、刘文源：《清末宪政史》，中国人民大学出版社，1993。

有贺长雄：《观奕闲评》，法轮印字局，1913。

张海林：《端方与清末新政》，南京大学出版社，2007。

张德美：《探索与抉择——晚清法律移植研究》，清华大学出版社，2003。

张晋藩：《中国法律的传统与近代转型》，法律出版社，1997。

张晋藩主编《中国民法通史》，福建人民出版社，2003。

张生主编《中国法律近代化论集》，中国政法大学出版社，2002。

张松：《变与常——清末民初商法构建与商事习惯之研究》，中国社会科学出版社，2010。

张玉法：《民国初年的政党》，台北：中研院近代史研究所，1985。

张仲礼：《中国绅士的收入》，费成康、王寅通译，上海社会科学院出版社，2001。

赵林凤：《汪荣宝：中国近代宪法第一人》，台北：新锐文创，2014。

郑秦：《中国法制史》，文津出版社，1997。

志田钾太郎口述，熊元楷、熊元襄、熊仕昌编《商法　有价证券　船舶》，上海人民出版社，2013。

朱勇主编《中国民法近代化研究》，中国政法大学出版社，2006。

三　报章资料类

《临时政府公报》《政治官报》《东方杂志》《民立报》《宪法新闻》《申报》《外交月报》

四　日文资料

（1）文献、著作类

北一輝『支那革命外史』みすず書房、1959。

池田温・劉俊文編『日中文化交流史叢書 2　法律制度』大修館書店、1997。

川田稔『原敬と山県有朋』中央公論社、1998。

大久保達正監修、松方峰雄等編集『松方正義関係文書』第 11 巻、大東文化大学東洋研究所、1990。

島田正郎『清末における近代的法典の編纂』創文社、1980。

『帝国法曹大観』、大正 4 年。

東川徳治『博士梅謙次郎』大空社、1997 年復刻版。

東京大学百年史編輯委員会編『東京大学百年史　部局史（一）』非売品、1986。

法務大臣官房司法法制調査部監修『日本近代立法資料叢書』第 28 巻、商事法務研究会、昭和 61 年。

法学博士寺尾亨氏三周年追悼会残務所編『法学博士寺尾亨氏三周年追悼会記要』（刊印日期不詳）。

法政大学大学史資料委員会編『法政大学史資料集第 11 集（法政大学清国留学生法政速成科特集）』非売品、1988。

『奮闘立志伝』実業之日本、大正 3 年。

丰田穰『明治大正的宰相』第 16 巻『大隈重信と第一次世界大戦』講

談社、昭和 59 年 1 月。

高木豊三『民事訴訟法（明治 23 年）論綱』（復刻本、『日本立法資料全集』別巻 142）信山社、1999。

『各国における外国人傭聘（清国の部）』、日本外交史料館蔵。

『広池千九郎博士　清国調査旅行資料集』財団法人モラロジ－研究所、1978。

黒龍会編『東亜先覚志士伝』黒龍会出版部、1933。

黑龍会編『東亜先覚志士紀伝』中巻、原書房、1966。

『吉野作造選集』第 8 巻、岩波書店。

江木衷『民事訴訟原論』（復刻本、『日本立法資料全集』別巻 441）信山社、2007。

井上翠「松涛自述」波多野太郎編・解題『中国語文資料彙刊』第 5 編第 4 巻、不二出版、1995。

『井上馨文書』、No. 67 －（1）－6、日本憲政史料館蔵。

栗原健『対満蒙政策史の一面』原書房、1966。

南里知樹編『中国政府雇用の日本人』『日中問題重要関係資料集　第 3 巻　近代日中関係資料　第 2 集』龍渓書舎、1976。

内閣官房局編『明治年間法令全書』（明治 23 年～1）原書房、昭和 60 年 9 月。

内田良平文書研究会編『内田良平関係文書』第 4 巻、芙蓉書房出版社、1994。

平間洋一編『日露戦争を世界はどう報じたか』芙蓉書房、2010。

清水幾太郎『日本文化形態論』東西文庫、1947。

『日中問題重要関係資料集　第 3 巻　近代日中関係資料　第 2 集』龍渓書舎、1976。

山根幸夫編『新編辛亥革命文献目録』東京女子大学東洋史研究室、1983。

『山県有朋意見書』原書房、1968。

上原勇作関係文書研究会編『上原勇作関係文書』東京大学出版会、1976。

深谷克己編『東アジアの政治文化と近代』有志舎、2009。

実藤恵秀『中国留学生史談』第一書房、昭和 56 年。

室山義正『松方正義』ミネルバ書房、2005。

松本博之・河野正憲・徳田和幸編『民事訴訟法　大正改正編（3）』『日本立法資料全集』第 12 巻、信山社、1993。

松本博之・河野正憲・徳田和幸編『民事訴訟法　大正改正編（1）』『日本立法資料全集』第 10 巻、信山社、1993。

松本博之・河野正憲・徳田和幸編『民事訴訟法　明治 36 年草案（1）』『日本立法資料全集』第 43 巻、信山社、1994。

松本博之『民事訴訟法の立法史と解釈学』信山社、2015。

『松岡義正関係文書』（未刊稿）、東京大学法学部近代法制資料室蔵。

『穂積陳重遺文集』第 2 冊、岩波書店、1932。

陶徳民・藤田高夫編『近代日中関係人物史研究の新しい地平』雄松堂、2008。

藤本尚則『巨人頭山満翁』文雅堂書店、昭和 17 年。

藤村通監修『松方正義関係文書　第 5 巻　侯爵松方正義卿実記/5』大東文化大学東洋研究所、昭和 58 年 12 月。

『外国官庁において本邦人雇入関係雑件（清国の部）六』、日本外交史料館蔵。

外務省編纂『日本外交文書（清国事変　辛亥革命）』、1961。

外務省編纂『日本外交文書』（大正 3 年）、第 3 冊、1966。

汪婉『清末中国対日教育視察研究』汲古書院、1998。

尾崎護『吉野作造と中国』中央公論社、2008。

我部政男・広瀬順晧編『国立公文書館所蔵勅奏任官履歴原書（上巻）』柏書房、1995

武安隆・熊達雲『中国人の日本研究史』六興出版、1989。

西英昭『清末民国時期法制関係日本人顧問に関する基礎情報・補遺（附：松岡義正・志田鉀太郎著作目録）』。

星野通『明治民法編纂史研究・日本立法資料全集』別巻 33、信山社、1991。

熊達雲『中国官民の日本視察』成文堂、1998。

萱野長知『中華民国革命秘笈』帝国地方行政学会、1940。

岩淵辰雄『犬養毅』時事通信社、昭和 33 年。

伊藤信哉研究室『有賀長雄著作目録　詳細版』、http：//www. s－ito. jp/home/research/db/aridata. htm。

永井算已『中国近代政治史論叢』汲古書院、1983。

有賀長雄『国法学』早稲田大学出版部、1903。

『有賀長雄講述憲政講義』早稲田大学図書館蔵『伊東巳代治関係文書』（マイクロフイルム－ム）。

『早稲田大学百年史』早稲田大学出版部、1990。

早稲田大学中央図書館蔵『大隈文書』（イ14B－20）。

曽田三郎『中華民国の誕生と大正初期の日本人』思文閣出版、2013。

曽田三郎『立憲国家中国への始動－明治と憲政近代い中国－』思文閣出版、2009。

『中国近代史論集—菊池貴晴先生追悼論集』汲古書院、1985。

『中田淳一先生還暦記念・民事訴訟の理論（上）』有斐閣、1969。

『資料御雇外国人』小学館、1975。

（2）报章资料类

『国立教育研究所紀要』、『史学雑誌』、『近隣』、『社会科学探求』、『外交時報』、『早稲田講演』、『国民新聞』、『東京朝日』、『国家学会雑誌』、『歴史学研究』、『比較法史研究』、『年報近現代史研究』、『中央公論』、『日本及び日本人』、『太陽』、『東洋経済』、『読売新聞』、『法学志林』、『法律新聞』、『法学協会雑誌』、『東洋法制史研究会通信』、『日本法学』、『早稲田法学』、『ジュリスト』、『保険雑誌』、『法史学研究会会報』、『官報』、『刑事法評林』、『四天王寺国際仏教大学紀要』、『アジア研究』、『岐阜県教育会雑誌』、『マス・コミュニケーション研究』、『大阪朝日』、『立命館史学』、『早稲田政治公法研究』、『法学論集』、『研究年報　社会科学研究』

五　档案馆、数据库

アジア歴史資料センター（日本国立公文書館）

日本外交史料館

東京都公文書館

公益财团法人　東洋文庫
中国第一历史档案馆
国家哲学社会科学学术期刊数据库
抗日战争与近代中日关系文献数据平台

后　记

　　笔者在早稻田大学攻读博士学位、撰写论文期间，接触到了清末民初一些日本顾问尤其是有贺长雄在清末立宪运动中的活动事迹，对他们在清末中国社会转型探索过程中所扮演的角色以及发挥的作用产生了浓厚兴趣，并相继用日文撰写了一些相关论文。它们分别是「清末における中国憲政導入の試みに対する有賀長雄の影響と役割について」（《有贺长雄对清末推行宪政探索的影响和作用》，《早稻田政治公法研究》第 46 号，1994 年 8 月）、「有賀長雄と民国初期の北洋政権との関係について——有賀長雄とその北洋政権の法制顧問応聘の経緯を中心として」（《有贺长雄与民初北洋政府之关系——以有贺长雄及其应聘北洋政府法制顾问的经纬为中心》，山梨学院大学法学部《法学论集》第 29 号，1994 年 6 月）、「有賀長雄と民国初期の北洋政権における憲法制定との関係について」（《有贺长雄与民初北洋政府制宪之关系》，《法学论集》第 30 号，1994 年 9 月）等。

　　1998 年，笔者以博士学位论文为基础撰写的《中国官民的对日考察》（成文堂）出版以后，本打算顺藤摸瓜继续这方面的调查和挖掘。可是，由于笔者在大学被赋予的教学任务主要是讲授当代中国法制、法律以及中国政治等内容，因此一段时间里，精力主要集中于教学，研究时断时续。直至2008 年，又撰写了「中華民国の多難な船出と日本人顧問たち——南京臨時政府法制顧問の寺尾亨、副島義一を中心に」（《中华民国命运多舛的启航与日本顾问——以南京临时政府法制顾问寺尾亨、副岛义一为中心》，收入陶德民·藤田高夫编『近代日中関係人物史研究の新しい地平』雄松堂出版、2008 年 2 月）、「対華 21 か条要求の交渉における有賀長雄について」（《论对华"二十一条"交涉中的有贺长雄》，山梨学院大学大学院社会科学研究科《研究年报 社会科学研究》第 29 号，2009 年 2 月）。2009年，一个偶然的机会，笔者抱着暂且一试的心态以『清末における中国法律の近代化と日本人法律顾問の寄与について——松岡義正と民事関係法律の編纂事業を中心にして』（《清末中国法律的近代化与日本法律顾问的贡献——以松冈义正与民事关系法律的编纂事业为中心》）为题向日本"财团法人 JF21 世纪财团"申请了研究资助。承蒙审查委员的厚爱，笔者获得了研究资助，赓续了中断多年的研究。研究资助结束后，笔者除在互联网上公开专题调查报告外，还先后发表了「清末中国における日本人法律教員および法律顾問招聘の経緯について——京師法律学堂と修訂法律館による招聘を中心に」（《清末中国招聘日籍法律教习及法律顾问的经纬——以京师法律学堂和修订法律馆的招聘为中心》，《法学论集》第 33 号，2013 年 2月）、「松岡義正と北京『京師法律学堂』における民事法の教育について」（《松冈义正与京师法律学堂的民事法律之教学》，《法学论集》第 72、73 合并号，2014 年 3 月）和「『大清民事訴訟律草案』と松岡義正との関係について」（《〈大清民事诉讼律草案〉与松冈义正的关系》，山梨学院大学大学院社会科学研究科《研究年报 社会科学研究》第 37 号，2017 年 2 月）等论文。考虑到以上内容都与中国清末民初的历史发展相关，在朋友的鼓励之下，笔者自 2017 年下半年开始，将以上几篇内容相近的文章迻译成中文结集，题名为《洋律徂东：中国近代法制的构建与日籍顾问》，拟在国内出版。承蒙天津社会科学院东北亚区域合作研究中心的垂爱提供资助，又蒙社会科学文献出版社的厚谊，同意将此书列入出版计划，使本书得以付梓。对此，笔者谨致以深切的谢忱！

本书从第一篇文章发表至全书成稿，先后经历了 20 多年的岁月。不用说，在这段时间里，国内外都有不少新的著述问世，笔者本人也有一些新的发现和心得，因此在编写本书时，为不使其内容过于脱离时代，除对其中的一些舛误做了订正外，还增加了许多新的资料和发现，并参考和吸收了许多先辈及后进们的最新研究成果。有些地方为了避免掠人之美嫌疑，对他人的最新成果加以注释，以便让读者按图索骥，补充本书的缺憾。因此可以说，本书内容应该反映了最新的研究成果。其中有的章节做了大规模的补充甚至脱胎换骨的改写。尽管如此，由于笔者学力所限，书中仍然可能存在一些舛讹，殷望读者不吝批判和指正！

2018 年是《中日和平友好条约》签订 40 周年，是一个值得纪念的年份。当我们庆祝这份和平条约为中日两国人民带来安详宁和的和平环境的同时，更应该为保持中日两国的持久和平而共同努力。在这一过程中，一方面，我们应该时刻不忘近代 50 年间，日本相继发动的蚕食、侵略中国的事变和战争，总结其教训，共誓永不再战；另一方面，也要永远铭记中日两国的先贤们在近代中日关系史上为促进两国的文化交流做出的各种贡献，并将之薪火相传，使中日两国的交流互鉴事业越做越大，在各个层面实现双赢。本书的出版如能在此方面贡献于万一则幸甚！

熊达云 识

2018 年 6 月 17 日

图书在版编目（CIP）数据

洋律徂东：中国近代法制的构建与日籍顾问 / 熊达云著. -- 北京：社会科学文献出版社，2019.5
ISBN 978 - 7 - 5201 - 4304 - 2

Ⅰ.①洋… Ⅱ.①熊… Ⅲ.①法制史 - 研究 - 中国 - 近代 Ⅳ.①D929.5

中国版本图书馆 CIP 数据核字（2019）第 028275 号

洋律徂东：中国近代法制的构建与日籍顾问

著　　者／熊达云

出　版　人／谢寿光
责任编辑／赵　晨

出　　　版／社会科学文献出版社·历史学分社（010）59367256
　　　　　　地址：北京市北三环中路甲 29 号院华龙大厦　邮编：100029
　　　　　　网址：www. ssap. com. cn
发　　　行／市场营销中心（010）59367081　59367083
印　　　装／三河市龙林印务有限公司

规　　　格／开　本：787mm×1092mm　1/16
　　　　　　印　张：32.5　字　数：547 千字
版　　　次／2019 年 5 月第 1 版　2019 年 5 月第 1 次印刷
书　　　号／ISBN 978 - 7 - 5201 - 4304 - 2
定　　　价／168.00 元